CO
FOL

Philippe Pelletier

L'Extrême-Orient

L'invention d'une histoire et d'une géographie

Gallimard

Cet ouvrage inédit est publié
sous la direction de Martine Allaire

Crédits photographiques pour le hors-texte :

1, 8 : Wikimedia commons. 2, 6 : document Philippe Pelletier. 3 : Bibliothèque royale de Belgique. 4 : RMN (musée Guimet, Paris)/Droits réservés. 5 : Kyoto, Ryukoku University / Dist. La Collection. 7 : D.R. 9 : Namban Bunkakan, Osaka/Dist. La Collection.

Crédits photographiques pour les in-text :

I, II : D.R. III, IV, V, VI : document Philippe Pelletier

Philippe Pelletier, docteur en géographie, diplômé en langue et civilisation japonaises, est professeur à l'Université Lumière Lyon 2 et membre de l'UMR 5600 *Environnement, Ville, Société*. Il a notamment publié *La Japonésie* (1997), *Le Japon, géographie, géopolitique et géohistoire* (2007), *Japon, idées reçues* (2e édition, 2008) et *L'Atlas du Japon* (2008).

Avant-propos

Il est deux raisons qui expliquent la fascination de l'Occident pour l'Extrême-Orient. D'abord, parce que s'y joue sans conteste une grande partie de l'avenir de notre monde. Mais, plus en profondeur, parce que l'Extrême-Orient est très largement une invention de l'Occident.

Par deux fois, l'Occident vient perturber le monde sinisé, d'abord au XVIe siècle avec les grands navigateurs, puis au XIXe siècle avec les canonnières. Jusqu'alors, la Chine et ses pays voisins se passent parfaitement de l'Europe et de l'Amérique. Ils auraient poursuivi leur cours sans en avoir besoin, donc sans mimétisme ni quête de modernisation. Confrontés à un rapport de force, ils doivent s'adapter à la nouvelle donne, laquelle, imposée de l'extérieur, trouve des relais à l'intérieur, dans les sociétés locales. C'est précisément la réponse différenciée des sociétés d'Asie orientale face à la perturbation occidentale qui aggrave le déséquilibre de la situation nouvelle puisqu'elle s'opère en décalage entre les différents pays. Le Japon réagit ainsi plus vite, et plus brutalement, que ses voisins. Mais il impose à son tour sa domination et son exploitation, en prenant nommément exemple sur la démarche coloniale de l'Occident. On en voit encore les traces et les conséquences dans toute la région.

C'est au cours de ces deux épisodes historiques que se forge, en Occident, la notion d'Extrême-Orient[1*]. En faire la genèse et l'histoire, qui est celle que nous restituons dans ce livre — des portulans et de la piraterie, de la christianisation espérée et du commerce de la soie, des guerres de l'opium et des échanges fertiles entre les cultures — reconduit à la question d'ordre plus général de définition des grands ensembles du type Orient et Occident, de leur nature — géographique, culturelle, politique ? Réelle ou métaphorique ? — et de leurs limites. L'histoire se fait ici réflexion sur les grandes catégories spatiales, sur la nature culturelle des grands découpages du monde et leurs usages qui sont tels qu'ils finissent par donner pour des évidences ce qui ne l'était aucunement à l'origine. En ce sens, l'ouvrage que l'on va lire est autant d'histoire que de métagéographie[2].

Abréviations utilisées dans le texte :
j. : japonais
ch. : chinois
cor. : coréen
ar. : arabe.
Par ailleurs, les dates de règne sont indiquées en italique.

* Les notes sont regroupées en fin de volume, p. 734.

Chapitre premier

LES DÉCOUPAGES DU MONDE

> *Nul homme n'est une île, complète en soy-mesme : tout homme est un morceau du continent, une part du tout.*
>
> John DONNE (1572-1631), *Devotions*

C'est, de tout temps, l'une des fonctions propres à la géographie que de réaliser les différents découpages spatiaux, et de leur donner un nom commun. Ces deux tâches sont respectivement appelées « régionalisation géographique » (définition d'une « région-objet ») et « dénomination toponymique ». L'une ne va pas sans l'autre, mais elles ont toujours rencontré des difficultés. Celles-ci existent encore de nos jours malgré l'impression — trompeuse — selon laquelle le monde serait désormais « fini », connu et reconnu. Les désaccords subsistent encore entre les géographes sur la méthode pour les remplir, ou même sur leur conception générale qui recouvre un enjeu d'importance puisqu'elle donne un sens au monde. Si l'on s'en tient à l'exemple de la géographie en France depuis une trentaine d'années, on observe ainsi des différences d'approche.

Pour le géographe Olivier Dollfus (1931-2005), « la

"régionalisation" est la procédure qui permet un découpage de l'étendue terrestre en unités géographiques pertinentes, c'est-à-dire cohérentes par leurs caractères — ou attributs — et par les modalités de fonctionnement. La régionalisation est un processus de classement, qui conduit à une typologie. Il est clair qu'il n'y a pas une seule "régionalisation" pour une étendue donnée, mais plusieurs possibles en fonction des objectifs que l'on se fixe, des critères adoptés, du système retenu de l'espace alors identifié ». Autrement dit, « la régionalisation n'a de sens qu'en fonction de l'objectif assigné »[1].

D'où la pluralité des adjectifs qui peuvent être accolés au terme de région : région naturelle, culturelle, polarisée, urbaine... Olivier Dollfus prolonge finalement la démarche de la géographie dite classique. La région est un « espace à construire, à la fois homogène dans ses caractères fondamentaux et nettement distinct des pays qui l'entourent... C'est une opération intellectuelle, celle de l'identification géographique qui, en retrouvant son unité, l'institue comme le cadre légitime d'une description scientifique »[2].

Roger Brunet, autre géographe, se veut plus structuraliste. « Nous n'avons pas à découper l'espace, pour la simple raison qu'il se découpe tout seul... L'un des résultats du travail humain est la production d'espaces ayant une véritable structure, produite par le système de production. Ces structures existent indépendamment de nous et nous avons à les rechercher »[3].

Cette position n'a guère changé depuis une vingtaine d'années, sinon qu'en dehors de l'abandon d'un vocabulaire marxien, Roger Brunet se montre — peut-être dans le sillage du même détachement — davantage prudent. « Les ciseaux ne sont pas un outil de géographe. Laissons enfin le géographe à sa place.

Le géographe n'a nullement à « découper » lui-même du territoire. Certes, en la matière il peut, il doit, mettre ses connaissances au service des élus [et des] citoyens. [...] "La géographie" n'impose ni ne justifie rien. Certes, car c'est son métier, le géographe peut disposer d'une connaissance élaborée des sous-systèmes spatiaux et de leurs articulations, qui lui permet de reconnaître une organisation objective de l'espace : toutefois rien ne dit qu'un maillage administratif doive respecter cette organisation, dont les "limites" internes sont d'ailleurs généralement floues »[4].

Il est vrai qu'entre-temps l'espace a perdu de sa prétendue neutralité et que la géographie, à l'instar d'autres disciplines, se préoccupe davantage de territoire. Dans cette perspective, la réalisation de périmètres politico-administratifs voulus comme cohérents sinon pratiques se dissocie d'une « simple » définition d'espaces géographiques dont la reconnaissance semble acquise, tant dans le tracé que dans la dénomination toponymique (« arc alpin », « archipel des Açores », « péninsule Arabique »...). Cette dernière tâche de dénomination toponymique laisse place désormais à peu d'innovations : le « quasi-continent indien » est préféré par François Durand-Dastès au « sous-continent indien », Louis Marrou parle de la « Macaronésie », moi-même de la « Japonésie »...

À l'échelle de la Terre, les macro-distinctions ne se recouvrent qu'en partie. Chacune veut offrir une vision globale et cohérente du monde. Chacune propose en réalité sa lecture orientée en fonction de prismes idéologiques, politiques ou socioculturels, lesquels sont au mieux revendiqués en tant que tels, au pire masqués sous des considérations qui se veulent objectives.

Prendre les points cardinaux comme critères a

priori sûrs de découpage du monde semble un moyen pratique et cohérent de contourner le brouillage géographique : Nord/Sud, Est/Ouest, cela semble clair, précis, scientifique pour tout dire. Est-ce pour autant pertinent ?

L'opposition Nord/Sud permet certes de souligner les dramatiques inégalités entre les riches des pays du Nord et les pauvres des pays du Sud, d'affirmer qu'il y a un lien de causalité entre les deux phénomènes, et donc de revendiquer une égalité et une solidarité entre les uns et les autres. Mais elle n'échappe pas à ses propres apories. Des pays du Sud comme l'Australie ou la Nouvelle-Zélande peuvent difficilement être classés aux côtés de la Zambie ou du Botswana. Inversement, des pays du Nord comme l'Afghanistan ou la Corée du Nord sont-ils « riches » ? Et que fait-on des pays qui se trouvent au centre, comme la Chine, les républiques d'Asie centrale, de ceux qui font charnière comme le Mexique, l'Égypte ou l'Inde ? Et que fait-on de Singapour, la proclamée « Suisse de l'Orient », située sous l'équateur : placée au Sud ou au Nord ?

On retrouve ce problème avec la question de l'Orient et de l'Occident. Dans un ouvrage consacré aux « fractures de l'Occident », deux géographes n'hésitent pas à la reformuler de façon provocante au début des années 1990, avant que des idées similaires ne se répandent : « Depuis que le camp soviétique s'est disloqué, le concept d'Ouest, vidé géopolitiquement de son sens, a disparu — faute d'Est. Celui d'Occident lui a succédé. Mais il fait problème. Et comme on parlait autrefois de la "question d'Orient", la "question d'Occident" est à l'ordre du jour »[5].

N'est-il pas vain de s'interroger sur la pertinence des toponymes qui désignent les macro-régions ?

L'important n'est-il pas que les gens se comprennent peu ou prou en utilisant des notions imparfaites, certes, mais malgré tout évocatrices, compréhensives et significatives dans un monde fait de diversité auquel peuvent correspondre des notions spatiales variées, qui se chevauchent, s'entrecroisent, s'enrichissent ?

À l'époque où le monde se globalise et même se « glocalise », c'est-à-dire que peu d'événements ou de localisations même les plus étroits n'échappent guère à une série d'interactions qui relèvent du système-monde, il serait dommage pour le géographe de ne pas l'analyser à nouveau. D'autant que si les géographes ne le font pas, d'autres s'y précipitent déjà — journalistes et décideurs politiques en particulier qui ont constamment une carte mentale du monde dans leur esprit, qui placent ou non la Turquie en Europe, qui se perdent dans le Caucase, qui s'entêtent à confondre arabité et islam…

D'autant plus crucial que des théoriciens de l'actuelle puissance hégémonique, les États-Unis d'Amérique, proposent et diffusent à la suite de Samuel Huntington leur grille métagéographique, celle du « choc des civilisations » notamment, reprise comme vulgate par nombre de journalistes et d'hommes politiques.

L'objectif n'est pas non plus de définir ce que serait une « civilisation », en reprenant les débats fameux et récurrents sur les distinctions entre *Kultur* et culture, entre *Kultur* et *Zivilisation*[6]. Ou, dans le vocabulaire japonais (et chinois), entre *bunka* (culture) et *bunmei* (civilisation)[7]. Il s'agit seulement de soulever par ce biais quelques problèmes de métagéographie.

Les « civilisations » que Samuel Huntington élabore, telles qu'elles sont exposées dans son article de 1993 puis affinées dans le livre qui lui fit suite, sont au nombre de neuf : civilisations « occidentale »,

« latino-américaine », « africaine », « islamique », « hindouiste », « orthodoxe », « bouddhiste », « sinisée » (*sinic*) et « japonaise »[8]. Malgré les apparences, les critères qu'il choisit sont extrêmement hétérogènes d'une civilisation à l'autre, ce qui soulève un problème de validité scientifique et conduit à s'interroger sur les orientations politiques adoptées. Ils font néanmoins la part belle à la religion, qui dénomme cinq civilisations sur neuf. Ils conservent l'approche en continents qui n'intitule que deux civilisations (« latino-américaine » et « africaine »), et encore de façon atténuée puisque la première introduit un critère culturel (« latino ») et que la seconde ne recouvre qu'une partie du continent évoqué (les deux tiers méridionaux de l'Afrique).

Deux civilisations disposent d'un traitement tout à fait exceptionnel de la part de l'universitaire américain : l'Occident et le Japon. Seul l'Occident bénéficie en effet d'un critère géo-astronomique (le point cardinal du nord) qui s'est transformé en espace géopolitique majeur (sous-entendu : le bloc occidental). Autrement dit, il n'y a pas, dans l'analyse huntingtonienne, d'« Orient », ni de « pays de l'Est » (lesquels sont religieusement devenus « orthodoxes »), ni de « pays du Sud ». Seul le Japon offre le cas unique d'un pays État-nation auquel correspond une civilisation à elle toute seule et pour lui tout seul.

Sur le fond, cette idée mériterait discussion et elle apparaît pertinente[9]. Mais le traitement de faveur accordé au Japon, au détriment d'autres espaces et pays qui pourraient revendiquer la même chose (la Turquie par exemple...), laisse pour le moins songeur. Il sous-entend que le Japon n'est ni « sinisé », ni « bouddhiste », ni « asiatique », ce qui pose quand même question. Il induit qu'il est, qu'il doit être, autre chose : à savoir l'allié indéfectible de l'Occident. Sa singularisation lui vaut adoubement géopolitique dans le « nouvel ordre mondial ».

Huntington nomme l'Occident sans nommer l'Orient, ou, plus précisément, il dénomme celui-ci en creux, implicitement. En outre, il éclate l'Orient en plusieurs civilisations et sous-ensembles, lui déniant de facto une réalité culturelle, historique et géographique. Ainsi, l'Orient n'aurait jamais existé et il n'existerait pas. Est-ce donc vrai ? Assez paradoxalement, le théoricien du Pentagone et de la Maison Blanche rejoint les positions radicales de l'universitaire littéraire et essayiste Edward Saïd (1935-2003) dans sa fameuse critique de l'« orientalisme ».

Selon Saïd, l'« orientalisme », savoir européen, fabriqué par l'élite européenne, par ses écrivains et ses savants, a fabriqué l'Orient. Paré de vertus ou de prétentions scientifiques, même pétri de bonnes intentions, il aurait servi, consciemment ou inconsciemment, de machine de guerre idéologique et géopolitique pour coloniser l'Orient et l'Asie[10]. Sans aborder la critique qui pourrait être portée à l'encontre d'une déconstruction souvent excessive et d'arguments quelquefois unilatéraux, on ne peut qu'être frappé par l'oubli que Saïd fait des espaces qui se situent à l'est de l'Inde. L'Inde elle-même est d'ailleurs beaucoup moins traitée que le Proche et le Moyen-Orient. Autrement dit, pour Saïd, l'Orient s'arrête en gros à Calcutta. Après, il n'y a rien. Vis-à-vis du monde sinisé et de l'Asie du Sud-Est, l'Américano-Palestinien Edward Saïd reproduit finalement ce qu'il reproche aux Européens, reconstructeurs à leur façon des cultures locales. À moins que chez lui la Chine ne fasse pas partie de l'Orient, ce qu'il ne précise nulle part dans son livre...

L'ouvrage de Saïd, ne serait-ce que parce qu'il a reçu un écho considérable, est précisément exemplaire de cette métagéographie qu'il faut analyser : plus inconsciente que consciente, une géographie implicitement définie, reprise sans recul. L'approche disciplinaire de Saïd, celle de la littérature et de l'analyse textuelle, prend paradoxalement la géographie comme une classification admise, presque neutre, alors que son objectif est justement de déconstruire l'orientalisme, de démontrer que celui-ci est une création tout comme l'est l'invention des continents, et l'invention de l'Extrême-Orient.

Cette idée qu'il y a toujours un Orient pour quelqu'un, c'est-à-dire un traitement « orientaliste » de l'autre, est néanmoins stimulante. Depuis quelques années, des auteurs japonais avancent ainsi l'hypothèse d'un « orientalisme à la japonaise » dont la formulation elle-même paradoxale — le Japon ne serait-il pas en Orient, même extrême ? — est à elle seule intrigante. Selon ces auteurs, cet orientalisme a, pendant la première moitié du XXe siècle, légitimé l'expansionnisme nippon à travers des recherches ethnographiques et géographiques[11]. Pour l'historien japonais d'origine coréenne Kang Sang-jung, le travail de Saïd constitue ainsi un bon moyen pour repenser les rapports entre le Japon et la Corée, y compris dans une perspective de réconciliation[12].

Le célèbre spécialiste de la littérature japonaise Karatani Kôjin, estimant que « la subversion la plus caractéristique du colonialisme est sa façon esthético-centrée d'apprécier et de respecter l'autre », a repris la démarche de Saïd pour l'appliquer au monde des esthètes japonais[13]. Il démontre ainsi que des essayistes japonais ont en réalité conservé l'approche et la conceptualisation occidentales dans leur volonté même de sauvegarder la tradition artistique japonaise. Okakura Tenshin (Kakuzô) (1862-1913), célèbre en Occident pour ses livres immédiatement traduits et diffusés comme *The Book of Tea* (1906), a ainsi été formé par le professeur américain Ernest Fenollosa (1853-1908), engagé à l'Université de Tôkyô. Comme nous le verrons, cette synergie entre le discours occidental et le discours japonais sur l'interprétation du Japon est récurrente, y compris dans le caractère partiel ou erroné de l'argumentaire.

Mais pour l'historien japonais contemporain Oguma Eiji, la théorie d'un « orientalisme à la japonaise » comporte des limites car elle n'explique pas l'émergence parallèle d'un asiatisme au Japon privilégiant la communauté asiatique d'intérêts face à la menace occidentale[14]. On se retrouve là face à la contradiction majeure de l'asiatisme japonais d'avant 1945 : élaboré au Japon dès la fin du XIXe siècle, de concert avec des activistes d'autres pays asiatiques (Chine, Corée puis Viêt-nam, Philippines, Thaïlande, Birmanie...), en double rejet de la menace impérialiste occidentale et de la vague d'occidentalisation culturelle, il se corrompt avec le mouvement nipponiste qui donne au Japon un rôle d'avant-garde des peuples d'Asie, de leader puis de conquérant et de colonisateur.

Il est symptomatique que la réception de l'œuvre d'Edward Saïd n'a pas, comme l'a remarqué Nishihara Daisuke, « suscité la même animosité de la part des conservateurs au Japon que cela n'a été le cas en Occident » et que, au contraire, « la plupart des intellectuels, soit marxistes, soit conservateurs, sympathisent avec la critique sans concession de Saïd vis-à-vis de l'Occident »[15]. L'anti-occidentalisme fait encore recette au Japon des deux côtés de l'échiquier idéologique. Il n'en reste pas moins que plusieurs commentateurs japonais, ainsi que le relève Harada Yôko, soulignent que la méconnaissance des Japonais envers l'Orient de Saïd — c'est-à-dire le Proche et le Moyen-Orient — n'a, et n'avait, rien à envier à celle des Occidentaux[16].

Trouverait-on un « occidentalisme » envers l'Occident qui corresponde exactement et symétriquement à l'orientalisme ? Telle est l'hypothèse que formulent Ian Buruma et Avishai Margalit pour qui « l'occidentalisme est la représentation déshumanisée de l'Occident »[17]. Au sein de ses nombreuses formes se retrouvent la critique d'une civilisation matérialiste, scientiste et hédoniste, corrompant les esprits et les mœurs, ainsi que la volonté d'y mettre fin. Mais à la différence de l'orientalisme classique, cet occidentalisme naît au sein de sa propre sphère civilisationnelle. Il s'attaque à lui-même, oscillant entre l'autocritique, tantôt conservatrice, tantôt révolutionnaire, et le dégoût de soi. Par la suite, il est en quelque sorte exporté dans les pays de l'orientalisme où il devient une idéologie au service d'une politique dirigée contre l'Occident, dans le monde islamique mais aussi dans le monde sinisé, au Japon en particulier au cours des années 1930 et 1940.

Il semble difficile qu'il puisse exister un « orientalisme » sans un « Orient », un sujet avec un discours mais sans objet : mais lequel, lesquels ? Or la définition de l'Orient est à géographie variable. Ses tenants sont multiples et variés.

NOMMER, C'EST CERNER

Les toponymes constituent l'une des entrées principales de l'approche métagéographique. Reliés à des choses mais aussi à des êtres vivants, mobiles ou immobiles, ils représentent une grille de lecture au sens premier du terme : un quadrillage systématique et touffu des espaces qui sont nommés. Comme le postule Christian Jacob, le toponyme est « une unité minimale de la spatialité »[18]. L'absence de nom est à cet égard tout aussi importante que sa présence.

Comment et pourquoi fut choisi le nom pour dire où ? Au-delà d'une simple curiosité explicative, la genèse de la toponymie nous révèle une facette des processus géographiques d'occupation de l'espace. Elle nous renvoie bien évidemment à l'histoire, mieux encore : à la combinaison de l'histoire et de la géographie, combinaison plus fondamentale que jamais pour éviter que l'amnésie des drames humains lessivés par l'idéologie ne se conjugue avec l'égarement de citoyens livrés au bon vouloir du G.P.S. et des itinéraires tracés par la méga-machine, l'ordinateur. Une méga-machine au demeurant fabriquée, outillée et commandée par des hommes.

Dire, c'est nommer. Nommer, c'est s'approprier, concrètement ou symboliquement. En ce qui concerne le lieu, tous les éléments sont à prendre en compte : linguistiques, sémantiques, topologiques, écologiques, mythologiques... Les mythes, en particulier, s'avèrent importants car ils jouent sur tous les registres, de l'objectif à l'imaginaire, du passé à peine enfoui au présent revisité. Sur ce plan, on ne suivra toutefois pas la position érudite d'Alain Rocher, par exemple, qui choisit à propos du Japon, en tant que mythologue, de s'attacher à la logique narrative du mythe au détriment de ses correspondances sociospatiales[19]. En tant que géographe, il est préférable d'aller à la recherche de ce qui est prôné par le mythe comme connaissance et reconnaissance d'un espace historiquement en construction. Situer des espaces mythiquement nommés par les textes anciens n'est pas une tentative de rationaliser à tout prix un discours qui obéit à d'autres logiques, mais de repérer la métagéographie des habitants d'autrefois pour mieux comprendre la géographie de l'époque en fonction de celle d'aujourd'hui.

Mais qui nomme quoi ? Il est certes vain de savoir si ce sont les personnes qui se sont nommées d'abord, ou bien si ce sont d'abord les lieux (et les dieux) qui ont été nommés par eux. Mais il est évident qu'il existe entre les deux une correspondance étroite. Savoir sur l'un permettra de savoir sur l'autre. Un lieu implique des gens, des gens impliquent un lieu. Une chaîne de lieux révèle une chaîne de gens : tribus, chefferies, nomades, navigateurs, explorateurs, cosmographes, astronomes, géographes... Les récents travaux d'archéologie du langage attachent ainsi beaucoup d'importance à la toponymie, qui apparaît fondamentale à deux titres. En tant que « fossile phonétique », elle permet de reconstituer le langage préhistorique et de retracer les chemins migratoires suivis par les peuplades préhistoriques. Ce qui induit la possible cohérence d'une langue originelle plus ou moins universelle et la formidable diffusion sur l'ensemble de la Terre de termes et de toponymes communs[20].

La civilisation sinisée accorde beaucoup d'importance à la question des noms. Un passage célèbre des *Analectes* de Confucius le confirme : « Zi Lu dit : « Si le souverain de Wei vous attendait pour régler avec vous les affaires publiques, à quoi donneriez-vous votre premier soin ? — À rendre à chaque chose son vrai nom », répondit le Maître. « Vraiment ? répliqua Zi Lu. Maître, vous vous égarez loin du but. À quoi bon cette rectification des noms ? » Le Maître répondit : « Que tu es rustre ! Un homme honorable se garde de se prononcer sur ce qu'il ignore. Si les noms ne sont pas ajustés, le langage n'est pas adéquat. Si le langage n'est pas adéquat, les choses ne peuvent être menées à bien[21]... » C'est le nom des personnes, des fonctions et des statuts qui importe, donc une démarche politique. Car de la codification des fonctions « découle l'adéquation de la conduite » et donc non « pas le sens abstrait du mot mais ce qu'il contient de prescriptif » comme le remarque François Jullien[22]. La toponymie n'est pas directement évoquée, mais on ne peut pas l'exclure de cette « rectification des noms » (*zhengming*). Léon Vandermeersch souligne que le souci sinisé du nom correct n'est pas lié à une parole qui serait par exemple d'origine divine, comme c'est le cas dans les religions du Livre, mais à l'importance de la graphie, de l'écriture, de l'idéogramme[23]. Tel est le rôle essentiel de l'écriture dans la formation historique et géographique. Les commentateurs ultérieurs chinois des *Analectes* insistent bien sur ce point. Or l'écriture idéographique, commune à l'Extrême-Orient, valorise de fait le signe, le signifié et l'image. Un idéogramme toponymique constitue ainsi une sorte de carte en miniature, contrairement à l'écriture alphabétique.

Partout dans le monde et à l'échelle des grands ensembles régionaux, les toponymes les plus usités, et qui semblent les plus évidents, sont ceux dont la source est souvent difficile à cerner. L'analyse qu'on peut en faire ainsi que leur remise en cause éventuelle butent sur le poids d'un acquis historique qui paraît irréfutable. Le nom des continents, par exemple, ces continents dont on verra plus loin en quoi ils peuvent être des « mythes », remonte à des temps souvent lointains. Il relève du donné. Son origine est occultée par l'usage quotidien, comme nous le signale Christian Jacob : « Il est frappant de noter que, dès les *Histoires* d'Hérodote (ve siècle av. J.-C.), le géographe se réfère au partage de la terre en trois continents nommés, l'Europe, l'Asie et la Libye, sans pouvoir assigner un auteur ou une origine ni au découpage ni à la nomination »[24]. Le savant sait qu'il s'agit de références à la mythologie grecque, à une cosmogonie antique, mais par qui, comment et finalement pourquoi s'est fait le choix, la réponse à ces questions relève de l'interprétation.

La question se complexifie pour le monde sinisé qui apporte une richesse supplémentaire par la sémiologie graphique et cartographique. Il croise en effet des pictogrammes (dessins d'objet), des idéogrammes (schémas de concepts abstraits), des picto-idéogrammes (combinaison des deux grammes précédents), des phonogrammes (grammes à valeur phonique) et des idéophonogrammes (combinaison de l'ensemble). S'ajoute à tout cela la grande variété des styles graphiques, du pinceau jusqu'à l'imprimerie. Certes le débat n'est pas clos entre spécialistes pour évaluer dans quelle mesure les idéogrammes ne sont pas aussi — d'abord, et surtout selon certains — des phonogrammes, c'est-à-dire des signes qui privilégient le son sur l'idée[25]. D'où l'utilisation du néologisme d'idéophonogramme.

La lecture d'une carte réalisée dans un pays d'Asie orientale est ainsi fertile d'un grand nombre d'interprétations. On ne sait toujours pas si cette écriture serait la plus ancienne du monde. Selon les dernières connaissances, le cunéiforme des Sumériens semble l'emporter, bien que les découvertes ne cessent de faire reculer l'ancienneté de l'idéographie chinoise[26]. Et encore, tant de témoignages manquent ou restent à coup sûr enfouis... Cette question de l'ancienneté scripturaire, et donc culturelle, n'est d'ailleurs pas étrangère à notre propos puisque au sein du binôme Occident-Orient est en permanence posée l'interrelation historique et géographique des deux pôles de civilisation que sont la Chine et la Mésopotamie-

Méditerranée, autrement dit la question de leurs échanges en matière d'innovation. Une interrelation que nous retrouverons à propos de la cartographie, des connaissances topographiques et des choix toponymiques.

Il reste que la combinaison plurielle du signifiant-signifié dans l'idéophonographie est l'une des bases de la civilisation sinisée, et en particulier des cultures coréenne et japonaise qui combinent avec elle d'autres formes d'écriture syllabaires ou alphabétiques (le *hangûl*, les *kana*, le *rômaji*...). Elle affecte toutes les catégories de la connaissance, et donc toutes les approches qu'on peut en faire. Pour les toponymes du monde sinisé, l'usage des clefs et des compositions de signes, qui se réfèrent souvent à des éléments concrets, souvent naturels, tels que eau, rivière, roche, montagne, arbre ou animal, etc., donne immédiatement, par la simple vue, une idée, même approximative, du lieu référé[27].

Dans les langues asiatiques qui utilisent l'idéophonographie, un phonème peut en outre être transcrit par plusieurs caractères différents. Chacun de ces caractères dont l'utilisation est phonétique apporte aussi son sens, du sens, celui qui est véhiculé par la nature des pictogrammes et par ce que ceux-ci veulent représenter. Autrement dit, le dessin du pin donne un son qui n'est pas forcément celui du pin (il peut d'agir d'un homonyme), qui ne cherche pas à retranscrire l'idée du pin (il peut s'agir d'autre chose difficile à formuler, d'où le recours à une « simple » phonétique), mais qui laisse quand même derrière lui un sillage de pin...

Symétriquement, un même caractère peut être lu de multiples façons. En japonais, par exemple, le caractère désignant la montagne peut être lu *yama* ou *san*, celui de l'île *shima* ou *tô*. Le caractère signifiant « petit » ne comporte pas moins de sept prononciations possibles (*shô, chi, chii, isasa, ko, o, sa*). Que dire alors des assemblages de phonèmes et des assemblages de caractères ? Ils donnent d'innombrables et formidables combinaisons. S'y ajoute le fait que les combinaisons évoluent dans l'espace et dans le temps, et que la recherche étymologique s'apparente à une plongée dans des couches scripto-phonologiques complexes[28]. Pour Jacob, les « toponymes inscrits sur la carte renvoient souvent à des livres, à une bibliothèque. Ils relèvent d'une vaste intertextualité où cartographes et géographes se transmettent des listes de noms de lieux, validés par l'autorité des sources plus que par la vérification sur le terrain. Si le dictionnaire est une "bibliothèque de mots", la carte est une bibliothèque de toponymes »[29]. Dans cette bibliothèque, tous les ouvrages comptent. Si l'usage ou d'autres facteurs, comme la puissance ou le pouvoir, imposent un nom, sa valeur peut être contrebalancée ou contestée par d'autres. « Lire les toponymes d'une carte, c'est donc voyager dans l'espace comme remonter dans le temps. Tout toponyme renvoie d'une certaine manière à une origine, et sa lecture invite à la généalogie. Sur la carte comme dans les paysages réels, grâce au témoignage oral des détenteurs de la mémoire locale, la toponymie s'étage en couches de sédiments sémantiques, véritable géologie linguistique dont les soubassements échappent souvent à la mémoire commune. La terre est un palimpseste, un cimetière de toponymes »[30]. Transformons-nous donc en archéologue de la mémoire, en géologue de toponymes, en découvreur d'onomastique…

La dénomination d'une terre ou d'une mer renvoie infailliblement à sa disposition au sein d'un ensemble plus vaste, au regard de préoccupations multiples venues de tous les horizons. D'autant plus que s'agissant d'une référence à un point cardinal — l'Orient ou l'Occident — l'appellation se situe d'emblée à des échelles emboîtées. Il faut donc revenir sur les logiques qui ont organisé l'appellation géographique des différentes parties de la Terre : des continents, des terres comme des mers.

Kären Wigen et Martin Lewis observent que les grands découpages actuels du monde reposent au total, bien que cela soit oublié en fin de compte, sur des critères de géographie physique. Au premier rang desquels figurent les continents : Amérique (du Nord, du Centre, du Sud), Europe, Asie, Afrique, Océanie, Antarctique. L'Océanie est une exception partielle, puisque ce sont les îles et les mers qui l'emportent en superficie malgré la grande terre que forme l'Australie, mais ses critères restent physiques. Nous verrons plus loin pourquoi cela a failli ne pas être le cas, et pourquoi elle fait exception. L'Europe est également un cas particulier, tout comme l'Asie, puisqu'on peut les regrouper topographiquement, et de façon cohérente, en une Eurasie.

Bien sûr, cette dimension physique, géologique même, semble avoir disparu de la métagéographie commune. Quand on parle de l'Afrique, on ne pense pas à la tectonique des plaques. Mais, à bien y réfléchir, on remarque que la géographie physique, effacée, voire chassée au galop par les tenants d'une science sociale oublieuse de sa dimension écogéographique, biogéographique et géologique, reparaît assez vite quand se pose la question des limites — même politiques, surtout politiques — des ensembles continentaux en question. On le voit bien dans les débats à propos des « limites de l'Europe », c'est-à-dire de l'« Union européenne », c'est-à-dire de l'« Europe occidentale » qui doit s'arrêter quelque part à l'Est sur des limites physiques, à l'Oural, à la mer Caspienne, au Caucase…

Heureusement qu'à l'Ouest il y a l'océan, quoique, avec la Guyane et des îles Caraïbes qui traînent encore dans l'escarcelle de quelques anciennes puissances coloniales, on s'interroge sur ce côté-là. De récents référendums dans les Antilles françaises ont d'ailleurs essayé d'y répondre.

La ville d'Istanbul, située en Turquie d'Europe, est séparée par le Bosphore d'une Turquie qui serait proche-orientale, orientale, asiatique même. Ceuta et Melilla sont des enclaves espagnoles, donc européennes, en terres marocaines, donc africaines. Elles font face à un Gibraltar, le djebel al-Tarik d'un ancien chef arabe (africain ? moyen-oriental ? musulman ?), devenu enclave anglaise, donc européenne (mais l'Angleterre est-elle bien arrimée à l'Europe ?), en terre ibérique. Des deux versants des chaînes montagneuses de l'Oural et du Caucase qui seraient les limites « naturelles » de l'Europe, on trouve les mêmes peuples, ici les Russes, là les Ossètes, les Daghestanais, les Abkhazes…

La géographie politique complique elle-même l'approche continentale du monde puisqu'il ne manque pas d'États à cheval sur deux continents géologiquement définis : Turquie, Égypte, Russie, Azerbaïdjan, Kazakhstan… L'approche par continent soulève donc de nombreux problèmes, comme le souligne Hervé Théry : « On distingue traditionnellement cinq continents (Europe, Asie, Afrique, Amérique et Océanie), bien que l'Europe ne soit en fait qu'une péninsule de l'Asie, que l'Amérique soit en réalité formée de deux continents à peine reliés par un isthme étroit, que l'Antarctique mérite bien plus ce titre, et qu'il soit paradoxal d'en nommer un "Océanie" »[31].

Quelle définition d'un « continent » donnent les dictionnaires ? Les dictionnaires anglais parlent de « masses de terre plus ou moins “spécifiques” » (*discrete*). Le Robert, pour sa part, ajoute une précision, utile, en intégrant le contour aquatique, maritime : « Grande étendue de terre limitée par un ou plusieurs océans ». La dialectique entre la mer et la terre est effectivement fondamentale pour comprendre la géographie du monde.

La « discrétisation », comme on le dit dans le langage mathématique et statistique, des continents repose sur un critère géologique : la tectonique des plaques lithosphériques. Or l'analyse de la tectonique des plaques nous révèle désormais un monde géologiquement complexe, mouvant, instable, où la limite purement physique des continents est remise en cause par les derniers résultats scientifiques. Les spécialistes divergent eux-mêmes sur ces limites.

On recense en moyenne une quinzaine de « grandes plaques » lithosphériques. Certains auteurs en comptent dix-sept. Le critère de taille, donc d'échelle, donc relatif, l'emporte largement dans cette approche. Le résultat dépend aussi de la définition des paléo-plaques, des micro-plaques, etc. Même si l'on restreint les critères, certains problèmes demeurent comme celui des Caraïbes, ou de l'île de Madagascar qui n'est pas située sur la plaque « africaine » mais qui peut difficilement, sur le plan de la géographie humaine, être séparée du « continent africain ».

Un continent ne se résume plus à une bonne vieille croûte bien solide, un bon bouclier primaire entouré de jeunes montagnes, il est plus complexe. L'Océanie même, l'une des dernières zones découvertes par les Occidentaux et enregistrées par les planisphères, posa bien des problèmes avec ses myriades d'îles étalées sur des milliers de kilomètres face au mastodonte de l'île-continent australienne. Et la limite entre cette Océanie et l'Asie, où passe-t-elle donc au niveau de la Nouvelle-Guinée : au centre de cette île, délimitée au cordeau par une séparation purement politique et absolument pas anthropologique, entre l'Irian Jaya contrôlé par l'Indonésie, un État asiatique, et la Papouasie, un État indépendant de l'Océanie ? La Nouvelle-Guinée est géologiquement australienne mais quelle est-elle culturellement : papoue, aussie, aborigène, malaise, asiatique ?

Kären Wigen et Martin Lewis mettent fort justement l'accent sur deux problèmes majeurs posés par l'« approche continentale » : d'une part, ce qu'ils appellent « l'anomalie européenne » (*the European anomaly*), à savoir un continent historiquement et idéologiquement défini à lui tout seul, mais avec des limites extrêmement problématiques, y compris du point de vue géologique ; d'autre part, le glissement déterministe comme conséquence pernicieuse d'une « vision continentale » du monde. Les caractères continentaux risquent ainsi de se transformer en caractères socioculturels, avec un dérapage déterministe conscient ou inconscient qui utilise notamment le climat comme dans les notions d'« Asie des moussons » ou de « mode de production asiatique » (cf. *infra*)... Résultat, doit-on évoquer l'Africanité de l'Afrique (pour tous ?), l'Européanité de l'Europe (pour tous ?) ? Et se pose, toujours, le problème des espaces intermédiaires comme le Proche-Orient.

L'historien britannique Arnold Toynbee (1889-1975) adresse sur ce point une critique sévère aux géographes : « ... l'erreur des géographes réside ici dans leur tentative de traduire une nomenclature utile à la navigation en termes politiques et culturels [...] où l'historien ne peut glisser ses doigts pour aucune période, même brève, quand il n'y a aucune diversité culturelle significative entre les occupants "asiatiques" et "européens" de ce qui n'est que les rivages opposés d'un mince chenal entre les terres »[32]. Toynbee fait bien entendu allusion au Bosphore. Nonobstant les critiques que l'on peut faire de son raccourci, on ne peut s'empêcher de constater qu'il porte juste à propos de ce « monde » situé entre l'Europe occidentale et l'Asie orientale, si malaisé à définir et qui, de Jérusalem à Bagdad en passant par La Mecque ou les montagnes du Kurdistan comme de l'Arménie, reste coûte que coûte le pivot de la géopolitique mondiale actuelle.

Arrêtons ici le tourbillon des questions : une fois de plus une interrogation sur les limites, les frontières et les marges conduit à un questionnement sur la réalité géographique du centre lui-même. La mystique des « frontières naturelles » revient même régulièrement à la surface au sein des logiques socio-économiques de concentration du capital et de l'hégémonie d'une super-puissance. Mais toute analyse un peu sérieuse aboutit à la prise en compte des évolutions socioculturelles et politiques.

En tout cas, le macro-découpage par continents semble faire long feu de nos jours, à l'exception peut-être de cet Antarctique que l'humanité, à peu près unie pour la première fois, a décidé de mettre dans une sorte de pot géographique commun en refusant collectivement son exploitation économique : une mise à l'écart ou un sursaut de sagesse écogéographique et géopolitique ?

LA CONVERGENCE ENTRE ASTRONOMIE, MATHÉMATIQUES ET GÉOGRAPHIE

La localisation de l'Orient et de l'Occident est relative de l'une à l'autre. On est toujours à l'est ou à l'ouest de quelqu'un ou de quelque chose. Elle passe par une conception générale de l'espace. Pour repérer leur définition réciproque au cours de l'histoire de la géographie, il faut donc analyser quelles ont été les grandes conceptions cosmogoniques de la Terre au sein de l'humanité.

L'appréhension de la forme terrestre implique nécessairement un haut niveau d'abstraction. Car au-delà du navire dont on ne voit plus que le mât avec la courbure de l'horizon, et avant la démonstration empirique de la rotondité de la planète — consacrée par le voyage de Magellan et d'Elkano (castillan, El Cano) en 1520-1522 —, il faut se contenter d'hypothèses, tout juste vérifiées par des ouï-dire, des témoignages plus ou moins directs, d'autant moins fiables qu'ils ne sont pas toujours couchés par écrit. Sans parler de la peur éprouvée pour ces lointains voyageurs qui ne reviennent pas ou qui, rentrant quand même, ne sont pas crus pour leurs récits jugés fabuleux. Songeons aux marins phéniciens envoyés par le pharaon Néchao (*ca* 600 av. J.-C.) et à tous les autres qui tentèrent le périple de l'Afrique, comme Ménélas, Hannon le Carthaginois, le marchand de Gadès, ou à ceux qui partirent à la recherche du pays d'Agisymba…

Selon Armand Rainaud, « si les anciens sont arrivés au concept de la terre australe, c'est bien plus par des considérations théoriques tirées de la sphéricité de la terre, du système des zones, etc., qu'à la suite de découvertes positives »[33]. Cette problématique marque la convergence entre la géographie et l'astronomie qui a existé partout dans les sociétés humaines, et qui a perduré jusqu'à la fin du XIXe siècle, environ, avant de s'effacer par la suite. Même si un Strabon déclare à plusieurs reprises que le géographe n'a pas à s'occuper d'autre chose que des faits concernant l'écoumène[34], les anciens grands géographes sont souvent des astronomes, ou les contemporains de fameux astronomes. Tel est le cas de : Eudoxe de Cnide (IVe siècle av. J.-C.), Claude Ptolémée (IIe siècle), la plupart des Grecs anciens, Zhang Heng (IIe siècle), Pei Xiu (IIIe siècle), Al-Farghâni et Al-Khwârizmi (IXe siècle), Al-Bîrûnî (Xe siècle), Huang Shang (fin XIIe siècle), les Cassini (XVIIe-XVIIIe siècles).

Les compétences de ces anciens savants ne s'arrêtent pas là. Ils ont un autre point commun : la maîtrise des mathématiques, nécessaire peu ou prou pour opérer tous les calculs de positionnement astronomique, géographique, terrestre ou nautique. Les raisons de cette convergence scientifique sont bien connues. Les souverains antiques ont l'obsession d'élaborer le calendrier pour asseoir leur pouvoir spirituel (médiation religieuse et cosmogonique entre le monde céleste et le monde terrestre) et temporel (contrôler les sociétés en gérant le temps, les rythmes, voire la météorologie). Comme on le sait, maîtriser le temps revient à maîtriser l'espace. Cela s'effectuait concrètement à travers la gestion des rythmes d'irrigation (et le partage des quantités d'eau, d'où l'importance des mesures mathématiques), des moments de culte, des lieux de pouvoir concentrés dans les palais urbains. Ce souci s'affirme dès la Babylonie et l'Égypte pharaonique. Les mathématiques à leur manière réunissent ce que la géographie historique dissocie traditionnellement entre géographes de cabinet et géographes d'exploration. Car sur un navire comme dans un salon de travail, le géographe devait jongler avec les nombres pour organiser le monde. Et s'il ne partait pas en voyage sur le terrain, ce qui arrivait fréquemment, il est vrai, il a toujours bénéficié des rapports d'exploration de ceux qui le faisaient, pour son compte ou non. En ce sens, l'essor de la géographie dite quantitative au cours de la seconde moitié du XXe siècle est une forme de retour aux sources même si, désormais, l'évaluation mathématique ne concerne plus l'étendue terrestre mais la densité des éléments qui s'y trouvent…

L'astronomie étudie le ciel, ce qui lui permet de connaître la terre et la mer. La géographie étudie la Terre, ce qui lui permet de connaître aussi la terre et la mer. Les mathématiques donnent non seulement les outils, mais aussi une conception scientifique selon qu'elles privilégient la géométrie (chez les Grecs) ou l'algèbre (chez les Chinois) qui se répercute directement sur la géographie elle-même. Bien sûr, chaque discipline nous donne des limites. On peut ainsi mettre de côté le débat entre géocentrisme et héliocentrisme à propos de la Terre qui n'affecte pas la question de sa rotondité et de son découpage en grands espaces. De toute façon, les géographes anciens sont confrontés à une question d'astronomie et de mathématique pour réaliser leur œuvre propre : la carte. Autrement dit, la géographie et l'astronomie sont originellement et consubstantiellement liées.

François Wahl rappelle opportunément ce propos de Strabon dans sa *Géographie* (I, 1, 13) : « Par essence, la géographie touche à la fois à l'étude de la cosmographie et à celle de la géométrie, unissant ce qui vit sur la Terre et ce qui se meut dans le ciel, les ramenant à l'unité comme s'ils étaient tout proches, et non pas séparés comme le ciel l'est de la Terre »[35]. Et il ajoute : la représentation de la Terre « n'est strictement rien d'autre que la reduplication du schéma du cosmos sur notre microcosme : nous n'avons pu décrire la Terre que parce que nous y avons projeté le ciel ».

Les Chinois sont allés très loin, et très tôt, sur ce chemin. La Cour chinoise met l'accent sur l'harmonie entre éléments célestes et vie terrestre dont l'empereur est considéré comme le médiateur. Elle insiste sur le calendrier, que chaque dynastie veut marquer de son nom. Le cosmos doit être étudié car ses changements reflètent la conduite des hommes, et surtout de leurs dirigeants. Accepter le calendrier officiel fait partie des obligations de ceux qui veulent prêter allégeance à l'empereur. L'astronomie devient une science officielle, quasi « confucéenne ».

Les chrétiens, quant à eux, se focalisent sur la datation du jour de Pâques qui articule l'ensemble de leur rythme cultuel. Puis le moine anglais Bède le Vénérable (VIIe siècle) utilise, le premier, la naissance du Christ comme date de référence. Les musulmans doivent calculer leur calendrier sur l'Hégire, connaître les heures précises de la journée ainsi que la direction de La Mecque, en tout temps comme en tout lieu, pour accomplir leurs prières[36].

Tout cela demande connaissances et calculs qui vont maintenir, voire favoriser, l'existence des savants dans le sillage du pouvoir spirituel et temporel. Certains en profiteront pour s'affranchir et emprunter des sentiers moins normatifs. L'affaiblissement du religieux se répercutera sur la convergence entre astronomie, mathématiques et géographie, tandis que les nouvelles découvertes dans ces trois domaines contribueront évidemment à la déstabilisation du religieux, notamment à partir du long XVIe siècle.

La place très particulière du religieux dans le monde sinisé, caractérisé par la faiblesse de la transcendance, sinon son rejet, constitue un point particulier, très important, qui conduit à dissocier deux grands ensembles. En mettant de côté le futur Nouveau Monde et l'Afrique noire —, deux logiques s'affirment en effet dans l'histoire de la géographie. Deux mondes, au sens braudélien de ce terme, et deux grandes conceptions se distinguent jusqu'aux Grandes Découvertes, et même après : le monde sinisé et le monde métaméditerranéen, avec un intermédiaire complexe qu'est le monde indien.

LE MONDE SINISÉ ET LE MONDE MÉTAMÉDITERRANÉEN

Par « monde sinisé », on entend l'ensemble composé de la Chine, de la Corée, du Japon, du Viêt-nam, de la Thaïlande, de la Birmanie, du Tibet et de la Mongolie qui ont peu ou prou évolué jusqu'au XIXe siècle dans l'orbite de la culture chinoise. Ils en ont adopté, pour tout ou partie et à différentes époques, l'écriture, la philosophie, la géographie, les sciences et la technologie « prémodernes », ainsi que l'administration. La place spécifique du religieux, au moins dans le centre chinois diffuseur, explique largement l'évolution des conceptions géographiques, relativement détachées des contraintes déistes. Elle permet de comprendre, en particulier, l'absence du hiatus qui existe en Europe entre les progrès culminant avec le géographe Ptolémée (IIe siècle), la stagnation de la cartographie au Moyen Âge et sa relance à partir du XIVe siècle. Au côté d'autres facteurs, elle éclaire aussi les pulsations d'expansion et de retrait des explorations géographiques.

Le fonctionnement de l'empire sinisé et des pays qui évoluent culturellement dans son orbite ne repose pas historiquement sur des critères religieux, ethniques ou linguistiques, lesquels constituent au contraire les ferments de l'État-nation moderne occidental. Il se fonde sur des critères d'avancée culturelle commune dans plusieurs domaines : l'écriture, les rites, la piété filiale, les coutumes (vêtements, cuisine...), les valeurs hiérarchiques sociales et politiques. Le centre chinois est ainsi doublement central, si l'on peut dire : topographiquement et culturellement. Cette conception est tellement forte et prégnante qu'en japonais, par exemple, l'expression *chûka shisô*, traduite par « pensée chinoise » — signifiant mot à mot « pensée de la fleur [= de la civilisation] du milieu » ou « efflorescence centrale » —, véhicule plutôt la notion d'une haute idée de soi-même, centrale, égocentrique.

Cette différence de fonctionnement culturel est fondamentale, et de plus en plus cruciale dans le monde postmoderne. C'est elle qui explique le plus grand degré de tolérance et d'adaptation des pays asiatiques, qui n'ont pas connu de grands conflits religieux sinon ethniques. Elle peut aussi se révéler être une lenteur ou une faiblesse, mais, au total, au regard de l'histoire humaine, elle semble être un atout. L'Empire chinois intégrait des populations non *han*, des religions diverses, des musulmans, encore de nos jours et pas seulement dans les déserts reculés ou les périphéries ouïgoures[37] ; des juifs, dont il subsiste encore quelques communautés ancestrales[38] ; et des anciens chrétiens, à l'image des nestoriens réfugiés après le schisme du concile d'Éphèse (431) qui trouvèrent également refuge, plus tard, dans quelques cités de la Mésopotamie.

À cet égard, et contrairement à la vulgate d'une certaine historiographie occidentale, le martyre des chrétiens japonais au XVIIe siècle correspond moins à une intolérance spirituelle qu'à une opposition géopolitique, et finalement idéologique, dans un pays qui avait précisément accueilli la nouvelle religion à bras ouverts puis s'en était méfié et défié car comprenant qu'arrivaient avec elle la subjugation politique et la colonisation. S'y sont ajoutées l'incompréhension des rivalités entre Espagnols, Portugais, Hollandais et Anglais, entre jésuites et dominicains, entre catholiques et protestants, ainsi que la volonté protectionniste de contrôler l'exode des métaux précieux réclamés par les Chinois et commercés par les Européens.

Il ne s'agit pas de nier l'existence de conflits, souvent sanglants, au sein du monde sinisé. Mais peu de discriminations reposaient sur des différences de conceptions métaphysiques ou racialistes. Il ne s'agit pas non plus d'occulter le fait que différentes théories pouvaient s'opposer en Chine, même sur des thèmes fondamentaux : mais justement, la dogmatisation fut loin de l'emporter. On peut bien sûr moduler l'ensemble de ces constats en fonction des périodes, surtout les plus récentes sous influences occidentales, et suivant les pays du pourtour sinisé[39]. Mais peu de pays en dehors de la Chine peuvent se targuer de voir leurs monarques être régulièrement issus d'ethnies extérieures (mongole, mandchoue...), tout en s'intégrant très rapidement à la culture locale, chinoise, sinisée.

L'opposition sinisée entre civilisés et barbares (ch. : *huayi* ; j. : *ka.i*) n'est pas du même ordre que celle des Grecs anciens dans la mesure où les barbares étaient des sinisés potentiels, opération culturelle qui devait s'accomplir moins par la guerre que par l'infiltration progressive et progressiste. Néanmoins, son substrat confucéen véhicule un paradoxe puisque, en privilégiant l'ordre familial non seulement dans la cellule ancestrale mais aussi dans les rapports politiques et sociaux (l'empereur et le patron étant comme des pères, les sujets et les ouvriers comme des fils), il réintroduit finalement une disposition héréditaire proche de la loi du sang. Le fonctionnement parfois chaotique des dynasties chinoises exprime bien cette complexité où les empereurs pouvaient échapper à la filiation, contrairement à ce qui se passait ou se passe encore au Japon, en Corée ou au Viêt-nam.

L'opposition sinisée entre civilisés et barbares fonctionne également sur l'opposition entre centre et périphérie, qui est géopolitiquement incarnée par le tribut jusqu'au XIXe siècle, avec des hauts et des bas. L'historien japonais Hamashita Takeshi estime que le système tributaire fut d'abord fonctionnel, mais on peut estimer que le tribut constitue très tôt un véritable ordre spatial, géographique et géopolitique[40]. Le sinocentrisme repose donc doublement sur l'opposition civilisés/barbares et le système tributaire[41].

Le tribut sinisé est un système tout à fait original, avec ses conséquences géographiques et métagéographiques évidentes. Il n'est pas l'expression d'un assujettissement politique total, mais plutôt un symbole de reconnaissance : de l'autorité suprême de l'empereur chinois, fils du ciel ; de la précellence de la culture chinoise. Il n'est pas non plus un échange inégal : certes, les pays tributaires remettent des biens de valeur à la Cour chinoise, le tribut proprement dit, mais ils reçoivent aussi quelque chose, qui n'est pas purement symbolique, souvent un droit de négoce. Le tribut lui-même n'est pas forcément stocké et il est remis dans le circuit marchand.

Le tribut, qui établit un lien de suzerain-vassal, donne le titre de « roi » (ch. *wang*) auprès de l'empereur chinois, c'est-à-dire une reconnaissance politique et une reconnaissance de l'allégeance tributaire. Il instaure une diplomatie, des ambassades, des échanges économiques officiels qui s'accompagnent d'échanges privés, parallèles, contrebande comprise. C'est donc davantage un système d'allégeance que de colonisation voire de domination. Cela le distingue fondamentalement des conquêtes européennes et arabo-musulmanes, où la colonisation s'est effectuée par le sabre et la prière : l'oppression par la force et la domination par le principe du monothéisme ou de la transcendance. Le monde sinisé échappe également à l'esclavagisme en tant que système socio-économique opérant sur une vaste échelle géographique.

Le *Huang Qing zhigong tu* (« Illustrations des peuples tributaires des Qing ») de 1761 montre comment « en dedans et en dehors de l'empire uni sous notre dynastie, les tribus barbares donnent leur allégeance et se tournent vers la civilisation »[42]. Il donne une liste des pays tributaires : Corée, îles Ryûkyû, Annam, Siam, Sulu, Laos, Birmanie et Da Xiyang (Grand Océan occidental) ; en est exclu Xiao Xiyang (Petit Océan occidental), alias un ensemble comprenant Angleterre, France, Suède, Hollande, Russie et Philippines. S'ajoute une série de pays incertains : Japon, Bornéo, Cambodge, Java, Sumatra.

Cette liste est historiquement datée. Car, du fait de sa propre largesse, dans les deux sens spatial et fonctionnel du terme, le système tributaire est flexible. Il dépend des connaissances géographiques, des relations diplomatiques, commerciales et militaires avec les voisins, des conceptions des uns et des autres. Les navigateurs, avec leur expérience, ont une conception différente de celle des lettrés ; la Cour interprète comme elle veut ou comme elle peut…

Le fonctionnement du tribut est historiquement variable, et donc géographiquement fluctuant. Certains pays échangent tellement régulièrement qu'ils paraissent complètement intégrés, comme la Corée. Certains pays ont échangé, mais n'échangent plus. Certains l'ont fait quelques fois, mais sans approfondissement véritable, comme le Japon des Minamoto au début du XVe siècle. Certains pays échangent officiellement mais leur véritable allégeance politique, sinon économique, est ailleurs, comme le royaume des Ryûkyû avec le shôgunat Tokugawa du XVIIe au XIXe siècle.

Avec leur conception du temps long et de l'espace profond, d'une histoire moins linéaire que cyclique et d'une géographie moins bornée que mouvante, les dirigeants chinois pensent, en toute sincérité, que donner une fois, c'est donner toujours, c'est faire partie intégrante de l'empire, de toutes les façons, même avec ses autonomies locales, par son acceptation culturelle. D'où l'expression chinoise traditionnelle selon laquelle, au moins sur le plan symbolique, mais pas seulement, « l'empire n'a pas de frontières ».

Cette géopolitique et cette géographie variables sont chamboulées lorsque s'instaure, à partir du XIXe siècle jusqu'à nos jours, le nouveau système des États-nations imposé par l'Europe, qui repose sur une autre conception des frontières et des espaces de souveraineté. D'où, encore actuellement, les complications et les difficiles recours à la géographie historique dans le cas du Tibet, des marges avec l'Inde, des îles situées dans les mers de Chine, de Corée ou du Japon, des confins indochinois.

Par « monde métaméditerranéen », on entend *lato sensu* l'ensemble des pays qui ont gravité autour de la mer Méditerranée, avec la Mésopotamie, le monde arabo-musulman dont l'extension maximale va de l'Indus à l'Andalousie en passant par le Maghreb ou l'Asie centrale, le monde gréco-romain puis européen, byzantin et turc.

Dans cette perspective, l'Europe du Nord, habituellement conçue comme englobant le monde germanique et celtique avec la partie *oïl* de la France, n'en est qu'un appendice, comme le sont le monde slave et la Russie. Cela se discute. Mais dans le temps long et l'espace profond avant la révolution industrielle du XIXe siècle, le centre de gravité de la dynamique générale se situe du côté de la Méditerranée, ou se tourne vers elle, si l'on songe par exemple aux routes commerciales entre la Flandre, la Champagne, la Bavière, la Lombardie et la Vénétie. Le monde hanséatique fait exception, mais sa désagrégation laisse la voie libre aux cités italiennes puis aux royaumes ibériques qui vont partir à la conquête de l'Amérique.

Réunir ces sous-ensembles métaméditerranéens si souvent, et abusivement, séparés est pertinent et important. Marquées par un substrat païen que de rigides et victorieux monothéismes du désert — le judaïsme, le christianisme, l'islam — ne réussissent pas à effacer totalement, caractérisées par la culture de l'alphabet et du logos — la Torah, la Bible, le Coran — les idées y ont toujours circulé de l'un à l'autre. C'est au moins le cas des sciences, et en particulier de la géographie. Même en prenant leur temps.

Fondée en 335 av. J.-C., Alexandrie constitue ainsi un point méditerranéen et profane de ralliement scientifique pendant plusieurs décennies. Outre de multiples savants (Euclide et Aristarque au IIIe siècle av. J.-C.), deux des géographes les plus connus de l'Antiquité y exercent : Ératosthène de Cyrène (*ca* 276-*ca* 194 av. J.-C.) puis Ptolémée (*ca* 100-170 ap. J.-C.). Tous les deux étudient auprès de la magnifique bibliothèque de la cité, dont Ératosthène est d'ailleurs le troisième responsable en titre[43].

L'un des processus clefs est la conservation de l'héritage grec, ptoléméen en particulier, si important en astronomie et en géographie, par le monde arabo-musulman, à Bagdad, en Perse, en Andalousie, en Sicile, puis sa restitution auprès de l'Europe médiévale à partir du XIIIe siècle, alimentant ainsi l'humanisme et traçant les chemins des nouvelles découvertes. Le fait que les savants de l'époque n'hésitent pas à se référer aux uns et aux autres quelles que soient les couleurs du religieux, malgré les grincements des éternels dogmatiques et intégristes qui parviennent parfois à leurs fins, suffit à créditer le principe d'un même monde métaméditerranéen où les rapprochements l'emportent sur les scissions.

Mieux encore, les savants arabo-musulmans approfondissent les mathématiques. De fait, ils saluent davantage Ptolémée comme un mathématicien que comme un géographe, à l'image de sa *Syntaxe mathématique* qu'ils appellent « Le plus grand des livres » (*Almageste*), un ouvrage qui est en réalité plus novateur et plus cosmographique que sa *Géographie*. Ils héritent des connaissances qui se sont épanouies dans l'Empire indien Gupta du IIIe au VIe siècle, qui lui aussi intègre les acquis grecs à la suite des expéditions d'Alexandre (mi-IVe siècle av. J.-C.) et de la culture développée en Bactriane. Dès le milieu du

IXe siècle, le médecin Ali al-Tabari, de Bagdad, fils d'un astronome persan de religion chrétienne, cite tout autant les médecins indiens (Charaka, Susruta, Vagbhata II) que grecs (Dioscoride, Hippocrate, Galien...). À son retour d'Inde, Al-Bîrûnî non seulement décrit le pays mais aussi étudie sa science en profondeur (*Tarikh al-Hind*, 1012).

Les Indiens excellent dans l'astronomie d'observation et le calcul. Au début du VIe siècle, Aryabhata utilise la numération décimale de position. C'est celle qui donnera les chiffres arabes, lesquels ne parviennent en Europe occidentale que trois siècles plus tard, en 976, comme en témoigne un manuscrit latin trouvé dans un couvent du nord de l'Espagne. Les Chinois pratiquent la numération décimale depuis le XIVe siècle av. J.-C., de façon attestée, mais probablement depuis plus longtemps encore, soit au moins 2 300 ans avant les Européens.

Au VIIe siècle, Brahmagupta utilise des lettres dans les équations pour désigner les inconnues et calcule sur des nombres négatifs, qui sont courants en Chine depuis le IIe siècle av. J.-C.. Le zéro est très probablement né en Chine, au IVe siècle av. J.-C. au moins, et il a peut-être transité par l'Indochine jusqu'en Inde où sa présence est attestée en 870. Il est également possible, comme le suppose le mathématicien japonais contemporain Yabuuchi Kiyoshi (1906-2000), que le zéro ait été inventé indépendamment en Chine à l'époque Tang, sous la forme d'un signe *ad hoc* (un point dans le *Calendrier des neuf planètes* du VIIIe siècle), alors que son apparition en Inde se fait sous la forme d'un symbole représentant une position vide[44].

Par la suite, en Inde, il est représenté par un petit rond, symbole qui se répand en Chine vers le milieu du XIIIe siècle. Wang Ling, l'un des collaborateurs de Joseph Needham, émet l'hypothèse d'une invention indépendante entre la Chine et l'Inde. Il établit un lien entre ce symbole et le cercle représentant l'origine de l'univers, appelé « faîte suprême », dans l'*Explication du Diagramme du faîte suprême* de Zhou Dunyi (1017-1073)[45].

L'algèbre naît à Bagdad au IXe siècle avec Al-Khwârizmi qui rédige également le *Livre de la forme de la Terre*. Elle est introduite en Europe par Leonardo Fibonacci de Pise au tout début du XIIIe siècle. Al-Haytham développe une nouvelle démarche scientifique qui lui permet de révolutionner l'optique. Le poète persan, mais aussi astronome et mathématicien, Omar al-Khayyâm (1048-1131) jette des ponts entre la géométrie des Grecs et l'algèbre d'Al-Khwârizmi. L'astronomie d'observation, pilier de la géographie, se développe considérablement dans le monde arabo-musulman. Les acquis grecs et indiens sont amplifiés. L'astrolabe, inventé par les Arabes, est diffusé vers l'Europe et vers la Chine (version écliptique, XIIIe siècle). Les écrits géographiques se multiplient avec Al-Bîrûnî (973-1048), Al-Mas'ûdî († *ca* 956) ou Al-Idrîsî (1099-1164).

Est-ce suffisant pour parler d'un monde métaméditerranéen qui graviterait autour de la Méditerranée ? Oui, si l'on se rapporte aux conceptions géographiques sinisées, à l'évolution de la dichotomie Orient/Occident et à l'histoire des grandes découvertes géographiques. Ce qui rapproche en cartographie les « Arabo-musulmans » des « Occidentaux européens » d'avant 1492, à commencer par l'héritage ptoléméen, est à la mesure de ce qui les éloigne des « Chinois » ou des « Sinisés ». Les Vénitiens, les Génois, les Catalans, les Siciliens, les Byzantins, les Cairotes, les Arabes ou les Juifs fréquentent alors le même espace : la Méditerranée. Ils s'affrontent, ils se confrontent, ils se connaissent. Ils ont en commun les mêmes lieux saints disputés, Abraham, la science hellénique. En outre, les Grandes Découvertes à partir de 1492 opèrent une bifurcation majeure qui entérine largement ce schéma. Bien que concluant sur le leurre que constituerait le « mythe de l'unité du monde méditerranéen », le géographe Jacques Bethemont, se référant au passé de cet espace qu'il étend pratiquement jusqu'à La Mecque, souligne en fait les traits communs de son axe de civilisation : « Plus que celle de toute autre partie du globe, l'histoire de la Méditerranée est faite d'affrontements dans un cadre spatial unitaire »[46].

Joseph Needham conclut en ces termes son approche de la science d'avant Galilée : « La vérité, c'est évidemment qu'il existe une ligne qui, du point de vue de la science, coupe l'Asie en deux : cette ligne, de direction nord-sud, traverse la Bactriane et va jusqu'à l'entrée du golfe Persique. En un sens, la science et la pensée scientifique de la civilisation arabe sont inséparables de la science européenne, non seulement parce qu'à l'époque où l'Islam atteignit la plus grande expansion la Méditerranée devint un lac musulman et les musulmans d'Espagne contribuèrent autant au progrès de la science que leurs frères de Perse, mais aussi parce que, comme chacun le sait, la langue arabe a été le véhicule qui a porté à l'Europe moyenâgeuse les écrits de la Grèce antique »[47].

On pourrait discuter le détail de cette affirmation, en s'interrogeant notamment sur la place de l'Inde. Mais le tableau général est brossé. Même s'il faut rester conscient des multiples différences et nuances, le trajet même du temps plaide encore en faveur de cette macro-dichotomie entre monde métaméditerranéen et monde sinisé. Les rythmes semblent distincts de part et d'autre de l'Himalaya et des mers de Chine. Pour preuve, le décalage qui va perdurer du côté du monde sinisé encore quelques décennies après les Grandes Découvertes. En outre, pour éviter tout dérapage soit nationaliste soit culturaliste, pour couper court à toute reconstruction anachronique, le choix a été fait de prendre des noms génériques qui ne sont peut-être pas les plus neutres mais les plus globaux possibles, à la fois spatiaux et délivrés de la contingence récente de l'État-nation, au risque de généraliser : monde sinisé, monde métaméditerranéen.

Le monde indien est difficile à définir par rapport à eux, au moins dans deux domaines. D'abord celui de la géopolitique, puisque l'Inde ne sera que très rarement unie sur le plan politique et qu'une islamisation massive, quoiqu'un peu tardive, contribue à la rattacher au monde métaméditerranéen *lato sensu*. Puis le domaine de l'histoire des idées et des sciences, délicat à cerner puisqu'il n'en reste que peu de traces écrites, et que de nos jours encore il est difficile de déterminer si l'Inde fut un foyer de création, incubateur ou passeur. L'histoire toujours obscure du zéro, du jeu de go ou de la théorie de l'*impetus* est là pour nous le rappeler. En tout état de cause, la cartographie et la géographie n'y ont pas connu de grands développements et, de notre point de vue, cela suffit à considérer différemment le monde indien.

Plus généralement, la façon dont les sciences ont progressé et se sont diffusées, la façon dont les connaissances ont été échangées et ont circulé offrent un élément supplémentaire d'appréciation : l'échange des informations géographiques constitue en lui-même une donnée géographique, localisable, cartographiable. Car si des individus et des groupes d'individus ont pu inventer de leur côté, parfois au même moment, bien que la coïncidence soit suffisamment troublante pour que nous n'y voyions pas un échange dont les modalités ne sont pas parvenues jusqu'à nous, à l'instar de l'extraction des racines supérieures au sixième par Al-Khayyâm peut-être d'origine chinoise et dont la méthode a été perdue, il n'en reste pas moins qu'à un temps donné la connaissance filtre, se diffuse, se communique. Ainsi l'Afrique représentée sur le *Kangnido* de 1402 (cf. *infra*) ou les mystérieuses cartes qu'aurait détenues Christophe Colomb montrant une terre vers l'ouest… Ces énigmes subsistantes rendent encore plus vaine la tentation d'attribuer la suprématie de telle ou telle société pour telle ou telle invention.

DÉFINITIONS DE L'ASIE ET DE L'ORIENT, CENTRE ET PÉRIPHÉRIE

La définition de l'Asie orientale renvoie à celle de l'Asie dans son ensemble, laquelle a varié au cours des siècles. S'y ajoute l'assimilation possible, mais flottante et compliquée, entre Asie et Orient, deux espaces et deux termes qui ne correspondent pas exactement.

L'« Orient » est inséparable de son antonyme l'« Occident ». Il faut rappeler cette évidence, et insister sur elle, car, symétriquement, chaque ensemble se définit par rapport à lui-même, mais aussi, sinon surtout, par rapport à l'autre. Une part relève de l'autodéfinition identitaire pour déterminer « qui sommes-nous et dans quel espace vivons-nous ? ». L'autre part implique un regard extérieur, car en se définissant soi, on définit l'autre, on peut même le toiser, le contrôler.

Ce terme général d'« ensemble » recouvre deux éléments, proches mais en réalité distincts : d'une part une catégorie spatiale, proche de la notion de continent, et d'autre part une catégorie civilisationnelle, d'ordre social, culturel et politique. La dimension économique qui est discrète dans la catégorie civilisationnelle s'est imposée au cours du XXe siècle pour définir de nouveaux découpages du monde en reprenant un vocabulaire certes géographique mais sous une optique économique. Ainsi en va-t-il du binôme Nord/Sud qui correspond à un binôme pays riches/pays pauvres, ou encore de la notion de « pays émergents » qui dérive en réalité de l'expression originelle anglaise d'*emerging markets*. Cette référence au « marché » inscrit clairement la catégorie dans le champ lexical et spatial de la marchandisation du monde.

Au débat sans fin de savoir si c'est l'espace qui définit une civilisation ou bien si c'est une civilisation qui définit un espace, fût-il continental, la démarche la plus pertinente, semble-t-il, est de manier une dialectique entre les deux éléments. S'attacher d'abord à la sémantique et à l'étymologie des termes choisis permet déjà de considérer, dans chaque espace et chaque culture, comment s'exprime et fonctionne cette dialectique.

Le mot « Asie » vient de l'assyrien antique *assu* qui signifie le « levant », et qui donnera également le mot « Est ». Les deux proviennent de la même racine indo-européenne *es* ou *os* qui désigne le « lever » (du soleil). Symétriquement, le mot « Europe » vient de l'assyrien antique *ereb* qui signifie le « couchant », et qui donnera également le mot « Ouest ». Leur racine indo-européenne *wes* désigne le « coucher » (du soleil). On retrouve *os* dans Autriche, le « royaume de l'Est » (*Ost-Reich*), et *wes* dans vêpres, dans

Westphalie — ce royaume occidental de la tribu des Falen créé à la fin du Moyen Âge — ou encore dans Hespérides, ces gardiennes du jardin des pommes d'or que les Grecs anciens situent à l'extrême Occident, filles d'Atlas et de la Nuit. « Asie » et « Est » d'une part, « Europe » et « Ouest » d'autre part, sont donc étymologiquement identiques en langue indo-européenne.

Le mot d'« Orient » vient du latin *oriens*, participe présent du verbe *orire* qui signifie « se lever », tandis que le mot d'« Occident » vient du latin *occidens*, participe présent du verbe *occidere* qui signifie « chuter ». « Orient » apparaît dans la langue française vers 1080, de concert avec celui de « Levant »[48]. La relation de Guillaume de Rubrouck (1215-1295), envoyé par Louis IX en 1253 au khan de la Grande Tartarie, s'intitule *Itinerarium ad partes orientales* (1254).

Tous ces termes font référence à la course du soleil. Mais comme le signale Pierre Larousse dès l'un de ses premiers dictionnaires, l'Orient n'est « rien de plus vague, en effet, rien de plus mal défini que la contrée à laquelle on applique ce nom »[49]. Le Furetière (1684) le définit comme « tous les pays situés à l'Orient à notre égard ». *Sol oriens* et *soleil levant* ont, après tout, le même sens.

La différenciation entre « Orient » et « Occident » relève initialement d'une distinction entre points cardinaux. Dans toutes les sociocultures, ceux-ci « font l'objet d'un investissement symbolique et imaginaire considérable à travers l'histoire »[50]. Cet investissement est double : à la fois universel et spécifique à chaque aire géoculturelle. La dimension universelle ressortit évidemment à sa base physique, cosmique. Pour tous les êtres humains, le soleil se lève à l'est et se couche à l'ouest, une trajectoire due à la course du soleil. Le pôle nord, magnétique, et le pôle sud constituent des repères objectifs, calés sur les astres visibles, étoile Polaire dans l'hémisphère septentrional qui porte le nom de sa constellation (le Septentrion), Croix du Sud dans l'hémisphère méridional.

La dimension spécifique tient au lieu où l'on se place, et à la socioculture qui nous englobe : nous sommes toujours à l'est, à l'ouest, au sud ou au nord de quelqu'un. Cette particularité « relativiste » se traduit notamment par la façon dont sont dénommés les points cardinaux. En français, ils sont exprimés par un vocabulaire d'origine viking qui a été préféré à celui des navigateurs méditerranéens utilisant Levant, Couchant, Septentrion et Méridien. On peut y voir le triomphe de la navigation atlantique sur la méditerranéenne puisque sa manière de désigner les directions est très anciennement utilisée dans la Baltique et la mer du Nord[51].

Au-delà d'un positionnement physique strict, le cosmique s'accompagne dans toutes les cultures d'un positionnement cosmogonique assorti de valeurs. Pour certains auteurs, les points cardinaux sont même essentiellement des catégories anthropologiques. Ainsi, pour Raimon Panikkar (1918-2010), prêtre catholique, philosophe et promoteur du dialogue interreligieux hindou-chrétien, « il y a un Orient et un Occident en chacun de nous. C'est pour cela qu'il est possible de s'entendre »[52]. D'un côté se trouvent la lumière, la naissance, la réflexion, la connaissance par ouverture des yeux tournés vers le ciel. De l'autre se trouvent bientôt l'obscurité, la décadence, la mort, la connaissance par des yeux qui scrutent dans le noir, et tournés vers le sol. Certes, Raimon Panikkar s'efforce de démontrer que ces deux tropismes existent dans toutes les civilisations occidentales, orientales ou africaines. Mais le risque est que ces métaphores alimentent des visions identitaires, mystiques ou politiques.

Des facteurs géopolitiques s'ajoutent au simple repérage topologique et astronomique. En conséquence de quoi, « Orient » et « Occident » ne deviennent pas, en fait, synonymes d'« Est » et d'« Ouest ». Les « pays de l'Est » appartenant à l'ex-bloc soviétique ne se situent pas forcément en Orient. En revanche, dans la *Revue des pays de l'Est* consacrée aux pays alors communistes se trouvait la Chine, aux côtés des pays du bloc de Varsovie. Symétriquement, le bloc de « l'Ouest », ou occidental, comprend des pays comme le Japon qui font a priori partie de l'Orient. En outre, l'appartenance même du Japon à ce « bloc occidental » est discutée avec passion par les Japonais eux-mêmes depuis un siècle et demi, au moins.

L'utilisation des points cardinaux comme repérage géographique et cartographique constitue une constante des différentes cultures du monde dans le passé. En mettant de côté pour le moment le passage de la connaissance géographique à sa reproduction cartographique, il s'avère aussi que ce repérage débouche assez rapidement, et logiquement, sur une dénomination des contrées au moins à une échelle macro. La vision des périphéries par les points cardinaux varie alors selon deux conceptions : celle du centre et celle de la forme terrestre. En théorie, l'une n'implique pas forcément l'autre, même si les visions privilégiant le centre ne se sont guère, comme dans le cas de la Chine ancienne, préoccupées des contours terrestres. En pratique, cela aboutit à une grande divergence dans les chemins civilisationnels parcourus.

Toute culture, surtout avant les Grandes Découvertes du long XVIe siècle, et même ultérieurement en ce qui concerne la civilisation « occidentale », est largement ethnocentrée, avec ses dérives possibles de sentiment de supériorité et de volonté hégémonique. Les hommes et les femmes qui la portent se voient au centre des choses et du monde. Chaque civilisation sinon chaque peuple se considère au cœur de l'écoumène. Les mythes, entre autres systèmes, témoignent toutefois aussi d'origines spatialement lointaines, d'un ailleurs, offrant de lointaines réminiscences d'un berceau humain a priori situé au cœur du Rift. Quoi de plus naturel, à moins de pratiquer un désubjectivisme aliénant, et dangereux s'il bascule dans un subjectivisme culturel total où en soi tout se vaudrait ? Ce n'est donc pas sur ce point — qui les unit — qu'il faut différencier les cultures mais sur la façon dont elles caractérisent les périphéries et dont elles peuvent réévaluer le centre au regard des découvertes.

L'orient étant un point cardinal qui ne correspond pas à un pôle terrestre, sa localisation est relative. Elle dépend donc de là où est placé le centre. Ce centre n'est pas conçu isolément, mais en binôme, avec la périphérie. En outre, le binôme centre-périphérie est primitivement entendu comme centre civilisé et périphérie barbare. Il est simultanément géographique et métagéographique, réel et symbolique. Pour les Grecs, l'*omphalos* de Delphes avec sa Pythie s'articule autour de la mer Égée puis de la Méditerranée. L'Asie et l'Orient commencent pour les Grecs anciens sur les rivages de l'actuelle Turquie, d'où le toponyme d'Asie Mineure que l'on trouve par exemple chez Hérodote, au Ve siècle av. J.-C., une expression tombée en désuétude et qui réapparaît à la fin du XVIe siècle. Chez les Chinois, le centre est placé non pas en fonction d'une mer mais autour de vastes plaines arrosées par des grands fleuves, bordées par des montagnes au nord et à l'ouest, par des mers au sud et à l'est. La transformation de l'ethnocentrisme en métagéographie dominante dépend de la puissance du moment et de l'espace que s'attribue telle ou telle civilisation.

Une fois posé ce principe d'un espace habité conçu comme centre et périphérie, il reste à l'organiser, symboliquement et concrètement. Mais comment ? En cercle ou en carré ? On sait que les différentes civilisations ont choisi l'une ou l'autre de ces deux options, ou bien l'une et l'autre en les combinant. Le prototype de la combinaison culmine dans les fameux mandalas indiens ou tibétains. Il semble néanmoins que le quadrilatère, symbole de l'ordre opposé au chaos du cercle, soit considéré comme le plus pratique, le plus rationnel, le plus sécurisant, pour organiser aussi bien les champs, les rizières que les villes, pour tracer les plans *in situ* ou en carte plane. On le trouve aussi bien dans le monde méta-méditerranéen qu'en Chine ou en Inde. Il débouche sur la croisée, et le damier.

Le système carré, pour universel qu'il soit, n'en revêt pas moins des particularismes, qui renvoie à l'imaginaire numérique des points cardinaux[53]. Certaines socioscultures en dénombrent quatre essentiellement, d'autres cinq, quelques-unes, plus rares, jusqu'à sept. Le symbolisme quaternaire se retrouve dans les cultures européennes, aztèques et amérindiennes qui comptent quatre points cardinaux (nord, sud, est, ouest). La Chine et la Perse mazdéenne en comptent cinq, qui ajoutent le centre. La Perse zoroastrienne en compte sept : les quatre points cardinaux indo-européens sont subdivisés en deux, auxquels s'ajoute le centre[54].

Dans de nombreuses cultures, surtout indo-européennes, quatre est le chiffre cosmique par excellence : quatre côtés de la pyramide de Gizeh, quatre éléments, quatre saisons, quatre humeurs dans le corps, quatre tempéraments, quatre âges du monde, quatre angles pour le cube de la Kaaba, quatre Évangiles. La croix en est le symbole, dans la chrétienté bien sûr. Pour ces civilisations, le quadrilatère est finalement prédominant en cosmographie comme en urbanisme. Selon Yves Vadé, « la structure des quatre directions s'opposant deux à deux et se coupant en un point central fournit un modèle ou un schéma classificatoire qui a permis à de nombreuses cultures de mettre l'univers en ordre »[55]. Il favorise un positionnement plus net, immédiat, clair et lisible vis-à-vis des points cardinaux : aux quatre côtés correspondent les quatre orientations. « Leur sème commun est celui de la complétude, de la totalité, voire de la perfection », comme le résume Michel Viegnes[56]. La Jérusalem céleste de l'Apocalypse est un carré parfait, orienté selon les points cardinaux (*Apocalypse*, 21, 12-13).

Dans le monde sinisé, quatre dieux veillent jalousement sur les quatre directions. L'empereur qui en est le garant a une double fonction, religieuse et politique. Il est, avec son palais, au centre de plusieurs tétragones emboîtés, schéma désormais célèbre de l'organisation politique chinoise en centre/périphérie (cf. *infra*). Le syntagme chinois de *fang* n'est qu'imparfaitement rendu par « direction » ou « point cardinal ». Il signifie aussi bien le « lieu », la « région », la « contrée », que le « côté », le « carré » et, plus généralement, toute « figure géométrique quadrangulaire »[57]. Il s'agit d'une étendue ouverte plutôt que d'un point fixe, néanmoins intégrable dans la géométrie. Cette conception en « aire » et non en « point », distincte de la tradition européenne, permet d'intégrer le « centre » aux quatre points cardinaux habituels, car ce centre ne peut cosmogoniquement être réduit à un point et doit être considéré comme un espace, celui de l'empereur, celui de l'empire de Chine.

Le syntagme chinois *wufang*, soit « cinq régions », ou bien « cinq orients » au sens d'orientation, désigne donc la totalité de l'univers, l'ensemble de la Terre, le carré, le « Grand Carré » et, dans une acception géopolitique, l'« empire », c'est-à-dire la Chine elle-même[58]. Son énumération se fait dans l'ordre suivant : Est, Ouest, Sud, Nord, Centre (*dong*, *xi*, *nan*, *bei*, *zhong*). Dans la tradition chinoise classique, les *wufang* sont intégrés dans des séries complexes de symboles qui associent l'espace avec divers éléments : les météores, les couleurs, le corps humain, les montagnes, les notes, etc.

Cette fameuse théorie des « cinq éléments », ou, mieux, des « cinq agents » (*wuxing*), articule la pensée et la métagéographie chinoises : « Par le biais de ces mêmes séries d'éléments qui opèrent la connexion entre l'espace et le temps, ce système interprétatif parvient à intégrer aussi la vision impériale du pouvoir »[59]. Le changement des dynasties est expliqué en fonction de sa dynamique, et à l'intérieur de l'espace chinois, qui est suffisamment vaste pour attribuer une région différente à chaque dynastie. Le schéma se brise bien évidemment en cas d'irruption de l'extérieur.

Selon Chaoying Sun-Durand, la « différence entre quatre et cinq semble fondamentale pour comprendre la divergence profonde entre l'esprit occidental, héritier de la logique du tiers exclu, et la pensée chinoise, habituée à la logique du tiers inclus »[60]. La théorie chinoise des « cinq actions » et son corollaire le binôme *yin/yang*, qui ne relève pas de la dialectique ternaire européenne classique (thèse, antithèse, synthèse), tracent effectivement un cadre philosophique différent. Sur le plan métagéographique, cela se traduit par une conception différente de l'affrontement issu de l'antagonisme. Même les barbares qui s'opposent aux sinisés peuvent être civilisés.

La Terre n'est pas sphérique, mais ronde, rappelons-le précisément. Elle constitue un ellipsoïde de révolution, et le diamètre équatorial dépasse le diamètre polaire de quarante-trois kilomètres. Ronde car, conformément à la définition du dictionnaire, c'est ce « qui a la forme exacte ou approximative d'un cercle, d'une sphère, ou d'un cylindre », tandis que la sphère est « un corps limité par une surface dont tous les points sont à égale distance d'un même point, le centre de la sphère »[61].

Curieuse question que celle de la rotondité terrestre ! Bien que celle-ci soit scientifiquement et empiriquement démontrée depuis longtemps, et visuellement confirmée par les expéditions spatiales de la seconde moitié du XXe siècle, elle semble encore hanter les humains. À l'instar de la rotation planétaire, elle heurte, il est vrai, le « sens commun » de tout un chacun qui marche sur le plat, « même montant », sans sentir la Terre tourner. Le questionnement s'est de nos jours rapatrié sur l'histoire scientifique, en particulier sur le fait de savoir quelle était la véritable position des savants du Moyen Âge européen : croyaient-ils la « Terre plate » ou la concevaient-ils déjà comme ronde ? Et quel était le point de vue dominant ?

Sur les chemins de l'Extrême-Orient, le géographe découvre, assez étonné tout d'abord, que la bataille scientifique fait encore rage à ce propos. Au-delà d'une volonté de réhabiliter globalement le Moyen Âge européen, qui n'est pas sans déboucher sur une certaine mode ou certains excès, et sans parler du problème des sources, on constate que les enjeux qui sous-tendent cette thématique sont forts : niveau d'appréciation des périodes anciennes, rôle des Églises et des clercs dans le progrès scientifique, évaluation du tournant scientifique, géographique et historique que représente la Renaissance.

Car, qu'on le veuille ou non, l'année 1492 constitue un tournant majeur. Qu'importe si les Vikings avaient pris pied dans le Vinland canadien au XIIe siècle, qu'importe si, selon certaines théories, les Chinois en avaient fait peut-être autant sur les côtes mexicaines, tout cela n'a pas changé grand-chose dans la marche du monde. En ce sens, Colomb et les autres ont vraiment découvert l'Amérique, avec ce paradoxe que jusqu'à sa mort Colomb ne croit pas à cette Amérique en lieu et place de Cipango et de Cathay. Il se fera ainsi doubler par Améric Vespuce (Amerigo Vespucci, 1454-1512) dans la dénomination du nouveau continent.

SPHÈRE MÉTAMÉDITERRANÉENNE ET DAMIER CHINOIS

Depuis les Grecs, au moins depuis les pythagoriciens (VIe siècle av. J.-C.), la rotondité de la Terre ne fait pas de doute pour les savants anciens du monde métaméditerranéen[62]. Même le Moyen Âge européen, dont la chape de plomb chrétienne, entée sur le dogmatisme d'Augustin d'Hippone (354-430) et sur une lecture littérale de la Bible, opère un formidable bond en arrière sur ce point, ne saura totalement effacer l'acquis des premiers astronomes et géographes. Échappant de leur côté à l'obscurantisme des disciples d'Augustin et de la papauté, les géographes astronomes du monde arabo-musulman se sont faits, comme on l'a vu, les héritiers des acquis grecs. La continuité des uns aux autres est d'ailleurs assez naturelle car elle suit une logique autant géographique qu'idéologique : ces savants vivaient globalement dans le même espace. Ne nous laissons pas, en effet, abuser par les expressions de « grec » ou d'« arabo-musulman », puisque les centres d'activités des savants concernés relèvent de la sphère métaméditerranéenne. Leur géographie échappe en partie à la nomenclature qui, habituellement, est religieusement centrée sur Athènes, Jérusalem, Rome, La Mecque ou Meshed, en Iran.

Les fondements scientifiques de la géographie remontent à Ératosthène, lequel invente d'ailleurs le terme de « géographie »[63]. Il se rend justement célèbre en calculant la circonférence terrestre. À partir d'une observation empirique de la courbure de la Terre — la ligne arrondie de l'horizon — puis d'un calcul savant sur l'ombre d'un gnomon en deux points situés sur le même méridien, à Syène et à Alexandrie, il trouve un résultat de 250 000 stades, soit 39 690 kilomètres (même si la valeur qu'il accorde au stade fait encore l'objet d'interrogations). Ce chiffre est très proche de la réalité, qui est de 40 075 kilomètres.

Son calcul est donc tout à fait impressionnant. Il est d'autant plus remarquable qu'il est fondamentalement théorique, ce qui n'empêche pas sa réalisation cartographique d'intégrer les données empiriques apportées par l'expérience. Le résultat d'Ératosthène, qui comprend l'invention de la latitude, est repris par ses successeurs qui l'adoptent tel quel, comme Hipparque de Nicée (*ca* 190-120 av. J.-C.) et Géminos de Rhodes (*ca* Ier siècle ap. J.-C.), ou qui le modifient plus ou moins. Marin de Tyr et Ptolémée, qui disposent de nouvelles informations empiriques sur l'étendue de l'écoumène, du côté de l'Orient notamment, allongent le continent eurasiatique sur plus de la moitié du parallèle à partir duquel sont mesurées les distances, tout en rétrécissant la circonférence terrestre à 180 000 stades (33 000 kilomètres)[64].

Christophe Colomb, on le sait, spécule sur l'idée que le continent eurasiatique se prolonge vers l'est, bien au-delà des extrémités connues de la Chine. Il choisit de recalculer en milles romains les valeurs d'Al-Farghânî pour trouver une circonférence terrestre réduite à un peu plus de 30 000 kilomètres. Il préfère croire, avec Marin de Tyr et ses 220 degrés, que la véritable longueur du monde habité — d'Espagne en Chine — est bien supérieure aux 180 degrés retenus par Ptolémée, sans parler des 140 degrés d'Ératosthène, lesquels sont pourtant les plus proches de la réalité[65]. Il peut espérer que le trajet ne soit pas si long de Palos à Cipango. Une erreur qui lui coûte l'Amérique !

Une fois affirmée la rotondité terrestre, se pose un problème crucial pour la géographie : celui de sa représentation, comme on l'a brièvement vu. Deux possibilités théoriques et pratiques s'offrent alors : le globe ou le plan. Les Grecs et leurs successeurs ont, comme on le sait, choisi les deux. Un choix pas toujours simple. Cratès de Mallos (Pergame) se rend célèbre en construisant au IIe siècle av. J.-C. un globe terrestre de grande dimension, enrichi par une foultitude d'appellations pour les peuples connus ou inconnus. Il divise la sphère terrestre en quatre parties, de part et d'autre d'une ligne équatoriale et d'un méridien. Dans le quart supérieur droit, il place le monde connu, habité, l'« écoumène » (*oikoumenê*) ; dans le quart supérieur gauche, donc à l'ouest de l'écoumène, l'espace des « périèques » (*perioikoi*) ; dans le quart inférieur droit, donc « en dessous » et au sud de l'écoumène, l'espace des « antièques » (*antoikoi*) ; et, enfin, dans le quart inférieur gauche, donc à l'opposé de l'écoumène, l'espace des « antipodes » (*antipodoi*), de ceux qui, étymologiquement, « marchent à l'envers de nous ». L'invention cratésienne est décisive. Comme l'affirme Germaine Aujac, le « globe terrestre de Cratès a certainement plus fait pour répandre la conviction qu'il existe des antipodes que tous les raisonnements géométriques »[66].

Mais un globe n'est pas facile à construire, et guère commode à transporter pour utilisation. En outre, la courbure de la Terre et la courbure du ciel, constatées par les uns et par les autres à des moments divers, constituent un obstacle scientifique, méthodologique et technique, dans le passage au plan : à la carte couchée sur une surface plane. C'est tout le problème de la projection. Encore de nos jours, celle-ci n'est pas toujours réalisée de façon satisfaisante, vu les déformations qu'elle produit dans ses représentations de la Terre. Cette question constitue, soit dit en passant, un formidable point de rencontre, voire d'achoppement entre le constat positif d'une forme géographique et sa représentation fatalement phénoménologique[67].

La carte est toujours, sauf rareté, de forme quadrilatère. Certes, le carré ou le rectangle de la feuille ou même du rouleau est plus pratique. Mais la carte est aussi une mise en ordre du monde, une représentation ordonnée et sécurisante. Elle est une application à la fois pratique et idéologique du ciel à la Terre, de la lecture cosmique à la lecture terrestre. Elle est donc favorisée, et ses bases sont jetées par Anaximandre de Milet (610-*ca*-546 av. J.-C.). Selon Aujac, « il est plus commode, au lieu d'utiliser un globe terrestre, sur lequel tant de parties sont inconnues, de s'en tenir à une simple carte plane du monde habité, dessinée en projection orthogonale, comme l'avait fait Ératosthène, en alignant tous les parallèles sur celui de Rhodes »[68]. Mais la Terre étant sphérique, se pose le problème de sa représentation exacte sur un plan.

Strabon considère la tâche comme inéluctable : « Il faut représenter la terre par une sphère comme l'a fait Cratès, en isoler le quadrilatère, et, dans les limites de celui-ci, disposer la carte géographique » (*Géographie*, II, 5, 10). Conscient des risques de déformations, il estime que l'enjeu en vaut la chandelle car celles-ci ne seront que mineures : « La différence sera faible si, à la place des cercles, nous traçons des droites, parallèles pour les parallèles, perpendiculaires aux premières pour les méridiens : l'intelligence peut facilement transposer, et imaginer circulaire ou sphérique ce que l'œil perçoit sur une surface plane... » (*Géographie*, II, 5, 10).

Les Grecs anciens tracent donc des cartes avec latitudes et longitudes, qu'ils expriment en degrés (Hipparque) ou en quarts d'heure (Ptolémée dans un premier temps). Pour représenter l'écoumène, Ptolémée renonce toutefois à la projection orthogonale d'Ératosthène au profit de la projection conique, simple ou arrondie, en établissant une table complète des lieux à inscrire sur la carte, assortis de leurs coordonnées, longitudes et latitudes, exprimées en degrés. Ainsi quiconque peut dresser sur cette base une carte de l'écoumène. C'est une véritable avancée scientifique. Les savants arabo-musulmans se font les parfaits continuateurs de la conception hellénique, à tel point que le terme « géographie » en arabe (*djagrafya*) est pris dans le sens de science des longitudes et des latitudes. Les savants arabo-musulmans adoptent « sans hésitation la doctrine grecque de la sphéricité de la Terre »[69].

Reflet de l'ordre cosmique via son intermédiaire, l'empereur, le centre est métagéographiquement pensé en Chine comme le monde. Et le monde pouvait être géographiquement et astronomiquement conçue de trois façons différentes[70].

Selon la première théorie du *gaitian* (le « ciel couvert »), la Terre est « carrée, comme un damier », le ciel est comme un bol renversé, un dôme ou une coquille d'œuf qui couvre la Terre, il est « rond, comme une ombrelle ». Cette théorie est exposée dans le *Yugong* (*Tribut des Yu*), un chapitre du *Shujing* (*Classique de l'histoire*, VIe siècle av. J.-C.). C'est la plus ancienne. Plusieurs descriptions stylisées semblables figurent également dans des ouvrages de la dynastie Han (IIe siècle av. J.-C.) comme le *Zhouli* (*Rites des Zhou*) et le *Liji* (*Écrit sur le rite*). Le *Classique du calcul du gnomon* l'expose ainsi : « Le firmament des étoiles fixes est un chapeau ou un couvercle hémisphérique tournant au-dessus d'une terre carrée ; le soleil et la lune, quoique se déplaçant sur le firmament en sens inverse, sont entraînés comme des fourmis sur une meule »[71]. D'apparence la plus archaïque, on retrouve cette théorie, d'après Joseph Needham, au Proche-Orient et, d'après Colin Ronan, plus spécifiquement en Babylonie[72].

Selon la deuxième théorie du *huntian* (le « ciel enveloppant »), l'univers est métaphoriquement considéré comme semblable à un œuf entourant son contenu, dont le firmament serait la coquille et la

Terre, le jaune. Une autre image est celle du « rond comme une balle d'arbalète ». Le ciel est souvent décrit comme rond, mais pas nécessairement. Cette théorie du *huntian* est exposée par Zhang Heng (78-139), un savant de la dynastie des Han, géographe, astronome et sismologue, qui l'attribue et la fait remonter à Luo-Xia Hong (IIe siècle av. J.-C.). Si une telle ancienneté était avérée, ce qui est fort possible comme dans bien des cas pour les conceptions chinoises, elle serait donc antérieure à celle des Grecs. Cela permettrait d'imaginer, comme le fait Joseph Needham toujours fougueux dans ce domaine, une précellence des Chinois vis-à-vis des Grecs quant à la rotondité terrestre, bien que les Pythagoriciens, antérieurs, l'aient déjà pensée. On retrouve en tout cas la conception du *huntian* et sa métaphore chez les géographes et astronomes arabo-musulmans d'avant le XIe siècle, rappelle l'historien André Miquel : « À l'envi, les auteurs se transmettent l'image du “jaune dans l'œuf”, réceptacle médian de la vie. [...] Maqdisî renchérit sur la composition : la terre représenterait le jaune, le blanc de l'albumine l'air et la coquille le ciel, mais un ciel ovoïde alors qu'il est rond dans la réalité. L'équilibre du système est assuré par l'attraction universelle, antidote du vide »[73].

Selon la troisième théorie du *xuanye* (la « nuit étendue »), le soleil, la lune, les étoiles et la Terre flottent librement dans le vide, où ils sont soutenus par un « souffle dur » (*gangqi*). Il n'y a pas de firmament solide, le bleu du ciel résulte d'un effet d'optique. Cette conception qui est attribuée à Qi Meng, de la fin des Han (IIe siècle), n'est exposée que dans des ouvrages médiévaux. Pour l'historien des sciences Colin Ronan, « c'est la plus avancée et la plus inventive des trois théories ». Car cette idée d'univers vide et infini où des corps flottent s'accorde non seulement à nos conceptions modernes de l'univers mais représente aussi un progrès pour son époque par rapport à « la rigide croyance grecque en des sphères solides. C'était une vue grandiose du cosmos, et elle encouragea la Chine à développer une conception plus large de l'ensemble de la Nature »[74].

Cette dernière assertion reste à démontrer de façon plus ample, mais ce qu'il faut retenir ici, ce sont trois choses. En premier lieu, la coexistence de trois théories plus ou moins contradictoires, qui témoigne des capacités de tolérance et d'imagination antidogmatique du monde sinisé. En deuxième lieu, leur quasi-concomitance au cours de la dynastie Han, époque où les mathématiques connaissent un essor en Chine, presque en même temps qu'en Grèce[75]. C'est une période également caractérisée par le développement de l'astronomie (cf. *infra*). En troisième lieu, la persistance de la conception carrée du monde. En effet, bien que la deuxième théorie du *huntian* soit considérée comme la bonne cosmogonie par la plupart des historiens de chaque dynastie chinoise, la conception carrée ou rectangulaire de la Terre reste vivace. C'est en particulier le cas dans la cartographie qui utilise un système de grille sans prendre en compte la courbure de la Terre.

Ainsi qu'il le décrit lui-même (« la terre carrée comme un damier »), le *locus classicus* du *gaitian* constitue une métaphore du *go* (ch. *weiqi* ; cor. *paduk*). Ce rapprochement mérite qu'on s'y arrête brièvement car il révèle à son tour d'autres valeurs du monde sinisé. Le go, jeu fameux en Asie orientale, provient peut-être d'Inde, mais cela semble de moins en moins sûr. Pour Joseph Needham, le jeu d'échecs actuel provient ainsi non pas d'Inde mais de Chine, où il connaissait cependant une autre forme avant de transiter au VIIe siècle dans le quasi-continent[76]. Le go véhicule une véritable philosophie cosmogonique et humaniste. Sa logique conforme aux principes du yin et du yang considère comme égalitaires les pierres noires et blanches alternativement posées sur les intersections, dont l'objectif n'est pas de détruire mais de faire des territoires en laissant de la place à l'autre. Elle dame le pion à la logique hiérarchique des pièces d'échecs indianisés dont l'objectif est d'annihiler le roi de l'autre.

La conception centrale du carré et de la grille est déclinée dans les différents domaines de la civilisation sinisée, notamment l'architecture, l'urbanisme et la métagéographie. On la retrouve dans les plus anciennes cartes chinoises découvertes[77]. Elle en arrive même à organiser pratiquement et symboliquement le monde sinisé à partir de la capitale, elle-même conçue comme un damier, véritable représentation microcosmique du macrocosme chinois. Les dernières phrases du *Yugong* (VIe siècle av. J.-C.) révèlent ainsi que la théorie du *gaitian* conçoit l'écoumène chinois comme des quadrilatères emboîtés concentriquement. Ce schéma est tracé dans des ouvrages ultérieurs qui le rendent célèbre par sa géométrie simple et symbolique[78]. Joseph Needham précise à ce propos qu'« il n'y a cependant rien dans le texte [du *Yugong*] qui justifie la tradition selon laquelle ces zones étaient des rectangles concentriques ; celle-ci ne fait probablement que reposer sur la base de la doctrine cosmologique de la terre carrée »[79].

Cinq zones géographiques périphériques rectangulaires sont ainsi figurées autour de la capitale impériale. Un cartouche placé en haut à droite indique : « Tableau des cinq zones d'appartenance ». Cinq rectangles d'une distance de 500 *li* chacun sont dénommés, soit du centre vers l'extérieur : le « domaine royal » (*tien fu*), alias la capitale impériale ; le pays des princes féaux tributaires, les feudataires, les « domaines » (*hou fu*) ; la « zone de pacification » (*sui fu*), c'est-à-dire les marches où la civilisation chinoise progresse ; la « zone des barbares alliés » (*yao fu*) ; et enfin la zone des « sauvages non civilisés » (*huang fu*). Cette conception est à la fois centralisatrice (ethnocentriste, sinocentriste), géopolitique (le centre, la capitale impériale), arithmétique (la scansion) et cosmogonique (le reflet du monde).

On la retrouve sous la dynastie des Ming (1368-1644) puis celle des Qing (1644-1911), avec un schéma géopolitique plus resserré, fondé sur le tribut : première zone des sujets qui paient le tribut à l'empereur de Chine, plus les « pays dépendants » (*shuguo*) ; deuxième zone des pays qui participent à l'Empire chinois, les « pays tributaires » (*chaogong zhi guo*) ; et troisième zone des barbares, en dehors des limites de la civilisation chinoise. La première et la deuxième zone sont dites *wenwing*, « éclairées par les règles », c'est-à-dire « civilisées ». Le *wenhua*, « transformation par les règles » ou « civilisation », se distingue du *wuwong*, ou « gouverner par subjugation militaire ». Cet acte de « civiliser » est accompli au nom de l'empereur, qui est l'exemple de la vertu éclairée auprès du ciel. La quintessence du *wenhua* est le *wenming* (« civiliser par l'écriture ») car l'idéophonographie est à la fois transmission du savoir et expression de ce savoir.

LES CHINOIS SE CARRENT[80]

Le fait que les anciens Chinois ne considèrent pas la Terre comme ronde mais comme carrée a des conséquences fondamentales dans leur cartographie. Il les conduit tout naturellement à dissocier la représentation de la Terre de celle du ciel. Comme la première est « carrée comme un damier » et le second un dôme, conformément à la théorie dominante du *gaitian*, les problèmes de représentation d'une surface courbe sur un plan — la projection — ne vont donc concerner que l'espace céleste et stellaire, tandis que la représentation terrestre s'effectuera plus trivialement en plan. Cette dichotomie n'empêche cependant pas de remarquables innovations scientifiques dans les deux cas.

Un globe solide sur lequel sont tracées les étoiles existe en Chine au Ve siècle. En 940 apparaît une carte stellaire qui utilise une projection cylindrique. Or ce type de projection n'est rien d'autre que celle qui sera trouvée beaucoup plus tard, en 1596, soit plus de six siècles après, par le géographe qui lui donnera son nom : Mercator. À cet élément remarquable s'en ajoute un autre. En effet, bien que les savants chinois n'appliquent pas ce mode de projection pour représenter la Terre, ils développent des théories et des technologies astronomiques également utilisables en géographie. Le système équatorial, calculant la position d'une étoile d'après l'équateur céleste, est pratiqué en Chine depuis 2400 av. J.-C.[81]. L'équateur céleste est le grand cercle perpendiculaire à l'axe du monde (ou axe céleste, la droite qui joint les deux pôles célestes de la Terre).

Le système équatorial ne sera adopté en Europe qu'à la fin du XVIe siècle, grâce à Tycho Brahé (1546-

1601), encore utilisé par l'astronomie actuelle. Car, jusque-là, le système écliptique, plus évident mais moins scientifique, est préféré en Occident. Il est centré sur le grand cercle de la sphère céleste parcouru par le Soleil dans son mouvement apparent autour de la Terre. Négligeant l'écliptique ainsi que l'horizon, les Chinois ont en revanche conçu un système équatorial centré sur le pôle, à travers l'étoile Polaire. Les premières sphères armillaires sont élaborées en Chine au Iᵉʳ siècle av. J.-C..

Les savants chinois réalisent plusieurs innovations au XIIIᵉ siècle. Parmi eux se distingue Guo Shoujing (1231-1316), astronome, mathématicien et ingénieur hydrographe. Il met au point le « torquetum équatorial » en 1270, car les savants chinois réalisent que si l'on incline l'axe de l'instrument jusqu'à ce qu'il soit aligné sur le pôle céleste, un seul mouvement est nécessaire pour suivre la course quotidienne des étoiles[82]. Joseph Needham pense que ce savoir chinois a pu atteindre Tycho Brahé au Danemark, trois siècles après, en passant par les Arabes. Par une double ironie de l'histoire, Matteo Ricci et ses collègues jésuites arrivés en Chine à la fin du XVIᵉ siècle jugent est très pauvre cette astronomie chinoise, alors qu'elle est très avancée sur ce point ; leurs propres conceptions — qu'ils tentent d'imposer en Chine — sont simultanément remises en cause en Europe même. À la suite de Tycho Brahé et de Johannes Kepler, les savants européens s'apprêtent en effet à abandonner le calcul par l'écliptique au profit du calcul par l'équateur céleste (ascension droite, déclinaison...). L'astronome jésuite Johann Adam Schall von Bell (1591-1666) se rattrapera, en quelque sorte, en surnommant Guo Shoujing le « Tycho Brahé de Chine », mais on notera qu'il ne qualifie pas Tycho Brahé de « Guo Shoujing d'Europe »...

Les Chinois ne se sont donc pas lancés dans la conception et la fabrication de globes terrestres. Ils n'ont pratiqué que le plan pour la représentation terrestre, jusqu'à l'apport des globes européens au XVIIe siècle, lesquels ont fini par s'imposer mais sans toujours convaincre. Ils n'ont pas changé leur façon de voir même après avoir pris connaissance d'un globe terrestre présenté en 1267 à Kubilai. Ce globe est apporté par Jamâl al-Dîn, un géographe et astronome persan qui exerce à l'observatoire récemment créé de Maragha (*ca* 1260), au sud de Tabriz, avec d'autres instruments astronomiques (sphère armillaire, gnomons, astrolabes...).

Cet épisode est particulièrement instructif car il montre que les savants chinois avaient tous les éléments en main et qu'ils ont fait des choix astronomiques-géographiques conformes à leur conception du monde, sans subir de pressions de type dogmatique, religieux ou politique. Ils utilisent les connaissances et les innovations qui les arrangent. Présenté à Kubilai en 1263, Guo Shoujing, dont on vient de voir l'importance, est ainsi influencé par les découvertes des musulmans en matière d'astronomie[83]. C'est lui qui réalise les instruments nécessaires à l'« observatoire musulman » (*huihui sitiantai*) que les Mongols créent à Pékin, et qui seront utilisés jusqu'en 1673.

En outre, même si les savants chinois adoptent le quadrillage pour le plan, il ne s'agit pas d'une application du principe des latitudes et des longitudes conformes à la sphéricité terrestre. C'est une trame, un carroyage, à l'image de la conception quadrilatère de la terre « comme un damier ». Pour le repérage et la précision à échelle micro et méso, c'est très efficace, quasi parfait. Du point de vue pratique à l'échelle macro, pour une exploration à longue distance et en particulier sur les mers, c'est sommaire et insuffisant — mais encore faut-il en avoir besoin. Du point de vue théorique et abstrait, c'est faible.

Zhang Heng (78-139), antérieur à Ptolémée de quelques décennies, et que l'on a vu plus haut, est considéré comme l'inventeur du système de grilles quadrillées utilisées en cartographie. Ses cartes sont perdues, mais on a gardé la trace de ses traités. L'histoire officielle de la dynastie Han salue ses mérites : « Il établit un réseau de coordonnées concernant le ciel et la terre qui lui servait de base de calcul »[84]. La grille rectangulaire prônée par Zhang Heng et reprise par Pei Xiu (224-271), géographe qui est également ministre des travaux publics, ne prend cependant pas en compte la courbure terrestre.

Dans ses fameuses « six conditions pour dresser une carte », Pei Xiu, considéré par beaucoup comme le grand créateur de la géographie chinoise, insiste fortement sur le carroyage. Selon lui, il faut : une « grille quadrillée, avec les lignes parallèles en deux dimensions, qui met en place les différentes parties de la carte les unes par rapport aux autres » (condition n° 2) ; des « divisions graduées qui déterminent l'échelle de la carte » (condition n° 1) ; diverses mesures, dont celles des angles (conditions n°s 3, 4, 5, 6). Pei Xiu ajoute : « Si on omet les divisions graduées, on perd la notion des distances. Avec ces divisions, mais sans grille ou réseau de lignes, la précision obtenue dans un coin de la carte se perdra ailleurs... »[85]. Les cartographes ultérieurs respectent les consignes de Pei Xiu, mais leurs réalisations sont perdues. La plupart des spécialistes insistent sur ce point : la cartographie chinoise ne s'interrompt pas depuis ses origines, depuis les Han au moins, jusqu'au XVIIe siècle. C'est une autre différence majeure d'avec son homologue européenne, qu'il faut dissocier ici de la cartographie arabo-musulmane poursuivant quant à elle, comme on l'a vu, l'héritage hellénique.

Il est évident que l'antique quadrillage de la cartographie chinoise représente, avec sa continuité, un progrès certain par rapport à la cartographie métaméditerranéenne de la même époque, grecque puis arabo-musulmane. On pense aux fameuses cartes du *Yujitu* (1136) et du *Guang yutu* (1315, 1541, 1555, 1579) (cf. *infra*). La Chine y est représentée de façon correcte à cette échelle (1 : 1 500 000 pour le *Yujitu*), c'est-à-dire sans trop de distorsion. Ce qui est remarquable dans la cartographie carroyée du *Guang yutu*, c'est justement son caractère de systématisation et de précision pour une échelle qui tend vers le macro, alors que ses homologues métaméditerranéennes de la même époque s'avèrent, pour la même échelle, de moindre qualité. Quant au magnifique *Yujitu* antérieur, on hésite à le comparer aux rouelles et autres *Imago mundi* du Moyen Âge européen qui souffrent de tout rapprochement avec la cartographie sinisée, y compris des cartes-images bouddhistes.

Il ne faut pas se méprendre sur le caractère géométrique de la cartographie sinisée traditionnelle, ni sur sa logique. Excellents en algèbre, les anciens savants chinois sont médiocres en géométrie : « Il n'y a pas de système géométrique abstrait qui gouverne l'espace ; les points à l'intérieur de celui-ci ne peuvent donc pas être définis ou délimités de façon absolue »[86]. Richard Smith rapproche cette géométrie de la peinture chinoise traditionnelle qui dédaigne avoir un point de référence fixe et général, et qui se prive de la perspective. Il rappelle que les anciennes cartes chinoises pouvaient représenter des objets et des espaces à différentes échelles sur un même plan.

Il semble toutefois y avoir une différence de conception entre peinture et cartographie. Le flux « montagne-eau » (*shanshui*), qui désigne le paysage et sa représentation, de tendance taoïste et bouddhiste (à partir du XIe siècle en Chine, à partir du XVe siècle au Japon), se distingue du raisonnement plus confucéen posé par la « géographie » (ch. *dili* ; j. *chiri*). Cette géographie « ordonne » (*li*) en effet la « terre » (*di*), comme le veut l'étymologie de ce terme qui remonte probablement au Ier siècle. On peut néanmoins rejoindre Smith quand il rappelle en outre que, au-delà des nombreuses cartes chinoises perdues ou volontairement brûlées, ce sont quand même les textes, et en particulier les textes ou les inscriptions figurant sur les cartes, plus les récits mentionnés au dos, qui prédominent dans la géographie chinoise, dans la littérature géographique chinoise pour ainsi dire. Cette importance du discursif fait d'ailleurs dire à certains spécialistes que la cartographie sinisée traditionnelle est plus descriptive qu'analytique.

George Kish en appelle aux immenses progrès technologiques chinois pour cerner la logique de la cartographie chinoise, en particulier les instruments d'arpentage et de géodésie[87]. Ces progrès sont liés à la résolution de problèmes concrets d'hydraulique, eux-mêmes théorisés en mathématiques, posés par la riziculture irriguée et par la protection contre les inondations. En Mésopotamie et dans la vallée du Nil, chez les Babyloniens et les Égyptiens, les nécessités de l'irrigation et leur corollaire, le calcul du temps et des quantités, favorisent aussi les progrès scientifiques et technologiques de l'astronomie et de l'écriture, mais peu en cartographie...

La plupart des historiens des sciences, comme Needham, Yabuuchi ou Ronan, insistent sur le caractère pratique, pragmatique et utilitaire des mathématiques chinoises, et notamment de la géométrie, ce qui n'exclut pas certaines sophistications. Les fameux *Neuf chapitres sur l'art mathématique* (*Jiuzhang suanshu*, 263) de Liu Hui, qui compilent probablement des travaux du Ier siècle et vont servir de base à toute la mathématique chinoise, se présentent ainsi comme la résolution de cas concrets. C'est ce qu'indiquent leurs titres : « Champs rectangulaires », « Millet et grain décortiqué », « Partage selon les rangs », « Discussion des travaux publics » (chapitre qui commence par l'énoncé suivant : « Soit un canal à percer... »), « Taxation équitable », « Excédent et déficit », etc.

Zhu Shijie, inventeur en 1303 du « triangle de Pascal », soit trois siècles avant que le savant français ne lui donne son nom, a lui-même un côté très pragmatique[88]. Son *Introduction à la science du calcul* (1299), qui donne la résolution d'équations du deuxième et du troisième degré, comporte aussi quelques problèmes concernant le calcul du prix de denrées comme le poivre, le fenouil, le camphre de Bornéo, la cannelle, la réglisse, le santal blanc, le gardénia et le ginseng. Ce professeur de mathématiques n'habite-t-il pas Yangzhou, cité du bas-Yangzi qui s'est enrichie grâce au commerce et au monopole du sel ?

Les interactions entre les diverses sciences — qui n'étaient pas séparées comme actuellement — et les diverses technologies ont fait le reste. Pour George Kish, « le fait que l'arbalète ait été connue en Chine au IVe siècle avant J.-C. et introduite en Europe par la voie du Proche-Orient, aussi bien que l'emploi — attesté par les textes — d'un "bâton astronomique" dérivé de l'arbalète (et connu [...] en Europe sous le nom d'arbalestrille), rendit possible le développement de techniques employant ces instruments pour calculer distance et altitude en termes trigonométriques, bien plus tôt qu'en Europe. Le rôle des points cardinaux dans la géomancie et l'astronomie de la Chine ancienne laisse deviner quelle put être leur importance pour l'arpentage et la cartographie »[89].

Les formules étaient obtenues en Chine non pas analytiquement, mais par l'intermédiaire de figures géométriques. C'est, d'après Yabuuchi, en astronomie que l'accent mis sur les techniques de calcul, au détriment de la géométrie, eut le plus d'influence[90]. En revanche, la conception d'un modèle géométrique de l'univers dans l'*Almageste* de Ptolémée a permis d'expliquer les mouvements des corps célestes et d'obtenir des résultats remarquables dans la prédiction de la position du Soleil, de la Lune et des cinq planètes connues, ainsi que des éclipses. Dans l'astronomie chinoise, il n'y a guère de modèles géométriques ; seules les techniques de calcul calendaire ont été amplement développées.

Fixer un point sur la carte dans la tradition grecque, c'est aussi établir sa position par rapport aux étoiles. Ératosthène prend appui sur un raisonnement correct du point de vue mathématique. « Cette "vision" était du ressort de l'épistémé et non de la techné ; elle était un pur produit de la géométrie de la sphère, que permettait de mettre en œuvre magnifiquement l'hypothèse géocentrique »[91]. Ce propos de Germaine Aujac permet de faire ressortir l'opposition d'approche scientifique entre le monde sinisé et le monde métaméditerranéen. Le géocentrisme des Grecs, qui n'était qu'une hypothèse de travail parmi d'autres, bien que la plus admise, offre l'avantage de résoudre de nombreux problèmes géométriques.

ABSTRACTION EN OCCIDENT, PRAGMATISME EN CHINE

La science sinisée et la science métaméditerranéenne anciennes divergent donc sur un point fondamental : leur conception opposée de l'astronomie et des mathématiques, et donc de leur application à la géographie. Pourquoi ? Avant de répondre à cette question, écartons une fausse piste, celle du rapprochement entre le rationnel et l'irrationnel.

L'astronomie et les mathématiques, fondements de la science moderne, se mêlent en effet à l'astrologie, la divination et l'alchimie. Curieux aux yeux des positivistes contemporains, ces accouplements entre l'astronomie et l'astrologie, entre la précision mathématique et la divination fantastique, se retrouvent aussi bien dans le monde sinisé que dans le monde métaméditerranéen. Ils marquent l'histoire européenne de la science, même si des lectures rationalistes ont tenté de le masquer. L'hermétisme et l'occultisme jouent ainsi un grand rôle auprès de certains savants, comme Galilée ou Newton, stimulant même l'aboutissement de leurs découvertes.

L'astrologie est peut-être encore plus prégnante dans l'histoire chinoise de la science, avec le taoïsme et la géomancie, à condition toutefois d'y soustraire la transcendance et de remplacer la transmutation en or d'un vil métal par la recherche de l'élixir de longue vie. Ce n'est donc pas dans le couplage du rationnel et de l'irrationnel ou, si l'on veut, dans les différences d'approche du rationnel, que se trouve la divergence quant à la relation astronomie et géographie entre le monde métaméditerranéen et le monde sinisé. C'est ailleurs qu'il faut chercher : dans la conception de la relation du ciel et de la Terre.

Tous les auteurs s'accordent pour dire que les anciennes conceptions chinoises mettent systématiquement en adéquation le ciel et la Terre, dans tous les domaines, et que la cartographie n'y échappe pas[92]. Plusieurs textes montrent cette correspondance pour les cartes, et à diverses époques, avant les Han, sous les Han et sous les Tang, ce qui prouve qu'elle reste imperméable aux variations philosophiques d'une période à l'autre. Ainsi s'exprime le *Dijitu* (*Cartes et documents de la Terre*) du début du IXe siècle : « Les limites de chaque carré correspondent aux divisions célestes. On peut alors brillamment observer la relation entre les phénomènes dans le ciel et l'aspect de la Terre. » La géomancie va dans le même sens.

Joseph Needham se demande cependant si, sous les Tang notamment, les géographes chinois n'insistent pas, de façon nouvelle, sur la différence qui existe entre les facteurs physiques et les divisions humaines. Un chapitre sur l'astronomie du VIIIe siècle remarque par exemple que « les corps célestes restent suspendus dans le firmament sans changer alors que le temps passe, tandis que les noms des provinces et des districts changent continuellement ». Pour Needham, les Chinois sont alors tentés d'appliquer à la Terre la projection cylindrique qu'ils élaborent pour la carte stellaire. Mais le calcul de la longitude les bloque, comme il bloquera la cartographie européenne et universelle jusqu'à l'invention du chronomètre marin de Harrison à la fin du XVIIIe siècle. Le « bon sens » confucéen et les « méthodes » taoïstes ne s'opposent donc pas à cette possible progression scientifique. La pluralité philosophique et le refus du dogme religieux empêchent toute hégémonie des cartes cosmologiques bouddhistes.

Par contre, la philosophie et la psychologie méditerranéennes vont cheminer dans le sens inverse, à partir de la révolution platonicienne (IVe siècle av. J.-C.). Jean-Pierre Maury rappelle que toutes les théories trop hardies ont été alors contraintes au silence ou à l'exil face à un pouvoir de plus en plus athénien décidément trop religieux.

Réactivant l'astronomie pythagoricienne, avec son emboîtement des sphères et la régularité de leurs mouvements, Platon se garantit contre l'impiété. « Si les déplacements célestes, contrairement à ceux des objets terrestres, sont parfaitement réguliers, c'est qu'ils sont régis par des lois spéciales, par une intelligence suprême, par les dieux. Ainsi, l'astronomie peut devenir le plus fidèle soutien de la religion, à condition de ne jamais dire "pourquoi ?" mais seulement "comment ?". Dès lors, la science grecque va étudier deux domaines bien séparés : la Terre, où il est légitime de rechercher les causes naturelles des phénomènes, et le ciel, où il est intéressant de décrire les mouvements des astres »[93]. Jean-Pierre Maury en tire la conséquence logique : « Ainsi, les Athéniens ont coupé le monde en deux parties, une "naturelle", la Terre, l'autre "divine", le ciel. Cette coupure va durer deux mille ans. En effet, les religions qui vont se succéder autour de la Méditerranée y trouveront leur compte, et la dernière d'entre elles — le christianisme [on peut y ajouter l'islam] — veillera pendant des siècles à ce que personne ne remette en cause l'idée que le ciel est de nature divine. C'est seulement au XVIIe siècle, avec Galilée en particulier, que se réveillera la vieille curiosité ionienne, et la soif de comprendre tout l'univers[94]... »

On voit bien les différences et les ressemblances entre la Grèce antique et le monde sinisé. Dans la tradition chinoise, l'astronomie est, comme en Grèce, de l'ordre du « divin ». Mais le terrestre est aussi de cet ordre-là. Il n'y a pas de coupure conceptuelle, et pratique, entre le céleste et le terrestre, entre les principes du haut et ceux du bas. Par contre, le divin n'est ni transcendant ni unique. Le terrestre, qui a aussi ses spécificités et sa mobilité, baigne dans une spiritualité panthéiste, polythéiste, pluraliste, sans idéalisme métaphysique et sans théologie dogmatique. Depuis les Grecs anciens, il y a, dans le monde méditerranéen et l'Europe, d'une part Dieu ou les dieux, avec leur cortège de surnaturels (anges, esprits, démiurges, entéléchies...), de l'autre les atomes et le vide. La disjonction du divin et du naturel s'accompagne d'une lutte incessante entre le spiritualisme théologique et le matérialisme mécaniste.

Pour Joseph Needham, « la civilisation chinoise n'a jamais subi cette division de la pensée. Le naturalisme organique était la *philosophia perennis* de la Chine. Ni les confucéens, ni les taoïstes n'ont jamais, fondamentalement, admis quelque surnaturel que ce soit, mais le jeu mécanique des atomes ne fut pas non plus apprécié »[95]. Exprimée par le néoconfucianisme du XIIe siècle dans une forme proche de la science moderne, « la structure de l'univers tenait à deux facteurs : d'une part, matière-énergie ; de l'autre, ordonnancement, organisation, à tous les niveaux de complexité. L'acte de création n'était pas ressenti comme une conception nécessaire »[96]. *Exit* la transcendance, le Dieu de la Bible et du Coran ! Jacques Gernet a ainsi montré que la Cour impériale chinoise et ses lettrés ont finalement rejeté le christianisme, après un accueil relativement favorable, parce qu'ils ne pouvaient accepter le principe d'un Être absolu[97]. Marcel Granet définit la conception que les Chinois se faisaient de l'univers, comme un ordre excluant absolument la notion de loi, et fondé sur la notion d'harmonie préétablie[98]. Pas de coupure entre la nature et la culture, dans les deux sens. D'où le long fleuve finalement tranquille de la tradition…

Pour résumer, nous avons donc d'un côté, celui du monde sinisé, la logique associative (dialectique souple), le concret, l'inductif, le pluriel, le pratique, le rite, la temporalité continue, indifférenciée et homogène, l'espace souple. De l'autre, la logique formelle (dialectique dure), l'abstrait, le déductif, le pur, le théorique, le logos, la temporalité distincte et séparée, l'espace virtuel. Cette schématisation risquée, trop tranchée, écarte à la fois les tendances centrifuges de ce modèle, qui existent aussi bien dans le monde sinisé que dans le monde métaméditerranéen, et les points communs ou les espaces de rencontres (Inde, Iran…), mais du moins trace-t-elle les lignes générales.

L'« absence » historique de la science moderne en Chine serait donc en partie liée à l'absence de la géométrie euclidienne. Cette différence dans l'approche scientifique est clairement exposée par Einstein dans une lettre envoyée à un jeune historien, J. S. Switzer, datée du 23 avril 1953 : « Le développement de la science occidentale a eu pour base deux grandes réalisations, l'invention du système logico-formel (dans la géométrie euclidienne) par les philosophes grecs, et la découverte qu'il est possible de trouver des relations causales par une expérimentation systématique (à la Renaissance). À mon avis, il n'y a pas à s'étonner que les sages chinois n'aient pas franchi ces mêmes pas. Ce qui est étonnant, c'est simplement que ces découvertes aient été faites »[99].

Yabuuchi, à l'instar d'autres chercheurs, pose alors la question : « Pourquoi n'y eut-il pas en Chine de géométrie "à la grecque" ? » Les réponses ne sont ni simples, ni uniformes. Yabuuchi estime astucieusement qu'« un élément de réponse peut être avancé en se demandant pourquoi la géométrie a vu le jour en Grèce ». Il souligne le fait que « la géométrie grecque s'est développée à partir de résultats venus d'Orient et plus particulièrement d'Égypte ». C'est notamment le cas des pionniers comme Thalès de Milet ou Pythagore de Samos. « La géométrie égyptienne, semblable à la géométrie chinoise, traitait principalement de techniques de calcul sur les dimensions des figures géométriques »[100]. Mais en passant la Méditerranée, elle se serait *ipso facto* transformée. La transmission des connaissances d'un pays à un autre subirait inévitablement leur transformation et leur adaptation.

Cet argument trouve aussitôt sa limite dans le contre-exemple : il ne manque pas de transferts de connaissances du monde arabo-musulman et indien vers la Chine. Le fameux observatoire, déjà évoqué, fondé au XIIIe siècle par Hûlagû, le petit-fils de Gengis Khan, à Maragha dans le nord-ouest de l'Iran, constitue ainsi le modèle d'une plaque tournante d'échanges scientifiques en Asie. Des savants chinois s'y rendent, et en retour, à la demande de Kubilai, des astronomes sont invités en Chine. L'astronome Jamâl al-Dîn, celui que nous avons vu offrir un globe terrestre à Kubilai en 1267, fait partie de cette délégation et il devient le premier directeur de l'observatoire islamique chinois.

Outre les instruments astronomiques méditerranéens, les savants musulmans apportent en Chine des ouvrages mathématiques et astronomiques, sans doute écrits en persan, parmi lesquels se trouvent l'*Almageste* de Ptolémée et les *Éléments de géométrie* d'Euclide. En 1420, Ulugh Beg (1394-1449), petit-fils de Timur Lang (alias Tamerlan), fonde une sorte d'université à Samarkand puis, en 1424, un observatoire. Dans les œuvres de son premier directeur, Ghiyâth al-Din al-Kâshi, on trouve, rappelons-le, des références explicites aux mathématiques chinoises, dont une méthode des *Neuf chapitres sur l'art mathématique*, et d'autres envisageables, telles que le « triangle de Pascal » de Zhu Shijie.

Mais, pour de tels échanges culturels, on observe dans le monde sinisé un processus de digestion et de fusion, proche de la phagocytose, voire de syncrétisme. C'est le cas du bouddhisme venu de l'Inde par le Tibet qui se retrouve mêlé au confucianisme et au taoïsme, ou plus loin, dans l'archipel japonais, au shintô. Dans le cas des sciences et des techniques, c'est un processus de sélection pragmatique quasi opportuniste qui l'emporte, sinon de désintérêt à moyen terme après une phase d'enthousiasme à court terme. Ce sont les techniques calendaires de l'astronomie islamique qui intéressent alors la Cour chinoise, jusqu'aux Ming et au début des Qing, et qui sont traduites en chinois.

L'avance technologique de la Chine est certaine. Mais tout dépend de son utilisation. Prenons l'exemple de la boussole. Son origine chinoise est attestée. Elle remonte au moins au IIe siècle, où les propriétés du fer aimanté (magnétite) sont reconnues. La première description complète du « compas magnétique » figure dans un texte chinois du XIe siècle. Le précieux instrument passe de Chine en Europe, *via* les mondes indien et arabo-musulman, aux alentours des IXe-Xe siècles, de même que le gouvernail d'étambot à la même période, ou un peu après. Ce sont deux progrès technologiques qui s'avèrent fondamentaux pour les grandes découvertes géographiques et maritimes des Européens.

Mais l'innovation technologique en soi ne suffit pas. Encore faut-il qu'elle soit employée, diffusée. Or bien que l'ayant inventé, les Chinois n'utiliseront le gouvernail d'étambot que de façon marginale ! Quant à la boussole, son utilisation pour la navigation n'est attestée qu'au XIIe siècle, bien qu'elle doive être largement antérieure — aux alentours du IXe siècle d'après Needham, au XIe siècle d'après Drège. Jusque-là, comme le raconte le pèlerin Faxian au Ve siècle, les marins chinois ne se dirigent qu'à l'aide du soleil, de la lune ou des étoiles et, par temps couvert, naviguent à l'estime[101]. Ce n'est donc pas seulement une question de connaissance technique qui active le progrès scientifique. Intervient un contexte plus général, à la fois épistémologique et social.

Au-delà de la possible transformation des connaissances au cours de leur transfert d'un pays à un autre, il existe d'autres facteurs dans l'évolution scientifique. À cet égard, Jean-Pierre Maury souligne que l'essor des sciences grecques lors de l'âge d'or ionien s'est fait de concert avec une réflexion théorique et pratique, utopique pourrait-on dire dans le sens d'idéaliste, sur les formes de démocratie et de citoyenneté en milieu urbain sophistiqué : avec la liberté. Par la suite, l'abstraction héritée des Grecs va correspondre en droit et en théologie aux principes des lois et au « droit divin des rois ». Cette doctrine encore admise en Europe jusqu'au XIXe siècle avait été abandonnée deux mille ans auparavant par les juristes chinois qui la remplacèrent par la théorie toute différente du « mandat du ciel ».

Inversement, la maîtrise du temps par les cours

sinisées — le temps du calendrier et le temps de la météorologie au demeurant étroitement liée à la gestion de la riziculture irriguée — pousse à sa confiscation par une élite savante et bureaucratisée, mandarinale, par une coupure entre quelques érudits lettrés et un grand nombre d'artisans à l'ingénierie empirique. Les savants chinois ont tendance à évoluer en vase clos. Ainsi les mathématiques, une fois leur modèle général mis en place, n'ont connu aucune transformation radicale. La vaste Chine est coupée par de lointains déserts ou de hautes montagnes, là où l'attendent des forces hostiles quand les Han osent s'avancer et qu'ils sont finalement défaits, à la bataille décisive en 751 au bord de la rivière Talas, dans l'actuelle Kirghizistan. L'avancée vers l'ouest des Chinois est définitivement stoppée. La Chine semble se suffire à elle-même.

Ses savants ont tous les éléments en main pour effectuer un bond épistémologique et scientifique, mais ils ne vont pas plus loin. Pourquoi le feraient-ils ? Tant que l'expérience n'a pas prouvé l'utilité de la théorie, la chose a moins d'importance. Nul Dieu colérique et vengeur n'est là pour les punir. Il n'y a nul clergé habilité à parler en son nom pour placer les tabous. Pas d'interdits, pas de bravades, pas de progrès ?

D'une certaine façon, la tolérance philosophique sinisée joue en faveur d'une quiétude géographique, voire d'un certain fixisme, d'autant que les conditions pratiques n'encouragent pas à cartographier un monde qui reste inconnu et que les Chinois n'ont pas besoin de connaître davantage. La taille de la Chine suffit, et les systèmes de projection orthogonique aussi à cette échelle. La *technê* et le pragmatisme l'emporteraient décidément sur l'*epistémê*. Quelques exemples créditent cette logique.

L'astronome géographe Zhang Heng, dont on a vu qu'il a inspiré Pei Xiu, l'inventeur de la géographie sinisée au IIIe siècle, est ainsi un partisan de la Terre ronde. Mais il n'a, sur ce point, aucun impact en cartographie[102]. Sa grille rectangulaire ne prend pas en compte la courbure terrestre. De même, les observations astronomiques et les mesures faites pour déterminer les latitudes et les longitudes n'aboutissent pas à la création d'une projection cartographique sphérique. Le globe terrestre introduit en Chine par Jamâl al-Dîn en 1267 fait l'objet de quelques commentaires, et ses informations sont utilisées en cartographie[103]. Voilà pour l'utilité pratique. Mais il ne sert pas à grand-chose pour populariser la théorie de la Terre sphérique et asseoir le système des coordonnées. Son innovation connaît le même destin que la fameuse horloge de Su Song dont l'invention, en 1090, est révolutionnaire mais qui, gardée au secret de la cour impériale, est peu à peu oubliée tant elle s'avère finalement inutile à ses commanditaires impériaux[104].

Qu'importe de savoir si la Terre est ronde, qu'importe d'aller à l'autre bout de cette Terre, si cela n'apporte rien, ou si peu. En outre, le monde barbare apparaît trop incompréhensible. Ce qui peut être interprété comme une absence de curiosité est en réalité un mélange de supériorité et de tranquillité, qui n'exclut pas des variations historiques puisque les Chinois sont tentés par l'aventure outremer pendant le premier tiers du XVe siècle. Jusqu'à la Renaissance, la curiosité géographique entre le monde sinisé et le monde métaméditerranéen est d'ailleurs équilibrée. Gan Ying (Ier siècle) pousse jusqu'au golfe Persique, soit autant vers l'Occident qu'Alexandre le Grand vers l'Orient (327 av. J.-C.). Concernant la cartographie chinoise et deux de ses plus illustres représentants, Zhu Siben (1273-1337) et Luo Hongxian (1504-1565), Richard Smith note ainsi une certaine frilosité : « Bien que les deux, Zhu et Luo, aient eu accès à des cartes et des récits décrivant l'Inde, l'Afrique et l'Europe, ils se sont montrés peu enclins à tracer les points les plus lointains du monde connu. [...] Probablement leur réticence peut être simplement attribuée au sinocentrisme — ce sentiment bien ancré que la Chine était le Monde »[105].

Luo rapporte ainsi ces propos édifiants qui figuraient sur le *Yuditu* (1311-1320), la carte réalisée par Zhu : « Il n'y a aucun moyen de faire des investigations sur les pays étrangers des barbares du sud-est de la mer du Sud et du nord-ouest de la Mongolie à cause de leur grand éloignement, bien qu'ils envoient continuellement le tribut à la Cour. Ceux qui parlent d'eux sont incapables de dire quelque chose de défini, tandis que ceux qui disent quelque chose de défini ne peuvent pas être crus. » Ces quelques mots résument parfaitement la conception et le fonctionnement métagéographiques de la Chine. Le centre chinois connaît au moins par ouï-dire l'existence de ses périphéries. Mais tout cela est trop loin, et cela ne vaut pas la peine de vérifier ; à moins qu'on n'en ait pas les moyens — Luo soutient même qu'il n'y en a pas. Il semble préférable d'être prudent plutôt que de raconter des sornettes. De toute manière, les peuples concernés ne continuent-ils pas d'envoyer le tribut et de faire allégeance ? Ce qui signifie que le tribut fonctionne malgré tout, de façon élastique et faiblement coercitive puisqu'il n'y a pas besoin d'envoyer des troupes, des inspecteurs ou des observateurs pour l'imposer.

Cela confirme aussi la puissance inégalée du Centre, dont le pouvoir est reconnu sans qu'il se manifeste dramatiquement. Elle est lumière, civilisation, plus que force, obscurité. Dans cet extrait, la géographie du tribut se voit en tout cas vérifiée dans son extensivité spatio-temporelle. Autre élément presque incroyable qui confirme la résilience du système chinois : en reprenant tels quels les propos d'un de ses prédécesseurs remontant à deux siècles et demi, le cartographe géographe Luo ne semble tenir aucun compte des formidables expéditions outremer qu'a dirigées l'amiral Zheng He, beaucoup plus proches de lui, au cours de la première moitié du XVe siècle, comme si rien ne s'était passé.

On devine aussi l'évolution différente de la cartographie entre le monde sinisé et le monde métaméditerranéen. D'un côté, les cartes-instruments préscientifiques se multiplient, réalisées aux échelles micro et méso, pour des espaces connus, arpentés et fréquentés, avec des cartes-images réservées aux échelles macro et cosmogoniques. De l'autre côté, la représentation cartographique se veut ambitieuse à toutes les échelles, mais elle ne dédaigne pas de spéculer sur les étendues de l'écoumène, quitte à inventer en mêlant le « vrai » et le « faux ». Jusqu'au début du XVIIe siècle, la cartographie européenne extrapole les contours des espaces qu'elle devine mais ne connaît pas. Ce n'est qu'ensuite que sera utilisée la méthode des traits pointillés ou des espaces laissés en blanc. Non que la cartographie sinisée n'ait opéré un tel mélange (cf. *infra*), mais la limite entre les deux est, semble-t-il, beaucoup plus codifiée, en tous les cas plus lisible avec un regard contemporain.

LA TERRE EST GÉOGRAPHIQUEMENT RONDE

Géographes grecs et arabo-musulmans jugeaient que la Terre était ronde. Les géographes chinois pensaient qu'elle était carrée. Ce point de divergence essentiel conditionne à la fois la conception et le mode d'évolution de leur cartographie respective. Joseph Needham introduit toutefois une nuance : « On doit noter que la conception sphérique de la Terre fut à la base de la géographie grecque davantage que ne le fut la Terre carrée pour la chinoise. Mais, en pratique, cela fait moins de différence qu'il n'y paraît au premier abord car les Grecs n'ont jamais développé de projections satisfaisantes pour décrire la surface sphérique de la Terre sur une feuille de papier »[106].

Avant l'innovation de Mercator et sa projection cylindrique formalisée en 1569, ni les Grecs ni les Chinois n'ont effectivement proposé de projection satisfaisante pour la Terre. Mais en avaient-ils besoin ? En fait, une bonne projection ne devient pratiquement importante que dans le cas de grandes navigations maritimes, longues et répétées, pour découvrir et retrouver efficacement une route. Pour une circulation terrestre et quasi pédestre, au mieux à cheval, le besoin est beaucoup moins important. Or on sait que tant du côté des Grecs anciens que du côté des Chinois, les expéditions maritimes ne sont que sporadiques. Malgré les voyages qui demeurent toujours mystérieux des Phéniciens, du roi égyptien Néchao (*ca* 600 av. J.-C.), du Carthaginois Hannon, de Pythéas le Massaliote (*ca* 330 av. J.-C.) ou d'Eudoxe de Cyzique (IIe siècle av. J.-C.), malgré le retour par la mer des voyages en Inde de Faxian (414) ou de

Xuanzang (645). Cela n'exclut pas les échanges par les mers, sur des distances courtes et par addition de cabotages, mais ceux-ci n'ont pas les mêmes conséquences sur les réalisations cartographiques et les progrès géographiques. La mappemonde-image supplée alors sans problème à la mappemonde-instrument.

La réflexion scientifique du géographe reste donc liée aux explorations terrestres effectuées à chaque époque. C'est le cas d'Ératosthène, selon Jacob : « L'horizon géographique s'est élargi et précisé vers l'Orient, grâce aux campagnes d'Alexandre le Grand, jusqu'aux rives de l'Indus »[107]. Or le conquérant macédonien s'est accompagné de savants et d'arpenteurs qui ont rassemblé un vaste corpus de documents et de mesures. Et « les théorèmes de la géométrie euclidienne permettent désormais de construire avec rigueur l'infrastructure de la carte »[108]. Pour la plupart des auteurs, comme Germaine Aujac, c'est l'esprit de curiosité qui pousse Alexandre (356-323 av. J.-C.) dans ses expéditions, et, singulièrement, un questionnement suscité par les théories géographiques scientifiques de l'époque qui lui ont été exposées par le fameux Aristote de Stagire (384-322 av. J.-C.), convaincu de la sphéricité terrestre. « Alexandre ajoutait le désir de mieux connaître cette Asie à la fois si proche et si lointaine, et, en digne élève de son maître, de faire progresser la science en allant à la rencontre de cet océan extérieur réputé entourer le monde habité ; en marchant toujours vers l'est, à partir de la Méditerranée, il espérait en atteindre la face orientale »[109].

C'est sur la base des nouvelles informations, notamment celle d'un Patrocle qui voyage en Inde et qui rapporte une estimation sur la longueur de celle-ci, qu'Ératosthène révise radicalement la carte, la « rectifie ». Il rend rectiligne le Taurus, lequel « délimitant le nord de l'Inde, la correction proposée par Ératosthène implique un remodelage total de la partie orientale de la Terre »[110]. C'est aussi sur la base de nouvelles informations concernant l'Asie, lorsque se développent les routes de la soie, que Marin de Tyr et Ptolémée étendent leur représentation géographique de l'écoumène vers l'est. Ptolémée figure la Chine, que l'on peut atteindre par terre — la Sérique ou le pays de la Soie — et par mer — le pays des Sines. Un personnage, arrivé par la route maritime, se serait même présenté en 166 auprès de la Cour chinoise comme ambassadeur de l'empereur romain Marc Aurèle Antonin. « Mais il n'est pas certain que ce voyageur soit venu réellement de l'Empire romain[111]... »

Il ne manque pas, à la même époque, de voyageurs chinois qui, partant du bassin amont du fleuve Jaune, se rendent dans les contrées occidentales, en Asie centrale et jusqu'en Perse, Zhang Qian en Bactriane par exemple (138 av. J.-C.), ou Gan Ying (97 ap. J.-C.) qui veut se rendre à Rome mais qui bute sur le golfe Persique. C'est l'époque où, à partir du Ier siècle av. J.-C., les routes de la soie se constituent parallèlement à une extension du système tributaire vers l'ouest, lorsque les Chinois triomphent de l'hostilité des Parthes.

Mais on voit là toute la différence : ces voyages chinois multiples, parce que marchands, sont individuels, privés en quelque sorte. Assurément des expéditions militaires existent, des liens diplomatiques sont constitués, le tribut installé. L'empereur chinois s'y intéresse, lit les récits ou demande des rapports : mais, contrairement à Alexandre, par exemple, il n'aurait garde de se déplacer lui-même, de se rendre chez les barbares. Il ne songe pas même à organiser des expéditions étatiques, du moins jusqu'à une période plus tardive quand les conditions s'y prêteront. C'est ainsi que le moine bouddhiste Xuanzang (VIIe siècle), décidé à se rendre en Inde pour y vérifier les textes sacrés, se voit refuser l'autorisation officielle qu'il sollicite, parce que l'Empire chinois a cessé pour quelque temps ses relations diplomatiques avec les royaumes occidentaux d'Asie centrale. Il n'y part que seul et secrètement.

Le souci géographique dominant de la Cour chinoise reste cependant stratégique : mieux connaître les contrées voisines pour mieux s'en défendre. D'où les cartes réalisées en 99 av. J.-C. par le général Liling après un voyage sur la bordure septentrionale, et le compte-rendu sur la contrée des Xiongnu (ancêtres des Huns) rédigé pour l'empereur Yuan en 39 av. J.-C. D'où le fait aussi qu'il n'existe plus de cartes antérieures au XIe siècle. Les exemplaires précédents ont probablement été détruits pour éviter qu'ils ne tombent aux mains des ennemis, si l'on en croit une remarque faite par le géographe Chen Juo (1030-1093), l'inventeur de la carte en relief, qui raconte comment un préfet chinois brûla toutes les cartes de Chine qu'avait rassemblées une ambassade coréenne de voyage en Chine[112].

Mais, contrairement à ce qu'affirme Needham, la conception grecque, méditerranéenne et arabo-musulmane de la sphéricité terrestre a des conséquences bouleversantes. Car c'est sur elle, d'après elle, que les grands explorateurs européens forgent leur destin des Grandes Découvertes. Après avoir rappelé l'apport d'Ératosthène, tout comme Needham, et les compléments de son commentateur Strabon soulignant que « dans la même zone tempérée, il peut y avoir deux mondes habités ou plus » (*Géographie*, I, 4, 6), Germaine Aujac ajoute fort justement : « Ainsi, dès le IIIe siècle avant J.-C., le voyage de Christophe Colomb était "programmé" pour ainsi dire, et les chances de découvrir un continent inconnu, entre l'Europe et l'Asie, en plein océan Atlantique dûment évaluées. L'illustre Génois s'est d'ailleurs appuyé sur l'autorité des Anciens pour tenter de faire approuver, par les souverains susceptibles de lui en octroyer les moyens financiers, le projet qu'il avait formé de trouver une route des Indes qui traverserait l'Atlantique »[113].

Cette différence conceptuelle entre monde méta-méditerranéen et monde sinisé ne suffit pas à expliquer à elle seule le déclenchement européen des Grandes Découvertes. Cependant, elle est déterminante pour cette étape et, par conséquent, pour les étapes suivantes qui, à partir de la Renaissance, débouchent sur l'expansion de la connaissance européenne et son corollaire, la colonisation.

Vivant à la fin du Moyen Âge, au début du XVe siècle, le cardinal Pierre d'Ailly résume finalement assez bien la prudence mitigée qui caractérise cette période. Il « défend la sphéricité de la Terre et passe en revue toutes les opinions émises sur la terre australe. Mais il évite soigneusement de donner un avis personnel »[114]. Et Rudolf Simek rappelle que l'astronome Cecco d'Ascoli est brûlé vif à Florence en 1327 pour avoir affirmé l'existence des antipodes.

Toujours est-il qu'au cours des XVe et XVIe siècles euro-méditerranéens, comme l'indique l'historien portugais Vitorino Magalhães Godinho, « la carte du globe se dessine au fil des années, l'homme apprend à se situer dans l'espace, sa manière d'appréhender et de comprendre les relations humaines est imprégnée par le nombre, en même temps que par la conscience du changement ; peu à peu un critère se crée qui permet de distinguer le fantastique du réel et l'impossible du possible ; les motivations et les idées, mêlées en une complexité contradictoire, se transforment ; la production et la circulation des biens se multiplient, le marché à l'échelle mondiale devient le vecteur dominant de l'évolution économique, l'État bureaucratique et centralisé de tendance mercantile se forme »[115].

Du XIIIe siècle au début du XIVe siècle, les portulans apparaissent en Europe. Ils figurent, aux côtés des autres innovations technologiques de l'époque, telles que la boussole, le gouvernail axial, l'astrolabe, le quadrant ou les tables astronomiques, comme l'une des tentatives les plus abouties, au cours du Moyen Âge euro-méditerranéen, de représenter l'espace de la façon la plus rationnelle possible[116]. Les spécialistes s'accordent à dire que l'intensification des échanges et donc de la navigation dans une mer fermée est à l'origine de ce progrès méditerranéen, lequel est ensuite étendu et appliqué à d'autres espaces, atlantique en particulier. La cartographie portulane déteint donc sur celle des mappemondes de la fin du Moyen Âge (Andrea Bianco, 1436, Leardus, 1448, Fra Mauro, 1459, génoise, 1457...), puis sur celle des espaces découverts.

Chapitre II

LE PRINCIPE MÉRIDIEN

> *La seule exigence d'ordre géographique que ma démonstration impose au lecteur est la suivante : il faut qu'il oublie tout ce que lui ont appris nos atlas si complets, et qu'il commence par effacer sur la carte qu'il a dans la tête, la forme, l'allure générale et jusqu'à la présence du continent américain.*
>
> Stefan ZWEIG (1941),
> *Amerigo, récit d'une erreur historique.*

Dans l'histoire et la géographie du monde, la définition objective du Nord et du Sud n'a pas posé de véritables problèmes, conformément à la disposition polaire. Cela n'empêche pas des variations quant à la délimitation des espaces. Jusqu'à la connaissance et l'acceptation de la ligne équatoriale, la démarcation en latitude entre Nord et Sud est posée chez les Grecs, en particulier chez Ptolémée (IIe siècle), par une ligne théorique qui va des Colonnes d'Hercule (= Gibraltar) au golfe d'Issos (= golfe d'Iskenderun). La configuration est idéale : la mer Méditerranée est allongée d'est en ouest, et constitue un magnifique axe-pivot. Cette démarcation ptoléméenne est explicitement reprise par les géographes arabo-musulmans, à l'image de Hamdânî (Xe siècle)[1].

La définition objective de l'Est et de l'Ouest est plus délicate, notamment depuis l'affirmation de la rotondité terrestre. Car celle-ci entraîne *de facto* un méridien de séparation qui passe d'abord d'un côté puis de l'autre de la Terre suivant les Grandes Découvertes de la Renaissance. Auparavant, l'idée de centre suffisait à poser les points cardinaux indépendamment de l'affirmation de la sphéricité.

Mais la méconnaissance réelle de ce qui existe dans le Nord ou le Sud lointains pose quelques problèmes dans l'ordonnancement géographique. Pendant longtemps, jusqu'à la Renaissance et même après, jusqu'aux explorations tardives de l'Australie au XVIIIe siècle, le mythe du « continent austral » a la vie dure au sein de la géographie européenne et islamique, prolongeant l'antique conception que certains savants grecs avaient de l'Antichtone. Du moins, l'affirmation d'un écoumène situé dans un hémisphère boréal est finalement acquise. La contestation porte surtout sur l'habitabilité ou non de l'antichtone et du continent austral, et sur sa continuité terrestre ou non avec la Libye (l'Afrique).

Au sein du monde sinisé, la géographie ancienne impose encore plus drastiquement ses limites : vers le nord, au-delà de la Grande Muraille très tôt construite, c'est la zone des steppes avec ses nomades toujours supposés dangereux, et plus loin encore la taïga et les déserts glacés de la Sibérie. Vers le sud, une fois franchi l'Himalaya, ce n'est que l'océan au-delà du rhomboïde indien et, en direction du sud-est, le dédale des archipels insulindiens. Rien d'infranchissable, certes, mais tous ces lieux ne sont guère commodes non plus. Les historiens dissertent encore pour savoir si les Chinois n'auraient pas « découvert » l'Australie avant les Européens. Il est théoriquement probable que ce soit effectivement le cas : mais pour faire quoi ? D'ailleurs, si les Chinois y sont allés, ils n'y sont pas restés, ni eux, ni les Malais. Comme les Vikings qui ont atteint le Vinland pour l'Europe et l'Amérique avant de s'en retirer. La géographie n'a pas accouché d'une histoire. Bref, il n'existe pas d'antichtone chez les Chinois qui ne sont pas liés, contrairement aux Grecs anciens, à la théorie d'une terre sphérique. Par où passe donc la limite entre « Orient » et « Occident » ? Qu'est-ce qui les sépare ?

LE CENTRE ET LES QUATRE MERS DU MONDE SINISÉ

Dans la tradition chinoise, le monde est habituellement considéré comme ce qu'il y a « en dessous du ciel » (*tienhia*). Composé de « montagnes et de mers » (*shanhai*), il est situé entre « quatre mers » (*shihai*), comme l'indique la première encyclopédie historico-géographique chinoise connue, le *Classique des montagnes et des mers* (*Shanhai jing*, IIe siècle av. J.-C.). Un élément, un espace, ne varie pas : le centre, qui, par définition, reste où il est. Il porte le nom de « pays du Milieu » (*Zhongguo*), désignant la Chine. Bien sûr, la découverte de la rotondité terrestre, non par empirie mais par connaissance du savoir européen, qui arrive assez tardivement, à la fin du XVIe siècle, se confrontera également à cette centralité chinoise. Mais pas au point de tout bouleverser, comme nous le verrons.

Le centre est chinois, il est aussi terrien. Aux extrémités, aux quatre points cardinaux, les « quatre mers » sont dénommées en fonction de leur orientation : la mer du Nord correspond à l'océan Arctique, la mer du Sud à l'océan Indien, la mer de l'Ouest à l'océan Atlantique et, enfin, la mer de l'Est aux mers de Chine et à l'océan Pacifique. Le principe d'un énorme continent entouré de mers, également appelées « océan extérieur », semble être emprunté à la cosmogonie bouddhiste indienne du monde considéré comme un « lotus à quatre pétales » (*chaturdvîpa*)[2].

Au-delà se trouvent une couronne de terres légendaires et, enfin, une seconde et dernière couronne océanique, sorte d'océan extérieur, cette fois de forme arrondie. Deux îles-montagnes (*shan* en chinois) sont diamétralement opposées : l'une, à l'est, d'où « sortent la lune et le soleil », accompagnée d'un ou deux mûriers, l'autre, à l'ouest, où ils « rentrent », accompagnée d'un pin. Certaines rouelles ajoutent un troisième arbre au nord, surnommé « l'arbre axial » ou bien « l'arbre de mille *li* », ce qui correspondrait au système des Arbres cosmiques des shamans de l'Asie du Nord-Est[3].

Dans la conception sinisée (chinoise, coréenne et japonaise), l'ensemble formé par les montagnes (*shanjing*) — c'est-à-dire les terres centrales — et par le premier anneau de quatre mers qui les entoure est appelé « à l'intérieur des mers » (ch. *hainei* ; j. *kainai*). C'est un synonyme d'écoumène. Alors qu'est privilégié l'environnement océanique et les quatre directions (la cinquième étant le centre terrestre habité), la différence d'approche est patente d'avec la conception et la sémantique grecques qui mettent l'accent sur « l'espace habité » (*oikos* = habitat). D'une certaine façon, la double conception chinoise d'une terre carrée et d'un écoumène entouré d'un vaste océan exclut l'idée même d'antipodes, et par conséquent le questionnement qui a taraudé les savants européens à ce sujet. Un chroniqueur des Song peut alors s'exclamer : « À l'est, au nord et au sud, il y a des mers avec différents noms mais, en fait, il n'y a qu'une mer »[4]. Du point de vue de la connaissance géographique contemporaine, c'est au demeurant on ne peut plus vrai...

Dans la tradition bouddhiste, seule la partie méridionale, *Jambûdvîpa* (ch. *Nanshanbuzhou* ; j. *Nansenbushû*), est peuplée par les hommes. Elle correspond à la péninsule indienne. Au centre de cette cosmogonie indo-bouddhiste se trouve le fameux mont Meru, le nombril de l'Univers, qui correspond à l'actuel mont Kailash (6 714 m), au Tibet. Le Meru est souvent représenté comme entouré d'un grand lac, le lac Anavatapta, d'où partent quatre grands fleuves au sein de quadrants cardinaux : le Gange vers le sud-est, l'Indus vers le sud-ouest, l'Amou-Daria (Oxus) vers le nord-ouest et le Tarim vers le nord-est ; ou bien le Tsangpo (Brahmapoutre) et le Sutlej dans certaines versions. Ces quatre fleuves sacrés s'écoulent d'abord dans ces quatre directions puis forment chacun un coude. Ils dessinent ainsi un svastika géographique. Ce schéma fait d'ailleurs penser à l'imaginaire médiéval de la chrétienté, incarné par un Odoric de Pordenone qui, dans la narration de son voyage en Inde et en Chine (1318-1330), évoque l'Arbre-sec et les quatre fleuves du Paradis (le Tigre, l'Euphrate, le Phison [le Gange] et le Gion [le Nil])[5]. La ressemblance s'arrête là puisque la conception « quintenaire » chinoise liée à la théorie des cinq éléments se distingue de la conception quaternaire, et par conséquent binaire, caractéristique du monde indo-européen.

Au cours des siècles, la représentation géographique évolue en Chine. La cartographie scientifique, dont nous avons vu quelques exemples avec Pei

Xiu, Zhu Siben ou Luo Hongxian, progresse régulièrement, avec la rigueur de son carroyage. Mais la cartographie cosmogonique aura une durée de vie exceptionnelle, même après le long XVIe siècle et la constatation par le monde sinisé des grandes découvertes géographiques. Nous allons essayer de voir pourquoi. Notons déjà que les grands positionnements du sinocentrisme activés par cette cartographie cosmogonique sont si solides qu'ils seront difficilement érodés par les connaissances venues d'Europe.

Le *Shanhai jing* (*Classique des montagnes et des mers*) en constitue le socle. Il ne reste malheureusement rien de ce texte chinois. Seuls des commentaires et des copies ultérieures permettent de s'en faire une idée, avec le risque d'anachronisme ou d'extrapolation que cela comporte. Le *Shanhai jing* a « enregistré une très précoce organisation mentale du monde par les Chinois, qui inclut elle-même des morceaux d'une tradition mythique encore plus ancienne qui était déjà dans un état de fragmentation quand l'ouvrage fut compilé »[6]. Ses dix-huit chapitres évoquent « les montagnes dans les quatre directions, et au centre », les « espaces dans les quatre directions au-delà des mers » (*haiwai*), les « espaces dans les quatre directions du grand chaos » (*dahuang*), les « espaces à l'intérieur des mers » (*hainei*).

Le *Shanhai jing* n'a pas de rapport avec le bouddhisme, mais avec le taoïsme. Il mêle des informations vraies et des légendes, des *mirabilia*. Malgré les critiques que lui adresse par exemple un lettré contemporain de sa compilation, Sima Qian (IIe siècle av. J.-C.), il constitue un socle essentiel du corpus géographique chinois pendant des siècles, même après la connaissance de nouveaux éléments. Le distingué lettré de la dynastie des Qing, Ruan Yuan

(1764-1849), le considère encore par exemple comme « un livre ancien de géographie contenant une aide pratique pour de bons projets, et pas seulement des propos fabuleux »[7].

Un nouveau centre apparaît à partir du *Shanhai jing*, le plateau du Pamir. Le Sud (Inde) devient le « Pays des éléphants ». Le « Pays des hommes » se déplace vers l'est, vers la Chine, signe de l'affirmation à la fois quantitative (l'importante population) et qualitative (la nouvelle civilisation) du sinocentrisme.

La première phrase de la notice qui accompagne la carte de Chine du *Huayitu* (*ca* 1040) rappelle qu'« au temps de l'empereur Wu [140-87 av. J.-C.] de la dynastie Han, Zhang Qian ouvrit le chemin des pays d'Occident »[8]. L'Asie centrale et *a fortiori* l'Inde sont désormais pensées à l'ouest, comme étant l'Ouest, pour les Chinois. L'empirisme et l'expérience des voyageurs participent à ce recentrage de la Chine dans l'écoumène. Les réalisations proprement chinoises de la cosmogonie indienne prennent alors généralement le titre de *Tienhia-tu* ou *Tienhia-zhongtu*, soit *Carte (générale) dessous du ciel*, surtout quand prédomine l'élément cosmo-religieux. On peut le traduire par « mappemonde ». Ces cartes donnent désormais une place majeure et centrale à la Chine. C'est le cas de l'une des plus célèbres d'entre elles, la mappemonde *Sihai hua yi zhongtu* (*Carte générale des quatre mers, des civilisés et des barbares*), qui figure dans une encyclopédie réputée de 1613 (*Tushu bian*, *Compilation d'illustrations et d'écrits*)[9]. Son auteur, Zhang Huang (1557-1608), semble s'être inspiré des cartes cosmo-bouddhistes antérieures, quoique cet aspect soit discuté par les érudits, mais il dit sans ambages que « bien que cette carte ne soit pas crédible en tous ses points, elle montre que notre terre s'étend indéfiniment ». Elle est de petite taille et plutôt grossière mais, publiée dans une encyclopédie très diffusée dans le monde sinisé, jusqu'au Japon, elle devient très populaire.

Sur les cartes de ce type, les points cardinaux sont inscrits sans ambiguïté. Au centre, dans un médaillon, sont tracés les deux idéogrammes de « pays du milieu ». Le *Traité des rites* (*Liji*), l'un des textes canoniques du confucianisme, répartit le monde en peuples des « cinq directions » (*wufang*), comme nous l'avons vu[10]. Et conformément à la théorie des « cinq agents » (*wuxing*), aux quatre mers correspondent également dans la cartographie chinoise une couleur, ainsi qu'une matière, un animal et une planète.

Le noir (l'eau, le reptile, Mercure) est attribué au Nord ; le blanc (le métal, le tigre, Vénus) à l'Ouest ; le rouge (le feu, le moineau, Mars) au Sud ; le bleu-vert (le bois, le dragon, Jupiter) à l'Est. Le centre, qui est considéré comme le cinquième point cardinal dans le monde sinisé, est jaune (la terre, Saturne), comme le jaune des métaux précieux éternels, le jaune du fleuve du même nom et du lœss dont le bassin médian constitue le berceau de la Chine, le jaune de la terre donc. Il est probable que cette association entre points cardinaux, couleurs et mers ait été transmise de Chine vers le monde gréco-byzantin puis turc, d'où les noms de mer Noire (au nord de Byzance) et de mer Rouge (au sud) qui subsistent encore de nos jours.

En fait, c'est en Corée que s'épanouit cette représentation cosmo-cartographique, avec la diffusion des mappemondes dites *Ch'onhado*, surtout au XVIIIe siècle[11]. Pourquoi en Corée et pourquoi à cette époque ? En mettant de côté la question des sources disponibles, qui nous réservera toujours des surprises avec de nouvelles découvertes dans les trésors de Chine, et en anticipant à peine sur l'analyse du rôle clef que détient la cartographie coréenne dans la géographie ancienne de l'Asie orientale (cf. *infra*), on peut avancer plusieurs arguments. La Corée du XVIIIe siècle, qui hérite d'une longue chaîne de contacts entre géographes avec la Chine, représente en quelque sorte le sanctuaire d'une tradition sinisée, néoconfucéenne, qui se protège face aux découvertes et aux pressions européennes dans un confinement géopolitique et socioculturel entre la Chine et le Japon.

Quant au Japon, Muroga Nobuo et Unno Kazutaka attribuent la longévité des mappemondes de type bouddhiste, jusqu'au milieu du XIXe siècle, au repli que connaît le Japon sous les Tokugawa[12]. Cette explication n'est qu'à moitié satisfaisante puisque le repli en question, au demeurant loin d'être total, n'a pas empêché la progression d'une cartographie moderne basée sur des connaissances venant d'Europe. Il est probable que les deux types de cartes ne concernent pas le même public. Les bouddhistes japonais qui se montrent réfractaires aux connaissances européennes et même au sinocentrisme fabriquent d'ailleurs des cartes à la géographie distordue, et originale.

Richard Smith souligne que « dans l'ensemble, les cartes explicitement religieuses paraissent avoir été beaucoup moins populaires en Chine proprement dite que dans d'autres parties de l'Asie, notamment la Birmanie, la Corée, le Japon et le Tibet »[13]. Le confucianisme, même « néo », reste en effet assez réfractaire en Chine à tout discours trop religieux. S'il intègre des conceptions bouddhistes et qu'il continue à le faire pendant longtemps, comme en

Corée, c'est plus, semble-t-il, par « tradition » que par « foi ».

La représentation cartographique des quatre mers est donc surtout visible sur les cartes cosmogoniques d'inspiration religieuse. Pour certaines d'entre elles, comme celle de Zhang Huang, elles remontent avant la prise de connaissance des Grandes Découvertes par les Chinois, encore qu'il s'agisse de copies reproduites dans des publications plus tardives, au cours du XVIIIe siècle notamment. Mais, même après, elles seront encore diffusées, notamment en Corée avec les cartes *Ch'onhado*, tout en intégrant d'ailleurs de nouvelles données plus conformes à la réalité géographique, ce qui nous permet de cerner l'extension des connaissances géographiques chez les sinisés de l'époque. Simultanément, les cartes plus précises, fonctionnelles, évoluent à une autre échelle, et avec un autre registre de nomenclature.

Autrement dit, au sein du monde sinisé, l'échelle macro reste pendant longtemps de l'ordre du cosmique, du religieux, et l'échelle méso (semi-continentale, continentale, zonale) de l'ordre du scientifique — mais confinée au niveau des élites, contrairement aux cartes locales qui, à l'échelle micro, sont utilisées pour comprendre et gérer l'espace. Il n'en reste pas moins que dans la cartographie sinisée et, partant, est-asiatique (coréenne, japonaise), l'imbrication de la carte-image et de la carte-instrument, pour reprendre la typologie du « cartologue » George Kish, demeure étroite. Sa durée de vie est bien plus longue et bien plus tardive qu'elle ne le fut en Europe, laquelle y renoncera à l'issue du Moyen Âge. Comme le signale Philippe Forêt, contrairement aux pays européens, « les États chinois et japonais n'ont pas trouvé de vertu particulière à produire des cartes mathématiquement précises (les cartes modernes) quand les circonstances sociales ne le leur demandaient pas. Ce qui peut être dit des organismes étatiques est aussi vrai pour les communautés locales. Cela implique que les cartes prémodernes ont été encore produites tant que les circonstances sociales le demandaient, bien après l'introduction de la cartographie moderne »[14].

Le sinocentrisme est tellement fort qu'il a balayé ou digéré tous les schémas cosmogoniques qui pouvaient le contredire, comme ceux du bouddhisme arrivés de l'Inde et qui placent l'Inde au centre. Sauf pour quelques bouddhistes chinois, la Chine est restée au centre du monde[15]. L'interprétation est différente dans l'archipel japonais, où le bouddhisme forge la métagéographie d'un Japon considéré comme un petit pays (*shokoku*, « grain de millet »), situé en marge des deux précédents (*zokusan-hendo, henchi-shokoku, hempi-zokusan*), au moins jusqu'au XVIIe siècle[16]. Cette conception finira d'ailleurs par heurter le pouvoir politique japonais central (cf. *infra*). Le sinocentrisme est reproduit par les pays voisins, en Corée, au Japon et au Viêt-nam notamment. Cela complique d'ailleurs le repérage géographique en démultipliant les systèmes de toponymie qui se réfèrent aux points cardinaux.

Qu'il s'agisse de cartes-images ou de cartes-instruments, la séparation entre l'Orient et l'Occident est nette dans la cartographie sinisée : le centre est occupé par la Chine. Il n'y a donc pas en ce cas de limites proprement dites entre l'Orient et l'Occident, contrairement à celles que tracent les Européens, puisque la Chine est entre les deux, au centre. Parallèlement, la conception de l'Orient ou de l'Occident y sera pendant longtemps beaucoup plus claire géographiquement que dans le monde métaméditerranéen, avant d'être brouillée par l'arrivée des Européens à partir du XVIe siècle.

Les noms avec lesquels les Chinois qualifient eux-mêmes leur pays reflètent bien entendu la double opposition centre-périphérie et civilisés-barbares. La première occurrence de « Pays du milieu » (*Zhongguo*) remonte au *Classique de l'histoire* (*Shangshu*), une compilation de cinquante-huit chapitres dont une bonne moitié remonte au VIe siècle av. J.-C.. L'idéophonogramme *zhong* désigne le « centre » davantage que le « milieu », mais le sens de ces deux termes est très proche, surtout en français, et la nuance géographique ou métagéographique est trop mince pour qu'il soit utile de préférer l'un plus que l'autre. L'idéophonogramme *guo* désigne le « pays ». Il revêt une polysémie assez similaire à son équivalent français, c'est-à-dire simultanément une contrée avec des habitants, un espace politique (un État), sinon une « nation » dans le sens que ce mot va recouvrir à partir de la Révolution française et du XIXe siècle.

C'est sous la dynastie des Han (206 av. J.-C.-220 apr. J.-C.) que les différentes entités politiques environnant le royaume originel des Zhou occidentaux, situé dans une partie du bassin du fleuve Jaune, reconnaissent la préséance de celui-ci et se définissent sous l'ensemble de « Zhongguo ». La *Chronique des Trois Royaumes* (IIIe siècle) oppose par exemple ce Zhongguo — qu'il assimile au Zhonghua (« Efflorescence centrale ») — aux royaumes de Wu (actuelle région de Suzhou, vers Shanghai) et de Yue (le sud de l'actuelle Chine, en gros, selon l'interprétation la plus commune). Une autre chronique établit qu'« il y a cinq montagnes célèbres sur le *Tianxia* ("Sous le ciel", c'est-à-dire, "sur terre"), trois dans le Man et le Yi, et cinq dans le Zhonghua ».

À l'origine, *guo* désigne plus précisément — et

c'est aussi l'un de ses sens particuliers dans un contexte précis — le territoire (représenté par le dessin d'un carré) où réside le « fils du ciel » (*tianzi*) (représenté par le signe *ad hoc*), donc son palais, donc la ville-capitale, la cité impériale. Cette dimension géographique ou métagéographique urbaine est essentielle. En effet, puisque le Zhongguo est considéré comme le « centre de la “civilisation” (*tianxia*) » conformément au *Classique de l'histoire*, le « centre du centre de la civilisation », si l'on peut dire, est incarné par l'empereur, figure politique, par son palais, figure architecturale, et par la ville impériale, figure géographique. L'urbanisme de la capitale est ainsi assimilable à un haut degré de civilisation, distincte — et en partie opposable — de sa périphérie rurale, jugée plus rustre, et de son extérieur lointain, considéré comme barbare.

Une distinction fondamentale est ainsi posée entre une aristocratie urbaine, ultérieurement remplaçable par une bourgeoisie d'origine citadine par définition, et une plèbe paysanne. Mais à cette distinction de classes en apparence figée s'ajoute une mobilité géographique puisque le lieu de la capitale change en fonction des empereurs et des nouvelles dynasties, changement que la tradition sinisée appelle « révolution ». Autrement dit, la nouvelle capitale peut contribuer à étendre ou à restructurer le pays. Symétriquement, le lieu qui va l'accueillir doit déjà détenir un certain nombre de critères conformes à la civilisation. La capacité d'imposer un ordre urbanistique à tout un pays est précisément une caractéristique du système sinisé, du système sinocentré. Elle fonctionne en Chine, dans le « pays du milieu » lui-même, ainsi que dans les pays environnants comme le Viêt-nam, la Corée ou le Japon qui sont progressivement passés dans l'orbite culturelle sinisée, d'où de nouvelles particularités.

Prenons l'exemple du Japon, pays à tradition rurale puissante mais simultanément pays fortement urbanisé, bien avant la constitution de la mégalopole[17]. Dans l'Antiquité japonaise, avant même l'influence chinoise, le déplacement du palais impérial est habituel car, aux yeux de la religion primitive shintô, le site initial devient impur lorsque meurt le monarque, qui n'est autre qu'un grand prêtre shintô. Il faut donc changer de site à cette occasion, ce qui arrive une douzaine de fois entre 600 et 794. L'introduction conjointe du bouddhisme et du système politico-administratif chinois modifie cette pratique. Encore faut-il un certain temps, un siècle et demi environ, entre l'adoption du système des Codes sinisés au milieu du VIIe siècle et l'installation pérenne de la capitale Heian-kyô en 794, sur le site de l'actuelle Kyôto.

À chaque fois, la ville prend un nouveau nom. On a vu l'importance de cette question du nom puisque, dans les civilisations sinisées, idéographiques et rituelles, où le signe a autant sinon plus d'importance que le signifiant, elle traduit tout un système de valeurs. Elle concerne également l'empereur japonais puisque celui-ci reçoit un autre nom après sa mort. Ce nouveau nom qualifie la période de son règne et donne les nouveaux repères du calendrier maîtrisé par la Cour[18].

La capitale japonaise, ou *miyako*, est donc le siège du maître du temps et de l'espace, de la ville en premier lieu. Le caractère original et sacré qu'elle revêt au Japon dès ses premières installations transparaît dans sa sémantique même. *Miyako* désigne en effet le lieu (*ko*) du *miya*, c'est-à-dire de la maison (*ya*) sacrée (*mi*) du roi-prêtre devenu « empereur ». Le terme sino-japonais *kyô*, qui est accolé au nom des premières cités impériales (Asuka-kyô, Fujiwara-kyô, Heijô-kyô, Heian-kyô pour les plus célèbres) ou qui préfixe Kyôto, désigne aussi ce même sanctuaire impérial. Son pictogramme initial symbolise des divinités rassemblées sur une colline et entourées de maisons. On le traduit commodément par « capitale ».

La résidence du souverain, intermédiaire entre le ciel et la terre, entre le monde des dieux et le monde des hommes, est donc considérée comme le centre de la civilisation par excellence et du pays. Cette fonction est imitée de la Chine, mais, au Japon, le terme chinois *ducheng* (« capitale-château ») s'efface au profit du terme japonais *miyako*[19]. Certes, on le lit dans quelques textes anciens, sous la lecture japonaise *tojô*. Il figure aussi en partie dans le toponyme d'une capitale importante, Heijô-kyô (actuelle Nara), littéralement la « Capitale du château de la paix » (710-784), où les termes et les idéogrammes sont inversés : *jô-kyô* peut être lu *to-jô* dans l'autre sens[20]. Mais ce terme et ce sens finissent par disparaître.

C'est la prononciation faisant intervenir les signifiants « sanctuaire » ou « maison sacrée », alias le « palais impérial », qui l'emporte au Japon pour insister, sous l'effet du shintô primitif, sur la dimension initiale du sacré dans le pouvoir politique. Le transfert de la capitale est d'ailleurs dénommé *miyako-utsuri* (déplacement du *miyako*) dans l'Antiquité. Ce n'est qu'ultérieurement qu'il prend le nom de *sento*, encore utilisé de nos jours.

En revanche, les Japonais utilisent l'idéogramme *du*, qui compose le *ducheng* chinois. À l'origine, en Chine, *du* désigne d'abord la ville puis la « cité du fils du ciel », autrement dit la ville par excellence, la capitale. Au Japon, il est utilisé sur les cartes anciennes comme estampille à l'emplacement de Kyôto pour localiser celle-ci. Or on le lit en japonais de deux façons différentes, au moins, ce qui complique un peu les choses. Soit *miyako* (conception japonaise), soit *to* (conception chinoise). D'où la redondance du terme *kyôto*, que l'on peut traduire maladroitement par « ville capitale ».

Le nom générique *Kyôto* désignait déjà de façon informelle la capitale de Heijô-kyô. Il a été réutilisé de la même manière à propos de Heian-kyô, littéralement la « capitale de la paix et de la tranquillité », toponyme qu'il finit par remplacer dans le langage quotidien à la fin du XIe siècle. À partir du Moyen Âge, Heian-kyô, alias Kyôto, est surtout appelée « Miyako », la capitale tout court. En témoignent les textes et les cartes des arrivants européens au Japon à partir du XVIe siècle qui le retranscrivent ainsi. La ville perd ce statut quand Edo est rebaptisée Tôkyô, où l'on retrouve l'idéogramme *kyô* qui, isolé, peut être lu *miyako*.

LE CENTRE CHINOIS ET L'ORIENT DU MONDE

La façon dont les peuples voisins appellent la Chine, dont ils reconnaissent l'avancée culturelle mais pas au point de la placer au centre du monde, montre les décalages entre le sinocentrisme chinois et sa réception à l'extérieur. Le toponyme « Chine » relève de l'effet métonymique *kleenex*, *scotch* ou *frigo*. Car il s'agit d'un attribut, d'une partie ou d'un symbole qui qualifie le tout. Chaque dynastie régnant sur la Chine a pour idéal de rendre son nom complètement identifiable avec celui du pays. L'archétype est représenté par la dynastie Han (206 av. J.-C. — 8 apr. J.-C.), dont le syntagme est repris pour désigner l'ethnie majoritaire. Dans les textes de cette époque, les Chinois sont généralement désignés sous le nom d'« hommes des Han ».

Selon l'interprétation communément admise, le terme de « Chine » provient du nom de l'antique dynastie des Qin [Tsin] (255-206 av. J.-C.)[21]. Certains spécialistes, plus rares, estiment qu'il dériverait d'une ancienne désignation utilisée auparavant par les navigateurs malayo-polynésiens à propos de la côte cantonaise. Mais il subsiste des doutes quant à la validité des sources et de la chronologie qui justifierait une telle argumentation. L'origine étymologique et la sémantique de « Qin » restent cependant obscures. Le nom signifie peut-être « nation de culture ». Il transite en Inde sous les noms de *Mahatchina* (Grande Chine) et *Tchina*. D'après Paul Pelliot, « ... les Hindous, aussi haut que nous puissions remonter, n'ont jamais appelé les Chinois autrement que par Cîna »[22]. Cette ancienneté témoigne des contacts commerciaux existant entre l'Inde et la Chine, et de la circulation des missionnaires bouddhistes (147-167). Le nom est ensuite emprunté par des navigateurs égyptiens, puis transmis dans le monde méditerranéen où le *Thinai* de Ptolémée (IIe siècle) se confond parfois avec *Sinai*.

Il est également adopté en Asie centrale sous le nom de *Cîn* et *Cîna* dès avant l'ère chrétienne. Pour le géographe yéménite Hamdânî (IXe siècle), *Sîn* désigne l'ensemble des pays situés à l'est de l'Inde, Chine comprise[23]. Un siècle après, le géographe arabe Ibn Hawqal se montre plus précis. La terre, dit-il, est divisée entre quatre grands empires : l'Inde, y compris le Sind ; la Chine où il faut inclure le Tibet et la

Transoxiane ; Byzance qui couvrait autrefois toute la Méditerranée ; l'Iran-shar enfin[24].

À partir du XIe siècle, un nouveau toponyme, *Khitaï* ou *Khataï*, apparaît dans les sources musulmanes. On le trouve déjà dans des textes chinois du IVe siècle (*K'i-tan*) et des inscriptions turques du VIIIe siècle. Il fait référence à la conquête de la Chine septentrionale au Xe siècle par une tribu mongole (toungouze) nommée *Kitai* (*Kidan* en chinois). À partir du XIIIe siècle, ce nom donne en Europe et en Russie les toponymes *Catay* et *Cataïa*[25]. Cette terminologie est reprise par Marco Polo (1254-1324) au cours de son séjour en Chine, qui distingue les pays de *Cathay* au nord et de *Mangi* au sud (ch. = *Manzi*). Marco Polo lui-même avait entendu parler en Inde de *Tchin* et de la mer de *Tchin*. « Il savait que le nom de Tchin s'appliquait au pays qu'il décrit sous le nom de Mangi. En faisant la distinction entre les pays Cathay et Mangi il entendait par le premier terme : la Chine septentrionale, définitivement conquise par les Mongols en 1234, et par le second la Chine méridionale, ancien État de la dynastie chinoise des Song, conquise par les Mongols sous Khoubilaï »[26].

Cette double terminologie figure sur la carte catalane d'Abraham Cresques (1385). De nos jours, la Chine est toujours désignée sous le nom de *Cathay* en persan, en russe et en grec.

Les termes *Sîn* (*al-Sîn*), *Hindi-Sîn* et *Hind* figurent sur la carte arabe d'Al-Tûsî (1331), à peu près à leur emplacement actuel[27]. Le royaume de Chine figure sur la mappemonde d'Al-Idrîsî (1154), à l'est du Tibet. *Tchina* orthographié *China* en portugais se répand au XVIe siècle. Le nom de *China* s'impose en Occident à partir du long XVIe siècle, notamment sous l'influence des jésuites. Matteo Ricci, venu par la route du Sud, parle de « Pékin, capitale de la *Tchina* ». Goès, parti par la route du Tibet pour découvrir *Cathay*, et qui meurt à Suzhou en 1607 sans terminer son récit de voyage, se rend compte qu'il s'agit de la *Tchina*. C'est ce nom qui donne *Chine* (français), *China* (anglais, allemand, hollandais, espagnol) ou *Khine* (yiddish).

En japonais, on ne compte pas moins d'une douzaine de noms pour désigner la Chine, dont *Shina* hérité des Européens à partir du XVIe siècle. Celui de *Kara* est l'un des plus curieux. D'après le linguiste japonais Oka Masao, cité par le *Dictionnaire de langue ancienne du Japon* (*Nihon kokugo daijiten*), *Kara* désigne à l'origine une tribu toungouze, qui se serait installée dans le sud de la péninsule coréenne. Puis, selon le *Dictionnaire de langue ancienne Iwanami* (*Iwanami furugo jiten*), il s'applique par extension à l'ensemble de la péninsule coréenne, devient synonyme de « pays étranger », désignant également la Chine sinon le continent eurasiatique au cours des ambassades entre le royaume japonais du Yamato et les dynasties chinoises des Sui et des Tang (de 600 à 894). *Karabito* (« Gens de Kara ») désigne les Chinois mais aussi tout étranger. *Karakuni* désigne la Chine mais aussi la Corée dans la compilation poétique du *Man.yôshû* (VIIIe siècle) ou dans le *Genji Monogatari* (XIe siècle) (où il s'applique surtout à la Chine).

Entre-temps, si le son reste le même, la graphie de *Kara* se multiplie, passant d'un idéophonogramme (*kara*) à deux (*ka* + *ra*). Sous un seul idéogramme, *Kara* peut également être lu *Tô* en lecture sino-japonaise, c'est-à-dire les Tang ainsi que leur dynastie, et dans un sens qui peut aller au-delà de cette période. Il s'applique par extension à une soixantaine de choses en combinaison avec d'autres idéogrammes, comme *karafune* (« bateaux chinois »), *kara-e* (« peinture chinoise ») ou *kara-te* (la « main chinoise » avec l'idéographie d'origine qui désigne le *kung-fu* venu du continent). Il s'applique aussi à Cathay. Sous une autre écriture idéographique qui utilise un troisième idéophonogramme et qui se lit également *kan*, *Karakuni* finit par désigner spécifiquement la Corée en japonais. La combinaison lue *Kankoku* (« pays — *koku* — de *kan* ») s'impose jusqu'à nos jours. Le phonème *Kara* se retrouve dans le nom de la dynastie Koryô (935-1391), qui donnera le toponyme de Corée, soit *Kôrai* en japonais sur la carte du lettré nippon Nishikawa Joken de 1695. Les appellations de la Chine au Japon soulèvent à partir de Meiji, comme nous le verrons, des questions tendues d'ordre géopolitique et métagéographique dans le contexte de la modernisation et de l'émergence de l'asiatisme.

Au-delà des valeurs qui leur sont attribuées, c'est la liaison entre les points cardinaux, fixes, qui crée une dynamique spatiale, qui donne du sens à la territorialité progressive d'un pays. Suivant les cultures et les époques, certaines directions sont préférées à d'autres. Pour le géographe japonais Senda Minoru, il existe deux conceptions cosmologiques majeures selon la façon dont elles orientent l'« axe primordial », axe à la fois cosmique, religieux, politique et métagéographique : le type indien, qui privilégie l'axe ouest-est, et le type chinois, qui privilégie l'axe nord-sud[28].

Il faut toutefois se garder d'une systématisation trop poussée car, pour un même groupe socioculturel, la direction de l'axe primordial peut changer au cours de l'histoire, et des influences socioculturelles variées parviennent à se superposer. C'est notamment ce qui se passe au Japon[29]. En outre, comme le souligne Michel Viegnes, il convient de « rappeler la loi fondamentale de la double face, et de la réversibilité du sens, qui gouverne l'univers symbolique traditionnel. Aucun symbole n'est univoque : tous, ou presque, sont affectés d'une dualité janusienne »[30].

Le septentrion est un bon exemple de cette ambivalence. Il est chargé de positivité comme lieu de la révélation mystique pour plusieurs traditions ésotériques. Chez certains soufis, aussi bien chiites que sunnites, le Haut Nord est la Terre des âmes. L'orientation des cartes occidentales avec le nord en haut, systématisée à partir de Mercator, hérite peut-être du mythe hyperboréen grec antique[31]. Mais le Nord, haut lieu de l'obscurité par excellence, est chargé de négativité dans la cosmologie scandinave, pour les historiens du haut Moyen Âge européen ou pour les géographes byzantins[32].

En Chine, il est positif. Le palais impérial, bâti dans une enceinte rectangulaire, est situé en haut, au nord. Il commande l'axe primordial. À partir de lui est tracé un boulevard central qui se dirige vers le sud et qui sépare la cité en deux, avec la « ville de droite » à l'ouest et la « ville de gauche » à l'est. Le Japon antique pratique le type indien (que l'on trouve également chez les Mayas), avant l'arrivée des influences chinoises à partir du VIIe siècle. L'axe ouest-est était « au droit du soleil » (*hi no tate*), considéré comme vertical ou, plutôt, comme perpendiculaire. L'axe nord-sud était « au travers du soleil » (*hi no yoko*), considéré comme transversal ou, plutôt, comme latéral. Le sud et le nord étaient donc considérés comme latéraux quand on se plaçait face au levant.

Le modèle chinois renverse l'ordre primordial au Japon, notamment par la création d'un parcellaire rizicole, le *jôri*, et par la construction de nouvelles cités impériales suivant un parcellaire urbain dit *jôbô*. C'est le cas avec la capitale d'Asuka-kyô, à partir du VIe siècle, et surtout avec celle de Fujiwara-kyô (694-710), puis les suivantes, dont le plan urbanistique est plus strict. La Rome antique pratique le type chinois, si l'on peut dire, mais de façon spécifique. Le *cardo* apparaît comme l'axe primordial et organisateur, « l'ordonnée » de la géométrie moderne comme son nom l'indique bien, tandis que la construction concrète de la ville démarre à partir de l'axe horizontal du *decumanus*, « l'abscisse », qui va d'est en ouest. L'axe du *templum* correspond également à cette direction, conformément à la tradition indo-européenne telle que l'a analysée Georges Dumézil, celle du *vamsa* védique ou des traités hindous d'architecture.

La mer d'Orient est au levant : là où le soleil se lève, l'astre de lumière et de chaleur, le symbole de vie, assimilé à la couleur rouge en Inde, dans le Japon antique ou chez les Mayas. Elle est opposée au ponant, là où le soleil se couche, assimilé à la mort et à la couleur noire dans ces trois civilisations. Les Grecs anciens ont tenté par un subtil subterfuge de contourner ce maléfice, par une course géographique symbolique et mythique reliant ces deux points de la Terre. C'est ainsi qu'Héraclès doit passer par l'extrême Orient et faire le tour du monde avant d'atteindre le jardin des Hespérides à l'extrême Occident. On retrouve cette géographie chez leurs savants. « La structure fondamentale [chez Hippocrate] est […] un axe médian Orient/Occident, parallèle à la course du Soleil, fortement polarisé sur ses deux extrémités : l'Asie désignée par le lever du Soleil, l'Europe par son coucher. Sur cet axe se replie et se divise le monde. […] Cette direction a une dimension axiologique, c'est un axe de valeurs »[33]. Le schéma hippocratique est partagé par la quasi-totalité des Grecs anciens.

En Chine même, l'Orient correspond à l'« ébranlement » qui est à l'origine du *yang*, lequel *yang* est étymologiquement lié au carré. La couleur qui lui est traditionnellement assimilée sur les cartes est le vert-bleu, comme on l'a vu. Le binôme rouge-noir qui correspond à l'axe est-ouest dans le type indien est attribué à l'axe nord-sud, nord pour le noir, rouge pour le sud, tandis que le blanc va à l'ouest[34].

Le nord, pôle céleste, constitue le pivot du ciel. Il symbolise l'empereur pivot de l'empire. La Chine étant située dans l'hémisphère boréal, le pôle nord céleste est évidemment toujours dans le ciel. Bien sûr, on ne peut le voir le jour. Mais il est toujours présent. Il en va de même pour les étoiles circumpolaires qui ne se couchent jamais et demeurent toujours au-dessus. Pour ces raisons, le pôle nord céleste et les étoiles circumpolaires sont devenus des points de référence fondamentaux dans l'astronomie et la cartographie chinoises comme on l'a vu[35]. Très tôt, les cartes chinoises sont ainsi orientées avec le nord en haut, ce qui est exceptionnel dans l'histoire de la cartographie universelle.

Au sein du monde arabo-musulman, l'est semble avoir été originellement l'orientation primordiale, comme au Japon ou en Inde. L'arabe *janub* (sud) a d'ailleurs pour étymologie un mot signifiant « côté ». Les cartes du Japon ancien et de l'islam médiéval, à partir du Xe siècle seulement pour ce dernier, semble-t-il, sont tournées vers le sud, conformément à cet axe primordial est-ouest qui accorde au zénith la place de sommet. C'est également le cas de quelques mappemondes européennes. Armand Rainaud en recense une douzaine, datant des XIe (Asaph, Macrobe), XIIe (Guillaume de Hirsau), XIVe (Cecco d'Ascoli) et XVe siècles (Salluste)[36]. On peut également citer la mappemonde du bénédictin Andreas Walsperger (1448)[37], ainsi que la fameuse et très belle mappemonde du Vénitien Fra Mauro (1459).

Cette orientation méridionale des cartes médiévales européennes peut avoir deux origines : soit l'influence arabe, hypothèse la plus probable, soit directement une influence chinoise dans le contexte des contacts entre la Sérénissime et Cathay, grâce aux Polo et à tous les autres voyageurs. En effet, si les cartes chinoises du Moyen Âge dont on dispose sont orientées avec le nord en haut, comme on l'a vu, les plus anciennes, les cartes Han (reconstituées), qui datent du IIe siècle av. J.-C. sont orientées avec le sud en haut[38]. Il s'agit de cartes topographiques et militaires, très précises et très réalistes, représentant la partie méridionale du Hunan. Pour le géographe Hsu Mei-Ling, cette orientation méridionale des cartes chinoises est très ancienne. Elle n'a donc pas été introduite par les Arabes aux alentours des XIIIe et XIVe siècles comme plusieurs chercheurs l'ont affirmé (Bagrow, Skelton, Needham).

On peut au contraire estimer que l'orientation méridionale a été transmise des Chinois aux Arabes, *via*, probablement, la boussole. En effet, la boussole chinoise indique initialement le sud. Dans un ouvrage célèbre, joliment intitulé *Le Lac des rêves* (1086), le savant Shen Gua (1034-1091) écrit ainsi que l'aiguille frottée par un aimant naturel indique le sud, et, parfois, le nord. La boussole porte alors en Chine le nom d'« aiguille indiquant le sud » (*sinan*). C'est avec cette orientation-là qu'elle est connue en Europe et dans le monde arabo-musulman. Les ouvrages arabes les plus anciens qui parlent de la boussole datent de 1232 et la décrivent sous des formes typiquement chinoises. La *Description des peuples barbares* (*ca*

1225) due à Zhao Rukua (1170-1228), commissaire à la marine marchande à Guangzhou, donne de très nombreux détails sur les relations commerciales de la Chine des Song avec les autres pays comme l'Indonésie, la Malaisie, l'Inde, les Philippines, la Corée, le Japon, les côtes de la mer d'Oman et plus loin même, la Somalie, Zanzibar, l'Égypte. Cette évocation rend plausible parmi tous les échanges celui de la boussole chinoise et de l'astrolabe arabe. La boussole est mentionnée pour la première fois en Europe par Alexandre Neckam en 1190, dans son *De naturis rerum*. Il semble que ce ne sont pas les Arabes qui l'ont ainsi transmise mais que, au contraire, Arabes et Européens l'ont adoptée à peu près en même temps, à la suite de contacts avec les marins chinois.

En revanche, l'orient devient la direction sacrée pour le Moyen Âge européen car il est considéré comme le siège du Paradis. Les mappemondes T-O le placent en haut de leur dessin, d'où le sens encore contemporain d'« orienter » quand on parle d'une carte. L'orient est placé en haut, mais sans Paradis, sur la mappemonde de Pietro Vesconte (1311), un cartographe vénitien qui est en contact étroit avec les marchands de sa cité dont il met en valeur les routes commerciales[39]. Le Dieppois Nicolas Desliens, en 1556 encore, est l'un des derniers cartographes européens à pratiquer ainsi[40]. Commercial ou sacré, l'Orient polarise l'attraction européenne comme nous le verrons plus loin avec la question du paradis terrestre.

On peut dire que c'est l'inverse pour les Chinois : c'est l'Occident qui est davantage valorisé, depuis l'introduction du bouddhisme, lequel, de fait, provient de l'Ouest chinois et de ses hauts plateaux, et, plus loin, du Tibet et du berceau indien. Pour les pèlerins chinois antiques, l'Occident est donc la direction du Bouddha, ce que reflètent certains éléments des cartes-images bouddhiques. Ainsi le célèbre pèlerin Xuanzang (VIIe siècle), déjà évoqué, parti pour un voyage de seize ans jusqu'à Madras *via* la Transoxiane, s'écrie-t-il : « Il vaut mieux mourir en tentant d'aller vers l'ouest que vivre en retournant vers l'est »[41]. L'attraction des Chinois pour l'Occident trouvera cependant rapidement ses limites, au gré des forces centripètes du sinocentrisme.

LE PRINCIPE MÉRIDIEN EN MÉTAMÉDITERRANÉE

Les positionnements et les repérages géographiques évoluent de façon souple chez les Grecs anciens. Leur centre, tel qu'il peut être établi par la reconstitution des cartes d'Hippocrate (*ca* 460-*ca* 377 av. J.-C.) ou d'Hérodote (*ca* 480-*ca* 425 av. J.-C.), et en mettant de côté la question de l'ombilic (*omphalos*), est composite. On le trouve en mer Égée, en Grèce avec un trio Delphes-Délos-Ionie, ou sur les îles… Chez Hérodote, la coupure Ouest-Est est un axe méridien, « mais [qui] ne correspond pas à un axe de symétrie : il constitue seulement une direction d'alignement »[42]. Il suit le cours du Nil, Rhodes, Byzance, les bouches du Borysthène (le Dniepr). Chez Hippocrate, il passe dans la mer Égée, opposant la Grèce libre à l'Asie (Mineure) soumise. Dans la Grèce archaïque, « la mer Égée constitue l'aire centrale de l'univers »[43].

Les savants les plus anciens, Hérodote en particulier mais aussi les poètes, ont d'abord une vision solsticiale du monde. C'est ce que souligne Alain Ballabriga : « … les mouvements annuels du Soleil, l'essaimage dû à la colonisation grecque et la morphologie générale de la Mer Intérieure concouraient à fixer une représentation d'ensemble dans laquelle le Nord et le Sud sont divisés en pôles symétriques, l'un oriental, l'autre occidental. Corrélativement, l'Est et l'Ouest, loin d'être des points stables et équinoxiaux, s'étendent sur tout l'arc des levants et des couchants, entre un "Nord" et un "Sud". La logique de cette vision solsticiale doit donc être profondément différente du repérage cardinal, qui part de deux axes perpendiculaires nord-sud et est-ouest »[44].

Comme le remarque Jean-François Staszak, « penser l'équinoxe suppose qu'on connaisse la sphéricité de la Terre et l'écliptique ; or on ne sait pas quand exactement, ni par qui, cette représentation a été fixée »[45]. Au VIe siècle av. J.-C., à Milet, Anaximandre avait, selon Diogène, « construit la sphère », céleste probablement[46]. Mais il n'en reste pas de traces. L'« équateur ionien », tel qu'il a été conçu par Éphore de Cumes (deuxième moitié du IVe siècle av. J.-C.) et jugé « anachronique » par Alain Ballabriga, peut cependant être imaginé comme un simple « axe central », et non comme un véritable « axe équinoxial », tout en étant placé à mi-distance des axes solsticiaux, les « tropiques ».

La conception vraiment scientifique du système des latitudes et des longitudes, tel qu'il est élaboré par les Grecs, probablement au cours du IVe siècle av. J.-C., et repris par les Arabo-musulmans, a une conséquence majeure, en corrélation avec le principe de la sphéricité terrestre dont il est issu. Il induit l'idée de partager la Terre en hémisphères, de part et d'autre de l'équateur, et surtout, de la partager en Occident et en Orient, de part et d'autre d'un méridien.

Hipparque de Nicée (IIe siècle av. J.-C.) conseille de dessiner tous les lieux sur les cartes d'après leurs coordonnées géographiques. Il exige un même intervalle entre parallèles et méridiens. Il propose la division de l'équateur en 360 degrés, à l'encontre des 60 degrés utilisés alors[47]. Ératosthène (IIIe siècle av. J.-C.), qui pose le principe des latitudes et des longitudes, prend deux axes comme repères de référence : le méridien de Syène-Alexandrie-Rhodes et le parallèle qui passe par les Colonnes d'Hercule (Gibraltar), le détroit de Sicile, le sud du Péloponnèse et de l'Attique, et Rhodes. Rhodes se trouve donc à la croisée car également prise comme repère pour tracer un parallèle de base. Autrement dit, une île de la Méditerranée orientale devient le centre géométrique et géographique du monde pendant l'Antiquité méditerranéenne. Ce choix n'est pas un hasard pour des Grecs multipolaires, fréquentant terres, îles, archipels et mers, établissant des cités un peu partout autour de la Méditerranée.

La théorie des cinq « zones » (*klima*), établie par Strabon (*ca* 58 av. J.-C.-*ca* 25 apr. J.-C.) et attribuable à Parménide (Ve siècle av. J.-C.), introduit cependant une approche différente. Strabon stipule que « les zones seraient délimitées par des cercles parallèles à l'équateur, tracées de chaque côté de celuici » (II, 5, 3). Ainsi, la création de « bandes » géographiques relativise l'idée même de centre au profit d'un zonage en latitude, rythmé par un cheminement nord-sud. Le globe cratésien avec ses quatre terres émergées utilise l'équateur et trace le méridien à l'ouest des Colonnes d'Hercule. Le centre est donc relativisé. C'était déjà ce qu'Ératosthène avait à l'esprit : « ... au lieu de partir d'un point central, Delphes ou Grèce, pour décrire ce qui est autour, à la manière des cartes ioniennes, il déduit de la contemplation de la sphère céleste la mesure du globe terrestre, puis, à la lumière de cette mesure, détermine la fraction de ce globe occupée par le monde connu[48]... »

La grande distinction concrète entre Occident et Orient remonte à la fin du IIIe siècle chez les Romains[49]. Jusque-là, elle est surtout métagéographique, telle qu'on peut l'apercevoir dans la littérature latine où les références à l'Orient, dans le sens de pays d'Orient, et aux Orientaux, dans le sens de peuples orientaux, sont plus importantes que les références à l'Occident ou aux Occidentaux. À partir de Dioclétien (245-*ca* 313), elle devient géopolitique. En 293, cet empereur organise en effet le pouvoir en une tétrarchie, avec deux augustes suppléés par deux césars, et quatre préfectures. À l'auguste Maximien, il confie la défense de l'Occident (*Occidens*), « préfecture d'Italie » et pour capitale Milan, avec le césar Constance, « préfecture des Gaules » et pour capitale Trèves ; à lui-même, il se réserve la défense de l'Orient (*Oriens*), capitale Nicomédie et sa « préfecture d'Orient », attribuant au césar Galère la « préfecture d'Illyrie » et pour capitale Sirmium.

À cette organisation politico-militaire s'ajoute également une organisation politico-religieuse. Dioclétien fonde en effet les diocèses chrétiens, qui portent d'ailleurs son nom (*dioikèsis*). Au nombre de douze, tout d'abord, un seul d'entre eux a un nom générique qui n'est pas celui d'une province ou d'un toponyme : le diocèse d'Orient, qui correspond en gros au Levant ajouté au Nord égyptien. Il n'y a pas de diocèse d'Occident. Il existe également un diocèse d'Asie, qui correspond en gros à l'ouest méditerranéen de la Turquie actuelle, et qui est issu des anciennes provinces romaines d'Asie mises en place à partir du IIe siècle av. J.-C. Ainsi, l'Orient se trouve déjà à l'est de l'Asie. La géographie dioclétienne est claire, et conséquente. La limite du partage passe au niveau de la Dalmatie (province originaire de Dioclétien), entre la botte italienne et la péninsule grecque, puis, de l'autre côté de la mer Méditerranée, entre la Tripolitaine et la Cyrénaïque. Le centre historique, Rome, n'est plus qu'un symbole. Il n'y a plus vraiment de centre ou, plus exactement, ce centre glisse vers l'Orient. Nicomédie, la capitale de Dioclétien, est rapidement remplacée par sa voisine Byzance sous l'empereur Constantin, lequel la rebaptise de son nom, Constantinople, et veut en faire la « nouvelle Rome » (330). La bipartition Orient-Occident est entérinée à la mort de Théodose Ier (395).

Tandis que l'empire d'Occident s'effondre en 476, celui d'Orient se maintient, avec les églises chrétiennes afférentes. Celles-ci portent officiellement le nom d'« orientales » suite à l'organisation diocésaine confirmée par le concile de Nicée (325) et par les conciles ultérieurs (Éphèse notamment, 431). Il prend finalement le nom d'Empire byzantin en 732, tandis que le nom d'Empire romain d'Occident ressuscite avec le sacre de Charlemagne comme empereur, en 800. À partir de Charlemagne, l'Occident se pense en Europe, avec ses hauts et ses bas, ses empires et ses États-nations, de même que l'Europe se pense en Occident : en centre historique et moteur de cet espace, qui s'élargira plus à l'ouest vers l'Amérique.

L'Orient légué par les derniers empereurs romains se retrouve donc dans la situation paradoxale d'un nouveau centre. Nouveau, car organisé politiquement autour de Constantinople et métagéographiquement sur la boucle des voyages de l'apôtre Paul. Paradoxal, car nostalgique de Rome la fondatrice et la matrice, à l'image de Justinien (482-565). Par ses écrits, cet empereur est l'un de ceux qui entérinent la dualité géopolitique et métagéographique Orient-Occident. C'est aussi l'un des plus acharnés à reconstruire la

Romania unitaire, quoique en vain. Encore paradoxal et nouveau car, plus à l'est, Jérusalem polarise la métagéographie romano-byzantine et chrétienne. La ville échappe ensuite au contrôle chrétien. Elle tombe aux mains des mahométans en 636, puis elle revient aux croisés qui fondent les « États latins d'Orient » (1097-1291).

L'Europe occidentale chrétienne oublie l'héritage scientifique de la géographie grecque, ou le renie. La cartographie de l'Europe médiévale chrétienne place la ville sacrée de Jérusalem au centre de ses fameuses cartes T-O, au cœur d'un monde constitué au minimum de trois continents : l'Europe, l'Afrique et l'Asie. L'axe méridien du Tanais (= Don) et du Nil fait la limite de l'« Asie » ; l'axe latitudinal de la « Mare mediterraneu » (dénomination sur la mappemonde *Orbis Breviarium* de Florence, 1493) sépare l'Europe et l'Afrique. Récupérant l'expérience d'Ératosthène faite à Syène, Pierre Comestor signale au XIIe siècle que « cet endroit [Jérusalem] est le nombril de la terre habitable, parce que tous les ans, un certain jour de l'été, à l'heure de midi, le soleil descend jusqu'à l'eau du fond d'un puits... »[50].

Jean de Mandeville (milieu du XIVe siècle), comme tant d'autres avant lui, ne doute pas que Jérusalem soit au centre de la Terre. Il cite comme preuve une inscription qu'il affirme avoir vue près du Saint-Sépulcre. Pour W.G.L. Randles, les auteurs médiévaux européens ont du mal à accorder la vérité chrétienne révélée, qui situe le centre de la Terre en un lieu sacré, et la vérité mathématique grecque, qui permet de calculer la forme de cette même Terre.

L'islam, né plus tard que le christianisme, suit le même chemin d'institutionnalisation et de dogmatisation que celui-ci. Il le rattrape, sauf pour l'exception majeure : les savants arabo-musulmans acceptent des Grecs le principe de la sphéricité terrestre, comme on l'a vu. Mais à l'est comme à l'ouest de la Méditerranée, les mêmes causes produisent les mêmes effets. Le même poids d'un monothéisme totalisant étouffe l'autonomie de l'image, de la carte — à la fois science et art — au profit du verbe, du texte, du dogme. Il semble cependant que l'éloignement des lieux saints islamiques à mesure de l'expansion arabo-musulmane contribue, inversement, à une certaine indépendance de la cartographie vis-à-vis de la religion. Cet éloignement est double : celui des lieux saints comme La Mecque et Médine vis-à-vis des principales régions habitées du monde arabo-musulman, à commencer par le Croissant fertile ; et leur distance au sein d'une *umma* et de son « domaine », saisi comme un ensemble, la *mamlaka*, qui s'étend vers l'ouest d'abord (l'Europe), et plus tard vers l'est (l'Inde, l'Insulinde).

Ce processus d'éloignement-autonomisation concerne en particulier la nouvelle zone d'attraction culturelle qui s'étend de la Sicile à Al-Andalus en passant par le Maghreb, à l'instar des magnifiques géographies d'Al-Idrîsî (XIIe siècle) ou d'Ibn Battûta (XIVe siècle). Il a aussi pour autre conséquence d'affaiblir la représentation cartographique de l'espace situé à l'est de la péninsule Arabique, alors que l'espace méditerranéen sera bien mieux représenté. L'expérience vécue des navigateurs arabes de la mousson entre l'Arabie, l'Inde et l'Afrique n'est pas assez exploitée. Al-Idrîsî, par exemple, reprend la pauvre représentation que Ptolémée avait faite de l'océan Indien comme mer intercontinentale.

À l'autre extrémité, Al-Bîrûnî, astronome, grand maître de la géographie mathématique, descriptive et culturelle, originaire d'Asie centrale comme on l'a vu, reste, à la fin du Xe siècle, à l'écoute des cultures voisines. Il connaît le turc, le perse, le sanskrit, l'hébreu et le syriaque, et entretient des relations avec les principaux érudits de son époque. Même si Muqaddasî « déclare sans ambages qu'il n'entend pas réserver la moindre parcelle de son effort à décrire les pays étrangers à l'islam », il reste assez seul parmi les géographes sur ce point de vue[51].

Ce décentrement correspond aux grandes mutations politiques et socio-économiques du monde arabo-musulman au tournant de l'an mil. André Miquel montre bien comment l'apparition de deux califats rivaux après celui de Bagdad (750), au Caire (969) et à Cordoue (929), les disputes dynastiques ainsi que les pressions turco-mongoles, bousculent le désir unitaire de l'islam, et par conséquent sa représentation cartographique. Chez un même auteur, comme Muqaddasî, cela n'empêche cependant pas de faire coexister des visions de répartition légèrement différentes. Mais contrairement à la Chine qui se pense « pays du milieu », le monde arabo-musulman n'arrive pas à se définir comme tel. Il sait qu'il existe d'autres mondes très vastes et très peuplés comme l'Inde et la Chine, des berceaux extérieurs pour les autres religions qui y sont parvenues. Avec les « petits lieux saints » s'éparpillant sur l'ensemble de l'empire, ceux-ci n'exercent pas le même poids métagéographique.

Muqaddasî (fin Xe siècle) reprend les sept *klima* (ar. *iqlîm*, pl. *aqâlîm*) de la géographie grecque, mais en distinguant deux mondes. L'un est tiré par son extrémité occidentale, le Maghrib (l'« Occident »), qui est composé de deux sous-ensembles (l'Afrique du Nord et l'Espagne). L'autre est tiré par son extrémité orientale, le Mashriq (l'« Orient »), qui est composé de deux sous-ensembles (l'Oxiane et la Transoxiane). La limite entre les deux passe au niveau de l'actuelle frontière entre l'Irak et l'Iran. L'Arabie, la Syrie et le Hijâz se situent donc du côté occidental. « La division est-ouest du monde musulman est déjà présente. L'itinéraire de Muqaddasî décrit deux routes grossièrement circulaires dont le lecteur parcourt la circonférence avant de gagner le centre. Et ce centre est un désert, dont l'auteur n'a que peu à dire »[52].

Ibn Hawqal (fin Xe siècle) répudie les *klima* grecs. Il propose une organisation en croix du monde connu. Ses branches sont constituées par un axe Méditerranée-déserts iraniens d'ouest en est, et mer Noire-Kurdistan-Euphrate du nord au sud. L'Irak bascule cette fois du côté oriental, reflet de son penchant persan. Mais Ptolémée n'est pas déboulonné. Sa géographie rentre alors « en force dans l'atelier cartographique, notamment en Sicile, sous les rois normands, Al-Idrîsî dressant son vaste planisphère en argent [...] et une série de cartes de la terre »[53]. La cartographie d'Al-Idrîsî (milieu XIIe siècle) est proche de celle d'Ibn Hawqal, mais avec la réintroduction des *klima* ptoléméens. Elle propose un découpage en sept zones latitudinales (les « climats », bandes horizontales) et en dix sections longitudinales (bandes verticales), ce qui nous donne soixante-dix « cases » correspondant à des pays. « Il y a un climat médian, axe de symétrie du monde habité, entre nord et sud [= le IVe climat, de l'Andalousie à Bagdad en passant par la Sicile et la Crète]. Il n'y a pas de section centrale, à l'est et à l'ouest de laquelle s'étendraient des parts égales de l'œcoumène. La ligne de partage de la 5e et de la 6e section "sépare" un Orient d'un Occident [au même niveau qu'Ibn Hawqal] »[54].

La carte du monde d'Al-Idrîsî (1154) surpasse de très loin les productions cartographiques faites en

Europe occidentale à la même époque et même après, comme la mappemonde de Pietro Vesconte (1311) ou celle de Hereford (*ca* 1300)[55]. Elle est comparable en qualité à ses homologues chinoises contemporaines, comme le *Huayitu* (1136), très probablement inspirée des travaux antérieurs, disparus, du géographe Jia Dan (730-805), et le *Yujitu* (1136). La distance entre Sebta (Ceuta) et Antioche (Syrie) n'y est faussement prolongée que de deux degrés. « Idrîsî avait réuni de nombreuses connaissances sur l'Orient et l'Occident », nous confirme Ivan Kupcik[56]. Étonnamment précise du côté du bassin méditerranéen, sa cartographie ne tire toutefois pas profit du côté de l'Asie maritime, en particulier, des informations connues des navigateurs arabes de l'Europe. Elle est cependant l'une des premières, en dehors du monde sinisé, à figurer, de façon certes encore grossière mais non farfelue, Java, Bornéo, le Tibet, la Chine, la Corée et ce qui apparaît comme le Japon, même si le toponyme attribué soulève des interrogations (cf. *infra*).

Le profit que font les cartographes européens de leurs homologues arabo-musulmans, et notamment d'Al-Idrîsî, plus proche d'eux, est laborieux. Mais le pli est pris. La géographie de Ptolémée est redécouverte. Elle gagne peu à peu les rangs humanistes de l'Europe occidentale chrétienne. Son *Almageste* est traduit à Tolède en 1175, centre culturel mozarabe à partir du XIe siècle, par le prolifique et infatigable Gérard de Crémone (1114-1187) et Eugène de Palerme[57]. Ce travail suit le chemin habituel pris par les traductions à cette période, qui impliquent au moins deux personnes. Comme peu de chrétiens connaissent l'arabe, on a en effet recours à des intermédiaires, souvent des juifs. La traduction se fait en deux temps : de l'arabe à une langue vulgaire, puis de cette langue en latin. L'*Almageste* est aussi traduit directement du grec. Ptolémée est traduit du grec en arabe à partir d'une version en syriaque, ce qui nous donne un savant mais tortueux parcours intellectuel. L'Italie prend ensuite le relais de l'Andalousie pour assurer la résurrection et le triomphe de la géographie grecque au sein de l'Europe médiévale[58].

L'imprimerie, enfin, qui se développe à partir de 1458, lorsque Johannes Gutenberg crée les caractères mobiles en Europe, donne un énorme coup de pouce à la diffusion de la géographie grecque et ptoléméenne[59]. Manuel Chrysoloras, qui bourlingue de Constantinople à Venise, commence, dit-on, à traduire en latin la *Géographie* de Ptolémée. Son élève, Jacopo d'Angelo da Scarperia, achève le travail en 1406 au sein de la Curie romaine, et lui donne le titre de *Cosmographie*. Les cartes sont traduites par d'autres à partir de 1415. La traduction latine de Ptolémée est imprimée à Vicenze en 1475, sans les cartes, à Bologne en 1477 avec les cartes[60]. Strabon, connu en grec par la plupart des humanistes dès le milieu du XVe siècle, est traduit en latin à Ferrare en 1458, imprimé à Rome en 1469. Denys d'Alexandrie est traduit en 1470 à Venise, imprimé au même endroit en 1477. La géographie « grecque » latinisée connaît alors un véritable engouement dans les centres cultivés d'Europe tout au long du XVe siècle, et même après. Les cartes ptoléméennes sont reproduites, multipliées, complétées. Christophe Colomb possède une version de la *Cosmographie* éditée à Rome en 1478.

À la mort du fils bâtard de Colomb en 1539, on découvre et recense à son domicile plus de quinze mille documents imprimés, manuscrits et cartes : une somme exceptionnelle d'ouvrages que Colomb n'aurait pu acquérir s'il s'était agi uniquement de manuscrits. Colomb, le marin, le navigateur, le mystique et l'autodidacte, n'aurait pas été le découvreur de tout cela sans cela. Certes, l'Amérique est une « déduction d'humaniste papivore, la fille légitime de Gutenberg », « bachotage et pilotage furent les deux mamelles du Nouveau Monde », comme le remarque Régis Debray[61]. Elle est également la lointaine et paradoxale fille d'obscurs inventeurs chinois du caractère mobile et de l'étambot, ces Chinois qui, finalement, ne la découvriront pas.

LE POINT D'ORGUE TORDESILLAN

Pour calculer les latitudes, le parallèle d'origine est bien sûr l'équateur, facile à repérer. Pour les longitudes, le choix est plus délicat, qui détermine un Orient et un Occident universels. Ptolémée hésite. Comme méridien origine, il prend tantôt celui des îles Fortunées, c'est-à-dire les Canaries (*Géographie*, livres II à VII), tantôt celui qui passe par le cours du Nil, Rhodes et Byzance (récapitulation du livre VIII)[62]. L'astronome hispano-musulman Al-Zarqâlî (*ca* 1029-1100), qui évalue correctement pour la première fois la longueur de la Méditerranée, opte pour les Canaries. La cartographie européenne du début du XVe siècle persiste, en faisant précisément passer le méridien par Hierro, île située au sud-ouest de l'archipel des Canaries[63]. Le positionnement du méridien origine sera une question récurrente jusqu'à la conférence internationale de Washington, au moins, qui choisira celui de Greenwich en 1884. Elle est au cœur de l'un des plus importants traités géohistoriques, celui de Tordesillas signé le 7 juin 1494 entre les royaumes de Castille-Aragon et du Portugal.

Ce traité se fonde en partie sur l'approche ptoléméenne[64]. Il s'agit de définir les possessions terrestres, coloniales, et les aires d'influence entre ces deux États de la péninsule Ibérique, alors en tête des explorations européennes du monde et suite aux découvertes colombiennes. Le principe retenu pour la ligne de partage est salomonique : se fonder sur l'équidistance entre les terres possédées des deux côtés de la « mer océane » (= océan Atlantique)[65]. Soit : d'une part, l'extrémité occidentale de l'archipel du Cap-Vert, portugais, à savoir l'île de Santo Antão, et, d'autre part, l'extrémité occidentale de l'île d'Hispaniola (= Haïti), nouvelle possession espagnole, récemment découverte par les expéditions colombiennes. Le méridien constituant le point d'appui, c'est-à-dire le méridien de base, est celui de Santo Antão, situé à 17° 4' N comme l'ont correctement évalué les géographes de l'époque.

C'est le cosmographe portugais Duarte Pacheco Pereira († 1533), considéré comme le plus respecté et le plus savant des experts du traité de Tordesillas, qui calcule l'équidistance entre Santo Antão et Haïti sur la base du parallèle de Santo Antão[66]. Les 370 lieues à l'ouest du Cap-Vert, décidées par le traité comme ligne de partage, équivalent, selon Pacheco, à 21° 30', ce qui porte la ligne de démarcation de Tordesillas à 46° 52'. Ce méridien est effectivement, à quelques minutes près, équidistant entre Santo Antão et Haïti.

Un arbitrage du pape Alexandre VI (*1492-1503*) précède le traité de Tordesillas. Il reste partiel car ce positionnement d'un prélat qui est né Rodrigo de Borja à Valence, du côté des Aragonais et donc des Castillans, est contesté par les Portugais. Avant d'être pape, il fut en effet, en tant que sujet valencien du roi d'Aragon, légat de Sixte IV en Espagne. C'est lui qui, en tant que pape, autorise Isabelle et Ferdinand à se nommer « rois catholiques », donc « universels » étymologiquement parlant, une appellation et une décision à la fois uniques et nouvelles dans la chrétienté, qui crédite considérablement le nouveau royaume issu du mariage des deux souverains.

L'intervention papale prend la forme de cinq bulles, dites « alexandrines » par les historiens, qui sont promulguées de mai à septembre 1493 et qui sanctionnent la « donation » de la terre. Les dates sont limpides : un an après le premier voyage de Christophe Colomb, les plus hautes autorités politiques et religieuses de l'époque en Europe, qui ont parfaitement saisi la portée de ce voyage inaugural, prennent une décision géopolitique majeure. C'est d'ailleurs, bien avant le fameux traité de Westphalie de 1648 qui réorganise l'Europe occidentale sur le modèle des États-nations, l'une des prémices de l'ordre juridique international quant au tracé systématique des frontières et des zones d'influence.

Cela dit, traité comme bulles concrétisent un processus antérieur aux découvertes colombiennes. En effet, un autre pape, Nicolas V, a déjà attribué, en 1454, la souveraineté de la « Guinée » à la couronne de Portugal. Innocent VIII concède aux souverains portugais les terres des Indiens *usque ad indios*, grâce à une bulle du 12 septembre 1484[67]. Lors des traités d'Alcaçovas-Tolède en septembre 1479, les souverains de Castille et du Portugal décident déjà, outre la pacification politique et diplomatique entre les deux royaumes, de cadrer la concurrence des découvertes maritimes qui se développent depuis une cinquantaine d'années. La Castille renonce à toute entreprise sur les côtes atlantiques de l'Afrique tandis que les îles de l'Atlantique sont déclarées zone d'influence portugaise, à l'exception des Canaries[68].

L'avancée portugaise est reconnue. Les traités d'Alcaçovas-Tolède sont confirmés par le pape Sixte IV, grâce à la bulle « Aeterni Patris » du 21 juin 1481.

Selon Pierre Guichard, « l'Espagne semble bien être l'un des pays d'Europe où une perception "moderne" des délimitations frontalières précises est apparue le plus tôt, en liaison avec la formation précoce de véritables "États prénationaux", pour lesquels le contrôle de l'espace et sa perception, sur une frontière mouvante et en expansion face à l'islam, était une nécessité »[69]. Grossièrement résumé, Reconquista plus absolutisme égalent État protonational avec frontières fixes et linéaires à partir du XIIe siècle[70]. Cette analyse sous-entend que le processus passe logiquement de l'espace terrestre à l'espace maritime, pour aboutir à 1494 : « Tordesillas clôt définitivement le Moyen Âge, d'une part en s'avançant de façon décisive vers la notion de frontière linéaire — tracée sur un espace maritime en l'occurrence — séparant deux dominations, d'autre part en projetant la frontière ainsi tracée dans les mondes extra-européens à découvrir »[71].

Bien sûr, lors des traités d'Alcaçovas-Tolède de 1479, les souverains ne songent pas à la découverte d'un nouveau continent. D'ailleurs, quand Christophe Colomb se présente devant Jean II du Portugal en lui affirmant que le degré de longitude fait 45 milles marins au lieu de 60, ce qui place le Cipango à l'est des Antilles, « le roi savant et ses cartographes se moquent de lui car les Portugais ont mesuré avec exactitude la latitude de la terre de 30° de latitude sud à 60° de latitude nord. Ils en ont déduit depuis 1450 la circonférence réelle de la terre »[72]. Le cosmographe portugais Duarte Pacheco Pereira avait bien mieux calculé la longueur du degré terrestre (111 kilomètres) que son contemporain Christophe Colomb :

il proposait 106,56 kilomètres et l'Amiral 84 kilomètres seulement[73].

En outre, suite aux découvertes et aux calculs astronomiques des différents navigateurs, en particulier Bartolomeu Dias qui passe le cap de Bonne-Espérance (1488), le roi portugais Jean II « a désormais la certitude que le moyen le plus sûr d'atteindre les Indes est de contourner l'Afrique par le sud »[74]. Enfin, d'après les traités d'Alcaçovas-Tolède, découvrir une route vers l'ouest serait faire le jeu des Espagnols. Cela ajouté aux prétentions exorbitantes de Colomb en cas de découverte, l'affaire est entendue pour les dirigeants portugais, qui refusent de financer le navigateur.

Le traité de Tordesillas trouve un accord, qui fait basculer le Brésil du côté du Portugal, et donc ultérieurement dans l'aire lusophone, tandis que le reste du nouveau continent se retrouve, au centre et au sud, dans l'aire hispanophone, ce qui fait supposer que le Brésil était déjà découvert, ou en voie de l'être, par les Portugais[75]... Il est ratifié par les deux couronnes : le 2 juillet 1494 par les souverains castillans, le 5 septembre par le roi du Portugal. Le compromis semble satisfaire les deux parties. Pour les souverains espagnols et Christophe Colomb, la ligne de base faisant la séparation entre ce qu'on peut appeler le macro-Orient et le macro-Occident passe par le méridien du cap de Bonne-Espérance. Selon eux, le traité de Tordesillas ne fait que délimiter deux espaces : d'une part un Orient entre son tracé et le méridien de base, qui est réservé au Portugal, un micro-Orient en quelque sorte relatif, étroit d'environ huit cents lieues ; d'autre part un Occident ouvert à l'Espagne, large et absolu. Autrement dit, influencés par un Colomb croyant toujours qu'avec les Antilles il avait atteint l'extrémité orientale de l'Asie, les souverains espagnols sont persuadés qu'est réservé au Portugal un espace finalement assez étroit entre le centre de l'Atlantique (le tracé de Tordesillas) et l'Afrique occidentale.

Ils s'estiment donc en position favorable mais, patatras, le voyage de Vasco de Gama (1497-1499) découvre en quelque sorte l'océan Indien. Plaçant celui-ci dans l'escarcelle portugaise, il inaugure la série de conquêtes portugaises qui iront jusqu'à Malacca et au-delà. Les souverains portugais — Jean II et son successeur Manuel Ier — ont bien fait d'attendre, leur stratégie était la bonne, et leur revanche sur les découvertes colombiennes est prise. Malgré les expertises de Colomb et les discussions espagnoles au monastère de la Mejorada en juillet 1497, malgré l'arbitrage de la papauté, le monde entre en *real politik*.

Le traité de Tordesillas, qui a dépassé l'arbitrage religieux et qui s'effectue entre deux États, pose bien cette nouvelle logique. L'Espagne conquiert les « Indes occidentales » (*Indias occidentales*), c'est-à-dire l'Amérique latine moins le Brésil, les Portugais les « Indes orientales » (*Indias orientales*), c'est-à-dire l'Inde, l'Insulinde plus le Brésil. Les souverains français et anglais pourront contester le traité de Tordesillas jusqu'au XVIIIe siècle, ils n'en peuvent mais, François Ier étant défait en Italie... Ils doivent se contenter de se rabattre, si l'on peut dire, sur l'Amérique du Nord, avant de s'engager sur les décombres de l'empire ibère décadent. Mousquets et navires balaient désormais les bulles papales. La papauté ne pèse plus, ou de moins en moins, dans la répartition territoriale des *terrae incognitae*.

En fait, on peut estimer que la Cour espagnole accepte le tracé de Tordesillas parce que celui-ci s'appuie sur le principe méridien, principe salomonique le plus viable entre deux États, que le Brésil ait été découvert ou non par les Portugais. Comment, d'ailleurs, n'aurait-elle pas été au courant d'une manière ou d'une autre, malgré la politique du secret menée par la Cour portugaise, laquelle n'est pas toujours bien tenue comme en témoigne la « fuite » d'une carte opérée par Alberto Cantino ? D'une certaine façon, ni l'une ni l'autre des deux Cours ibériques n'avaient intérêt à révéler l'éventuelle découverte portugaise du Brésil avant 1500. La portugaise pour la raison stratégique que l'on sait, l'espagnole parce que les bases de la rediscussion n'auraient pas forcément été à son avantage.

UNE NOUVELLE LOGIQUE CARTOGRAPHIQUE ET GÉOPOLITIQUE

Le traité de Tordesillas établit clairement une distinction métagéographique majeure entre l'Orient et l'Occident, entre *Oriente* et *Poniente* comme on le dit en castillan. Il reformule cette distinction déjà ancienne d'une façon nouvelle, « moderne », et cela sur quatre plans. Premièrement, le méridien séparateur est déplacé grosso modo au milieu de l'océan Atlantique, c'est le principe de l'équidistance. Deuxièmement, ce méridien est considéré comme une limite géopolitique, une quasi-frontière, c'est le principe de la dyade. Troisièmement, la mer, en l'occurrence la « mer Océane », alias l'Atlantique, et non plus la terre, forme l'espace où est tracée la séparation, et cela plus d'un siècle avant Grotius et les prémisses du droit international maritime. Quatrièmement, la méthode de délimitation et de partage repose sur une approche scientifique, astronomique.

La ligne géopolitique, représentée par un trait, fait

son apparition. La « marcation » de Tordesillas est tracée sur la carte. Non sans peine, car la technique astronomique et cartographique est encore incertaine. La décision géopolitique s'appuie sur la connaissance géographique et le calcul astronomique. Mais connaissance et calcul pèsent aussi sur la décision. D'où l'importance, pour les souverains et les marchands, de disposer à la fois d'explorateurs intrépides et de cosmographes savants. Bel exemple de dialectique géopolitique. Le planisphère dit « de Cantino » (1502), qui apparaît très peu de temps après la mappemonde de Juan de la Cosa (1500)[76], mentionne clairement le tracé de Tordesillas, en écrivant sans ambiguïté le long du méridien « *este he omarco dantre castella & portuguall* »[77].

L'avantage portugais, bientôt menacé par l'Espagne et par d'autres pays, passe aussi par une politique du secret cartographique (1504-1588) : d'abord pour les routes maritimes vers les Indes orientales, puis pour les territoires découverts au passage. Les connaissances cartographiques sont considérées comme secrets d'État. D'où aussi les fuites, les espions, les experts courtisés à prix d'or, ceux qui changent de camp, les indépendants...

À partir du XVIe siècle, les cartes réalisées en Europe gardent jusqu'à nos jours le principe de mettre l'océan Atlantique au centre du planisphère, donc d'organiser ainsi la répartition spatiale entre Orient et Occident, avec un méridien *ad hoc*. Non sans variations. Au début, ce sera bien sûr celui de Tordesillas, surtout chez les cartographes ibériques ou les italiens évoluant dans la mouvance ibérique (de la Cosa, 1500, Cantino, 1502, Ribeiro, 1524, Vespucci, 1526, Verrazzano, 1529). Les cosmographes italiens et germaniques seront moins sensibles à ce traité. Très tôt, ils n'hésiteront pas à décentrer le planisphère de l'Atlantique (Ruysch, 1507, Waldseemüller, 1507, Rosselli, 1508).

Puis, reflet continuel du centre de gravité géopolitique des puissances européennes, et donc mondiales, qui équivaut bien souvent à un centre de gravité de la puissance scientifique, les méridiens de Paris ou de Londres (Greenwich) joueront le premier rôle. On peut néanmoins se demander si la célèbre mappemonde de Mercator (1569), qui est l'un des jalons de la cartographie scientifique moderne, ne nous offre pas un souvenir lointain du tracé de Tordesillas. En effet, un méridien proche est le seul à y être graphiquement dédoublé, en deux traits continus, comme pour mieux le mettre en valeur par rapport aux autres, alors qu'il n'est pas pris comme méridien de base, fonction réservée au méridien du Cap-Vert.

Les cartographes français, probablement influencés par le climat scientifique et cartésien du pays, sont certainement les plus sensibles à la rationalité scientifique issue de Tordesillas. Leurs belles cartes placent systématiquement le méridien de base au centre du planisphère, bien visible, tracé au gros trait, véritable pivot rassurant, fondateur et ordonnateur, constituant bien souvent une croix avec le tracé perpendiculaire de l'équateur. Elles organisent tant esthétiquement que topographiquement le document, et donc le monde, autour de lui. C'est notamment le cas de l'école « dieppoise » ou « normande » qui choisit le méridien très ptoléméen des Canaries.

En fait, dès le début du XVIe siècle, il n'y a pas couplage systématique entre le centrage du planisphère sur le cœur de l'Atlantique et la nature du méridien origine, qui se situe bien souvent dans ces eaux-là ou guère loin. Tout dépend de ce que le planisphère veut mettre en avant, l'Asie ou l'Amérique notamment. La progression de la connaissance des extrémités orientales de l'Asie a d'ailleurs tendance à « tirer » la carte de ce côté, alors que le Pacifique, immensément vide, attire moins, sauf intérêt spécifique. Tout dépend aussi du mode de projection. Autrement dit, la notion possible de centre mondial — de l'écoumène cher aux Anciens — flotte un peu, même si la position de l'Europe semble toujours prévaloir.

Les dirigeants ibériques prennent peu à peu conscience de la suite logique du traité de Tordesillas. Ils savent désormais que la Terre est bel et bien ronde. Au fait des dernières expéditions outre-mer, les savants récusent en masse les théories aristotéliciennes. Les derniers doutes sont levés par le difficile mais probant voyage de Magellan et de ses troupes tumultueuses. Sebastian Elkano (castillan El Cano), l'un des rares rescapés de l'expédition, rentre à Séville en septembre 1522 et peut annoncer qu'il a fait le tour du monde. La suite logique, c'est la délimitation de l'autre côté de la terre, la boucle opposée du méridien de Tordesillas : l'antiméridien[78].

Mais le problème n'est pas simple, car il bute toujours sur le calcul précis de la longitude, encore non résolu. Le calcul et le tracé de la « marcation » ne sont déjà pas faciles à faire, loin de là. En témoignent d'importantes variations entre les cartes qui, au début du XVIe siècle, s'y essaient. Que dire alors de l'antiméridien ! Ce problème technique se complique d'un enjeu économique et géopolitique puissant. Sur l'antiméridien de la « marcation » se trouvent en effet les fameuses îles Moluques avec leur fabuleuse richesse : les épices, révélées au milieu du XVe siècle par un Nicolas Conti qui s'est rendu jusqu'à Java[79]. Les promesses moluquoises sont d'autant plus convoitées que l'une de ces épices ne pousse que là-bas : le giroflier, avec son célèbre clou. Les cartographes portugais ne s'y trompent d'ailleurs pas qui inscrivent sur leurs documents « là, il y a le clou » (*domde a o crauo*), ainsi sur l'une des cartes de Pedro Reinel (1517)[80].

La course aux épices, déjà animée entre les divers concurrents et les diverses espèces, ne cessera pas avant longtemps. Elle met aux prises les puissances européennes, et la fougue des aventuriers à l'image d'un Pierre Poivre qui continuera, tout au long du XVIIe siècle, à rêver de l'implantation du précieux giroflier dans les îles des rois français, île de France (Maurice) et Bourbon (La Réunion). Le citoyen de nos jours a du mal à imaginer à quel point la possession de cette flopée d'îles essaimées dans l'est de l'Insulinde, fortifiées par les uns, ravies par les autres, a provoqué de batailles, rapines et autres manigances.

L'atout maître est finalement joué par les Néerlandais qui, à force d'arrachages sélectifs et coups de canon portés par des navires plus rapides que ceux des Ibères, concentrent la production de muscade sur quelques îlots, Ternate en particulier. Ce sont eux qui s'en assurent finalement le monopole. La fortune de Java et l'implantation d'une poignée d'administrateurs venus du petit pays batave s'expliquent largement par cette stratégie devenue pactole.

Auparavant, le flou règne sur la localisation exacte des Moluques[81]. Pour les Portugais, les Moluques sont les « *ilhas de Oriente* », pour les Espagnols les « *islas de Poniente* ». La course aux épices est dédoublée d'une course à la géographie. Dès 1501-1502, lors de sa troisième navigation, Amerigo Vespucci (1454-1512) est envoyé par le souverain portugais pour trouver vers l'ouest un détroit qui mènerait directement aux Moluques, et « pour sans doute aussi savoir jusqu'où s'étendait la zone d'influence qui lui avait été impartie par le traité de Tordesillas »[82], selon l'historienne Mahn-Lot. Magellan ne part pas en 1519 sur d'autres bases pour sa circumnavigation : trouver une nouvelle route, occidentale, placer les Moluques à l'ouest de la Nouvelle-Espagne américaine, les mettre dans l'escarcelle de la couronne espagnole.

Il faut donc dresser et tracer le fameux antiméridien des Moluques. Le retour de l'expédition Magellan en fournit l'occasion, avec de nouveaux éléments en main. Les négociations démarrent dès cette année-là, en 1522, dans les deux villes frontières de Badajoz en Espagne et d'Elvas au Portugal. « Les experts apportèrent cartes et globes et même un globe vierge pour y placer les Indes orientales et la zone à l'est de la ligne de démarcation »[83]. Juan Vespucci, le frère du navigateur Amerigo Vespucci, préside l'éminente délégation espagnole, composée de personnes chevronnées. Elkano, ancien pilote de Magellan, se retrouve aux côtés de Sébastien Cabot, navigateur ayant exploré les côtes de l'Amérique du Nord pour y chercher un passage vers l'Asie et ses épices par le nord-ouest, de Diego Ribeiro, ancien marin de Vasco de Gama et d'Albuquerque, cartographe portugais passé au service de Charles Quint comme on l'a vu, de Fernand Colomb, fils de Christophe, et d'Esteban Gomez… Rien que du beau monde !

La carte fournie alors par Juan Vespucci (1524) n'est pas exempte de schématisations, d'approximations voire d'erreurs grossières quant aux terres déjà bien connues, mais elle est remarquable sur deux points. Car elle rapporte des informations issues du voyage de Magellan et, surtout, elle passe un cap scientifique : en indiquant clairement les latitudes et les longitudes, elle choisit une projection polaire et montre en plan, sur deux hémisphères, la prolongation d'un méridien sur les deux côtés de la Terre.

Le méridien, représentant la ligne du traité de Tordesillas, traverse ainsi le pôle Nord et coupe en deux le détroit de Malacca, ce qui place nettement les Moluques du côté espagnol et limite à l'océan Indien les possessions portugaises. Kenneth Nebenzahl conclut à son propos : « Comme de nombreuses cartes de l'époque, elle est paradoxalement novatrice et rétrograde », avec son mélange d'erreurs et d'innovations, mais « elle montre comment une nouvelle technique cartographique peut servir à résoudre un problème géopolitique aigu »[84].

La délégation portugaise, où figure le cartographe renommé Lopo Homem, rejette la proposition espagnole, en apportant de multiples preuves pour appuyer ses propres revendications. La conférence délibère longuement, mais sans résultat. Cinq ans plus tard, les Espagnols ayant échoué dans leur tentative d'établir une route commerciale vers le Pacifique occidental par le détroit de Magellan, Charles Quint, roi d'Espagne, renonce aux Moluques. Lors des accords de Saragosse, passés en avril 1529, il les cède au Portugal pour 35 000 ducats d'or, une somme énorme pour l'époque. Jean III du Portugal, qui ne veut pas d'un conflit maritime avec l'Espagne, est satisfait de l'issue. La nouvelle ligne de partage est fixée au méridien qui est situé 17° à l'est des Moluques, au profit du Portugal et avec compensation financière, donc, pour l'Espagne.

Mais la cartographie européenne n'intègre généralement la nouveauté de l'anti-méridien qu'avec un certain retard. Les cartes espagnoles et portugaises donnent chacune leur interprétation[85]. Les coups de main habiles des marins néerlandais et leur force de frappe marchande se chargeront cependant de mettre un terme à la polémique ibérique en plaçant les Moluques sous le contrôle batave. Dès 1605, les

Portugais se replient sur Sulawesi, puis Tidore est prise en 1667. De l'occupation hollandaise de Saõ Tomé-et-Principe en 1598 à la chute de Cochin en 1663, la progression des Bataves s'avère en effet inexorable. En 1605, les précieuses Moluques tombent entre leurs mains. Les accords de Saragosse ont vécu.

Une trentaine d'années après le traité de Tordesillas, la circumnavigation de Magellan-Elkano et le traité de Saragosse apportent donc encore un élément nouveau à une cartographie européenne en plein bouleversement : l'idée de complétude, qu'introduisent la connaissance pratique de la rotondité terrestre et la découverte de nouvelles terres, de presque toutes les grandes terres. Mais en même temps subsiste l'idée qui a toujours existé dans l'histoire de la carte, qui en est même à l'origine probablement, celle de l'incomplétude, ou du chemin vers la complétude. Car tout n'est pas encore connu ni représentable.

La carte est précisément là pour remplir ou faire remplir les vides, les blancs, pour découvrir les dernières *terrae incognitae*, pour assouvir un désir de rivage qui n'existe guère dans le monde sinisé, ou qui s'est effacé après les épopées de Zheng He au début du XVe siècle. Ainsi que l'a souligné Christian Jacob, « la découverte de l'Amérique [...] pourrait être aussi envisagée du point de vue du séisme cartographique qu'elle occasionna : le monde insulaire, l'œkoumène hérité des Grecs, éclate. La forme parfaite, l'équilibre géométrique idéal stabilisé dans les mappemondes médiévales en "T/O" est désormais rompu sous l'effet de la fracture océanique. Le face-à-face inattendu de deux mondes réunis sur une seule mappemonde remet en cause le rêve synoptique, oblige à choisir un nouveau point de vue sur la carte, décentré, latéralisé »[86].

Dans ce processus, le règne d'Isabelle de Castille et de Ferdinand d'Aragon est fondamental, sur une poignée d'années[87]. Car à la découverte de l'Amérique (1492) par un aventurier génois mystique, finalement ravi aux rivaux portugais, et à la promulgation du traité de Tordesillas (1494) correspondent d'autres nouveautés. Elles sont cruciales, elles aussi : publication de la *Grammaire* de Nebrija (1492), prise de Grenade et expulsion des Maures récalcitrants (1492), expulsion des juifs d'Espagne (et bientôt du Portugal) (1492) et création de la Casa de Contratación à Séville en 1503.

Toutes ces politiques sont cohérentes. Avec la prise de Grenade se termine la Reconquista, s'accomplit l'unification politico-territoriale de l'Espagne, s'achève la présence musulmane, et disparaît une société andalouse cosmopolite et tolérante. L'expulsion des juifs, qui a pour corollaire la relance de l'Inquisition, même douce au départ, est annonciatrice des polices politiques ultérieures, dont les pogroms européens qui déboucheront sur l'holocauste nazi. La *Grammaire* de Nebrija confère ses lettres de noblesse au castillan qui devient espagnol, langue d'État-nation, et bientôt langue parlée dans le monde entier avec la colonisation. La Casa de Contratación confirme, enfin, que l'État a pris le relais de l'Église dans le domaine des connaissances et qu'il se constitue comme agent économique propre. Bureau administratif du trafic des marchandises et des personnes, il s'agit aussi d'un centre cartographique et d'une ébauche d'école de navigation[88]. À la fin du XVIe siècle, entre trois cents et quatre cents pilotes sont nécessaires pour gouverner les navires sur les routes hispano-portugaises, et il faut bien les former[89].

Les découvertes géographiques reposent sur l'abnégation et le courage de quelques fortes individualités, les grands navigateurs. En outre, parmi tous les problèmes nouveaux auxquels la géographie est brusquement confrontée figure celui de nommer les terres découvertes, de fournir des toponymes, tâche qui s'appliquera plus facilement et plus intensément aux espaces terrestres. En une poignée d'années, d'importantes décisions toponymiques et onomastiques sont ainsi prises.

Le mot « Indes », tout d'abord, au pluriel, se répand dans la métagéographie européenne. Il recouvre un espace, plutôt imprécis mais néanmoins subdivisé en deux — les « Indes orientales » et les « Indes occidentales ». Il désigne un monde au sens large, un monde différent, un monde autre. C'est un monde « exotique » (on trouve cet adjectif dans le *Quart Livre* de Rabelais en 1548), un espace incarnant « l'exotisme » (on trouvera le substantif chez Antoine Furetière en 1690)[90]. En ce sens, il est global, imaginatif, comme chez Jean-Philippe Rameau dont le ballet-opéra *Les Indes galantes* (1735) met en scène des Turcs, des Incas, des Persans et des « Sauvages ».

L'une des plus cruciales décisions onomastiques, et paradoxalement la plus oubliée, est l'utilisation du mot « continent ». Jusque-là, le monde habité est désigné dans le monde métaméditerranéen sous le terme grec d'« écoumène », comme on l'a vu, ou sous le terme latin d'« *orbis* » (disque, rond, ce qui entoure). L'invention des « continents » constitue alors une innovation cruciale dans la géographie universelle, et une rupture nette pour la géographie européenne.

L'INVENTION DES CONTINENTS

On considère généralement que la partition continentale de l'écoumène en trois ensembles — Asie, Europe et Libye (ultérieurement rebaptisée Afrique) — remonte au VIe siècle av. J.-C. Le terme d'« ensemble » est utilisé ici pour éviter tout anachronisme, car la terminologie est variable chez les auteurs antiques. Les Grecs utilisent *êpeiros*, qui signifie « terre ferme » et qui est une métonymie de la région d'Épire. Sophocle, par exemple, désigne ainsi l'Europe ou l'Asie. L'étymologie d'*êpeiros* provient probablement du sanskrit *â*, qui signifie « par », et de la racine indo-européenne *per*, qui signifie « passer ». Autrement dit, *êpeiros* serait la terre « par où l'on passe », en opposition à l'île, *nesos*, de la racine indo-européenne *ne* qui signifie naviguer ou nager, l'espace que l'on atteint de cette façon par la mer. Les Latins, ainsi que les auteurs qui écriront dans cette langue, utilisent *pars orbis* ou *pars terrae*, ou tout simplement *pars* (pl. *partes*), soit « partie ».

Sur la mappemonde ronde de l'espace connu que les géographes astronomes grecs tracent, la Grèce est placée au centre et entourée de trois « ensembles », tout autour de la Méditerranée. C'est surtout sur la délimitation entre chacun de ces « ensembles » que les discussions portent par la suite. Hérodote (*ca* 484-*ca* 420 av. J.-C.), par exemple, s'interroge déjà sur l'appartenance du quadrant nord-oriental qu'il trace et qui correspond à l'Ukraine et à la Ciscaucasie actuelles : faut-il l'adjoindre à l'Europe, à l'ouest, ou bien à l'Asie, au sud[91] ? S'y ajoutent ensuite l'organisation de l'espace en bandes latitudinales, les *klima* déjà évoqués[92].

Les géographes arabo-musulmans se montrent plus divers et multiples que leurs prédécesseurs hellènes quant au découpage macro du monde[93]. Hamdânî (900-945) s'inspire de Ptolémée pour diviser l'écoumène en « quatre quadrants », qui sont en quelque sorte l'équivalent des continents, en y mêlant des considérations à la fois topographiques et géopolitiques (les royaumes, les peuples). Il distingue ainsi l'Europe (*Arûfâ*, qui englobe l'actuelle Europe occidentale et le Maghreb), la Libye (*Lûbiya*, qui englobe les actuelles Égypte et Corne de l'Afrique), l'Éthiopie (*Ityûfiyâ*, Arabie, Perse, Inde et au-delà) et la Scythie (*Usqûtiyâ*, de l'actuelle Russie aux républiques d'Asie centrale). Mais les conceptions varient selon d'autres auteurs arabo-musulmans, en particulier celle de l'Éthiopie parfois distinguée en orientale et en occidentale.

La géographie indienne et bouddhiste dite du Chaturdvîpa affirme de son côté l'existence de « quatre continents », correspondant aux quatre pétales d'un lotus et aux quatre points cardinaux. Nous avons vu que le mont Meru (Kailash) était en son centre, au contact de l'Himalaya, du Tibet et du Karakorum, et que *Jambûdvîpa* constituait le continent méridional, c'est-à-dire l'Inde. Le terme *dvîpa* en sanskrit, ou *dipa* en pali, signifie étymologiquement « deux eaux » : « deux » (*dvî*) et « eau » (*apa*)[94]. Soit eau de la mer et eau de la montagne. Cette sémantique correspond à la conception chinoise antique du monde, habité comme étant « des montagnes et des mers » (*shanhai*), à l'image du célèbre recueil mythico-géographique du *Shanhai jing* (IIe siècle av. J.-C.) déjà présenté.

La traduction de *dvîpa* en « continent » reste toutefois discutable, puisque *dvîpa* signifie également « pays ». Pour Hugh Cortazzi, le Jambûdvîpa, traduisible par « pays de l'arbre jambû » (l'arbre sous lequel le futur Bouddha aurait eu son illumination), « représente la totalité du monde habité » : autrement dit l'écoumène[95]. Quant aux trois autres continents, leur existence aurait été suggérée, selon Unno Kazutaka, « par les espaces entourant l'Inde, mais dans le bouddhisme ils sont devenus des continents purement imaginaires »[96].

La géographie du monde sinisé n'a pas adopté la conception indienne du *dvîpa*. Elle repose encore sur le principe évoqué par le lettré Han Sima Qian dans ses *Chroniques historiques* (*Shi ji, ca* 91 av. J.-C.) : celui du *zhou* (j. *shû*). *Zhou* signifie à l'origine « île » ou « île-pays », ou bien encore « région ». Le terme est passé au Japon, sous une idéographie transformée et un sens un peu différent. On le trouve par exemple dans Kyûshû, qui est une île comprenant « neuf » (*kyû*) « régions » (*shû*), ou dans Honshû, qui est la « principale (*hon*) île-région (*shû*) » de l'archipel japonais.

Selon Sima Qian, la Chine est un *zhou*, et il existe 99 *zhou* sous le ciel. Il y a neuf *zhou* grands comme la Chine et entourés d'une petite mer, puis neuf grands *zhou* entourés par un vaste océan dont les bords touchent le ciel. Ce principe rappelle le grand océan extérieur des Grecs anciens, mais sans la conception de la sphéricité terrestre. La notion de *zhou*, c'est-à-dire d'une grande terre entourée de mer, n'est finalement pas tellement éloignée de celle du continent, mais en plus réduit, comme si le monde sinisé avait pris conscience de la forte maritimité de ses deux façades orientale et méridionale et qu'il avait recréé le monde à cette image.

Aux *zhou* terrestres s'opposent les *yang*. Le terme *yang* que l'on peut traduire par « océan », et qui correspond à chaque point cardinal, recouvre en fait une acception plus large, celle de « monde maritime », voire de « monde » tout court dans un sens d'étrangeté. Mais pendant que l'Europe invente les « continents », le monde sinisé va rester dans les *zhou*, si l'on peut dire. Il ne prendra connaissance de la nouvelle conception continentale qu'au XVIe siècle, et ne l'intégrera que lentement.

C'est en 1503 qu'apparaît une double innovation en Europe, dans un propos attribué, quoique de façon parfois contestée, au navigateur Amerigo Vespucci (1454-1512)[97]. Il s'agit en fait de deux textes. L'un consiste en une lettre, adressée à Laurent de Médicis, qui a été perdue mais qui a fait l'objet de commentaires de son temps. L'autre est un texte, envoyé au gonfalonier de Florence, Piero Soderini, écrit en italien et traduit en latin par Martin Waldseemüller en 1507[98].

Dans ces deux textes, d'une part, Vespucci appelle, pour la première fois, du nom de « Nouveau Monde » (*Mundus Novus*) les nouvelles terres découvertes depuis Christophe Colomb ; cette dénomination postule *ipso facto* un Monde ancien[99]. Autrement dit, elle fonde géographiquement une catégorie, la nouveauté, la « modernité », habituellement considérée comme historique. D'autre part, Vespucci utilise à propos de ce *Mundus Novus* l'expression *continens terra,* ou « terre tenue ensemble », « terre continue » (« terre ferme » chez les Latins comme Pomponius Mela, Ier siècle)[100]. Notons que Vespucci n'emploie « continent » que sous une forme adjectivale (*continentem et novas regiones, novae istius continentis pars*...). Mais ce mot devient rapidement un substantif, pour donner le terme actuel de « continent », qui, par commodité mais avec risque, est employé rétrospectivement pour les périodes antérieures.

La terminologie vespucienne vient clore les incertitudes géographiques de la décennie où nombreux sont ceux qui, à l'instar de Colomb lui-même, estiment que les nouvelles terres constituent une partie de l'Asie. L'expression, en portugais, de « *mundo novo* » a certes déjà été employée par Valentim Fernandes dans sa préface à la traduction portugaise des voyages de Marco Polo, publiée à Lisbonne en 1502[101]. Dans son épître au roi portugais Emmanuel Ier, placée dans la préface en question, Fernandes déclare ainsi : « Votre pouvoir ne s'est pas seulement étendu au-delà de la ligne équinoxiale ; il s'exerce sur les confins de l'Occident et sur les premières terres de l'Orient, jusqu'à l'empire du Grand Khan où déjà votre nom respecté retentit [...] »[102]. Il émet la même idée que la fameuse carte dérobée aux Portugais par l'espion italien Alberto Cantino en 1502, sur laquelle une légende, jouxtant une terre que l'on peut identifier au Groenland, indique que « celle-ci, croit-on, est la pointe de l'Asie ».

Mais l'expression de Valentim Fernandes désigne alors toutes les régions orientales situées au-delà du cap de Bonne-Espérance. Ses extrapolations, qui n'ont d'égal que sa flagornerie, ne dureront pas longtemps. La lettre dite de Vespucci obtient beaucoup plus de succès dans sa diffusion, plus de soixante éditions avant 1529 dans une demi-douzaine de langues et de villes, mais ni en castillan, ni en portugais. D'après Rudolf Hirsch, la première édition du *Mundus Novus*, la lettre adressée à Laurent de Médicis, daterait même de 1502[103].

Enfin, on le sait, le prénom d'Amerigo Vespucci est utilisé par le Gymnase Vosgien pour forger le nom « Amérique », à partir de la version latine d'*Americus*, probablement sous la double initiative de Mathias Ringmann et de Martin Waldseemüller vers 1507[104]. Ce cercle de géographes de Saint-Dié-des-

Vosges le fait en l'honneur du navigateur explorateur dont il a publié ladite lettre en 1504, sous son nom[105]. La traduction du texte parle d'ailleurs des « trois premiers continents » (*tres primae partes cõtinentes*) et du quatrième (= l'Amérique) comme d'« une île » (*quarta est insula*)[106]. La fameuse mappemonde réalisée par Martin Waldseemüller en 1507 est la première à cartographier le nouveau continent, plaçant le nom « America » au centre de l'actuelle Amérique du Sud[107].

Même si la paternité et le rôle exact de Vespucci dans les explorations et les rapports écrits qui en ont été tirés prêtent encore à discussion chez les érudits, car la lettre de 1503 ne serait pas de lui mais d'un anonyme, retenons au moins la date et les termes qui seront définitivement adoptés. C'est ce qui importe dans la géohistoire et la métagéographie. Vespucci, qui inspire trois dénominations clefs, détrône donc Colomb dans le vocabulaire et sa spatialisation — l'Amiral découvreur devant se contenter *post mortem* du seul pays de Colombie — car il a su mettre en évidence qu'il s'agit d'un nouvel espace très vaste. En revanche, Colomb est convaincu jusqu'à sa mort d'avoir découvert, à propos des îles de l'Amérique centrale, ce qu'il appelle « les Indes », sinon Cataye ou Cipango. Les peuples d'Amérique, les Indiens, en ont gardé le nom. Au cours de son troisième voyage, en 1498, il dirige son exploration plus au sud, vers les bouches de l'Orénoque, et il pressent qu'il découvre autre chose, « un autre monde inconnu des anciens », écrit-il.

L'écrivain diplomate lombard Pierre Martyr d'Anghiera (1457-1526), conseiller à la Cour des rois d'Espagne, popularise l'expression de « Monde nouveau », notamment dans sa première *Décade* publiée à Séville en 1511, sous l'intitulé *De Orbe Novo*. On la trouve aussi sur plusieurs mappemondes[108]. Gerhard Kremer alias Mercator (1512-1594) est, sur sa première mappemonde (1538), le premier à se référer au nouveau continent comme étant composé de l'Amérique du « Nord » et de l'Amérique du « Sud »[109].

Les Découvertes remettent au goût du jour la géographie grecque. Ptolémée, bien sûr, comme on l'a vu, continue d'être diffusé plusieurs décennies par la suite, même après les précisions infiniment supérieures apportées grâce aux explorations, mais également le modèle cratésien avec son organisation du globe. Pierre Martyr d'Anghiera distingue ainsi à plusieurs reprises (1493, 1494, 1497) l'existence d'antipodes occidentales et d'antipodes septentrionales[110]. L'habitabilité humaine des zones intertropicales est définitivement constatée, non sans arrachement chez certains qui doivent rejeter le savoir des Anciens, non sans décalage entre les explorateurs qui voient concrètement ce qu'il en est et les cosmographes de cabinet qui sont encore attachés à la tradition, et au statut qu'ils en tiraient.

Ainsi, la théorie des « continents » supplante désormais la théorie « climatique » des Anciens dans la conceptualisation géographique du monde. Gérard Mercator, qui va exercer une influence considérable grâce à l'invention de la projection portant son nom, choisit, et par conséquent fait entériner, la longitude des Canaries comme méridien de base, donnant un sens au moins relatif, mais durable, à l'Est et à l'Ouest. Admirateur et grand spécialiste de Ptolémée, il opte ainsi pour la continuité et l'honneur.

UNE PARTITION THÉOLOGIQUE

À partir du XVIe siècle, le continent apparaît comme une grande terre ferme, en opposition à une île supposée de taille petite ou moyenne dans l'esprit caractéristique des explorations de la Renaissance qui recherchent des îles aux épices. Il est finalement considéré comme une île immense, comme une masse terrestre ample et continue située au milieu des mers[111]. Mais dans une logique d'explorations, de découvertes et de colonisation sous l'impulsion européenne, s'ajoutent aussi à la tripartition d'origine hellénistique d'autres valeurs qui ne relèvent plus du simple découpage topographique de l'écoumène ayant cours jusque-là.

Les religions du Livre — judaïsme, christianisme, islam — interfèrent ainsi dans les conceptions scientifiques de la géographie métaméditerranéenne. Toutes les trois, elles partagent la légende, reprise par la Genèse (IX, 19-21), selon laquelle Noé, à l'issue du Déluge, aurait donné la terre en partage à ses trois fils, Sem, l'aîné, Japhet, le cadet, et Cham, le benjamin. En tant qu'aîné, Sem récupère l'Asie, la terre considérée comme la plus ancienne, Japhet, l'Europe, et Cham, l'Afrique.

Les interprétations divergent toutefois quant à la géographie précise de cette tripartition qui vient se surimposer au système des quadrants ptoléméens et à celui des bandes « climatiques ». Qudâma ben Ga'far ou Mas'udî (Xe siècle), par exemple, considèrent que Japhet obtient les pays au-delà de la Mésopotamie (Europe et Russie), Cham l'Afrique et l'Extrême-Orient, Sem les régions allant du Nil à la Mésopotamie et à l'Asie mineure. Le pays central est ainsi attribué au supposé grand ancêtre de la famille sémitique et de ses religions livresques.

À cette légende se superposent deux autres interprétations. À partir du Moyen Âge européen, le traité *De l'image du monde* attribué à Honorius Augustodunensis (XIIe siècle) utilise la descendance des trois fils de Noé pour fonder l'hérédité de trois ordres sociaux : les *liberi* (les libres, descendants de Sem), les *milites* (les chevaliers, descendants de Japhet) et les *servi* (les esclaves, descendants de Cham). Comme Georges Duby ou Georges Dumézil, on peut y voir cette « triple fonctionnalité » qui semble une constante chez les sociétés de famille linguistique indo-européenne, avec sa division récurrente entre prêtres, guerriers et travailleurs, et que l'on constate dans les trois ordres de l'Ancien Régime français.

La seconde interprétation fait interférer une autre légende, celle des Rois mages, évoquée par un passage de l'Évangile de Matthieu (II, 1-12) et formalisée par les Évangiles apocryphes. Origène est sans doute le premier, au début du IIIe siècle, à fixer leur nombre à trois. Les noms de Gaspard, Melchior et Balthazar apparaissent au IXe siècle, dans le *Liber Pontificalis* de Ravenne. Comme l'indique Christian Grataloup, « sans qu'une relation soit faite avec les fils de Noé, une partie de l'interprétation occidentale de cet épisode de la vie du Christ accorde à chacun des trois personnages une origine "continentale" différente »[112].

Seul élément ternaire figurant dans le texte de Matthieu, les offrandes sont ainsi réparties : l'encens cérémoniel à Gaspard, le plus âgé et qui, comme Sem, représente l'Asie, l'expérience et la sagesse ; l'or à Melchior, qui, comme Japhet, représente l'Europe, la maturité et le commandement ; la myrrhe à Balthazar, qui, comme Cham, représente l'Afrique, la jeunesse et la fougue, qu'on doit donc discipliner et guider. On retrouve implicitement la triple fonctionnalité indo-européenne. L'interprétation par âges, continents et fonctions de l'Adoration des mages n'a cependant pas été systématique. C'est surtout dans la peinture italienne du Quattrocento qu'on la voit le plus souvent, celle qui, aussi, a probablement imprégné le Florentin Vespucci.

S'y greffe enfin l'épisode de « la malédiction de Cham ». Selon l'Ancien Testament (Genèse IX, 18-27), Noé aurait en effet, toujours après le Déluge, planté une vigne, se serait enivré et dévêtu sous sa tente. Son fils Cham qui le voit alerte ses frères Sem et Japhet, lesquels auraient couvert leur père. Réveillé, Noé apprend ce que ses fils ont vu et fait. Il les maudit. En particulier, il voue son petit-fils Canaan, fils de Cham, à être l'esclave des deux autres. On pourrait épiloguer longtemps sur la signification de cette légende : le rapport à l'alcool et à la nudité, la question de la sexualité parentale, les non-dits, la malchance de Cham, la malchance surtout de Canaan qui n'y est pour rien mais qui est maudit par son grand-père, le cas de Japhet et de Sem qui s'en sortent bien. Attachons-nous seulement à ses conséquences métagéographiques.

Car, selon les traductions et les interprétations, cette histoire laisse prise à de multiples exégèses qui dépassent le seul domaine théologique. Au XVIIIe siècle, le bénédictin Antoine (Dom Augustin) Calmet (1672-1757) livre la sienne dans son monumental *Dictionnaire historique, archéologique, philologique, chronologique, géographique et littéral de la Bible* (1728), ouvrage qui fera autorité pendant longtemps[113]. Il relie en effet la mise en esclavage de la postérité de Cham et de Canaan à la couleur noire de leur peau.

Comme argument, il se réfère à l'*Histoire* du grand lettré musulman Al-Tabari (*ca* 838-923).

Or le Coran donne une version beaucoup plus édulcorée de l'épisode de Noé. En outre, Calmet s'appuie sur un autre livre, la *Bibliothèque orientale*, écrit par Barthélemy d'Herbelot (1625-1695) et complété en 1697 par Antoine Galland (1646-1715), le fameux traducteur des *Mille et une nuits*, qui présente Al-Tabari. D'après Benjamin Braude, les écrits d'Al-Tabari eux-mêmes sont sujets à d'autres interprétations, de même que les écrits juifs ou musulmans antérieurs ou postérieurs, notamment à propos de la couleur de la peau. Il semble que, chez tous ceux-là, l'esclavage soit, dans la malédiction de Cham, une punition plus grave que cette couleur de peau, elle-même ne se référant pas alors à un groupe humain précis.

Ce n'est que plus tard que s'instaure vraiment l'équation religieuse, chrétienne, articulant malédiction de Cham, esclavage, couleur de peau et descendance ethnique. Cette équation, qui fait de tous les Africains noirs des esclaves potentiels, se systématise en Europe à partir du XVIIIe siècle et culmine au XIXe siècle. Dans l'iconographie juive, chrétienne et islamique, Cham ne devient d'ailleurs noir que très tardivement : en 1843 pour la première fois d'après Benjamin Braude, chez un mormon états-unien, Josiah Priest (1788-1851)[114]. Sur le plafond de la chapelle Sixtine peint par Michel-Ange (1512) ou dans le tableau *L'Ivresse de Noé* (*ca* 1515) de Giovanni Bellini, Cham est en effet blanc. Il est possible que la confusion entre les trois fils de Noé et les trois Rois mages ait joué, puisque Balthazar est considéré et peint comme noir. On peut le voir par exemple sur le tableau de Friedrich Herlin, l'*Adoration des Rois mages* (*ca* 1462)[115].

La malédiction de Cham sert donc, à partir du XVIIIe siècle, à justifier en Occident l'esclavage racial des Noirs et le pillage humain du continent africain. Celui-ci est réduit à un rang d'espace non civilisé. Simultanément, sous l'impulsion de l'Europe, terre de Japhet, l'Amérique est promue terre de colonisation (de peuplement), et l'Asie, terre de Sem, terre d'exploitation économique. Réduites à constater l'ancienneté sinon la brillance des anciennes civilisations asiatiques, de la Mésopotamie à la Chine en passant par l'Inde, les élites européennes judéo-chrétiennes intègrent ainsi l'Asie dans leur trope orientaliste. Se fondant sur le caractère supposé non honteux de la descendance de Sem, ils forgent une origine sémitique plus ou moins commune. En attribuant la malédiction de Cham à une source musulmane, elle-même évoquant des sources juives, le chrétien Dom Calmet s'exonère, tout en laissant la possibilité de rejeter la critique sur quelqu'un d'autre. Le projet colonial et impérialiste européen voit ainsi sa métagéographie toute tracée.

Chapitre III

DÉSIRS DE RIVAGE

Le territoire de la Chine produit tous les biens en abondance ; alors pourquoi devrions-nous acheter à l'étranger des pacotilles sans intérêt ?

Empereur ZHU Gaozhi (*1425-1426*).

Nombreux sont les analystes, les historiens en particulier, qui se sont interrogés sur les raisons et le contexte qui ont poussé tant de monde à se jeter en quelque sorte sur les mers à partir du XVe siècle, et à parcourir des espaces inconnus en bravant des dangers effrayants. Les marins d'autrefois, d'avant le radar, le sonar, le chronomètre marin et le moteur, firent montre d'un incroyable courage. Assurément, les plus célèbres d'entre eux — tels les Colomb, Gama, Cabot, Magellan ou Cook — savent d'où ils partent et où ils veulent aller (même Colomb est totalement persuadé d'arriver à Cipango), mais ils ne savent pas exactement par où ils vont passer, ce qu'ils vont découvrir en chemin, le temps que leur expédition va leur prendre, ce qu'ils devront subir et souffrir... La comparaison s'impose avec un non moins fantastique marin, le Chinois Zheng He (1371-1433). Lui aussi, il ignore jusqu'où il peut aller. Mais, échappant au sado-masochisme judéo-chrétien imposant la souffrance comme vertu et comme moyen de gagner le Paradis, il ne paie pas, et ne fait pas payer à ses marins comme aux populations qu'il découvre, le même prix que ses homologues européens. D'origine musulmane, il envoie une partie de son équipage à La Mecque, sans lui toutefois.

Il effectue ses expéditions dans des conditions de sécurité et de connaissances maximales pour l'époque, ce qui n'enlève rien à son courage et à son mérite, pour lui comme pour ses marins. Leurs découvertes, c'est-à-dire celles des pays que le monde sinisé n'avait pas visités ou même dont il n'avait jamais entendu parler, ne sont arrivées qu'en sus, telle l'exploration de la côte orientale de l'Afrique, et dans des circonstances qui restent encore mystérieuses...

LES FLOTTES MING SILLONNENT L'« OCÉAN OCCIDENTAL »

Le jeune Zheng He, qui s'appelle alors Ma He, reçoit une instruction atypique. Il est né dans une famille hui, c'est-à-dire de Han chinois islamisés, au sein de l'actuelle province du Yunnan, dans le sud-ouest de la Chine. Son père et son grand-père se sont rendus à La Mecque, dans un très long pèlerinage, qu'ils lui racontent en lui faisant profiter de leur expérience et de leurs nouvelles connaissances. Zheng He grandit en parlant arabe et chinois, et en apprenant beaucoup sur la géographie ou les sociétés des contrées de l'Occident. Son destin bascule lorsqu'à l'âge de treize ans il est placé dans la maison de Zhu Di (1360-1424), un prince Ming, membre de la nouvelle dynastie qui a pris le contrôle de la Chine en 1387. Castrat, il est instruit comme diplomate et comme guerrier, puis converti au bouddhisme sous son nouveau nom, bien qu'il semble que, jusqu'à sa mort, il soit resté fidèle à l'islam. À vrai dire, l'islam hui se fonde dans le moule culturel chinois, caractérisé par un syncrétisme entre le bouddhisme, le taoïsme et le confucianisme.

Le prince Zhu Di détrône l'empereur en 1402, et prend le pouvoir sous le nom de Yong Le. Dès 1403, il nomme Zheng He amiral, et lui ordonne de superviser la construction d'une flotte pour explorer les mers autour de la Chine, ou, plus exactement, comme l'indiquent les chroniques de l'époque et des périodes ultérieures, l'« Océan occidental » (*Xiyang*), c'est-à-dire l'océan Indien : les mers situées à l'ouest de la péninsule Indochinoise.

De 1405 à 1433, soit pendant une trentaine d'années, Zheng He commande donc ou supervise sept expéditions qui sillonnent les mers jusqu'en Arabie et en Afrique orientale[1]. Parties de Nanjing sur le Yangzi et faisant escale régulièrement, ses flottes atteignent de nombreuses régions en utilisant l'alternance des vents de mousson : le Champa, Bornéo, Java, Malacca, Sumatra, Ceylan, Calicut et le littoral occidental de l'Inde, Ormuz, Aden, Djeddah-La Mecque, Mogadiscio et la côte orientale de l'Afrique au sud de l'équateur, Mafindi, Mombasa et probablement Sofala. Selon certaines hypothèses, elles auraient même contourné l'Afrique. Il s'agit de véritables armadas, pouvant compter plus de deux cents bateaux, dont soixante-deux principaux, transportant jusqu'à trente mille hommes et de grandes quantités de marchandises précieuses à échanger (soies, porcelaine, or, argenterie, ustensiles en cuivre, outils en fer, coton...). Le vaisseau-amiral de la première expédition, celui de Zheng He, est long de cent quarante mètres, large de cinquante mètres et peut transporter plus de cinq cents hommes.

Les flottes Ming utilisent des techniques complètes de navigation. Le compas, connu dès le XIe siècle, est placé à l'intérieur d'une capsule remplie d'eau pour amortir les oscillations de la mer. Des bâtons d'encens gradués mesurent le temps, le repérage s'effectuant à partir de l'étoile du Nord (Polaire) dans l'hémisphère Nord ou la Croix du Sud dans l'hémisphère Sud. Les navires ont une coque compartimentée qui favorise l'étanchéité, un multimâtage, des voiles lattées et un gouvernail d'étambot à safran.

L'extraversion de l'« ère Yong Le » (1403-1424) n'est pas seulement maritime mais aussi terrestre car les Mongols reculent, des alliés sont trouvés jusqu'en Transoxiane, la paix est faite avec le successeur de Tamerlan, les routes de la soie fonctionnent à nouveau… Les expéditions se militarisent du côté méridional, avec l'occupation du Dai-Viêt (actuel Tonkin) et son annexion comme province chinoise (sous le nom de Jiaozhi) de 1406 à 1427. La Cour des Ming envoie des diplomates un peu partout en Asie : Houxian visite le Tibet (1407), le Népal et le Bengale (1415) ; le Bengale reçoit aussi des visites diplomatiques en 1412 et en 1421 ; Chen Cheng atteint la Transoxiane et raconte son voyage dans les *Mémoires sur les royaumes barbares de la Sérinde*[2].

Les relations se développent aussi de l'autre côté, vers le Japon. Les contacts, qui ont repris depuis le milieu du XIVe siècle, sont accélérés par Ashikaga Yoshimitsu (1358-1408). Ce troisième shôgun de la nouvelle dynastie Ashikaga se fait apprécier des Ming en enrayant la piraterie « japonaise » en mer de Chine orientale. En 1401, il prend l'initiative d'envoyer une mission tributaire auprès des Ming, sachant que ce geste est rendu par la Cour chinoise en plus grand nombre de cadeaux. Lui aussi parie sur le prestige d'une relation avec l'extérieur pour asseoir son pouvoir et sa richesse à l'intérieur. Yong Le répond très favorablement, envoie lui aussi une mission. Dans une lettre devenue célèbre, à l'interprétation controversée par les historiens japonais, Yoshimitsu se reconnaît alors « Minamoto, Roi du Japon, vassal au service de la Chine »[3]. En fait, conformément à l'extensibilité de la conception tributaire sinisée, le Japon n'est nullement inféodé à la Chine, qui ne lui demande d'ailleurs rien de plus. En tout cas, les échanges diplomatiques et commerciaux (*kangô bôeki*, ou « *tally trade* ») se multiplient fructueusement entre les deux pays (1404-1547). Ils ne sont qu'à peine freinés par la parenthèse diplomatique (1411-1432) du shôgunat de Yoshimochi qui ne veut pas suivre la politique chinoise de son père.

Quant à la Corée, elle entre, comme la Chine et le Japon, dans une autre ère. Une nouvelle dynastie, dite Choson, s'instaure en 1392 avec la famille des Yi. Elle est tolérée par les Ming qui arrivent au pouvoir pratiquement au même moment. L'ancienne aristocratie de Koryô et, contrairement à la Chine, le bouddhisme sur lequel elle s'appuyait sont balayés. À la place est construit un système néo-confucéen plutôt strict, laïc, qui développe les activités lettrées. Dans ce contexte, la cartographie, renouvelée et dégagée des traditionnelles conceptions géomantiques, connaît tout au long du XVe siècle coréen une sorte d'âge d'or. Se succède ainsi toute une génération de souverains que l'on peut qualifier de « rois géographes » (Yi Songgye, T'aejong, Sejong, Yejong...), qui font réaliser des cartes magnifiques par une série de géographes (Yi Hoe, Sin Suk-chu...).

Quels sont les motifs du nouveau pouvoir chinois

pour se lancer brusquement dans des expéditions outre-mer ? Quel est, finalement, leur but ? Les historiens occidentaux oscillent sur la réponse à donner. Pour Jean-Pierre Drège, « leur objectif reste peu clair — à la fois diplomatique, commercial et militaire »[4]. Pour Jean-Pierre Duteil, il « semble avoir été surtout d'ordre diplomatique : faire reconnaître la suzeraineté chinoise, matérialisée par le paiement d'un tribut. Mais elles ont été aussi l'occasion pour certains de leurs membres de publier une relation de ces étonnants voyages, comme les "Merveilles des Océans" »[5]. Pour Rhoads Murphey, la réponse fait moins de doute : « La motivation économique de ces énormes aventures semble avoir été importante, et ces navires disposaient souvent de cabines spacieuses et privées pour les marchands. Mais le but principal était probablement politique, montrer le drapeau et imposer le respect envers l'empire, enrôler davantage d'États dans le tribut »[6].

Le surnom chinois donné à l'armada, à savoir la « flotte des Trésors », donne déjà une indication, mais que l'on ne s'y trompe pas : il s'agit autant d'une opération de prestige que d'une course aux richesses en soi. Yong Le en a besoin pour effacer son image d'usurpateur et pour asseoir son pouvoir : symboliquement, par des faits spectaculaires, politiquement, en drainant la présence d'ambassadeurs étrangers, et économiquement, car il prend le contrôle du commerce outre-mer *via* l'imposition d'un monopole impérial sur toutes les transactions. Avec les expéditions de Zheng He, il s'agit bien d'une application extensive du système tributaire chinois, à la fois commerciale et diplomatique, ainsi que culturelle. Yong Le poursuit aussi les orientations de son prédécesseur et parent proche Hongwu, une sorte de despote aménageur, fondateur de la dynastie des Ming, c'est-à-dire des « Lumières », qui a fait planter des milliers d'arbres — un milliard, dit-on — dans la région de Nanjing pour préparer la construction d'une marine. Il y ajoute une dimension nettement mégalomaniaque, qui ne contrecarre pas les besoins de la Chine de son époque, à l'image de la réfection du Grand Canal (1402-1416) ou du déplacement de la capitale de Nanjing à Beijing (1421), avec la colossale construction de la prestigieuse Cité interdite. Tout cela coûte cher. L'argent est engrangé par le fruit des expéditions outre-mer. Mais le profit retiré des premières expéditions permet aussi de s'engager dans une telle politique de dépenses.

Bien que n'hésitant pas, à l'instar des dirigeants des temps anciens, à se montrer féroce avec ses opposants et ses contestataires, Yong Le veut la stabilité en Chine par une paix en Asie, une *pax sinica*, s'entend. Celle-ci est le moins possible imposée par la force, le plus possible par la diplomatie et par la démonstration de puissance. Le déploiement de l'armada avec ses énormes navires, ses six voilures, ses canons ostensiblement montrés et quelquefois utilisés, suffit bien souvent à calmer les éventuelles volontés de résistance chez les populations accostées.

La Chine recherche plutôt la mise en place de souverains locaux qui lui sont favorables, préférant l'intrigue et le commerce à la bataille et aux massacres. Ainsi le sultanat de Malacca reste-t-il autonome et les divisions du Sri Lanka, qui ont suscité quelques accrochages avec l'armada de Zheng He, profitent-elles finalement aux Ming qui y établissent l'unité à leur profit. Zheng He proclame la suzeraineté chinoise sur Cochin, Ceylan et Sumatra. Il s'efforce d'établir les bases d'un commerce équitable pour les deux parties, qui demande du temps et de tranquilles négociations. À part quelques exceptions comme Malacca, les Ming ne sont pas favorables à l'installation de familles chinoises dans les ports contactés. Lorsque cela arrive, il s'agit bien souvent de déserteurs, plutôt discrets, qui finissent par se mélanger à la population locale (Sumatra) ou qui s'autonomisent en isolat dans un lieu reculé (archipel de Lamu, au large de l'actuel Kenya). Tout cela n'a donc rien à voir avec une colonisation au sens propre du terme. Au contraire, à chacune des expéditions, parfois en amont d'elles, au cours des phases préparatoires, des émissaires des pays visités sont invités à la Cour chinoise, où ils sont reçus avec faste et honneur.

On voit bien la différence, l'opposition, avec la colonisation portugaise puis européenne qui interviendra ultérieurement dans ces mêmes terres et ces mêmes mers. Alternant la carotte et le bâton, manipulant le sabre et le goupillon, les Européens progresseront par le commerce mais aussi par le massacre et la conversion souvent forcée. Les comptoirs seront rapidement transformés en fortins, en repaires militaires, ce que les expéditions de Zheng He n'ont jamais fait. Zheng He laisse un souvenir tellement bon qu'il est même divinisé sous son nom officiel chinois de San Bao, qui signifie « Trois Trésors », dans plusieurs endroits d'Asie du Sud-Est comme Malacca ou l'île d'Ayutthaya.

Trois faits résument et symbolisent le caractère profond des expéditions Ming. Tout d'abord, la stèle que Zheng He emporte au Sri Lanka : elle est trilingue, écrite en chinois, en tamoul et en persan. Chaque texte comporte des louanges envers chacune des religions concernées, l'hindouisme ou l'islam. Ainsi les Chinois ont appris la langue et l'écriture des pays à visiter. Ils en respectent la religion, sans chercher à imposer la leur.

Ensuite, les lorgnons rapportés à Yong Le, qui était myope. Les marchands de Malacca qui se les sont très certainement procurés de plus loin, les lunettes ayant été inventées à Venise quelques décennies auparavant, sont alors couverts d'une avalanche de cadeaux par un Yong Le reconnaissant. Selon certaines sources, Zheng He amène aussi deux souffleurs de verre moyen-orientaux qui font connaître cette technologie en Chine. L'échange n'exclut pas la générosité. Les cales des navires chinois ne sont pas remplies de pacotilles comme celles des caravelles ibériques, mais de soieries, de porcelaines et de biens précieux qui sont négociés contre d'autres choses estimables : pharmacopées, résines diverses (aloès, benjoin, myrrhe, styrax, momordica, chaumoogra...), métaux, jade, bois précieux...

Enfin, les fameuses girafes offertes à plusieurs reprises par des souverains indiens, arabes ou africains sont amenées jusqu'en Chine où elles suscitent l'engouement auprès de tous. Elles sont confondues avec le légendaire *qilin* (j. *kirin*), animal mythique réputé pour porter bonheur. Les dignitaires de la Cour demandent à l'empereur de faire une déclaration publique se félicitant de ce merveilleux auspice, mais celui-ci refuse en arguant : « Que les ministres s'efforcent du matin au soir d'aider le gouvernement pour le bien du monde. Si le monde est en paix, même sans *qilin*, rien ne viendra troubler la bonne marche du gouvernement. Oublions les félicitations »[7]. Xuande (1398-1435), cinquième empereur (1425-1435) de la dynastie Ming et petit-fils de Yong Le, réagit de la même façon.

On peut, bien sûr, interpréter différemment cette attitude, et considérer que l'empereur de Chine cherche à garder son prestige et son autorité sacrée en se mettant au-dessus d'une merveille terrestre. Mais on peut aussi l'analyser au premier degré : ces merveilles venues de l'étranger peuvent bien être belles, elles ne sont pas fascinantes. Pas d'exotisme au pays du sinocentrisme ! Les valeurs sûres et premières sont dans l'empire du Milieu. C'est ce que souligne, parmi tant d'autres écrits, un passage du *Livre des documents* évoquant la stèle érigée à Cochin, sur la côte de Malabar, à la gloire de la Chine venue jusque-là grâce à Zheng He : « Nous régnons sur tout ce qui vit sous les cieux, pacifiant et gouvernant les Chinois et les barbares avec la même bonté et sans distinction entre ce qui est mien et ce qui est tien. [...] Et il n'existe pas un seul lieu qui n'ait entendu parler de nos coutumes et admiré notre civilisation »[8]. Voilà, c'est clair : c'est la Chine qui est admirable, pas le reste...

Des récits chinois narrent les expéditions, souvent rédigés par des membres qui y ont participé. Ceux de Gong Zhen (1434), de Fei Xin (1436) et de Ma Huan (1416-1435, publiés en 1451) sont les plus connus. Ils ne manquent pas de décrire les contrées abordées, les peuples rencontrés, les coutumes, les mœurs et les animaux étranges constatés. D'ailleurs, la bureaucratie de la Cour a demandé de consigner toutes ces choses-là. Mais c'est aussi, sinon davantage, un moyen de valoriser les propres exploits de l'armada, le courage, l'astuce, l'endurance, ainsi que les mérites infinis tant de l'empereur que des valeurs chinoises.

Bref, comme le souligne Joseph Needham, « ... les Chinois ne cherchaient pas à contourner une grande civilisation étrangère, située au travers de leurs routes commerciales ; ils s'intéressaient aux objets étranges, aux raretés et à la perception de tributs de principe, plutôt qu'à toute espèce de commerce ; ils n'étaient pas mus par un prosélytisme religieux ; ils ne bâtissaient pas de forts ni n'établissaient de colonies. Pendant moins d'un demi-siècle, on constate leur présence puis, soudain, ils ne vinrent plus, et la Chine retourna à sa vocation agricole tournée vers l'intérieur »[9].

LES APPORTS CARTOGRAPHIQUES DU *KANGNIDO*

Malheureusement, presque toutes les cartes qui ont servi aux expéditions de Zheng He ont été détruites ou perdues[10]. On ne retrouve leur trace que dans quelques spécimens ultérieurs ou sauvegardés. Cela rend difficile toute reconstitution métagéographique de l'époque. Cela permet aussi de stimuler les imaginations, de doper les hypothèses, réactivées au gré de la découverte de nouveaux documents.

Il est probable que les Chinois aient atteint l'Australie, déjà avant Zheng He, on l'a dit. Il est possible qu'ils aient atteint l'Afrique du Sud. Ils auraient même fait le tour de l'Afrique et atteint l'Amérique du Sud. L'analyse de la fameuse carte du *Kangnido* (1402) nous permet toutefois de nous en faire une idée. Elle révèle quelques faits troublants. Elle témoigne, en tout cas, du degré de connaissances géographiques acquises par le monde sinisé dès la fin du XIVe siècle (Indo-Chine, Inde, Asie centrale, Proche et Moyen-Orient, Afrique, Europe…). Son histoire, en soi, est riche et complexe. Cette carte suscite un fort engouement chez les spécialistes de l'Asie — jusqu'en Turquie — et chez les Asiatiques orientaux. Elle est, à dire vrai, fascinante, colorée, belle en un mot.

D'emblée se pose pourtant le problème de sa datation soulevé par l'existence de copies ultérieures (1470, 1568…) par rapport à l'original de 1402, lequel a disparu. À moins que l'exemplaire du Honkôji, à Shimabara au Japon, retrouvé en 1988 ne soit précisément celui-ci, ce qui n'est pas sûr puisqu'il s'agirait plutôt d'une copie faite à l'époque Edo (1600-1868). Certes, la quasi-totalité des experts s'accordent à dire que l'original n'a pas été déformé mais, dans la mesure où il existe quelques variations dans les copies suivantes, notamment dans la configuration de l'archipel japonais, cela laisse la place au doute. Les interprétations tirées de la carte peuvent donc différer du tout au tout. Entre 1402, date où les expéditions Zheng He se mettent en place, et 1470, date à laquelle l'Empire chinois s'est replié sur lui-même, il ne manque pas d'années et de changements.

Il n'existe que quatre exemplaires du *Kangnido* au monde. Chacun comporte des variations qui autorisent toutes sortes d'exégèses. Tous se trouvent au Japon. Les deux premiers, au moins, ont été rapportés de Corée par les expéditions militaires que le nouveau chef du Japon, Toyotomi Hideyoshi (1537-1598), y effectue (1592 et 1597), soit achetés, soit pillés. C'est l'exemplaire de l'Université Ryûkoku à Kyôto, que Hideyoshi a offert au temple Honganji de l'Ouest (toujours à Kyôto) et qui est daté de 1470, de 1479 ou de 1485 selon les experts, donc le plus ancien[11]. C'est également celui du temple de Honmyôji à Kumamoto, daté de 1568[12]. Le troisième exemplaire est celui de la bibliothèque de l'Université de Tenri, considéré comme étant une adaptation de la version du Honganji/Ryûkoku[13]. Le quatrième est celui du Honkôji, à Shimabara[14].

Il s'agit d'une mappemonde coréenne dont le nom complet est *Hon'il kangni yoktae kuktojido* ou « Carte unitaire des pays et des villes des temps anciens », en abrégé *Kangnido*[15]. C'est le nom de la première version, celle du Ryûkoku. La version du Honmyôji porte le nom de *Grande carte du pays des Ming*. La version du Ryûkoku adjoint le texte d'un commentateur, Kwôn Kûn (1352-1409), l'un des lettrés coréens réformateurs confucéens influents au début de la dynastie des Yi, qui nous donne des indications sur sa réalisation.

Sous la direction de Kwôn Kûn, la mappemonde a été conçue par trois cartographes coréens : Kim Sa-hyông (1341-1407), ministre de Gauche, Yi Mu (1355-1409 ; j. Ri Mô), ministre de Droite, et Yi Hoe (j. Ri Wai). Ce dernier est chargé par les deux précédents de compiler et de combiner deux cartes chinoises, toutes les deux perdues, et d'y ajouter des éléments provenant de deux cartes représentant respectivement la Corée et le Japon, non nommées, que l'on ne connaît donc pas mais que l'on peut deviner en fonction des informations correspondantes. C'est probablement Kim Sa-hyông qui a rapporté les deux cartes chinoises d'un voyage en Chine en 1399.

Le *Kangnido* est devenu célèbre parce que, au-delà de sa beauté et de sa relative rareté, c'est la première carte au monde, dans les documents subsistants, à représenter de façon pertinente et globalement cohérente les îles extrême-orientales, notamment l'archipel japonais, mais aussi toute l'Eurasie ainsi que l'Afrique[16]. Elle est d'assez grande taille (164 x 171,8 cm pour l'exemplaire Ryûkoku). Elle se présente comme un rectangle trapu avec le nord orienté en haut. La Chine occupe le centre et la moitié de la mappemonde ; ses contours maritimes orientaux sont fidèles à la réalité, de la péninsule Coréenne à l'île de Hainan. Elle est bordée vers le bas (au sud) par l'Asie du Sud-Est et l'Inde, avec des contours peu conformes. À droite (et à l'est) se trouvent la Corée, surdimensionnée, et l'archipel japonais, plus petit et au positionnement variable selon les versions. À gauche (à l'ouest) apparaissent deux pédoncules, l'un représentant la péninsule arabique, l'autre l'Afrique dans son ensemble. Dans l'angle en haut à gauche (au nord-ouest), le monde européo-méditerranéen ferme l'angle dans une certaine confusion.

Au premier regard, le *Kangnido* semble massif, disproportionné, inégal. Mais une foultitude de toponymes, écrits bien sûr en idéogrammes, permettent de se faire une idée plus précise des connaissances chorographiques qu'il mobilise. Une centaine de toponymes européens (dont la France : *Fa-li-si-na*) et une quarantaine de toponymes africains sont ainsi mentionnés. Le *Kangnido* puise donc dans le corpus existant en Chine, les cartes chinoises ainsi que les cartes arabo-musulmanes, qui y sont connues. Les deux cartes chinoises sur lesquelles il s'appuie explicitement et précisément sont nommées. L'une de Li Zemin, de Suzhou, date d'environ 1330 et utilise des sources arabes (*Shengjiao Guangbei Tu*). L'autre, de Qing Jun (1328-1392), date de la fin du XIVe siècle (*Hunyi Jiangli Tu*). Toujours dans la préface, Kwôn Kûn regrette que ces deux cartes chinoises soient incomplètes du côté de l'est, que la Corée ait été oubliée, en plus de « nombreux manques et omissions ». C'est pourquoi « Yi Hoe compléta et étendit la carte de notre pays et ajouta une carte du Japon, réalisant entièrement une nouvelle carte, bien organisée et digne d'admiration. On peut ainsi connaître le monde sans passer le pas de sa porte ! »[17].

Le *Kangnido* bénéficie de l'avancée de la cartographie chinoise, et d'apports nouveaux. Les travaux de Li Zemin, auxquels il se réfère, sont contemporains d'un cartographe beaucoup plus connu, Zhu Siben, célèbre pour sa carte *Yutu* (1320)[18]. Le *Kan-*

gnido reprend du *Yutu* certaines informations, en particulier le nom des villes chinoises, mais pas le système de « grille ». Il puise aussi dans la cartographie arabo-musulmane grâce aux travaux de Li Zemin, qui s'en inspirait déjà, ou bien directement auprès de sources originales. C'est ce que montrent certains contours et, surtout, sa toponymie à partir de l'Inde dont la transcription phonétique est probablement d'origine arabo-persane[19].

À la hauteur des montagnes qui bordent les lacs ptoléméens des sources du Nil, l'exemplaire Tenri du *Kangnido* mentionne par exemple la transcription chinoise de Zanzibar (Zheng-yalo) et celle de Zhebulu Hama, que Takahashi Tadashi identifie avec l'arabe persianisé Djebel al-Qamar, soit les Monts de la Lune. Le Nil est tracé comme sur le globe terrestre que Jamâl al-Dîn apporta à Pékin en 1267. Le fait que ces toponymes et les autres se retrouvent sur la carte du *Guang Yutu* (*ca* 1555) confirme l'existence d'une longue continuité dans les sources puisque l'auteur de cette carte ultérieure s'est appuyé, on le sait, sur les cartes disparues de Zhu Siben (*ca* 1315), de Li Zemin (*ca* 1330) et d'autres encore. Plus surprenant encore, l'exemplaire du Ryûkoku mentionne dans un cartouche, placé au large nord-ouest de l'Espagne (I-su-pan-ti-na = Hispania), l'archipel des Açores, selon Needham, sous le nom de Chi-shan[20]. Or, ni la mappemonde d'Al-Idrîsî (1154) ni les récits d'Ibn Khaldûn ne mentionnent nommément ces Açores qui n'ont été découvertes par les Portugais qu'à partir de 1394...

Le *Kangnido* interpelle car à côté des informations géographiques connues par les Extrême-Orientaux de l'époque, il offre un curieux et fascinant mélange entre innovations chorographiques (des nouveaux lieux pour les sinisés) et pays inventés, à moins que ceux-ci ne correspondent à des découvertes. Si ce n'est pas le cas, une telle association n'est pas surprenante au vu des cartes européennes de la même époque, ou antérieures, qui pratiquent la même chose. Mais en Chine, là où la cartographie a fait un bond scientifique, en « avance » par rapport à l'Europe, n'est-ce pas un retour en arrière ? Il faut bien sûr se méfier en cartographie historique des critères de régrès et de progrès, de vrai et de légendaire, de rationnel et d'irrationnel, du risque à porter un regard qui serait complètement anachronique. Mais on peut émettre quelques hypothèses sur la nature du *Kangnido* à partir de la réflexion élaborée par Gari Ledyard[21].

Le traitement de la Corée et du Japon révèle une préoccupation géopolitique. La Corée est en effet surdimensionnée par rapport à la Chine — soit près d'un tiers de celle-ci — et par rapport au Japon, beaucoup plus petit, émietté et positionné de différentes manières. L'archipel japonais est allongé au large sud-oriental de la Corée et dans une direction « correcte » — d'ouest en est, en gros — sur deux versions (Tenri, Honmyôji). Mais il est disposé au sud de la Corée, à l'emplacement des Philippines, et la tête en bas dans la version la plus ancienne (Ryûkoku). C'est comme s'il avait subi une rotation de 45 degrés par rapport à la position qu'on lui connaît en face de la Chine. Nous en donnerons l'explication plus loin.

La survalorisation de la Corée est donc nette, conformément au regard et à la volonté de ses concepteurs coréens. La connaissance du Japon est bancale, même si l'on sait qu'au moins une carte japonaise du Japon a été rapportée en Corée à la fin du XIVe siècle. La Chine, trop grande, trop respectable, semble intouchable.

Vers le sud et l'ouest sont placées très certainement

les régions à visiter par les expéditions de Zheng He. Voilà, sur ce point, une différence majeure d'avec Diogo Cão, Bartolomeu Dias, Sébastien Cabot ou Giovanni Verrazzano, voire Christophe Colomb lui-même puisque la fameuse carte de Toscanelli qui lui aurait confirmé noir sur blanc la route de l'ouest vers Cipango a disparu. En effet, les Chinois savent vraiment où ils veulent aller, certains de leurs ancêtres se sont déjà rendus à La Mecque, le commerce arabo-musulman est connu, les équipages disposent déjà d'interprètes en malais et en arabe... Ils détiennent à coup sûr les cartes. La seule inconnue véritable, la seule découverte au sens fort du terme, c'est l'exploration le long de la côte orientale de l'Afrique, plus au sud de Mogadiscio, celle de la sixième expédition menée par un lieutenant de Zheng He, comme par hasard la plus mystérieuse, la moins bien consignée, à moins que ses témoignages en aient été détruits...

LES CHINOIS ONT-ILS CONTOURNÉ L'AFRIQUE ?

Walter Fuchs souligne, à l'instar d'autres auteurs, contemporains ou ultérieurs comme André Miquel, que les navigateurs arabes sont probablement descendus très au sud des côtes orientales de l'Afrique, mais qu'il n'en a rien résulté dans la cartographie arabo-musulmane, ou très peu[22]. On ne relève effectivement que quelques toponymes, au moins dans les textes arabo-musulmans, comme As-Zang, pour désigner le pays des Noirs, Qanbalû pour Zanzibar ou Sofâla plus au sud. À l'image du mystérieux pays Wâk-Wâk (cf. *infra*), certaines confusions concernant l'Asie du Sud-Est sont probablement inspirées de Ptolémée.

Se pose cependant la question du mystérieux pays de Mu-lan-pi que deux géographes chinois de la dynastie des Song évoquent en narrant, respectivement en 1178 et en 1225, les expéditions de navigateurs musulmans en direction de l'ouest, mais sans qu'on puisse conclure définitivement bien que les contemporains Li Hui-Lin et, à sa suite, Fuat Sezgin postulent qu'il s'agit de l'Amérique[23].

La cartographie arabo-musulmane reproduit en effet les théories de Ptolémée sur l'Afrique et « coupe court » en bord de carte pour éviter de représenter quoi que ce soit de précis vers le sud. Seuls Bakrî et Idrîsî sont un peu moins vagues. André Miquel s'en étonne : « [...] le grand continent garde ses mystères... l'accentuation du trafic ne fait pas notablement progresser la carte de la connaissance. Le fait est particulièrement frappant à l'est : comment, pourquoi cette expérience de la mer et de ses rivages se traduit-elle par des notions aussi embryonnaires que figées ? [...] Pourquoi les marins s'en sont-ils tenus aux routes qu'ils pratiquaient, pourquoi n'ont-ils jamais eu l'idée de dépasser leurs limites, les parages du Mozambique, de pousser vers ce qui serait un jour le cap de Bonne-Espérance »[24] ?

Les difficultés techniques sont importantes, mais pas insurmontables. Pour André Miquel, les marins et marchands arabes auraient dû aller plus loin car « le profit appelle le profit et, s'il y a un terme aux vents, il n'y en a pas à l'appétit des hommes ». Certes, mais il faut croire que le commerce plus au nord, celui de Bagdad, Byzance, des routes de la soie et de l'Inde suffisait quand même, ou bien qu'il n'avait pas atteint un seuil de saturation. Pas assez de populations noires à islamiser ? Peut-être... Il est tentant alors de se tourner vers l'explication déjà ancienne d'Armand Rainaud pour qui l'aventure sur des mers inconnues, au sud de l'Inde et de l'Afrique, au contact de la grande « mer Environnante » (*al-bahr al-muhît*), aurait trop effrayé, à l'image des Européens vis-à-vis de la mer Océane. De très nombreux écrits arabo-musulmans témoignent en ce sens.

Il est donc surprenant et stimulant que le *Kangnido* représente l'Afrique comme une pointe effilée, conforme à sa topographie réelle. À première vue, on peut la confondre avec l'Inde mais la toponymie et le repérage de l'Inde elle-même, à un autre emplacement, ne laissent aucun doute : il s'agit bien de l'Afrique. Pour la représenter ainsi, les Chinois, même avant Zheng He, n'en auraient-ils pas fait le tour ou bien n'auraient-ils pas connu des marins qui l'aient accompli ? Walter Fuchs n'est pas loin de le penser.

Son interrogation a souvent rencontré le scepticisme et l'ironie. Mais voilà qu'elle vient de rebondir avec une découverte récente. Gavin Menzies, un ancien commandant britannique de sous-marin qui se passionne pour l'histoire, a en effet récemment révélé l'existence d'une mappemonde chinoise, paraît-il inconnue jusque-là[25]. Cette carte, datée de 1389, grande d'environ quatre mètres sur quatre, couvre un espace allant de la Chine à l'océan Atlantique et montre l'Afrique avec sa pointe méridionale[26].

Au vu des extraits disponibles, cette partie ressemble beaucoup à celle du *Kangnido* et, surtout, énormément à la *Carte intégrée des Ming* (*Da Ming Huyi Tu*), datée approximativement de 1585. Elle porte d'ailleurs le même titre et, sous réserve d'analyse, il semble que ce soit deux copies réciproques, ou d'un premier original[27]. Celle de Menzies est *a priori* plus ancienne puisqu'elle est datée de 1389. Elle serait même la copie d'une première carte originale datée de 1320, et qui aurait été détruite.

Dans les trois cas, on trouve quatre éléments importants. Premièrement, une Afrique effilée vers le sud, une forme que l'on ne trouve pas en Europe avant 1500. Deuxièmement, un grand lac ovale qui occupe la plus grande partie du centre de cette Afrique, qui correspondrait aux grands lacs de l'Est africain et en particulier au lac Victoria. Troisièmement, une île dans ce lac, au nord-est. Quatrièmement, deux fleuves coulant du sud vers le nord, prenant leur source dans une chaîne de montagnes (les monts de la Lune sur le *Kangnido*), dont l'un se jette dans le lac et l'autre, correspondant au Nil, dans la mer Rouge.

Selon Gavin Menzies, les amiraux chinois lancés ultérieurement par les expéditions Zheng He auraient même dépassé le cap de Bonne-Espérance et ils auraient atteint l'Amérique latine, voire davantage. Une mappemonde chinoise montrant ces découvertes, dessinée en 1424, aurait été rapportée de Chine par Nicolas Conti, voyageur vénitien qui a séjourné vingt-cinq ans en Chine, en Inde et en Éthiopie, fréquentant au même moment les mêmes endroits qu'abordent les expéditions de Zheng He, et revenu en Italie en 1440[28]. Elle serait arrivée dans les mains des Portugais...

Or on sait que Colomb était informé aussi bien des documents portugais, dont une fameuse carte secrète, que des renseignements rapportés par Conti[29]... À l'appui de ses arguments, Gavin Menzies évoque que le ciel étoilé décrit par des cartes chinoises anciennes, stellaires et marines, correspond à plusieurs points de l'Atlantique Sud et du large de l'Antarctique comme permettrait de le comprendre une reconstitution par ordinateur du ciel de l'époque, et correspondant à décembre 1421[30].

La reproduction de la pointe sud-africaine sur la carte montrée par Menzies est troublante. Mais, inversement, elle reste imprécise, surtout au niveau du contenu. La présence de grands lacs bordés au sud par des montagnes corrobore une réalité géographique que des explorateurs chinois pédestres ou de simples ouï-dire swahili auraient facilement rapportée. Pour le reste, sous réserve d'inventaire, il n'y a pas grand-chose à ajouter, ou qu'on ne sache déjà depuis les recherches de Fuchs et de Takahashi. La carte du *Guang Yutu* représente elle aussi l'Afrique de cette façon, avec les mêmes toponymes idéographiés. Comme elle est à la fois postérieure, puisqu'elle date de 1555, et antérieure, puisqu'on sait qu'elle s'appuie sur des cartes du début du XIVe siècle au moins, il est néanmoins difficile de la considérer comme une preuve totale d'innovation dans la description géographique.

Joseph Needham souligne que, de toute façon, de nombreux textes chinois anciens font état de connaissances avancées sur l'Afrique au milieu du IXe siècle, recueillies auprès de marchands navigateurs arabes ou bien obtenues de première main bien que, sur ce second point probable, nous n'ayons aucune preuve[31]. Les noms de Berbera (Popali), de Malindi (Mo-Lin), sur la côte kényane, et de Madagascar (Kun-lun Chen-shi) sont déjà connus. La présence chinoise en ces endroits est mentionnée par Al-Idrîsî (1154), et confirmée par des témoignages archéologiques.

La mappemonde du Vénitien Fra Mauro (1459) apporte des compléments d'information très stimulants. C'est d'abord la première carte en Europe à faire se rejoindre les océans Atlantique et Indien par le sud de l'Afrique, avant même le contournement du cap de Bonne-Espérance par Bartolomeu Dias trente ans plus tard, en 1488. Elle évoque en outre l'existence d'une « jonque indienne » provenant de l'océan Indien et naviguant vers l'ouest et le sud-ouest, au-delà du cap Diab, et d'un autre navire indien au-delà du cap Sofala[32]. Joseph Needham y voit une référence à des navires chinois et l'affirmation d'un passage fréquenté entre l'océan Indien et l'océan Atlantique avant les navigateurs portugais[33].

Le fait que Fra Mauro donne la date de 1420 pour cet épisode est troublant car elle correspond à la période des expéditions de Zheng He. Les contours et, surtout, la disposition générale des masses terrestres du bloc Europe-Asie-Afrique ressemblent énormément à ceux du *Kangnido*, autre fait troublant. Il est alors facile d'imaginer que le voyageur vénitien Nicolo da Conti ait rapporté en Europe une carte chinoise proche du *Kangnido*, et que celle-ci ait inspiré le frère Mauro, également de Venise.

Les découvertes de Zheng He ou, à tout le moins, les documents récoltés pour la préparation de ses expéditions, notamment des cartes ou des mappemondes arabo-musulmanes, ont peut-être provoqué un choc scientifique et métagéographique trop fort pour les observateurs sinisés de l'époque. Comme pour les cartes ptoléméennes de la Renaissance que les cosmographes rectifient à petites touches au gré des découvertes, mais sans remettre en cause l'édifice des vénérés Anciens, il est possible que les Chinois, eux aussi sinon davantage respectueux de la tradition, aient procédé de la même façon : faire du neuf avec du vieux, garder les conceptions générales, les repères, en ajoutant les éléments nouveaux, ce qui expliquerait les mélanges et les dissonances de la mappemonde du *Kangnido*.

Ainsi la version Tenri qui entoure la masse terrestre d'une ceinture de mers, la seule des trois à le faire, ne serait-elle pas la continuation des cartes cosmogoniques anciennes, fidèles au *Traité des Montagnes et des Eaux* hérité des Han (IIe siècle av. J.-C.) ? Pour Gari Ledyard, c'est le *Kangnido* lui-même qui serait à l'origine des fameuses rouelles coréennes *ch'onhado* caractéristiques des XVIIe et XVIIIe siècles. Le *modus operandi* serait le même : malgré des apports étrangers, européens, on conserve la même représentation symbolique du monde, groupant cosmogonie mythique et lieux géographiques avérés.

Jeon Sang-Woon souligne à cet égard que la cartographie coréenne sous les Yi connaît deux sortes de mappemondes : les unes du type *Kangnido* et les autres du type *ch'onhado*, et cela dès le début du XVIe siècle, ou même avant. Il pousse plus loin l'analyse en soulignant que les *ch'onhado*, comme celle de Jen Chao en 1607, « ont été influencées par les rouelles, dites cartes T-O, du Moyen Âge européen et par les cartes islamiques de la même époque »[34]. Il est effectivement plausible que les secondes soient bien connues non seulement par les Chinois mais aussi directement par les Coréens eux-mêmes. André Miquel signale la présence très probable de marchands arabo-musulmans dans le port de Pusan[35]. Dès Ibn Khurdadbih, en 847, cartes et textes arabo-musulmans mentionnent clairement la Corée sous le nom de *al-Sîla*. Ce toponyme correspond à la dénomination prise par le royaume coréen réunifié de Silla (661-935)[36]. En comparaison, leur évocation du Japon reste confuse et sujette à caution.

Mais les écrits arabo-musulmans sur la Corée, qui se répètent les uns les autres, ne sont pas exempts d'approximation. Ainsi, dans son récit de voyage aventureux, Al-Idrîsî note que des voyageurs arabes se sont rendus de « Sanji [en Chine] aux îles Shilla » : or la Corée est une péninsule (à moins d'un problème de traduction car l'arabe distingue mal « île » et « presqu'île »). En outre, à l'époque d'Idrîsî, ce n'est plus le royaume de Silla (Shilla) mais celui de Koryô qui est au pouvoir. En revanche, des récits coréens évoquent la venue de marchands arabes en Corée. Ainsi, d'après l'*Histoire de Koryô* (XIe siècle), « une centaine de commerçants arabes firent trois fois le voyage à Koryô et offrirent au roi des produits curieux, tels que du mercure, du parfum de Champa et de la myrrhe. On dit que la Cour leur accorda en retour un traitement de faveur »[37]. Un échange de cartes n'est pas précisé, mais on peut l'estimer plausible à cette occasion comme à une autre. En tout cas, au début des Yi, la tendance est à la critique de la géomancie taoïsante traditionnelle chère à la dynastie Koryô, le fameux *p'ung-su*, qu'ils vont même jusqu'à interdire, une mesure qui ne sera toutefois qu'inégalement respectée. La cartographie coréenne de l'époque aurait eu à cœur de chercher d'autres sources et d'autres modèles, en Chine ou plus loin.

Ce serait donc un autre paradoxe de la géographie historique : tandis que les rouelles T-O disparaissent de l'Occident sous le flux des découvertes de la Renaissance, elles trouvent un lointain prolongement, *via* leurs équivalents arabo-musulmans, dans les *ch'onhado* coréennes qui vont fleurir aux XVIIe et XVIIIe siècles au sein du conservatoire néoconfucéen que devient la Corée, précisément par dédain épistémologique et géopolitique de ces découvertes et de cet Occident.

Malgré les approximations, les lacunes et les confusions, la mappemonde du *Kangnido* représente un pas décisif dans l'histoire de la cartographie universelle. Vu son époque, elle est remarquable.

Comme le souligne Gari Ledyard, l'un de ses analystes, « elle précède facilement toute mappemonde venue de Chine ou du Japon, c'est d'ailleurs la plus ancienne mappemonde qui subsiste dans la tradition cartographique d'Asie orientale, et la seule bien avant les mappemondes Ricci de la fin du XVe siècle et du début du XVIe siècle »[38].

En informations sinon en justesse, elle est beaucoup plus complète que ses homologues de l'Europe médiévale qui, sur une telle distance, s'abîment dans une grande approximation à quelques coudées de la mer Rouge. Comme le remarque Joseph Needham, elle surpasse par exemple l'*Atlas catalan* de 1375 qui est la première mappemonde européenne à représenter un peu précisément l'Asie jusqu'en Chine, et jusqu'au Cipango même, à la suite des narrations de Marco Polo[39]. Elle est un peu plus précise que la mappemonde génoise de Florence qui date de 1450 environ et dont l'auteur anonyme a probablement disposé d'informations nouvelles sur l'Asie, sinon l'Afrique[40]. En revanche, le *Kangnido* peut être considéré comme le pendant de la mappemonde d'Al-Idrîsî (1154), dont il pourrait en partie s'inspirer.

DÉSIR DE RIVAGE À L'OUEST, GRANDE MURAILLE À L'EST

La fin brutale, et assez rapide, donnée aux expéditions de Zheng He éclaire *a contrario* leurs motifs et objectifs. Zhu Di (Yongle) a mis les finances de l'empire à sec avec ses projets grandioses. Le Grand Canal qui réunit les deux grands bassins du fleuve Jaune et du Yangzi est achevé, mais il a coûté cher. La construction de la Cité interdite a mobilisé trop de personnes et trop d'argent, que les expéditions dispendieuses ont du mal à payer. À peine inaugurée, elle est en outre déjà détruite par un incendie (9 mai 1421)... C'est un mauvais présage. La tradition y voit le signe d'une disharmonie entre le ciel et le souverain, un « dés-astre », un événement hors de la course astrale. Les confucéens saisissent l'occasion d'exprimer au grand jour leurs désaccords avec les conseillers eunuques, proches des marchands et des courants cosmopolites, qui entourent l'empereur. De surcroît, les frontières septentrionales s'agitent à nouveau et la menace mongole se profile encore.

Zhu Gaozhi, le nouvel empereur Ming, résume alors clairement la nouvelle politique : « Le territoire de la Chine, dit-il, produit tous les biens en abondance ; alors pourquoi devrions-nous acheter à l'étranger des pacotilles sans intérêt »[41] ? Zhu Zhanji, son successeur, se montre encore plus réfractaire. En 1433, 1449 et 1452, une série d'édits impériaux interdit le commerce extérieur et les voyages à l'étranger. Toute infraction est considérée comme un acte de piraterie châtié par la peine de mort. Plus encore, l'étude des langues étrangères est bannie, de même que l'enseignement du chinois aux étrangers. Au début de 1433 (ou en 1435 selon d'autres hypothèses), Zhẹng He meurt en mer au nord de Java, au retour de la septième, et dernière, expédition. Les documents et les cartes utilisés par les expéditions maritimes sont délibérément détruits, ainsi que les navires.

Ainsi donc, après sa première phase de sympathie pour le bouddhisme, le régime des Ming renoue avec le vieux fonds du confucianisme terrien et agrarien, celui qui préfère l'agriculture au commerce, la terre à la mer, le centre à l'outre-mer. Quant à la classe dirigeante, ce sont les factions confucéennes et mandarinales qui prennent le dessus sur les eunuques et les marchands dont ils réduisent l'influence. En fait, le système expéditionnaire et tributaire de Yong Le-Zheng He est victime de ses excès — hémorragie des caisses de l'État, mécontentement des paysans pressurisés — et de son succès. L'argent facile retiré du commerce outre-mer attire les aventuriers qui se multiplient, les déserteurs qui quittent les dernières expéditions de Zheng He pour se mettre à leur compte ou s'installer sur les nouvelles routes commerciales. Alors qu'elle a été éradiquée à la fin du XIVe siècle, la piraterie est ainsi relancée en mer de Chine, doublement : par des tentatives de commerce autonome, libre des taxations de l'État, et par un pillage pur et simple des navires officiels. Elle prend même des formes nouvelles puisqu'elle mélange des populations chinoises aux vieux briscards japonais qui reprennent du service. Ainsi les *wakô* de la fin du XVe siècle et du XVIe siècle ne sont-ils pas seulement des « bandits japonais » mais des populations cosmopolites, solidement ancrées dans quelques bases s'échelonnant de Taïwan à l'archipel des Gotô, là où le Chinois Wang Zhi connu sous le nom de « roi des *wakô* » établit son fief, en passant par les côtes et le large de l'embouchure du Yangzi, avec l'archipel Zhousan repaire des frères Xu.

En un siècle, des expéditions de Zheng He au repli des Ming, un tournant s'opère dans l'histoire et la géopolitique mondiales, un tournant majeur qui prépare les grandes mutations du long XVIe siècle. En effet, alors que les lieutenants de Zheng He longent la côte orientale de l'Afrique très loin vers le sud, en 1433, et peut-être même plus loin en 1421, les expéditions portugaises commencent tout juste à s'aventurer dans l'océan Atlantique et à longer, également vers le sud, le littoral occidental de l'Afrique.

Les Açores sont redécouvertes entre 1427 et 1439, le fameux et mythique cap Bojador est franchi en 1434.

Tandis que les sept expéditions Ming, et leurs corollaires consistant en expéditions complémentaires, en envois d'émissaires ou en échanges de diplomates, sillonnent les côtes de l'Asie du Sud et l'océan Indien dès 1403, et cela pendant une trentaine d'années, il faut donc attendre un demi-siècle avant que Bartolomeu Dias passe le cap de Bonne-Espérance (1488) et que Vasco de Gama aborde Goa en 1498. À quatre-vingt-un ans près, Chinois et Portugais auraient pu se rencontrer à Malindi, en pays swahili, en 1417 pour l'eunuque musulman Hong Bao, lieutenant de Zheng He, et le 22 avril 1498 pour Vasco de Gama qui y rencontre Ibn Majid. Mais cela n'a pas été le cas. Et l'objectif — les Indes — est-il bien le même ? Rien n'est moins sûr…

Pour les Ibères et plus largement les Européens, les Indes, ce sont d'abord et surtout les épices, une fois que le mirage de l'or éthiopien ou indien s'est effacé. Déjà, l'*Atlas catalan* (1375) du juif majorquin Abraham Cresques, et offert au roi de France, mentionne dans un cartouche la « mer des Indes [où] il y a 7 548 îles, desquelles je ne peux dire toutes les merveilleuses choses qui sont en elles, d'or, d'argent et d'épices et de pierres précieuses ». La cargaison du premier retour de Vasco de Gama aurait rapporté un profit de trois mille pour cent. En 1503 le prix du poivre à Lisbonne est un cinquième moins cher qu'à Venise. Quant aux terres découvertes, ce sont des espaces potentiels de colonisation au sens strict du terme c'est-à-dire d'implantation de communautés agricoles, avec des colons qui cultivent (*colere*) les terres, ou qui dirigent les cultivateurs indigènes si ceux-ci peuvent être assujettis, et qui commercent.

Madère (à partir de 1419-1425) et les Açores (à partir de 1427-1439), parmi les premières îles à être redécouvertes dans l'océan Atlantique et presque entièrement consacrées à la monoculture de la canne à sucre, forment les laboratoires de ce type de colonisation. Les Canaries, peuplées par les Guanches et conquises en 1399 par Béthencourt et La Salle « pour l'honneur de Dieu et l'épanouissement de la foi », voient leur « évangélisation [être] un essai à petite échelle de la grande entreprise américaine », notamment fondé sur le système d'indulgences délivrées par la papauté aux dirigeants politiques[42].

Même à propos de l'esclavage, la différence de comportement est énorme entre les Chinois et les Européens. Là où les premiers limitent l'esclavage à des fonctions domestiques, et restent donc à une échelle modeste, les seconds l'exploitent massivement comme force de travail dans les champs et dans les mines, et les populations noires d'Afrique en sont les principales victimes. Cette différence structurelle a une portée systémique dans l'organisation géohistorique du monde jusqu'à nos jours encore, car les actuels pays d'Asie n'ont pas à gérer ou à subir les contre-effets souvent douloureux de l'esclavage.

Du côté des forces européennes, les soldats et les prêtres sont là pour assurer socialement et culturellement le nouvel ordre économique et politique. Dès 1498, Vasco de Gama entre en guerre contre les souverains de Malabar, et livre le premier combat naval d'une série qui ne cessera pas avant longtemps dans cette partie du monde. Son attitude envers les indigènes est impitoyable. Là où les Chinois usaient de diplomatie et, au pire, s'attaquaient aux seuls souverains, les Européens massacrent les populations et les réduisent en esclavage. Comme l'ont relevé de nombreux historiens, Vasco de Gama, Almeida et Albuquerque, les colonisateurs portugais, ont délibérément adopté une politique de terreur contre les populations civiles : tortures, mutilations, massacres. À côté de cela, les trois interventions militaires des expéditions de Zheng He, au Sri Lanka, semblent anodines, et l'une d'elles se termine même avec la libération des prisonniers.

Pour les Chinois des Ming, l'Inde, c'est autre chose : une terre de richesses, certes, mais sans focalisation exclusive sur tel produit. Ils n'ont pas l'obsession de l'or ou des épices. Le commerce doit être fondé sur l'échange le plus égal possible, dans le cadre du tribut. L'Inde, c'est aussi une partie d'un ensemble plus vaste que les Chinois imaginent donc divisé en cinq parties conformes aux points cardinaux. Le Tianfang, la « Contrée céleste », là où ils savent que sont nés le christianisme et l'islam, c'est-à-dire l'Arabie, constitue la partie occidentale de cette Inde. Le comportement des Indiens envers les arrivants révèle d'autres différences. Ils accueillent favorablement les Chinois, dont les soieries, les laques et les porcelaines sont hautement appréciées. Par contre, ils n'ont que faire des vêtements rêches, de l'huile, du sucre et des bimbeloteries apportés par les premiers Portugais. À Vasco de Gama qui lui présente ces biens lors de sa première arrivée, le roi de Calicut rit aux éclats : C'est de l'or qu'il me faudrait plutôt ! s'exclame-t-il.

Comme le résume Joseph Needham, « les Européens voulaient toujours plus de produits asiatiques que les Orientaux ne voulaient de produits européens, et le seul moyen pour les payer, c'était l'or »[43]. Rhoads Murphey conclut : « La conquête des mers, l'expansion globale et la révolution commerciale fondée sur la mer étaient laissées [par les Chinois] aux plus pauvres et moins complaisants Européens qui, de leur propre point de vue qui était aussi celui des

Chinois, avaient plus à y gagner — et moins à s'occuper de fierté à domicile »[44].

En quelques années, les Chinois renoncent donc à l'Asie du Sud-Est, à l'Inde et à l'Afrique orientale. La flotte Ming se saborde, la Chine abandonne le commerce outre-mer et se replie sur une option terrestre. Les chantiers navals tombent en décrépitude et, à la fin du XVe siècle, il n'existe plus guère d'architectes chinois capables de construire de grands navires. Le développement des armes à feu est également freiné. En quelques décennies, le monde sinisé perd son avance technologique sur l'Occident, et sans en prendre conscience se met en position de faiblesse vis-à-vis de celui-ci.

C'est donc dans une mer étrangement désertée par les Chinois, car les Portugais ont eu vent de leur présence récente et restent méfiants, que les expéditions portugaises s'avancent assez vite vers l'Asie du Sud-Est (Malacca, 1511), peu à peu vers la Chine puis le Japon (1543). La thalassocratie ryûkyûane qui a son heure de gloire au début du XVe siècle et qui aurait pu constituer un intermédiaire commode entre les arrivants européens et les pays asiatiques a failli, privée de ses débouchés chinois et japonais. En Asie orientale, les Portugais occupent la place vide des commerçants au long cours. Au Proche et Moyen-Orient, ils mènent au nom du Christ et des épices une guerre sans merci contre les marchands arabes qui occupent cette place privilégiée d'intermédiaire entre l'Inde et la Méditerranée.

Le repli de la Chine a des répercussions sur trois de ses voisins orientaux : les Ryûkyû, le Japon et la Corée. Dès 1372, les seigneurs locaux de l'archipel des Ryûkyû font tribut avec la toute récente Cour des Ming. Unifiés en 1422, autour de l'île d'Okinawa et de sa capitale Shuri au centre, ils fondent le royaume des Ryûkyû qui, s'engouffrant dans l'appel commercial suscité par la nouvelle politique chinoise, devient rapidement une thalassocratie prospère. Plus de deux cents de ses missions parcourent les mers d'Asie du Sud-Est, aux Philippines, au Siam (à partir de 1419), au Viêt-nam et à Java (à partir de 1430), à Sumatra et à Malacca (1463-1511). La thalassocratie ryûkyûane se met également à commercer avec le Japon, dont elle devient une sorte d'intermédiaire.

Mais le repli terrestre chinois et son corollaire, la piraterie, portent des coups de plus en plus durs au commerce outre-mer de ces deux pays. Le Japon central qui s'enfonce dans la guerre civile à la fin du XVe siècle et au début du XVIe tourne le dos à la mer[45]. Ajouté à l'arrivée des Portugais en Asie du Sud-Est et à la concurrence siamoise, le commerce maritime ryûkyûan perd son quasi-monopole dans les mers de Chine et décline.

Quant à la Corée, son pouvoir confucéen Yi redoute toujours davantage les pirates. Après de bonnes relations diplomatiques et commerciales avec le Japon, *via* les seigneurs de Tsushima, il interrompt peu à peu, au début du XVIe siècle, ses relations avec son voisin. Dans une série d'effets dominos et d'interrelations, le monde sinisé (Chine, Japon, Corée, Ryûkyû) prépare donc son repli sur lui-même, par fractions et vagues alternées, que les Européens viendront perturber différemment selon les pays, avec des conséquences variées. Le paroxysme du repli, bien que jamais total, sera atteint plus tard par le Japon des Tokugawa et par la Corée.

POURQUOI LES CHINOIS N'ONT PAS DÉCOUVERT L'AMÉRIQUE

Un désir de rivage s'impose donc dans l'avancée spatiale, dans l'exploration des mers inconnues. Une direction, une aspiration. Au-delà du contexte économique et politique, du caractère de tel ou tel navigateur, de la combinaison des circonstances, il devient important de retracer l'histoire connue en fonction de l'attraction géographique, avec un regard cartographique. Car, comme on l'a vu, la carte-instrument s'impose de plus en plus à partir des Grandes Découvertes, ou, plus exactement, elle se superpose à la carte-image. Elle n'efface pas celle-ci, elle la remplace partiellement. La rationalité elle-même de la représentation reste malgré tout dans l'esthétique et l'imaginaire.

Qu'on songe, par exemple, à la réaction du Conseil du roi portugais lorsqu'il se réunit pour décider s'il faut ou non poursuivre l'expansion après le retour de Cabral et sa découverte du Brésil en 1500. « Pour beaucoup, à la seule vue d'une si grande côte dessinée sur la carte marine et de tant de routes indiquées que nos vaisseaux semblaient parcourir deux fois le tour du Monde connu, pour frayer le chemin du nouveau que nous voulions découvrir, un tel vertige d'imagination les saisissait que leur jugement en était obscurci »[46]. Cette description de João de Barros, témoin de l'époque, est probablement une fable littéraire, mais peu importe car il exprime le sentiment d'alors. « Vertige d'imagination » : tout est dit, à la fois la peur, la crainte, l'effroi peut-être, mais aussi la tête qui tourne, telle une euphorie de paradis artificiels, l'imagination, l'imaginaire, le rêve.

Le rêve passe par la carte, il se conjugue aussi à

une réorganisation du monde, une métagéographie active en quelque sorte, y compris à travers les divers types d'illustrations, de couleurs, de formes. Comme l'écrit Christian Jacob : « Les itinéraires de l'œil sur la carte ont [...] une importance essentielle, puisqu'ils ont le pouvoir "rhapsodique" de réinstaurer une syntaxe parmi ces énoncés épars, de tisser des fils thématiques ou de rétablir l'ordre de succession des épisodes d'un récit, déconstruits pour s'adapter à la dissémination des lieux géographiques »[47]. De l'histoire appliquée, cartographiée, autrement dit...

Ce désir de rivage est encadré, récupéré ou stimulé par les commanditaires, marchands, grands prêtres, gouvernants ou chefs militaires, mais même ses formes les plus matérielles ou triviales revêtent une dynamique spirituelle[48]. Ainsi en est-il de la fameuse soif de l'or au Moyen Âge et au début de la Renaissance, de la recherche du « fleuve d'or » cher à Jean de Béthencourt ou Gadifer de La Salle partant à sa découverte vers 1404-1405, figuré sur la carte des Pizigani de 1367 et qui deviendra finalement le Río de Oro des Ibériques. Elles sont inséparables de l'alchimie, et de ses mystères philosophiques, avant de s'abîmer dans les délires des *conquistadores* de l'Eldorado. L'obsession de l'or chez Christophe Colomb est ainsi tourmentée, elle semble dépasser la simple cupidité vulgaire et articuler des sentiments plus complexes de réalisme — l'or finance les projets, stimule les commanditaires ou les marins —, de mysticisme et d'illuminisme[49].

Avant que l'imaginaire ibérique ne s'américanise une fois capturés les trésors aztèques en 1521 et incas en 1532, les contrées de l'or sont supposées se trouver en Asie, conformément aux mythes bibliques et gréco-romains[50] : la Chersonèse d'Or, que les explorateurs européens localiseront en Malaisie ou en

Insulinde ; Ophir et Tarsis, ces lieux fabuleux où le roi Salomon envoyait sa flotte chercher l'or et les bois précieux pour reconstruire le Temple ; Cipango que les narrations de Marco Polo présentent comme un pays de l'or...

Les cartes des Italiens Caverio et Cantino (1502, 1503) réunissent dans leur tracé l'Asie du Sud-Est, la Chersonèse d'Or et la « Queue du dragon ». Cette « Queue du dragon » apparaît sur la mappemonde publiée à Rome en 1489 par le cartographe germanique Henricus Martellus. Elle prend la forme d'une péninsule située à l'extrémité orientale du Sinus Magnus, le « Golfe chinois » caractéristique des cartes ptoléméennes. Preuve de la récurrence de ce tropisme doré pour l'Asie, Charles Quint ordonne à Sébastien Cabot, en 1525 encore, de « découvrir Tarsis, Ophir, Cipango, Cataye », mais son *piloto mayor* restera une année à explorer la « Rivière d'argent » (Río de la Plata), espérant en vain y trouver un passage[51].

Cette obsession de l'or n'existe pas dans le monde sinisé, où elle est à la rigueur remplacée par la soif du jade, par la recherche de tel produit jugé aphrodisiaque ou allongeant la durée de vie à dénicher dans une corne d'animal ou dans une racine. Mais le jade se trouve en abondance dans les montagnes du Tibet, que les Chinois contrôlent. Et les implications géopolitiques diffèrent totalement. Il n'y a pas eu en Asie orientale de guerre du jade, du ginseng ou de l'ivoire, même si la compétition économique fut rude pour s'approprier ces biens précieux.

L'or ou le jade ne sont rien si l'on n'y croit pas, si hommes et femmes ne leur donnent pas de valeur. Les épices sont délicieuses et désirables pour les Européens, tandis que le ginseng, si apprécié des

Extrême-Orientaux, ne les intéresse aucunement… La différence des systèmes de valeurs explique donc l'attitude radicalement différente des Chinois et des Européens dans l'océan Indien, qui jalonne le tournant du XVe siècle. Il ne s'agit pas de revenir à une lecture idéaliste, philosophiquement parlant, de l'histoire car ces valeurs ont leurs correspondances matérielles, et le contexte matériel interagit sur les valeurs en question. Il faut au contraire mettre en avant une vision plus politique, au sens large, sachant que le politique est, jusqu'à la sécularisation des sociétés, inséparable du religieux.

Or sur ce plan, la conception et le comportement des Chinois et des Européens divergent radicalement. À la stèle trilingue de Zheng He apportée au Sri Lanka, louant à la fois le bouddhisme et l'islam, aux invocations chinoises envers les sages anciens confucéens, les divinités taoïstes, les esprits de Bouddha ou d'Allah, répondent la Sainte Inquisition installée à Goa dès 1560 et la guerre de religion sans merci menée par les Ibères dans toute l'Asie, comme en Amérique du reste. Là se trouve une difficulté majeure d'interprétation : quelle est la part des convictions profondes, de l'opportunisme appliqué à des intérêts bien matériels de pouvoir et de richesse ?

Il est bien entendu difficile de répondre — et chacun le fera selon ses opinions et ses informations — mais ce qu'on peut constater, c'est la différence de dynamique socioculturelle. Tous les phénomènes de prophétisme, de messianisme et de millénarisme qui jalonnent l'Europe de la fin du Moyen Âge ne se retrouvent pas ou peu dans la Chine de la même époque. Pas de prophète à valoriser, à découvrir ou retrouver, pas de paradis perdu à dénicher, pas de millenium à redouter, pas de populations à évangéliser. Nul Prêtre Jean à rejoindre et à rallier. Nulle Jérusalem à reconquérir. À peine un pèlerinage à La Mecque peut-il devenir un objectif complémentaire pour les expéditions des Ming où abondent pourtant les musulmans, à l'image de Zheng He, Wang Jinghong, Hong Bao, Ma Huan…

Pas de terre ronde non plus à contourner, de théorie macrogéographique à confirmer, car les Chinois, malgré le globe de Jamâl al-Dîn et certaines hypothèses de leurs propres savants, restent attachés à leur ancienne théorie de la terre carrée : à quoi bon aller vers ses bords, l'empire n'est-il pas au milieu, à sauvegarder ? Si l'Inde n'intéresse plus, pourquoi faudrait-il s'aventurer vers l'est sur les flots du Pacifique ? Comme le résume Murphey, les bateaux chinois « n'ont pas essayé de traverser le Pacifique ou de continuer vers l'ouest jusqu'à l'Europe, ce qu'ils étaient assurément capables de faire, simplement parce qu'à leur connaissance il n'y avait rien dans chacune de ces directions qui rende valable un tel voyage »[52].

Certes, le *Liang Shu* (635) narre l'histoire d'un moine bouddhiste, Heishin, qui se serait aventuré jusqu'au pays de Fusang en 499, et il en décrit grossièrement l'itinéraire : à vingt mille *ri* à l'est du « Pays du Grand Han » (= la Chine). Mais ce pays de Fusang, où pousserait un merveilleux arbre éponyme, n'alimente que quelques croyances. Nonobstant les hypothèses de migrations très anciennes ou les cas isolés de navigateurs qui se seraient égarés, le constat est clair, et le tournant définitif : la Chine n'a pas découvert l'Amérique…

Or les phénomènes mystiques et millénaristes ont fondamentalement animé, activé, stimulé les premiers explorateurs européens, avant des aspirations plus terre à terre. Selon une circonstance historique qui n'est pas une coïncidence, un gradient millénariste semble s'accentuer à mesure que l'on s'avance vers l'Europe occidentale. Même dans un Portugal qui n'a pas participé aux croisades et qui semble moins mystique que sa voisine Castille, même au sein d'un monde musulman agité par la mystique de l'ordre soufiste des Khalweti dans l'Empire ottoman de Suleyman, l'aura eschatologique du shah Isma'il en Iran, ou le mahdisme dans le Deccan et le Gujarat[53]. La découverte de pays mythiques cités par les vénérés Anciens, d'îles plus ou moins mystérieuses, de pays de l'or et même du Paradis constituent d'actifs adjuvants dans le désir européen de rivage, celui qui va faire découvrir les mers et qui va les nommer. Comme le résume l'historien Vitorino Magalhães Godinho, « la recherche du Prêtre Jean servit aussi de tremplin pour la chrétienté en Asie de la même façon que le trafic de malaguette et de poivre en Guinée avait incité à celui des épices orientales »[54].

En lisant les textes chinois et européens du XVe siècle, ou encore du XVIe siècle, qui traitent des explorations, on ne peut qu'être frappé par la différence radicale de ton et de référent. Les écrits chinois évoquent sans cesse l'empereur, dans un mélange de supériorité tranquille et d'autosatisfaction frôlant, aux yeux actuels, la complaisance. En revanche, les écrits européens mettent le Christ, Dieu, Notre-Seigneur et la « sainte foi chrétienne » presque à toutes les lignes. On peut comparer avec profit deux exemples : la stèle trilingue de Galle (Sri Lanka) déposée par Zheng He, et la lettre presque caricaturale de Manuel Ier du Portugal, rédigée par « le plus grand des idéologues » selon Subrahmanyam, Duarte Galvão, et adressée au Samudri Raja de Calicut *via* Pedro Alvares Cabral en 1500.

Quand elle évoque le Bouddha, le « bienveillant honoré du Monde », la stèle de Galle met en avant son « influence bienfaisante », sa « perfection », son « entendement » et sa « bienveillante protection »[55]. La lettre de Manuel Ier, qui dénonce à plusieurs reprises les « sectes et les hérésies contraires » causées par les « péchés », souligne au contraire un Dieu auquel « il ne plut pas », qui « a ordonné », qui veut le « salut des âmes »[56].

La stèle de Galle est d'ailleurs un cas extrême du côté chinois car il s'agit de la plus religieuse des manifestations produites par les expéditions de Zheng He, par rapport à la stèle de Cochin ou au *Livre des documents* par exemple, qui s'explique par la situation géopolitique et culturelle particulière du Sri Lanka. La plupart des écrits chinois insistent davantage, répétons-le, sur le rôle bienveillant et éclairé de l'empereur. D'un côté, donc, un personnage qui, bien que « fils du ciel » et sacré, est un être humain et vivant, atteignable, palpable, critiquable même (chose risquée, mais possible…). De l'autre, une figure omniprésente, mais abstraite, bien morte et faussement vivante, qui règne par l'interdit et la crainte du péché, un principe derrière lequel se cachent des dirigeants qui prétendent parler en son nom.

Pour la plupart des observateurs, l'expansion coloniale européenne et le repli terrestre asiatique expliquent le différentiel de développement entre les deux mondes à partir du XVe siècle. Sans traiter ce sujet qui nécessiterait un long développement, on peut relever le constat de Pierre Chaunu à la suite des travaux de Joseph Needham : « Ce qui manque à la Chine, ce sont les motifs et des groupes pour les porter. Le problème de l'échec chinois se place d'abord au niveau des motivations. L'échec chinois est double : il se situe au niveau des moyens autant que des vouloirs. Il découle de tout un être »[57]. Si ce constat convient à propos des découvertes géographiques, à condition de moduler l'affirmation d'« échec », les arguments de Chaunu, qui reposent sur les différences démographiques et alimentaires entre l'Europe et la Chine, soulèvent plus d'interrogations qu'ils n'apportent de réponses à propos du différentiel global.

À LA RECHERCHE DU PARADIS

La constitution de l'Europe chrétienne et carolingienne, celle de l'Empire byzantin, également chrétien mais déjà autre, et enfin celle de l'Empire musulman reformatent l'imaginaire porté vers ce qui est plus loin que l'Orient, plus loin que Jérusalem, la Mésopotamie ou l'Inde. Elles renforcent ce qui était déjà une neutralisation du regard entre les deux extrémités de l'Eurasie, aux deux bouts des routes de la soie.

Il existe en effet des échanges marchands entre les Chinois et les Romains, voire des ambassades plus ou moins mandatées, en tous les cas des points de rencontre entre les deux, notamment en Perse, en Inde ou au Sri Lanka[58]. On trouve des pièces de monnaie des uns chez les autres. Mais tout est trop loin, trop difficile d'accès. Pour les Romains, la Chine est la Sérique, le pays des Sères, termes qui se réfèrent à l'extraordinaire produit chinois malgré tout connu, la soie, *si* en chinois, qui aurait donné *seta* en latin, signifiant « poil rude », puis *sericum*, ou « soie filée », qui donnera également « sériciculture ». Pour les Chinois, l'Empire romain est un pays aussi grand que le leur au point qu'ils le baptisent Da

Qin, ou « Grande Chine », dans un passage de l'*Histoire des Han postérieurs*.

Les croisades font de l'Orient un enjeu, une terre de l'ennemi, de l'autre, à convertir. Avec bonne ou mauvaise foi, la culture islamique constitue un barrage pour ceux qui vont devenir les Européens[59]. À partir de cette époque, selon Edward Saïd, « l'Orient est [en Europe] une idée qui dépasse ce que l'on connaît empiriquement. [...] Car la notion d'Orient semble toujours avoir attiré des associations d'idées qui n'étaient déterminées ni par l'ignorance ni par la seule information. En effet, certaines associations avec l'Est — ni tout à fait ignorantes ni tout à fait informées — semblent toujours s'être rassemblées autour de la notion d'un Orient »[60].

Au cours du Moyen Âge européen, tout ce qui est à l'est, au nord et au nord-est de l'Inde, tout ce qui touche la Chine et alentour, est mal connu. Du VIIe au XIIIe siècle, les mappemondes en sont réduites, pour ces espaces, à mentionner *Terra incognita, Terra deserta, Terra arenosa, Barbari*, et à y placer le pays cité par la Bible de Gog et de Magog où se situent les peuplades coalisées contre le Peuple de Dieu[61]. Le cadre métagéographique de l'imaginaire européen est ainsi tracé.

Nombreux et considérables sont désormais les travaux des historiens qui démontrent le rôle du mysticisme chrétien dans les Grandes Découvertes datant de la fin du Moyen Âge et de la Renaissance. À un millénarisme social, incarné par les masses pauvres désireuses d'améliorer leur sort sur terre, se combine un millénarisme plus politique, « en tant qu'idéologie dominante, fondement d'empires et moteur des ambitions impériales », et cela du Tage jusqu'au Gange[62].

Les fantasmes mystico-géographiques de l'Europe médiévale, qui sous-tendent la dynamique des Grandes Découvertes et qui n'ont pas d'équivalents en Chine pour la même époque, se déclinent selon une tétralogie, une tétrachorographie même puisqu'à quatre séries de discours correspondent quatre types de lieu : le royaume du Prêtre Jean, les îles mystérieuses, le Paradis et l'extrême lieu (antipode ou Orient lointain). Les quatre peuvent d'ailleurs se recouvrir et se confondre, comme nous le verrons. S'y ajoutent les mythes plus cupides et matériels, quoique liés au mysticisme de l'alchimie, que sont le *Río de Oro* ou *el Dorado*. Plus prosaïquement, la prise de Cracovie par les Mongols en 1241 et leur marche sur Vienne provoque un électrochoc en Europe, dont les rois décident alors d'envoyer des émissaires au Grand Khan, d'abord à Karakorum puis plus loin si possible[63].

Au-delà de la recherche du mystérieux Prêtre Jean, des croisades et de la lutte contre les infidèles ou bien les hérétiques, l'un des fantasmes les plus curieux et les plus fascinants est la recherche européenne du Paradis : le Paradis sur terre pour les pauvres affamés, le Saint-Siège mondial pour les dirigeants. De ses origines bibliques, l'idée du Paradis terrestre médiéval, qui ne se confond pas avec des paysages aimables évoquant l'âge d'or, garde, selon Christiane Deluz, « deux éléments essentiels que l'on retrouve au fil des textes : la localisation en Orient et l'inaccessibilité »[64]. Par exemple dans les *Étymologies* d'Isidore de Séville (VIe siècle) ou *L'Image du monde* de maître Gossuin (début du XIIIe siècle).

Le Paradis est attirant car il est un lieu remarquable par toutes sortes d'agréments, mais il est inaccessible car lointain et enceint d'un mur de feu montant jusqu'au ciel. L'idée du bonheur hors d'atteinte mais convoité se forge ainsi en Occident. Dans l'intermédiaire, dans l'intervalle, la distance est remplie par l'imaginaire du monstrueux et du merveilleux, prémices de l'exotisme. C'est ainsi que Francis Affergan peut affirmer que, en Occident, « l'imagerie merveilleuse et monstrueuse est proportionnelle à l'éloignement paradisiaque, à son accessibilité et aux fantasmagories créées par un tel vide »[65].

Comme l'écrit Vitorino Magalhães Godinho à propos du XIIIe siècle et du début du XIVe siècle, « le Paradis est le pôle vers lequel penche une mentalité qui aura besoin de beaucoup de temps pour concevoir de manière scientifique l'espace délimité de l'expérience économique »[66]. Des navigateurs, des cosmographes ou des témoins comme Christophe Colomb, Amerigo Vespucci, André Thevet ou Antonio Pigafetta explorent des terres inconnues tout en gardant à l'esprit « l'ambition séculaire de situer le lieu où la Divine Providence avait "planté" le Paradis terrestre, mythe essentiel et fondement doctrinal du monde judéo-chrétien, lieu initial où le Créateur décida de faire naître l'espèce humaine »[67]. Un lien unit les diverses préoccupations puisque la légende fait croire vers le milieu du XIIe siècle qu'un roi chrétien extrêmement riche et puissant — le Prêtre Jean — existe au cœur de l'Asie, c'est-à-dire du côté du Paradis.

Fondée sur des éléments véridiques, en l'occurrence la présence de chrétiens et d'une Église nestorienne en Chine, jusqu'à Xian la capitale des Tang, et relayée par une lettre apocryphe qu'on continue encore d'imprimer au XVe siècle, cette rumeur se répand parmi les croisés et leurs souverains. Elle aiguillonne alors plusieurs expéditions missionnaires européennes vers l'Asie orientale, dont beaucoup sont dirigées par des franciscains. Giovanni di Pian del Carpine atteint la Mongolie (mi-XIIIe siècle). Giovanni di Montecorvino devient premier mais éphémère archevêque de Cambalic (Pékin) (1245-1247). André de Longjumeau quitte la septième croisade pour rencontrer le Grand Khan sur ordre de Saint Louis, mais arrive dans le Karakorum après la mort du chef mongol (1249). Guillaume de Rubrouck rencontre le nouveau khan, mais sans succès (1253). Odoric de Pordenone se rend jusqu'à Pékin, Nankin, Lhassa, Sumatra et Quilon (début XIVe siècle).

Sur la mappemonde de l'*Atlas catalan* (1375), la figure du Prêtre Jean trône en Asie du Nord-Est, où il dispute la souveraineté mythique à Gog et Magog, mais aussi en Éthiopie. À partir des Canaries qu'ils ont conquises, Jean de Béthencourt et Gadifer de La Salle projettent, en 1404-1405, de se rendre en Afrique, « d'ouvrir le chemin du fluve [*sic*] de l'Or » et « d'approcher les marches de Prestre Jean »[68]. « La toponymie permet encore de reconstruire les rêveries des explorateurs. Un fleuve de l'Or coulait de par le royaume du Prêtre Jean sur la carte vaticano-borgienne, n'était-ce pas ce fleuve que Baldaya nomme en 1436 précisément celui de l'Or (*río de Oro*) ? » s'exclame l'historien Juan Gil[69].

Au milieu du XVe siècle, l'infant Henri du Portugal organise plusieurs expéditions vers le Sahara et la Guinée qui comprennent également cet objectif. Les Vénitiens, les Florentins ou les Anglais ne sont pas en reste. Diogo Cão croit l'avoir trouvé au Congo en 1491 et l'équipage de Gama au Mozambique en 1498 en apprenant que le Prêtre Jean n'est plus loin. À la fin du XVe siècle, Pedro da Covilhã, qui le cherche encore, l'identifie au Négus éthiopien. En 1513, alors qu'il s'avance dans la mer Rouge, Afonso de Albuquerque, le célèbre gouverneur portugais de l'Estado da India, affirme être le témoin d'« un signe [qui] apparut dans le ciel en direction de la terre du Prêtre

Jean, une grande croix très brillante, [...] car Notre Seigneur nous montrait ce signe en direction des terres du Prêtre Jean où Il se tenait lui-même pour que nous le servions au mieux ; et nous, hommes de trop peu de foi, n'osâmes pas nous lancer dans cette direction »[70]. En fait, Albuquerque, ses soudards et ses marchands iront beaucoup plus loin, mais ses propos révèlent, outre l'incroyable inoxydabilité d'une légende, la concordance entre l'Extrême-Orient et le lieu imaginé du Paradis.

Outre le royaume du Prêtre Jean, « les hommes du Moyen Âge avaient rêvé, aux marges du monde habité, d'une guirlande insulaire déjà plus tout à fait la terre ordinaire, à mi-chemin entre l'œcoumène héritage des fils d'Adam et un "ailleurs" d'autant plus fascinant qu'interdit et inaccessible »[71].

Différentes utopies insulaires se développent alors. Pour Dagron et Marin, « entre l'Océan qui est la limite de l'inconnu et de l'infranchissable, et le continent qui s'identifie au connu et à la civilisation, il y a ces terres médiatrices que sont les îles, qui participent de l'un et de l'autre, géographiquement, psychologiquement et peut-être métaphysiquement. Elles sont, en quelque sorte, sur la limite du monde, ni en dehors de lui, ni en lui, sur la frange indiscernable de l'intérieur et de l'extérieur, comme à l'ourlet du monde, sur cette ligne sans épaisseur où il cesse d'être monde, où il commence de l'être : l'île, marque de la limite et de la différence »[72].

Conformément au dogme augustinien, qui encadre les croyances chrétiennes, le Paradis est double, à la fois spirituel et terrestre. Il s'ensuit que, par définition, le Paradis terrestre se trouve sur la Terre : oui, mais où ? Les savants du début du Moyen Âge, comme Jérôme, Isidore de Séville ou Bède le Vénérable, le situent sans ambages en Orient[73]. Ils le localisent au sommet d'une montagne que les eaux du Déluge n'auraient pas pu recouvrir, et d'où partent quatre grands fleuves. On reconnaît sans peine les lointaines origines indo-européennes de cette croyance, évoquée à propos du Jambûdvîpa. Ainsi que le souligne Rudolf Wittkower, « la géographie médiévale situait couramment le paradis en "Extrême-Orient" et, du reste, l'Inde fut considérée comme une terre merveilleuse jusqu'au XVIe siècle »[74].

Malgré différentes interprétations, le Paradis est donc, au cours du Moyen Âge européen, communément situé à l'est, à l'extrême orient. C'est d'ailleurs pour cette raison que les cartes sont « orientées », c'est-à-dire qu'elles positionnent l'Orient — le Paradis — en haut du document. Bien souvent, le Paradis est de surcroît localisé dans une île, située au large. Toutes les îles évoquées par les textes, les récits ou les cartes, ne sont là, au fond, que « comme autant d'étapes vers l'île par excellence, le Paradis terrestre. Une île circulaire, image redondante de l'*orbis terrae*, située à l'orient du monde »[75]. L'île Paradis figure clairement au sommet de la mappemonde de Hereford (*ca* 1300)[76].

La mappemonde de Fra Mauro (1459) représente le Paradis dans un cartouche circulaire : une montagne qui entoure par des remparts un jardin où se trouvent Adam et Ève ainsi que l'ange Gabriel. Ce cartouche est placé en bas à gauche, à l'extérieur de la carte proprement dite et vu l'orientation de celle-ci, avec le sud en haut, cela signifie qu'il est considéré comme étant situé au nord-est du monde connu[77]. Sur la fameuse mappemonde représentée en cartouche sur la carte-portulan de la Bibliothèque nationale attribuée à Christophe Colomb, le Paradis est représenté comme un cercle entouré de pétales : il est placé à l'est, au bout de l'Asie, en bordure de l'« Oceanvs orientalis »[78].

Cette île située au large extrême-oriental, plus loin que le Cathay, se trouve à proximité d'une autre île presque aussi mythique dans les temps anciens : le Japon, connu au Moyen Âge sous le nom de Cipango. C'est Marco Polo (1254-1324) qui est l'un des premiers Européens à en parler, et de quelle manière : rapportant la beauté et la richesse de la mer de Chine avec ses 7 448 îles, dont « Cinpingu, une île qui est dans la haute mer, au levant, éloignée de la terre ferme de mille cinq cents milles. C'est une île grandissime. Ses habitants sont blancs [...], idolâtres [...]. Ils ont tant d'or que c'est sans fin »[79].

Ce propos de Marco Polo est crucial car il trace les grands traits du Japon qui vont s'inscrire durablement dans l'imaginaire occidental. Le Japon est ainsi considéré comme une ou plusieurs îles. C'est un grand pays, et la question de sa taille en rapport avec ses ressources deviendra un thème récurrent. Ses habitants sont différents, mais potentiellement proches de l'Occident puisqu'ils seraient blancs. Certes ils sont idolâtres, mais l'attrait mythique se confond avec l'attrait mystique. Enfin, le Japon est rempli d'or...

Désormais, le monde médiéval européen sait que le Japon existe, nommé tour à tour Cipango, Gypangou, Cinpingu, Zipangry et même Chryse chez certains, mais nul ne peut le situer précisément. Ainsi Martin Behaim, célèbre pour son globe de 1492, que Christophe Colomb ignore très probablement avant sa première expédition transatlantique, cite les deux ensemble à maintes reprises, avec des redondances différentes : « Cipangu est la plus noble et la plus riche île de l'Orient, pleine d'épices et de pierres précieuses »… « Dans l'île, on trouve de l'or en quantité infinie et pareillement des pierres précieuses et des perles. Ainsi l'écrit Marco Polo de Venise dans son troisième livre »[80].

Les histoires de Marco Polo alimentent le projet de Colomb[81]. Pour Christian Jacob, « l'île de Cipangu est cernée, recouverte par cette hyperbole et cette redondance descriptives, qui accentuent ses richesses fabuleuses par une rhétorique de la répétition, en même temps qu'elles la situent dans un espace de savoir, dans un ordre du discours, dans des récits de voyages et l'archivage de la bibliothèque occidentale »[82].

L'*Atlas catalan* d'Abraham Cresques (*ca* 1375), « expression graphique du Livre des Merveilles de Marco Polo dont le manuscrit circulait aux quatre coins de l'Occident »[83], est la première mappemonde européenne à mentionner des îles dont la localisation correspond à l'archipel nippon, mais sans toponyme. Au sein du monde non sinisé, la cartographie arabo-musulmane semble plus précoce, mais sa mention possible du Japon, sous le nom de Wâq-Wâq, est ambiguë et soulève plusieurs problèmes[84].

Le lieu tout d'abord. Sur les cartes comme dans les textes, le pays Wâq-Wâq est généralement situé à l'est de la Chine. En certains cas, il désigne aussi des régions au sud ou au sud-est de l'Afrique, telle Madagascar (chez Mas'ûdî) ou les « Zang du Wâq-Wâq », c'est-à-dire les Africains du Wâq-Wâq. « Le nom de Wâq-Wâq court d'un bout du monde à l'autre : est-ce l'Afrique australe et Madagascar, ou quelque île de la Sonde, Bornéo peut-être, ou même le Japon ? Et où se situe-t-il par rapport à Qâf, la montagne-mère, la montagne-limite ? Pas si loin, après tout, puisqu'on nous dit que l'Extrême-Orient renferme les sommets derrière lesquels le soleil se lève », conclut André Miquel à propos des cartes et des textes des Xe et XIe siècles[85].

Cet écartement énorme et *a priori* incroyable s'explique par le fait que la géographie ptoléméenne, dont s'inspire la géographie arabo-musulmane comme on l'a vu, établit une continuité entre le monde austral de l'Afrique à l'Asie, qu'elle fait, autrement dit, de l'océan Indien une vaste mer intérieure. La cartographie arabo-musulmane étend également considérablement la Corne de l'Afrique vers l'est, comme si l'Afrique faisait face à l'Inde ou à la Chine. Le pays Wâq-Wâq serait alors une sorte de vaste antipode, ou bien une double extrémité maritime ou insulaire à la fois de l'Afrique et de l'Asie. Ibn Khurdadbih (IXe siècle), déjà cité, semble cependant le mieux informé en signalant qu'il existe au large du Grand Fleuve (= Yangzi) le pays de « Sila » (= la Corée) et, plus loin, celui de « Wâq-Wâq ».

Le nom, ensuite. L'appellation de pays Wâq-Wâq semble renvoyer aux populations pirates — *woko* en chinois, *wakô* en japonais, *waeku* en coréen — qui écument depuis le début du Moyen Âge la mer de Chine orientale. Le redoublement des syllabes reste toutefois mystérieux : reflet de pratiques linguistiques malayo-polynésiennes ? Emphase liée à l'effroi et à sa retranscription imagée ? Mais le nom désigne-t-il un seul espace, plusieurs espaces, des populations ? Sachant que celles-ci étaient particulièrement mobiles, et assimilables non seulement à des Japonais, surtout jusqu'au XIVe siècle, mais aussi à des Chinois voire à des Coréens, la réponse n'est pas évidente. *Kô* signifie brigand ou pirate. Quant au terme de *Wa*, il « désigne ces populations maritimes qui vivaient à cheval sur le territoire des États et qui n'étaient pas nécessairement “japonaises”. Indépendamment de ceci, il faut admettre que le mot *wa* qui était utilisé pour désigner ces trafiquants sur les mers, quelle que soit leur nationalité au sens moderne du terme, renvoie au caractère profondément maritime des populations qui habitaient l'archipel japonais », précise l'historien japonais Amino Yoshihiko[86].

Le pays, enfin. De lui et de ses habitants, la géographie arabo-musulmane nous dit finalement très peu de choses. Si : il regorge de richesses, et notamment d'or… Le métal jaune apparaît encore et toujours à propos de ces îles et terres de l'Extrême-Orient. Le nom de Wâq-Wâq est aussi assimilé à un arbre dont les fruits sont des femmes… Plusieurs textes et auteurs arabes ont fantasmé sur les fruits en forme de femme, avec leur vulve et leur velouté, comme Kitab al-Jughrafiya (XIIe siècle), Qazwini († 1283) ou Kurrubi († 1094 ?). La localisation du pays Wâq-Wâq au milieu d'îles de femmes n'est pas très sûre car le mythe des Amazones insulaires est très répandu dans les différentes cultures — sinisée, arabe ou européenne — et il est situé en différents endroits.

Le Wâq-Wâq reste de toute façon légendaire. André Miquel se garde de le situer, Georges Ferrand se montre plus audacieux en penchant pour le Japon, Thomas Suárez préfère y voir une île indonésienne. Il semble assuré qu'il n'y ait aucun lien direct entre les marchands arabo-musulmans et le pouvoir politique du Japon central, mais que les premiers aient eu affaire avec les *wakô*. On peut estimer qu'au vu des divers paramètres il s'agit d'un espace assez vaste, situé à l'est de la Chine et comprenant une partie de l'archipel japonais, l'occidentale, sinon une partie méridionale de la péninsule Coréenne. Nous avons vu en effet que la géographie arabo-musulmane désigne par ailleurs la Corée sous le nom de *al-Sîla*, en référence au royaume coréen ancien de Silla, mais son actualité traîne un peu puisque ce toponyme subsiste malgré la disparition de ce royaume et le changement de dynastie au début du Xe siècle.

LE CIPANGO SUR LES CARTES EUROPÉENNES

Entre le récit de Marco Polo sur Cipango et les premières mentions de ce pays sur une carte européenne s'écoule plus d'un siècle et demi. Cela fait beaucoup de temps, et un tel écart est assez paradoxal vu la notoriété fabuleuse aussitôt acquise par ce mystérieux pays. Justement : il est mystérieux, lointain, mal situé au-delà d'une Chine que la cartographie médiévale commence à peine à dessiner.

La magnifique mappemonde du Vénitien Fra Mauro (1459), déjà évoquée à propos de la mappemonde du *Kangnido*, est la première en Europe à le mentionner, sous le nom de « Zimpagu » (on peut lire aussi « Ziripagi »)[87]. La carte de Paolo dal Pozzo Toscanelli (1474), détenue par Colomb, perdue mais reconstituée, est la deuxième à le faire, sous le nom de « Cippangu », situé à l'ouest d'Antilia et avant le Catay. L'*Insularum Illustratum* (1490) de Henricus Martellus Germanus mentionne « Cinpangu Insula ». Le globe de Martin Behaim (1492) évoque, comme nous l'avons vu, « l'île la plus noble et la plus opulente de l'Orient », « Cipangu ».

Au total, cela fait peu de cartes. Mais cela suffit à confirmer le statut à part du Japon dans la métagéographie de l'Europe médiévale : mythique, celui d'un pays dont on a entendu parler mais que l'on n'arrive pas à localiser précisément, et que l'on confond finalement avec le Paradis. Le contraste est grand avec la Chine, dont le Japon est pourtant relativement proche, une Chine qui est citée dès l'Antiquité grecque et qui figure sur les premières cartes euro-méditerranéennes : Thinae chez Ératosthène (IIIe siècle av. J.-C.), pays des Sères chez Pomponius Mela (Ier siècle), Denys d'Alexandrie (IIe siècle), Ptolémée (IIe siècle)...

La métagéographie européenne du Japon est bouleversée par les Grandes Découvertes. Christophe Colomb assure alors la synthèse entre le Paradis, l'Extrême-Orient, le fantasme insulaire et l'Eldorado en l'incarnant dans un même Cipango. Il s'agit bien, pour reprendre le propos de Rodrigo de Santaella préfaçant son édition aux voyages de Marco Polo (Séville, 1503), de « celui qui voulut faire croire qu'en allant vers l'ouest il allait vers l'est et arriverait au Paradis terrestre »[88]. Pour sa première expédition, Christophe Colomb projette en effet de se rendre au Cipango et en Cathay. Il est d'ailleurs muni d'une lettre des Rois catholiques au Grand Khan du Cathay, lequel n'est pourtant plus au pouvoir depuis plus d'un siècle. On sait qu'il ne la lui remettra jamais, et pour cause... Comme l'écrit Laufer, « en fait, c'est par l'intermédiaire de l'Asie que l'Amérique fut découverte »[89].

Il n'est pourtant pas sûr que Colomb ait lu directement Marco Polo, à la source, avant 1492. Selon l'historien Juan Manzano, les références colombiennes à Cipango, Cathay, aux villes de Quinsay et de Zaiton, proviennent de la fameuse carte de Toscanelli qui a tant inspiré le navigateur, mais qui est malheureusement disparue[90]. Or Toscanelli, ni Pie II d'ailleurs, ne cite Marco Polo. Selon Marianne Mahn-Lot, Colomb a acheté une édition latine des récits de Polo en 1484, même s'il utilisera surtout l'édition portugaise, déjà évoquée, de Valentim Fernandes, parue à Lisbonne en 1502[91]. Il est attesté que Colomb a lu Marco Polo après sa première expédition. À la limite, ce fait confirme de toute façon que les évocations de Marco Polo, lu ou pas lu par Colomb, sont alors bien connues du public européen…

Dès les premières préparations de ses expéditions, Colomb affirme bien qu'il va à la recherche du Paradis, pensant que celui-ci est situé au Japon ou non loin. Il motive souverains commanditaires et équipages sur cette aspiration. Plus que Cathay, l'objectif, c'est Cipango, l'Eldorado oriental paradisiaque. « Dès les premiers instants de la découverte, l'aspect paradisiaque du Nouveau Monde s'imposa à Christophe Colomb et aux marins de son expédition »[92]. Lors de sa première expédition (1492), après avoir abordé aux Bahamas, il croise Cuba qu'il pense être Cipango. Plus loin, il tombe sur l'île de « Cibao » (au large d'Haïti), terme indigène qu'il identifie aussitôt à Cipango. Lors de la deuxième expédition (1494), il se détourne de l'exploration de Cuba qu'il croit finalement être Cathay, et qui ne l'intéresse plus. La dissociation entre Cipango et le Paradis s'effectue. Colomb croit avoir trouvé le Paradis lors de sa troisième expédition (1498-1500), le long des bouches de l'Orénoque. Mais il cherche toujours l'Orient, la « fin de l'Orient » même, qu'il assimile toujours au Paradis.

Jusqu'à sa mort, il reste persuadé, on le sait, d'avoir découvert aux Antilles la façade orientale de l'Asie, tout en ajoutant l'hypothèse forte que, plus au sud, il pense avoir trouvé le Paradis. Autrement dit, celui-ci est translaté de l'Asie vers un autre monde, et vers le sud. Colomb ne renonce toutefois pas aux mythes anciens ou médiévaux des terres de l'or asiatiques puisque, à partir de 1498, « son regard se porte vers la Chersonèse d'or représentée dans Ptolémée. De-là, il rêve de pénétrer dans la *terra incognita* figurée par un arc de cercle entre Malacca et l'Afrique australe »[93]. Il cherche à retrouver la route maritime du retour de Chine de Marco Polo et à toucher les Indes.

Les cartes européennes n'opèrent pas encore de rupture avec le fantasme de saint Brandan ou des Sept Cités : les *anti-ilhas* sont toujours de l'autre côté, vers les antipodes, vers l'Orient et la Chine, mais par la route de l'ouest. Juan de la Cosa (1500), l'un des pilotes de Colomb, place l'ouest à gauche de sa mappemonde, du côté de l'Amérique qui vient d'être découverte. Cet ouest est figuré par une icône représentant saint Christophe. Autrement dit, le Paradis, c'est l'Ouest, c'est-à-dire l'Est, l'Orient paradisiaque recherché par la route de Colomb vers l'ouest.

À partir des découvertes de Christophe Colomb, l'occurrence du Cipango sous diverses orthographes devient régulière, mais sa forme et sa localisation restent fantasques. Les cartographes ne savent plus, en effet, comment localiser ce Cipango : dans les Antilles nouvellement découvertes, supposées être le large oriental de l'Asie, ou bien, comme précédemment, au large de la Chine ? À gauche ou à droite du planisphère ? L'une ou l'autre des solutions est choisie tout au long du XVIe siècle…

Contarini (1506) offre une variante en postulant un océan situé entre l'Europe (à droite de la carte) et la Chine (à gauche), tout en plaçant les Antilles puis le « Zinpangu » à gauche. C'est en réalité la première représentation cartographique d'un océan Pacifique qui ne porte pas encore ce nom… et auquel il manque l'Amérique[94]. Johannes Ruysch (1507) se montre prudent et préfère ne pas représenter le « Sipãgv », mais, en restant fidèle à l'appréciation de Colomb, il se trompe. À l'emplacement du large de la Chine, une légende écrit en effet : « Marco Polo dit qu'[...] il existe une très grande île appelée Cipangu dont les habitants vénèrent des idoles et ont leur propre roi [...] Ils ont de l'or et toutes sortes de pierres précieuses à profusion. Mais comme les îles découvertes par les Espagnols occupent ce lieu, nous n'osons pas y situer le Cipangu dont nous pensons qu'il n'est autre que la Spagnola des Espagnols puisque, outre l'idolâtrie, les choses décrites comme appartenant au Cipangu se trouvent également à Spagnola »[95].

Sur sa fameuse carte cordiforme de 1519, mais qui ne sera pas publiée avant 1534-36, le cartographe français Oronce Fine estime que « Hispaniola » est « Zipanga »[96]. Juan Vespucci innove en choisissant une projection polaire, et place la « isola de sipangho » au large de la Chine (1524)[97]. Mais Schöner (1520) et Münster (1540), confrontés au problème du calcul de la longitude, rapprochent le Cipango de l'Amérique en l'éloignant de la Chine. Une grande confusion cartographique et géographique règne donc au début du XVIe siècle européen à propos de la localisation du Cipango, futur Japon.

On trouve également quelques curiosités à propos du Japon dans la géographie européenne de la Renaissance. Sur son portulan de 1513, Francisco Rodriguez mentionne l'île de *Parpoquo*, assimilable au Japon. Dans ses *Comentarios*, Albuquerque évoque le fait qu'à proximité de Lequea (= les Ryûkyû, cf. *infra*) se trouve une autre île, nommée *Perioco*, expliquant qu'elle est « riche en or ». Il semble que ce « Perioco » corresponde au « Périèque » du modèle cratésien : les *perioikoi* en langue grecque, ce sont les « voisins », ceux qui vivent « à côté » (péri) de l'écoumène. On retrouve la mention *Parioco Insula* sur la carte de Lopo Homem-Pedro Reinel (1519).

Le diplomate portugais Tomé Pires (1465 ?-1524 ou 1540), qui arrive à Canton en 1517 et à Pékin en 1520, indique que le *perioikos* correspond à des îles désignées par les navigateurs ryûkyûans comme étant à l'opposé de la direction du Portugal. Retiré à Malacca, il évoque aussi dans sa *Suma Oriental* (1513) l'existence d'une *Ylha de Jampon,* située à sept ou huit jours de navigation des Ryûkyû d'après les navigateurs ryûkyûans, et d'un roi du *Janpon*.

Armando Cortesão a démontré que la première attestation européenne écrite du Japon sous ce nom-là se trouve dans ce récit[98]. Tomé Pires cite en fait les propos de Chinois recueillis à Malacca, où il séjourne. Ce *Jampon* est proche du malais *Japun* ou *Japành*, qui est une déformation probablement cantonaise du chinois *Jipenguo*, lequel avait déjà donné le *Cipango* de Marco Polo. Le *Jampon* de Tomé Pires donnera le portugais *Japão*, d'où dérivent les différentes prononciations en langues indo-européennes (Japon, Japan, Giappone...).

Un siècle plus tard, João Rodrigues explique dans son *Historia da Igreja do Japão* (1620-1633) les variations : *Jopuen* pour les Chinois, *Jepuen* pour les habitants du Fujian et du Guangdong, traduits *Japão* en portugais. Pour Armando Cortesão, le *Jipenguo* chinois est prononcé *Japan* ou *Japang* en malais[99]. Mais quelle que soit l'origine, c'est le *Japão* portugais qui est diffusé et retranscrit. La découverte et l'exploration du Japon par les Portugais à partir de 1543, le détachement des Néerlandais de l'Empire espagnol après 1579 et la confirmation de l'étendue de l'océan Pacifique font pencher la balance en faveur de l'orientation extrême-orientale de l'archipel japonais à droite des planisphères conçus en Europe.

Il faut néanmoins attendre encore quelques années pour que la cartographie inscrive le nouveau nom de Japon à la place de Cipango, tout en lui donnant une position plus exacte, en rupture avec la tradition héritée de Marco Polo et conforme aux découvertes. La mappemonde du Vénitien Giacomo Gastaldi est certainement la première à effectuer cette transition (1553)[100]. Elle inspire probablement un autre Vénitien, Gianbattista Ramusio, qui, peu après (1554), identifie ce *Giapam* comme étant le *Zipangu* de Marco Polo. La nouvelle dénomination se propage ensuite rapidement : sur les mappemondes des Portugais Bartolomeu Velho (1554, *Iapam*), Domingo Teixeira (1573, *Iapan*), Lopo Homem (1554, *Japan*), Vaz Dourado (1568, *Iapam*), Antonio Millo (1582, *El Xiapan*). On trouve *Iapam* sur la carte écrite en italien et laissée à Florence par l'ambassade japonaise Hasekura (1585), mais *Nippon* chez Moreira (1592). *Iapan* l'emporte chez les Flamands-Hollandais : Ortelius (1570), Mercator (1569, 1587), Van Linschoten/Van Langren (1596), etc., ainsi que chez Thevet (1590). Il y a bien sûr une certaine inertie. On lit encore *Cinpaga* sur la mappemonde de Callapoda (1563), *Cipango* sur celles de Bertelli (1565) ou de Lafreri. Probablement dû à son identification vénitienne, l'héritage onomastique de Marco Polo se maintient dans la cartographie italienne au milieu du XVIe siècle.

Premiers arrivés, les Portugais, qui découvrent l'archipel japonais par le sud-ouest, sont les mieux informés, et les premiers Européens à cartographier l'archipel japonais de façon plus rigoureuse et « réaliste ». Ignacio Moreira explique, à propos de sa carte de 1592, que la « région du Japon » est appelée *Nipon* par ses habitants et *Gepon* par les Chinois, ce qui signifie « origine du soleil ou du jour », parce qu'elle est située « largement à l'orient de la Chine »[101]. Christophoros Blancus dédouble la consonne, ce qui suppose une meilleure source d'information d'origine japonaise ou une meilleure oreille, et propose la dénomination de *Nippon*, conforme à la prononciation japonaise[102].

Dans le positionnement du Japon par les cartographes européens à droite ou à gauche du planisphère s'immisce également la question des Moluques. Se dessine en effet l'enjeu que représente l'appartenance des nouvelles terres, avec un Japon considéré de surcroît comme une terre d'or. Rappelons que les Moluques sont les *ilhas de Oriente* pour les Portugais, et les *islas de Poniente* pour les Espagnols. Intégrer l'archipel japonais au sein des unes ou des autres de ces îles sur une carte peut être tactiquement intéressant pour asseoir une revendication. Une manipulation cartographique y contribue tant que le calcul de la longitude reste délicat. Nous venons de voir qu'au cours de la première moitié du XVIe siècle plusieurs cartographes européens choisissent de placer le Japon à droite, c'est-à-dire à l'est, de leur planisphère, et de le considérer comme un pays d'extrême-orient. Parmi eux se trouvent des Italiens (Caveri, Rosselli, Bartolomeo da li Sonetti) et d'autres (Waldseemüller, Desceliers). Ils prolongent en fait la tradition de Marco Polo puisque le Japon ni l'océan Pacifique ne sont alors découverts et explorés avec certitude par les Européens.

Un temps de latence se déroule entre l'intégration des conséquences cosmographiques entraînées par les accords de Saragosse de 1529 sur l'antiméridien et celle des découvertes géographiques précises, territoriales, de cette partie du monde. La cartographie ibérique, plus réaliste dans une large mesure, ne mentionne rien sur le Japon pendant cette première moitié du XVIe siècle. C'est le cas des cosmographes au service du Portugal comme les Lopo Homem (*Atlas*

Miller, 1519), ou de la Castille comme Nuño García de Toreno (1522) et Diego Ribeiro (1524).

Sur sa mappemonde de 1529, Diego Ribeiro se montre prudent. Ce cartographe lusitanien, dont on a vu qu'il est passé au service de Charles Quint et successeur de Sébastien Cabot dans l'office de *piloto mayor*, mentionne en toutes lettres la « *capitulación* » faites par les « rois catholiques de Castille et du Portugal à Tordesillas », en bas de sa carte. Il place également les armoiries des deux royaumes dans leurs espaces respectifs : la bordure de la Chine est considérée comme espagnole, mais le Japon n'apparaît pas explicitement[103].

Sur sa très belle mappemonde de 1544, Sébastien Cabot situe résolument la *Ciapãgu insula* vers l'ouest, de l'autre côté de l'océan Pacifique, alors appelé *Mar del Svr*, bien au large de la côte orientale de la Chine (elle aussi située du côté occidental). Le Japon est accompagné d'une vignette, longue d'une douzaine de lignes, inspirée de Marco Polo[104]. Quoique n'étant pas encore officiellement découvert, le Japon est donc, malgré la tradition de Polo, replacé dans l'escarcelle espagnole. La mappemonde est clairement et explicitement organisée à partir du méridien de démarcation de Tordesillas placé en son centre.

Une poignée d'années plus tard, le Japon étant découvert mais encore incomplètement exploré par les Européens, Abraham Ortelius reproduit ce positionnement sur sa mappemonde cordiforme de 1564[105]. « Giapan » est placé en haut à gauche de la carte, au nord-ouest de l'Amérique du Nord. L'Union d'Utrecht (1579), qui est à l'origine des Provinces-Unies et des Pays-Bas, n'étant pas encore formée, le cartographe batave adopte et poursuit l'approche espagnole. Mercator, soupçonné de protestantisme, adopte en revanche une métagéographie différente, dès 1569 avec sa fameuse *Nova et aucta orbis terrae descriptio*[106]. Contrairement à Ortelius, il situe en effet le Japon à l'extrême droite de la carte, à l'est de la Chine. Il garde cette disposition sur ses futures mappemondes.

Le Portugais Domingo Teixeira entérine sur son *Planisphère nautique* (1573), articulé autour du méridien de démarcation de Tordesillas, l'idée d'un Japon situé à l'extrême orient, et dans la sphère portugaise. Ortelius lui-même se rallie à ce positionnement, et cela dès 1570, suivi par d'autres cartographes (Blaeu, Jaillot...). Il est de surcroît nommé géographe du roi Philippe II d'Espagne en 1575, trois ans avant que celui-ci n'acquière la couronne du Portugal. « Ce poste lui fournit un accès incomparable aux connaissances accumulées par les explorateurs portugais et espagnols »[107]

LA CORÉE, UNE ÎLE PROVISOIRE

Si le voile géographique est levé sur le couple Cipango-Japon, il n'en va pas de même à propos de la Corée dont l'identité spatiale restera mystérieuse pour les Européens pendant plus longtemps. De fait, la Corée se retrouve durablement écartée de leur curiosité pour quatre raisons au moins. C'est un État tributaire tellement fidèle à la Chine et si proche de celle-ci qu'elle n'en apparaît, pour les regards extérieurs, que comme une simple composante, une province chinoise. Ensuite, la Cour coréenne a tant de soucis intérieurs et de pressions extérieures, coincée qu'elle est entre l'Empire chinois, le shôgunat nippon et les pirates *wakô*, qu'elle ne juge pas nécessaire de s'extravertir outre mesure. En outre, la Corée est, finalement, éloignée des grandes routes maritimes de l'époque. Enfin, il n'y a pas non plus de richesses susceptibles d'intéresser les Européens, et le commerce insuffisant contribue à la distanciation de ces routes maritimes.

Ainsi, encore au milieu du XVIIIe siècle, après avoir souligné que « nous n'avons point vu nous-mêmes le dedans du Royaume, ni la côte de la mer, [...] personne n'ayant eu la facilité, ni le moyen de s'informer en détail de la situation des Villes et du cours des Rivières », le jésuite Jean-Baptiste Du Halde (1674-1743) relève, sur la base des observations rapportées par le père Régis, de façon un peu désabusée que « ce que la Corée a de plus précieux, c'est la récolte de la fameuse plante du Ginseng, et la chasse des zibelines »[108]. Ce n'est quand même pas assez pour les cupides Européens...

La Corée se retrouve donc dans une sorte d'angle mort de l'Asie, au contact de la froide et peu peuplée Sibérie qui ne sera colonisée que tardivement, à partir du XVIIe siècle. Elle se replie facilement sur elle-même, elle se laisse oublier : le mythe du « royaume-ermite » naît. Cette relative ignorance géographique de la Corée a des répercussions importantes sur la cartographie et, en particulier, sur la toponymie de la mer dite du Japon, « mer de l'Est » (*Tonghae*) pour les Coréens. Inversement, la prise de connaissance de la Corée par les Européens à la fin du XVIIe siècle provoque un retournement conceptuel et favorise l'éclosion d'une toponymie maritime et régionale liée à ce pays.

La connaissance géographique européenne de la Corée est postérieure à celle du Japon, d'un demi-siècle au moins. L'*Atlant*e (1508) du Florentin Francesco Rosselli dessine à partir des contours septentrionaux de la Chine un pays qui ressemble à la péninsule Coréenne de façon assez réaliste, mais sans nom[109]. Les planisphères de Lopo Homem (1554), Bartolomeu Velho (1554), Diogo Homem (1558), Domingo Teixeira (1573) ou G.B. Peruschi (1597) ne lui donnent pas de toponyme eux non plus.

Fernão Vaz Dourado inscrit enfin quelque chose : *Core* (1571). Ce nom est assurément tiré du japonais *Kori*. On trouve aussi *Costa de Conrai* (1568, 1573). À la fin du XVIe siècle, les lettres jésuites sont les premières à mentionner la Corée en évoquant son rôle dans la diffusion du bouddhisme au Japon. Dans un courrier envoyé en Europe (février 1571), Gaspar Vilela, fondateur d'une église à Kyôto, résume la métagéographie européenne de l'époque en soulignant que la Corée se situe au-delà du Japon : autrement dit, encore plus loin. C'est donc tardivement, un demi-siècle après le Japon, que le premier Européen visite la Corée, le 27 décembre 1593, le père jésuite Gregorio de Cespedes accompagné d'un frère japonais[110].

Le savoir européen installe en outre un quiproquo qui va durer plusieurs décennies : cosmographes, cartographes et explorateurs croient qu'il s'agit d'une île. Bien que les Portugais qui sont les devanciers dans la région soient plutôt bien informés, Luís Teixeira, sur sa célèbre carte du Japon (1595), dessine ainsi la Corée comme une longue péninsule qui s'effiloche vers le nord, coupée par le bord supérieur de la carte, et il écrit sans ambages *Corea Insvla*[111]. Or Teixeira se fonde sur des sources japonaises : il apparaît donc comme crédible. De surcroît, il est publié par le célèbre Ortelius qui lui assure une totale légitimité. Au vu de cette mention de *Corea Insvla*, ses successeurs extrapolent l'effilochement de la péninsule coréenne comme étant la pointe d'une île, qu'ils tracent définitivement. C'est ce qui explique l'erreur commise ensuite par l'ensemble des cartographes, flamands ou autres.

La Corée est donc une île sur les cartes de Van Langren (*Ilha de Corea*, 1596, 1619)[112], Van Neck (*Core Insula*, 1600), John Speed (*Île Corea*, 1627), Philipp Eckebrecht (1630), Willem Janszoon Blaeu (*Corea Ins.*, 1630) et Jan Jansson (1650, 1666)[113]. Certains oscillent, tels Jodocus Hondius (1607) qui la trace tantôt comme une île — indiquant *Corea Indigeniis Caoli* —[114], tantôt comme une péninsule, voire un isthme[115]. La mappemonde de Gérard Mercator (1569) représente la zone coréenne de façon elliptique[116], ainsi que celle d'Ortelius (1570)[117]. Généralement, le travail de Mercator-Hondius sur l'Asie orientale est plutôt limité, inférieur en tout cas aux multiples innovations qu'ils apportent par ailleurs[118]. L'option « isthme » est maintenue par la famille Hondius pour les différentes éditions de leur carte de l'Asie (1631, 1641, 1663).

À l'échelle micro, toutefois, les cartographes qui traitent l'archipel japonais et qui sont amenés, dans leur cadre, à figurer la Corée ne représentent qu'une partie de celle-ci ; mieux informés que les cartographes de cabinet et les Flamands, mais respectueux des autorités du savoir, ils évitent de prendre parti (Blancus, 1617, Cardim, 1646, Dudley, 1646, mais pas Dudley, 1661...).

Hessel Gerritsz (1580-1633) constitue une belle exception. Sur sa magnifique carte du Pacifique (1622), ce cartographe de la V.O.C. néerlandaise de 1617 à sa mort, et, à ce titre, placé au cœur d'un formidable réseau d'informations de première main concernant l'Asie orientale, dessine une péninsule coréenne très réaliste[119]. Matthäus Greuter constitue une seconde exception. Sur son globe construit en 1632, il dessine une Corée encore plus réaliste.

Bien que la quasi-totalité de ses informations proviennent des Blaeu, il dispose d'autres sources en ce qui concerne le nord du Japon (Yezo) et la Corée : vraisemblablement d'une carte de Christophorus Blancus et, pour des reproductions postérieures, du compte-rendu de l'exploration du navigateur flamand Maarten Gerritsz Vries (1645)[120].

Jean Guérard (1634) décrit le *Promont.* [= promontoire] *du Corea* en forme de péninsule[121]. Melchior Tavernier (1594-1665), frère aîné de l'aventurier Jean-Baptiste, et comme lui en cheville avec les Hollandais, opère de façon similaire (1640)[122]. João Teixeira Albernas Ier (1649) reprend la tradition portugaise correcte et trace à son tour la péninsule coréenne[123]. Finalement, la cartographie du jésuite Martino Martini (1655), qui puise ses sources dans le monde sinisé et qui est publié par un atlas notoire, celui de Joan Blaeu, assoit définitivement l'idée que la Corée est bien une péninsule[124]. Nicolas Sanson, qui dans son Asie de 1650 trace encore la Corée comme une île, adopte la solution conforme dès sa carte de Chine de 1656. En 1679, Jean-Baptiste Tavernier, pourtant bien informé par la V.O.C. pour le compte de laquelle il travaille, considère toujours la Corée comme une île (« Isle de Coray »)[125]. En revanche, le nom du pays coréen est, quant à lui, immédiatement et correctement identifié. Il provient d'une translation du nom de la dynastie Koryô, dont l'idéogramme est lu « Gaori » en chinois et « Kôrai » en japonais, retranscrit en « Corea » par les langues européennes, notamment par les premiers missionnaires du XVe siècle.

Cartographiée tardivement par les Européens, identifiée comme un pays mystérieux et « ermite », la Corée se retrouve donc dans la situation paradoxale d'incarner la quintessence de l'Extrême-Orient fantasmatique. Paradoxale car ce n'est pas le pays qui est situé le plus à l'est de l'Europe, le Japon en l'occurrence, et puisqu'il est pris en étau entre ses deux grands voisins, la Chine et le Japon, sinon trois si l'on ajoute la Russie[126].

Ces îles et ces presqu'îles mystérieuses de l'Extrême-Orient polarisent donc, jusqu'à leur exploration au cours du long XVIe siècle, l'imaginaire des populations non seulement au sein du monde métaméditerranéen mais aussi, sous des formes à la fois semblables et différentes, au sein du monde sinisé, chinois plus précisément. À l'idée de Paradis chez les Occidentaux s'ajoutent des références multiples aux jardins et aux Amazones. L'idée du jardin dérive bien évidemment du mythe d'Éden et de ses représentations[127]. La Genèse (2, 8) n'écrit-elle pas que « le seigneur Dieu planta un jardin en Éden, du côté de l'orient, et il y plaça l'homme qu'il avait formé », mettant ainsi en place l'association paradis-jardin-orient ? La correspondance entre jardin et paradis est étroite chez les trois grandes religions monothéistes métaméditerranéennes, à l'image de sa sémantique puisque, selon l'interprétation étymologique la plus commune, le terme de « paradis » (du grec *paradeisos*) vient d'un mot persan qui signifie « jardin ». On peut se demander si le symbolisme paradisiaque du jardin n'est pas également, à propos du Cipango, un lointain écho de ces jardins japonais dont les moines ou esthètes *zen* ont lancé la mode au XIVe siècle, et qu'ils ont multipliés sur l'archipel japonais.

La combinaison « île des femmes » et « Extrême-Orient » est assez prégnante au sein du monde métaméditerranéen[128]. On sait qu'avec Hérodote au

VIe siècle av. J.-C. les Grecs anciens relatent déjà l'existence en Asie de tribus de femmes guerrières, les Amazones, vivant sur les rives du Thermodon près de la mer Noire. Depuis lors, l'imaginaire collectif européen évoque la présence d'un puissant fleuve ou d'un bras de mer censé marquer la frontière entre le territoire féminin et celui des hommes. Marco Polo, à son tour, décrit le royaume de Resmacoron, une province marquant la frontière au nord-ouest de l'Inde, une île habitée exclusivement par des femmes, et une autre par des hommes. Bien que la localisation géographique soit aberrante, il est possible que le voyageur vénitien se soit référé à des populations insulaires de l'Asie où perdurent des systèmes de filiation matrilinéaire correspondant en partie à ce qu'il raconte.

Parallèlement à la croyance en l'existence d'îles mâles et d'îles femelles, le mythe occidental des Amazones perdure à propos de l'Asie, sur un spectre géographiquement étendu qui va de l'Inde à Hokkaidô. Pigafetta, le chroniqueur de l'expédition Magellan, évoque une « île appelée Occoloro en dessous de Java Majeure, où ne vivent que des femmes ». La mappemonde d'Ortelius (1564) place une *Ysole delle donne* juste au sud de Luçon, selon une source d'inspiration italienne, Marco Polo peut-être. Les mappemondes de Mercator (1569) et d'Ortelius (1570) tracent une *Satyrorum insule* au nord de Honshû, peut-être Hokkaidô. Il est possible que le mythe de l'île amazonienne asiatique soit aussi lié, depuis Marco Polo, à une légende bouddhique qui la place au sud (cf. *infra*).

Ce qui frappe vraiment, c'est l'universalité du mythe que l'on retrouve dans l'Europe médiévale, ou même moderne, le monde arabo-musulman et le monde sinisé. Comme le dit André Miquel à propos des textes arabes des IXe-XIe siècles, « ainsi les îles nous livrent-elles, dans leur désordre même, quelques-uns des thèmes essentiels des pays fabuleux : le métal, jaune ou blanc, l'existence de sociétés féminines, enfin la situation aux limites du monde ou dans des parages réputés inaccessibles »[129]. Outre les explorations, les expéditions et, plus prosaïquement, les colonisations, l'appétence pour les îles débouche en Europe sur la vogue des *Insulaires*, ces atlas exclusivement composés de cartes et de descriptions d'îles. Car, comme le relève Frank Lestringant, « paradoxalement, au moment même où les îles ouvrent à l'imagination des dérives imprévues, elles permettent à la science géographique de l'âge classique de se constituer en tant que telle. Espace flottant du rêve, détaché du monde connu et habitable, l'île s'oppose encore au continent, en ce qu'elle réalise, de par sa forme close et clairement perceptible, l'objet géographique par excellence »[130]. L'île offre en effet le paradoxe du bornage et de l'évasion, de la circonscription topographique et de l'imaginaire géographique.

Motivé par moult aspirations, articulé par diverses figures, le « désir de rivage » qui s'instaure au XVe siècle en Europe occidentale, le « désir d'île » même, semble donc trop fort. C'est lui qui creuse la différence avec la Chine dont les armadas ont parcouru autant sinon plus de milles sur les mers, mais qui n'ont pas découvert l'Amérique, et qui ont dédaigné le contournement de l'Afrique. Après avoir cité la phrase du XVIe siècle de Jacques de Villamont, « tant plus l'homme voit, plus il désire voir », Michel Mollat s'interroge donc : « Venus de tous les horizons, avec des tempéraments différents, parcourant en trois siècles les régions les plus diverses, sur terre et sur mer, qu'avaient de commun tous ces gens ? Une réponse, simple mais lourde, sans nuances, jaillit immédiatement : la curiosité, une curiosité à toute épreuve »[131].

C'est encore Christophe Colomb, l'autodidacte explorateur, le géographe de terrain, qui incarne au mieux cette aspiration si médiévale, si moderne qu'elle nous est familière et quasi contemporaine, éternelle peut-être, à savoir la découverte géographique. Certes, il se soumet à un idéal extérieur — la religion chrétienne — et toute chose terrestre n'est qu'un moyen en vue de réaliser cet idéal. Mais il montre aussi qu'il trouve dans la découverte des « terres », un terme qui revient sans cesse sous sa plume, donc de « la » terre, de la nature, une activité qui se suffit à elle-même, et qui le comble. Il s'agit de découvrir en soi, pour soi, pas forcément pour des richesses, comme en témoignent de multiples passages de ses écrits ou l'observation de ses pairs comme Las Casas.

Ainsi, conclut le philosophe Tzvetan Todorov, « de même que pour l'homme moderne une chose, une action ou un être ne sont beaux que s'ils trouvent leur justification en eux-mêmes, pour Colon "découvrir" est une action intransitive »[132]. Colomb écrit : « Ce que je veux, c'est voir et découvrir le plus que je pourrai. [...] [Je ne veux pas] partir avant d'avoir vu toute cette terre qui s'étend vers l'est et l'avoir parcourue toute par sa côte » (écrits du 19 octobre 1492 et du 31 décembre 1492). Pierre Martyr d'Anghiera, l'un des commentateurs de Colomb, enfonce le clou (1516) : « Les explorateurs sont possédés d'une telle rage de découvrir le détroit qu'ils s'exposent à mille dangers. Si en effet on découvrait un passage entre l'Océan austral [= le Pacifique] et la Mer du Nord

[= l'Atlantique] la route serait moins longue vers les îles qui produisent aromates et pierres précieuses »[133].

L'aspiration médiévale conduit paradoxalement à sa ruine. Tandis qu'elle ne fait pas de distinctions entre les connaissances cosmogoniques, philosophiques, théologiques, mythologiques, historiques et géographiques, l'héritage issu de la Renaissance et des Grandes Découvertes sépare la représentation scientifique de l'écriture sacrée. Ainsi que le conclut Alessandro Scafi, « le Paradis était seulement cartographié par ceux qui étaient intéressés par la construction d'une archéologie. La disparition du Paradis terrestre des mappemondes autour de 1500 constitue un changement bien plus profond que le simple ajustement ou actualisation cartographique. Il pointe le changement de la pensée médiévale à la pensée moderne »[134].

Chapitre IV

VERS LES MERS DE CHINE ET D'ORIENT

> *Que le monde habité soit une île, c'est d'abord l'expérience sensible qui nous force à l'admettre.*
>
> STRABON
> (58 av. J.-C. — *ca* 25 ap. J.-C.),
> *Géographie*, I, 1.

Comment nommer une mer ? La question n'est pas si évidente qu'il y paraît de prime abord. Plusieurs conditions sont en effet nécessaires. Il faut d'abord connaître l'espace maritime, son étendue, sa forme. Il faut ensuite choisir les critères qui la délimitent, puis sa dénomination. Or l'étendue des mers reste un mystère pour l'humanité pendant de longs siècles : au moins jusqu'aux Grandes Découvertes du long XVIe siècle pour l'essentiel, et jusqu'au XIXe siècle pour les détails.

Comme on le sait désormais, mers et océans se connectent. Ils forment un tout, celui de la planète bleue. Toute découverte et toute dénomination d'une surface maritime a donc des répercussions à la fois locale, régionale et mondiale (globale). Les unes ne vont pas sans les autres. Se placer uniquement à une échelle micro ou méso, locale ou régionale, serait ainsi une erreur. Dans une géographie et une cartographie progressivement mondialisées, globalisées comme patrimoine universel de l'humanité, il n'est désormais plus possible de considérer, de nommer et de placer une seule « mer du Nord », « mer de l'Ouest », « mer du Sud » ou « mer de l'Est ». La carte mondiale est toutefois organisée selon un ordre beaucoup moins rationnel, lequel reflète les multiples évolutions géohistoriques.

JUSQU'OÙ VONT LES MERS ?

L'étendue des mers sur le globe est l'un des problèmes géographiques les plus importants pour les Anciens. Il l'est d'ailleurs davantage chez les Métaméditerranéens que chez les Sinisés en vertu de leur propre conception dominante de la Terre, quand même ronde pour les premiers, carrée pour les seconds. Au-delà de cette différence, l'idée d'une masse maritime entourant la terre habitée demeure prégnante.

Les cartes-images, ethnocentriques, circulaires et symétriques, comportent un « Océan », un cercle d'eaux sans limites qui entoure les terres habitées[1]. C'est l'*okeanos* chez les Grecs anciens. Un schéma babylonien présente le monde centré sur la Mésopotamie, entouré par une « Rivière amère » ou « Océan terrestre » qui s'enfonce dans les terres centrales jusqu'à l'Euphrate. Sept îles situées dans cet océan mettent en contact l'ensemble terre-océan avec l'« Océan céleste » où se trouvent les constellations. Les anciennes cartes cosmographiques chinoises et les rouelles *ch'onhado* s'inspirent en partie des conceptions bouddhistes indiennes, mais d'après Joseph Needham elles pourraient remonter à Babylone[2]. De fait, l'étude des mythes chez les uns et les autres révèle des ressemblances troublantes qui reposent l'éternelle question : coïncidences, universaux, influences ? On constate en effet les mêmes monstres dans les récits gréco-latins et chinois, voire arabes[3] : acéphales, centaures, cyclopes, cynocéphales et autres sciapodes.

Le monde enchanté est une justification du Paradis et de la Bible pour Augustin d'Hippone, tandis que le centre civilisé chinois est mis en valeur chez les auteurs asiatiques. Le *Shanhai jing*, malgré ses mythes et légendes, donne aussi des informations correctes, et il est resté l'une des principales sources d'informations sur l'étranger pour les Chinois pendant plusieurs siècles. Selon les rouelles sinisées, le monde terrestre est entouré d'un océan, dont la forme est intermédiaire entre la couronne et un quadrilatère aux angles arrondis, et composé de « quatre mers ». Ces mers sont par définition ouvertes, sans fin. Ainsi est exemplaire le témoignage de Gan Ying qu'un général chinois guerroyant en Asie centrale envoie plus loin vers l'ouest, en 97, avec mission de rencontrer le Daqin, le Grand Qin, c'est-à-dire l'Empire romain. Arrivé au bord du golfe Persique, Gan Ying constate en effet : « Cette mer est immense ; ceux qui font la traversée et s'en reviennent y parviennent en trois mois s'ils ont des vents favorables, mais s'ils rencontrent des vents contraires, il leur faut deux années. Aussi, les gens qui s'embarquent emportent des vivres pour trois ans. En pleine mer, on est conduit à penser à son pays et à en avoir la nostalgie, plusieurs en sont morts »[4].

Témoignage exemplaire, effectivement, car Gan Ying confirme qu'il a une très bonne connaissance des routes et des conditions de route (vents, directions, durée, difficultés...). Mais il faut beaucoup de vivres pour la route : ce besoin de l'autonomie est aussi un refus de l'inconnu. Le pays, des ancêtres bien sûr, compte bien davantage qu'une aventure même exigée par un supérieur ! Gan Ying s'éloigne du rivage pour rentrer en Chine.

Le monde sinisé ne se pose donc pas cette question, qui ne cesse d'agiter les cosmographes méta-méditerranéens, de savoir si les mers connues sont fermées ou non, en particulier deux d'entre elles, les actuels océans Atlantique et Indien. Sur les rouelles sinisées les plus dé-cosmogonisées, c'est-à-dire les plus proches d'une géographie réaliste fondée sur l'expérience vécue ou rapportée, comme la célèbre *Sihai hua yi zongtu* (1613) déjà évoquée, les deux couronnes extérieures de terre puis de mer disparaissent. Il ne reste plus que le *hainei*, autour duquel flottent quand même quelques îles mystérieuses et légendaires : îles des Femmes à l'ouest, îles des Nains au sud-est, îles des Parfums au sud-ouest...

Les Grecs anciens prônent l'idée d'un très vaste océan au sein duquel se trouve un écoumène composé de trois petits continents[5]. Ératosthène, Cratès de Mallos, Posidonius, Strabon et les stoïciens professent la théorie de la « continuité des mers »[6]. Ils remarquent que, partout, les navigateurs n'ont jamais rencontré les limites de la mer, qu'aucune terre n'a jamais arrêté leur passage. Mais Hipparque (IIe siècle av. J.-C.) ose affirmer que les mers et les océans sont en réalité formés de bassins plus ou moins fermés, ce qui laisse entendre qu'il existe des terres inconnues au sud de l'Atlantique ou, surtout, au sud de l'océan Indien, qui semble beaucoup plus connu des Grecs anciens à cette époque grâce à des navigations le long des côtes orientale de l'Afrique et des côtes asiatiques. La théorie d'Hipparque est admise par l'école d'Alexandrie, Marin de Tyr et Ptolémée.

Mais quelles que soient les positions sur mers fermées ou mers ouvertes, tous s'accordent pour considérer que la mer occupe une place immense, majoritaire, de la surface planétaire.

Les savants du Moyen Âge malmènent plus ou moins les conceptions ptoléméennes. L'idée d'une grande mer ouverte, d'un « Océan », mais barrée par une zone « torride » infranchissable, réapparaît avec force chez Macrobe (ve siècle), Isidore de Séville (VIe-VIIe siècle) et sur les mappemondes du type Beatus (X^e^-XIIe siècle). Les géographes arabo-musulmans, fidèles à l'héritage ptoléméen, constatent néanmoins des incohérences avec l'expérience vécue de leurs navigateurs qui sillonnent les mers. Ils ne peuvent accepter « dans toute sa rigueur le système de Ptolémée et faire de l'océan Indien une mer absolument fermée. Il y avait là une contradiction trop manifeste entre la théorie et l'expérience »[7].

À mesure que les explorations démentent la théorie ancienne, les géographes du long XVIe siècle en arrivent donc à réformer celle-ci progressivement, voire à la rejeter. Les cosmographes italiens se distinguent dans la seconde posture. « Très tôt, la théorie ptoléméenne de l'isolement des océans fut contestée en Italie. On admettait, avec les géographes arabes, que l'Atlantique et l'océan Indien communiquaient »[8]. Il faut dire que les expériences allant en ce sens s'accumulent. À commencer par le voyage retour de Marco Polo qui démontre qu'on peut joindre la Chine par la mer Rouge et l'océan Indien.

Sur sa mappemonde de 1459, Fra Mauro écrit que « l'Océan Indien est un océan [une mer ouverte] et non pas un *stagnon* [une mer fermée] ». Æneas Sylvius Piccolomini (Pie II) passe en revue les différentes théories grecques et médiévales sur l'étendue des terres et des mers, mais ne prend pas parti. Un

Valencien, Jacob Perez, prône en 1484 une théorie orographique hardie qui postule l'existence de mers strictement fermées entourées par des montagnes. Il n'y est pas fait allusion dans la conférence de Salamanque qui discute, en 1486, du projet colombien. Las Casas (*ca* 1560) et Fernand Colomb (1571) rapporteront que les conférenciers n'étaient pas d'accord sur l'étendue respective des terres et des mers.

La découverte de Christophe Colomb relance la recherche des Antipodes australs ou de la Terra Australis qui occupe les esprits, les imaginations, les commanditaires et les explorateurs jusqu'aux voyages de Kerguelen ou de Cook à la fin du XVIIIe siècle. La grande nouveauté, après la création de l'Amérique, est la découverte et l'invention de l'océan Pacifique, qui s'effectue en deux temps. Vasco Nuñez de Balboa, tout d'abord, en franchissant à pied en 1513 l'isthme médio-américain, se trouve face à cette nouvelle immensité marine. Alors tourné vers le sud, du fait de son déplacement dans l'une des boucles de cet isthme tortueux, il l'appelle *mer du Sud* (*mar del Zur*). Fernand de Magellan, ensuite, qui passe en 1519 le détroit portant désormais son nom, tout étonné de se retrouver dans une mer brusquement calme après les affres maritimes de la Terre de Feu, la dénomme — bien abusivement, les marins le constateront plus tard à leurs dépens — *océan Pacifique*.

La théorie biblico-aristotélicienne des sphères de l'eau et de la terre est battue en brèche par l'expérience des navigateurs[9]. Le nouveau concept de « globe terraqué » est élaboré par plusieurs cosmographes qui reprennent parfois des idées plus anciennes de Jean Buridan, malgré l'offensive de la Contre-Réforme qui essaie de réhabiliter les anciennes théories. Le terme n'apparaît toutefois qu'en 1643 sous la plume du jésuite français Georges Fournier dans son

Hydrographie. Du latin *terraqueus*, terraqué signifie composé de terres et d'eau. Comme le signalera Bruzen de La Martinière dans son *Dictionnaire géographique et historique* (1726-1739), tandis que « globe terrestre » se dit en opposition au « globe céleste », le « globe terraqué » « sert à faire connaître la situation des continents, des îles et des mers qui les environnent pour l'étude de la Géographie »[10].

Selon que l'on considère une mer comme un espace plus ou moins fermé ou comme un golfe, sa dénomination varie. Son insertion dans l'ordre géopolitique ne sera pas identique. Avant la stabilisation de la géographie, onomastique et topographie ordonnent déjà les pièces d'un enjeu politique et économique lourd. La recherche des « passages maritimes » vers les Indes orientales, par le sud, par le centre ou par le nord-ouest de l'Amérique nouvellement découverte, obsède les cosmographes et les dirigeants européens durant près de trois siècles, de Christophe Colomb à Cook ou Lapérouse. Elle n'attend pas le tracé des routes de porte-conteneurs, symbole de la mondialisation actuelle, pour démontrer l'existence d'une « première mondialisation ».

Si l'importante étendue des mers est une réalité peu à peu admise au cours du long XVIe siècle, l'idée d'une connexion des continents par le haut, par le nord, pose problème pendant longtemps. Recèle-t-elle un enjeu géopolitique fort, susceptible de provoquer des interprétations osées ou des tricheries cartographiques délibérées ? C'est ce qu'affirme la sinologue Helga Gemegah en opposant la « cartographie fictive » de José de Acosta (1590) à la « cartographie réaliste » (1602) de Matteo Ricci[11]. La mappemonde de Ricci, qui place en son centre la Chine et l'océan Pacifique, sépare nettement le continent asiatique du continent américain. Les travaux cartographiques européens qui l'ont influencé, comme ceux de Martin Waldseemüller et d'Ortelius, relèvent d'une école germano-flamande de géographie, distincte de l'école ibérique.

La cartographie espagnole du XVIe siècle tend en effet à connecter l'Amérique et l'Asie par un pont de terre septentrional. Autrement dit, selon eux, Asie et Amérique forment un même continent par le nord[12]. Dans son *Historia natural y moral de las Indias* publiée à Séville en 1590, le jésuite José de Acosta (1539-1600) est l'un des premiers à postuler que le peuplement indien de l'Amérique s'est effectué par voie terrestre, par le nord. Cette hypothèse apparaît comme un progrès scientifique décisif, quatre siècles avant que l'anthropologue Ales Hrdlicka (1869-1943), qui cite d'ailleurs de Acosta, ne la démontre scientifiquement (1935). Mais, à l'époque, elle ne serait, selon Helga Gemegah, qu'une opération géopolitique espagnole.

En effet, le pont de terre américano-asiatique tracé par la cartographie espagnole rejoint les ambitions espagnoles d'envahir la Chine par l'océan Pacifique. De Acosta suggère aussi une stratégie militaire graduelle. Il recommande de forcer les Chinois à « autoriser le prêche et la conversion, et s'ils sont acculés à une résistance totale et si des punitions modérées ne les amènent pas à se rendre, il deviendrait permis de poursuivre la guerre davantage, d'utiliser toutes les forces et de se battre pour conquérir la Chine »[13]. Autrement dit, les millions de Chinois auraient dû subir le sort des milliers d'Amérindiens. Belle preuve de fanatisme méprisant mais aussi d'inconscience totale chez des élites européennes qui, après avoir dépecé l'Amérique, s'imaginent pouvoir en faire autant avec la très peuplée et très structurée Chine ! La stratégie et la méthode des jésuites italiens puis français seront malgré tout différentes.

Le fait que d'autres cartes européennes de l'époque séparent l'Amérique de l'Asie tendrait à prouver que cette réalité géographique était acquise, et que les Espagnols l'ont donc volontairement ignorée pour servir leurs propres fins. Mais ces cartes sont peu nombreuses et tardives puisqu'elles ne se propagent qu'à partir de 1540 pour la plupart[14]. Il faut admettre que l'incertitude est grande au début du XVIe siècle sur la nature de l'espace géographique concerné. Ce n'est d'ailleurs pas le seul dans ce cas, puisqu'il existe, par exemple, la fameuse *mer de Verrazzano* qui postule une avancée de l'océan Pacifique au cœur de l'Amérique du Nord[15]. Les tracés cartographiques sont volontairement sommaires dans les zones inconnues des Européens, et discutés. Dans le doute, de nombreuses mappemondes s'arrangent pour placer la zone hypothétique du nord de l'Asie et de l'Amérique hors de leur cadre, souvent par une projection *ad hoc*[16].

Les cartographes espagnols cités n'ont certes pas cette prudence. On observe quand même deux exceptions : Nuño Garcia de Toreno (1522), l'un des premiers à rapporter les découvertes de Magellan mais qui laisse en blanc le Pacifique Nord, et, plus tard (1544), Sébastien Cabot, *piloto mayor* au service de Charles Quint, rappelons-le. Les cartographes portugais du début du XVIe siècle ont également tendance à traiter cet espace de façon floue (Lopo Homem, Diego Ribeiro). Magalhães Godinho exagère donc quand il prétend qu'« au Portugal, dès l'aube du XVIe siècle, la continentalité des Amériques et leur séparation d'avec l'Inde asiatique sont conçues et affirmées »[17] ...

En revanche, Numa Broc souligne avec raison « l'éclair de génie » de Martin Waldseemüller. En effet, celui-ci « "devine" dès 1507 que les découvertes faites successivement par Colomb, Cabot, Corte-Real, Vespucci, Cabral, Pinzon... forment un tout, et il installe un vaste ensemble continental autonome, là où ses prédécesseurs (et ses successeurs) ne voient qu'un ensemble d'archipels. Séparant nettement son *America* de l'Asie, Waldseemüller "invente" par contrecoup l'océan Pacifique, huit ans avant que Balboa ne le découvre effectivement »[18].

C'est la question du fameux « détroit d'Anian » (actuel détroit de Béring) entre l'Asie et l'Amérique qui est ainsi posée. Sans s'appesantir sur elle, on peut dire qu'elle a préoccupé les géographes pendant plusieurs décennies. Vitus Béring ne prouvera l'existence de cette passe portant son nom qu'en 1728 (il contourne l'Eurasie mais sans voir l'Amérique), puis en 1733 (il réussit à voir l'Amérique).

La première carte qui sépare nettement l'Asie de l'Amérique est celle de Zaltieri (1566), dont le *Stretto de Anian* préfigure le détroit de Béring. Certaines cartes reprennent l'information, sa topographie et sa dénomination[19]... Pourtant, comme le souligne Numa Broc, « l'existence de ce passage pose tant de problèmes d'ordre géographique, ethnologique, théologique... que sa réalité sera encore mise en doute en plein XVIIIe siècle »[20]. De surcroît, le pont terrestre américano-asiatique n'est pas seulement l'œuvre des cartographes espagnols, ou de ceux qui sont soumis aux Habsbourg[21]. À l'exception de Zaltieri qui propose le détroit d'Anian, les cartographes italiens semblent avoir une très nette préférence pour cette interprétation géographique. Celle-ci remonte à l'influent pionnier Rosselli, novateur pour sa projection d'une mappemonde ovale reprise par les plus grands cartographes[22]. Et ils sont plus nombreux que les Espagnols à le faire. Comme le souligne Kenneth Nebenzahl, bien que Sébastien Münster soit l'un des premiers à représenter les Amériques du Nord et du Sud comme des continents distincts de l'Ancien Monde, « d'éminents géographes comme Giacomo Gastaldi et ceux de l'école italienne relièrent encore pendant vingt-cinq ans l'Amérique à l'Asie »[23].

Enfin, l'attribution à l'Espagne des terres situées à l'ouest du méridien de Tordesillas (1494) est limitée en Asie orientale par les accords de Saragosse (1529) et par la réalité des conquêtes locales, donc avant les options de José de Acosta. L'interprétation d'Helga Gemegah sur le machiavélisme espagnol et son truquage cartographique semble donc excessive. Il est néanmoins possible que la vision stratégique espagnole ait consisté à embrouiller les choses, ou, plus simplement, que leurs cartographes, déjà en retrait de la scène géographique européenne au milieu du XVIe siècle, se soient alignés sur les réalisations italiennes, de préférence à celles des cartographes germano-hollandais.

D'une certaine façon, le pont terrestre américano-asiatique est le pendant, dans l'hémisphère Nord, de la conception ptoléméenne prolongée du côté sud d'un continent austral se rattachant à l'Afrique, à l'Asie du Sud-Est puis à l'Amérique latine. Bartolomeu Dias en 1487 et Magellan en 1520 ruinent cette hypothèse en trois points de disjonction. Mais le deuxième point, lié à la question des Antipodes et du mystérieux continent austral, persiste au début du XVIe siècle. Andrea Corsali (1515) estime ainsi que les Moluques sont rattachées au Brésil, Lopo Homem (1519) figure sur un planisphère un anneau de terres reliant le sud de l'Amérique du Sud et l'Asie du Sud-Est[24]...

On peut dire que c'est à la fin du XVIe siècle que les conceptions du détroit d'Anian commencent à se clarifier et à l'emporter. C'est le moment même où Matteo Ricci entre en contact avec la cartographie chinoise et que, réciproquement, il communique la nouvelle géographie européenne aux savants sinisés. Dès cette époque, la rivalité géopolitique s'affirme sur les cartes davantage à propos de la toponymie — terrestre et maritime — que sur la nature des contours. La dénomination des mers et des océans est déjà bien engagée par les Européens. Mais sur quelles bases ?

LE NOM DES MERS DANS LE MONDE EUROPÉEN JUSQU'AU XVIe SIÈCLE

Aux côtés de l'urbanisme et de l'irrigation, l'exploration maritime a guidé le progrès cartographique. Elle prédomine en Europe occidentale où, à la fin du XIIIe siècle, entre 1270 et 1300, se crée le premier système de projection cartographique, celui des rhumbs et des distances estimées : on commence à représenter l'espace en appliquant les principes de la géométrie euclidienne. Le portulan est né. Les atlas, davantage terrestres, prennent la suite plus tard en Europe, à la fin du XVIe siècle, avec les Flamands, Mercator, Ortelius, Hondius…

Grâce aux rhumbs, à l'astrolabe, au sextant, au globe terrestre et au planisphère, les hommes peuvent alors se situer dans l'espace parce qu'ils ont inventé « les instruments qui [leur] permettent d'agir sur lui et de le reconstruire, moyennant le référencement des positions, la mesure des distances, la détermination des formes, c'est-à-dire les configurations et la proportion dans les dimensions »[25]. L'espace mythique construit par la fonction symbolique se désagrège pour laisser la place à l'espace articulé par la fonction du réel. Simultanément, la perspective terrestre cède devant la perspective océanique. Le référent n'est plus local, il devient planétaire : surtout pour l'Europe. Le *piloto mayor* de la Casa de Contratación confectionne un *Padrón real*, sorte de carte de base qui résume les dernières nouveautés géographiques fournies par les navigateurs et qui constitue le nouveau référent universel.

Il faut absolument nommer les terres découvertes : les identifier, se les approprier symboliquement et concrètement, juridiquement, faire connaître pour faire valoir. La toponymie géographique entre dans un maelström qu'elle ne quittera qu'avec les derniers sommets himalayens et les terres antarctiques. Comme le signale François Wahl, la carte devient de plus en plus performative et politique[26]. On l'a vu avec les implications du traité de Tordesillas (1494).

Cette possessivité concerne éminemment la dénomination des mers, l'espace majeur de la première globalisation capitaliste marchande et politique : aussi et surtout, car si les explorateurs, à l'image de Colomb lui-même, peuvent utiliser pour les terres des toponymes vernaculaires aux côtés des sacrements chrétiens ou d'un vocabulaire ptoléméen recyclé, un tel procédé devient difficile sinon impossible pour les mers. Personne n'y habite en effet, et les marins qui les parcourent ne sont guère soucieux, jusque-là, de dénommer leur élément liquide environnant qu'ils jugent unique. C'est la mer, c'est tout. La toponymie maritime deviendra donc surtout l'œuvre des terriens, des explorateurs et des décideurs géopolitiques terriens.

La définition géographique d'une mer semble aller de soi. C'est une étendue d'eau salée (indo-européen *mori*, « étendue d'eau »). Mais, dans les langues indo-européennes, la distinction entre mer et océan, qui repose largement sur cette question d'étendue, est loin d'être évidente. De nos jours, le vocabulaire qui hérite de la géohistoire oscille encore à ce sujet[27]. Les langues latines ne récupèrent qu'en partie la richesse du vocabulaire maritime des Grecs anciens qui, en tant qu'insulaires et marins, disposent de plusieurs termes. *Pelagos* désigne la pleine mer, ou bien une mer en particulier en opposition à *thalassa* qui désigne la mer en général. Par exemple, *pelagos Aigaiov* est la « mer Égée ». *Thalassa* correspond aussi à la Méditerranée, notamment chez Homère. La « grande mer » (*megalê thalassa*) désigne l'océan chez Plutarque. Dans la géographie arabo-musulmane qui prolonge la tradition grecque et ptoléméenne, *pelagos* est rendu par *lugg*, *thalassa* par *bahr*[28].

Okeanos est à l'origine un dieu, fils d'Ouranos et de Gaïa, le dieu de la Mer. Chez Homère, il devient l'océan, la masse liquide qui coule comme un fleuve autour de la terre. Par la suite, il renvoie à la « mer extérieure », distincte de la mer intérieure qu'est la Méditerranée, soit essentiellement l'océan Atlantique actuel. *A priori*, le terme d'océan, situé à une échelle macro, est plus précis que celui de mer. Il désigne les étendues d'eau salée immenses qui séparent les continents et qui, comme ceux-ci, sont au nombre de cinq : océans Pacifique, Atlantique, Indien, Arctique et Antarctique. Étant donné qu'ils communiquent entre eux, on parle aussi d'océan mondial.

Le terme de mer, à échelles méso et micro, est lui beaucoup plus imprécis. On l'emploie souvent de façon générique : par exemple, « la mer » en général, comme dans l'expression « aller à la mer » (= au bord de la mer), qui reprend la conception primitive et primordiale d'un espace marin unique, ou bien les « mers du Sud », pour désigner cet espace mal défini composé d'océan Indien et d'océan Pacifique. Les grandes étendues d'eau intracontinentales sont qualifiées tantôt de mers en fonction de leur salinité (mer Caspienne, mer d'Aral, mer Morte, etc.), tantôt de lacs.

Dans son sens restreint, une mer est une partie d'océan bien identifiée car distincte de la masse océanique par la topographie terrestre. On distingue les mers intercontinentales ou continentales, d'une part (mer des Caraïbes, Méditerranée), et les mers bordières ou épicontinentales, d'autre part (mers de Norvège, du Nord), ainsi que les parties bien identifiées d'un océan (mers des Sargasses, des Philippines). Il y a des archipels presque partout qui permettent cette différenciation. Mais la distinction entre mer et golfe n'est pas toujours très nette : la mer d'Oman à l'ouest du quasi-continent indien a droit à cette appellation, mais pas le golfe du Bengale à l'est.

À partir de quand une mer devient-elle océan ? Et le golfe une mer ? Bien souvent, le type d'appellation est le fruit de son mode de désignation historique. L'un des plus beaux exemples de ce processus concerne l'Asie. En dessinant à l'est de l'Inde un *Sinus gangeticus* (golfe du Gange = actuel golfe du Bengale), puis à l'est de ce qui serait la péninsule Malaise un *Sinus magnus*, un « Grand Golfe », la cartographie ptoléméenne propose son vocabulaire aux explorateurs européens au cours du long XVIe siècle. Mais elle propage ainsi une certaine confusion. Car ce *sinus* latin est proche des mots également latins qui signifient Chine ou chinois. Le *Sinus magnus* étant lui-même bordé d'une *Sina regio*

(« région de Chine »), il est aisément devenu un « golfe chinois » ou une « mer de Chine ».

En 1525, une version de seconde main du voyage d'Antonio Pigafetta, compagnon de Magellan, écrit ainsi : « Au-delà de la Grande Java, vers le nord, il y a un golfe de Chine qui est appelé "Sino Grand" ». Comme l'explique le cartographe contemporain Thomas Suárez, « le terme de *sino* est central ici »[29]. Il peut venir du latin *sinus* ou du portugais *seno* qui signifient « golfe », auquel cas Pigafetta se réfère également au *Sinus magnus* de Ptolémée. Ramusio (1561) l'interprète comme étant la « Chine », et fait la transition entre l'antique « Grand Golfe » et les modernes « mers de Chine ».

Le principe de dénommer les mers apparaît très tôt dans le monde métaméditerranéen, dès la cartographie d'Ératosthène probablement. Mais il s'attache essentiellement à de vastes ensembles, et peu aux sous-ensembles. Les golfes, les baies et les petites mers, sauf exception, ne sont pas encore dénommés. Même la Méditerranée porte plusieurs noms : *mer Intérieure* chez Ératosthène, *Mare Magnum* chez Ravenne, *Méditerranée* chez Contarini (1506). Ptolémée, dans ses retranscriptions latines tardives des XVe et XVIe siècles, ce qui laisse planer le doute sur une toponymie rajoutée postérieurement, distingue d'ouest en est sur sa mappemonde : *Mare Mediterraneum* ; *Mare Rubrum* (= mer Rouge, un grand classique du Moyen Âge) ; *Mare Indicum* (= mer d'Oman) ou, parfois, *Indicum Pelagus* (= océan Indien) ; *Sinus Gangeticus* (= golfe de Bengale) et Sinus Magnus (= mer de Chine méridionale). Les portulans sont, par contre, très avares de dénominations maritimes, priorité étant donnée aux rhumbs et aux tracés des routes de navigation.

Le statut de l'océan Atlantique est assez incertain sur les cartes de Ptolémée, et c'est probablement sur ce point que les influences anachroniques sont les plus fortes. Déjà, la représentation de son espace est très réduite, ce qui témoigne, à part la localisation des îles Fortunées, de la méconnaissance ancestrale ou de la répulsion vis-à-vis de cette haute mer. On trouve *Oceanus occidentalis* ou bien *Oceanus mare* (« mer Océane »). Les géographes et les cartographes arabo-musulmans reprennent à leur compte le principe de l'*Okeanos* grec en lui donnant le nom de « mer Environnante » (*al-bahr al-muhit*), « mer Verte » (*al-bahr al-ahdar*) ou encore « mer des Ténèbres » (*bahr az-zulumât*). Mais ils le détaillent dans les zones qu'ils connaissent, notamment pour l'océan Indien. Le large oriental de l'Afrique est nommé « mer des Zang » (*bahr az-Zang*), la mer Rouge *bahr al-Kulzum* et le golfe Persique *bahr Fâris* (« mer de Perside »), qu'ils connectent au large avec la « mer de l'Inde » proprement dite (*bahr al-Hind*)[30].

Plus loin encore vers l'est, on trouve la « mer de Chine » (*bahr as-Sîn*) chez Ibn al-Nadîm (xe siècle). La « mer de l'Inde » est toutefois appelée de bien des façons : « mer Verte », « mer du Yémen » ou encore « Grande Mer » chez Ibrâhîm ben Wasîf Sâh, avant l'islam (400). Al-Huwârizmî (790-840) désigne l'Atlantique sous le nom d'« Océan occidental ». La Méditerranée, partagée entre l'Islam et l'Infidèle, dispose d'un statut un peu spécial. Elle est en effet divisée entre *bahr as-Sam*, au large de la Palestine et de la Syrie, et, au-delà, *bahr ar-Rûm* (« mer de Rome », ou « des Romains »). Mais « c'est bien l'ensemble de la mer qui est entachée d'une réserve, d'une défiance fondamentales : globalement, génériquement parlant, cette mer est celle du Magrib (*bahr al-Magrib*) »[31].

Le terme « Inde(s) » est un toponyme clef, véritable métaphore géographique de toutes les aspirations complexes des explorateurs européens. Dès le début des Grandes Découvertes, il s'applique au pays lui-même (le quasi-continent indien), aux mers qui l'entourent, aux nouveaux pays et aux nouvelles mers situés plus loin vers l'est (les « Indes orientales »), aux nouveaux pays découverts dans les Caraïbes (les « Indes occidentales »). On peut dire que l'Inde et l'océan Indien constituent les pivots, spatiaux et toponymiques, de toute la métagéographie européenne tant que l'océan Pacifique ne sera pas complètement reconnu.

Ainsi, autant la variété et la confusion toponymiques, ou géographiques (les contours), règnent à propos des océans Atlantique et Pacifique jusqu'au XIXe siècle, autant l'appellation d'« océan Indien » ne bouge pratiquement pas depuis Ptolémée jusqu'à nos jours. Elle est probablement l'une des mieux partagées par les différents cartographes du monde méta-méditerranéen, mais la confusion vient s'introduire avec l'ajout d'un adjectif, parfois, comme « oriental » ou « méridional ». En fait, on observe, dès le début du XVIe siècle, une évolution cartographique et géographique avec le recours aux points cardinaux pour tenter d'ordonner la nouvelle métagéographie et ses mappemondes. Dans le sillage du traité de Tordesillas et des accords de Saragosse, la direction cardinale apparaît naturellement comme un moyen rationnel et neutre pour organiser la carte. Une première impulsion vient de l'appellation de « mer du Sud » pour l'océan Pacifique quand Balboa découvre celui-ci en 1513, avec sa logique qui va se révéler fausse. Comme on l'a vu, l'explorateur espagnol se trouve en effet dans l'isthme de Panamá lorsqu'il fait face à l'océan Pacifique, en plein sud, alors qu'à une échelle globale cet océan se trouve à l'ouest de l'Amérique. L'appellation — finalement abusive — va pourtant perdurer.

Une autre complication s'ajoute quand Magellan baptise « Pacifique » cet océan. Les deux appellations « mer du Sud » et « océan Pacifique » persistent pendant deux siècles, avec des préférences variables suivant la personnalité des cartographes, leurs sources, les pays ou les écoles géographiques. Il faut absolument insister sur cette complexité pour contextualiser correctement la question soulevée par exemple à propos de la dénomination de la « mer du Japon » que les Coréens veulent rebaptiser « mer de l'Est ». Ce ne sont donc pas les variations toponymiques qui manquent pendant plusieurs décennies et qui embrouillent (selon notre conception actuelle) le tableau géographique.

La direction cardinale ne suffit pas car elle reste relative. On est toujours, où que l'on se trouve, au nord, au sud, à l'est et à l'ouest de quelque chose ou de quelqu'un. Malgré les progrès d'une géographie cartésienne, quasi positiviste, Jean-Baptiste Homann, par exemple, continue de raisonner en fonction de la position de l'observateur pour choisir ses toponymes. Sa carte du nord-est de l'Eurasie décrit ainsi un *oceanus meridionalis* pour la mer d'Okhotsk, qui est placée en bas de son cadre, et un *oceanus septentrionalis* pour l'océan Arctique, qui est placé en haut. La mer d'Okhotsk avec sa banquise qualifiée de « mer du Sud », cela semble bizarre ! Mais, pour l'époque, il n'y a rien de loufoque à cela...

Jusqu'au XXe siècle, les conventions cartographiques universellement reconnues manquent donc de rigueur pour la nomenclature, notamment en ce qui concerne l'appellation des espaces maritimes, leur qualification et leur hiérarchisation. Mais cette lacune, selon nos propres critères scientifiques contemporains, n'est pas perçue comme une incohérence à l'époque. Comme le souligne Martin Lewis, « l'insistance sur une nomenclature consistante pour de vastes catégories géographiques est, jusqu'à un certain point, un artefact de la modernité »[32]. Tout anachronisme est donc à éviter. On peut néanmoins nuancer cette appréciation en remarquant que certains auteurs de l'époque moderne s'efforcent d'être cohérents avec eux-mêmes d'une carte à l'autre. Le problème majeur réside en fait dans l'incohérence d'un auteur à l'autre, d'une école de cartographie à une autre, d'un pays à un autre, d'un ensemble de pays à d'autres.

À mesure que l'exploration et la connaissance du monde avancent, le jeu des échelles devient de plus en plus important pour situer, définir et nommer les espaces les uns par rapport aux autres. Si l'on attribue, par exemple sur un globe terrestre ou un planisphère, l'appellation « mer du Sud » à l'océan Pacifique, comme cela se fait couramment au XVIIIe siècle, on peut difficilement, ou plus du tout, l'utiliser pour un autre espace sur cette même carte, à cette échelle macro tout d'abord, puis, logiquement, aux autres échelles, méso et micro. Il en va ainsi pour « mer orientale », que l'on trouve un peu partout sur les cartes du globe à l'issue du Moyen Âge, puisqu'il y a toujours une mer située à l'est de quelque terre. Inversement, la connaissance plus approfondie des espaces jusque-là considérés comme *terrae incognitae* peut faire glisser leur nouvelle appellation, déterminée à l'échelle micro, vers des échelles plus macro.

Ce jeu des échelles est particulièrement important en ce qui concerne l'appellation « mer orientale » (ou « océan oriental ») en Asie orientale. En fonction de l'échelle choisie, sa signification n'est en effet pas similaire, ni son origine. Un lieu ne reçoit pas un nom en fonction de son identité locale propre mais bien parce qu'il se situe au sein d'ensembles plus vastes : par eux, pour eux ou à cause d'eux. Ce n'est finalement qu'assez tardivement que les cosmographes européens tentent d'établir une nomenclature plus stricte du vocabulaire concernant la mer, et la terre, et qu'ils proposent de nouvelles approches. L'initiative la plus forte et la plus systématique vient de la France des Lumières cartésiennes.

En 1644, le géographe Nicolas Sanson d'Abbeville (1600-1667), dont la renommée de son vivant puis posthume est immense en Europe, lance deux innovations importantes. Premièrement, il établit une *Table de l'Eau*, où il distingue plusieurs niveaux géographiques avec le vocabulaire afférent[33]. Le premier niveau, supérieur, est celui de « l'Eau » en général, « dans la surface du Globe Terrestre ». Il est subdivisé en « mers, golfes, destroits, lacs et rivières ». Les « mers » sont à leur tour subdivisées en « océan, aux environs de notre continent » et en « mer, aux alentours de l'autre continent ». Nicolas Sanson considère ainsi quatre océans : « Oriental ou Indien » qui comprend les mers « de la Chine, de l'Inde, de l'Arabie », « Méridional ou Éthiopien », « Occidental ou Atlantique », « Septentrional, Glacial ou Scythique ». Deuxièmement, il instaure, à partir de 1650, l'approche en « arcs océaniques ». À ce moment, l'humanité prend vraiment conscience de sa géographie : de son étendue et de sa composition réelles. C'est à la même époque qu'est forgée, on l'a vu, l'expression de « globe terraqué » par un autre Français (1643). Les esprits des Lumières sont mûrs pour adopter les implications scientifiques et philosophiques de cette conception.

L'approche en « arcs océaniques » consiste à considérer les espaces maritimes à l'échelle planétaire, sous différentes formes et projections. Elle utilise les projections des planisphères classiques, qui par définition offrent des visions planes, surestimant les surfaces terrestres. Elle recourt aussi à la projection des hémisphères vus à partir des pôles, qui survalorise les espaces maritimes et pousse à regarder ceux-ci d'un autre œil, révélant au mieux la continuité transocéanique. Les appellations peuvent par conséquent contourner les continents. C'est, par exemple, le cas de la « mer magellanique », qui s'étend de part et d'autre du cône de l'Amérique du Sud, ou bien de l'« océan méridional éthiopien », qui enveloppe le sud de l'Afrique sur la *Mappemonde* de Nicolas Sanson (1650). Ainsi s'expliquent les inscriptions des noms de mer coupées et placées en deux temps de part et d'autre de l'archipel japonais, au nord et au sud de celui-ci. La mer du Japon et la mer Pacifique bordant le sud de Hondo, qui est le cœur de l'archipel japonais, ne sont pas, alors, tant prises en compte pour elles-mêmes que comme sous-parties d'un ensemble beaucoup plus vaste, et cohérent : un arc océanique couvrant de larges zones, en l'occurrence la façade orientale de la Chine, de la Corée et de la Sibérie[34].

L'approche en « arcs océaniques » qui se veut globale, panoptique et scientifique est largement adoptée par les géographes français de la fin du XVIIe siècle et du XVIIIe siècle sur leurs planisphères. Comme le dira Robert de Vaugondy, dans la préface de *L'Atlas Universel* (1750), il s'agit d'aller « vers le "positif" ». Bien que heurtant notre regard actuel, qui est façonné par des générations de lectures cartographiques, cette conception n'est pas stupide, bien au contraire. Après tout, les navigateurs attachent beaucoup d'importance au contournement d'un cap : pourquoi la mer qui entoure celui-ci ne serait-elle pas la même des deux côtés, et donc appelée du même nom ?

L'approche en « arcs océaniques » est peu à peu concurrencée par l'approche en « bassin océanique ». Mettant l'accent sur la définition des zones maritimes en fonction de leur circonscription par les terres, et non plus le contraire, celle-ci est notamment promue par les cartographes anglais (John Senex, 1725 ; Emmanuel Bowen, 1744). Puis, à partir de la moitié du XVIIIe siècle, elle est consacrée par un autre géographe français, influent, Philippe Buache (1744, 1758), qui relève d'une autre filière cartographique que celle de Sanson et de ses disciples[35].

Il existe aussi une troisième approche, celle du « large des façades orientées ». Dans ce cas, les appellations maritimes dépendent de leur orientation par rapport au continent immédiat. Elle entraîne l'abandon des références aux toponymes terrestres (pays ou continent, sauf exception) et donne la préférence aux points cardinaux. Leur emplacement privilégie le large immédiat et non la très haute mer. Cette toponymie borde en quelque sorte les contours littoraux. Une telle approche, qui est en réalité un mélange des conceptions de la Renaissance européenne et des conceptions chinoises traditionnelles, est initiée par Matteo Ricci dans ses célèbres planisphères (à partir de 1602) et par ce qu'on peut appeler l'école sino-jésuite de cartographie basée à Pékin. Mais elle n'aura guère de répercussions dans la cartographie européenne sur ce point précis.

À l'échelle micro, où les contours permettent souvent de bien, ou mieux, circonscrire des espaces maritimes au regard d'espaces terrestres précisés, il est difficile d'appliquer efficacement l'approche en « arcs océaniques ». L'approche par « bassin océanique » s'impose donc assez facilement, sinon logiquement. Une mer est alors conçue comme un ensemble semi-fermé, à l'instar de la Méditerranée, de la mer Noire ou de la mer Rouge. Les péninsules et leur cap ne sont donc plus considérés comme des avancées au sein d'une même mer, mais comme une limite entre deux mers différentes. Dans cette approche, la *mer éthiopienne* disparaît de part et d'autre du cap de Bonne-Espérance pour laisser la place aux océans Indien et Atlantique, de même que la *mer magellanique* de part et d'autre du cap Horn avec les océans Atlantique et Pacifique.

Ce n'est qu'à la fin du XIXe siècle et au début du XXe siècle qu'est adoptée la division conventionnelle en trois ou quatre océans (Pacifique, Atlantique, Indien, plus, selon les cas, Arctique)[36]. Jusque-là, l'onomastique maritime est extrêmement hétérogène et variée. Les différentes conceptions reflètent les nouvelles découvertes, les échanges interculturels, les tensions politiques mais aussi certaines modes liées à telle école de cartographie, tel géographe ou tel pays.

LES NOMS DE MER DANS LE MONDE SINISÉ AVANT LE MILIEU DU XVIe SIÈCLE

Malgré d'importantes différences géographiques entre les pays d'Asie orientale, une constante se retrouve au sein du monde sinisé : la mer y occupe une place spécifique, tant dans les conceptions mentales, métagéographiques, que dans les modes d'occupation de l'espace, socio-économiques ou géopolitiques. En effet, la mer y est crainte, elle n'attire guère, elle est vraiment à part. Plus affirmée en Chine, cette situation est paradoxale dans la péninsulaire Corée et l'archipélagique Japon. Bien qu'il soit difficile d'évaluer la part des cultures locales, comme le substrat chamanique en Corée ou l'omniprésence shintô au Japon, il apparaît évident que la façon chinoise a cependant imprégné l'ensemble de la zone. Cependant, là comme ailleurs, il serait erroné de considérer la culture comme un élément en soi, donné une fois pour toutes, indépendant du contexte sociopolitique ou économique. La civilisation chinoise et par conséquent son rapport à la mer ont bien évidemment évolué, et de nombreux facteurs sont intervenus dans ce processus.

La riziculture irriguée y occupe une place prépondérante dans le rapport à l'espace, à la terre, et *a contrario* par rapport à la mer. Elle est issue du monde tropical chaud, pour ne pas dire montagnard et karstique avec le Yunnan, ou bien du delta du Yangzi marqué par l'eustatisme et l'adaptation progressive des populations. Cette riziculture irriguée soutient l'appareillage sociopolitique et colonisateur d'une Cour chinoise marquée par le confucianisme terrien, dédaigneux du commerce et de l'aventure outre-mer, qui remporte, au milieu du XVe siècle, une victoire durable sur les eunuques commerçants, voire islamisants. La menace, au Nord, des cavaliers nomades venus de Mongolie, renforce la Grande Muraille et entraîne un déménagement de la capitale vers Pékin, au détriment de la médiane Nankin située au bord du Yangzi, ou des cités marchandes du Sud, du Fujian et du Guangdong. La péninsule Coréenne est prise en tenaille, harcelée par les cavaliers venus du Nord soumettant les riziculteurs du Sud et les pêcheurs de la bordure méridionale insulaire, eux-mêmes en contacts réguliers, houleux ou pacifiques, clandestins ou officiels, avec les surinsulaires voisins nippons.

S'ajoute la présence constante sur les mers de l'Est des pirates qui peuplent les petites îles, contrôlent les promontoires, se cachent au fond des criques tortueuses et profitent de leur fine connaissance du milieu marin (vents, courants, marées, écueils...) pour rançonner les navires marchands[37]. Ils font leur domaine des chapelets d'îles ourlant la façade asiatique de Tsushima à Taïwan, en passant par Cheju-do ou les îles situées au large de Kyûshû, Iki et les Gotô notamment. Ils sont souvent assimilés à des bandits japonais, qu'ils ne sont pas toujours cependant. Ils savent s'imposer auprès des seigneurs littoraux, passant parfois des alliances avec eux. Au Japon, il est fréquent qu'ils obtiennent des autorités politiques des droits particuliers (de passage, d'imposition), souvent issus d'antiques systèmes d'offrande aux divinités protectrices des mers[38].

Au XIVe siècle, les pirates est-asiatiques deviennent puissants. Ils pratiquent des raids de plus en plus audacieux à l'intérieur des terres, pillant les greniers au Japon et en Corée. À partir du XVe siècle, ils en font autant sur les littoraux chinois, notamment dans le Shandong. Symétriquement, le Japon central adopte comme norme culturelle le modèle de la riziculture irriguée, qui devient une « métaphore dominante de la territorialité », comme le souligne l'anthropologue Emiko Ohnuki-Tierney. Ce modèle renvoie dans les marges, maritimes et surinsulaires essentiellement, tout mode d'occupation de l'espace qui ne s'y conforme pas[39]. À l'ensemble de ces facteurs s'en adjoignent deux autres, déjà évoqués. D'une part, l'arrivée, progressive et de plus en plus insistante, des Européens par le sud au cours de la Renaissance — Malacca, l'Insulinde — avec leur remontée vers le nord — Macao, Taïwan, Chine côtière, Japon —, arrivée et remontée qui s'effectuent par la mer d'où vient décidément le danger. D'autre part, la crainte conjuguée de la Chine des Ming puis des Qing ainsi que du Japon des Tokugawa et de la Corée des Yi de se voir colonisés, et d'abord par la mer. Cette crainte, largement fondée, conduit à un repli terrien plus ou moins fort de ces trois pays au cours de l'ère moderne, du XVIIe au milieu du XIXe siècle, en gros.

Les tentatives dans ce sens sont précoces et plus ou moins hésitantes de la part de la Chine. Elles remontent à la fin du XVe siècle et en partie au cours du XVIe siècle, avec notamment l'interruption des échanges officiels entre la Chine et le Japon entre 1404 et 1549[40]. Théoriquement, en fonction du système tributaire, ces échanges sont supervisés diplomatiquement et économiquement par les envoyés des Ming et des Ashikaga. En pratique, ils connaissent des hauts et des bas, avec une forte interruption autour des années 1550, au moment même où arrivent les Européens. Ils n'excluent pas des relations moins officielles, privées, ou aux mains de seigneurs locaux comme la famille Sô de Tsushima.

La question de la nature des échanges entre la Chine et le Japon de cette époque reste posée, non sans tension et enjeu car il s'agit d'établir s'il y a rapport de parité, d'égalité, ou bien rapport de domination[41]. À ce propos, deux choses sont néanmoins sûres : raisonner anachroniquement en fonction des rapports actuels entre États-nations chinois et japonais conduit à l'erreur ; et la Chine n'a pas, n'a jamais, envahi militairement ou démographiquement le Japon.

Les tentatives de défense des terres vis-à-vis des mers conduisent toutes à un traitement spécifique des littoraux et des mers : politique d'abandon des côtes dans le Fujian pendant un temps ; délaissement de certaines îles en Corée, évacuation d'Ullung-do ; interdiction de naviguer en haute mer en Chine et au Japon ; interdiction de l'émigration en Chine et au Japon[42]. Mais ces politiques de repli ne sont efficaces qu'à la condition d'un pouvoir central fort, qui ne se concrétise vraiment au Japon qu'au début du XVIIe siècle et un peu après en Chine, après la chute des derniers bastions partisans des Ming. Jusque-là, des politiques réouvrant les mers et accordant des licences maritimes aux marchands peuvent calmer la pression en tentant de canaliser le commerce.

Pendant longtemps, le système tributaire chinois — allégeance fondée sur le don et contre-don qui est, à maints égards, plus culturelle et symbolique que réellement politique ou militaire comme on l'a vu — domine l'organisation spatiale et métagéographique de l'Asie orientale. Mais si pour le Viêt-nam, la Corée ou les marges de l'Asie centrale la continuité terrestre assure une solide configuration à ce schéma, la situation est différente pour le Japon insulaire et surinsulaire. La mer joue, de fait, un rôle séparateur entre lui et la Chine, de tampon plus exactement : jamais intrinsèquement hostile, sauf exception, souvent trait d'union, mais avec du temps et de la distance, sans migrations importantes hormis celles de la Préhistoire, avec échanges matériels et spirituels intenses et voyages de quelques hommes clefs. On pourrait en dire autant de la situation entre la Corée et le Japon s'il n'y avait la géographie historique particulière du Détroit, le détroit de Tsushima, de Corée ou de Pusan. Les îles intermédiaires comme Tsushima, Iki ou Okinoshima, et les îles proches y jouent en effet un rôle clef. La relative étroitesse du bras de mer, malgré la force du courant, facilite les passages et les échanges autant belliqueux que pacifiques. La proximité accentue un rapport de force émis par les centralités terrestres respectives que les populations des côtes ont plus ou moins contrôlé ou atténué.

Les mers dans la socioculture et la métagéographie du monde sinisé traditionnel occupent donc une place ambivalente, probablement plus qu'ailleurs : craintes ou attirantes, laissées à des populations et des fonctions spécifiques — pêche, commerce, piraterie — ou bien étroitement contrôlées — marines « nationales », ports, routes maritimes —, sas d'ouverture ou bien de fermeture. À bien des égards, la mer, les îles éloignées et les littoraux plus ou moins reculés constituent des espaces marginaux, là où des populations mal contrôlées ou incontrôlables vivent de ressources qui ne correspondent pas à la norme du confucianisme terrien.

La Chine d'avant la « vraie » rencontre avec l'Occident, c'est-à-dire avant le début du XVIe siècle, offre une attitude géographique et cartographique assez hautaine vis-à-vis des mers[43]. Évidemment, elle ne peut pas ignorer l'espace maritime qui l'entoure, surtout à l'est, vers les Ryûkyû ou le Japon, et au sud vers l'Insulinde. Mais elle ne cherche guère à nommer ces lieux en détail, se contentant de termes génériques. Autant elle est précise en ce qui concerne son propre espace et l'espace continental intérieur, autant elle se montre assez sommaire en ce qui concerne la cartographie des espaces insulaires.

L'étymologie et la sémantique opèrent une distinction entre deux termes, *yang* (j. *yô*) et *hai* (j. *umi* ou *kai*). Le *yang*, qui constitue ce monde ultramarin entourant le pays du Milieu, renvoie à d'autres terres, mais surtout à d'autres mers vu la configuration topographique de la Chine. Traduit en « océan » dans le vocabulaire européen, il correspondrait plutôt à la notion d'« outre-mer » par rapport à une métropole, à condition que celle-ci inclue bien le principe de vastes étendues maritimes. L'origine de son idéographie exprime d'ailleurs l'idée de la vague, de la baie, de la mer extérieure, du large... Le *yang* ultramarin se distingue de la mer proprement dite, *hai* ou *umi*, correspondant plutôt au *thalassa* grec qui désigne la surface marine indéterminée, le principe de la mer liquide en opposition au sol terrestre. En japonais ancien, *umi* se rapporte aussi à un lac ou un grand étang d'après le dictionnaire de langue ancienne Iwanami. Outre celui qui désigne la mer, on ne compte pas moins de six mots japonais prononcés de la même façon. Il n'est pas à exclure une origine commune, ne serait-ce que parce que depuis la nuit des temps la mer (*umi*) constitue dans l'archipel japonais l'un des principaux endroits pour tirer sa subsistance, pour « produire » (*umi*), pour « naître » (*umi*) et pour « combler » (*umi*).

En deçà des « quatre mers », des grandes mers, appelées en fonction des points cardinaux, les mers plus petites ne seront pratiquement pas nommées dans la cartographie sinisée, sinon en reproduisant à partir d'un même pays, le Japon ou la Corée par exemple, ce schéma de dénomination cardinale. Autrement dit, on peut affirmer que la cartographie sinisée nomme traditionnellement les océans mais pas les mers, au sens moderne des deux termes.

Sur les cartes chinoises et coréennes d'avant l'arrivée européenne, et même après parfois, la mer est généralement représentée par un cortège de grosses vagues stylisées, comme si elle ne pouvait qu'inspirer difficulté ou agitation. On notera la différence avec la tradition cartographique métaméditerranéenne qui, du plus loin qu'elle vienne et sauf exception, représente la mer par une couleur unie, à plat, ou par du blanc. La fameuse carte chinoise du *Yujitu* de 1137 trace obligeamment l'idéogramme « mer » au large du delta du Yangzi pour nous signaler qu'il s'agit bien d'un espace marin[44]. Celle de 1241 y dispose deux cartouches transcrivant le même idéogramme « mer »[45]. Les cartes plus récentes, y compris des cartes régionales, procèdent de la même façon[46].

Le vocable *Nan-yang* résume bien la métagéographie chinoise concernant l'espace marin. Mot à mot, il signifie « océan du sud », ou bien « monde du sud » comme on l'a vu en fonction de la notion de *yang*, avec ses mers, certes, mais aussi ses terres, ses populations et ses richesses. Selon l'historienne américaine Jane Leonard, « le terme Nan-yang a été utilisé par les géographes chinois au cours des siècles dans un sens spécifique pour désigner les terres et les îles adjacentes à la mer de Chine méridionale et aussi, dans un sens général, pour décrire toute l'Asie maritime ou ce qui était connu d'elle »[47].

Jusqu'où va ce monde des mers du Sud, comme on peut finalement l'appeler, seule la pratique historique des commerçants et des navigateurs chinois l'indique donc. D'où une géographie variable. Même au XIXe siècle, le *Traité illustré des royaumes maritimes* (*Haiguo tuzhi*, 1842) du lettré géopolitologue chinois Wei Yuan (1794-1856) range ainsi sans ambages le Japon, bien que situé à l'est de la Chine, dans le chapitre consacré au Nan-yang, aux côtés des Philippines, de Bornéo, de Java et de Sumatra. Cette logique est néanmoins cohérente. Comme le remarque l'historien D. R. Howland, « le Japon est inclus — et non pas formellement énuméré — parce qu'il ne comptait pas parmi les royaumes qui étaient officiellement tributaires »[48].

Le Nan-yang chinois désigne donc la périphérie insulaire chinoise dans une large extension géographique. Il correspond de nos jours, même si le terme est tombé en désuétude, à l'Asie du Sud-Est, avec ses péninsules (indochinoise, malaise...) et ses archipels (indonésien, philippin...). L'ancienne approche chinoise est passée pratiquement telle quelle au Japon et en japonais où *Nan.yô* désigne, en particulier au XIXe siècle et au cours de la première moitié du XXe siècle, ce vaste monde des mers du Sud. Il est cependant tiré vers l'est, généralement (pas toujours...), en excluant les péninsules de l'Asie du Sud-Est et en intégrant les îles de Micronésie et de Mélanésie[49]. La connotation quasi fantasmatique de Nan.yô empêche, à dire vrai, toute véritable précision géographique même si, pendant la guerre, le Nan.yô-chô, ou Secrétariat d'État aux mers du Sud, désignait officiellement l'organisme chargé de gérer la colonisation japonaise des îles micronésiennes.

Le géographe chinois Luo Hongxian distingue cent vingt pays étrangers, au milieu du XVIe siècle, sur des bases qui remontent au moins au XIIe siècle[50]. Parmi eux : les Barbares de l'Est (Coréens, Japonais) ; les Barbares du Sud-Est (les Insulaires des Ryûkyû) ; les Barbares du Sud (Malais, Insulindiens) ; les Barbares de l'Ouest (les Philippins, curieusement mal localisés ; les Indiens ; les Occidentaux et les autres ; tous mis dans un même ensemble) ; les Barbares des Régions de l'Ouest (les ethnies turques) ; et les Barbares du Nord-Ouest (les Mongols et autres tribus). Coréens et Japonais sont donc considérés comme des Barbares, ce qui correspondrait plutôt à « étrangers » car cet attribut ne rentre pas dans le schéma habituel sinisé.

La représentation sinisée traditionnelle de l'espace insulaire au large de la Chine est à l'image de ce traitement métagéographique : souvent sommaire et démultipliée. Le Japon, en particulier, est mal traité. Les Ryûkyû le sont à peine mieux. Les deux archipels n'y apparaissent bien souvent que comme des points flottant quelque part dans l'océan. La toponymie est souvent confuse entre « Grande Ryûkyû » et « Petite Ryûkyû ».

La carte *Gujin huayi quyu zongyao tu* (*Carte générale des pays civilisés et barbares anciens et actuels*), qui remonte au début du XIIe siècle, caractérise déjà cette approche[51]. Tandis que la Chine est bien dessinée, avec ses provinces, ses principaux fleuves et sa muraille, une série de petits cartouches rectangulaires est émiettée dans l'océan, comprenant des idéogrammes désignant le « Japon », les « Ryûkyû », la « mer orientale ». Ces cartouches sont mis sur le même plan qu'un pays, ce qui crée une certaine ambiguïté, de concert avec des îles mystérieuses telles que « l'île des esclaves » ou « l'île des nains » (deux déclinaisons au demeurant possibles du Japon). Leur localisation est erratique. « Ezo » (= Hokkaidô, à moins qu'il ne s'agisse de Taïwan ou d'une île des Ryûkyû) se trouve au sud des Ryûkyû, et le Japon au nord-ouest de celles-ci.

On retrouve la même représentation sur le célèbre *Guang Yutu* (*Atlas élargi*), commencé par Zhu Siben (1273-1337) vers 1315, repris par Luo Hongxian vers 1555, ces deux géographes chinois déjà évoqués à propos de la mappemonde coréenne du *Kangnido*. Dans la mer de l'Est, il ne reste plus que trois petits cartouches figurant le Japon, les Ryûkyû (toujours en un seul tenant) et l'archipel Zhusan[52]. Autre exemple du même type : la *Carte des terres avantageuses du passé et du présent* (*Gujin Xingsheng zhi tu*, 1555)[53]. Elle est aussi précise pour les lieux terrestres chinois qu'erratique pour les îles de la façade orientale de l'Eurasie. Le Japon y est grossièrement représenté en un seul bloc. La carte de 1743 (auteur anonyme), dans la tradition du *Huayitu* de 1136, reste dans le même registre[54]. Les Ryûkyû, par exemple, y sont placées au sud du Fujian, dans l'axe des Philippines, au côté de quelques îles imaginaires.

Même une carte moderne, comme celle de l'*Atlas de la Chine par provinces* de 1806, fait une belle place à la péninsule Coréenne mais se contente de représenter le Japon par un rond qui est à peine plus gros que le rond dessinant les Ryûkyû, tandis que la Chine est décrite de façon très réaliste[55]. La carte traditionnelle qui est présentée par Wei Yuan dans la première édition de son traité (1852) et qui mentionne la *Grande mer du monde oriental* (*Dongyangdahai*), est tout aussi vague.

Que les cartographes chinois connaissent ou ne connaissent pas le Japon dans les détails, que l'objectif de leurs travaux soit ou ne soit pas de représenter correctement les pays environnant la Chine, tout cela passe au second plan derrière l'affirmation sinocentrée, consciente ou inconsciente. La réflexion du cartographe français Guillaume Delisle (1675-1726) reste, à propos de ce regard chinois, d'une étonnante justesse : « On voit bien que les Chinois ont des cartes du Japon, mais ces peuples sont fort peu curieux de ce qui est hors de leur Empire. Il faut bien que le Père Martinius [= Martino Martini] ne les ait pas cru bonnes, puisqu'il ne les a pas données (...) »[56]. Il existe bien sûr quelques exceptions, dont les cartes de la lignée Ricci, qu'oublie Delisle, ainsi que la fertilisation croisée des cartographes chinois et coréens au cours du XVᵉ siècle qui a donné de précieux documents.

Cette imprécision géographique typique des Chinois touche aussi les Européens qui s'essaient à la cartographie du Japon à partir des sources japonaises dès la fin du XVIᵉ siècle, mais, comparativement, elle est bien moindre d'autant qu'une amélioration s'accomplit aux XVIIᵉ et XVIIIᵉ siècles. C'est dans ce contexte général (le rapport du monde sinisé à la mer) et particulier (la métagéographie du système tributaire appliqué par le Japon à son propre environnement) que se situe l'appellation des mers sur les cartes extrême-orientales (chinoises, coréennes, japonaises) jusqu'à l'orée du XIXe siècle. Ou, plutôt, la non-appellation, à quelques exceptions près. Cette caractéristique est d'autant plus remarquable que, très tôt, la tradition sinisée stipule que les géographes doivent, entre autres tâches et conformément au principe confucéen de « rectification des noms » déjà évoqué, enregistrer les changements dans les noms de lieux, comme l'indique le *Traité de Géographie* (*Dili zhi*) inclus dans *L'Histoire des Han* du Ier siècle apr. J.-C.[57]. La mer apparaît, de fait, comme un non-lieu.

RYÛKYÛ, CORÉE ET JAPON DANS LA MER ORIENTALE CHINOISE

Les Chinois connaissaient bien entendu le Japon, mais leur représentation métagéographique était telle qu'elle conduisait à minimiser sa géographie : l'empire du Milieu est tout, la périphérie ne compte guère, même métaphoriquement. Le fait que le Japon et les Ryûkyû soient représentés symboliquement par des cartouches de même dimension alors que les deux pays sont de tailles incomparablement différentes, ce que les Chinois savaient pertinemment, confirme le traitement géopolitique et métagéographique des cartes anciennes, qui est conforme au statut de ces pays à mettre et à représenter sur le même plan, comme entité politique et non pas comme espace géographique.

L'appellation et la cartographie sinisées des Ryûkyû sont erratiques pendant plusieurs siècles, ce qui entraîne des confusions au sein de la cartographie européenne. Cette approche reflète largement aussi ce qui se passe du côté des Japonais. Dans les annales antiques japonaises (VIIIe siècle) et jusqu'au XVe siècle, cet arc insulaire n'est pas perçu par les Japonais dans sa totalité, mais seulement au travers des toponymes particuliers de ses différentes îles : Akonaha = actuelle Okinawa-Hontô, Kumi = Kume-jima, Amamiku = Amami, etc. La première occurrence du toponyme de Ryûkyû dans un texte chinois remonte à l'histoire des Sui composée au VIIe siècle. Mais, comme le constate Patrick Beillevaire, « cette mention du "Pays de Ryûkyû" (Liuqiuguo) donne lieu à diverses interprétations puisqu'il n'apparaît pas clairement si la description s'applique à Okinawa ou bien à Taïwan »[58].

L'origine et la signification de ce terme chinois sont obscures. Sa géographie se précise en Chine, ainsi qu'en Corée et au Japon, au milieu du XVe siècle lorsque les trois royaumes de l'arc insulaire fusionnent politiquement en 1429 sous le nom de Royaume de Ryûkyû. L'initiative et le pouvoir reviennent au royaume central de Chûzan sur Okinawa, soit la « Montagne du milieu » en japonais mot à mot. Mais ce terme de Chûzan signifie tout aussi bien, dans la terminologie chinoise, l'« Île du milieu », ce qui est plus conforme à la géographie, l'île centrale d'Okinawa faite de collines n'étant pas particulièrement montagneuse.

Le Royaume de Ryûkyû confirme, et intensifie, la relation tributaire avec la Chine engagée en 1372. La géographie se complique toutefois car les Chinois distinguent alors deux sous-ensembles : les « Grandes Ryûkyû » et les « Petites Ryûkyû ». Contre le sens commun et la réalité topographique, mais en accord avec le haut niveau de relation tributaire, le premier terme s'applique d'abord à Okinawa et à ses îles adjacentes, et le second à Taïwan, voire, suivant certaines interprétations, à l'archipel Yaeyama qui constitue le tiers sud-ouest de l'arc des Ryûkyû, voire à l'ensemble Taïwan-Yaeyama. « Grande » ne renvoie pas ici à une dimension géographique mais à un degré protocolaire supérieur. Le *Liuqiuguo* (« pays des Ryûkyû ») devient « grand » (*Daliuqiuguo*) parce qu'il est tributaire de la Cour chinoise.

Pendant plusieurs siècles, Taïwan et les îles autour d'Okinawa sont confondues par les cartographes chinois ou européens. Un récent ouvrage taïwanais consacré à la géohistoire de Taïwan doit ainsi se référer aux multiples cartes qui figurent les Ryûkyû[59]. Les appellations s'inversent progressivement à mesure que Taïwan est mieux connue et occupée par les Chinois du continent.

La dynastie des Sui tente, entre 604 et 617, de s'emparer de l'île, mais en vain. L'échec se reproduit en 1291 avec la tentative des Mongols de la dynastie Yuan. Les expéditions maritimes de Zheng He, au début de la dynastie des Ming, utilisent le nom de *Taiouan* (Taïwan) — qui signifie « Terrasses sur la baie » —, mais celui-ci n'est pas encore officiel. L'appartenance politico-territoriale de l'île reste floue car disputée par les Chinois, par les Japonais (en 1593) et par les Européens (à partir de 1590), eux-mêmes en concurrence entre eux (Portugais, Espagnols, Néerlandais).

Les Européens transcrivent le nom de Ryûkyû de multiples façons. *Lequio minor* pour Taïwan apparaît sur la carte de l'Asie de Mercator (1595). Le nom de Formose (Formosa), donné par les Portugais, n'est attesté sur des cartes européennes qu'à partir de 1560. En 1670, Olivier Dapper écrit, dans sa relation de la deuxième ambassade néerlandaise en Chine, que l'île de Formose « est connue chez les Chinois sous le nom de Talikieu, c'est-à-dire grand Likieu »[60]. C'est ce principe que l'on trouve sur la mappemonde de Ricci (1602), avec les idéogrammes correspondants.

S'ajoute à ces variations toponymiques et ces confusions la question des *Gores* (prononcer Go-rés, les gens du pays de Go-re), dont l'identification intrigue les savants jusqu'à nos jours. C'est le chroniqueur portugais Tomé Pires qui est l'un des premiers Européens à signaler en 1512-1515 que les *Lequeos*, c'est-à-dire les Ryûkyû, sont les *Guores*. Un navigateur arabe mentionne en 1462 le pays d'*al-Ghur* et de *Lîkîwu*, en précisant que « le nom de l'Île [d'al-Ghur] est, en langue djâwî, Lîkîwu ». Il s'agirait *a priori* des Ryûkyû, mais ce peut être aussi Taïwan, ou les deux. Les historiens proposent des interprétations différentes. Cet al-Ghur des navigateurs arabes ayant remonté au-delà de Canton ne pourrait être que le pays des Gores[61]. Ou bien *Gores* proviendrait du sino-japonais *Go-ryô*, signifiant « le Domaine », et désignerait des possessions japonaises. Ou alors il s'agirait du sino-coréen *Ko-ryo* (chinois *Gao-li*) désignant la Corée, voire une déformation complexe de *Gotô*, nom de l'archipel japonais situé au large occidental de Kyûshû. Passant en revue ces diverses thèses, Charles Haguenauer estime que l'on peut assimiler al-Ghur aux Gores et aux Ryûkyû, c'est-à-dire au royaume des Ryûkyû comprenant Okinawa[62].

L'hypothèse évoquant la Corée n'est toutefois pas à rejeter totalement puisqu'il est confirmé que des Coréens vivaient en Okinawa dans le cadre des nombreux échanges. On compte ainsi dix-sept ambassades diplomatiques et commerciales entre les royaumes de Corée et des Ryûkyû de 1389 à

1502[63]. Les Gores désigneraient alors ces gens du Koryô, ces Coréens. Leur nom aurait été rapporté auprès de navigateurs arabes puis portugais. Cela expliquerait de manière plausible et satisfaisante le fait que deux termes, Gores/al-Ghur et Ryûkyû, renvoient au même espace, bien qu'à deux populations différentes.

Île pourtant visible des côtes continentales, Taïwan n'est « découverte » qu'en 1430 seulement. Elle ne commence à être peuplée par des Chinois qu'à partir du XVIe siècle, c'est-à-dire au moment même de l'arrivée des Européens. Le désintérêt, jusque-là, de la Chine pour l'île résume à lui seul l'attitude ambivalente qu'éprouve la tradition sinisée pour le monde maritime et insulaire. Contrairement à l'île de Hainan, Taïwan est ainsi régulièrement oubliée de la cartographie traditionnelle, comme sur la carte *Da Ming Guangyu kao* de 1610 (*Carte générale des Ming*). La remarquable carte de Chine et d'Extrême-Orient dessinée par Wang P'an en 1594 ne fait pas exception dans cette ignorance. En revanche, l'angle nord-est de l'Asie y est très bien conçu pour l'époque, péninsule et îles coréennes ainsi qu'archipel japonais y figurent assez précisément. Même Ezo (alias Hokkaidô) y apparaît comme une île[64].

Taïwan est négligée tant que son espace insulaire n'est pas géopolitiquement intégré dans la sphère chinoise, ce qui arrive au cours du XVIIIe siècle seulement. La Cour chinoise ne commence vraiment à s'y intéresser qu'à partir du moment où l'île est convoitée et occupée par les Européens. En outre, lorsque les Néerlandais s'y installent fermement, à partir de 1624, ils y introduisent des colons chinois qu'ils vont chercher sur les côtes en face, au Fujian et au Guangdong. Plus de vingt mille Chinois sont ainsi employés par la Compagnie néerlandaise des Indes orientales entre 1637 et 1652, dans les plantations principalement.

En septembre 1652, plus de quinze mille d'entre eux se révoltent contre leur condition, mais ils sont réprimés par les Néerlandais avec l'aide des aborigènes malayo-polynésiens[65]. Cet épisode, considéré comme l'une des premières révoltes chinoises contre l'Occident, montre déjà la complexité de la situation puisque les premiers occupants de l'île, les aborigènes, participent à la répression des Chinois, colons malgré eux, mais colons quand même. Les choses n'en restent d'ailleurs pas là puisque Taïwan se retrouve comme enjeu au cœur de la tumultueuse succession dynastique chinoise. Une branche loyaliste des Ming s'y réfugie en effet, chasse le pouvoir néerlandais et y installe une puissance autonome (1661-1683). Zheng Chenggong (1624-1662), son leader, alias Koxinga, est en outre à moitié japonais, par sa mère, et il est né au Japon, en Hirado. La victoire des Qing met fin en 1683 à ce qui est connu comme le « Royaume de Taïwan » par les Européens, et l'île devient officiellement, en avril 1684, une préfecture de la province continentale du Fujian[66].

Autrefois, le toponyme chinois de *Donghai,* ou « mer de l'Est », correspondait à l'actuelle mer de Chine orientale. On le trouve sur une carte du VIIIe siècle de Chia Ten (730-805), considérée par Soothill comme l'ancêtre du *Huayitu* (1137)[67]. Il désigne l'espace marin qui s'étend vers l'est de la Chine, au large des côtes du Jiangsu, de Shanghai, du Zhejiang et du Fujian. De fait, il pouvait aussi s'appliquer à l'océan Pacifique lui-même, au-delà des Ryûkyû. Un cartouche transpose parfois ses idéogrammes, posé de façon erratique entre les côtes chinoises et l'espace des Ryûkyû, lequel n'est pas toujours figuré. C'est le cas de deux cartes influentes, l'une du XIIe siècle[68] et l'autre de 1613[69].

La légende du *Huayitu* mentionne les « pays au milieu de la mer des Barbares de l'Est ». Elle en recense onze, soit, dans l'ordre : Weimo ; les Trois Han (= trois royaumes de la péninsule Coréenne) ; le Fusang (= Sakhaline selon Gustave Schlegel, une île de l'archipel japonais selon Édouard Chavannes) ; Je-pen (= le Japon) ; Woguo (cf. *infra*) ; Ta-han (pays hypothétique situé « à cinq mille *li* des Tatoués » = Oku-Ezo ?) ; les Tatoués ; Mo-ren (les « hommes velus ») ; Ezo, Emishi ou Emisu (= Hokkaidô ?) ; Joguo (le « pays des Femmes » ; mille *li* à l'est des Tatoués pour Chavannes ; cinq mille *li* à l'est de la Corée pour Soothill) ; Lieou-K'ieou (Formose pour Chavannes ; cf. *supra*).

C'est donc dans cette mer de l'Est que se situent la Corée et le Japon. Plus précisément, comme nous l'avons constaté avec la typologie du géographe chinois Luo Hongxian, au début du XVIe siècle, seuls la Corée et le Japon sont clairement situés dans la direction de l'est, tandis que les Ryûkyû sont vues comme étant situées au sud-est. Mais c'est uniquement la Corée qui est parfois appelée « pays de l'Est » (*Dongguo*) dans les textes chinois anciens. De nombreux documents coréens anciens adoptent également cette dénomination pour désigner leur pays (cf. *infra*).

LE NOM DE JAPON

« Pays de l'Est », « pays du Levant » ou « pays du Soleil levant », tous ces termes devraient logiquement désigner la même chose. En fait, il y a une nuance, subtile, et finalement importante, qu'il faut expliquer.

Rappelons d'abord que ce sont les sources chinoises qui constituent les plus anciennes références écrites sur le Japon. La plupart des historiens considèrent qu'elles sont fiables. Mais elles soulèvent néanmoins plusieurs problèmes. Tout d'abord, quelles sont la lecture, la prononciation et l'interprétation des idéogrammes chinois, notamment par rapport à leurs équivalents japonais ultérieurs ? Quelle est la nature de la vision historique des anciens Chinois envers l'archipel japonais et ses habitants ?

Ensuite, concernant l'interprétation rétroactive et anachronique qui peut en être faite sur le plan politique et culturel, notamment à propos de l'origine de l'État japonais ou protojaponais dans l'Antiquité, qui contrôlait quoi dans cette région ? Autrement dit, la mention ancienne d'un Japon correspond-elle à l'ensemble ou à une partie seulement de l'actuel archipel japonais ? Et, du coup, le tout peut-il être valablement assimilé rétrospectivement à la partie ?

Les Chinois appelaient autrefois le Japon au moins de trois façons : Woguo, Woko et Jipenguo[70]. La première appellation est la plus ancienne, et l'une des plus courantes. *Wo* apparaît dans le *Shanhai jing* (*Classique des montagnes et des mers*, IIe av. J.-C.), mais de façon confuse. La première mention précise remonte au *Han Shu* (*Histoire du début de la dynastie des Han*, 82 apr. J.-C.). Un passage mentionne en effet : « Le peuple *wo* (ch. *Woren* ; j. *Wajin*) se trouve dans la mer de Rakurô (alias Lolang = mer Jaune) »[71]. Le caractère maritime de la région est déjà clairement affirmé dans ce récit chinois.

Le *Wei Zhi* (*Histoire de la dynastie des Wei* ; j. *Gishi* ; *ca* 297 apr. J.-C.) évoque également le pays de *Wa*, mais aux côtés d'une trentaine de petits royaumes, dont *Nuguo* (j. *Nakoku*) et *Gounuguo* (j. *Kunakoku*). « Les *Woren* se trouvent au milieu de la mer sur des îles montagneuses au sud-est de Taifang. Ils comprennent à l'origine plus d'une centaine de communautés. Sous la dynastie des Han, [leurs envoyés] sont apparus à la Cour [de Chine]. De nos jours, une trentaine de leurs communautés gardent des échanges [avec nous] par l'intermédiaire d'envoyés et de scribes »[72]. Le *Hou Han Shu* (*Livre des Han postérieurs*, 432) évoque aussi le pays de *Yamadai* (*Yamatai*)... Le *Song Shu* (*Livre des Song*) mentionne le fait que « cinq rois de *Wa* » donnent le tribut à la Cour chinoise. Le *Sui Shu* (*Livre des Sui* ; j. *Zuisho* ; 636) comprend une section sur le *Woguo* (j. *Wakoku*), qu'il situe « au milieu du grand océan au sud-est de Paekche et de Silla [deux royaumes du sud de la péninsule coréenne], à mille *li* par eau et par terre »[73].

Le sens de *Wo* en chinois a suscité moult exégèses. Le mot ainsi que son idéophonogramme composé de la clef « homme », ou « personne », ajouté à la racine *wei* (« qui se plie », « obéissant ») ont assurément une connotation péjorative. La signification première est celle de « tordu », au sens propre comme au sens figuré, débouchant sur celle de « soumis / obéissant » ou de « nain ». *Woguo* ou *Wonuguo* signifierait donc le « Pays des nains », que l'on peut également interpréter comme le « Pays des esclaves »[74]. C'est de toute évidence la raison pour laquelle les écrits japonais anciens remplacent au milieu du VIIIe siècle cet idéophonogramme par un autre, plus glorieux, qui signifie « harmonie » et qui se prononce « *wa* » en japonais.

Il existe plusieurs hypothèses pour expliquer le choix et l'apparition du terme *wa/wo*. Michael Carr rappelle que le « je », « moi » ou « nous » en japonais se dit *wa*, et que c'est peut-être l'un des premiers mots de présentation qui a été prononcé par des habitants de l'archipel japonais auprès de voyageurs chinois[75].

Tsunoda Ryûsaku remarque que des descriptions chinoises du peuple Wo dans le *Hou Han Shu* indiquent que ses habitants s'agenouillent en marque de respect, et que des voyageurs chinois ont pu l'interpréter comme un signe d'obéissance (*wo*)[76]. L'idée de « nains » et de « Pays des nains » a pu découler de cette supposée attitude de soumission.

On pourrait également suivre, en ce qui concerne l'étymologie de *wa/wo*, la piste du « crocodile » (j. *wani*), et considérer le Japon comme le « pays des crocodiles » en référence aux origines malayo-polynésiennes de ses premiers occupants. Car bien qu'il n'y ait pas ce genre de sauriens dans l'archipel japonais, plusieurs références historiques anciennes les mentionnent à l'occasion de mythes liés aux origines du pays. On remarque que l'écriture du *wa* de *wani* (« crocodile ») peut utiliser le même idéogramme que *wa* de « harmonie », celui qui compose également le toponyme japonais ancien de *Yamato* (ou « Grand Wa ») et qui désigne le Japon antique.

Au nom de *Woguo* se substitue progressivement, au Japon, au cours des VIe et VIIe siècles, celui de *Yamato*. L'évolution toponymique est double : sémantique et idéographique. On peut penser que c'est la deuxième dimension, le système d'écriture, qui l'a facilitée. *Yamato* est d'abord écrit avec le caractère *wo* (« nain »), puis, au VIe siècle, préfixé avec le caractère de « grand » (= « grand *wo* »). Enfin, à partir de 757 environ, les deux caractères utilisés sont « grande harmonie ». C'est une référence, très probable, à l'un des principes énoncés par le fameux *Yiking* chinois : « Chacun reçoit la nature qui lui revient en propre et constitue sa rectitude, [tous] se conservent et s'unissent dans une grande harmonie (*dahe*) »[77]. On utilisait aussi les deux idéogrammes signifiant « origine du soleil » pour transcrire *Yamato*, d'où un télescopage entre les différentes conceptions.

En Chine, *Woguo* désigne jusqu'au Xᵉ siècle l'archipel japonais puis les pirates, supposés japonais, sous le nom de *Wokou* (j. *Wakô*). Comme on l'a vu, les recherches historiques montrent que le caractère « japonais » de ces *wakô* pose question, non en ce qui concerne les périodes les plus anciennes mais pour le Moyen Âge[78]. Confirmant le caractère original, sinon transnational avant la lettre, de ces forbans des mers, Kadowaki Teiji insiste sur le fait que ni les populations de la péninsule Coréenne, ni le gouvernement de Kôryô, ni les populations de Chine, ni le gouvernement des Ming n'appellent les *wakô* des « pirates japonais » (*Nihonkô, Nihonzoku*)[79]. L'image des *wakô* est celle de « rustres » sous-développés, y compris chez les Japonais.

Quant à l'identité japonaise en général, plusieurs chercheurs, Amino Yoshihiko en particulier, ont montré que son affirmation politique, qui ne doit pas être obscurcie par une vision nationaliste rétrospective ou anachronique de l'histoire, est discutable avant le XVIIᵉ siècle[80]. Autrement dit, qualifier de « Japonais » des populations habitant au Moyen Âge, et *a fortiori* durant l'Antiquité, des régions périphériques de l'archipel japonais est risqué. Le fonctionnement en statuts organise la société ancienne d'une façon qui ne correspond pas au « peuple national » comme on l'entend depuis l'époque moderne. Les seigneurs peuvent se soumettre, par l'impôt notamment ou par les titres, à l'autorité centrale, mais pas forcément toute leur population. Ils peuvent aussi entrer en dissidence.

L'un des termes japonais les plus anciens pour désigner le Japon est donc celui de *Yamato*. Ses premières confirmations écrites qui datent du VIIIᵉ siècle sont tardives par rapport à son usage. Le toponyme *Yamato* peut avoir différentes significations, mais celles-ci renvoient toutes à l'idée d'une « montagne » (*yama*) bien délimitée. Le sens de *to* est plus divers : trace, porte, ville-capitale, voire lieu (*tokoro*). Le séquençage en *ya-mato* n'a pas été analysé. Le séquençage en *ya-ma-to* est envisageable, *to* pouvant signifier la « porte », *ma* l'« intervalle », l'espace « entre deux », et *ya* « huit » ou « nombreux », mais le sens de « Porte des huit intervalles » reste à interpréter. Selon certaines hypothèses, Yamato désigne à l'origine la « capitale (impériale) » (*miyako*) située au pied du mont Miwa, au sud-est du bassin de Nara. C'est d'ailleurs l'interprétation qu'en donne le *Sui Shu* chinois (636), lorsqu'il évoque le Woguo en indiquant que « la capitale est Yamato, connue dans l'histoire des Wei comme étant Yamadai »[81]. Son sens s'applique ensuite à l'ensemble du bassin de Nara et à sa province historique, encore connue sous ce nom. Puis les annales japonaises antiques (VIIIe siècle) en font l'une des îles principales de l'archipel japonais, qu'elles appellent « Grand Pays des huit îles » (*Ooyashima-kuni*). Yamato se confond alors avec l'actuel Honshû, pour tout ou partie.

Le « pays de Yamatai » (j. *Yamataikoku*) (ou *Yamadai*) est, d'après l'histoire chinoise du *Wei Zhi* qui le mentionne aux côtés d'autres pays, dirigé par une reine, Himiko (ou Pimiku). Ce Yamatai est-il le Yamato, et où se situe-t-il exactement dans l'archipel japonais ? Cette question reste encore de nos jours l'une des plus célèbres énigmes, et polémiques, de l'historiographie japonaise[82]. En dehors d'hypothèses fantaisistes (en Okinawa, par exemple), les deux endroits les plus envisagés sont le nord de Kyûshû ou bien le Kinai, notamment la région de Nara.

Les enjeux qui recouvrent l'énigme du Yamatai-Himiko sont multiples. Ils concernent au premier chef la question des origines de la première « unification » politique du Japon, et donc celle de la dynastie impériale, le processus de prise du pouvoir par tel ou tel clan, la nature de la société et de sa culture (matriarcat, système impérial féminin, tatouage, port du poncho, influences provenant de l'Asie du Sud-Est...), la question du tribut avec la Chine, s'il existait ou non.

Les premiers écrits japonais vers lesquels on peut se tourner après les textes chinois qui sont plus anciens posent de nombreuses difficultés d'interprétation. Parmi elles se trouve prioritairement le système de transcription des phonèmes japonais — radicalement différents du chinois — qui utilise les idéophonogrammes chinois, un système dit « Man.yôgana ». Dans l'annale japonaise antique du *Kojiki* (*Recueil des Choses anciennes*, 712), les trois idéophonogrammes transcrivant Yamato doivent ainsi être lus *Yamadeng* en mandarin standard (moderne). Autre source de difficultés, l'autre annale japonaise antique du *Nihonshoki* (*Recueil du Japon*, 720) connaît le *Wajinden*, puisqu'elle y fait référence, mais brièvement, en évacuant toutes les annotations géographiques et anthropologiques.

La découverte récente, en 1989, au nord-ouest de Kyûshû, à Yoshinogari, d'un vaste site archéologique offrant des coïncidences troublantes avec les descriptions chinoises du palais de la reine Himiko, a rallumé les passions japonaises, à tel point que les médias japonais ont parlé de *Yoshinogari fever*. Archéologie, poteries, céramiques, etc., tout est scruté, chaque pièce à conviction est criblée d'hypothèses. D'un livre publié par an sur la question du Yamatai dans les années 1950-60, l'édition japonaise est passée à plus d'une quinzaine au cours des années 1990. L'énigme n'est toutefois pas résolue puisque l'affaire rebondit avec les résultats de fouilles en 2009 qui avancent que le Yamatai se trouverait à Hashihaka dans la commune de Sakurai, qui se trouve au sud-est du... bassin de Nara[83].

Plusieurs historiens et anthropologues japonais (Kadowaki Teiji, Amino Yoshihiko...) rappellent qu'à l'époque du *Wei Zhi* l'archipel japonais est loin d'être culturellement, et *a fortiori* politiquement, unifié. Pour Kadowaki, toute la question réside dans le passage de la société *wajin* à l'État *Wa*, le *Wakoku*. Quelle que soit l'interprétation qu'on fait du « pays de Yamatai », il souligne que l'unification politique progresse entre Kyûshû et le Kantô à la fin du IIIe et au début du IVe siècle, puis se renforce avec l'établissement des *miyake* au Ve siècle. Est alors soulevé le problème des récits chinois suivants, mais Kadowaki postule, à l'instar d'autres historiens japonais, l'unité politique du « Royaume Yamato » à cette époque, avec, entre autres caractéristiques, la construction de tumuli en forme de trou de serrure (*zenpôkoen-fun*).

Sous l'effet de l'influence chinoise et des relations entre l'archipel japonais et le continent, l'idéographie *Yamato* est ensuite progressivement lue *Nihon*. Ce nom signifie « Origine du soleil » (*nichi* = soleil ; *hon* = racine, origine). C'est lui qui donne ultérieurement le nom de *Japan* ou *Japon* en langue anglaise et française. *Nihonkoku* (« Pays du Nihon » ; *koku* = *kuni* = pays) n'est pas exactement synonyme de « Pays du Soleil levant », selon la traduction qu'il a habituellement acquise en Occident.

Le premier écrit japonais à mentionner *Nihon* se place entre 670 et 690[84]. Certains historiens situent l'émergence du nom autour de Taika (645), la période de grandes réformes politiques, administratives et culturelles inspirées de la Chine. En fait, le nom de *Nihon* est adopté au moment même où l'appellation japonaise d'« empereur », ou *tennô*, entre en usage systématique. Amino Yoshihiko ou Fujita Shôzô insistent sur cette corrélation qui renvoie aux origines de la famille impériale, et à la façon dont elle a conquis le pouvoir. Cette correspondance est effectivement essentielle car, comme nous l'examinerons plus loin, les conceptions japonaise et chinoise de l'empereur diffèrent, ainsi que leur dénomination. *Tennô* n'est pas la traduction stricte du chinois *tianzi*, ou « fils du ciel ».

Il n'y a pas de consensus sur l'origine du nom *Nihon*. L'une des explications les plus courantes évoque le « prince de l'endroit où le soleil se lève », formule mentionnée par le *Sui Shu* (636) et qui correspondrait au *Higashi Tennô* (« Fils du ciel de l'Est ») de l'annale japonaise du *Nihonshoki*. D'après le récit chinois, Ono no Imoko, chef de l'ambassade de la monarchie du Yamato en 607, porte à la Cour chinoise une lettre où « le fils du ciel dans le pays où le soleil se lève salue le fils du ciel dans le pays où le soleil se couche ». Ce propos agace la Cour chinoise. En effet, la référence au « fils du ciel » (ch. *tianzi* ; j. *tenshi*), l'un des principes politiques propres à l'Empire chinois, montre certes que cette monarchie « japonaise » connaît la Chine ainsi que ses rites, mais aussi qu'elle se met sur un pied d'égalité. La formule nie le sinocentrisme. Pire, en attribuant le couchant à la Chine, elle l'assimilerait non pas au rayonnement mais au déclin, même si, d'après les spécialistes, il n'y a pas de hiérarchie de valeur entre Ponant et Levant en Chine à cette époque.

Des considérations tactiques et d'autres échanges diplomatiques entre la Cour chinoise et la Cour du

Yamato apaisent ensuite les tensions, d'autant que la seconde entre — au moins provisoirement — dans le système du tribut. L'utilisation du terme *Nihon* est confirmée pour l'ambassade de 701 (« L'ambassadeur du pays Japon », j. *Nihonkoku-shi*). Le toponyme *Nihon* se propage dans le cadre de « relations internationales » avant la lettre, de relations entre « pays », c'est-à-dire entre souverains. Le changement de nom de *Yamato* en *Nihon* n'est cependant pas soumis à l'approbation de la Cour chinoise, comme il est d'usage pour les pays tributaires. En réalité, le statut diplomatique et géopolitique du Japon par rapport à la Chine est ambigu, variable et complexe. La Cour du Yamato se considère comme souveraine car elle est devenue un « petit empire » (j. *shôteikoku*) selon la norme chinoise, avec ses propres pays tributaires (Parhae en Corée) et ses propres barbares (*ijin* ou *ijaku* au nord et au sud de l'archipel japonais). Ses Codes distinguent clairement ses « civilisés » (*kanai no hito* : les « gens à l'intérieur de l'efflorescence ») et ses « étrangers » (*kagai no hito* : les « gens à l'extérieur de l'efflorescence »). En revanche, le Japon envoie en Chine, du VIIe siècle à la fin du VIIIe siècle, des ambassadeurs tributaires dont la hiérarchie dans la structure chinoise est irrégulière ou spécifique, comme s'il avait un statut ou un fonctionnement à part par rapport à d'autres pays[85].

Le système chinois distingue également les « grands pays » (ch. *daguo* ; j. *taikoku*) et les « petits pays » (ch. *xiaoguo* ; j. *shôkoku*), les premiers ayant eux-mêmes leurs propres pays tributaires et les seconds non, semble-t-il. Le Japon cherche à bénéficier du premier statut, mais les sources historiques renseignent mal du résultat. De là date en tout cas, avec l'ambassade de 753, cette idée de « grand pays

Japon » (*Dai-Nihon-koku*) appelée au succès ultérieurement, mais dont il ne faut oublier ni l'origine, ni la signification précise qui relève moins de la géographie que du rang diplomatique. Rappelons que sous les Tang la Cour chinoise reçoit jusqu'à soixante-dix ambassades de pays tributaires différents, ceux-ci allant jusqu'en Inde et en Arabie.

Les deux idéophonogrammes composant Yamato sont peu à peu remplacés par deux autres, « soleil » (*nichi*, *hi*) et « origine » (*hon*, *moto*). La lecture de ceux-ci reste double pendant longtemps. À l'époque Heian (IXe-XIIe siècle), on les prononce *Hi no moto*, *Yamato* puis, de plus en plus, *Nihon* ou *Nippon*. La conception du « pays de l'origine du soleil » repose sur un regard par rapport à la course du soleil, et détermine un lieu pour ce regard. Elle suppose une vision continentale du Japon, à partir du continent, à partir de la Chine, c'est-à-dire de la dynastie Tang à l'époque. Réciproquement, elle entraîne une vision insulaire, à partir de l'archipel. Mais ne trouve-t-on pas partout des contrées où le soleil se lève ? Y aurait-il des pays où le soleil se lève un peu plus que d'autres ? Le nom de *Nihon* ne désigne-t-il pas tout simplement l'est ? Or le nom de « pays de l'Est » est réservé à la Corée (ch. *Dongguo* ; cor. *Tongkuk*)... Il n'est pas appliqué à l'archipel japonais.

Nihon opère donc une distinction, qui correspond en français à la différence entre « pays de l'Est » et « Levant ». Les anciens habitants de l'archipel japonais attachent beaucoup d'importance à la course du soleil dans l'Antiquité. On peut estimer que, en fonction de ces conceptions, la localisation au levant était appréciée et donc valorisée par le pouvoir local de l'archipel japonais. C'est l'hypothèse finalement admise par Iwahashi Koyata. Un autre historien, Yoshida Takashi, estime en revanche que le choix relève d'une autre affirmation : celle de la descendance religieuse du soleil. Celle-ci a certes été formulée au moment du système politique du Ritsuryô japonais (à partir du VIIe siècle), influencé par les Tang, mais précisément pour contrebalancer l'influence chinoise.

Dans le Japon antique d'avant le VIIe siècle, l'« axe primordial » suit en effet la direction ouest-est[86]. Il regarde vers le soleil qu'il considère comme prioritaire. Cette préférence pour le levant est caractéristique des sociétés dites primitives qui accordent une importance considérable au soleil, source de lumière et de chaleur. C'est le cas du proto-shintô japonais, c'est-à-dire de l'animisme ancestral tel qu'il existe au cours de la période Jômon (12 000-IVe siècle av. J.-C.)[87]. La diffusion rapide dans l'archipel japonais de la civilisation chinoise à partir du VIe siècle, de concert avec la propagation du bouddhisme, y modifie le système de valeurs attribuées à l'orientation. En Chine, l'« axe primordial » est de direction nord-sud, comme on l'a vu. Il privilégie l'étoile Polaire, pivot du ciel, symbole de l'empereur qui est fils de ce ciel et pivot de l'empire. Il regarde vers le sud, comme la boussole appelée à l'origine « l'aiguille du sud ». Le modèle chinois renverse l'ordre primordial au Japon et s'y intègre.

Au final, l'Empire chinois ne voit pas d'obstacle à ce que le nom de Japon garde une conception héliotrope tandis que la monarchie japonaise s'enorgueillit de ne pas être traitée comme un simple royaume de l'Est, à l'instar de la Corée. Dans ce simple jeu de nom, et choix de nom, se traduisent très tôt le désir japonais d'indépendance et le sens chinois du compromis.

De son côté, l'élite de l'archipel japonais peut recycler les anciennes croyances solaires, valorisantes selon elle, dans le cadre d'un shintô formulé sous la poussée bouddhiste et prônant une descendance religieuse du soleil. Cette « preuve par le soleil » alimentera le nationalisme nippon. Même le bouddhisme, qui valorise l'ouest comme terre du Bouddha ou le sud comme paradis du Potalaka, n'arrive pas à l'effacer. Le terme de « Grand Soleil » (*Dainichi*), qui s'apparente à l'expression de « Grand Japon » (*Dai Nihon*), se propage ainsi au milieu du Moyen Âge japonais. Il relève de croyances pour lesquelles le signe solaire devient très important, surtout au sein de certaines branches ésotériques (Shingon, Tendai, Kegon...).

La bannière dessinant le « rond du soleil » (*hi no maru*) se répand à la même époque, notamment lors de la menace mongole (XIIIe siècle). Elle est brandie par Kikuchi Takefusa (1245-1285), chef des troupes « japonaises », devant la ville de Hakata lors de la première attaque mongole de 1274. Elle est également brandie par les loyalistes de Godaigo (1336), par un certain nombre de seigneurs pendant la période des guerres civiles (1467-1568), et par les troupes de Hideyoshi lors de leurs invasions de la Corée (fin XVIe siècle). Elle est adoptée par les Tokugawa. Elle donnera l'actuel drapeau japonais.

Cela dit, la référence de ce drapeau au soleil n'est pas la seule possible. Selon certains (Hayakawa Kotarô...), le symbole du rond rouge serait en réalité celui d'une tache de sang sur un drap blanc, conformément à un rite qui consistait à placer sur un autel de pureté l'organe d'un gibier abattu en offrande à un *kami* (déité) pour se racheter de l'avoir tué. Il exprimerait ainsi l'héritage de l'antique socioculture des chasseurs-cueilleurs de la période protohistorique Jômon. Selon d'autres (Sugata Masa.aki...), le cercle représenterait le « rond » (*maru*) d'une crotte, marqueur symbolique d'un territoire par excellence, repris par les marins pour désigner leurs navires (— *maru*) : une pratique éminemment maritime et insulaire[88].

Nihon ne désigne donc ni le berceau originel d'une dynastie, ni le nom de famille de celle-ci. Il implique un phénomène naturel et une orientation. C'est un choix véritablement géopolitique, au sens plein d'inscription de la terre ou du cosmos dans le politique. L'apparition et l'affirmation du vocable *Nihon* étant liées à l'émergence du système impérial japonais et au positionnement de celui-ci dans le monde sinocentré, il est difficile de déterminer lequel des deux processus fut prépondérant. Les débats à ce sujet restent animés parmi les spécialistes japonais.

La question n'est pas anodine dans la mesure où elle qualifie la nature du régime impérial japonais, son origine, son degré d'autonomie culturelle et politique vis-à-vis de la civilisation chinoise, son unicité et sa légitimité vis-à-vis de la société japonaise elle-même. Elle se repose régulièrement au cours de l'histoire extrême-orientale, en particulier lors de deux tournants géohistoriques que nous étudierons, avec l'avènement du shôgunat Tokugawa au début du XVIIe siècle puis la Restauration Meiji en 1868. À chaque fois, la relation métagéographique entre Japon et Chine est reposée.

De l'Antiquité à l'ère moderne en passant par le Moyen Âge, les limites politico-culturelles du « Japon » ne se mettent que progressivement en place. Le nom et la conception même de ce « Japon » ne doivent d'ailleurs pas être anachroniquement fixés car ils résultent d'une lente élaboration au cours des siècles. La définition du « Japon » et des « Japonais » au sens strict des termes est historiquement et géographiquement relative, sinon contingente. Les travaux de plusieurs historiens, dont, entre autres, Amino Yoshihiko, montrent bien, d'une part, que le terme de Japon est apparu assez tardivement dans un sens proche de celui que nous entendons aujourd'hui, en gros autour du XIIe siècle, et, d'autre part, que sa définition spatiale n'est pas stricte[89].

Au Moyen Âge, les marges sont encore mal intégrées. On note même l'apparition d'un pays *Hinomoto* au nord-est, dont la nature reste encore mal connue. Or l'idéographie de cet *Hinomoto* est la même que celle de *Nihon*. La famille des Andô qui occupe cette partie de Honshû se proclame même « shôgun de Hinomoto », ce qui introduit une certaine confusion. S'agit-il du shôgun du Japon ? Du shôgun d'un pays autre que le Japon ? S'interroger sur « qu'est-ce que le Japon ? » ou « que désignent les Japonais ? » permet ainsi de souligner la dimension historico-géographique de la construction de l'État-nation, et de recadrer la métagéographie du passé.

On retrouve cette question à propos du rapport à la Chine. Le nom de *Jipenguo*, qui est la lecture chinoise des trois idéogrammes désignant le « Pays de l'origine du soleil », accompagne celui de *Woguo* ou « Pays des Wo » pendant longtemps, sans qu'ils se confondent. Sur la carte chinoise *Huayitu* (*Carte de la civilisation et des barbares*) de 1137, on trouve ainsi côte à côte les deux toponymes mais en deux endroits distincts[90]. C'est le nom de *Jipenguo* qui va passer dans d'autres pays. On le trouve sur une très ancienne carte turque d'Al-Kashgari (1076) qui mentionne le Japon (*Jih-pên-kuo*, en écriture arabe) à l'est de la Chine (*Masin*), la plus ancienne à le faire en dehors du monde sinisé[91]. On a vu qu'ensuite Marco Polo, de retour de son séjour en Chine et en Asie, fait connaître le terme de *Cipango* en Europe, une déformation du syntagme chinois.

Le Japon est considéré pendant longtemps par les Chinois comme un pays à la fois redouté et mystérieux : lieu mythique du paradis bouddhique sous la forme des îles Penglai[92], repaire de pirates incontrôlables, archipel de guerriers qui se livrent régulièrement bataille. Le Japon ne stimule aucun « désir de rivage » auprès de la Chine qui, décidément, se tourne ailleurs. De fait, alors que l'énorme puissance chinoise aurait parfaitement les moyens de le conquérir, elle ne s'y emploie pas. Et quand l'idée lui en prend, elle tourne à la déroute totale comme le prouvent les deux tentatives d'invasion du Japon par les troupes mongoles au XIIIe siècle. L'archipel japonais est là, quelque part, dans la « mer de l'Est »...

Le désir de rivage est donc aussi ambivalent dans le monde sinisé traditionnel que l'est la conception socioculturelle et métagéographique des mers. Les îles Penglai, généralement au nombre de trois, constituent les lieux de l'éternité, assimilés à la terre pure d'Amida, là où le temps humain n'a plus cours, où il est décalé. Dans cet archipel se trouverait le fameux élixir de jouvence à la recherche duquel partent quelques aventuriers chinois sans en revenir. C'est, comme le décrit Jacqueline Pigeot, un « jardin réunissant phénomènes naturels, plantes et animaux des "quatre saisons", répartis dans les "quatre directions" »[93]. On retrouve donc dans cette croyance des traits universaux, sous la forme du jardin-paradis, luxuriant et toujours vert, comme l'Éden déjà évoqué du monde métaméditerranéen, des obsessions chinoises comme l'ordre carré sous la forme des quatre directions, et des sensibilités japonaises comme la référence aux quatre saisons. Mais où se trouvent exactement ces îles Penglai ?

Sur la rouelle *ch'onhado* du livre coréen *Tongguk-*

chido, XVIIe siècle (cf. *supra*), les trois îles du Penglai (Penglai, Yingzhou, Fangzhang) sont placées au sud du Japon et à l'est des Ryûkyû, dans une position qui correspondrait à l'archipel Ogasawara ou, mieux, à Iô-tô (Iwo-jima). La localisation de ce Penglai, ou Hôrai en japonais, pose cependant un problème pour les Japonais qui sont déjà situés à l'est : où est-il, où le placer ? Plus à l'est encore ? Vers un large totalement inconnu et qu'aucun navire, sauf cas encore inconnu, n'a traversé avant la fin du XVIe siècle ? Les réponses tergiversent, certaines choisissent un sud mystérieux...

L'insularité et la surinsularité japonaises reformatent inévitablement la vision des espaces maritimes. Les chroniques de l'Antiquité japonaise conçoivent ainsi la mer comme un espace illimité et fondamental[94]. Les îles y sont nommées, les détroits aussi, mais pas les mers. Le bleu de l'azur se confond avec l'indigo des flots jusque dans le lexique où *ama* désigne indifféremment le ciel, la mer et les tribus itinérantes de pêcheurs ou ramasseurs de coquillages. Espace des dieux d'un côté, espace des âmes défuntes de l'autre, la ligne d'horizon offre une limite qui n'en est pas une : indéfinie.

LE JAPON ET L'ASIE ORIENTALE SUR LES CARTES ASIATIQUES ANCIENNES

Nous ne disposons malheureusement pas des cartes japonaises les plus anciennes de l'archipel japonais. Celles du moine japonais Gyôgi (668-749), considérées comme les plus anciennes, ont disparu. Il n'en subsiste que des bribes ultérieurement recueillies ou bien des copies de copies, avec toutes les distorsions et les manques que cela suppose. D'où des lacunes sur les connaissances géographiques et métagéographiques des anciennes époques japonaises, que recoupements, suppositions et hypothèses permettent de ne combler que partiellement.

Le moine bouddhiste Gyôgi n'est pas seulement un prêcheur itinérant qui joue un rôle important dans la diffusion du bouddhisme au Japon mais aussi un ingénieur civil travaillant sur les barrages, les canaux, les ponts et les routes. Conseiller très influent de l'empereur Shômu (724-749), il est probablement à l'initiative de l'édit de 738 qui ordonne la compilation de cartes provinciales. Bien que l'on ne sache pas précisément si le moine lui-même en a tracé une seule, ces cartes proposent une trame qui sera reprise pendant plusieurs siècles. En conséquence de quoi, elles ont pris, par la suite, le nom générique de « cartes Gyôgi »[95]. Elles constituent également jusqu'au XVIe siècle la principale source cartographique sur le Japon pour les géographes chinois ou coréens, dont le fameux *Haedong chegukki* de Sin Suk-chu (cf. *infra*).

Les cartes du type Gyôgi[96] énumèrent assez précisément les provinces japonaises et les principales îles de l'archipel, quoique leur positionnement puisse être approximatif ou erroné. Mais elles restent totalement muettes sur la désignation des mers alentour, mer du Japon comprise. Elles sont souvent, mais pas toujours, orientées avec le sud en haut du document, ce qui crédite la double hypothèse exposée précédemment d'une préférence pour l'axe cardinal ouest-est pendant l'Antiquité japonaise, sinon asiatique, et de son existence même au sein du monde sinisé avant l'influence de la cartographie arabo-musulmane.

Elles ont pour inconvénient de représenter le Japon en dehors de tout contexte régional, sans faire figurer les pays voisins (Corée, Sibérie, Ryûkyû, Chine). La connaissance que les anciens Japonais ont de ces pays doit donc être appréciée d'une autre façon. Mais, après tout, ce défaut existe encore de nos jours où, sur maintes cartes modernes, le Japon semble flotter seul dans une sorte d'infini, comme une espèce de privilège accordé à un archipel topographiquement bien individualisé et placé en finisterre de continent. Cet inconvénient échappe toutefois aux cartes non japonaises du Japon, même si leurs informations peuvent provenir du Japon même ou des cartes du type Gyôgi. C'est notamment le cas de deux cartes coréennes, de 1402 et de 1472. L'une est la fameuse mappemonde du *Kangnido* (1402), que nous avons évoquée à propos des expéditions chinoises de Zheng He. C'est la première au monde, dans les documents subsistants, à représenter de façon pertinente et globalement cohérente les îles extrême-orientales, et notamment l'archipel japonais dans son contexte régional. Toutefois, les trois versions existantes du *Kangnido*, qui disposent toutes le nord en haut du document, proposent chacune un positionnement et une morphologie différents du Japon, ce qui ne manque pas d'interroger et de provoquer quelques exégèses[97].

La version du Ryûkoku le fait ainsi basculer de 90 degrés vers le sud. Il place l'ensemble japonais formé par Kyûshû, Honshû et le Tôhoku sur un axe allant du nord au sud, dans le prolongement de la péninsule coréenne (surreprésentée, rappelons-le). Autrement dit, le nord de Honshû, en outre accompagné de la mystérieuse île de Fusang (j. Fusô), se retrouve à la latitude de Hainan, comme si c'était Luçon… L'éloignement de la Corée et la largeur du détroit de Corée y sont incroyablement exagérés. L'île de Tsushima, complètement détachée de Kyûshû et du Japon, est accolée au littoral méridional de la péninsule coréenne. La Grande Ryûkyû est mentionnée, et correctement positionnée, aux côtés d'une simple Ryûkyû.

Le positionnement de l'archipel japonais sur les deux autres versions du *Kangnido* est plus conforme à la réalité, mais les formes du Japon sont plus grossières. Kyûshû est curieusement éloigné de Honshû sur la version du Honmyôji, tandis que Tsushima est placée à équidistance entre Honshû et une péninsule coréenne pas trop éloignée ; seules les « petites Ryûkyû » sont mentionnées. Selon le géographe Takahashi Tadashi, cette version des Ryûkyû ressemble beaucoup à la carte coréenne du *Traité des pays de la mer Orientale* (*Haedong chegukki*) de 1472, qui est basée sur une autre carte japonaise (cf. *infra*)[98]. L'archipel japonais est plus compact sur la version de Tenri, et davantage de petites îles sont dessinées.

Yi Hoe, le cartographe du *Kangnido*, a tiré ses informations sur le Japon d'une carte japonaise introduite en Corée en 1402, comme l'indique Kwon Kun dans son commentaire accompagnant la mappemonde. C'est probablement celle qu'un général coréen, Pak Tonji, envoyé deux fois en mission auprès du shôgunat Ashikaga en 1398-1399 et en 1401-1402, a reçue, la seconde fois, d'un seigneur nippon de Bishû, Minamoto Mitsusuke[99]. Pour les spécialistes, cette carte japonaise est incontestablement du type Gyôgi.

Le *Kangnido* permet donc d'évaluer le bon niveau de représentation du Japon par les cartographes japonais de l'époque. Muroga Nobuo note que, de façon générale, il place le Japon beaucoup plus au sud qu'il ne l'est en réalité conformément à une tendance de la cartographie chinoise des Ming comme des Qing. La curieuse rotation que Yi Hoe effectue pour le Japon sur la version du Ryûkoku, la plus originale (*ca* 1470), et qui place le pays dans les mers du Sud, peut s'expliquer par sa perplexité face à une carte qui devait être orientée, comme les standards du type Gyôgi, avec le sud en haut. Le replacement de l'archipel sur les deux autres versions s'explique par le fait qu'il s'agit de copies ultérieures réalisées par des cartographes coréens mieux au fait de la géographie japonaise et régionale (*ca* 1568 pour la version Tenri).

L'autre carte coréenne, postérieure au *Kangnido*, est celle du *Haedong cheguk ch'ongdo* (*Carte générale des pays de la mer Orientale*, 1471), extraite du *Haedong chegukki* (*Traité des pays de la mer Orientale*)[100]. Elle représente l'archipel japonais, le détroit qui sépare la Corée et le Japon, l'extrémité sud-orientale de la péninsule Coréenne et l'archipel des Ryûkyû. C'est la première carte imprimée du seul Japon qui soit connue, puisque le *Kangnido* qui est une mappemonde représente aussi d'autres pays. Elle est accompagnée d'autres cartes à échelle plus grande (Tsushima, Ryûkyû). Leurs intitulés sont parfaitement révélateurs : ils s'insèrent dans la tradition sinisée qui dénomme « mer orientale » l'ensemble de l'espace maritime qui se trouve au large de la Chine, avec ses îles (les Ryûkyû, l'archipel japonais), et pas seulement l'actuelle mer du Japon.

L'auteur de cette carte est le Coréen Sin Suk-chu (1417-1475), qui a séjourné au Japon en 1443. Contrairement à ce que fera la *Carte générale des Huit Provinces Coréennes* de 1531, il distingue par un sceau les deux pays que sont le « Japon » et les « Ryûkyû ». Il les considère donc bien comme deux royaumes distincts. Il place les îles d'Iki et de Tsushima dans le royaume japonais, les signalant grâce à des cartouches qui indiquent leur caractère de province japonaise (*dô, shima, shû*), à l'instar d'autres régions du Japon central, et il le précise dans son commentaire[101]. On aperçoit aussi l'extrémité sud-orientale de la péninsule coréenne. En sus de ceux que l'on trouve sur les cartes de type Gyôgi, il mentionne de nouveaux toponymes comme « capitale du Japon », le mont Fuji, le lac Biwa…

Dans la préface, Sin Suk-chu présente la situation géographique générale : « Dans la zone de la mer orientale [ou des mers orientales], nous voyons qu'il y a plusieurs pays. Le Japon apparaît comme le plus vieux pays. C'est aussi le plus grand pays. Son territoire part du nord de la rivière Heilong [= Amour ; de son estuaire] et atteint le sud de l'île Cheju et longe les îles Ryûkyû ; il est extrêmement long »[102]. Cette description laisse entendre, probablement par des sources plus chinoises que japonaises puisque les Japonais n'avaient pas dépassé le sud de Hokkaidô, que la sphère d'influence japonaise s'étend très loin vers le nord, jusqu'à Sakhaline, les populations Ainu étant manifestement considérées comme relevant du Japon, et vers le sud, avec une forte présence au large de Kyûshû, en bordure de Cheju et des Ryûkyû.

Le séjour de Sin Suk-chu au Japon en 1443 s'explique par sa participation à l'ambassade coréenne qui, entérinant la fin de la piraterie *wakô* le long des côtes coréennes et japonaises, rétablit les relations diplomatiques entre les souverains japonais et coréens, lesquelles dureront jusqu'aux invasions de Hideyoshi (1592, 1597). Le livre et ses cartes reflètent donc la nouvelle situation géopolitique de la région, et les intentions coréennes. Le cartographe le signale d'ailleurs bien dans sa préface qui constitue un plaidoyer pour une géographie servant à faire la paix : « En approchant un pays voisin et en établissant des relations amicales par l'échange d'envoyés, nous devons connaître les coutumes et les traditions de ce pays. Ainsi, nous démontrons notre tact, et cela prouvera notre sincérité »[103].

La conception de sa carte du Japon repose, d'après l'historien Nakamura Eitaka, sur trois sources documentaires, dont deux coréennes ont disparu, la troisième étant le *Kangnido*, basé en amont sur des cartes du type Gyôgi[104]. Pour l'historien Ôji Toshiaki, les cartes du *Haedong chegukki* sont davantage maritimes que terrestres car elles indiquent des routes de navigation. Il en veut pour preuve le tracé de deux routes maritimes majeures, mais les provinces japonaises sont quand même bien représentées avec leurs limites et leur nom. Les flots sont en tout cas dessinés de façon à évoquer des vagues tumultueuses, et sans que les mers soient nommées, toujours en conformité avec la tradition chinoise. Même l'île septentrionale d'Ezo est figurée, mais de façon peu réaliste car en tout petit, avec la même taille qu'une île moyenne comme Sado par exemple. Les cartes du *Haedong chegukki* sont mentionnées par le cartographe chinois Wang P'an dans le colophon de sa carte de Chine (1594), qui est utilisée par Matteo Ricci pour tracer les contours de l'Asie orientale sur sa mappemonde (1602) (cf. *infra*).

La cartographie traditionnelle du monde sinisé répugne donc à nommer précisément les mers, ce qui laisse la place à de nombreuses interprétations ou reconstitutions anachroniques en cas de contestation toponymique, comme c'est le cas entre la Corée et le Japon pour la mer dite du Japon. Un géographe coréen contemporain, Bo Kyung-Yang, reconnaît lui-même que l'absence de mention d'un nom pour les mers, et singulièrement pour cette mer-là, constitue « le mode le plus fréquent pour le plus grand nombre de cartes » qui concerne la cartographie coréenne qui s'étend entre le XVIIe et le XIXe siècle[105].

Une carte chinoise de 1523, qui se trouve dans un ancien livre chinois consacré au Japon et représentant l'archipel japonais, fait cependant exception[106]. Du type Gyôgi, elle est orientée avec le sud en haut. À l'emplacement de l'actuelle mer du Japon, on peut y lire les idéogrammes de « mer du Nord ». Ils constituent le pendant des idéogrammes « mer du Sud » placés sur l'actuel océan Pacifique, avec, à leur côté, l'inscription « pays de Corée situé au nord-ouest de cette mer ». Cette configuration et la toponymie qui en découle semblent relever d'un relativisme géographique, où l'on réoriente les espaces en fonction de l'objet cartographié.

Les autres cartes chinoises sont exemptes de toponymie maritime. C'est le cas d'une influente carte qui dessine la Corée au milieu du XVIe siècle. Extraite de l'atlas du *Guang Yutu* (*Carte des Yu élargie,* 1579), elle est réalisée par le fameux cartographe chinois Luo Hongxian (1504-1565). Ce *Guang Yutu* est lui-même une copie du *Yutu* (*Carte des Yu, ca* 1320) dessiné par un autre cartographe chinois fameux, qui le précède de deux siècles et demi, Zhu Siben (1273-1337). D'après le géographe coréen contemporain Jeon Sang-won, la représentation de la Corée dans le *Guang Yutu* copie en fait une ancienne carte coréenne de l'époque Koryô et antérieure au XIIIe siècle[107]. La série du *Yutu/Guang Yutu,* qui s'étend sur plus de deux siècles et demi, témoigne dès son origine d'une belle acuité scientifique. Joseph Needham rappelle que les œuvres du cartographe Luo Hongxian se placent aux côtés d'autres progrès scientifiques chinois réalisés à la même époque par des savants comme les mathématiciens Qin Jiushao et Yang Hui, ou comme l'astronome Guo Shoujing (1231-1316), contemporains d'une Europe ne sortant qu'à peine de la scolastique avec Roger Bacon (1214-1294)[108].

La géographie traditionnelle coréenne, qui connaît une période de splendeur aux XVe et XVIe siècles, relève en partie de cette approche relativiste qui applique à la Corée la méthode chinoise. À l'instar des autres sciences, les grands principes scientifiques géographiques et cartographiques prémodernes proviennent en effet de la Chine, ce qui est logique. Le modèle chinois des « montagnes et des quatre mers » est adapté à la Corée, d'autant plus facilement que celle-ci est une péninsule et que sur ses quatre côtés trois sont de belles façades maritimes. C'est donc sans surprise que les Coréens nommaient ainsi ces trois mers : « mer de l'Ouest » (*Seohae* en coréen = actuelle mer Jaune), « mer du Sud » (*Namhae* = actuelle mer de Chine orientale) et, bien sûr, « mer de l'Est » (*Tonghae*) pour l'actuelle mer du Japon. Même la nouvelle dynastie des Yi qui, comme nous l'avons vu, a relancé une dynamique politique et culturelle qualifiable de « nationale », n'échappe pas à cette insertion sinisée. Un alphabet coréen original est certes élaboré, les sciences sont développées, le bouddhisme est critiqué, mais la géographie, relancée, conserve les conceptions chinoises, y compris dans la toponymie maritime.

Il faut bien voir toutefois que, pour les trois mers, les appellations coréennes ont été tôt ou tard confrontées à d'autres appellations situées à d'autres échelles et déterminées par d'autres espaces voisins (la Chine, le Japon). Vu les contacts historiques avec la Chine, proche et puissante, les dénominations de « mer de l'Ouest » et « mer du Sud » ont fait long feu. Il n'en va pas de même pour « mer de l'Est » car cet espace maritime connaît historiquement une fréquentation sporadique, surtout au niveau « international ». Ce vide relatif ou cyclique s'explique par trois facteurs majeurs.

Premièrement, la faible occupation du littoral sibérien avant l'arrivée des Russes se combine avec les difficultés de la navigation en hiver, à cause des glaces flottantes ou de la banquise vers le nord. Deuxièmement, la mer comporte peu d'îles, les principales se trouvent le long des côtes et il n'y en a pas en son centre, à part les deux îlots de Takeshima/Tokto dont l'appartenance pose précisément problème. Troisièmement, la navigation en haute mer y est doublement interdite par le Japon et par la Corée pendant une longue période, durant toute l'ère moderne du milieu du XVIIe jusqu'au milieu du XIXe siècle.

Certes, cette mer a toujours été fréquentée par les pêcheurs locaux, généralement à proximité des côtes. Mais la circulation maritime n'est guère allée au-delà. La période du royaume antique de Bohai (VIIIe-Xe siècles), qui est situé dans la région du Tumen jusqu'à l'actuelle Vladivostok et qui entretenait d'importantes relations avec le Japon comme en témoignent de nombreux vestiges archéologiques et historiques, constitue une exception sans conséquence. Car les échanges vont proportionnellement beaucoup se réduire par la suite. Si les espaces situés du côté de la Corée ont toujours été connus, ceux qui se trouvent davantage vers le nord devront attendre la fin du XVIIIe siècle et le début du XIXe siècle pour être vraiment répertoriés, ce qui est extrêmement tardif au regard de l'histoire mondiale des explorations humaines. Le Français Lapérouse n'identifie qu'en 1787 le détroit qui portera son nom, et le Japonais Mamiya Rinzô en 1809 seulement…

Il ne fait pas de doute que l'appellation vernaculaire et historique de « mer de l'Est » est ancienne, et attestée en Corée. Les savants et les analystes coréens produisent de nombreuses preuves en ce sens, surtout dans le domaine des textes ou des monuments historiques, dans la littérature comme dans le folklore[109]. L'appellation apparaît par écrit pour la première fois dans l'*Histoire des Trois Royaumes* (*Samguk sagi*), à une dizaine de reprises. Cette compilation historique supervisée par Kim Pu-sik (1075-1151) date de 1145 environ et traite d'une période allant du IVe au Xe siècle[110]. Deux passages y évoquent le « roi de la mer de l'Est » à propos d'un vassal à soumettre en 928 et d'un message envoyé à la Cour chinoise en 1197. Ils laissent entendre que cet intitulé est équivalent à « roi de Corée », ce qui révèle une forte influence chinoise pour l'utilisation du titre de « roi » (*wang*), compris comme vassal tributaire de l'empereur chinois, et pour la conception géographique. Il faut donc bien voir que cette « mer de l'Est » ne désigne pas spécifiquement l'actuelle mer du Japon, conformément à la notion d'une Corée considérée comme « pays de l'Est » par rapport à la Chine.

De fait, la Corée tout entière était autrefois souvent assimilée à un pays situé dans les mers d'Orient, puis au pays des mers d'Orient ou de la mer d'Orient. Ce glissement de l'une à l'autre des appellations toponymiques s'est non seulement effectué en Chine mais également en Corée même. Il est d'autant plus avéré que jamais l'archipel japonais, pourtant situé lui aussi à l'est de la Chine, n'a pas été appelé « pays de l'Est » par les Chinois, qui lui ont en revanche préféré d'autres dénominations comme nous l'avons vu.

Plusieurs cartes coréennes du XVe siècle appellent encore la Corée « pays de l'Est » (*Dong-kuk* ou *Ton-*

gkuk)[111]. Les Coréens appelaient également leur pays « L'Orient des mers » (*Haedong*) ou bien « Grand Orient » (*Taedong*). Bien que le royaume prenne officiellement le nom de *Choson* au XVIe siècle, on retrouve ces dénominations jusqu'à la fin du XVIIIe siècle. C'est le cas, par exemple, de la célèbre carte représentant la Corée, dite *Dongkuk-chido* (*Carte du Pays de l'Est*), réalisée par le géographe Chong Sang-gi au milieu du XVIIIe siècle, et reproduite plusieurs fois pendant des décennies[112]. Ou encore, la carte dont la réalisation a été ordonnée par le roi Yonjo à la fin du XVIIIe siècle, qui porte le nom encore plus emphatique de *Carte terrestre du Grand Orient* (*Taedong yojido*).

D'autres éléments confirment cette organisation spatiale globale de type sinisé à l'époque des royaumes chinois Tang et coréen Silla. Les trois anciennes capitales sont ainsi qualifiées « du Centre » (site de l'actuel Kaesong), « de l'Ouest » (site de l'actuel P'yong-yang) et « de l'Est » (site de l'actuel Kyông-ju)[113]. Trois temples furent construits avec des sacrifices rituels pour la protection religieuse des trois mers de l'Est, de l'Ouest et du Sud. Ils sont maintenus par la dynastie Choson, dans des endroits différents. Les rites propitiatoires pour la mer de l'Est sont notamment censés prévenir la sécheresse, assurer la stabilité et la bonne fortune. Plus vaste que les deux autres qui bordent la péninsule coréenne, plus tumultueuse aussi, la mer de l'Est apparaît ainsi pour les Coréens de cette époque comme la haute mer par excellence, sauvage et sacrée, symbole d'immensité, source de rédemption également pour des dignitaires qui ont failli.

Des informations importantes sur l'ancienne métagéographie coréenne sont également fournies par une carte coréenne de 1531, qui porte le nom de *Carte générale des Huit Provinces* (*P'alto ch'ongdo*)[114]. Dessinée par le cartographe coréen Yi Hoe (j. Ri wai), elle figure dans les *Nouvelles considérations spatiales du Pays de l'Est* (*Shinjung Tongkuk yojisungnam*), à l'intitulé sinisé explicite. Elle représente la Corée, et elle est accompagnée d'un ensemble de huit autres cartes provinciales. Sa première édition, perdue, remonte à 1481. Sur les trois façades de la péninsule coréenne se trouvent les appellations respectives de « mer de l'Est », « mer du Sud » et « mer de l'Ouest ». La carte de la province orientale du Kyongsang-do et celle du Kangwon-do appellent la mer du Japon la « grande mer regardant vers l'est » (*tongnamjo taehae*). En revanche, la carte de la province septentrionale du Hamgyong-do l'appelle la « grande mer regardant vers le sud-est » et la « grande mer regardant vers le sud ». Car du littoral de Hamhung à l'embouchure du Tumen, regarder la mer, c'est regarder vers le sud. Ces appellations flexibles confirment le relativisme géographique qui prévaut naturellement à cette époque.

La métagéographie des *Nouvelles considérations spatiales du Pays de l'Est* du début du XVIe siècle est fondamentale car, comme le souligne lui-même le géographe contemporain Bo Kyung-yang, « de nombreuses cartes imitant ces cartes provinciales ont été produites jusqu'au milieu du XIXe siècle [...], [elles] ont été les cartes les plus influentes dans la cartographie auprès du grand public »[115]. On en trouve aussi des traces dans les atlas de la fin de la dynastie Choson qui contiennent des cartes provinciales et qui, à propos des espaces maritimes, donnent l'indication de « grande mer dirigée vers... » suivie de l'orientation cardinale *ad hoc*. Autrement dit, les principes flexibles, sinisés, concernant la toponymie maritime n'ont pas été remis en cause en Corée jusqu'au

XIXe siècle. L'attachement viscéral à sa signification nationale et géopolitique est tout simplement tardif. C'est du reste tout à fait conforme à ce qui se passe en Europe occidentale pendant la même période.

Chapitre V

UNE MER EN CONSTRUCTION

> *C'est pourquoi le géographe dut modifier son dessin ; en omettant le premier méridien des îles Fortunées, il créa une bordure de chaque côté de la carte, de sorte que le royaume de Chine parut se trouver en plein milieu. Cette représentation convenait mieux à leurs idées et leur procura grande joie et satisfaction.*
>
> Matteo RICCI, *Journal* (1610).

À partir des découvertes colombiennes, le long XVIe siècle constitue une étape importante, et fondamentale, dans la cartographie du monde et de l'Asie orientale. Une conjonction s'opère alors entre plusieurs processus : l'exploration de nouvelles terres et de nouvelles mers, l'innovation technologique dans de nombreux domaines — astronomique, maritime et cartographique notamment —, le déploiement du capitalisme marchand et l'émergence, d'abord en Europe occidentale, des États-nations de type moderne.

En géographie et en cartographie, les échanges et les influences réciproques se multiplient entre le monde sinisé et le monde européen, déclinés de façon complexe et multiforme selon les tendances des uns et des autres, les pays, les catégories de populations, les écoles de géographie, les systèmes de valeurs.

LES MIRAGES DE L'ELDORADO NIPPON

Les descriptions mirifiques d'un Cipango doré par Marco Polo et la quête d'un paradis insulaire extrême-oriental ont donc aimanté les explorations colombiennes et post-colombiennes en direction du Japon, et ce tropisme ne cessera pas après 1492. Au contraire, il s'amplifiera, s'alimentant de nouvelles sources. Lors de son départ transatlantique en 1497, Jean Cabot livre déjà son intention d'aller à « Cipango, l'île des pierres précieuses ». Une fois découvert en 1543, le Japon se révèle être un pays extraordinaire pour la mission chrétienne, et singulièrement jésuite, d'autant que la Chine, malgré le comptoir de Macao, se montre plus réfractaire. Mais les énormes espoirs suscités par une christianisation massive au Japon vont-ils édulcorer les promesses d'un Eldorado asiatique ?

Car ces promesses sont stimulées par d'autres rumeurs et de nouveaux faits. On se souvient qu'au début du XVIe siècle Afonso de Albuquerque parle de « l'or du pays des Lequios » (= des Ryûkyû). Jean Denucé avance même que l'objectif de Magellan aurait été non seulement les Moluques, avec leurs épices, mais aussi Ophir et son or dans les îles de l'Extrême-Orient[1]. En 1548, le marin Garcia de Escalante Alvarado raconte, d'après des témoins portugais, que « la richesse qu'ils [les Japonais] possèdent consiste en de l'argent »[2]. En 1575, l'Espagnol Juan Pacheco Maldonado, établi aux Philippines, écrit que

« chaque année des bateaux japonais viennent à ces îles [Luçon et Vindoro] chargés de marchandises » et que « leur principal commerce est l'échange d'or contre l'argent »[3]. Cet échange fait au poids est d'ailleurs largement en faveur des acheteurs d'or, c'est-à-dire des Espagnols. Maldonado insiste auprès du roi espagnol Philippe II pour obtenir des renforts armés avec lesquels il partirait à la conquête, après les Philippines, d'une autre île, mystérieuse, Cauchi ou Escauchu, située au nord de Luçon, et que l'on suppose être Taïwan.

Sur sa route de Macao à Acapulco en 1584, le navigateur Francisco Gali, encouragé par ses pilotes chinois racontant l'existence au nord-est du Japon de quatre îles riches en métaux précieux et autres biens, part à la recherche des mystérieuses « îles des Arméniens » (Islas Armenicão), mais en vain[4]. Peu après, en 1586, le vice-roi de la Nouvelle-Espagne, qui rêve d'un nouveau Pérou, envoie Pedro Unamuno à 450 lieues à l'est des Philippines, entre 29° et 34° N. Unamuno, qui ne trouve rien lui non plus, est vite oublié mais la chimère se poursuit avec Vizcano en 1611. Puis on la retrouve chez les Néerlandais avec les voyages de Tasman en 1639 ou de Vries en 1643...

Cette recherche de l'Eldorado japonais se répercute sur la cartographie européenne. Abraham Ortelius (1527-1594) est l'un des plus obstinés à relayer cette information. Sur ses cartes de 1570, dont l'une fait référence à Marco Polo et à la Chryse, il écrit « Minas de Plata » (à l'emplacement supposé du Hokuriku)[5]. Il réitère dans la réédition de 1584 du *Theatrum*. Sur sa carte *Maris Pacifici* de 1589, il dessine une magnifique « Isla de Plata » au nord de l'île « Iapan ins. » et à l'emplacement d'Ezo (cf. *infra*)[6]. Il aurait obtenu cette information de Pedro Teixeira, qui écrira en 1600 que le « Japon était appelé "Argentarias" à l'origine, à cause de sa grande production de bel argent »[7]. En 1598, Vaz Dourado écrit en grandes lettres majuscules deux régions du nom de « As minas de Prata » et « Minas de prata e ouro »[8]. Les mines japonaises d'or ou d'argent sont indiquées (« argenti fodinae ») sur les cartes des uns et des autres[9]. Même Matteo Ricci, dans la légende de son célèbre planisphère (1602, cf. *infra*), y va de son annotation : « Les gens [du Japon] n'accordent pas beaucoup d'importance aux pierres précieuses, ils préfèrent nettement l'or, l'argent et les anciennes porcelaines. » Alors, cet Eldorado nippon : fantasmé ou réel ?

Contrairement à ce qu'ont laissé accroire certaines explications raccourcies, le Japon ne manque pas de richesses naturelles et minières. Sa géologie est au contraire d'une incroyable richesse dans ce domaine mais, comme elle est particulièrement tourmentée (séismes, failles, cassures...), les filons sont erratiques et le minerai est souvent difficile à extraire, ce qui entraîne des coûts d'exploitation élevés. Sa production réclame donc des moyens financiers et techniques perfectionnés. Autrement dit, ce n'est pas la nature du Japon qui est incriminée mais l'investissement humain, économique et technologique, une problématique que l'on retrouve d'ailleurs des temps anciens jusqu'à nos jours à propos du Japon.

L'exploitation des métaux précieux est néanmoins pratiquée dans l'archipel japonais depuis les temps reculés. L'érection au milieu du VIIIe siècle de l'immense statue du Bouddha dans le temple du Tôdaiji (Nara) faite de cuivre, d'étain et d'or n'est pas pour rien dans la réputation du Japon en matière de dorures auprès de la Chine. L'introduction au début du XVIe siècle d'un nouveau système de transaction en Chine modifie considérablement les économies de l'Asie sinisée. Les impôts sont dorénavant payés en argent, les pièces de cuivre font office de monnaie tandis que les marchandises peuvent être échangées contre des lingots d'argent. Au Japon, le riz garde encore son rôle d'instrument monétaire tandis que circulent inégalement les pièces de cuivre d'origine chinoise.

L'économie chinoise cherche donc à rapatrier ce cuivre et à capter le minerai d'argent du Japon pour fabriquer ses lingots. À partir des années 1530, l'exploitation minière japonaise se développe grâce à l'adoption de nouveaux procédés, d'origine chinoise, de séparation du métal. Des mines importantes sont ouvertes en plusieurs endroits : Iwami (ville d'Ôda, Shimane-ken), Ikuno (Tajima, actuel Hyôgo-ken), Sado… « Précisément, à ce moment, des navires portugais venaient pour la première fois mouiller dans les ports japonais. Depuis longtemps que les Portugais trafiquaient en Chine, […] comment ne se seraient-ils pas aperçus sinon des débuts, du moins de l'essor des exportations d'argent japonais vers la Chine et de l'accroissement de la demande en métal blanc, du marché chinois, ainsi que, en soie, du marché insulaire »[10] ? La question de l'historien portugais Magalhães-Godinho vise juste et la réponse qui en découle est évidente : contrairement à ce qui fut parfois régulièrement affirmé jusque-là, la découverte du Japon par les Portugais ne s'est pas faite « par hasard ».

Certes, les premiers à y débarquer l'auraient fait à la suite d'un naufrage qui n'était évidemment pas programmé. Même si l'incertitude règne encore sur la date exacte (1542 ou, plus probablement, 1543), ainsi que sur la composition de l'équipage (le trio António da Mota, António Peixoto et Francisco Zeimoto ou bien l'aventurier Fernão Mendes Pinto), ces navigateurs, guidés par des pirates chinois, font partie de la dizaine d'autres, davantage peut-être, qui patrouillent alors au large des côtes chinoises pour découvrir de nouvelles îles, dont le Cipango doré[11].

À terme, tôt ou tard, le Japon doit, va être découvert, d'autant que les autorités chinoises demeurent méfiantes vis-à-vis des étrangers et que l'installation européenne sur le continent chinois est difficile. On ne peut que partager l'opinion de l'historien américain Donald Lach estimant que « de plus amples recherches, en particulier dans les archives portugaises, pourraient bien révéler que des marins égarés sont arrivés au Japon avant 1543 et qu'ils ont fait part de leur expérience à Lisbonne »[12]. Ce n'est donc pas une coïncidence si les Portugais découvrent le Japon au cours de la décade même où sont ouvertes de nouvelles mines de métaux précieux dans l'archipel japonais. Dès 1544 au plus tard, ainsi qu'en font foi les renseignements de Pero (Pedro) Diaz que rapporte Garcia de Escalante, ils savent très bien que la richesse du Japon consiste en argent, dont un échantillon a déjà été envoyé au gouvernement portugais.

En 1548, le père Nicolau décrit déjà les grandes lignes du commerce telles qu'elles persisteront par la suite : de Chine, le Japon fait venir de la soie et des porcelaines, du salpêtre et du mercure, et il y exporte de l'argent, ainsi que des armes et du soufre. Les mines japonaises que localisent les cartes européennes à la fin du XVIe siècle et tout au long du XVIIe siècle sont précisément les trois qui ont été précédemment citées... Le laps de temps entre la découverte du Japon par les Portugais (1543) et la diffusion des premières cartes vraiment réalistes du Japon (au cours des années 1590) s'explique par la politique portugaise du secret, qui s'évente au cours du dernier quart du XVIe siècle. Le missionnaire jésuite François Xavier (Francisco de Javier, 1506-1552), arrivé à Kyûshû en 1549, signale dans l'une de ses dernières lettres en 1552 que les Espagnols appellent le Japon « les îles d'argent ». Luís Fróis écrit la même chose (1565). Vantent aussi la richesse du Japon en or et en argent Bernardino de Avila Girón dans sa *Relación del Reino de Nippon* (1615) ou encore João Rodrigues dans sa précise et volumineuse *Historia da Igreja do Japão* (1621)[13]. L'imaginaire européen d'un Eldorado japonais se fixe ainsi durablement.

La grande habileté des Portugais, doublée d'une totale opportunité, c'est de s'imposer en intermédiaire incontournable du commerce lorsque les Ming referment la Chine sur elle-même au milieu du XVIe siècle. En 1568, Ôda Nobunaga établit l'obligation d'accepter l'or et l'argent comme moyen de paiement. La demande attise l'offre, une nouvelle technique de séparation de l'argent tant du plomb que du cuivre est introduite au Japon par un « barbare du Sud » (*nambanjin*) vers 1590. De nouveaux filons sont exploités, la production s'accroît. En 1601, un nouveau site est découvert à Sado : les fameuses mines d'or et d'argent d'Aikawa, produisant jusqu'à une centaine de tonnes dans les années 1620. Le pouvoir politique japonais met la main sur les principales mines dès la fin du XVIe siècle. Il instaure un système de licences pour les navires marchands à partir de 1590 (cf. *infra*) et de monopole sur le commerce de soie à partir de 1604 (*itowappu* en japonais, *pancada* en portugais).

Pour Magalhães-Godinho, « le seul Potosi en Orient, ce fut finalement le Japon »[14]. Le Japon devient au cours de l'époque moderne l'un des premiers pays producteurs de métaux précieux : un tiers de la production mondiale d'argent à la fin du XVIe siècle et au début du XVIIe siècle, troisième rang mondial au XVIIe siècle, puis premier producteur mondial de cuivre au XVIIe siècle et au début du XVIIIe siècle[15]. Comme le souligne l'historien japonais Iwao Sei.ichi, « le montant de l'argent japonais placé dans le commerce étranger atteignit, dans les beaux jours du commerce japonais outre-mer, soit de 1615 à 1625, une valeur énorme, estimée grosso modo entre 130 et 160 tonnes, égale à 30 ou 43 % de la production totale d'argent dans le monde en dehors du Japon. Cela explique pourquoi les marchands européens et asiatiques étaient si enthousiastes pour développer le commerce avec le Japon »[16].

Cela explique pourquoi les autorités chrétiennes se montrent aussi empressées à convertir les Japonais, d'autant que l'accueil des missionnaires est dans un premier temps très favorable. On comprend aussi pourquoi les nouvelles autorités shôgunales, inquiètes de cette hémorragie monétaire et des menaces politico-religieuses qu'accompagne le christianisme, choisissent un repli qui relève autant du protectionnisme économique que de la fermeture sociopolitique. Les Espagnols tentent de se glisser aux côtés des Portugais dans ce fructueux trafic, mais les Ibères seront doublés par un troisième larron qui tire les marrons du feu : les Néerlandais (cf. *infra*). L'Eldorado nippon n'est pas seulement fantasmé, il est aussi réel, mais de plus en plus lointain au cours du XVIIe siècle, une image que les cartes de cette période entretiennent soigneusement.

En 1650, le jésuite Philippe Briet (1601-1668), bien informé, écrit « Mines d'argent » sous le nom de « Sando » (= île de Sado) lorsqu'il dessine la carte du Japon qui figure au sein de l'atlas de Nicolas Sanson[17]. L'aventurier marchand de pierres précieuses

Jean-Baptiste Tavernier (1605-1689) ne manque pas d'en faire autant sur sa *Carte des Îles du Japon* de 1679[18]. Il donne plus précisément trois localisations et trois indications : « Mines d'argent » sur « Sando » (Sado) ; « Dans cette province de Bandel il y a aussi des mines d'argent » (péninsule d'Izu) ; « ... Inaba ou [*sic*] sont les mines les plus abondantes en argent » (actuel Tottori-ken). On retrouve ce type d'informations sur bien d'autres cartes européennes de l'époque moderne...

En 1736 encore, le père François-Xavier de Charlevoix (1682-1761), qui souligne dès le début de son ouvrage qu'« il y a de l'or dans plusieurs provinces de cet empire », entretient toujours la convoitise en évoquant deux îles situées « à l'est de la grande terre d'Oxu, dit-on, [...] dont les Japonais n'ont jamais voulu donner connaissance à personne ; l'une est appelée Gensima, c'est-à-dire l'île d'argent ; l'autre s'appelle Kinsima ou l'île d'or »[19]. Il ajoute : « Peu de temps auparavant [en 1620], le P. de Angelis s'était transporté dans l'île de Yesso et il eut la gloire de fonder une Église dans ce pays, où la découverte récente de mines d'or fort abondantes attirait un grand nombre de marchands japonais. »

UN NOUVEL APPAREILLAGE CARTOGRAPHIQUE

Dans son évolution au cours du long XVIe siècle et après, la cartographie ne reflète pas seulement les résultats de l'empirie exploratrice européenne. Elle devient plus que jamais l'outil pratique et géopolitique de son expansion. Elle établit une configuration inédite entre l'ancien agent qu'est le pouvoir politique, l'État en l'occurrence, et le nouveau qui s'instaure, la bourgeoisie marchande, dotée de ses propres institutions, ses navires, ses biens, ses pilotes et ses cartographes. La géographie devient une affaire d'interface entre le « public » et le « privé ».

Les logiques qui guident la production cartographique dépendent des ambitions affichées par les différents acteurs, les États et les maisons de commerce concernés. Le courant cartographique suit la puissance et l'opportunité du moment, et de l'endroit. Plusieurs écoles dominent la production cartographique du monde, tout à tour ou simultanément. Les cartes de l'Asie orientale, espace particulièrement éloigné de l'Europe, difficile à atteindre, révèlent avec plus de force la place des différents pays européens dans cette hiérarchie. Leur édition reflète le changement d'influence parmi les principaux explorateurs et marchands de l'Europe méditerranéenne — Portugal en premier lieu, Espagne en second, Italie moindrement — vers l'Europe du Nord — Flandres, Hollande, Rhénanie, voire Angleterre. La cartographie française trouve son apogée aux XVIIe et XVIIIe siècles.

Les souverains engagent des cosmographes à leur service, souvent rémunérés à prix d'or, fondent des instituts de cartographie spécifiques ou placés au sein des grandes maisons de découvertes (Maison des Indes à Lisbonne ; Casa de Contratación à Séville à partir de 1503). Ces Maisons étant des entreprises commerciales, le cartographe devient un employé, voire un otage, des grandes stratégies commerciales, tout en détenant un rôle clef dans les politiques d'expansion maritime.

L'État s'implique davantage dans la cartographie[20]. Les princes se posent à la fois comme les protecteurs et les utilisateurs privilégiés des nouveaux documents. Ils s'illustrent par leur patronage. Oronce Fine est protégé par François Ier, Gérard Mercator devient

« géographe du duc de Clèves », Abraham Ortelius est « géographe du roi d'Espagne ». Ce rôle, cette fonction même, se systématisera dans le royaume de France. Tandis que l'invention puis la généralisation de l'imprimerie favorisent leur diffusion, cartes et atlas sont régulièrement dédiés aux souverains comme Maximilien de Habsbourg (*Cosmographiae introductio* de Waldseemüller, 1507), Guillaume de Clèves (planisphère de Mercator, 1569), Philippe II roi d'Espagne et des Pays-Bas (première édition du *Theatrum Orbis Terrarum* d'Ortelius, 1570), ensuite Louis XIII et Louis XIV.

À l'instar des techniques de navigation qui progressent de façon rapide, la cartographie s'enrichit de nouveaux procédés[21]. Le développement, par les Portugais notamment au cours de la seconde moitié du XVe siècle, de techniques de navigation astronomiques permet l'adjonction sur le portulan d'un méridien gradué en latitudes. Mais l'introduction de cette coordonnée liée au nord géographique se révèle peu compatible avec l'usage de la boussole et du nord magnétique qui s'est propagé jusque-là[22]. Comme la carte carrée ne tient pas compte de la convergence des méridiens et ne peut que les représenter de façon parallèle les uns aux autres, il en résulte une déformation importante de la représentation des hautes latitudes, et une « crise de la cartographie au XVIe siècle ». Une série d'innovations apporte ensuite des solutions : la loxodromie, la création de plusieurs systèmes de projection de la sphère sur le plan, dont celle de Mercator…

Certes, l'ensemble des terres et des mers n'est pas encore représenté avec le maximum d'exactitude que permettent désormais les nouvelles projections. Cela arrivera seulement lorsque le calcul rigoureux de la longitude viendra compléter celui de la latitude, à la fin du XVIIIe siècle grâce à l'invention du chronomètre marin. « Mais la première révolution radicale fut celle qui permit de passer de l'espace symbolique à l'espace de la perception visuelle (perspective de la peinture) et de l'opérationnalité euclidienne, fondée sur la mesure, la position et la forme ; cartographiquement et nautiquement, c'est la carte par rhumbs et distances estimées, qui suppose et commande l'usage de la boussole et du gouvernail d'étambot »[23].

L'historien portugais Vitorino Magalhães Godinho ajoute : « L'homme en arrive ainsi à se situer dans l'espace parce qu'il invente les instruments qui lui permettent d'agir sur lui et de le reconstruire [...], c'est l'espace mythique construit par la fonction symbolique qui se désagrège pour céder la place à l'espace de la fonction du réel [...]. Dans le même temps, la perspective terrestre cède devant la perspective océanique, et le cadre, de local et régional, devient planétaire »[24].

Un nouvel état d'esprit s'installe qui brise les conventions de la tradition et qui repose sur l'expérience. Narrant son voyage en Afrique noire, le navigateur portugais Diogo Gomes n'hésite pas à remettre en cause le vénéré Ptolémée qui affirmait l'inhabitation humaine de la « zone équinoxiale » jugée trop chaude : « J'affirme avec certitude qu'ayant vu une grande partie du monde, je n'en ai vu aucune semblable à celle-ci »[25]. Jérôme Münzer franchit le pas dans sa lettre au roi Jean de Portugal en 1495 : « Il ne faut pas prendre en considération Alfragan et autres savants sans expérience ; il vaut mieux se fier à l'expérience et aux preuves qu'aux imaginations fantastiques. » Trente ans plus tard, Giovanni Verrazzano enfonce le clou dans son rapport de voyage à François Ier en 1524 : « L'opinion admise par tous les Anciens était que notre Océan occidental était uni à l'Océan oriental des Indes, sans interposition de terre. Aristote l'admettait, mais cette opinion est rejetée par les modernes et l'expérience l'a révélée fausse. Un autre monde, distinct de celui qu'ils ont connu, apparaît avec évidence. » Preuves, expérience, modernité : les mots décisifs sont lâchés.

La cartographie portugaise, la première, chronologiquement, qui traite les découvertes en Asie orientale, rompt avec la tradition cartographique européenne puisqu'elle réduit la libre circulation des documents et qu'elle instaure la politique du secret. Afin de conserver le monopole de son commerce maritime, avant et après le partage tordesillan, l'État portugais ne veut divulguer aucun renseignement sur les routes maritimes ou les côtes découvertes. Le roi Manuel Ier ordonne ainsi en 1504 le secret total sur la navigation et interdit la publication des cartes marines. Cette interdiction se maintient jusqu'en 1588, lorsqu'elle est levée par Philippe II d'Espagne, pendant la période où sont unis les royaumes du Portugal et d'Espagne (1580-1640), à l'exception de leurs colonies respectives. La politique du secret est même doublée d'une politique d'intoxication puisque les Portugais n'hésitent pas à faire circuler de faux renseignements, afin d'égarer les concurrents.

Mais l'embargo total est difficile à tenir. Les informations filtrent, par des navigateurs étrangers embauchés par le Portugal, par des navigateurs ou des cosmographes portugais passant au service d'autres pays, ou encore par des opérations de piraterie et d'espionnage, d'autant que ce type de butin vaut cher. Le Lisboète Andres Freyle s'entretient avec les cosmographes de Séville. Le Portugais Luís Teixeira correspond avec le Flamand Ortelius. La mobilité des cosmographes, la multiplication des échanges, la commercialisation de la cartographie, tous ces facteurs contribuent à l'affaiblissement du secret cartographique[26].

De fait, les connaissances géographiques dues aux découvertes portugaises se diffusent assez largement dans l'Europe du XVIe siècle[27] : opuscules imprimés, grandes histoires nationales, compendiums géographiques, ceux-là à partir du dernier quart du XVIe siècle. Puis dès la dernière décennie du XVIe siècle, la concurrence commerciale des Néerlandais et des Anglais réduit du tiers les bénéfices que le Portugal tire de l'océan Indien. Le déclin politique de l'empire d'Orient prend la suite (pertes de Formose en 1624, de Ceylan entre 1638 et 1658, de Cochin en 1663...). Épuisé par son soutien à l'effort de guerre espagnol, sclérosé par une aristocratie dépassée, le Portugal cède la main, à l'instar de sa cartographie.

Si la cartographie portugaise est la première en Europe à représenter l'extrémité de l'Asie orientale, à la figurer, c'est en revanche la cartographie néerlandaise qui est la plus prompte à la présenter, c'est-à-dire à la diffuser au plus grand nombre. L'épanouissement de la cartographie batave commence en Flandre dès la seconde moitié du XVIe siècle. La région est alors sous la dépendance de la couronne espagnole, mais cette situation politique n'entraîne pas de contrôle absolu des cartes contrairement à ce qui se passe dans la péninsule Ibérique[28]. La production de cartes imprimées, à toutes les échelles et bientôt regroupées dans les premiers atlas, répond à une forte demande de la bourgeoisie qui se constitue : marchands, armateurs, pilotes, marins... Deux personnalités, qui sont sensiblement de la même génération, s'illustrent dans l'édition cartographique : Mercator et Ortelius.

Cette histoire est suffisamment décrite par ailleurs pour qu'il soit inutile d'y insister. Soulignons toutefois que le contrôle ecclésiastique, politique et intellectuel sur ce qui deviendra l'actuelle Belgique se renforcera à un point tel qu'il conduira les grandes maisons cartographiques à se déplacer de la Flandre vers la Hollande protestante. La cartographie flamande d'Anvers, incarnée par Gerard de Jode et son fils Cornelis (*Speculum orbis terrarum*, 1593), tiendra difficilement le choc.

La cartographie néerlandaise connaît son âge d'or au XVIIe siècle. Amsterdam devient la capitale européenne sinon mondiale de la fabrication de cartes, globes, plans, instruments de navigation et atlas mondiaux grâce à la pugnacité des éditeurs et à l'extension du marché *ad hoc*. L'activité est dominée par trois grandes entreprises familiales, les deux premières étant liées entre elles : celle des Hondius (qui a racheté les planches des héritiers de Mercator, dont Jodocus Hondius est le gendre), celle des Jansson (ou Janszoon ; le patriarche Jan Janszoon [1596-1673] est le gendre de Hondius) et celle des Blaeu, la dernière étant plus célèbre et la plus dynamique grâce, on l'a vu, à sa position privilégiée dans la V.O.C., la Compagnie néerlandaise des Indes orientales. Mais la concurrence est rude entre les différentes maisons, auxquelles il faut en ajouter d'autres comme les Van Langren ou les Valck (qui se spécialisent dans les globes terrestres), sinon à l'intérieur d'elles-mêmes, entre ses différents membres.

Même si sa politique n'est pas aussi stricte qu'elle le fut au Portugal, la volonté de la V.O.C. de ne pas renseigner les concurrents entraîne un certain secret professionnel, une rétention de l'information et une limitation de sa diffusion, ce qui pose un problème d'interprétation actuelle des connaissances réelles de l'époque. Bien qu'ayant accès aux documents les plus récents de la V.O.C., les Blaeu ne sont pas autorisés à les exploiter pour leur production. Le nom de Blaeu apparaît néanmoins comme une garantie de qualité, comme en témoignent les nombreuses contrefaçons dont leurs travaux font l'objet en Europe. Cependant, l'accroissement quantitatif des atlas, en nombre et en volume, s'effectue peu à peu au détriment de la qualité. Les textes cherchent à pallier des difficultés pour trouver des sources fiables, le perfectionnisme du début cède la place à une routine conservatrice.

LA CARTOGRAPHIE DU JAPON ET DE SES MERS (1550-1650)

Au cours du dernier quart du XVIe siècle et du premier quart du XVIIe siècle, l'archipel japonais commence enfin à être cartographié correctement, de façon réaliste et mieux positionné scientifiquement. C'est le résultat d'un fructueux croisement entre la cartographie japonaise et la cartographie européenne, surtout portugaise puis néerlandaise, et de plus en plus diversifiée. Cette histoire a suffisamment été décrite en détail pour qu'il ne soit pas utile de s'y appesantir. En revanche, il est important d'analyser, à partir de ces travaux, la manière dont ont été appréhendées les mers entourant le Japon en déclinant les échelles : en passant du local (les îles du Japon pour tout ou partie) au régional (l'angle Nord-Est de l'Asie sinon la façade Pacifique de l'Asie).

Cette approche permet en effet de pallier une difficulté : la plupart des cartes tant japonaises qu'européennes de cette période ne mettent pas de nom pour les mers, ou alors de façon hétéroclite. La dénomination de la mer du Japon apparaît par exemple progressivement, à mesure qu'on prend conscience de l'existence de cet espace, c'est-à-dire d'une surface maritime bordée de plusieurs côtés par des terres et non pas ouverte sur un vaste océan. Autrement dit, la nature de son toponyme dépend de l'échelle géographique attribuée à cette mer, et son analyse doit se faire dans ce sens sous peine de mésinterprétation. De ce point de vue, le planisphère de Matteo Ricci (1602) s'avère décisif mais, auparavant, les tâtonnements géographiques sont nombreux.

Dans un premier temps, le travail de Ricci n'a pas d'influence directe sur la cartographie européenne, probablement à cause de sa rédaction en chinois, alors qu'il en aura sur la cartographie du monde sinisé. Comme nous le verrons, il faut attendre un siècle et demi, soit le milieu du XVIIIe siècle, pour que la cartographie sino-jésuite influence en Europe la représentation de l'Asie orientale, par l'intermédiaire notamment du *Nouvel Atlas chinois* de Martino Martini (1655). Durant ce laps de temps, la géographie des mers japonaises commence à être mieux cernée, quoique incomplètement. Sa connaissance est liée à celle de l'archipel japonais, et donc à cette relation particulière qu'entretiennent Européens et Japonais quant à la cartographie.

Les Japonais ont en effet élaboré une longue tradition cartographique qui ne se place qu'en partie dans le sillage de la Chine puisque, comme nous l'avons vu, les lettrés chinois dédaignent finalement de s'intéresser aux détails et aux précisions géographiques de ce pays encore plus lointain que la Corée. La représentation cartographique de l'archipel remonte aux ères d'Asuka (mi-VIe siècle-710) et de Nara (710-794), au climax des routes de la soie et de leurs échanges avec les cartes de Gyôgi, déjà évoquées.

On ignore quand sont arrivées au Japon les deux cartes coréennes du XVe siècle déjà mentionnées, le *Kangnido* (1402) et la *Carte générale des pays de la mer Orientale* de Sin Suk-chu (*Haedong cheguk ch'ongdo*, 1472). On ne connaît pas non plus leur niveau de diffusion. Or, en contextualisant l'archipel japonais au sein de l'Asie orientale, elles ont dû fournir de nouvelles informations aux cartographes japonais. Comme on l'a vu, le *Kangnido*, toutefois, véhicule quelques approximations quant au Japon, qui est disproportionné par rapport à la Corée, en plus petit, et qui est émietté. Les cartes coréennes provenant du *Haedong chegukki* sont comparativement beaucoup plus précises dans leur représentation du Japon.

La période où la cartographie du Japon fait un bond énorme en précision (forme, taille, latitudes, longitudes, toponymie, indications...) s'étend grosso modo sur un siècle, de 1550 à 1650. Y plonger revient à vouloir assembler un véritable puzzle, complexe car certaines pièces manquent, les sources sont multiples et s'entrecroisent — entre les Portugais et les Italiens d'abord, avec les Néerlandais ensuite, entre les Japonais et les Européens, entre les jésuites et les non-jésuites...

Lors de son séjour au Japon de 1549 à 1551, François Xavier aurait introduit au Japon la théorie de la sphéricité terrestre, sans que l'on sache s'il avait emporté avec lui une mappemonde ou un globe terrestre[29]. Plusieurs sources suggèrent que les premières représentations de ce type apparaissent au Japon en 1580. Dans les lettres que François Xavier envoie en 1552 de Cochin puis de Goa à ses supérieurs en Europe, dont Ignacio de Loyola à Rome, il remarque que les Japonais ont déjà connaissance de l'astronomie et de la météorologie européennes. Les écrits du missionnaire portugais

Luís Fróis (1532-1597), qui réside plus de trente ans au Japon (1563-1597), évoquent régulièrement la présentation de globe terrestre ou de planisphère par des visiteurs étrangers auprès de dirigeants japonais, sans que soit toutefois mentionnée l'origine précise de ces documents. C'est ainsi que, muni de l'un puis de l'autre, le shôgun Oda Nobunaga (1534-1582) questionne successivement, par deux fois, les jésuites Organtino Gnecchi-Soldo (1532-1609) et Alessandro Valignano (1539-1606) sur les routes qui mènent à l'Europe. Mais on ignore comment il a reçu globe et planisphère, ni desquels il s'agissait.

La mission composée de quatre jeunes nobles japonais chrétiens, que Valignano envoie en Europe de 1582 à 1590, rapporte également au Japon une copie du *Theatrum orbis terrarum* d'Ortelius, des ouvrages de géographie (dont les trois premiers volumes du *Civitates orbis terrarum* — 1572, 1575, 1581 — de Georg Braun et Franz Hogenberg), plusieurs cartes, des portulans, un astrolabe et un globe terrestre. Celle d'Ortelius place l'océan Atlantique au centre, et donc l'Amérique à l'ouest (à gauche) et l'Asie à l'est (à droite)[30]. Significativement, les copistes japonais replacent l'océan Pacifique au centre, probablement sous l'influence de la cartographie riccienne (cf. *infra*)[31].

Fascinés par les planisphères, les Japonais les copient et les diffusent rapidement[32]. On en recense une trentaine de nos jours, connus sous le nom de « mappemondes *namban* », *namban* signifiant « barbares du Sud » et désignant au début les Ibères puis l'ensemble des Européens puisque ceux-ci arrivent au Japon par le sud. Elles s'inspirent de différents modèles qui permettent de distinguer plusieurs types selon leur origine (portulan ou non) et leur projection (ovale, équirectangulaire, mercator...)[33]. Ces mappemondes *namban* sont en général très belles, peintes en couleurs, richement décorées, souvent montées sur paravent, ce qui a conduit certains observateurs à privilégier leur aspect décoratif, probant dans la mesure où quelques-unes ne mentionnent aucun toponyme. Mais cette dimension ornementale, réelle, ne doit pas masquer la valeur des informations géographiques véhiculées.

Les mappemondes *namban* sont parfois accompagnées de cartes représentant l'archipel japonais. À la fin du XVIe siècle apparaît en effet un nouveau type de cartes japonaises représentant le Japon, dites Jôtokuji, du nom du temple où se trouve la première d'entre elles, datée de 1592[34]. Elles sont proches du type Gyôgi, mais elles apportent des améliorations et des précisions. Elles non plus ne dénomment pas les mers, mais elles fournissent une innovation et une information importantes : sur certaines d'entre elles est dessiné l'angle sud-oriental de la péninsule coréenne[35]. Le nord est en haut, l'archipel japonais est représenté horizontalement sur un axe ouest-est, les toponymes sont écrits verticalement (en japonais).

C'est, à cette échelle, la première contextualisation régionale du Japon dans la cartographie japonaise, d'autant qu'elles forment souvent une paire esthétique et géographique avec les mappemondes-paravents. Autrement dit, les cartographes japonais matérialisent clairement leur insertion dans un monde élargi, dont ils ont pris connaissance, mais dont ils ignoraient l'ampleur, ou dont ils se désintéressaient, deux attitudes qui ne sont désormais plus possibles avec les nouveaux contacts.

Apparaissant avec l'arrivée des Européens, les cartes du type Jôtokuji ont été influencées par ceux-ci : mais de quelle manière ? C'est l'un des principaux problèmes qui se pose à la cartographie historique car les cartes qui ont servi de maillons n'ont pas été retrouvées. On peut néanmoins s'en faire une idée grâce à une comparaison minutieuse des différents éléments. Le type Jôtokuji s'avère être un mélange complexe de cartes Gyôgi, portugaises (des portulans notamment) et coréennes (dans la lignée du *Haedong chegukki* de 1471).

Se développe alors un cercle vertueux au cours de la seconde moitié du XVIe siècle, formidable mais difficile à retracer, rendant délicat sinon inutile par son croisement des influences tout étiquetage par pays[36]. Les cartes Jôtokuji sont fabriquées et conservées au Japon, mais leur géographie relève de l'Europe. Les cartes portugaises sont fabriquées à Lisbonne (Homem, Velho) ou à Goa (Vaz Dourado), mais à partir de sources japonaises ou provenant du Japon. À cause de la politique portugaise du secret, qui s'assouplit toutefois à la fin du XVIe siècle, leur diffusion est *a priori* réduite auprès des Japonais.

Inversement, les cartes flamandes-hollandaises (Mercator, 1541, 1568 ; Ortelius, 1564, 1567, 1570 ; de Jode, 1568...) sont, comme nous l'avons vu, mieux diffusées auprès des Japonais, mais leurs informations sur le Japon et l'Asie orientale sont moins bonnes que celles des Portugais jusqu'en 1595. À partir de cette date, les interrelations deviennent extrêmement étroites entre les multiples réalisations — japonaises, portugaises, hollandaises et autres — grâce aux cartes fondamentales de Teixeira (1595) et de Moreira (1592 et après). Le type Gastaldi (carte de base éponyme datant de 1550) est le plus ancien qui représente le Japon. Essentiellement, sinon exclusivement d'après Dahlgren, fondé sur des rapports oraux, il représente parfois l'ensemble du Nord-Est asiatique, mais d'une façon grossière et approximative[37].

Les Portugais sont les premiers à cartographier l'archipel japonais de façon réaliste. On classe leurs cartes en trois types en fonction de la forme et du positionnement qu'ils donnent à l'archipel japonais. Les travaux de Vaz Dourado, de Bartolomeu Lasso (1568) et de Lázaro Luís (1563) sont secrètement copiés à Goa par Jan Huygen van Linschoten (1563-1611), un navigateur néerlandais. D'après Unno Kazutaka, cette carte aurait en retour inspiré les cartes japonaises du type Kawamori[38]. Les premières cartes de Mercator (1541, 1568) et d'Ortelius (1564, 1570), encore inspirées de Marco Polo ou d'un Ptolémée réactualisé, sont en retrait des cartes portugaises quant à l'exactitude et à la qualité de l'information sur le Japon. Mais plus largement diffusées, elles auront beaucoup plus d'impact sur les Européens, les cartographes néerlandais bien sûr (de Jode, 1598) ou d'autres pays (André Thevet, 1590)[39].

Les perfectionnements, inspirés notamment par les Portugais et/ou les Japonais (cf. *infra*), seront rapidement réalisés. En fait, la principale conséquence est que Mercator, Ortelius et leurs épigones maintiennent, et donc propagent, la toponymie héritée de Marco Polo. Cela concerne en particulier le nom de « mer de Chine », qui s'applique à l'espace situé entre la Chine et le Japon, encore dessiné confusément faute d'une représentation de la péninsule coréenne[40]. Les cartes suivantes seront en quelque sorte poussées à l'actualiser et à le délimiter plus précisément, posant ainsi la question — si nécessaire — de donner d'autres noms aux autres mers, elles aussi davantage cernées à mesure des découvertes.

À l'extrême fin du XVIe siècle, deux cartes apportent une représentation décisive, car beaucoup plus précise, de l'archipel japonais. Leur influence perdure pendant un demi-siècle environ, donnant un cadre sur lequel sont placées par la suite d'autres améliorations. Comme le souligne Oda Takeo, « jusque-là, le Japon que l'on pouvait voir en Europe sur de nombreuses mappemondes ou sur des cartes d'Asie était dessiné de multiples manières qui s'écartaient toutes du Japon réel, même les tracés des Portugais qui étaient allés au Japon ou le Cipangu du type Behaim. Si l'on excepte les quelques cartes du type Ortelius proches des types Velho ou Langren inspirés par le type Dourado, il était sans rapport avec la forme du Japon dessiné sur les cartes marines portulans réalisées au Portugal, et, même pour la carte de Cysatus, il était de toute façon le fruit de l'imagination. Par conséquent, les Européens de la seconde moitié du XVIe siècle, celui des grandes expéditions maritimes, n'avaient encore qu'une connaissance [géographique] très limitée du Japon »[41].

Avec ces deux nouvelles cartes, de Luís Teixeira (1595)[42] et d'Ignacio Moreira (1590-98)[43] un véritable tournant s'opère pour la cartographie. Car, beaucoup plus précises, elles résultent d'informations directement recueillies au Japon par des visiteurs experts en géographie qui y séjournent longtemps. De fait, elles influencent la cartographie ultérieure, ne seraitce que parce qu'elles sont publiées par des atlas européens prestigieux (Ortelius pour Teixeira), ou reproduites par un réseau de cosmographes (les jésuites comme Blancus, Ginnaro, Cardim, Dudley et Martini pour Moreira, lui-même jésuite).

Nous savons aussi que João Rodrigues Tsuzu (1561-1633), interprète portugais auprès de Toyotomi Hideyoshi à partir de 1591 puis de Tokugawa Ieyasu, a travaillé en Chine dans l'entourage des cartographes ricciens, y compris à Pékin. Il fréquente le jésuite António Francisco Cardim (1596-1659) lorsque celui-ci vit à Macao (1622/23-1638), au moins au cours de deux périodes (de 1615 à 1626 ; et en 1633)[44]. Il est donc parfaitement envisageable et plausible que la toponymie riccienne de « mer du Japon » ait été transmise à Cardim pour sa carte du Japon de 1646, peut-être élaborée et envoyée à Rome dès 1635[45].

Bernardino Ginnaro (1577-1644), un autre jésuite, propose toutefois une toponymie en partie différente (1641). Il garde l'« Oceano Cinese » au sud de Honshû, mais adopte « Oceano boreale » au nord[46]. Robert Dudley (1573-1639), Anglais passé au service du duché de Toscane, s'inscrit dans la filiation Moreira/Tsuzu-Ginnaro-Cardim[47]. Il dispose en Italie d'abondants matériaux jésuites, mais il s'inspire aussi de Luís Teixeira, dont il recopie même les coquilles toponymiques. Il propose donc une véritable fusion de la conception cartographique du Japon élaborée dans l'Europe du milieu du XVIIe siècle.

Toutes ces cartes influencent durablement la cartographie européenne du Japon au cours du XVIIIe siècle, pendant le repli du Japon sous les Tokugawa. C'est en particulier le cas des cosmographes qui évoluent dans le milieu catholique, comme le jésuite Philippe Briet, ou dans le milieu des marchands liés à la V.O.C., comme le huguenot exilé Jean-Baptiste Tavernier (cf. *supra*).

Viennent s'ajouter les portulans, extrêmement nombreux au cours de la seconde moitié du XVIe siècle. Rien qu'à Lisbonne, on dénombre six maisons qui emploient au total dix-huit personnes chargées de faire des cartes marines[48]. Ces cartes nautiques font leur apparition au Japon dès le milieu du XVIe, sous deux types. Elles représentent soit l'archipel japonais seul, soit l'ensemble de l'Asie orientale (= façade Pacifique de l'Asie = Asie du Sud-Est et du Nord-Est). L'intérêt des secondes est de contextualiser l'archipel japonais dans la région.

Il est difficile de reconstituer leurs sources et d'analyser le cheminement intellectuel de leurs représentations. On recense plus d'une vingtaine de ces portulans s'échelonnant de 1585-1592 (les pionniers d'Ikeda et d'Itoya Zuiyemon) à 1680. Cette période correspond en gros à l'essor du commerce maritime outre-mer du côté japonais à la fin du XVIe siècle, puis à son extinction suite au repli du pays au cours des années 1640. Mais on peut constater qu'une quarantaine d'années après la production de portulans se poursuit encore, essentiellement pour les besoins du cabotage.

Le développement commercial de la fin du XVIe siècle et du début du XVIIe siècle est encouragé par le pouvoir politique japonais central[49]. Car celui-ci, qui achève l'unification du pays, neutralise la piraterie, notamment avec l'édit de 1588 suite à la conquête de Kyûshû, fief principal des *wakô*, par Toyotomi Hideyoshi. Il a aussi de gros besoins économiques et cherche à concurrencer les arrivants européens sur leur propre terrain, quitte à en passer par le premier édit contre le christianisme (1587).

Dès 1587, Toyotomi met en place un commerce outre-mer officiel, avec le système des « licences à sceau rouge » (*go-shuinjô*) accordées par l'État à des familles de marchands. Tokugawa Ieyasu le maintient et l'active dès sa prise du pouvoir, jusqu'à son abolition en 1635. Entre ces deux dates, sur une quarantaine d'années, plus de 350 licences sont accordées, dont une quarantaine à des marchands chinois et une autre quarantaine à des marchands européens. Près des deux tiers des voyages s'effectuent en direction de l'Asie du Sud-Est, les directions officiellement autorisées étant au nombre de neuf puis, sous les Tokugawa, de onze. La Chine est officiellement exceptée jusqu'en 1604 pour les raisons politiques et diplomatiques évoquées plus haut, ce qui n'empêche pas l'activité des marchands chinois établis au Japon ou ailleurs.

Les missionnaires européens ouvrent en 1605 à Kyôto une académie où, selon le jésuite Charles Spinola, « l'on expliquait la géographie, l'art nautique, la théorie des planètes, la philosophie naturelle (ou théorie) des éclairs, de la neige... »[50]. Cette création nous indique trois choses. Premièrement, une interrelation étroite existe entre différentes disciplines scientifiques, en particulier autour de la géographie, de l'astronomie et de la cartographie. Deuxièmement, les dirigeants japonais montrent un intérêt pour elles. Troisièmement, les missionnaires gardent leur tactique de pénétration par la science.

Les grandes familles commerçantes à qui des licences sont accordées se montrent bien évidemment intéressées par les matériaux cartographiques et la fabrication de portulans. On observe donc, durant cette période, une sorte de cartographie privée, élaborée par une bourgeoisie naissante et entreprenante, avant qu'elle ne soit mise sous le boisseau et que l'administration ne s'occupe des cartes. D'ailleurs, c'est bien souvent dans les archives de ces familles que l'on a retrouvé ces précieux portulans qui en portent aussi le nom : les Itoya (originaires de Kyôto puis établis à Nagasaki), les Kadoya (de l'Annam), les Sueyoshi (d'Ôsaka), les Ikeda (d'Okayama)...

La concordance entre le premier édit antichrétien, l'édit antipiraterie et les premières licences à sceau vermillon, soit les années 1587 et 1588, n'est pas fortuite. Elle symbolise la mise en place d'une politique globale qui se veut d'abord offensive, ouverte et outre-mer, avant qu'elle ne devienne défensive, presque sur la même logique de prospérité économique et de stabilité sociopolitique intérieures.

Les portulans japonais sont très influencés par la cartographie portugaise. Leur tracé des contours topographiques et donc des mers est très réaliste puisqu'il faut bien représenter des routes maritimes reliant des terres[51]. Le portulan intitulé *Carte des pays orientaux* (*Tôyô shokoku kôkaizu*, *ca* 1615), qui constitue une véritable carte de l'Asie s'étendant de Madagascar à Hokkaidô, dessine de façon très réaliste l'archipel japonais, la péninsule coréenne, le littoral sibérien, Ezo même, donc l'ensemble de la mer du Japon[52]. Il devance donc largement en qualité comme en chronologie les cartes de Dudley (1646) initiées par la série Blancus (1617), Ginnaro (1641), Cardim (1646).

C'est l'un des quelques-uns, avec cinq autres dont le portulan de Sueyoshi Magozaemon (1570-1617) (*ca* 1610), à dessiner Ezo et l'ensemble de la mer du Japon : bien que d'inspiration portugaise, ces portulans ajoutent des informations venues d'ailleurs. D'après Nakamura Hiroshi, celles-ci proviennent de la mappemonde-paravent *namban Sekaizu byobu jo* (1587-1590) peinte par Kanô Eitoku (1543-1590)[53]. Ce qui amène à s'interroger sur l'origine des informations qui ont contribué à l'élaboration de celle-ci. Les mappemondes japonaises de cette période sont inspirées par la cartographie néerlandaise[54]. Mais le moins que l'on puisse dire est, comme l'a vu, que les Néerlandais n'ont pas une très bonne représentation du Japon et de ses environs à la fin du XVIe siècle. Comment les Japonais auraient-ils pu recopier une information (Ezo, la mer du Japon) qui n'existait pas encore sur ces cartes ?

En fait, une seule d'entre elles la donne : celle d'Ortelius sur le Pacifique (*Maris Pacifici*, 1589)[55]. Cette carte indique par ailleurs les nouvelles découvertes faites par les Espagnols dans l'océan Pacifique, comme les îles Salomon, la Nouvelle-Guinée, et trace une île au nord de Honshû avec la mention « Isla de Plata », comme on l'a déjà indiqué. Mais pour Akizuki Toshiyuki, c'est justement cette appellation qui empêche de considérer qu'il s'agit d'Ezo car elle ressortit à l'imagination et à l'éternel fantasme des explorateurs européens pour lesquels il y a toujours plus loin, vers les contrées inexplorées, un nouvel Eldorado. Il est vrai que par la suite Ortelius ne reprendra plus cette information et qu'il modifiera son tracé de la région. Mais il suffit que la carte en question ait été vue par les Japonais de l'époque...

En revanche, pour Unno Kazutaka, plusieurs indices (la forme de l'Amérique du Sud par exemple) suggèrent que la mappemonde-paravent de Kanô Eitoku est probablement inspirée par « une mappemonde d'Ortelius de 1587 ou d'une révision ultérieure »[56]. Cela confirmerait la filiation Ortelius-Kanô-Sueyoshi... Les portulans japonais comme les mappemondes *namban* ne donnent pratiquement aucun toponyme, ce qui ne facilite pas la reconstruction de leur élaboration.

UNE INNOVATION MAJEURE : LA CARTOGRAPHIE DE MATTEO RICCI

La cartographie réalisée par le jésuite italien Matteo Ricci (1552-1610) au cours de son séjour en Chine (1582-1610) constitue une étape fondamentale pour notre objet, comme pour la connaissance géographique de l'Asie orientale à cette époque[57]. Elle innove en effet dans la toponymie, aussi bien continentale que maritime. Le lexique géographique qu'elle propose et qu'elle idéographie, autrement dit les caractères chinois qu'elle utilise pour identifier les noms de lieux en Asie comme dans le monde entier, est celui-là même qui existe encore de nos jours dans le monde sinisé, c'est dire son importance.

La cartographie de Ricci constitue un corpus révolutionnairement novateur à maints égards. Non seulement elle propose une nouvelle toponymie, mais, combinant à la fois des techniques européennes et des connaissances tant chinoises qu'européennes, elle réalise aussi, et surtout, le premier planisphère au monde le plus proche des réalisations scientifiques actuelles, avec une acuité et une appréhension géographiques époustouflantes pour l'époque, le tout début du XVIIe siècle.

Preuve de sa pertinence attractive, sa conception est intégrée sans problèmes majeurs par les géographes chinois eux-mêmes qui la reprennent à leur compte, et ce pour un long moment. Autrement dit, la cartographie de Ricci n'est ni jésuite, ni européenne, ni chinoise, elle est un mélange de tout cela et, par là même, quelque chose qui se situe au-delà. Il s'agit d'une réalisation véritablement transnationale, universelle, la première en ce qui concerne l'Asie orientale, où même la stratégie de colonisation intellectuelle de la Chine par les jésuites s'efface devant la richesse universelle des connaissances qu'elle apporte.

Le fait que Ricci meure à Pékin sans être retourné en Europe est plus qu'un symbole : à l'image de son nom sinisé, Li Ma-teou, processus logique et incontournable pour se faire admettre dans l'empire du

Milieu, Ricci a fini en scientifique chinois là où il avait commencé en novice issu de la province d'Ancône. On comprend que les géographes et les historiens qui ont tendance à raisonner avec un prisme nationaliste, voire de façon anachronique, éprouvent quelques difficultés à évaluer l'héritage de la cartographie de Ricci qui n'est pas, de surcroît, favorable à leurs thèses comme c'est le cas des Coréens à propos de la dénomination de la mer du Japon. Le nom de « mer du Japon », tracé en idéogrammes (lecture horizontale en trois caractères de droite à gauche), est en effet placé au centre de l'espace qui correspond à la mer actuelle sur la mappemonde de Ricci datée de 1602 (*Kunyu wanguo quantu* ou *Carte complète des myriades de pays dans le monde*).

Cette célèbre mappemonde est d'abord la première carte qui opère des choix toponymiques nouveaux et importants[58]. Cela y compris par rapport à la cartographie japonaise qui, depuis le milieu du XVIe siècle, connaît déjà les planisphères européens et qui commence à les reproduire à partir de 1592.

Ensuite, c'est l'une des premières à représenter l'Asie orientale de façon relativement correcte par rapport aux autres cartes de l'époque, qu'elles soient européennes ou sinisées. Ricci, à la fois fidèle à ses sources chinoises et astucieux dans sa démarche de conquérir l'intellect de l'élite chinoise pour envisager de l'évangéliser par la suite, a l'habileté de dessiner un planisphère qui place la Chine (et l'océan Pacifique) en son centre. Il respecte ainsi la métagéographie sinisée de l'empire du Milieu, tout en livrant à la connaissance chinoise l'existence tracée du continent américain.

Dans son *Journal* (1583-1610), Matteo Ricci explique clairement sa démarche, et sa stratégie, qui mérite d'être amplement citée : « Nous devons faire état ici d'une autre découverte, laquelle contribua à nous assurer les bonnes grâces des Chinois. Pour eux, le ciel est rond, mais la Terre est plate et carrée, et ils sont tout à fait persuadés que leur empire se trouve au beau milieu de celle-ci. Ils n'apprécient guère que nos géographes repoussent une Chine dans un coin de l'Orient. Ils ne pourraient comprendre les démonstrations prouvant que la Terre est un globe fait de terre et d'eau, et qu'un globe de cette nature n'a ni commencement ni fin. C'est pourquoi le géographe dut modifier son dessin ; en omettant le premier méridien des îles Fortunées, il créa une bordure de chaque côté de la carte, de sorte que le royaume de Chine parut se trouver en plein milieu. Cette représentation convenait mieux à leurs idées, et leur procura grande joie et satisfaction. Assurément, en ces temps-là et dans ces circonstances particulières, nul n'eût pu faire découverte de nature à mieux disposer le peuple pour recevoir la foi [...] »[59].

Le jésuite flamand Nicolas Trigault (1577-1628), cadet contemporain de Ricci, insiste dès 1617 sur les effets de cette perspective : « Rejetant le premier méridien des Isles Fortunées aux marges de la description géographique à droite et à gauche, il fit que le royaume de la Chine se voioit au milieu de la description, à leur grand plaisir et contentement »[60]. Autre avantage, cela permet de montrer aux Chinois que l'Europe est plus éloignée qu'ils ne le croient, et donc diminuer la crainte qu'ils ont des étrangers. Trigault ajoute que « si tous les Chinois en avoient une égale connaissance, seroit supprimé un grand empêchement à la diffusion de la foy chrétienne ». Autrement dit : la science géographique est au service du prosélytisme religieux...

Enfin, la mappemonde de Ricci est remarquable

par son origine, puisque Matteo Ricci l'a réalisée en Chine même, et d'après les données les plus directes possibles : cartes locales, récits de voyageurs... (cf. *infra*). Ces approches de première main donnent un crédit essentiel à l'information qu'il livre. On peut en détailler les éléments pour en comprendre l'importance grâce à une impressionnante série d'études variées, érudites, et provenant de divers pays qui ont été consacrées à Ricci depuis longtemps déjà. Nous centrerons l'analyse sur la question de la dénomination de la « mer du Japon » qui fait l'objet de contestations de la part de la Corée.

Du côté des documents conçus en Europe, Ricci s'inspire des travaux d'Abraham Ortelius, de Gérard Mercator et de Peter Plancius[61]. Mais il prend rapidement conscience de leurs lacunes et approximations à la fois astronomiques et cartographiques à propos de la Chine et de ses alentours, tout en regrettant le manque de graduation des cartes chinoises. Dès février 1583, il écrit à un correspondant d'Europe : « Ne vous fiez pas aux mappemondes ; elles commettent des erreurs par trop considérables, soit par ignorance, soit à cause des discussions sur la démarcation entre le roi de Portugal et celui d'Espagne »[62].

Rappelons que les premières cartes fiables du Japon sont postérieures à la mappemonde de Ricci, sauf deux — celles de Teixeira (1595) et de Moreira (avant 1601) —, mais dont le cadre régional est approximatif, et dont on ne sait pas si elles sont parvenues entre ses mains. Par conséquent, ce sont essentiellement les cartes européennes antérieures qui donnent le cadre régional auquel Ricci intégrera les données chinoises. Matteo Ricci travaille en étroite coopération avec un lettré chinois, Wang P'an, dont il tire probablement la majeure partie de ses sources. Wang P'an est préfet de la province du Guangdong (1580-1584) lorsque Ricci y débarque (Macao août 1582, Canton août 1583), et celui-ci reçoit rapidement sa protection. Analyser la géographie de Wang P'an permet donc de saisir la logique cartographique de Ricci. Les cartes de l'un et de l'autre sont d'autant plus précieuses qu'il n'en reste que quelques rares témoignages.

C'est à Marcel Destombes que revient le mérite d'avoir découvert en 1973 dans le fonds de la Bibliothèque nationale de France une magnifique carte de la Chine, de la Corée et du Japon, jusque-là ignorée, qu'il attribue à Wang P'an et qu'il date de 1594[63]. Pour le géographe japonais Unno Kazutaka, plusieurs indices montrent qu'il s'agit en fait d'une carte coréenne et qu'elle est postérieure à l'avènement du shôgunat Tokugawa en 1603. Pour Li Jin-Mieung, ce document, qui a été saisi par la marine française lors du sac de la bibliothèque royale coréenne de Oe-Kyujanggak en octobre 1866 puis rapporté à Paris, est indéniablement de facture coréenne[64].

Cette carte a probablement été dressée entre 1603 et 1650 à partir d'un original dessiné par Wang P'an, qui lui-même, dans sa préface à côté du colophon, dit s'être appuyé sur une carte dessinée par Pai Zunko. Cette incertitude sur la datation empêche de retracer correctement la généalogie des informations apportées. Les spécialistes s'accordent à dire que l'inspiration de la carte de Wang P'an se place dans la lignée du *Guang Yutu* (1557, réédité en 1579), tout en innovant considérablement. Elle rompt en effet nettement avec la cartographie chinoise qui minimisait singulièrement, comme on l'a vu, la géographie des espaces maritimes et insulaires au large de la Chine. Si Taïwan est décidément ignoré, l'angle nord-est de l'Asie est très bien conçu pour l'époque.

Péninsule et îles coréennes ainsi qu'archipel japonais y figurent assez précisément. Même Ezo (alias Hokkaidô) apparaît comme une île[65]. Il est possible que le copiste coréen, qui se manifeste en complétant la préface de Wang P'an, ait ajouté des informations sur la Corée, le Japon et les Ryûkyû.

Wang P'an a gravé une carte en 1584 que Matteo Ricci a redessinée d'après une mappemonde européenne, probablement celle d'Abraham Ortelius (*Theatrum orbis terrarum*, 1570), en prenant pour centre non pas le méridien des îles du Cap-Vert mais celui de Pékin. Ces deux cartes sont perdues. Ricci traduit aussi le fameux *Guang Yutu* (1579) de Luo Hongxian (cf. *supra*). Dans une lettre de février 1583 envoyée au visiteur jésuite Alessandro Valignano (1539-1606), il estime que cet atlas est à la géographie chinoise ce que Ptolémée est à la géographie européenne[66].

Il prend ensuite connaissance d'une carte chinoise assez connue du milieu du XVIe siècle : le *Gujin Xingsheng zhitu* (*Carte des formes avantageuses passées et présentes*), daté de 1555 et attribué à Yu Zhi[67]. Il l'a même expédiée avec sa propre première mouture en 1584 à Juan Battista Roman, deux documents que l'on n'a pas retrouvés. Un exemplaire du *Gujin Xingsheng zhitu* a cependant été détenu longtemps par le vice-roi des Philippines, qui l'envoie finalement en Espagne en 1874.

Cet exemplaire dessine la Chine de façon assez détaillée, de Samarcande jusqu'à la Mongolie. La périphérie péninsulaire et insulaire (Java, Sumatra, la Corée, le Japon) y est grossièrement figurée, conformément à la tradition chinoise pour ce type d'espace, c'est-à-dire en formes oblongues simplifiées. À cause de la bordure du document, qui s'arrête juste à l'est (et à droite) de la Corée, et du positionnement du Japon, placé au sud/sud-est de la Corée, la mer du Japon n'est pas représentée. Le *Gujin Xingsheng zhitu* n'a donc pas pu fournir d'informations à Ricci sur cet espace, en tout cas s'il s'agit de cette version[68]. Il est en revanche possible qu'il soit parvenu jusqu'à Ortelius, *via* Juan Battista Roman, représentant du roi d'Espagne à Manille et à Macao, qui s'en serait servi pour réaliser une carte de Chine en 1584 signée Luis George[69].

Conscient des disparités chinoises et de certaines lacunes, Ricci approfondit ses recherches. D'après Kenneth Ch'en, il fouille dans de multiples sources géographiques chinoises, notamment en ce qui concerne les régions voisines. On peut suivre Boleslaw Szczesniak en estimant que ce travail porte amplement ses fruits rien qu'à la façon dont s'améliore le traitement cartographique de la péninsule coréenne qui était d'un grossier filiforme dans la mouture de 1584 ou d'une masse disproportionnée dans la mouture de 1600, et qui trouve une forme plus réaliste dans la version de 1602[70].

Ricci est le premier à cartographier totalement Ezo, la future Hokkaidô, comme étant une île. Il accomplit cette innovation plus d'un siècle et demi avant les premières cartes japonaises attestées qui distinguent enfin Hokkaidô, puis Sakhaline et les Kouriles[71]. Sur ce point, il devance d'une cinquantaine d'années Martino Martini (1614-1661), et sa carte du *Novus Atlas Sinensis* (1655) tirée de sources chinoises et d'un portulan japonais. Mais s'agit-il vraiment d'Ezo-Hokkaidô ? À première vue, cela ne fait aucun doute : bien que grossiers, les contours sont ressemblants, l'île est placée juste au nord de Honshû, son littoral septentrional se rapproche du rivage sibérien, même si Sakhaline n'est pas dessinée, Ricci n'indique aucune petite île dans le détroit de Tsugaru contrairement à la carte de Wang P'an et à ce que feront pendant longtemps un grand nombre de cartes européennes. Néanmoins, si on examine les indications et les toponymes inscrits en idéogrammes chinois par Ricci, on constate tout autre chose[72].

Sur l'île en question sont en effet mentionnés six toponymes (retraduits en japonais) : Kaga, Noto, Echigo, Etchû, Sado et Hokurikudô. Ce sont des noms de lieux qui se situent en réalité sur le littoral de Honshû donnant sur la mer du Japon, y compris l'île de Sado qui n'est pas représentée en tant que telle sur la carte. Comme l'indique l'un des toponymes lui-même, ils correspondent à ce que les Japonais appellent traditionnellement la « Route du Hokuriku » (Hokurikudô), ou « Route des terres du Nord ». Nulle part ne se trouvent les idéogrammes désignant Ezo/Barbare, concernant un espace pourtant repéré à l'époque, même si ce n'était pas en détail. Le géographe japonais Akizuki Toshiyuki estime donc que l'ensemble des six toponymes ont été insularisés par Ricci, mis sur une île, et que l'un des idéogrammes chinois situés sur le littoral sibérien pourrait être lu Ezo, continentalisant ainsi la terre des Barbares (les Tartares européens)[73].

La question de l'insularité d'Ezo et de son exactitude géographique qui va préoccuper moult géographes, notamment en France au cours des XVIIe et XVIIIe siècles, suscitant diverses polémiques, révèle l'état des connaissances géographiques sur la mer du Japon elle-même puisque l'île en constitue l'un des contours, l'une des extrémités, celle qui est située au nord. Elle ne sera réglée que très tardivement, par le voyage de Lapérouse (1787) qui devance les Japonais eux-mêmes jusque-là peu intéressés à connaître l'ampleur de cette île qu'ils qualifient de « barbare » à l'image de la métagéographie chinoise :

Lapérouse, celui-là même qui en traversant et en cartographiant scientifiquement la mer du Japon devient le personnage clef qui consacre son nom dans la géographie mondiale.

À la fin du XVIe siècle, aucun cartographe européen ne mentionne de « mer du Japon », ni aucun cartographe sinisé. Il semble donc que Matteo Ricci ait choisi de sa propre initiative cette dénomination sur sa mappemonde de 1602. Comment expliquer cette option ? Sauf information méconnue, nous en sommes réduits aux conjectures, qui s'articulent autour de deux points, le premier étant le tracé de la mer du Japon et le second la place que celle-ci occupe au sein des grands ensembles terrestres et maritimes.

De toutes les cartes européennes ou sinisées qui existent jusqu'alors, et à toutes échelles, la mappemonde de Matteo Ricci est incontestablement celle qui présente le tracé le moins incohérent sinon le plus réaliste de la mer du Japon, même avec l'incertitude qui règne sur l'identification d'Ezo.

Pour l'ensemble de la façade Pacifique de l'Asie, Ricci tire à l'évidence ses informations des sources sinisées. La représentation des péninsules, des îles et des archipels de l'Asie du Sud-Est s'apparente à celle du *Kangnido* voire des rouelles de type *ch'onhado*. Ricci n'utilise pas celle d'Ortelius, pourtant déjà plus précise pour cette partie de l'Asie. La représentation de l'Asie du Nord-Est s'apparente à celle de Wang P'an, mais elle est beaucoup plus complète. Nous avons vu que le *Gujin Xingsheng zhitu* (1555), consulté par Ricci, ne couvre pas cette zone. Manifestement, Ricci a bénéficié d'importantes informations pour celle-ci, car on peut difficilement croire qu'il ait tout imaginé, mais nous ignorons lesquelles : cartes chinoises, coréennes ou japonaises disparues depuis ? Récits de lettrés, de voyageurs, d'explorateurs ?

La mer du Japon se place au sein d'un ensemble terrestre et maritime plus vaste, un élément qu'il faut absolument prendre en compte dans le jeu des échelles pour comprendre les choix toponymiques opérés par le cartographe. Or Ricci adopte une démarche originale, novatrice et pour tout dire révolutionnaire aussi bien pour l'Europe que pour le monde sinisé de l'époque en ce qui concerne les espaces maritimes. Pour les mers qui entourent le centre chinois, il distingue en effet un « petit océan » et un « grand océan » : « Petit océan oriental » pour le large oriental du Japon, à l'est de Honshû, et « Grand océan oriental » pour le centre de l'actuel océan Pacifique ; « Petit océan occidental » pour l'océan Indien et « Grand océan occidental » pour l'Atlantique.

Ricci reprend ainsi la tradition sinisée, mais sous un nouvel angle. Il décline les échelles. Il reste aussi dans le cadre des consignes données aux savants jésuites qui attachent beaucoup d'importance aux espaces maritimes. François de Dainville souligne combien, « comme eux [les cartographes du XVIe siècle], dès l'origine, les Jésuites, en cultivant la géographie, n'ont pas seulement pensé aux Missions, mais aux durables et nécessaires traversées [maritimes] »[74]. Ainsi, l'une des méthodes géographiques rédigées pour les collèges jésuites, celle de Possevin (1593), commence par une bibliographie des choses de la mer.

Dans sa description des limites de la Chine, Ricci évoque explicitement « la mer de l'Est » où se finit la Chine du côté oriental[75]. Sur son planisphère, il choisit de l'appeler « mer des Ming », plaçant l'idéogramme au centre de l'actuelle mer de Chine orientale. « Ming » (en fait « Grand Ming » mais l'idéogramme honorifique de « grand » peut être considéré comme l'équivalent d'une majuscule) est le nom qu'il donne également au pays, conformément à l'usage chinois qualifiant celui-ci en fonction de sa dynastie régnante. Autrement dit, « mer des Ming » est pratiquement l'équivalent de « mer de Chine ».

Il est possible que Ricci ait choisi « mer du Japon » pour faire contrepoint à cette mer de Chine : le Japon plutôt que la Corée car, comme il l'indique dans ses annotations, « la Corée est un fief de la Chine » tandis qu'il signale l'existence d'un « empereur » pour le Japon, donc une autonomie politique et culturelle par rapport à la Chine. Matteo Ricci aurait donc assumé un choix géopolitique déjà sensible à cette époque puisque le Japon réunifié était même parti à la conquête de la Corée, voire de la Chine, avec les expéditions de Toyotomi Hideyoshi (1592 puis 1597), et que le nouveau shôgun Tokugawa n'avait pas encore renoncé à ses conquêtes, vers les Philippines notamment.

Matteo Ricci innove en introduisant auprès du monde sinisé non seulement la connaissance des continents mais aussi leur dénomination véhiculée par les Européens : Europe, Amérique, Afrique et... Asie. C'est lui qui le premier, à nouveau, apporte la notion, le terme et l'écriture, en trois idéogrammes, d'Asie, un nom qui sera progressivement adopté par les peuples asiatiques eux-mêmes (*Yaxiya* en chinois, *Ajia* en japonais). Cette adoption est facilitée par le fait que Ricci et ses pairs se montrent scientifiquement crédibles par l'apport de nouvelles connaissances et de nouvelles techniques (astronomiques, mathématiques...), qu'un monde sinisé tolérant et ouvert n'a aucune peine ni crainte à intégrer, et aussi qu'il ne bouleverse pas fondamentalement, comme on l'a vu, les conceptions sinocentrées encore à l'œuvre.

LA CONCEPTION GÉOGRAPHIQUE RICCIENNE

La cartographie de Matteo Ricci influence donc logiquement les géographes et cartographes asiatiques pendant toute la période moderne[76]. D'une certaine façon, on peut considérer que son faible rôle auprès des Européens, qui semblent hermétiques à l'idéographie chinoise et à un planisphère sinocentré, constitue précisément une preuve en faveur de ce tropisme asiatique. Son fort impact dans le monde sinisé est néanmoins variable selon les trois principaux pays concernés, Chine, Japon et Corée.

En Chine, il s'exerce dans le cadre de la mission à la fois intellectuelle et religieuse menée directement par la Compagnie de Jésus au cœur de la Cour impériale. On sait que les jésuites ont habilement évalué leurs chances de pénétrer dans cet empire, au sein de cette culture chinoise réputée, à juste titre, comme étant largement en avance et donc peu soucieuse, *a priori*, de se conformer à un système de valeurs venu d'ailleurs, monothéiste et intransigeant de surcroît. Ricci ne mentionne-t-il pas sur sa mappemonde que « la Chine est le pays le plus fameux pour sa culture et ses produits » ?

Au début, il commence ses tentatives d'évangélisation sous l'aspect d'un religieux bouddhiste, tête et visage rasés[77]. Puis, se rendant compte que les Chinois n'ont guère de respect pour les bonzes, il endosse le costume des lettrés (robe de soie, barbe et cheveux longs ramenés en chignon), se positionnant ainsi sur le terrain de l'instruction. À la suite de François Xavier qui, arrivé au Japon en 1549, cherche d'abord à se fondre dans la foule pour la convertir au christianisme puis, constatant son erreur, vise les élites en leur montrant les capacités technologiques des Européens, cette fois avec succès, Matteo Ricci opère, une poignée d'années plus tard, la même stratégie.

Avec lui, les jésuites choisissent de gagner la confiance de l'élite chinoise dans le domaine où celle-ci est le plus sensible : la maîtrise du temps, qui passe par la maîtrise du calendrier, fondamentale pour les dynasties régnantes, et aboutit à la maîtrise de l'espace, essentielle pour la technobureaucratie du despotisme hydraulique. Autrement dit, il faut être performant en astronomie, en horlogerie et en cartographie : en géographie, en somme. Les candidats jésuites partant pour l'empire du Milieu sont solidement formés et préparés dans cette perspective[78].

À Coimbra, vrai collège pour les Indes, on enseigne les mathématiques et la géographie, au collège de Goa, centre des missions qui s'échelonnent de l'Afrique au Japon, le programme comporte « la sphère, la cosmographie et l'astronomie »[79]. L'objectif final d'évangélisation n'est toutefois jamais oublié, comme le révélera, par exemple, August von Hallerstein (1703-1774), directeur du bureau des mathématiques sous les Qing, qui déclare en 1759 dans une lettre envoyée à son frère en Europe : « Nous ne sommes pas venus ici pour promouvoir et corriger les tables astronomiques. Mais puisque l'astronomie est nécessaire pour protéger et préserver, si possible, les intérêts de la religion, nous faisons tout ce que nous pouvons à cette fin »[80].

Se rendant rapidement compte du succès qu'il obtient avec sa description du monde, Ricci ne tarde pas à fabriquer un planisphère à l'européenne ainsi que plusieurs petits globes terrestres qu'il offre à ses relations. Ce qui le conduit à réaliser la fameuse mappemonde de 1602, la troisième du genre en fait, les deux précédents modèles originaux ayant disparu. Selon les propos de Ricci et d'autres contemporains européens, la quasi-totalité des lettrés chinois sont ébahis à la vue de cette carte. « L'un des plus proches associés de haut rang chinois auprès de Ricci, Li Zhizao, a distribué plusieurs milliers de copies du *Kunyu wanguo quantu*, dont l'une parvint finalement jusqu'à l'empereur Wanli lui-même en 1608. L'empereur fut apparemment si impressionné qu'il ordonna la réalisation de douze autres copies »[81].

Rares sont les savants Ming qui critiquent Ricci. Wei Jun ou She Que déplorent l'abandon de la centralité universelle de la Chine puisque la mappemonde de Ricci décale légèrement la Chine vers le nord-ouest dans l'hémisphère Nord[82]. Mais ce n'est pas suffisant. La plupart se mettent aussitôt à son école et à reproduire son travail : Liang Zhou dès 1593, Wang Qi en 1607, Cheng Boer et ses collègues en 1612, Pan Guangzu en 1630... Sur son planisphère de 1593, Liang Zhou, par exemple, explique dans un colophon qu'il s'inspire des travaux de Ricci et qu'il a été frappé par les révélations de celui-ci sur la taille et la complexité du monde[83]. Bien que mentionnant les pays occidentaux et les Amériques, sa carte n'a toutefois rien d'une véritable mappemonde et reste marquée par la tradition sinocentrée qui privilégie le cœur chinois et minimise la périphérie, notamment vers l'est.

De son côté, Ricci surestime son rôle d'innovateur. Il pense qu'il est le premier à présenter aux Chinois le principe de la sphéricité terrestre, ignorant la présentation du globe terrestre par l'astronome perse Jamâl al-Dîn à Kubilai Khan en 1267. De fait, celle-ci n'eut que peu de conséquences sur la science chinoise, comme nous l'avons vu. Quant aux conceptions précoperniciennes de Ricci présentant le Soleil comme tournant autour de la Terre, elles ne changent pas grand-chose. En revanche, la méthode de détermination des latitudes et des longitudes que Ricci apporte est bien appréciée.

Pour bien se faire comprendre, Ricci n'hésite pas à utiliser l'ancienne théorie chinoise du *huntian*, qui, comme nous l'avons vu, décrit la Terre comme un jaune d'œuf entouré par la sphère de l'albumine, pour expliquer la conception ptoléméenne de l'univers. Sous les efforts conjugués des successeurs de Ricci, la sphéricité terrestre est progressivement et sans problèmes majeurs admise par les savants chinois. En 1648, le lettré Xiong Mingyu reproduit ainsi dans ses *Aperçus scientifiques* (*Gezhi cao*) la mappemonde de Ricci, ainsi qu'une carte symptomatiquement intitulée « La terre ronde n'a assurément pas de coins carrés » dont le texte accompagnateur explique qu'un bateau naviguant vers l'est ou vers l'ouest finit par rentrer à son port d'attache après avoir fait le tour du monde[84].

Après l'ouverture du chemin par Matteo Ricci, qui a également investi des domaines comme la langue et l'écriture, d'autres jésuites, toujours plus spécialisés, prennent le relais, notamment en ce qui concerne la cartographie. Ils essaient d'améliorer certaines choses, mais commettent aussi certaines erreurs. « À la cour des grands empereurs mandchous Kangxi (1662-1723) et Qianlong (1736-1796), jésuites italiens, allemands, polonais, français surtout, construisent des instruments d'astronomie, dressent des cartes de l'empire, publient de nouvelles traductions »[85]. De plus en plus intégrés au cœur lettré de la Cour impériale, travaillant de concert avec leurs homologues chinois, parlant, écrivant chinois, vivant désormais en Chine sur de longues périodes et mourant souvent là-bas, ce groupe de savants peut être qualifié de « sino-jésuite ». Dépendant bien sûr de la maison-mère basée à Rome et gardant le contact avec l'Europe, il s'adapte cependant toujours davantage au contexte chinois, il est de plus en plus intégré et sinisé[86].

Les dignitaires chinois ne sont néanmoins pas dupes des intentions jésuites. Fidèles au pragmatisme de la tradition chinoise, ils prennent ce qui les intéresse et les arrange : les nouvelles connaissances et les nouvelles techniques. Ainsi l'empereur Kangxi signale bien aux résidents jésuites que le christianisme « est contraire à l'orthodoxie et c'est seulement parce que ces apôtres ont une bonne connaissance des sciences mathématiques que l'administration les emploie. Gardez-vous de l'oublier ! »[87]. La sinisation des jésuites s'effectue donc non sans difficultés ou contradictions lorsque certaines factions de l'Église catholique rivales des jésuites dénoncent en Europe ce qu'elles pensent être une dérive hérétique de ces adaptateurs. La fameuse « querelle des rites » aboutit à la décision, prise par la papauté en 1704, de refuser, au nom de l'orthodoxie, tout compromis liturgique — culturel en fait — avec les Chinois[88]. Les troubles qui en résultent au sein de la Cour chinoise conduisent d'ailleurs à l'expulsion en 1724 des sino-jésuites hors de Chine décrétée par l'empereur Yongzheng (1723-1736).

En outre, la bonhomie et l'innovation de Ricci cèdent rapidement la place chez les jésuites à un européocentrisme moins discret. Une douzaine d'années après son décès, un autre membre de la communauté jésuite présent en Chine (de 1610 à 1649), le Lombard Giulio Aleni (1582-1649) (ch. Ai Ru-lue), surnommé, non sans prétention, le « Confucius de l'Occident », rédige un ouvrage de géographie, le *Zhifang waiji* (*Notes de géographie*)[89]. Par ses précisions, ce livre exerce une influence métagéographique durable au sein du monde sinisé, en Chine comme au Japon[90]. Selon Ayusawa Shintarô, « il peut être considéré comme le premier livre publié en Chine donnant en détail une géographie mondiale de type européen »[91]. Cela traduit bien son importance.

Les *Notes de géographie* de Giulio Aleni comprennent une version simplifiée mais plus précise de la mappemonde de Ricci, ainsi que cinq livres décrivant les quatre continents (Asie, Europe, Afrique, Amérique, plus les océans), avec une carte pour chacun[92]. C'est là que la différence apparaît avec l'approche de Ricci. Giulio Aleni, comme ses successeurs, met en effet davantage l'accent sur la description de la foi chrétienne auprès des Chinois, et son exposé des connaissances scientifiques s'effectue davantage dans cette perspective. Pour promouvoir une religion dont les Chinois ne semblent avoir nul besoin, il faut aussi valoriser le monde qui l'escorte, c'est-à-dire l'Europe, le mettre en puissance, impressionner, et, symétriquement, dévaloriser les autres mondes. Comme il est impossible aux jésuites de dénigrer la civilisation chinoise — leurs interlocuteurs leur riraient au nez, et eux-mêmes sont assez fascinés par la Chine — ce sont fatalement les autres continents qui en pâtissent. Puisque l'Amérique est en train d'entrer dans la sphère européenne par la colonisation et le christianisme, c'est en définitive l'Afrique qui paie les frais de l'opération.

Les descriptions d'Aleni dans les *Notes de géographie* sont ainsi très explicites. Pour l'Asie (douze feuillets), il valorise la centralité de la Chine, mais il oublie le Japon, sans doute trop indépendant pour les dirigeants chinois, de même qu'il ne mentionne pas la religion musulmane à propos des pays arabe, perse et turc. Cette dernière omission ne manque pas d'audace vis-à-vis des lettrés chinois qui, depuis le récit des expéditions de Zheng He (début XVe siècle) par Ma Huan (1451), au moins, connaissent pertinemment l'existence et l'importance de l'islam dans ces régions.

Quant à l'Europe (vingt feuillets, soit un tiers de l'ouvrage), sa description débute ainsi : « Dans tous les petits et grands pays de l'Europe, tout le monde, du roi au simple commun, prie selon la religion orthodoxe du Seigneur des Cieux, et ils ne permettent pas à la moindre trace de savoir hétérodoxe d'entrer sur leurs terres. Les familles régnantes se marient les unes avec les autres, et vivent en harmonie de génération en génération. Richesses et biens sont commercés sans restrictions égoïstes »[93]... Cette dernière phrase annonce l'obsession qui hante les Occidentaux de cette époque jusqu'à nos jours : l'ouverture, coûte que coûte, du marché chinois. Alors que l'Europe est déchirée par les guerres de religion, de dynasties et de compagnies marchandes, le portrait qu'en fait Aleni ne manque pas de sel... La suite est à l'avenant quand il décrit la fertilité des sols, les mœurs, l'obéissance aux rois, l'harmonie, bref, quand il présente la civilisation.

L'Amérique (douze feuillets) est décrite comme en « voie de civilisation » par l'Europe, et singulièrement par la religion chrétienne. Quant à l'Afrique (sept feuillets), elle se résume aux inondations du Nil et aux famines bibliques, bref, il s'agit d'un continent miséreux. La logique de ces descriptions, de ces images métagéographiques, relativise l'apport des techniques scientifiques, cartographiques, astronomiques ou autres, fourni par les chrétiens européens au sein du monde sinisé.

Mais, comme le révèlent ensuite la querelle des rites et l'expulsion des jésuites, toute cette rhétorique n'impressionne pas les Chinois, bien qu'à l'époque les missionnaires occidentaux aient le quasi monopole des informations sur l'Occident et le monde. En revanche, c'est dans les années 1840, au moment de la première guerre de l'opium, que les lettrés chinois impriment à nouveau la géographie d'Aleni et d'autres sino-jésuites. Pour Bernard Luk, « il est évident, d'après l'étude effectuée sur l'histoire de l'édition des géographies jésuites, que celles-ci n'ont pas été prises très au sérieux depuis leurs débuts jusqu'à la Guerre de l'opium. Cette impression est renforcée par l'examen de plusieurs travaux chinois consacrés aux pays occidentaux »[94]. Mais, du coup, ceux-ci reproduisent les interprétations abusives, sinon erronées, formulées par Aleni et consorts, ce qui obscurcit la vision du monde chez les Chinois et participe au désastre du « siècle de la honte ».

LES IMPACTS DE LA CARTOGRAPHIE RICCIENNE

Résumons la cartographie sino-jésuite réalisée par les successeurs de Ricci concernant la mer du Japon. En 1623, soit treize ans après la mort de Ricci, Nicolò Longobardi (1559-1654), son successeur à la tête de la mission chinoise, et Manuel Dias (1574-1659) construisent un magnifique globe terrestre en bois laqué qui reprend la plupart des annotations et des toponymes inscrits sur la mappemonde de Ricci, en les actualisant et en accentuant la notion de sphéricité terrestre[95]. Quelques mois plus tard, toujours en 1623, Giulio Aleni insère dans ses *Notes de géographie* une version simplifiée mais plus précise de la mappemonde de Ricci, ainsi qu'une carte de l'Asie[96]. Sur ces deux cartes, le toponyme de mer du Japon disparaît, sans rien à la place.

Le Trentin Martino Martini (1614-1661), qui publie son atlas *Novus Atlas Sinensis* à Anvers en 1654, reste muet sur la dénomination de la mer du Japon, ce qui n'est pas sans incidences sur les choix des nouveaux cartographes européens particulièrement séduits par son ouvrage. Il réalise celui-ci à partir de ses voyages et grâce aux informations ou aux documents qu'il obtient lors de son premier séjour en Chine (1643-1650), comme il l'écrit lui-même : « La carte schématique de la Chine a été dessinée par les lettrés de la Chine eux-mêmes »[97]. Quant à l'ensemble des matériaux de son atlas, il affirme les avoir « extraits de quinze livres géographiques chinois »[98].

En 1674, trente ans après la fondation de la nouvelle dynastie des Qing, l'astronome wallon Ferdinand Verbiest (1623-1688) fournit une version amplifiée de la géographie d'Aleni[99]. Il y inclut une nouvelle mappemonde (*Kunyu tushuo, Discussion illustrée de la géographie terrestre*)[100]. Il s'inspire aussi de la fameuse mappemonde du Néerlandais Joan Blaeu (1596-1673), probablement de sa première édition (*Nova totius terrarum orbis tabula*, 1648), celle qui n'a pas encore pris en compte les détails topographiques de la Chine apportés par Martino Martini en 1655 et intégrés dans les éditions ultérieures (1655, 1665-66, 1678), mais qui propose déjà un contenu assez correct, quoique incomplet, de l'Australie[101]. Dans la représentation de Verbiest, Ezo/Hokkaidô n'apparaît plus, conformément à la représentation de Blaeu et contrairement à Martini. La mer du Japon est tronquée par le bord de l'hémisphère. Son littoral sibérien est grossièrement tracé de façon rectiligne.

Mais là n'est pas le plus important. En effet, Verbiest innove par rapport à la vision riccienne et chinoise en proposant une carte stéréographique en deux hémisphères : à droite, l'hémisphère des Amériques avec l'océan Pacifique et ce qui correspond à l'Antarctique ou à l'Australie, le Nouveau Monde des Européens ; à gauche, l'Afrique, l'Europe et l'Asie : l'Ancien Monde, avec la Chine et le Japon marginalisés en haut. Certes, par la disposition des deux hémisphères, accolés l'un à l'autre, la Chine et le Japon se retrouvent au centre du document, et Verbiest n'a pas imité les autres mappemondes européennes qui placent l'Ancien Monde à droite[102]. Mais la rupture européenne avec le sinocentrisme est enclenchée, et en Chine même.

En Chine de 1658 à sa mort, Verbiest initie le fameux empereur Kangxi aux sciences européennes, dont la cartographie. De concert avec les Français Jean-François Gerbillon (1654-1707) et Dominique Parrenin (1665-1741), il prône une systématisation des relevés astronomiques un peu partout sur le terrain en Chine. Le Wallon Antoine Thomas (1644-1709), le Provençal Jean-Baptiste Régis (1663-1738), l'Avignonnais Pierre Jartoux (1668-1720), Dominique Parrenin et d'autres jésuites participent à cette importante opération qui aboutit à de nombreuses cartes locales, régionales et nationales.

Parmi elles figure la carte dite « mandchoue de Kangxi » réalisée en 1718 (version manuscrite) et en 1721 (gravée sur bois), sous la dénomination chinoise de *Huangyu quanlan tu* (*Carte de vue synthétique du territoire impérial*)[103]. Elle est par la suite reproduite de multiples fois en Chine jusqu'au XXe siècle, étant complétée en 1726 sans, toutefois, les parallèles et les méridiens. C'est la deuxième édition de 1721 qui est envoyée par les jésuites en Europe, où elle sert de source à Du Halde (1735) et d'Anville (1737). Cette carte ne donne aucun nom pour les mers.

Comment expliquer cette disparition progressive au sein de la cartographie sino-jésuite d'un toponyme indiquant la mer du Japon depuis le modèle initial de Matteo Ricci ? Ce modèle était-il trop précurseur sur ce point, incompris ? L'évolution du contexte géographique et cartographique a-t-elle entraîné d'autres conceptions, d'autres choix toponymiques ?

Il est difficile de répondre directement à ces questions faute de savoir ce que pensaient les héritiers scientifiques de Ricci sur cet espace précis. Mais on peut se faire une idée de l'évolution générale de la cartographie européenne en matière de toponymie maritime. La disgrâce des jésuites en Chine, symbolisée par leur bannissement de 1724, entraîne en tous les cas chez les Chinois un recul de leurs conceptions géographiques. Sur un plan global, Joseph Needham estime que, malgré son ampleur apparente, l'apport scientifique des jésuites n'est pas parvenu jusqu'au bout de ses possibilités, pour cause d'équivoque fondamentale : « À leurs yeux [ceux des jésuites], la valeur de la science moderne réside dans ses origines chrétiennes, non pas dans sa supériorité intrinsèque sur la science médiévale chinoise »[104].

Là où les jésuites insistent sur les « méthodes nouvelles de l'Occident » (*Xiyang xin fa*), les lettrés chinois préfèrent parler simplement de « méthodes nouvelles » (*xin fa*). Pour ne pas risquer de remettre en question les grands principes scientifiques liés au dogme religieux, les jésuites privilégient ainsi le domaine de la science appliquée (triangulation, quinine, chariot à vapeur de Grimaldi, tables d'anatomie). Ils évitent d'informer les lettrés chinois des dernières découvertes fondamentales, d'où le maintien obstiné du ptolémaïsme sur le système galiléen contesté par l'Église. Et Needham ajoute : « N'est-ce pas un paradoxe remarquable qu'au moment même où Tycho Brahé abandonne en Europe l'armillaire écliptique pour l'armillaire équatoriale, Ricci vient de persuader les Chinois de renoncer à celle-ci, qu'ils connaissent depuis des siècles, et de revenir à l'écliptique ! Cette incapacité des jésuites à suivre le mouvement scientifique devait maintes fois se manifester »[105]...

Au-delà de la question religieuse, on peut aussi se demander si l'« équivoque fondamentale » n'est tout simplement pas le résultat d'un malaise global des Européens face à la science chinoise qui remet en cause le sentiment de supériorité qu'ils avaient jusque-là. C'est l'hypothèse que formule Geoffroy Atkinson après une lecture érudite des différents textes de la Renaissance française. Il affirme ainsi qu'il y avait bien des « raisons pour que la vanité des Européens fût rudement choquée au courant du XVIe siècle, par les nouvelles connaissances de l'Orient. On peut même douter que l'idée de la supériorité européenne et chrétienne ait reçu, pendant toute la Renaissance, un coup plus terrible que celui porté par la découverte que l'imprimerie était un art très ancien chez les peuples de l'Extrême-Orient. [...] L'idée qu'il y eût un peuple, civilisé au plus haut degré, qui fût content d'exister sans connaître les avantages de la société européenne et qui disposât des moyens nécessaires pour faire respecter une telle opinion, cette idée-là fut une vraie nouveauté »[106].

Comment, sur ces bases-là, un décalage ne se serait pas opéré entre les jésuites et les lettrés chinois qui contribue à l'affaiblissement de la géographie d'origine européenne ? Richard Smith tire donc un bilan plutôt mitigé du courant sino-jésuite en cartographie : « En dépit de leurs importantes contributions à la cartographie "domestique" de la Chine, et malgré les efforts pionniers du père Ricci et d'autres pour représenter le vaste monde au cours du XVIIe siècle, l'influence cartographique jésuite reste limitée en Chine »[107]. Une histoire officielle des Ming qualifie, en 1739, les affirmations de Ricci sur les cinq continents de « vagues et fictives ». L'historien David Reynolds ajoute que si « l'espace intellectuel » s'est élargi au sein de l'élite chinoise, notamment grâce à une nouvelle stratégie rhétorique affirmant que, au vu de l'engouement européen pour la Chine, « l'enseignement occidental a une source chinoise », « l'espace social » est quant à lui très réduit, ce qui empêche une réelle diffusion et popularisation des nouvelles techniques ou conceptions « européennes »[108].

L'empirisme de la nouvelle école de pensée chinoise, dite de « l'évidente recherche » (*kaozheng xue*), permet de surcroît un grand mélange des genres, une juxtaposition opportuniste, même contradictoire, des explications scientifiques. Cela conduit dans le domaine de la cartographie à un certain retour en arrière. Si les nouvelles terres ne sont pas ignorées, les latitudes et longitudes sont souvent oubliées, et les anciens arrangements topographiques centrés sur la Chine et dédaignant la périphérie insulaire reprennent le dessus. C'est, à l'image de la *Carte universelle* de Liang Zhou (1593), des cartes qui restent dans la tradition de l'antique *Huayitu* (1673, 1743, 1819) ou qui ressuscitent la conception des « quatre mers et montagnes ». L'historien D. R. Howland remarque combien, « malgré l'impression de la mappemonde de Ricci dès 1602, stimulant la production de cartes toujours plus précises de l'empire grâce à l'aide gouvernementale, des cartes correctes du Japon ne sont pas disponibles jusqu'au renouveau des relations diplomatiques [entre les deux pays] en 1877 »[109].

Ainsi, la représentation de la mer du Japon s'affadit singulièrement. Le tout s'accomplit dans un contexte où les trois pays concernés, la Chine, la Corée et le Japon, traversent une période de repli qui diminue leurs contacts mutuels et qui neutralise les espaces maritimes intermédiaires et, surtout, périphériques.

Selon l'historien coréen Jeon Sang-woon, « les cartes occidentales introduites en Chine par Matteo Ricci ont poussé les Chinois à modifier leur géographie sinocentrique et elles ont, par ricochet, exercé une influence sur la cartographie coréenne »[110]. La Cour des Yi veut comprendre les nouvelles techniques et connaissances. Lors de ses missions annuelles en Chine, elle envoie un géographe astronome. La mappemonde de Ricci est rapportée en Corée par Yi Kwang-chong dès 1603, ainsi que, dès l'année suivante, une version révisée, accompagnée de plusieurs copies faites par Ricci[111]. C'est ce qui explique la présence au musée de l'université Sungjon à Séoul de cette version de 1604 unique au monde.

Le gouvernement coréen effectue par la suite plusieurs copies des cartes ricciennes sous les auspices de son Bureau de l'astronomie. En 1631, l'émissaire Chong Tuwon revient de Chine avec un stock de livres, de cartes et d'objets européens pour une « valeur de trois à quatre cents onces d'argent », entre autres, la mappemonde de Giulio Aleni (1623), des livres de Ricci et d'autres sur l'astronomie et les mathématiques, un télescope et son manuel... Il garde un contact épistolaire avec les sino-jésuites. La mappemonde de Verbiest est introduite en Corée l'année même de sa parution en Chine (1674)[112]. La seconde est même republiée en 1860.

Certes, les lettrés coréens sont intrigués par les faits géographiques qu'ils découvrent et il ne leur viendrait pas à l'idée de les nier. Il s'agit en fait de les intégrer à la tradition, mais à leur place, celle des choses étrangères situées à l'étranger. Comme le précise la préface du géographe Choi Sokchong sur la copie d'une carte riccienne (1708), « les théories occidentales vont loin mais elles sont déviantes et prétentieuses, elles plongent dans le non confirmé et l'hétérodoxe. Mais leur enseignement nous a été transmis, et nous ne devons pas être irrespectueux ou les critiquer trop vite ; nous devons plutôt le préserver pour élargir notre connaissance des choses étrangères »[113].

Ces phrases résument parfaitement la position intellectuelle et géopolitique des savants ou dirigeants coréens de l'époque moderne, caractérisés par leur protonationalisme et leur repli : méfiance vis-à-vis de l'étrange et de l'étranger, méfiance quand même fondée sur une démarche rationnelle (nous n'avons pas toutes les preuves), respect malgré tout du savoir (surtout s'il transite par le centre chinois), besoin utilitaire du savoir, mais confiné à son domaine puisqu'il s'agit de l'étranger.

Ce mélange de néoconfucianisme sinisé, de mise à distance de l'Occident et de critique évolutive de la tradition se traduit dans la cartographie par un retour aux rouelles *ch'onhado* qui se développent au XVIIIe siècle à travers un retour au bouddhisme revisité. Ces rouelles cosmogoniques, qui s'appuient sur une conceptualisation des tracés du fameux *Kangnido* traditionnel (1470) selon l'hypothèse de Gari Ledyard, semblent dépassées par le réalisme de la nouvelle géographie, mais elles dessinent en fait une métagéographie symbolique, où la péninsule coréenne tente de se préserver dans le vaste monde.

La Corée est en effet la dernière région de l'Asie orientale, chronologiquement, à entrer en contact physique et/ou intellectuel avec les Européens, à l'image de la cartographie puisque la science géographique n'y parvient que par l'intermédiaire, le filtre même, des travaux de Ricci. Un peu dans la même logique, et avec la latence d'une période de décalage, elle sera la dernière à s'intéresser au christianisme (seconde moitié du XVIIIe siècle), puis à le rejeter (1791-1831). Si le Japon est le finisterre oriental de l'Eurasie, la Corée semble en être « l'angle mort » extrême-oriental.

Chapitre VI

LE TOURNANT GÉOPOLITIQUE

> *Ainsi en décida le pape, en conséquence de quoi des hommes venus de ces deux pays [Espagne et Portugal] traversèrent les mers dans les directions indiquées [par le traité de Tordesillas], dépecèrent et conquirent de nombreux territoires, sans troubles de conscience. Et ils continuent encore à agir de cette manière. N'est-ce pas un vol autorisé par la religion ?*
>
> SAWANO Chûan (Cristóvão Ferreira), *La Supercherie dévoilée* (*Kengiroku*) (1636).

À la marchandisation du monde qui s'instaure à partir du long XVIe siècle correspond une transformation des idéologies. Les anciennes valeurs entrent en crise, et se réadaptent avec plus ou moins de succès. De nouvelles qui en sont dérivées apparaissent, entrent en conflit avec les précédentes et, généralement, finissent par se normaliser. La Contre-Réforme et l'École jésuite tentent de rebondir dans les lointaines terres asiatiques, mais dans un contexte où la rivalité ibère entre Portugais et Espagnols ne s'estompe que difficilement. La Réforme finit par s'identifier, dans un premier temps, à la thalassocratie marchande des Bataves pour qui le commerce importe finalement davantage que la stricte propagation du dogme religieux. La thalassocratie britannique attend son heure, tandis que la France reste à l'écart du Japon. L'émergence du protestantisme est parallèle à l'essor du néoconfucianisme en Asie orientale, surtout au Japon.

Pour l'historien Katô Hidetoshi, l'impulsion du changement est même plus ancienne, puisqu'elle remonte à la puissance mongole[1]. Le centre de gravité mondial au XIIIe siècle ne se situe pas, selon lui, dans une cité européenne ou dans une ville chinoise, mais à Karakorum, capitale du plus grand empire du monde qui s'étend alors entre les rivages oriental et occidental de l'Eurasie. L'arrivée des Mongols aux portes de Vienne a provoqué une réaction de la chrétienté européenne, décidée à voir ce qui se passe du côté de son orient, jusqu'en Chine. Une réaction opère également en Asie. Le Japon entame sa phase d'unité politique à la suite des deux tentatives d'invasions mongoles (1274, 1281) et la nouvelle dynastie Ming se constitue en Chine. La dynamique géopolitique passe alors par une oscillation entre repli terrien et ouverture maritime, chaque évolution se faisant en décalage. Au moment où un pays s'ouvre, l'autre se renferme. Et inversement.

La Chine des Ming est la première à donner le signal de cette oscillation. Les expéditions outre-mer de Zheng He sont abandonnées en 1433. Le commerce outre-mer est interdit en 1557, puis assoupli une dizaine d'années après, excepté pour le Japon. Les tribus Jürchen au nord font pression sur la Chine, et le pouvoir chinois se concentre sur cette menace. La piraterie, pomme de discorde officielle entre les royaumes voisins, source néanmoins officieuse et occulte de pouvoir ou de revenus, donne également le rythme des ouvertures ou des fermetures. Elle conditionne aussi les zones sensibles ou disputées. Le royaume de Corée applique ainsi le statut d'« île vide » à Ullungdo de 1416 à 1881, faisant de cette terre située dans la mer du Japon une « zone grise » fréquentée clandestinement par les uns et par les autres[2]. Au milieu de la période Ming, la Cour chinoise qui considère jusque-là le Japon comme étant un pays de « tribut » (*zhaogong*), ce qu'il n'est pas vraiment dans les faits à part la brève période du shôgun Ashikaga Yoshimitsu (*1368-1394*) (cf. *supra*), lui accorde le rang de partenaire à « commerce égal » (*hushi*), ce qui assouplit les relations[3].

L'un des principaux facteurs qui contribue à la mise en place d'un nouvel ordre régional est-asiatique au cours de l'époque moderne réside dans la suppression de la piraterie jusque-là endémique, et posant d'énormes problèmes aux pouvoirs centraux. Or cette mutation est largement due à l'arrivée des Européens qui ont d'abord utilisé les pirates — n'oublions pas que « marchands et missionnaires [européens] sont arrivés au Japon dans le sillage du commerce *wakô* »[4] — puis ont pris leur place, tout en permettant aux États centraux de contrôler enfin leur périphérie maritime (fin du XVIe siècle pour le Japon, milieu du XVIIe siècle pour la Chine).

Pour Katô Hidetoshi, l'expansion européenne à partir de l'extrémité occidentale de l'Eurasie, du Portugal ou de l'Espagne d'abord, et l'expansion japonaise, à partir de son extrémité orientale, culminant avec les tentatives de conquête de la Corée par le généralissime nippon Toyotomi Hideyoshi (1592, 1597), constituent une « contre-attaque » de fond vis-à-vis de la menace mongole. Le contre-effet européen, qui aboutit à la conquête de l'Amérique, finit par toucher l'Extrême-Orient, comme une sorte de boucle. Selon des historiens français, « par la stimulation qu'il donne à la navigation dans l'Atlantique et dans l'océan Indien, le commerce colonial paraît déjà constituer un enjeu d'affrontement. Cependant, par l'ampleur des territoires qu'ils contrôlent déjà et qu'il leur faut mettre en valeur de l'Amérique centrale aux Moluques, les Ibériques vont rester bénéficiaires des nouvelles découvertes en inventant un mode original et brutal de colonisation »[5] … Jusqu'à l'arrivée rapide des Néerlandais, des Français et des Anglais.

Même si les Indes, c'est-à-dire les précieuses épices, plus l'or et le Paradis du Cipango, ont aimanté les explorations européennes, pour certains comme l'historien américain Rhoads Murphey, « le premier et principal objectif de l'expansion européenne outre-mer était en fait la Chine, dont les richesses et la sophistication avaient attiré les esprits et les ambitions de l'Europe depuis les importations romaines de soie chinoise, ce symbole de luxe et de prospérité »[6]. Mais par rapport à l'Afrique, à l'Amérique ou même à l'Inde proprement dite, les Européens expansionnistes sont confrontés en Asie sinisée à de nouveaux obstacles, de deux ordres principalement.

D'une part, si les richesses tant attendues, et à conquérir, sont bien présentes, ils ne retrouvent pas, sur le plan des valeurs, les hérésies religieuses qu'ils combattent habituellement, que ce soit l'islam ou l'animisme, à quelques exceptions près. La coexistence, ou le mélange, du bouddhisme, du confucianisme et d'autres croyances leur pose des problèmes intellectuels sinon existentiels de compréhension. Cela déstabilise, appelle des réponses inédites et adéquates.

D'autre part, l'esclavage, qui fonde en Afrique et en Amérique la prospérité des trafiquants et des colons européens de toute obédience politique ou religieuse, ne fonctionne pas en Asie orientale. Pire, pour lesdits trafiquants, son imposition dans les pays d'Asie orientale est impossible. Ni les Chinois ni les Japonais ne le pratiquent, et ils ne sont pas disposés à le subir. Le commerce des humains est certes entrepris à la fin du XVIe siècle par les Portugais, qui profitent de la liquidation des pirates ou des guerres japonaises en Corée pour enrôler des populations déracinées. Mais Toyotomi Hideyoshi l'interdit par décret, une politique qui est poursuivie par les Tokugawa (1616, 1619, 1626)[7]. Le premier évêque de Manille, Domingo de Salazar, réussit de son côté, dans le dernier quart du XVIe siècle, à obtenir de Madrid l'interdiction de l'esclavage des Philippins que les Espagnols s'obstinaient à appeler des *Indios*[8].

Les deux fers de lance de la colonisation européenne sont donc singulièrement réduits dans l'Asie sinisée et sa périphérie immédiate, que la force de ses armes ou l'énergie de ses nouvelles techniques ne compensent pas totalement. La configuration géopolitique et socioculturelle qui se met en place dans cette partie du monde est donc originale, et essentielle en termes de contre-modèle à une « pensée unique » d'obédience européenne.

L'ARME CHRÉTIENNE

En exceptant les quelques membres de l'Église orientale syriaque, qualifiés rapidement sinon abusivement de nestoriens, qui seraient parvenus jusqu'au Japon au VIIe siècle, le christianisme n'arrive au Japon qu'avec le débarquement de François Xavier à Kagoshima, dans le sud de Kyûshû, en 1549. Cette date se situe six ans après la première arrivée de navigateurs portugais (1543), l'année de naissance du futur shôgun du Japon, Tokugawa Ieyasu (1543-

1616). Sous la houlette du « délégué apostolique pour l'Asie », François Xavier, et celle de plusieurs autres jésuites rapidement arrivés en renfort, le christianisme se propage assez rapidement dans l'archipel japonais.

Les raisons en sont multiples[9]. Le christianisme arrive dans un Japon qui traverse une violente période d'unification politique mettant aux prises fiefs et factions rivales et qui, pour soutenir l'effort de guerre, stimule l'activité économique, le commerce. Or les Européens apportent avec eux non seulement la foi en Jésus mais également les armes à feu, jusque-là inconnues au Japon, les perspectives, extrêmement fructueuses, d'un commerce maritime « international » — avec la soie, l'argent et le cuivre notamment — jusque-là végétatif dans la région.

En effet, le « commerce licencié » (*kangô bôeki*) nippo-chinois, officiellement lancé en 1401 dans un cadre initial de relations tributaires, s'est étiolé puis a disparu en 1547 (voyage du dernier navire), avec le retrait en 1551 du clan Ôuchi qui le contrôlait. C'est au moment même où les Européens débarquent au Japon. Les Portugais deviennent ainsi les intermédiaires du commerce extérieur japonais, tandis que les échanges clandestins se poursuivent. Le triangle marchand Chine-Japon-Europe (Portugal, puis Espagne, Hollande, Angleterre) se polarise sur les bénéfices retirés, notamment, des soieries ou des porcelaines chinoises, des armes ou des métaux précieux japonais, des épices de l'Asie du Sud-Est et des biens apportés par les Européens (coton, sucre, thé, café).

Le Dieu unique ne se situe jamais que dans le sillage des mousquets, arquebuses et autres canons. Les artisans japonais copient et fabriquent ces nouvelles armes en un temps record, faisant du Japon leur premier producteur au monde au XVIe siècle. Les dirigeants trouvent simultanément, grâce au nouveau commerce, les moyens économiques de les financer en un temps non moins record. Le problème, c'est que ces armes nouvelles sont beaucoup plus meurtrières que les sabres et les arcs traditionnels. D'où la violence et les flots de sang qui coulent au Japon au cours d'une succession de combats « civils » particulièrement sauvages et dévastateurs.

Cette période est donc traversée simultanément par une appétence au combat mais aussi par une aspiration à la paix, par un désir de lucre mais aussi par un besoin de prospérité et d'égalité économiques. Côté européen, le partage ibérique du monde et du Nouveau Monde connu, décidé à Tordesillas (1494) et bouclé à Saragosse (1522) avec la résolution de la question de l'antiméridien qui passe au cœur des îles lointaines, des Moluques mais aussi du Japon, est froissé par l'irruption de la Réforme. Agents dissolvants et idées révolutionnaires se mélangent partout, même au Japon, surtout au Japon. *Samurai* farouches ou poètes, commerçants avisés ou retors s'affrontent.

Catholiques européens puis protestants, Portugais (1543) puis Espagnols (1602), jésuites (1549) puis franciscains (1602), Ibères puis Néerlandais (1609) ou Anglais (1613) y rivalisent, intriguent, se bousculent — ils perdent tout, sauf les Néerlandais. Le Japon se japonise alors davantage, c'est la nation qui l'emporte. Une fois l'unité politique acquise, et renforcée, les armes à feu perdent de leur utilité, et on peut y renoncer. C'est ce que fait le shôgunat Tokugawa à partir de sa victoire militaire décisive de Sekigahara en 1600 jusqu'à l'interdiction des armes à feu en 1634, vingt ans après le premier édit shôgunal interdisant le christianisme (1614) et quatre ans avant le durcissement absolu des mesures antichrétiennes (1638).

La stratégie des jésuites pour séduire les dirigeants est difficile à appliquer, parce que l'archipel japonais est précisément en cours d'unification politique — et nulle téléologie historique ne pouvait dire si celle-ci se réaliserait — et parce que les élites politiques, militaires ou religieuses sont divisées, s'affrontant durement. Il ne faut pas se tromper de camp, ni d'alliance ! La conséquence géopolitique de l'évangélisation est donc également double. Les premiers convertis se situent à Kyûshû ou à l'ouest de Honshû (actuel Yamaguchi), là où les navires européens et donc les missionnaires abordent en premier. Là, également, où quelques seigneurs, qui voient l'intérêt de la nouvelle religion leur permettant de commercer plus facilement avec l'étranger, et qui sont en outre très courtisés par les jésuites, se rallient à la foi chrétienne. Quasi mécaniquement, ils emportent la conversion de leurs féaux et de la plèbe.

Les jésuites portent aussi leurs efforts dans la région du Kinai, où se trouvent le centre politico-spirituel de Miyako, la « Capitale », là où réside l'empereur, l'actuelle Kyôto, ainsi que le centre économique de Sakai, ville portuaire alors très importante avant de se faire ravir son statut par sa voisine Ôsaka. Puisque les chefs guerriers qui essaient de maîtriser politiquement l'archipel japonais s'opposent aux puissantes sectes bouddhistes, lesquelles n'ont rien d'organisations pacifistes avec leurs monastères haut perchés et armés jusqu'aux dents, ils vont jouer une religion contre l'autre, avec leurs réseaux d'influence.

Oda Nobunaga (1534-1582), premier des trois chefs guerriers à avancer dans l'unification politique, est bienveillant vis-à-vis du christianisme. Toyotomi

Hideyoshi, son successeur, adopte également cette position dans un premier temps — il aurait même été à deux doigts de se faire baptiser — puis il change d'attitude dans un second temps. Il est en effet agacé par les bisbilles entre chrétiens européens et par les allégeances parfois changeantes des seigneurs japonais chrétiens. En 1587, un conseiller bouddhiste l'interroge sur la nécessité pour le Japon de soumettre cette nouvelle foi, et lui signale l'essor d'un trafic d'esclaves instauré par les Portugais. Toyotomi Hideyoshi s'irrite. Une première répression antichrétienne est lancée, puis arrêtée.

De Manille se diffusent au cours du dernier quart du XVIe siècle d'ambitieux projets européens de conquête militaire de la Chine dus au jésuite Alonso Sanchez qui veut opérer « l'épée d'une main et la croix de l'autre ». Et Philippe II nomme aux Philippines un gouverneur favorable à ces idées[10]. À partir de 1596, les incidents se multiplient entre Japonais et Européens. Hideyoshi est outré de l'arrogance d'un pilote espagnol dont le navire s'est échoué sur les côtes du Shikoku (décembre 1596, incident du *San Felipe*). Car ce matamore se plaint que le seigneur local s'est arrogé le droit de piller l'épave, une pratique qui existe pourtant aussi en Europe. En outre, la cargaison semble suspecte : elle contient des armes. Le pilote déclame enfin que son roi, Philippe II d'Espagne, est le plus puissant du monde, qu'il commence toujours par envoyer des missionnaires avant ses soldats pour conquérir un pays et qu'il va s'occuper du Japon. D'ailleurs, précise-t-il, ses meilleurs agents s'y trouvent déjà : les jésuites.

Toyotomi Hideyoshi fait exécuter une partie de l'équipage et, aux dirigeants espagnols qui se plaignent d'un tel traitement, il rétorque dans une lettre qu'« il ne tolérera le christianisme au Japon pas plus que le roi d'Espagne et du Portugal n'autorisera les missionnaires bouddhistes ou shintô dans son royaume »[11]. Pratiquement au même moment, de l'autre côté de l'Eurasie, Tommaso Campanella est torturé et emprisonné pour ses opinions philosophiques et politiques (1599), Giordano Bruno est condamné au bûcher à Rome (17 février 1600). S'ajoutent à tout cela les maladresses sectaires des missionnaires européens qui se montrent de moins en moins accommodants avec les coutumes locales. Ils refusent, par exemple, de diffuser la Bible en japonais pour maintenir leur monopole de l'enseignement chrétien.

Toyotomi Hideyoshi en est réduit à constater que le christianisme s'avère être systématiquement le fourrier d'un colonialisme européen. Ses informations sont désormais suffisantes. Outre leur connaissance de la Chine, du Champa (Indochine) ou de Java, les Japonais se sont rendus en Nouvelle-Espagne (Mexique) et dans différents pays d'Europe. Ils connaissent mieux le monde, et ses enjeux. Toyotomi lui-même s'est entretenu avec de hauts dignitaires chrétiens européens. Après l'édit d'expulsion des missionnaires (1587), qui n'est pas appliqué, il donne un coup de semonce avec la crucifixion de trente-six chrétiens à Nagasaki (1597). Cet avertissement apparaît *a posteriori* comme la prémisse d'une politique de plus en plus virulente contre le christianisme. Celle-ci est d'abord menée par Tokugawa Ieyasu (1543-1616), le troisième grand chef guerrier, successeur de Toyotomi Hideyoshi, mais de façon inégale, et ensuite de façon systématique par les suivants de la nouvelle dynastie, en particulier le troisième shôgun, Tokugawa Iemitsu (1604-1651).

L'enjeu chrétien se double d'un enjeu économique,

tandis que l'enjeu japonais se double de l'enjeu chinois. On ne peut pas séparer ces quatre éléments sous peine de mal interpréter ce qui se noue alors. Le Japon suit en effet les méandres de la géopolitique chinoise, avec une plus ou moins grande latence, à son rythme, et en fonction de son contexte propre. En outre, les positionnements géopolitiques ne s'effectuent pas seulement en fonction de critères politiques ou idéologiques mais aussi, constamment, en fonction d'intérêts économiques. Au cours des années 1590, Toyotomi Hideyoshi tente au Japon de contrôler le florissant commerce outre-mer. Après l'édit interdisant la piraterie (1588), il lance, comme on l'a vu, un système de licences commerciales, dit de « navigation sous sceau vermillon » (*shu.insen*). Il est suivi par Tokugawa Ieyasu qui le renforce dès 1602-1604, et qui instaure également, en 1603, le système de « guildes soyeuses » (*itowappu*) contingentant les importations de soie grège. À part Macao détenu par les Portugais, le commerce s'effectue avec les ports d'Asie du Sud-Est. En 1611, Ieyasu encourage la reprise du commerce chinois.

Mais la transition dynastique entre les Ming et les Qing s'effectue difficilement en Chine. Elle complique les relations. Elle provoque le besoin, chez les dirigeants chinois comme chez les dirigeants japonais, d'instaurer une zone tampon de Taïwan aux Ryûkyû après l'épisode de Koxinga. Le besoin protectionniste japonais, à la fois économique et géopolitique, et les turbulences chinoises conduisent logiquement le shôgunat japonais à bannir doublement le commerce outre-mer et le christianisme.

Telle est la teneur de l'édit antichrétien promulgué le 17 janvier 1614 par Tokugawa Ieyasu, et rédigé par l'un de ses conseillers, le moine zen Sûden Konchiin

(1569-1633). C'est le premier édit annonçant le repli : « Les chrétiens sont venus au Japon en envoyant leurs navires de commerce non seulement pour échanger des biens mais aussi pour répandre une "règle mauvaise" (*jahô*) et pour renverser la doctrine juste, ce qui leur permettrait de changer le gouvernement du pays et posséder sa terre. C'est le germe d'un grand désastre, et il doit être anéanti »[12]. On ne peut être plus clair…

Pour autant, l'élite japonaise est capable de faire la part des choses et série les dangers. Loin de stigmatiser les chrétiens, et donc le christianisme dans une certaine mesure, elle cerne bien le rôle de ses principaux agents, les Ibères, Portugais et Espagnols avec leurs multiples congrégations, franciscains, dominicains et, surtout, les plus influents et les plus dynamiques, les jésuites. Dans une lettre de 1610, le dirigeant néerlandais Maurice de Nassau (1567-1625) assure en outre sans ambages au shôgunat Tokugawa : « La Société de Jésus, sous couvert de sainteté religieuse, cherche à convertir les Japonais à sa religion, pour désunir graduellement l'excellent royaume du Japon, et conduire ensuite le pays à la guerre civile »[13].

Le message sera reçu cinq sur cinq. Sans trop d'état d'âme, les Néerlandais mercantilistes et protestants qui viennent de s'installer à Taïwan en 1624 savent faire oublier leur christianisme, quoique hétérodoxe. La fermeture de leur factorerie en Hirado pendant trois ans, de 1628 à 1631, à la suite d'un incident qui les a opposés à un équipage de Japonais sur Taïwan, leur a bien montré le degré de fermeté des nouveaux maîtres nippons. Ne se contentant pas eux non plus de belles paroles, ils assurent une aide pratique au shôgun. Leurs conseillers techniques et militaires sis à Edo s'avèrent très utiles lors de la répression de la révolte sociale et chrétienne de Shimabara à Kyûshû (1637-1638).

Par la suite, il ne manque pas d'éléments ou de témoignages pour conforter rétrospectivement les dirigeants japonais dans leur analyse de la menace chrétienne et le bien-fondé de leur rejet. Arai Hakuseki (1657-1725), influent conseiller shôgunal (cf. *infra*), évoque ainsi les propos de Zhu Zeyu (1600-1682), un lettré chinois réfugié au Japon en 1645 pour échapper aux Mandchous et devenu conseiller du prince Tokugawa Mitsukuni, qui, « recherchant les causes de la chute de la dynastie Ming, nomme la propagation du christianisme comme l'un des importants facteurs de cette catastrophe »[14]. Et Arai de conclure : « Une très stricte prohibition du christianisme dans notre pays n'est donc pas l'effet d'un excès de précaution. » Que Zhu ait forcé l'interprétation pour complaire à ses hôtes importe à la limite peu puisque la politique japonaise est déjà bien entérinée.

LE CHRISTIANISME BANNI DU JAPON

À partir du premier édit d'interdiction du christianisme sous les Tokugawa (1614), la chrétienté recule très rapidement dans le Kinai et dans d'autres régions. Elle résiste cependant là où elle est le mieux implantée, à Kyûshû, et singulièrement dans ses îles. Car la première stratégie des jésuites — par le bas, par le peuple et par les seigneurs locaux — aboutit à privilégier l'implantation géographique dans les sociétés et les lieux ouverts sur la mer, les pratiques maritimes, le commerce au loin et les idées venues d'ailleurs.

Par un effet rapide de contagion, les micro-sociétés insulaires, plus petites, plus réduites, plus communautaires, arrivent à se convertir d'un coup à la nouvelle religion, et en quasi-totalité. Les îles constituent finalement des sanctuaires, au sens propre comme au sens figuré[15]. Autour de Hirado et de Nagasaki, les deux grands ports de l'époque dans cette région, le christianisme s'implante solidement dans les péninsules, celles du Kyûshû nord-occidental, et dans les archipels environnants : au nord, Takushima-Ikitsuki-Hirado, à l'ouest, les Gotô, au sud et au sud-ouest, Amakusa. L'ensemble constitue un véritable damier géopolitique insulaire...

Les insulaires chrétiens vivent un triple drame. D'abord encouragés dans leur nouvelle croyance par les seigneurs locaux, parfois pour des raisons économiques et politiques très intéressées, comme on l'a vu, ils sont ensuite lâchés par ceux-ci, sauf exception, qui dirigent même une cruelle répression. Enfin, les populations sont également lâchées par les Européens collectivement, qui, en fait, ne peuvent pas relever le défi antichrétien et anticolonisateur lancé par l'élite japonaise de l'époque. Ni sur le plan géopolitique — une invasion du Japon était ardue, impensable, pour ne pas dire criminelle — ni sur le plan des valeurs — la plupart des missionnaires européens qui ont décidé, souvent de leur propre chef, de rejoindre le Japon pour tenter de renverser le courant finissent par abjurer. C'est notamment le cas du jésuite Cristóvão Ferreira (*ca* 1580-1650) qui, après avoir apostasié, endossé un patronyme japonais et s'être marié à une Japonaise, écrit un ouvrage au titre retentissant et hautement significatif : *La Supercherie dévoilée* (*Kengiroku*, 1636), une réfutation théorique du christianisme. L'écrivain Endô Shûsaku raconte avec brio l'histoire de ce personnage dans *Silence* (*Chimmoku*, 1966), un roman qui est l'un de ses chefs-d'œuvre, et dont le titre est également très significatif[16]. En effet, lorsque le missionnaire Ferreira se tourne vers Dieu pour savoir pourquoi lui et les habitants endurent un tel martyre, c'est le silence qui lui répond...

L'ouvrage de l'apostat Cristóvão Ferreira, alias Sawano Chûan, est à l'époque, et encore de nos jours, d'autant plus dévastateur qu'il est l'œuvre d'un grand connaisseur du christianisme, rompu à la scolastique enseignée par les jésuites. Il part au Japon en relative connaissance de ce qui l'attend, convaincu du bien-fondé et de la force de sa foi. Il voit l'étendue, la profondeur, de la situation japonaise. Il côtoie le peuple chrétien, sa misère et sa fierté, il partage son angoisse et sa souffrance, de même qu'il affronte le pouvoir shôgunal, sa ruse et son intelligence. Car la lutte antichrétienne ne s'est pas fondée uniquement sur une répression brutale, mais aussi sur des arguments idéologiques, sociaux et géopolitiques implacables. Dans *La Supercherie dévoilée*, Cristóvão Ferreira en expose un grand nombre. Il critique les fondements théologiques du christianisme. Il affirme que Dieu n'a pas créé le monde, et il enchaîne avec une idée révolutionnaire : le monde n'a pas été créé. Il considère comme des fables l'immortalité de l'âme, l'existence de l'Enfer ou du Paradis, du péché originel ou de la prédestination. Il récuse au passage la culpabilité des enfants morts. Il dénonce la stratégie européenne et ecclésiastique, sous la gouverne d'un pape cupide, corrompu (indulgences, paiement des messes...) et justifiant les conquêtes violentes. Il récuse les excommunications, la virginité de Marie, l'histoire prétendument sainte, les différents sacrements, le « scandale » de la résurrection de la chair, le caractère « inouï », « déraisonnable » et « ridicule » du Jugement dernier[17]. Jacques Proust, qui a traduit et publié en français *La Supercherie dévoilée*, décortique les théories qui interprètent le parcours de Ferreira[18]. En particulier, celle qui consiste à nier son apostasie, postulée pendant des années par les autorités chrétiennes se refusant à croire à un tel revirement.

Les Japonais ont cru au message d'amour et d'égalité proclamé par les pieux et vertueux Européens. Ils se sont même battus pour cela. La fameuse insurrection de Shimabara (1637-1638) est autant un combat social contre la puissance féodale — ses armes, son arrogance, ses impôts et sa domination — qu'une révolte chrétienne. C'est probablement pour cette raison qu'aucune de ses trente-sept mille victimes n'a trouvé grâce auprès du Vatican pour recevoir une béatification. Du moins, le leader de cette insurrection populaire, christianisante et sociale, qui véhicule de surcroît une composante fortement millénariste, le jeune Amakusa Shirô (*ca* 1622-1638), trouve une revanche posthume. Car il est actuellement célébré par la « J-pop », la *Japanese pop culture*, qui en a fait l'un de ses héros dans ses *manga*, ses *animê* (dessins animés) et ses jeux vidéo. Un site web et un forum lui sont même consacrés. La ferveur populaire contemporaine est d'ailleurs aussi cosmopolite qu'est la prétention de l'Église catholique d'être universelle car, dans un phénomène de rétroaction culturelle qui n'est pas rare au Japon, c'est une brève nouvelle écrite à l'étranger, par Karen Joy Fowler, *Shimabara* (1995), qui a contribué à cet engouement au Japon.

Le cinéaste Ôshima Nagisa, alors dans sa période socialisante et anarchisante, en avait fait un film en

1962, *Amakusa Shirô Tokisada*. Celui-ci fut cependant un échec artistique et commercial. Il fut diffusé à l'étranger sous plusieurs titres qui montrent à la fois la richesse du sujet et la perplexité des observateurs étrangers : *Le Révolté* en France, *The Revolutionary* aux États-Unis et *The Rebel* en Grande-Bretagne. La problématique d'Ôshima Nagisa, située dans le contexte de la violente opposition japonaise au traité de sécurité nippo-américain de 1960 et de sa défaite, évite le genre cape et épée (*jidaigeki*), déjà à la mode au Japon. Elle veut montrer la violence de ceux qui ont le pouvoir, tout en s'interrogeant sur le pacifisme et le dilemme des chrétiens face à la non-violence.

Ce n'est évidemment pas celle que développent les produits artistiques des récentes années dominées par l'*heroic fantasy* dans un mélange confus. Car Amakusa Shirô, qui finit décapité, et les siens ont subi les coups de sabre d'un héros encore plus fameux de la J-pop internationale, le célébrissime Miyamoto Musashi, l'auteur de l'ouvrage culte *Livre des cinq anneaux* (*Gorin no sho*, 1643), remis nationalement et mondialement au goût du jour par l'écrivain populaire Yoshikawa Eiji en 1981. En effet, Miyamoto Musashi, devenu « *samurai* sans maître » (*rônin*) puisque ses maîtres et employeurs se sont retrouvés du mauvais côté de la bataille de Sekigahara où triomphent les Tokugawa en 1600, reprend du service auprès du seigneur de Kumamoto pour aider celui-ci à mater l'insurrection de Shimabara... Le *Livre des cinq anneaux* n'est d'ailleurs pas seulement un texte philosophique, mais d'abord un traité d'art martial et de stratégie militaire.

L'ensemble de ces épisodes montre la portée du tournant qui s'opère au Japon à l'issue du « siècle chrétien ». À partir du XVIIe siècle, l'image de l'Europe — donc plus tard de l'Occident en général — est sérieusement écornée au Japon, qui oscille entre rejet et fascination, attitude qui s'exacerbe à la fin du XIXe siècle et tout au long du XXe siècle. Symétriquement, la vision de l'Extrême-Orient se reformate en Europe, et en Occident. Elle n'abandonne qu'à regret l'image de Cipango et du pays des Merveilles. Elle la glisse sous celle de la cruauté ou de l'incompréhension. Elle la dissimule dans un certain désir de revanche.

LA MONARCHIE JAPONAISE ENTRE AUTOCHTONIE ET ALTÉRITÉ

Outre l'interdiction du christianisme, le shôgunat Tokugawa prend une autre décision remarquable : il maintient l'empereur, le *tennô*. Ce choix, qui n'est pas toujours suffisamment évalué à sa juste mesure par l'historiographie occidentale, mérite qu'on s'y arrête brièvement car il est significatif de la posture japonaise[19]. La victoire de Tokugawa Ieyasu qui conduit à l'unification du pays à partir de 1600 est indiscutable et totale. Le système que lui et ses successeurs mettent en place, le Bakufu ou « Gouvernement sous la tente », une référence glorieuse à leur triomphe militaire, devient rapidement implacable. Ieyasu a parfaitement la possibilité d'éliminer l'empereur et son système, mais il ne le fait pas. Pourquoi ?

En 1603, il accepte de recevoir le titre de *shôgun* que seul l'empereur est habilité à lui donner, et à condition que l'impétrant descende de la famille des Minamoto, ce que Ieyasu prétend. Ce titre, les deux autres chefs de guerre Oda Nobunaga et Toyotomi Hideyoshi qui l'ont précédé n'ont même pas pu l'obtenir. En 1615, Ieyasu promulgue un règlement concernant la Cour qui relègue certes l'empereur à des fonctions honorifiques, rituelles, symboliques et artistiques, mais ne le supprime pas. Après une discussion serrée avec ses conseillers, il estime en effet que le maintien de l'empereur est préférable, ainsi que sa résidence traditionnelle à Kyôto.

L'autorité impériale est alors sans grand pouvoir, assurément, mais elle procure la légitimité, surtout auprès des seigneurs qui voudraient se rebeller en cherchant son appui, un phénomène qui a déjà eu lieu dans l'histoire japonaise. Elle constitue une suprême garantie dans une société japonaise déjà très hiérarchisée, et qui le deviendra encore plus. Ironie de l'histoire, la stratégie matrimoniale de mêler le clan des Tokugawa à la famille impériale sera un échec, malgré des tentatives répétées, mais le résultat est là : la dyarchie shôgun-empereur est en place, et pour longtemps. Son principe même est finalement reproduit *mutatis mutandis* après 1945 avec un Premier ministre politique et un empereur « symbolique ».

Pour ancrer leur nouveau pouvoir, éliminer la menace chrétienne et limiter le potentiel bouddhiste, source de tant de rivalités au cours des siècles précédents, les Tokugawa promeuvent une idéologie qui leur convient : le confucianisme. Il s'agit de ce que les historiens appellent le « néoconfucianisme », en fonction de sa temporalité et des spécificités doctrinales qui sont postérieures à l'enseignement du seul Confucius, et qui se réfèrent aux écoles chinoises de Zhu Xi (1130-1200) et de Wang Yangming (1472-1529)[20]. C'est le grand retour à la Chine[21]. Mais c'est un retour paradoxal. D'abord, il est japonisé, et cela de plus en plus à mesure que s'écoule le shôgunat. Ensuite, parallèlement, les liens concrets avec la Chine s'estompent, comme nous le verrons.

L'empereur japonais conserve sous les Tokugawa des fonctions spirituelles importantes, caractéristiques de la Cour chinoise : le calendrier, les rites rizicoles, les facultés surnaturelles. Les lettrés confucéens débattent alors pour savoir si le shôgun est le fondateur d'une nouvelle dynastie, comme l'empereur en Chine, ou bien s'il n'est qu'un des sujets de l'empereur. La japonisation des concepts chinois l'emporte finalement, conforme à la deuxième tendance. Le culte solaire assimilé à l'empereur réapparaît progressivement. La place est libre pour les « Études nationales » (*Kokugaku*) qui prépareront idéologiquement, à partir de la seconde moitié du XVIIIe siècle, le retour de l'empereur vers le pouvoir temporel avec Meiji.

Le rôle du *tennô* est fondamental pour comprendre la nature et la logique du Japon, des origines connues jusqu'à nos jours. On a vu que la dénomination même du pays en « Japon » est liée à son affirmation politique et socioculturelle. Affirmer l'ancienneté immémoriale et la continuité dynastique de la « tennôcratie » constitue le *princeps major* de l'idéologie nipponiste, notamment depuis l'essor des « Études nationales ». C'est la base d'un nationalisme politique à partir de Meiji, au moins, et d'un « nationalisme culturel » encore opératoire de nos jours. Mais cette affirmation de la spécificité impériale japonaise est également paradoxale. Certes, son objectif est d'incarner la singularité du Japon, sa quintessence et sa distance par rapport aux pays voisins, et principalement par rapport à la Chine historiquement. Or l'empereur japonais est-il vraiment si singulier ? À ce paradoxe, que nous allons analyser, s'en ajoute un autre. Le *tennô*, censé incarner le Japon, est pratiquement invisible au commun des mortels pendant des siècles. Or l'invisible peut-il représenter le visible ?

La mise à distance du *tennô* vis-à-vis du peuple japonais fut permanente et prégnante au cours des siècles. Le fonctionnement interne de la monarchie japonaise fut, et reste, de surcroît très opaque. Le *tennô* représente donc en quelque sorte la quintessence d'une distanciation nippone, tant symbolique que matérielle. Cette distanciation n'est rompue, partiellement, que par la démocratisation voulue par l'occupant états-unien (1945-1952), lequel, en rémission du militarisme japonais et en contrepartie du basculement proaméricain du Japon au cours de la Guerre froide, sauve l'empereur, un peu comme les Tokugawa l'ont fait. Il le sauve même doublement : l'homme Hiro Hito (1901-1989) et le système impérial. L'opération s'effectue en deux temps : en imposant le principe de « l'empereur symbole » (du pays) (*shôchô tennô*), par la Constitution de 1947, et la renonciation au caractère divin de celui-ci par une déclaration impériale, celle du 1er janvier 1946, dite « Déclaration d'humanité » (*Ningen sengen*).

Historiquement, la monarchie japonaise possède de nombreux traits similaires au fonctionnement et à la structure de la monarchie chinoise[22]. Les annales japonaises antiques font mythologiquement remonter sa création à 660 av. J.-C., avec le légendaire Jimmu Tennô qui descendrait de la déesse du Soleil. Cette époque est celle où les idées de Bouddha, de Laozi et de Confucius s'affirment sur le continent, en face du Japon. Il ne peut s'agir d'une simple coïncidence[23]. En fait, ce parallélisme confirme deux phénomènes : l'insertion de la culture japonaise ancienne dans un ensemble plus vaste qui n'est autre que celui de l'Asie orientale ; la corrélation entre la religion et le pouvoir politique de l'État. L'ensemble est consacré au Japon par la fusion politico-religieuse entre le shintô et le bouddhisme.

Selon Yanabu Akira, l'empereur japonais exprime en réalité une « culture traduite », car sa dénomination et ses rituels proviennent de Chine malgré ses adaptations locales[24]. Son appellation même, bien que son étymologie reste l'objet de discussion, est d'origine chinoise. Remplaçant à partir du milieu du VIIe siècle les termes en vieux japonais de *Ôkimi* (« Grand Roi ») ou de *Sumeramikoto* (« Auguste dirigeant au-dessus des nuages »), elle provient soit d'une référence à l'étoile Polaire, symbole cosmogonique par excellence dans la Chine antique, soit de l'appellation que l'empereur Tang Gaozong (628-683) s'attribue en 674 (« souverain céleste », j. *tennô*), soit encore d'une variation du terme chinois de « roi divin ».

La touche japonaise subsiste puisque à l'expression chinoise classique de « fils du ciel » (ch. *tianzi* ; j. *tenshi*), que l'on ne retrouve au Japon que dans un contexte strictement religieux, est finalement préférée celle de « souverain céleste » (*tennô*), dans les édits impériaux en particulier[25]. Dans les ouvrages juridiques chinois, le titre d'empereur (ch. *huangdi* ; j. *kôtei*) désigne un souverain qui règne sur son pays et sur des barbares à l'extérieur, autrement dit sur une articulation géopolitique entre centre et périphérie. C'est en ce sens que *tennô* aurait été adopté par les Codes au VIIIe siècle, mais à partir d'une base religieuse, celle du grand prêtre shintô, alors que l'empereur chinois doit son autorité à sa vertu supérieure. Autrement dit, en Chine l'empereur est concerné par les lois comme ses sujets, telle une sorte de *primus inter pares*. Au Japon, il est divin et au-dessus des lois[26]. En tout état de cause, la référence ouranienne, céleste, fonde l'idéologie impériale japonaise.

En revanche, certains anthropologues comme Yamaguchi Masao considèrent que, par son exceptionnalité et son « étrangeté » (*yosomono*), l'empereur japonais se situe à l'extrémité symbolique, à la marge même, de la culture (japonaise)[27]. Yanabu estime qu'il constitue plutôt une frontière entre deux cultures. La mythologie japonaise qui retrace la généalogie impériale emprunte d'ailleurs, tant sur ce point précis que de façon plus générale, à diverses origines culturelles, comme le taoïsme et le bouddhisme, jusqu'en Inde .

La mort rituelle et la résurrection d'un initié après sa lutte contre le démon, telles qu'on peut les constater dans l'épisode, relaté par le *Kojiki* (*ca* 712), des rapports houleux entre le dieu Susano-wo et sa sœur Amaterasu-oomikami, déesse du Soleil fondatrice de la monarchie japonaise, expriment ainsi un modèle essentiel de l'initiation des shamans dans l'Asie du Nord-Est. La nésogénie — le mythe de la création des îles, c'est-à-dire du Japon lui-même — ainsi que les épisodes évoquant une sangsue puisent par contre du côté de l'Austronésie.

De façon globale, toute la culture japonaise elle-même repose sur l'altérité, y compris depuis ses origines. Comme le rappelle Alain Rocher à propos de la tradition philosophique japonaise, « aussi loin qu'on remonte dans le temps, l'on est toujours confronté à l'évidence d'un hétérogène déjà là. Il serait naïf de prétendre reconstruire une Weltanschauung originaire antérieure à toute importation »[28].

L'une des grandes caractéristiques de la monarchie japonaise est sa déconnexion d'un territoire. En effet, l'espace contrôlé par le *tennô* ne fut jamais la condition de son pouvoir spirituel ou temporel. En plein cœur du Moyen Âge, lorsque l'autorité impériale est proche du néant, l'empereur ne « règne » qu'à peine sur l'espace d'un fief. Sous le shôgunat Tokugawa et à partir de la Restauration de Meiji, les espaces que possède la maison impériale constituent davantage des moyens de subsistance qu'un véritable territoire politique. Leur exploitation (mines et forêts) lui permettra toutefois de soutenir directement l'effort de guerre japonais au cours de la première moitié du XXe siècle, en particulier la construction d'une marine militaire.

Cette déconnexion territoriale se répercute en termes de distanciation spatio-temporelle et symbolique. C'est sur cette base qu'un écrivain néonationaliste comme Mishima Yukio (1925-1970) a pu écrire : « De même que l'érotisme plonge ses racines dans la théocratie et l'anarchisme, la fonction culturelle du Tennô répond à la double exigence de totalité et de continuité sur laquelle repose la culture : la continuité temporelle s'opérant par les cérémonies religieuses, la continuité spatiale pouvant aller jusqu'à admettre l'anarchisme politique »[29].

Amino Yoshihiko et d'autres historiens soulignent enfin que, contrairement à ce qui se passe dans la quasi-totalité des pays d'Asie et d'Europe, la monarchie japonaise représente l'un des rares cas où elle n'est pas liée au nom d'un clan ou d'une dynastie. Il s'agit là d'une sorte d'anonymat, de fonctionnarisation de l'État — de l'« Église » shintô plus précisément, comparable à la papauté — que l'on ne retrouve pas avec le système shôgunal tenu, lui, par une lignée familiale (Minamoto, Ashikaga, Tokugawa...). Est-ce un trait de prémodernité ? Les prémices de la future Japan Inc. ? L'Angkar des temps anciens ?

LE REPLI DU JAPON ET LA RÉSIGNATION DE L'OCCIDENT

L'interdiction du christianisme, le bannissement des armes à feu et le maintien du système impérial se placent au sein de plusieurs mesures dites de « fermeture du pays » (*sakoku*). Cette expression de *sakoku* est d'ailleurs contestable à la fois pour son caractère anachronique (elle a été forgée en 1801 et à partir de l'interprétation d'un témoignage étranger qui lui-même interprétait) et pour sa partialité. Car le Japon maintient en réalité quatre points de contact, quatre « portes » avec l'étranger : avec la Corée, *via* Tsushima, avec la Chine, *via* Nagasaki ou les Ryûkyû, avec les Néerlandais, *via* Dejima, avec la Russie et les Ainu, *via* Ezo (Hokkaidô)[30].

Ces mesures — interdiction pour les Japonais de quitter le Japon ou d'y revenir sous peine de mort, interdiction de construire des navires de fort tonnage, interdiction du commerce outre-mer, expulsion des étrangers — se couplent avec d'autres mesures visant à une réorganisation systématique du pays — construction de « villes sous le château », encadrement des paysans et des marchands, instauration d'une administration sans concours mais sans transmission héréditaire, réduction des armes à feu. Sans les détailler, il est essentiel, pour comprendre la nouvelle métagéographie qui s'instaure en Extrême-Orient, de revenir sur leur logique.

Celle-ci est multiple, difficile à résumer en un seul thème, ce qui explique d'ailleurs *a contrario* l'utilisation facile du concept erroné de « fermeture ». Ce qui frappe, bien sûr, c'est la rapidité sinon la brutalité du revirement, en l'espace d'une quarantaine d'années, phénomène que l'on retrouve régulièrement à propos du Japon, que ce soit en 1868 avec la Restauration Meiji ou bien en 1945 avec les suites de la défaite militaire. Mais cela ne doit pas masquer les fils conducteurs, les liaisons d'une situation, les continuités. Son caractère *a priori* exceptionnel par rapport à d'autres pays ne doit pas non plus occulter des processus similaires, en premier lieu dans les pays voisins comme la Corée et, surtout, la Chine.

À bien y penser, c'est précisément ce rapport à la Chine qui permet d'approcher la complexité mais aussi la singularité de cette période. De la même façon que le système impérial japonais recèle sa part de sinité, l'ensemble de la construction géopolitique, culturelle et métagéographique shôgunale est incompréhensible sans sa relation à la Chine. Cette relation n'est pas un lien au sens fort du terme. C'est plutôt une déclinaison.

Elle se fonde symétriquement sur un rejet de l'Occident, un rejet non moins complexe que partiel. Car si, très clairement, le nouveau système japonais se débarrasse du christianisme, l'interdit, le bannit, le démonte et le discrédite, s'il renonce finalement à la technologie des armes à feu sinon à celle des navires de haute mer, il conserve les aspects qui l'intéressent de cette même technologie occidentale, dans l'exploitation minière par exemple, dans la métallurgie ou le textile.

Le maintien du système impérial traduit en outre l'aboutissement d'un syncrétisme socioculturel japonais. Le shôgunat a saisi le caractère dissolvant et destructeur des religions à forte dimension métaphysique. Il s'attaque non seulement au christianisme, mais aussi au bouddhisme, également visé par l'édit de 1614, dans sa double dimension, politique avec les sectes désarmées et mises au pas, et philosophique. Raboté, le bouddhisme est assigné à encadrer socialement et territorialement la population par le biais de son enregistrement dans les temples. Ce système, dit *shûmon-aratamechô*, qui correspond aux registres paroissiaux européens, est instauré à partir de 1630 et généralisé en 1671. Ne pouvant pas et ne souhaitant pas éradiquer le bouddhisme, le shôgunat chapeaute idéologiquement l'ensemble par le néoconfucianisme qui devient, comme on l'a vu, une véritable idéologie officielle.

Ce néoconfucianisme offre de très nombreux avantages. C'est un système rigide, hiérarchisé, mais non clos, par son absence de transcendance, et relativement ouvert, par son immanence. C'est ce que révèle finalement l'extraordinaire vivacité idéologique et polémique entre ses différents courants, entre l'école de Zhu Xi, dite *shushigaku* (Hayashi Razan, Arai Hakuseki...), et celle de Wang Yangming, dite *yômei-gaku* (Nakae Tôju, Kumazawa Banzan...). Entre celle des études classiques, dite *kogakuha* (Itô Jinsai...), et celle du « vrai sens », dite *kobunji-gakuha* (Ogyû Sorai...), sans parler des polymorphes comme Yamaga Sokô ou des dissidents divers et variés comme Andô Shôeki[31].

La Chine redevient donc la référence. Mais quelle Chine ? Cette interrogation débouche sur le retour à la lecture des textes chinois anciens eux-mêmes, un peu comme les Réformés réclament le retour à la Bible, avec toute la différence que fait le singulier ou le pluriel d'un ou plusieurs textes. Un tel retour implique parallèlement une relecture des textes japonais anciens, comme les Annales antiques, ce qui ouvre la voie au nativisme. L'enjeu intellectuel est, en début comme en fin de compte, un enjeu politique.

La question se pose en effet de la légitimité des écritures et des penseurs. Les textes ont-ils raison en eux-mêmes, ou bien en fonction d'un contexte, et lequel ? Les pays d'où sont originaires ces penseurs sont-ils supérieurs aux pays qui les adoptent, ou bien est-ce sans importance ? Mais alors, pourquoi, au regard de la Chine qui a produit Confucius et tous ses philosophes, le Japon n'en a-t-il pas fait autant ? Ce type d'interrogation, qui est de tous temps et de tous lieux, trouve ici une singulière acuité avec le tournant opéré à la suite du long XVIe siècle[32].

La Chine devient une Chine japonisée, désinisée en quelque sorte, une métaphore. L'un des acteurs clefs de cette japonisation du néoconfucianisme le montre bien. Il s'agit de Sûden Konchiin, déjà évoqué pour son rôle dans l'édit de 1614 dirigé contre le christianisme mais aussi contre la branche dite *fusefuse* du bouddhisme Nichiren. Sûden prône aussi le maintien de l'empereur, et devient responsable de la correspondance diplomatique supervisant le système des licences vermillon. Son expertise au service direct de Toyotomi Hideyoshi puis de Tokugawa Ieyasu témoigne de son influence, de son efficience, de sa longévité politique, de son adaptabilité et donc de sa pertinence structurelle et structurante.

Sûden est un abbé zen du Nanzenji, de la secte Rinzai. Il finit prescripteur auprès de l'empereur à partir de 1626, dans l'entourage duquel il impose l'autorité shôgunale. Il y parvient notamment lorsque l'empereur essaie d'imposer sa prérogative pour nommer le prêtre du plus haut rang (vêtu d'une robe pourpre, d'où le nom de « affaire de la robe pourpre », *shie jiken*, 1627), et qu'il le fait abdiquer. La secte Rinzai, l'une des deux branches majeures du bouddhisme japonais zen, l'autre étant la secte Sôtô, est liée à la Chine par l'origine même du zen, chinoise. Mais elle est en perte d'influence à la fin du XVIe siècle, avant sa revitalisation lorsqu'une escouade de moines chinois issus du Fujian vient dispenser au Japon de nouvelles pratiques à partir de 1654.

Sûden Konchiin n'est pas le seul conseiller influent auprès des nouveaux maîtres du Japon, bien entendu. Il faut y ajouter Fujiwara Seika (1561-1619), un noble de la fameuse famille Fujiwara, qui devient un moine zen féru d'études chinoises puis qui se convertit au néoconfucianisme au contact d'un lettré coréen, Kang Hang (1567-1618), venu au Japon comme prisonnier lors des conquêtes de Hideyoshi. S'il refuse d'entrer au service de Ieyasu lorsque celui-ci le lui demande en 1600, ce n'est pas le cas de son célèbre disciple, Hayashi Razan (1583-1657) qui rejoint Ieyasu en 1605 et devient un conseiller très important de quatre shôguns successifs.

Également formé dans un temple Rinzai, Hayashi Razan refuse d'être moine et, à partir de 1600, s'engage dans le néoconfucianisme en promouvant la pensée de Zhu Xi. C'est par ses efforts que celle-ci devient peu à peu l'idéologie officielle du régime Tokugawa. Hayashi pilote une école, ouverte en 1630, qui fait office de formation des cadres. Il conseille énergiquement la politique antichrétienne et la diplomatie japonaise auprès du royaume coréen. Il appuie la domestication des *samurai* en 1635. Sa dénonciation du christianisme, d'abord philosophique, devient de plus en plus politique, de même qu'il critique le bouddhisme d'un point de vue social et économique pour son manque de réalisme. Cela l'amène à rapprocher son néoconfucianisme du shintô.

Le néoconfucianisme des Tokugawa se délie ainsi de la Chine. L'opération n'est pas facile. Imaginons le monde intellectuel européen contraint à se détacher de la philosophie grecque... Et n'oublions pas que cela se fait avec la même écriture puisque les lettrés japonais conservent l'écriture idéographique chinoise, ce qui rend l'exercice intellectuel encore plus délicat. Les néoconfucéens japonais entretiennent donc une dynamique dialectique avec l'héritage sinisé, qui est en fait, depuis plusieurs siècles, devenu l'héritage du Japon même dans ses diverses composantes sociales, culturelles, philosophiques et politiques, comme en témoignent les syncrétismes ou le repositionnement de l'empereur. C'est l'Occident qui fait les frais de cette opération.

La question qui se pose alors est pourquoi l'Occident, si puissant déjà, en pleine phase d'expansion, a-t-il accepté le rejet japonais ? La réponse est, somme toute, plutôt simple. Oui, il l'a accepté parce qu'il ne pouvait pas faire autrement. Le Japon dispose en effet d'une double puissance : la technologie et ce que l'historien japonais Katô Hidetoshi nomme « l'énergie sociale »[33].

La technologie, il l'avait déjà largement. Sa construction navale, civile et militaire, déjà performante car elle connaissait les méthodes coréennes de cuirassement, est perfectionnée grâce aux connaissances venues d'Europe[34]. Parmi elles, relevons le *Livre nautique de Genna* (*Genna kôkaisho*), une compilation des méthodes portugaises, rapportées par Ikeda Kôun de son voyage à Manille en 1619 avec un capitaine portugais, Manoel Gonçalves. N'oublions pas non plus les précieux conseils du pilote britannique William Adams (1564-1620), qui bénéficie de son expérience acquise lors du triomphe naval anglais sur l'Invincible Armada (1588), et qui offre des armes à Ieyasu, probablement utilisées lors de sa bataille victorieuse à Sekigahara.

Les techniques d'exploitation minière et de métallurgie, entre autres, sont améliorées, on l'a vu. La fabrication intensive et perfectionnée d'armes et leur utilisation tactique, nous l'avons vu aussi. De ce point de vue, la puissance technique japonaise, qui empêcha toute invasion brutale de l'archipel japonais par les Européens au XVIe siècle, joue encore le même rôle protecteur, décuplé qui plus est, au XVIIe siècle.

La technologie en soi ne suffit pas. Ce sont ses utilisateurs, mieux que son utilisation peut-être, qui comptent. C'est là qu'on peut rejoindre l'argumentaire sur « l'énergie sociale » des Japonais d'alors, en évitant le risque d'en faire une catégorie niant les antagonismes entre castes et classes. Du moins, cette énergie, ce dynamisme collectif combiné à une infatigable curiosité que tous les observateurs européens du long XVIe siècle ont remarqué, trouve-t-il l'une de ses plus puissantes expressions dans le combat. La férocité des guerres civiles japonaises impressionne également les Européens. Non pas tant le sang répandu, car, pour ces membres de l'élite et de l'époque, c'est chose normale, que la détermination et la discipline des combattants.

Parmi les nombreuses illustrations possibles de ces facteurs qui dissuadent les Européens de se rebiffer lorsque les Japonais les expulsent et bannissent leur religion, retenons-en deux. D'abord la lettre qu'un certain Don Rodrigo envoie au roi d'Espagne en 1610 où, avant même le début de la persécution antichrétienne, il écrit qu'il « n'est pas nécessaire d'utiliser de nombreux mots pour persuader Sa Majesté des profits qu'elle retirerait de ce prospère et grand royaume [qu'est le Japon]. Mais ce qu'il faut peser, ce sont les méthodes pour y parvenir. Ce n'est pas tant parce que l'Espagne serait si loin mais parce qu'il y a ici une énorme population, avec des forteresses et des défenses, et il est quasi impossible d'envahir le pays »[35].

Citons ensuite l'épisode de l'expulsion des Portugais, qui ne s'est pas faite en un jour. Les Européens n'ont pas été pris de court, ils ont toujours été avertis par les autorités japonaises. L'édit du 22 juin 1636 régule à nouveau le commerce international, qui a déjà fait l'objet de l'édit d'avril 1633, lequel menace les pères chrétiens étrangers. Il ordonne l'expulsion des « Barbares du Sud » (*Nambanjin*), en fait les Ibères (Portugais et Espagnols), sauf leurs marchands qui sont cantonnés à Dejima.

Un nouvel édit, celui du 4 août 1639, durcit cette mesure en expulsant tous les étrangers, sauf les Néerlandais qui prennent la place à Dejima en 1641. Il stipule que tout navire étranger se rendant dans un port japonais sera détruit, et son équipage exécuté. Négligeant cette menace, un navire portugais en provenance de Macao débarque à Nagasaki en 1640 pour demander la réouverture des échanges. Sur les 74 membres de son équipage, 61 sont exécutés, ainsi que les quatre ambassadeurs. Les 13 restants, des Chinois, sont renvoyés à Macao pour porter le message du non-retour. Devant tant de détermination, les puissances de l'Europe catholique reculent.

La conflagration militaire, d'abord navale, entre l'Europe et le Japon n'a donc pas eu lieu, faute de combattants. Elle est reportée au XIXe siècle, puis au milieu du XXe siècle lorsque à l'entrée des troupes japonaises à Hong Kong et à Singapour fin 1941, symboles de la colonisation britannique et européenne, succède l'holocauste atomique de Hiroshima et de Nagasaki en août 1945. Au début du XVIIe siècle, les dirigeants européens n'ont pas pris de risque. Les dirigeants japonais ont calculé les leurs, l'intérêt qu'il y a de se retirer dans leur archipel et, surtout, la possibilité de le faire. Ne nous attardons pas sur les possibilités matérielles, les richesses en eau, bois, métaux précieux, en agriculture, en configuration maritime et archipélagique, tous ces facteurs exposés à maintes reprises[36]. Retenons ici trois éléments : la perspective économique, l'enjeu social et la dimension métagéographique.

Sans décrire le développement économique qui opère sur l'archipel japonais dès le milieu du XVIe siècle et pendant le siècle suivant, prenons simplement le cas de la protobourgeoisie japonaise naissante. Certes, elle a été militairement, politiquement et même physiquement matée par la stratocratie *samurai*, qui a soumis les cités portuaires et marchandes de Hakata (Fukuoka) et de Sakai, d'autant que celles-ci ont eu des velléités d'émancipation politique prédémocratique. Mais elle n'est pas morte. Ieyasu lui a donné une seconde vie, quoique très fortement contrôlée, avec le système des licences, on l'a vu. Pourquoi a-t-elle alors si facilement accepté la fin de ce système et le quasi-anéantissement du commerce outre-mer, les cas de Nagasaki et de Tsushima mis à part, pourtant si lucratif ?

La réponse s'impose : parce qu'elle a trouvé des perspectives d'enrichissement à l'intérieur même de l'archipel japonais. Tel est le cas de la prospère famille des Suminokura, marchands de Kyôto établis sur plusieurs générations depuis le père Ryôi (1554-1614), qui a bâti sa fortune grâce au commerce sous sceau vermillon, envoyant ses navires jusqu'au Tonkin et en Annam. Une fois celui-ci supprimé, elle redirige son capital et son énergie dans l'ingénierie civile, en particulier les travaux sur les voies navigables qui servent au transport des biens agricoles et autres.

Le projet protonationaliste de protectionnisme et de concentration des forces sur l'intérieur de l'archipel conduit à l'exploitation de nouvelles terres et à la multiplication des villes. Il ne se conçoit toutefois pas sans une volonté d'éradiquer toute revendication égalitaire venant de la plèbe, de la paysannerie en particulier, surtout parce qu'elle a été encouragée en ce sens par la déclaration de principe du message égalitariste chrétien. Cet enjeu social est notamment révélé par l'anéantissement brutal et radical de l'insurrection populaire de Shimabara (1637-1638). La restriction des armes à feu (1634) vise à en priver non seulement les seigneurs susceptibles de se révolter contre le shôgunat mais aussi les masses paysannes dont les rébellions ont montré de quoi elles sont capables, parfois à une échelle régionale considérable[37].

La classe dirigeante n'oublie pas que ces mouvements insurrectionnels dits de « ligues » (*ikki*), qui prolifèrent dans l'archipel japonais au cours des XV et XVIe siècles, fonctionnent sur des bases à la fois millénaristes et solidaristes, alors qu'il n'est pas encore question de christianisme. Ieyasu en personne le sait bien dont l'un des premiers faits d'arme est d'écraser l'une de ces révoltes dans sa province natale de Mikawa (actuel Aichi-ken). L'encadrement hiérarchique et militaire des *samurai* par l'élaboration de codes ultérieurement connus sous le nom de *bushidô* (« voie du guerrier ») assure par ailleurs leur contrôle et leur fidélité au régime des Tokugawa. La restriction des armes à feu n'est finalement que la réplique, un demi-siècle après, de la « chasse au sabre » ordonnée en 1588 par un Toyotomi Hideyoshi en lutte contre l'accroissement des paysans-guerriers.

Quant à la dimension métagéographique, elle s'articule sur une nouvelle conception de l'ordre spatial dans les mers orientales au large de la Chine. Sur ce plan, également, on retrouve l'héritage sinisé, avec le sinocentrisme, mais recomposé à la façon japonaise (cf. *infra*). Car, autre paradoxe dans cette géohistoire qui en comporte beaucoup, le sinocentrisme japonisé s'effectue sans la Chine, sinon contre elle. L'affaiblissement de l'empire des Ming, les complications de la transition dynastique chinoise, avec l'épisode de Koxinga à Taïwan, et le rejet japonais tant du christianisme que des Européens et du commerce outre-mer aboutissent quasi mécaniquement à un relâchement des relations entre la Chine et le Japon. Diplomatiquement et politiquement, les Tokugawa en profitent pour tenter de se sortir pacifiquement du système chinois sinocentré et tributaire, comme a essayé de le faire militairement, mais en vain, Toyotomi Hideyoshi.

L'analyse de ce processus n'est toutefois pas simple car entre les déclarations d'intention de la part du pouvoir shôgunal et la réalité effective des rapports entre le Japon et la Chine, quelle est la part de choix délibéré ? Le risque d'interprétation anachronique est grand. Vu l'enjeu que les relations sino-japonaises véhiculent jusqu'à nos jours, et vu la difficulté d'interprétation, il n'est pas surprenant que, sur la lecture des mêmes documents, les historiens ne soient pas d'accord entre eux. Les uns (Nakamura Hidetaka, Fujii Jôji, Kamiya Nobuyuki...) estiment que Tokugawa Ieyasu veut initialement faire à nouveau entrer le Japon dans l'ordre sinocentré. Les autres (Arano Yasunori, Nakamura Tadashi, Mizuno Norihito...) jugent qu'il s'efforce très tôt du contraire. D'autres encore soulignent une ambivalence plus qu'un changement dans les deux positions (Ronald Toby...)[38].

Les échanges entre la Chine et le Japon ne cessent jamais sous les Tokugawa, mais ils se réduisent, avec des hauts et des bas[39]. Le shôgun Ieyasu les relance en 1611 (cf. *supra*). Mais tandis que la situation politique se clarifie au Japon, avec les Tokugawa qui éliminent leurs derniers rivaux, les troubles internes se multiplient sur le continent. Entre la chute des Ming et l'arrivée des Qing (1644), la Chine est singulièrement ballottée. Elle aussi alterne les périodes de repli et d'ouverture, tandis que réapparaissant des pirates. Enfin, elle subit les prémices territoriales de la colonisation par l'Occident.

L'attitude chinoise ne satisfait pas les nouveaux dirigeants japonais. Des émissaires envoyés au Japon par les Ming en 1626 sont ainsi réexpédiés sur le continent parce que leur lettre de mission n'offre pas grand-chose. Sa demande de suppression de la « piraterie » est ambiguë car elle revient à bloquer le commerce existant mais non patenté par la Cour chinoise. En outre, son vocabulaire paraît offensant au pouvoir japonais. La lettre est en effet adressée au « shôgun », écrit en caractères chinois, mais c'est un terme qui n'existe nulle part dans la diplomatie d'alors, à tel point que le conseiller Sûden Konchiin la suspecte d'être un faux[40]. Le souci de la rectification des noms touche la nature de la nouvelle direction politique du Japon, non plus sur le plan intérieur que nous avons évoqué (la place de l'empereur) mais sur le plan extérieur (le rapport avec la Chine, une fois l'Europe exclue).

En 1635, l'année où l'édit du 12 juillet met fin au commerce outre-mer et donc, *de facto* au système des licences à sceau vermillon, le troisième shôgun, Iemitsu, s'attribue un nouveau titre. Celui-ci ne le rend ni vassal ni suzerain de la Chine : *Nihonkoku taikun*, « seigneur souverain du Japon », qui donnera d'ailleurs le terme anglais *tycoon*. À partir de la même année, la présence des Chinois est cantonnée à Nagasaki, comme on l'a vu, à cause des troubles dynastiques qui affectent la Chine et qui se répercutent sur le Japon dans le jeu des recherches d'alliance.

Le shôgunat constate rapidement la victoire des Qing et le changement de dynastie en Chine (1644), sans céder aux demandes de soutien des derniers loyalistes Ming. Mais les relations entre les deux nouveaux régimes se placent sous le signe de l'évitement. La question de l'appartenance du royaume des Ryûkyû et du versement de son tribut, qui constituerait un motif de guerre pour les deux puissances, est finalement éludée par une sorte de consentement mutuel tacite[41]. La monarchie ryûkyûane joue elle-même le jeu puisqu'elle enverra aussi bien des ambassades à Edo (dix-huit au total, de 1634 à 1850) qu'elle versera le tribut demandé par la cour des Qing à partir de 1654.

De 1661 à 1684, l'empire des Qing se replie sur lui-même, avec le décret et la politique *qianjie* (« déplacer la frontière »). Le commerce des Chinois présents à Nagasaki est donc considéré par la Cour chinoise comme de la contrebande. Il n'est pas reconnu officiellement, mais il est toléré. Avec la réouverture chinoise permise par le décret et la politique *zhanhai* (« s'étendre sur la mer ») en 1684, la situation s'améliore. Mais l'embellie est de courte durée. En 1688, le shôgunat ordonne que le nombre de navires chinois entrant à Nagasaki ne doit pas dépasser soixante-dix par an et que les Chinois doivent habiter un quartier réservé dans Nagasaki, dit *Tôjin yashiki*[42]. Sous l'impulsion du conseiller néoconfucéen Arai Hakuseki, il prend ensuite deux décisions importantes.

D'une part, en 1711, il profite de la venue d'une ambassade coréenne au Japon pour remplacer le titre shôgunal de *Nihonkoku taikun* par celui de « roi du Japon » (*Nihon kokuô*). À part mécontenter la Cour coréenne qui se considère ainsi comme vassalisée, cela n'a aucune incidence diplomatique sur la Chine. D'ailleurs, dès la perte d'influence d'Arai Hakuseki, le titre de *taikun* est repris, sous l'influence d'un néoconfucéen de stricte obédience qui valorise l'héritage chinois.

D'autre part, en 1715, face à l'hémorragie des métaux précieux japonais qui filent vers la Chine, Arai durcit sa politique protectionniste, en établissant notamment un système de « licences officielles » (j. *shinpai* ; ch. *xinpai*). De leur côté, les Qing privilégient une politique monétaire qui ne favorise pas les affaires mutuelles. Face à la colère de certains marchands du sud de la Chine qui ne bénéficient pas de ces licences, l'empereur Kangxi décide purement et simplement de toutes les confisquer[43]. Le nombre annuel de navires chinois à Nagasaki, qui culmine à 193 en 1688, tombe ainsi à 25 en moyenne au milieu du XVIIIe siècle. Les contacts entre la Cour chinoise et les autorités shôgunales transitent désormais par les marchands, donc de façon officieuse sinon clandestine, sans jamais relever du protocole impérial chinois, ni du système tributaire.

LA PÉRIPHÉRIE JAPONAISE EN MIROIR DU CENTRE CHINOIS

Le sinocentrisme est tellement fort qu'il balaie ou digère tous les schémas cosmogoniques pouvant historiquement le contredire. C'est le cas du bouddhisme arrivé de l'Inde et qui place l'Inde au cœur de sa cosmogonie. Sauf pour quelques bouddhistes chinois, la Chine reste au centre du monde[44]. Au Japon, le bouddhisme forge la métagéographie d'un pays considéré comme petit (*shokoku*, « grain de millet »), et situé en marge des deux précédents conformément au vocabulaire de nombreux textes anciens japonais (*zokusan-hendo, henchi-shokoku, hempi-zokusan*)[45]. Ce schéma ne contredit pas le sinocentrisme, et le renforce.

Le schéma sinocentrique est également reproduit par les pays sinisés. Au Japon, il est appliqué dès l'introduction des Codes d'origine chinoise, à partir du VIIe siècle. Le système radio-concentrique des voies routières et d'une organisation administrative en centre-périphérie fonctionne finalement mieux qu'un système tributaire interne auquel ne correspond pas le système féodal japonais. La conception sinocentrique est à nouveau appliquée au Japon sous les Tokugawa, lorsque le néoconfucianisme revitalise les apports culturels chinois. Le shôgunat transforme ainsi idéologiquement et géographiquement le Japon en une Chine à sa façon, avec un centre vertueux et une périphérie barbare. Les « barbares » (*yabanjin*) renvoient aux populations du Nord (les Ainu), sinon aux supposés vassaux du royaume des Ryûkyû et à ceux du royaume de Corée. Cette Chine *a priori* miniaturisée s'étend en fait sur mers et océan, archipels et îles éloignées, qui mettent, contrairement à la Chine elle-même, le Japon à l'abri pour deux siècles tandis que les appétits européens s'exercent ailleurs.

Alors qu'il garde la mainmise sur le port de Nagasaki, donc sur les relations avec la Chine et l'Occident *via* les Pays-Bas, le centre shôgunal confie la gestion des contacts avec les trois périphéries japonaises à des vassaux surinsulaires : les Sô à Tsushima pour la Corée, les Shimazu de Satsuma à Kagoshima pour les Ryûkyû, les Matsumae à Hakodate pour les Ainu[46]. L'archipel des Ryûkyû, doublement surinsulaire, par rapport au Japon et par rapport à Taïwan, bénéficie pendant longtemps de cette situation intermédiaire pour garder une certaine autonomie, qui est en réalité masquée par l'exploitation quasi coloniale de ses champs de canne à sucre par les seigneurs japonais. Même les îles Amami, au nord des Ryûkyû, ne sont pas politiquement intégrées au fief de Satsuma qui les envahit en 1603 avec l'aval du shôgunat, bien qu'exploitées économiquement. Les *samurai* n'y appliquent pas leur système sociopolitique et, pendant longtemps, jusqu'au début du XVIIIe siècle, ils se reposent sur les élites locales. La distanciation de type civilisés-barbares, compliquée par la proximité géographique et culturelle de la Chine, est telle que lors de son exil à Amami Ôshima (1858-1861), Saigô Takamori qualifie ses habitants de « Chinois chevelus » (*Ketôjin*), un terme qui s'est répandu au cours de l'ère Edo pour désigner métaphoriquement les étrangers d'origine variée[47].

Le sinocentrisme à la japonaise entraîne cependant un certain nombre de difficultés idéologiques, culturelles et politiques qui tournent autour de la définition même de la centralité : s'agit-il d'un centre spatial ou bien d'un centre intellectuel ? Une réponse aisée consisterait à répondre les deux, mais elle n'est pas évidente car il faut s'interroger sur le centre chinois, et l'interpréter : la Chine est-elle vraiment au centre géographique du monde ? Sa culture est-elle centrale, et si oui, est-elle intrinsèquement liée au milieu chinois ? Ces questions reflètent l'ambivalence linguistique des expressions qui désignent la Chine. Deux d'entre elles, notamment, compliquent l'interprétation, celles de « Pays du milieu » (j. *Chûgoku*) et de « Fleur du milieu » (ou « Efflorescence centrale », j. *Chûka*). Le terme *Chûka* peut, par exemple, aussi bien renvoyer à la Chine en tant que pays qu'à la civilisation chinoise, ou même à la civilisation tout court... Son utilisation par les lettrés néoconfucéens japonais permet, par rapport à

Chûgoku, une plus grande dissociation spatio-temporelle envers l'héritage chinois.

Nakae Tôju (1608-1648), fondateur du courant se réclamant de Wang Yangming (courant du *yômeigaku*), écrit ainsi qu'avant Confucius il n'y avait rien, tandis que pour Itô Jinsai (1627-1705) *Chûka* désigne le plus haut et le plus vénéré des lieux. Cette valorisation permet métaphoriquement de dramatiser l'opposition entre « l'intérieur et l'extérieur » (*naigai, uchi-soto*), entre civilisation et barbarie. « Plus fondamentalement *Chûka* insiste sur la centralité du comportement éthique et de son acquisition. Par extension, il n'y a que ceux qui le possèdent et ceux qui ne le possèdent pas. Dans le Japon des Tokugawa, ce type de métaphore aboutit à une sorte de vulgarisation qui surévalue l'extérieur (la Chine) et dénigre l'intérieur (le Japon) », estime l'historien états-unien Harry Harootunian[48]. La contradiction que ce paradoxe véhicule provoque une recomposition métagéographique et métaphorique au Japon. L'invitation à relire les textes chinois anciens, en mettant de côté leurs exégèses, formulée par un Ogyû Sorai (1666-1728), s'accompagne alors d'une exigence de décryptage linguistique qui débouche sur une véritable critique herméneutique, ouvrant ainsi la voie à l'une des caractéristiques de la modernité intellectuelle.

Les premiers penseurs néoconfucéens insistent sur la petitesse du Japon et se placent encore dans le schéma sino-bouddhiste. Kumazawa Banzan (1619-1691), un tenant du *yômeigaku* qui s'illustre dans des politiques environnementales de protection des sols et de reforestation, adhère à cette conception, tout en introduisant des nuances. Il explique que « *Chûka* fut le parent des enfants, qui étaient les barbares de l'est, du sud, de l'ouest et du nord, comme la montagne fut le parent et les rivières ses enfants.

[...] *Chûka* est le royaume central du ciel et de la terre ; il est le centre des quatre mers »[49]. Seuls des quatre séries de barbares, ceux de l'est, donc du Japon et de la Corée, ont une forme humaine. Pour Kumazawa, la Chine est le pays des Sages car elle dispose « d'un climat clair et de sols riches », mais, au-delà de ce déterminisme simpliste, il ajoute que tous les peuples environnant la Chine, et donc leurs pays avec leur propre milieu, ne sont pas inférieurs ou supérieurs aux Chinois qui leur diffusent cette sagesse, car c'est l'application de celle-ci qui compte[50].

Cette réflexion ouvre la voie à une certaine désinisation du confucianisme et donc à un embryon d'universalisme. Mais Kumazawa Banzan la tempère en soutenant l'une des théories formulées par Hayashi Razan selon laquelle la mythique déesse Amaterasu, fondatrice de la dynastie impériale japonaise, serait, au fond, parente d'une figure mythologique chinoise, Wu Tai Po, le frère aîné du père de l'un des fondateurs d'une antique dynastie chinoise[51]. Une telle interprétation fait d'ailleurs coup double : l'apparentement à la Chine est affirmé, et le statut d'aînesse donne même une certaine supériorité au Japon.

Yamaga Sokô (1622-1685), intellectuel polymorphe formé à l'école de Hayashi Razan mais dissident de celle-ci, se démarque de ces approches. Dans la mesure où il deviendra une référence pour le nationalisme japonais des XIXe et XXe siècles — il est même cité dans les *Principes du kokutai* (*Kokutai non hongi*, 1937) qui constituent le cadre idéologique officiel du tennô-militarisme triomphant —, arrêtons-nous un peu sur ce personnage. Féru de technique militaire, il théorise les valeurs martiales dans une pensée qui se structurera après lui sous la forme du *bushidô* (« voie du guerrier »). C'est l'un des premiers à élaborer la notion de *kokutai* (« État-corps »), appelée à la fortune dans les milieux nationalistes (cf. *infra*). Au cours d'un exil d'une dizaine d'années, de 1666 à 1675, que lui vaut un livre hétérodoxe sur le confucianisme interprété par les autorités comme une critique de la légitimité des Tokugawa, il écrit plusieurs ouvrages de réflexion, dont *La Réalité sur le royaume du centre* (*Chûchô jijitsu*, 1669) et *Testament d'exil* (*Haisho zampitsu*, 1675)[52].

Dans ces deux livres, il valorise la spécificité du Japon par des arguments promis à la gloire du nationalisme nippon ou de la simple vulgate socioculturaliste. Selon lui, l'influence de l'eau et du sol crée un esprit unique au Japon. L'allongement en archipel et l'insularité constituent des moyens naturels de défense, tandis que la Chine est alourdie par la longueur de ses frontières bordées par des peuples barbares. La beauté et la pureté du shintô s'opposent au bouddhisme. L'existence d'une dynastie impériale ininterrompue va de pair avec le caractère divin de l'empereur, gouverneur et éducateur de son peuple.

Yamaga Sokô conteste en outre la périphérie (*hendo*) du Japon et la centralité de la Chine. Il évoque implicitement, en la critiquant, l'affirmation de Kumazawa Banzan selon laquelle « il y a un grand pays [la Chine]. [...] Le Japon est un petit pays. La raison en est que sa puissance spirituelle est mince et faible » (*Shûgi washo*, 1672). Après avoir rappelé qu'il s'est instruit en lisant des livres chinois, Yamaga Sokô s'épanche : « Je pensais ainsi que le Japon était en bien des façons inférieur à la Chine parce que c'était un petit pays, et que c'était seulement en Chine que pouvait naître un sage. Ce n'était pas seulement mon point de vue, mais celui des lettrés de toutes les époques qui pensaient la même chose et qui étaient dédiés aux études chinoises. C'est récemment que j'ai réalisé que c'était une erreur. Vraiment, c'est un défaut incorrigible des lettrés qu'ils croient en leurs oreilles mais pas en leurs yeux, qu'ils rejettent ce qui est à côté d'eux et qu'ils adoptent ce qui est loin d'eux »[53].

Yamaga Sokô résume alors son raisonnement : au Japon, les descendants de la déesse du Soleil règnent sans interruption, ils sont donc légitimes, ils sont en outre vertueux et, grâce à ses « valeurs martiales », le Japon a conquis la Corée autrefois, sans avoir jamais été envahi. Pour lui, c'est le Japon qui est véritablement le « Pays du milieu » (*Chûgoku*), au centre du monde. Il incarne la « Dynastie centrale » (*Chûchô*), la « Civilisation » (ou « Fleur du milieu », *Chûka*). La Chine se voit en revanche qualifiée de « Dynastie étrangère » (*Gaichô*). Se référant à la mythologie du *Nihonshôki*, dont il considère que la valeur est égale à celle des textes anciens des philosophes chinois, il rejette la théorie de l'ascendance par Wu Tai Po. Il estime que la sagesse au Japon résulte d'« une évolution naturelle », celle des échanges du Japon avec la Chine dont « les nombreux étudiants envoyés [...] ont adopté les points forts »[54].

En fait, cette « décentralisation » de la Chine n'est pas nouvelle au Japon. On la trouve déjà au Moyen Âge chez un moine zen de la branche Rinzai, Kokan Shiren (1278-1346), l'une des grandes figures de la littérature dite Gozan, c'est-à-dire l'apprentissage des Classiques chinois dans les monastères zen. D'après Kokan, « bien que la Chine soit appelée un grand pays et que son territoire soit vaste, tous les sceaux de son autorité sont bien des artefacts humains, et qui ne sont pas faits par le Ciel. Bien que notre pays soit petit, il a été fondé par les dieux et les esprits lui ont donné les trésors sacrés. La Chine ne peut même pas être comparée avec cela » (*Genkô shakusho*,

1322)[55]. Cette contestation du « petit Japon », cette minoration de la Chine et cette affirmation du Japon divin au Moyen Âge ne bouleversent alors pas l'ordre des choses. Mais ce n'est plus le cas des propos de Yamaga Sokô, qui ont une autre portée. Certes, dans ses derniers écrits, son centralisme nippon est édulcoré[56]. Mais il lance le débat au sein de l'élite lettrée japonaise, et, point crucial, il s'appuie sur d'autres arguments, qui sont modernes. Il se réfère en effet aux travaux de Matteo Ricci qui placent, comme on l'a vu, l'océan Pacifique, la Chine et donc le Japon, en forçant un peu l'interprétation, au centre du planisphère.

LA CARTOGRAPHIE MODERNE AU JAPON

La cartographie de Matteo Ricci survient opportunément au Japon car elle est élaborée à un moment charnière de la géohistoire japonaise. Compte tenu de son rôle en Chine et en Corée, que nous avons examiné, et compte tenu du rapport paradoxal qui se noue entre la Chine et le Japon des Tokugawa, son impact est important au Japon. Le constat effectué par Helen Wallis en résume parfaitement la teneur : « La carte de Ricci a exercé une influence cartographique plus grande au Japon qu'en Chine car, étant écartée des interdictions portées contre les œuvres de la propagande chrétienne, elle pouvait être copiée et ainsi transmise dans des formes simplifiées »[57].

Paradoxe apparent, le nouveau contexte géopolitique du Japon est loin de conduire à un étiolement des connaissances géographiques japonaises et de ses contacts avec l'étranger. Il va en fait jouer pleinement en faveur de la cartographie non seulement sino-jésuite mais aussi européenne au sein de laquelle triomphe, au début du XVIIe siècle, l'école cartographique néerlandaise qui transite par Nagasaki. De façon générale, la « science hollandaise » (*rangaku*), autrement dit la « science occidentale », comme l'appellent les Japonais, ne tarde pas à capter l'attention des lettrés.

La relation qui se noue alors entre Européens et Japonais amène les uns comme les autres à reconsidérer leurs valeurs, mais aussi à les adapter, à les mixer presque, à travers une série de crises à la fois scientifiques et religieuses[58]. Elle se complexifie puisque deux paradigmes européens différents coexistent sinon s'affrontent au Japon, l'un portugais, l'autre néerlandais, le premier relevant de la Contre-Réforme et le second de la Réforme sur fond d'humanisme. Leur jonction se fait finalement sans heurt, et avec latence, dans le domaine de la cartographie.

Le nombre de navires néerlandais entrant chaque année à Nagasaki, une douzaine en moyenne, est cependant incomparablement plus faible que celui des navires chinois, qui oscille entre une trentaine de jonques pour les moins bonnes années et plus d'une centaine pour les meilleures au milieu du XVIIe siècle. Pour les deux années 1683 et 1684, Engelbert Kaempfer, alors au Japon, parle même d'« au moins deux cents jonques chinoises annuellement »[59]. En revanche, la quantité de biens échangés n'est pas forcément proportionnelle à leur qualité, ni à leur contenu en ce qui concerne les livres. Il n'empêche : les caisses chinoises renfermant des livres se comptent par centaines pour une année comme 1711 où l'on dispose d'un inventaire complet[60].

De surcroît, de nombreux livres chinois sont en réalité des traductions en chinois de livres européens que les savants japonais peuvent ainsi lire, ce dont ils ne se privent pas. Il en résulte une formidable hybridation des savoirs. La méthode du calendrier dit Jôkyô-reki, réalisée d'après l'observation des éclipses, est, par exemple, trouvée dans un livre chinois, écrit à la fin de l'époque Ming par Yu Zhilu et probablement parvenu au Japon vers 1675. Un bon nombre de ses éléments scientifiques proviennent de connaissances occidentales[61]. Ce calendrier proposé par l'astronome Shibukawa Harumi (1639-1715) est officiellement adopté en 1684.

Par Dejima et Nagasaki transitent tout naturellement les cartes chinoises, sino-jésuites, néerlandaises et, plus largement, européennes, d'autant que les élites japonaises demeurent toujours assoiffées de connaissances. Les restrictions sur les importations de livres sont rapidement amoindries ou levées, à l'exception de la littérature chrétienne. Exemple significatif, lorsqu'une directive restreint les importations à Dejima-Nagasaki en 1668, les mappemondes sont nommément épargnées par ces mesures car elles sont considérées comme « pratiques et utiles »[62]. Inversement, c'est par le même sas que sortent des documents ou des informations cartographiques sur la géographie du Japon.

De nombreux atlas et cartes ont déjà été introduits au Japon à la fin du XVIe siècle et au début du XVIIe. Les jésuites de Chine ont envoyé des exemplaires de la mappemonde de Ricci dès sa fabrication[63]. Ce qui semble totalement logique car l'une des grandes obsessions en Asie de la Compagnie de Jésus et de la plupart des dirigeants européens à cette époque, c'est le Japon, peut-être plus que la Chine[64]. Au climax de la présence catholique, quinze mille jésuites y résident. Les plus grands dignitaires y sont expédiés, tels François Xavier ou Valignano, des efforts considérables y sont accomplis à l'aune des espoirs que soulève une christianisation rapide, enthousiaste sinon massive auprès des Japonais, peuple et dirigeants. Matteo Ricci note lui-même que sa mappemonde rencontre du succès non seulement à travers toute la Chine, où il réalise sa cartographie, mais aussi à Macao et au Japon où il a envoyé ses réalisations. Il est avéré qu'en 1605 celles-ci sont utilisées par l'académie jésuite de Kyôto pour enseigner la géographie et l'astronomie[65].

Parmi les cartes japonaises d'inspiration européenne, les mappemondes dites *namban* (des « barbares du Sud ») et en particulier les paravents *namban* (*namban byôbu*) qui représentent un planisphère dans un grand luxe esthétique comptent parmi les plus importants. Parmi les plus connues, et les plus belles, on peut citer le *Typus orbis terrarum* tiré de Peter Plancius (1552-1622), pasteur calviniste d'Amsterdam travaillant pour la V.O.C. où il est appointé cartographe officiel en 1602[66]. Cette mappemonde est l'une des premières au monde à utiliser la forme double hémisphérique, inspirée de Rumold Mercator (1587) mais qui n'est pas reprise par les Japonais. L'autre innovation de Plancius est le dessin de vignettes placées tout autour, figurant des personnages ou des paysages de différents pays qui impressionnent les Japonais, lesquels vont reproduire la méthode. Sa mappemonde de 1590 aurait été introduite au Japon en 1592[67].

Sur la trentaine de mappemondes *namban*, la majorité place l'océan Atlantique au centre, donc la Chine et le Japon à l'est, à droite. Les variations de positionnement n'empêchent pas une assimilation par les Japonais du découpage européen en continents. Sur un paravent-planisphère du début du XVIIe siècle, leurs noms sont même écrits en lettres latines, soit « Asia » pour la région concernant la Chine, la Corée et le Japon[68]. Sept ont pour originalité de placer l'océan Pacifique au centre de leur projection. Étant donné que la plupart s'inspirent de cartes néerlandaises qui, elles, placent l'Atlantique au centre, cette réinterprétation métagéographique vient d'ailleurs : et cet « ailleurs » ne peut être que la cartographie riccienne plaçant la Chine, le Japon et le Pacifique au centre.

Nous savons à ce propos que lors de sa rencontre avec le shôgun Toyotomi Hideyoshi en 1592 à Nagoya, le dominicain Juan Cobo lui présente un globe terrestre dont tous les toponymes sont écrits en caractères chinois. Il est fortement probable que ce globe soit l'un des trois, ou une copie, que Matteo Ricci a réalisés en 1583 pour le cartographe chinois Wang P'an, et qui n'ont jamais été retrouvés. Bien que dominicains et jésuites n'entretiennent pas les meilleures relations du monde et qu'ils soient en compétition au Japon, il est peu probable que Cobo, envoyé par le gouverneur général d'Espagne à Manille, ait dédaigné une réalisation sino-jésuite d'une telle valeur.

L'édit de Kan.ei, en 1630, interdit l'introduction des livres étrangers au Japon. Il frappe d'abord « l'importation et la circulation de trente-deux ouvrages de Matteo Ricci et d'autres Européens », et, secondairement, de livres qui propagent le christianisme[69]. Un mot suffit parfois pour faire condamner un ouvrage : non seulement « catholique », « Jésus » ou même « Ricci », mais aussi « Occident » et « occidental »[70]. C'est dire la défiance du Japon envers l'Occident en général. Nous n'avons pas la liste de ces trente-deux ouvrages interdits, mais celle-ci a été reconstituée[71]. On y trouve le *Zhifang waiji* (*Notes de géographie*) d'Aleni, dont on a vu qu'il contient une reproduction de la mappemonde de Ricci.

Néanmoins, « il ne semble pas que l'édit de 1630 ait été persévéramment et rigoureusement appliqué »[72]. Un ouvrage en chinois rédigé par un Européen, décrivant l'astronomie de Ptolémée et les observations de Galilée par télescope, connaît ainsi des fortunes diverses. Il est ré-autorisé au Japon en 1639, soit sept ans à peine après la condamnation de Galilée à l'abjuration par le Saint-Office. Les interdictions de l'édit de 1630 sont durcies en 1685. Puis elles sont relâchées avec le shôgun Yoshimune (1684-1751), un amoureux des sciences, notamment de l'astronomie et du calendrier. L'édit de Kyôhô, en 1720, pris par le shôgun sur la recommandation de son conseiller scientifique, Nakane Genkei (1662-1733), place le *Zhifang waiji* d'Aleni en tête de la liste des ré-autorisations. Comme le note le conseiller néoconfucéen Arai Hakuseki, ce livre circulait déjà beaucoup comme manuscrit[73].

Les archives témoignent qu'au cours de la seconde moitié du XVIIe siècle les officiels néerlandais de Dejima offrent des globes terrestres au shôgunat à sept reprises, en général des œuvres réalisées par des Néerlandais, des Blaeu ou des Valck, qui sont alors recopiés ou bien qui inspirent des travaux cartographiques japonais[74]. Le premier globe fait par un Japonais ne date toutefois que de 1690. C'est l'œuvre de l'astronome Shibukawa Harumi, le créateur du calendrier de Jôkyô, qui utilise le planisphère riccien de 1602. Certains globes japonais tentent même d'intégrer la cosmographie bouddhiste, en la revisitant. Le Japon offre ainsi un formidable exemple d'hybridation des sources, sans complexes, opérant et abouti car les cartes qui en résultent sont cohérentes et, au vu des connaissances de l'époque, remarquablement pertinentes. Sur ces mappemondes, le Japon se retrouve donc ainsi placé au centre du monde, du côté chinois néanmoins, c'est-à-dire à l'extrême orient de l'Eurasie. Mais les toponymes maritimes qui figurent sur la mappemonde riccienne ne se retrouvent pas sur les cartes *namban*, y compris celui de la mer du Japon. De leur côté, les portulans, qui sont avant tout des outils pour la navigation, sont avares de tout toponyme et n'apportent pas davantage d'informations, rappelons-le. Tout se passe comme si, sur ce point, les innovations se coulaient dans la tradition cartographique japonaise de ne pas dénommer les mers.

La théorie globale, c'est-à-dire celle de la sphéricité terrestre, n'est guère contestée par les savants japonais. Les marins japonais comprennent très rapidement l'intérêt pratique qui en découle pour la cartographie maritime. Le *Livre nautique de Genna* (*Genna kôkaisho*, 1619) d'Ikeda Kôun, déjà évoqué, confirme l'adhésion japonaise à l'astronomie sphérique. Même les critiques d'un lettré connu et habituellement influent comme le néoconfucéen Hayashi Razan, qui a l'occasion d'examiner un globe terrestre lors de son entretien en 1606 avec un jésuite japonais, Fabian Fukansai (*ca* 1565-*ca* 1620), n'ont pas de portée sur ce point. Preuve de son intérêt pour ces choses, le shôgunat fait construire un observatoire astronomique à Edo en 1689, le Tenmondai.

Même après l'interdiction du christianisme, la cartographie riccienne garde donc toute sa valeur au Japon, nouvelle preuve qu'au sein du monde sinisé — du point de départ chinois au point d'arrivée japonais — la cartographie sino-jésuite est appréciée pour son niveau scientifique et qu'elle est déconnectée de son origine religieuse. Non sans vigilance : le signe jésuite « IHS » est ainsi effacé de l'exemplaire de la mappemonde de Ricci qui se trouve actuellement à l'Université de Kyôto... La mappemonde de Ricci est appréciée au Japon car elle est écrite en idéogrammes chinois, donc lisible par les lettrés japonais. Certains de ses toponymes sont traduits en *kata-kana*, le syllabaire qui sert à transcrire phonétiquement les mots étrangers, ce qui implique inévitablement la médiation de lecteurs européens susceptibles de fournir la bonne prononciation. Il s'agit probablement de jésuites ibériques selon certains détails toponymiques.

Ayusawa Shintarô recense, pour la période des XVIIe et XVIIIe siècles, cinq cartes japonaises s'inspirant directement de Ricci et une trentaine d'ouvrages évoquant, ou reproduisant, la cartographie riccienne, dont plusieurs ouvrages d'astronomie[75]. L'un des traits qui permettent de repérer d'un coup d'œil l'ampleur de cette influence riccienne au Japon est l'utilisation, pendant longtemps, par les mappemondes japonaises de la projection ovale, choisie par Ricci d'après Ortelius. Il faut attendre 1796, et la mappemonde de Hashimoto Sôkichi (1763-1836), pour voir au Japon une projection différente, semi-hémisphérique en l'occurrence[76].

La mappemonde anonyme dite de Shôhô (1645) s'inspire indubitablement de la cartographie riccienne[77]. Le type Shôhô devient une sorte de standard, souvent publié, republié, copié et recopié jusqu'au début du XVIIIe siècle sous le nom de *Bankoku Sôzu*, soit *Carte générale des milliers de pays*, que l'on peut également traduire par *Carte générale de tous les pays*. Sa configuration du Japon est reprise sur certains portulans japonais[78]. Il a pour caractéristique de basculer verticalement la configuration horizontale de la mappemonde riccienne. Il dispose ainsi l'orient en haut du planisphère, organisé en un grand ovale découpé en croix (l'équateur constituant l'ordonnée est-ouest, et un méridien trans-Pacifique l'abscisse), ce qui place l'Amérique en haut, le Japon presque au centre, l'Europe et l'Afrique en bas[79]. On retrouve ce modèle chez Ishikawa Ryûsen, un cartographe dont on ne sait que peu de choses mais qui est influent, notamment auprès des visiteurs européens[80]. Le modèle de 1645 intègre par contre des informations qui proviennent manifestement de cartes néerlandaises, d'Ortelius probablement, comme la mention au large oriental de Honshû d'une île de l'or et d'une île de l'argent.

Les œuvres géographiques et les cartes de Ferdinand Verbiest (1623-1688, nom chinois Nan Huai-Ren), l'un des successeurs de Ricci en Chine, parviennent également au Japon, pratiquement dès leur édition en Chine au cours de la décennie 1670. Elles y sont reproduites jusqu'en 1852. Leur version de la géographie riccienne est très influente, notamment leur conception double hémisphérique[81]. La mappemonde de Ricci figure aussi sur certains ouvrages chinois qui sont importés au Japon et traduits en japonais (1661, 1665, 1719). En 1708, Inagaki Kôrô la reproduit, en y ajoutant des informations provenant des cartes Shôhô. Le planisphère de Hirame Sadakiyo publié en 1720 est encore plus innovateur puisque, sur une trame riccienne, il ajoute des informations provenant des cartes hollandaises ainsi que des toponymes écrits en *kana*.

Il inaugure ainsi une série d'autres cartes adoptant une démarche identique (1744, 1783, 1788, 1802), dont celle d'un géographe célèbre, Nagakubo Sekisui (1717-1801)[82]. Selon certaines hypothèses, Nagakubo aurait découvert à Nagasaki un original de la mappemonde de Ricci en six feuillets, et même dans une version qui serait originale puisqu'elle est datée de la 29e année de Wanli (soit 1601), et non la 30e (soit 1602) pour les exemplaires qui ont subsisté[83]. Mélangeant le modèle original riccien et le type Shôhô, il combine écriture horizontale et verticale des toponymes.

L'intérêt des lettrés et des dirigeants japonais pour la cartographie ne s'arrête pas à la production sino-jésuite, puisqu'il touche également, comme on l'a vu, celle qui provient directement d'Europe *via* Dejima. Maeno Ryôtaku (1723-1803), un pionnier de la *rangaku*, célèbre pour ses traductions et travaux en médecine, utilise sa connaissance de la langue néerlandaise, et aussi française, pour traduire et publier en 1782 l'*Atlas Nouveau* de Nicolas Sanson d'Abbeville (1600-1667), originellement publié, et de façon posthume, en 1692[84]. Motoki Ryôei (1735-1794), *rangakusha*, récupère en 1780 des cartes de Guillaume Delisle et traduit pour le shôgunat l'atlas de Louis Renard (1715)[85].

Tout cela témoigne de l'absence de complexe chez les cartographes japonais à puiser dans différentes sources et à les mélanger. Les cartes Shôhô éliminent tous les noms de mer. Celle de Nagakubo Sekisui ne donne aucun toponyme maritime, donc rien pour la mer du Japon[86].

La conclusion d'Helen Wallis sur l'influence de Ricci dans la cartographie japonaise s'impose d'elle-même : « Les nombreuses mappemondes publiées au Japon au cours de la centaine d'années après 1645 témoignent du grand intérêt des nouvelles classes moyennes émergentes pour la nouvelle connaissance du monde, et de leur curiosité pour les pays étrangers en dépit de la politique gouvernementale d'isolement. Grâce à cet entrebâillement des portes fermées, les Japonais regardèrent le monde extérieur, tandis que les Chinois continuaient de se tourner vers l'intérieur, absorbés par les problèmes de leur grand empire. Ainsi, les enseignements géographiques de Ricci apportèrent la connaissance occidentale au Japon plus effectivement qu'en Chine, parce qu'ils touchèrent des esprits plus réceptifs, et plus nombreux dans la société. Divorcés de leur contexte chrétien, ils furent assimilés sous une forme de cartographie propre au Japon, bien que simplifiée »[87].

LA CENTRALITÉ JAPONAISE

Après l'affirmation en 1666 de Yamaga Sokô selon laquelle le Japon n'est pas situé en périphérie du monde mais en son centre, les débats se multiplient au sein de l'élite nippone sur la place du Japon vis-à-vis de la Chine et du reste du monde. Le questionnement est de trois ordres : place diplomatique (le statut politique), place géographique (l'emplacement topographique) et place cosmologique (l'ordre du monde, le « pays du milieu » étant censé organiser métagéographiquement le monde entier).

Puisque les échanges politiques et diplomatiques du Japon avec la Chine sont désormais quasi nuls, les interrogations sont surtout autocentrées. Il s'agit de légitimer la nouvelle disposition du Japon, de situer le néoconfucianisme dans la tradition existante, bref, de se demander ce qu'est le Japon, et au nom de quoi et de qui il est dirigé. La confrontation de cette identité stato-nationale qui évite la Chine passe donc par les pays voisins tels qu'ils ont été situés dans la nouvelle orbite japonésienne du shôgunat, au premier rang desquels figure la Corée. Quand il propose en 1711 (cf. *supra*) de remplacer le titre de *taikun* (« seigneur souverain ») par celui de *kokuô* (« roi »), Arai Hakuseki vise d'ailleurs moins une nouvelle soumission dans l'ordre sinocentré que lui confère automatiquement le titre de « roi » qu'un replacement vis-à-vis de la Corée, pour que les deux pays soient sur un pied d'égalité[88]. C'est au demeurant sous l'impulsion des Sô de Tsushima, les intermédiaires incontournables entre États centraux japonais et coréens, que le terme de *taikun* avait été adopté en 1635[89].

Aucun des confucéens sous les Tokugawa, même les plus sinophiles, n'est prêt à entériner dans le vocabulaire une centralité chinoise dont il ne voit plus la réalité, à part livresque, et encore, puisqu'il s'agit surtout de textes anciens. La centralité chinoise équivalant à celle de sa supériorité civilisationnelle, et réciproquement, remettre en cause l'une revient à s'interroger sur l'autre. Elle est donc entendue sous deux sens, non exclusifs l'un de l'autre : centralité spatiale et centralité culturelle. En outre, le nom du Centre conditionnant le nom de la Périphérie, et réciproquement, remettre en cause le Centre revient à remettre en cause son nom, et aboutit à chercher un autre nom pour la Périphérie, ici le Japon. Dans les pratiques politiques comme dans le vocabulaire, c'est tout un système qui est bousculé. Quand on touche un point, on en percute un autre.

Hayashi Gahô (1618-1680), le fils de Razan et recteur de son collège confucéen, ne considère pas le changement dynastique des Ming en Qing — des Mandchous — comme un changement ordinaire, tel que la Chine en a déjà connu au cours de sa longue histoire. Sur l'ordre du shôgunat en 1674, il compile des informations sur ce qui se passe en Chine, et le titre de son livre illustre bien son constat : *Métamorphose des civilisés en barbares* (*Ka.i hentai*)[90]. Dans la préface, il explique que la conquête des Mandchous a fait passer la Chine de la civilisation en barbarie. Par déduction, le Japon est prêt à assurer la relève de la civilisation.

Dans *Derniers mots d'un loyaliste* (*Seiken igen, ca* 1689), Asami Keisai (1652-1712), tenant du Shushigaku, s'insurge : « Des lettrés à courte vue, voyant que les livres chinois parlent du Japon comme d'un pays barbare, pensent "comme c'est regrettable, comme c'est honteux, je suis né barbare !" [...] Mais où y a-t-il un "pays du milieu" qui serait plus important que son pays natal ? Penser qu'il y a quelque chose d'irrévocable dans le fait que les Chinois désignent un pays comme barbare quand ce pays, même petit et différent, reçoit la lumière du même soleil et de la même lune sans intervention des Chinois revient à se cracher dessus en pleurant qu'on ne peut pas s'essuyer. [...] On devrait s'attendre à ce que les sages du Japon considèrent leur royaume comme le "pays du milieu", et qu'ils désignent les autres comme "barbares" [...]. On regarde d'abord son propre pays, et ensuite les autres. Il faut s'attendre à ce que chaque pays se donne un nom qui reflète cette perspective »[91].

Mais, presque effrayé de son audace, Asami Keisai module son propos quelques pages plus loin, en constatant que puisque les Chinois utilisent déjà les appellations de « pays du milieu » et de « pays barbares », les Japonais ne peuvent pas faire pareil car ils ne feraient que les imiter. Il propose donc une terminologie qui se veut plus objective en parlant de « notre pays » (*wagakuni*) et de « pays étranger » (*ikoku*).

Nishikawa Joken (1648-1724), néoconfucéen, astronome et géographe auprès du shôgun, s'appuie sur la cartographie riccienne pour rompre avec l'image d'un Japon considéré comme un « petit pays » (*zokusan-hendo*). Il dénomme et détaille d'après elle les différents pays du monde dans l'un de ses ouvrages (*Zôho kai tsûshô kô* ou *Édition complétée des notes sur le commerce outre-mer*, 1re éd. 1708). Il utilise dans ce même ouvrage le *Zhifang waichi* d'Aleni — comme en témoignent de nombreuses paraphrases, sur l'Amérique par exemple — mais sans le citer, car il est à l'index. Considérant la mappemonde de Ricci qui place la Chine et l'océan Pacifique au centre, et donc l'Europe à l'ouest, à gauche, et l'Amérique à l'est, à droite, Nishikawa Joken cherche à corriger l'impression : « L'Amérique est située à l'est du Japon sur une carte, mais géographiquement c'est l'un des pays occidentaux, le Japon étant le pays qui est situé le plus à l'est »[92]. Il prône également l'idée d'un archipel japonais très étendu et riche par son milieu. On voit qu'avec Nishikawa Joken l'idée d'un Japon considéré comme finisterre de l'Extrême-Orient est réaffirmée avec vigueur et que les schémas métagéographiques se mettent bien en place.

Sa démarche est novatrice car il cherche à dépasser l'habituel sentiment de fierté nationale, qu'il juge d'ailleurs légitime, pour tenter de trouver un fondement rationnel dans la grandeur du pays. Dans la préface de ses *Réflexions sur le milieu japonais* (*Nippon suido kô*), livre rédigé vers 1700 et publié en 1720, il déclare ainsi : « Dans tous les pays, il y a une tendance chez les habitants d'estimer hautement leur propre pays et d'avoir un sentiment qui n'a pas de base rationnelle, qui n'est rien d'autre que de l'autovanité. J'ai donc fondé mon approche sur les points forts du Japon relevés par les cartes étrangères »[93]. Sa revalorisation du Japon, avec une approche que l'on pourrait qualifier de matérialiste, ne s'accompagne pas d'une dévalorisation de la Chine. Elle se distingue donc de celle de Yamaga Sokô qui combine qualité du milieu japonais et supériorité des valeurs japonaises pour affirmer la centralité du Japon au détriment de la Chine.

Dans ses *Thèses sur l'empire du milieu* (*Chûgoku ronshû*), Satô Naotaka (1650-1719) tente un compromis : « Le terme d'empire du milieu fut autrefois établi en accord avec la forme du pays (*chikei*) [...], et la distinction originelle entre empire du milieu et barbares était en conformité avec la forme du pays, pas avec le bien ou le mal des coutumes. » Certes la Chine est au centre, mais cette centralité n'est pas due à une supériorité morale : elle tient de l'emplacement géographique[94]. La qualité de *ka.i*, l'équivalent japonais du chinois *hua-i* (*huayi*) (« civilisés/barbares »), déterminée par rapport à « l'empire du milieu », n'est pas d'ordre éthique mais spatial. Et comme tous les pays pourraient être placés au milieu du monde dans une Terre que l'on sait désormais ronde, une relativisation géographique ouvre une brèche dans les conceptions géopolitiques et spatiales de l'époque.

La fameuse encyclopédie du *Wakan sanzai zue* (1712), adaptée d'un ouvrage chinois, expose cette recomposition métagéographique japonaise opposant civilisés et barbares. Le Japon (*Nihon*) y est doublement distingué des « pays étrangers » (*ikoku*), où l'on utilise les idéophonogrammes chinois et les baguettes, et des « barbares extérieurs » (*gaii*), situés en dehors du monde sinisé. Ces « pays étrangers » sont nommés, et énumérés : Chine, Corée, Chinra [= Cheju], Mongolie, Ryûkyû, Ezo, Tartarie, Jürchen, Taïwan, Cochin, Tonkin. Prolongeant l'argumentaire de Yamaga Sokô et d'Asami Keisai, Arai Hakuseki s'écrie : « Comment pourrait-il n'y avoir qu'un seul pays appelé "Fleur du Milieu" où les sages naissent »[95] ? Comme Yamaga, il rejette l'hypothèse Wu Tai Po d'une filiation de la dynastie impériale japonaise avec une dynastie chinoise qui a été formulée par Hayashi Razan et Kumazawa Banzan. Comme lui encore, il affirme la pureté du shintô qui a permis au Japon de s'autonomiser dans la voie de la sagesse et la vertu politique impériale. Il japonise la conception du *huayi*, et dans *Sairan igen* (1713) il assimile les Ainu à des barbares, mais les situe dans le moule japonais.

Son rival Ogyû Sorai (1666-1728) valorise au contraire la supériorité chinoise, due selon lui à la précision de la langue chinoise, monosyllabique, et au raffinement de la culture chinoise. Il affirme hautement, conformément à la métagéographie chinoise, que lui-même est « un barbare de l'Est, qui a saisi la voie des sages grâce aux Classiques laissés derrière »[96]. Mais cette revendication est peut-être plus ambiguë qu'il n'y paraît car si elle admet l'insertion dans le monde sinisé, elle suggère aussi une autonomie du Japon, quelque part à l'est. De fait, comme pour Yamaga Sokô, le Japon conserve la voie de la sagesse tandis que ce n'est plus le cas de la Chine envahie à plusieurs reprises par des barbares. Selon Dazai Shundai (1680-1747), disciple d'Ogyû Sorai, « les quatre groupes de barbares sont appelés *iteki* ; ils sont rangés au-dessous de *chûka* parce qu'ils n'ont ni rites, ni rituels. Les hommes du *chûka* qui n'ont ni rites ni rituels sont comme des *iteki*. Les hommes des quatre groupes de barbares qui possèdent rites et rituels ne sont pas différents des hommes du *chûka* »[97]. Autrement dit, chez Dazai, l'efflorescence est déspatialisée et devient un niveau de civilisation, dont fait partie le Japon.

On voit bien dans tous ces raisonnements, qui sont des plaidoyers *pro domo*, une convergence entre tous pour constater l'affaiblissement de la Chine, surtout par rapport à un Japon qui n'a jamais été envahi et qui a eu l'audace d'expulser les étrangers, et une historicisation de la question : on ne naît pas confucéen, on le devient. Cette non-prédestination des peuples s'explique selon les uns par des bienfaits matériels ou selon les autres par des vertus liées à la continuité dynastique. On retrouve l'histoire, mais figée par le mythe des origines.

La convergence des points de vue semble plus importante que les différences, et les polémiques entre les différents lettrés s'apparentent à un jeu exégétique dont le principal mérite est de conforter le pouvoir shôgunal, légitimé par un néoconfucianisme plus ou moins dosé de shintô. Cela dit, la référence nativiste au shintô, combinée à une critique radicale d'abord des sinophiles, chez Hiraga Gennai (1726-1779) par exemple, puis de la Chine elle-même, chez Kamo Mabuchi (1697-1769) ou Motoori Norinaga (1730-1801), ouvre la voie à une interprétation radicale qui culminera avec la Restauration de Meiji. Le caractère d'auto-célébration parfois arrogant du Japon apparaît bien dans les propos d'Arai Hakuseki qui suggère d'accueillir les ambassades coréennes non pas avec des parures dorées mais des couverts en bois, comme au bon vieux temps de la tradition confucéenne, pour montrer que c'est le Japon qui est le dépositaire de cette tradition, et non la Corée comme celle-ci le prétend[98].

La représentation cartographique du Japon par les Japonais confirme cette intégration nationale. Plusieurs analystes soulignent d'ailleurs l'extraordinaire floraison de la cartographie au cours de l'ère Edo, par rapport aux périodes antérieures et à toutes les échelles (urbaine, régionale, nationale...)[99]. Les cartes japonaises montrent un Japon fortement conçu comme un archipel, entouré de mers, éloigné des plus proches pays, comme flottant dans le vaste océan.

La Chine n'apparaît que très rarement, sauf sur les portulans du XVIIe siècle, qui perdent de leur utilité à mesure que se renforce la réclusion maritime. La Corée est parfois représentée, mais très rarement en son entier, seulement une partie de son rivage méridional avec la côte de Pusan où se trouve le *wae-gwan*, l'équivalent japonais en Corée de l'enclave de Dejima à Nagasaki. Ezo n'est qu'incomplètement, partiellement et maladroitement représenté jusqu'aux découvertes de la fin du XVIIIe siècle et les cartes qui en découlent, sans parler des espaces au-delà comme les Kouriles ou Sakhaline[100].

Les Ryûkyû sont tracées de façon approximative non seulement sur les cartes japonaises, comme celle du Japonais Mori Kôan (1751), mais aussi sur les cartes chinoises. La carte du Japonais Hayashi Shihei (1785) représente le Japon, la Chine et les Ryûkyû avec trois couleurs différentes. Outre Okinawa et les îles voisines, elle rassemble, sous la même couleur des Ryûkyû, l'île de Taïwan et les Senkaku/Diaoyutai, ainsi distingués du Fujian et de la Chine. Quant aux textes chinois ou japonais qui se réfèrent à ces îles, ils posent des problèmes d'interprétation.

NOMS DE CHINE, NOMS DU JAPON

Mais il faut bien dénommer la Chine. Et ne pas le faire n'importe comment, suivant les conditions. Ce qu'on peut se permettre au Japon, et dans un livre, n'est pas tolérable, ou plus risqué, dans un document diplomatique à remettre au voisin chinois. Même dans ce domaine, les choses évoluent cependant. Entre la lettre de 1600 et celle de 1611 envoyées par les autorités shôgunales pour reprendre contact avec les officiels chinois, l'onomastique change.

Dans la première, la Chine est désignée sous le nom de « Fleur du milieu » (*Chûka*), conformément à la tradition, tandis que dans la seconde, c'est l'expression de « Cour du ciel » (*Tenchô*) qui est utilisée[101]. Certes, celle-là confirme la légitimité de l'Empire chinois dirigé par le « Fils du ciel » (ch. *Tianzi* ; j. *Tenshi*), mais on peut estimer que le caractère de centralité chinoise est édulcoré.

Comme nous l'avons vu, Yamaga Sokô, qui récupère au profit du Japon l'appellation de « Pays du milieu » ou de « Fleur du milieu », qualifie la Chine de « Dynastie étrangère » (*Gaichô*). En 1715, le shôgunat, qui encadre le commerce chinois par un système de patente, n'utilise pas le terme de « Grand Qing » dans les documents officiels, comme le voudrait la norme traditionnelle diplomatique, mais celui de « Tô », qui désigne les Tang, une ancienne dynastie qui n'existe plus. Ce vocabulaire constitue clairement une rétrogradation dans la hiérarchie diplomatique japonaise[102]. Il est probable qu'Arai Hakuseki, qui est à l'initiative de cette régulation commerciale destinée à enrayer les exportations japonaises de métaux précieux, soit aussi à l'origine de ce choix onomastique.

Arai Hakuseki évite également d'utiliser le terme de *Chûka* à propos de la Chine. À la place, il réintroduit en 1713 le terme de *Shina* dans le discours japonais. Ce mot est probablement arrivé au Japon au début du IXe siècle avec les sutras que Kôbô Daishi (Kûkai) rapporte de son voyage en Chine. C'est une déformation, probablement sanskrite, du nom de la dynastie chinoise des Qin. Mais il n'était que peu utilisé au Japon. L'initiative d'Arai Hakuseki s'appuie à la fois sur ces sutras, dont il reprend les mêmes idéogrammes, et sur les entretiens approfondis qu'il mène au cours de l'année 1709 et au début de 1710 avec Giovanni Battista Sidotti (1668-1714). Car ce missionnaire catholique sicilien, arrêté après avoir essayé de s'introduire illégalement au Japon en 1708 et fait prisonnier (1708-1714), lui fait prendre conscience de la géographie du monde, et lui parle de la *Cina* (China) dont il relativise la centralité.

Arai montre à Battista une carte européenne, et lui demande de la commenter[103]. Il s'agit de la première édition de la mappemonde de Joan Blaeu, celle de 1648, qui a été réalisée juste après le décisif traité de Westphalie (Münster, 1648), et qui est arrivée jusqu'au gouvernement japonais *via* Dejima et les Néerlandais[104]. Ce n'est pas une production des Jansson ni des Hondius, les deux autres familles rivales de cartographes néerlandais, ou même des déjà plus anciens Mercator (dont le fonds a d'ailleurs abouti chez les Hondius), car les Blaeu sont, concernant cette partie du monde et le Japon, en position scientifique dominante grâce à leurs postes importants dans la puissante V.O.C.[105].

Arai se sert de cette carte et de ses commentaires, ainsi que de la mappemonde de Ricci, pour rédiger ses *Nouvelles de l'Occident* (*Seiyô kibun*, 1715), un ouvrage qui fixe pendant plusieurs décennies la métagéographie mondiale de l'élite japonaise. Certes, ni *Seiyô kibun* (1715), ni *Sairan igen* (1713), un autre livre d'Arai déjà signalé, ne sont publics, puisque la simple mention de l'Occident suffit à les mettre à l'index, mais « ils circulent secrètement et ils sont régulièrement recopiés par les lettrés de l'époque »[106].

L'usage de *Shina* se répand donc au Japon à la fin du XVIIIe siècle, sous l'influcncc également de la *Rangaku* (« Études hollandaises », autrement dit « sciences occidentales »). Il n'a pas de connotations péjoratives. Dans son *Esprit de pureté* (*Naobi no mitama*, 1771), Motoori Norinaga (1730-1801), le théoricien des nouvelles « Études nationales » (*Kokugaku*, que l'on peut aussi traduire par « Science nationale »), proclame son rejet de l'« esprit chinois » (*karagokoro*) ; le terme de « *kara* » pour désigner la Chine est une lecture du mot Tang.

Mais disqualifier la Chine et l'appeler autrement implique de renommer le Japon, en parallèle avec sa revalorisation. Deux expressions se diffusent alors, celles de « Grand Japon » (*Dai-Nihon*) et de « Japon, pays divin » (*Shinkoku Nihon*).

La transcription chinoise de *Da Riben* (« Grand Japon ») est déjà utilisée au cours de l'Antiquité japonaise. Elle est alors prononcée *Oo-Yamato* (« Grand Yamato »), ce qui entraîne quelques problèmes d'interprétation. Yamato peut en effet s'écrire de plusieurs façons, mais la graphie qui l'emporte, à partir du règne de l'empereur Tenmei (707-715) jusqu'à nos jours, combine, comme on l'a vu, deux idéogrammes signifiant « grand » et « harmonie ». Autrement dit, le *Yamato-koku*, ou Japon, est le « Pays de la grande harmonie ». Rappelons que la notion de « grand » qualifiant un « grand pays » (ch. *daguo* ; j. *taikoku*) indique un haut niveau diplomatique entre celui-ci et la Cour chinoise.

Au cours des siècles suivants, l'expression de « Grand Japon » (*Dai-Nihon*) figure dans le titre de plusieurs cartes médiévales[107], ainsi que dans plusieurs textes du XIe siècle, souvent lorsque l'empereur est évoqué. L'utilisation emphatique de « grand » semble logique pour des dirigeants ou des habitants qui parlent de leur pays et qui cherchent à le magnifier. Mais, comme le remarque Unno Kazutaka, cela entre, dans le cas du Japon, en contradiction avec l'usage qui considérait le pays comme petit et/ou marginal sous l'influence de la métagéographie bouddhiste[108]. Il est alors tentant de voir dans ce « grand » une simple formule honorifique qui équivaudrait à une majuscule et qui n'aurait plus grand-chose à voir avec une question de taille, d'autant que les textes mentionnés concernent l'empereur ou le bouddhisme, donc des éléments sacrés et honorables. L'argument s'applique à *Oo-Yamato* qui signifie « Grande grande harmonie », un pléonasme curieux qui s'expliquerait par la valeur honorifique du préfixe *Oo*.

Unno Kazutaka propose néanmoins une autre hypothèse. Évoquant un catéchisme bouddhiste de 1325 (le *Jinteki mondo*), il démontre que les caractères *dainichi* (« grand soleil ») correspondent à un caractère sanskrit signifiant *Mâhavairocana* (« soleil déifié »). Le « Grand Japon » (*Dai-Nihon*) serait donc, selon cette explication, le pays où est né le « soleil déifié », *Mahâvairocana*, traduit *Ta Jih Ju Lai* en chinois et prononcé *Dainichi-nyorai* en japonais. Le même catéchisme considère d'ailleurs que le couple divin shintô Izanagi-Izanami est en réalité Dainichi-Nyorai (Mahâvairocana) dans les mondes de Vajra et de Garba, et que tous les dieux japonais traditionnels ne sont que des Bouddhas ou des Bodhisattvas sous une forme différente. On retrouve ce type d'argument chez Urabe Kanekata, un lettré du début du XIIIe siècle qui commente le *Nihonshoki*. Selon lui, Amaterasu-oomikami est Dainichi-nyorai et le Dai-Nihon-koku est en réalité le *hongoku* (« patrie ») du *Dainichi* (c'est-à-dire Dainichi-nyorai) au sein du bouddhisme Shingon.

L'expression *dainichi* connaît un destin particulier quand les chrétiens européens arrivent au Japon.

Ceux-ci se confrontent en effet à un problème linguistique et philosophique majeur dans leur processus d'évangélisation : comment traduire en japonais, et de façon à se faire comprendre, la notion et le mot de Dieu, le Dieu des chrétiens ? Les Japonais, pragmatiques, vénérant déjà *kami*, bouddhas et divers dieux, psychologiquement et intellectuellement prêts à intégrer le nouveau dieu des Européens, pensent même le trouver dans leur propre panthéon. Mais les jésuites ne l'entendent pas de cette oreille, évidemment, et ils exigent que les convertis renoncent totalement à leurs anciennes croyances.

François Xavier crée cependant une ambiguïté quand, se basant sur les indications de son premier interprète japonais, lequel s'inspire du vocabulaire Shingon, il traduit d'abord « Dieu » par « Dainichi ». Ce choix entre dans la stratégie d'adaptation pragmatique des jésuites dans les autres cultures. Mais face aux protestations des orthodoxes du catholicisme, celles que l'on retrouvera dans la querelle des rites en Chine, et se rendant compte lui-même de la confusion ainsi entraînée, il utilise ensuite directement le mot latin *Deus*. Pour cela sont utilisés les *kata kana* ou bien deux idéogrammes signifiant « Créateur du ciel », qui peuvent être lus *Tentei* mais que les missionnaires s'efforcent de lire *Deus*. Or, prononcé à la japonaise *Daiusu* ou *Dajuzo*, *Deus* est proche de *dai-uso*, expression signifiant « grand mensonge », ce qu'ignore François Xavier mais pas ses adversaires qui la répètent avec dérision[109].

La seconde expression qui se propage au côté de « Grand Japon » (*Dainihon*) à partir du XVIIe siècle est celle de « Japon pays des dieux » (*Nihon shinkoku*). En fait, sa traduction donne lieu à une double interprétation. *Shin* signifiant « déité » — c'est la lecture *on.yomi*, dite « sino-japonaise », du mot *kami*

— et *koku* « pays », on peut en effet la comprendre indifféremment comme « pays des dieux » (ou *kami no kuni*, « pays des *kami* ») ou comme « pays divin », ce qui ne signifie pas exactement la même chose en français. Du « pays où il y a des dieux » au « pays divin », attribut qui lui confère un caractère sacré, inviolable et quasi missionnaire, la nuance est assurément fine, mais elle existe.

Relié au shintô à l'origine, le sens de « pays des dieux » est utilisé au cours de la période qui s'étend de l'Antiquité au Moyen Âge. Kitabatake Chikafusa (1293-1354), un haut dignitaire de l'aristocratie, commence ainsi l'un de ses livres, écrit entre 1339 et 1343, par l'affirmation selon laquelle « le Grand Japon est le pays des dieux »[110]. Le premier élément de contexte est celui des deux invasions mongoles (1274, 1281), qui échouent mais qui provoquent une réaction de type nationaliste au Japon. Le mythe du « vent divin » (*kamikaze*), un typhon qui aurait balayé ces envahisseurs, naît à la même époque. Kitabatake insiste surtout sur le fait que si le Japon est le « pays des dieux », et donc supérieur aux autres, c'est parce qu'« il a toujours été dirigé par la lignée de la déesse du Soleil, Amaterasu Oomikami ». Affirmer la continuité impériale permet déjà de se positionner face à la Chine qui a connu plusieurs changements dynastiques, dont celui des Mongols. Le second élément de contexte est le début du schisme qui divise la famille impériale entre Cour du Nord et Cour du Sud (1336-1392).

Cette idée de « pays des dieux » est donc reprise par le moine zen de la branche Rinzai, spécialiste des Classiques chinois, Kokan Shiren, à la même époque. On se souvient également qu'un shôgun, Ashikaga Yoshimitsu, entre officiellement dans le système tributaire chinois en 1401, et que son allégeance à l'empereur de Chine lui donne le titre de « roi ». Certains historiens japonais contestent la réalité de cette allégeance, mais celle-ci disparaît de toute façon avec les shôguns suivants. Précisément, l'un des conseillers shôgunaux justifie le refus de payer le tribut aux Ming en 1432 au motif qu'« il est impossible de se plier au protocole de la Chine puisque le Japon est le pays des dieux »[111]. Zuikei Shûhô (1391-1473), moine zen et conseiller shôgunal, reprend l'argument au début de l'ouvrage narrant les relations diplomatiques du Japon d'alors : « Le Grand Japon est le pays des dieux » (*Oo-Yamato wa kami no kuni nari*)[112].

Une inflexion sémantique s'opère avec Toyotomi Hideyoshi lorsque celui-ci, par un décret du 24 juillet 1587, décide d'utiliser *Shinkoku* pour nommer le Japon, à la suite de sa conquête du Kyûshû, dans une direction qui est plus proche du second sens, celui de « pays divin ». Son intention première, la plus apparente, est d'affirmer l'identité et l'autonomie du Japon vis-à-vis des puissances européennes. Ce décret est en effet celui qui vise également l'expulsion des prêtres catholiques, qui n'est pas encore vraiment appliquée. Une lettre adressée en septembre 1591 au vice-roi des Indes, où il parle à nouveau du *Shinkoku*, le confirme par la suite.

Son autre intention est également d'autonomiser le Japon par rapport à la Chine, en rompant avec la métagéographie sinisée du centre civilisé et de la périphérie barbare, objectif concrètement confirmé par ses tentatives d'invasion du continent (1592, 1597). Le qualificatif « Pays du milieu » étant lié au label religieux « fils du ciel » attribué à l'empereur de Chine, revendiquer un Japon comme ayant ses propres dieux (*kami*) et comme étant le berceau, le territoire, de ces dieux-là, revient à affirmer l'indépendance du Japon. Le terme *Shinkoku* est à nouveau utilisé dans l'édit d'interdiction du christianisme de 1613.

L'appellation même de son pays par l'élite japonaise sous les Tokugawa reflète donc le changement de paradigme métagéographique. Il est désormais tout juste question de parler du « Pays à l'origine du soleil » (*Nihon-koku*), expression qui laisse entendre malgré tout un positionnement à l'est et en périphérie de la Chine. Symétriquement, alors que les termes « Nains » (*Wo*) et « Nains pirates » (*Wokou*) prédominent sous les Ming pour parler du Japon, le terme *Riben* (*Nihon*, Japon) est davantage utilisé sous les Qing, en particulier dans les textes antichrétiens. Selon D. R. Howland, « les "Nains" sont japonais quand ils sont hors du Japon et qu'ils franchissent le territoire chinois, tandis que "Japon" constitue le nom géographique chinois du pays, et le lieu de l'activité antichrétienne perpétrée par les Japonais contre leur propre peuple »[113].

Pour pallier l'usage du terme *Nihon*, les métonymies se multiplient chez les lettrés japonais. Parmi celles-ci, *Honchô* est la plus répandue. On la retrouve par exemple dans les écrits de Hayashi Gahô. Elle signifie mot à mot « origine » ou « principal » (*hon*) et « cour (souveraine) » (*chô*), soit « notre cour » ou bien « notre pays ». Quand Yamaga Sokô, par exemple, écrit en 1675, près de trois siècles et demi après Kitabatake, que « notre pays descend de la déesse Amaterasu Ômikami, et sa lignée impériale est restée inchangée depuis le temps des dieux jusqu'à nos jours », il emploie le mot *Honchô*[114]. Ce terme est aussi hérité de la vision antique qui divise le monde en trois parties : le Japon (*Honchô*), l'univers culturel chinois incluant la Corée (*Shintan*), l'Inde ainsi que le reste du monde en fait (*Tenjiku*)[115]. Là, il perd de son aspect allégorique pour prendre un caractère géopolitique, non sans une connotation religieuse. Les expressions « Grand Japon » et « pays des dieux » sont remises à l'honneur pendant l'impérialisme japonais de la première moitié du XXe siècle.

LA CARTOGRAPHIE EUROPÉENNE DU JAPON AUX XVIIe ET XVIIIe SIÈCLES

La cartographie montre également que les échanges entre le Japon et l'Europe ne fonctionnent pas à sens unique sous les Tokugawa. Les cosmographes européens perfectionnent eux aussi leur représentation de l'autre extrémité de l'Eurasie, en tirant profit de documents rapportés du Japon même et qui rompent avec la cartographie pilotée par les jésuites et symbolisée par le modèle Moreira.

Telle est notamment la carte d'Adrien (Adriaan) Reland (1676-1718), réalisée en 1715. Outre des contours plus précis de l'archipel japonais et des informations sur son organisation territoriale interne, elle innove en proposant une nouvelle nomenclature maritime[116]. Elle désigne en effet la mer située au sud de Honshû-Shikoku, donc l'actuel océan Pacifique, sous le nom de *maris japonici pars* (soit « mer du Japon » sur un exemplaire en français de 1715), mais sans rien indiquer pour les autres mers[117]. Elle s'appuie sur des sources japonaises, comme nous le disent eux-mêmes le titre et une partie du colophon : *L'Empire du Japon, tiré des Cartes des Japonnois*, « cette Carte a été copiée exactement sur une pareille faite par les Japonnois c'est pourquoi on n'y a rien changé ».

Ces sources japonaises sont nouvelles. Elles innovent par rapport aux documents qui ont alimenté les cartographes de la filière portugaise, vaticane ou sino-jésuite du XVIe siècle, d'où leur importance pour les Européens. D'après les géographes japonais, il s'agit de cartes du Japonais Ishikawa Ryûsen, un artiste peintre qui vit au Japon à la fin du XVIIe siècle[118]. Mais celles-ci, conformément à la tradition japonaise, ne mentionnent aucun toponyme marin, et ces derniers ont donc été ajoutés par Reland[119]. Les cartes de Reland sont abondamment copiées ou recopiées en Europe, avec quelques modifications[120].

La toponymie maritime de l'archipel japonais n'est cependant pas définitivement fixée à la fin du XVIIIe siècle sur les cartes européennes. Il se dégage deux tendances qu'on peut essayer de résumer. Les cartographes néerlandais préfèrent l'appellation « mer du Japon », en s'inspirant des informations en provenance du Japon et, directement ou indirectement, de la mappemonde de Matteo Ricci. Les autres, les Français (Delisle, Bellin, Buache, Vaugondy) et les Anglais (Senex, Moll, Bowen) notamment, préfèrent l'appellation « mer de Corée ». Ils s'inspirent directement ou indirectement de la filière sino-jésuite postérieure à Ricci, complétée par des influences de la filière russe (Thomas, Delisle). À une échelle macro, la pression européenne se fait toutefois sentir, qui passe par l'arrivée de nouvelles mappemondes européennes très rapidement redessinées au Japon, et en japonais. Elle replace l'Atlantique et l'Europe au centre, et, par conséquent, le Japon en bordure en haut à droite, à l'est, en extrême-orient[121].

Le périple de Lapérouse constitue un tournant dans la connaissance géographique et la dénomination toponymique[122]. Première expédition de l'Occident à sillonner les eaux de l'actuelle mer du Japon (1787), elle a, de ce fait, d'importantes répercussions sur la cartographie et la toponymie qui transcrit ses résultats. L'*Atlas du voyage de La Pérouse* de 1787 mentionne « mer du Japon » sur un espace qui va de l'actuel détroit de Corée jusqu'au détroit de Tsugaru. Sa *Carte générale des découvertes dans les mers de Chine et de Tartarie* publiée en 1798 en fait autant. Le toponyme de « mer du Japon » s'inscrit dès lors dans la durée européenne, puis internationale.

Chapitre VII

LE TERRITOIRE EN EXTRÊME-ORIENT ET SA MODERNISATION

La vertu majestueuse de notre dynastie a pénétré dans chaque pays sous le Ciel, et les rois des nations [nous] ont offert leur précieux tribut par voie de terre et de mer. Comme votre ambassadeur peut le voir lui-même, nous avons de tout. Je n'attribue aucune valeur à [vos] objets étranges ou ingénieux, qui ne sont d'aucune utilité pour les artisans de notre pays. C'est ma réponse à votre demande d'appointer un représentant à ma Cour.

L'empereur QIANLONG,
répondant à Lord George Macartney,
envoyé de George III (1793).

En 1689, le traité de Nerchinsk, signé entre la Russie tsariste et l'Empire chinois, introduit deux nouveautés géopolitiques fondamentales pour la Chine et, par répercussion, pour l'ensemble du monde sinisé. Il s'agit d'un « moment critique dans l'histoire mondiale », comme l'a qualifié Peter Perdue[1]. Ses effets ne se manifestent pas immédiatement, mais il ouvre la voie, en Asie orientale, à ce qu'on peut appeler la modernité territoriale, géographique et cartographique. Premièrement, il délimite de façon stricte des frontières entre les deux pays —

principe qui estompe l'idée des marches frontières. Deuxièmement, la Russie est considérée par la Chine comme un partenaire commercial égal (*hushi*). Le principe chinois selon lequel « l'empire n'a pas de voisins », consubstantiel au sinocentrisme opposant civilisés et barbares, est ainsi écorné. Concrètement.

Les Occidentaux contribuent de multiples façons à ce changement. Non pas seulement en tant que partenaires du traité — si l'on considère que la Russie représente l'Occident — mais aussi en tant que conseillers géographiques, apparemment techniques mais en fait politiques car leur savoir et leur méthode impliquent une vision géopolitique. Ils ont en effet contribué à l'élaboration de cartes modernes pour reconnaître le territoire chinois. Il ne convient cependant pas d'apparenter ce processus à un simple transfert colonialiste de technologie. Une conjonction s'opère en réalité entre trois empires à la fin du XVIIe siècle et au début du XVIIIe siècle, de surcroît incarnée par trois personnages forts qui gouvernent à peu près à la même période : la France avec le roi Louis XIV (1643-1715), la Chine avec l'empereur Kangxi (1662-1722), et la Russie avec le tsar Pierre le Grand (1682-1725). Dans les trois cas, un régime puissant, moderniste et expansionniste, s'efforce de consolider un État et de fabriquer un territoire. Il s'appuie pour cela sur les méthodes géographiques les plus modernes. Son souci est d'arpenter l'espace, de le mesurer et de le cartographier, pour mieux le contrôler et l'étendre.

LA LOGIQUE TERRITORIALE DE LA MODERNITÉ

L'histoire de la combinaison en France du colbertisme et de la science moderne, en cartographie et en géographie notamment, est connue[2]. Soulignons simplement que, après l'apogée des cartographies ibériques et germano-flamandes, l'école française de géographie et de cartographie jouit d'une renommée mondiale grâce à ses progrès techniques et son souci de rationalité. La publication, en 1668, des *Éphémérides des astres de Médicis* par Cassini et les découvertes astronomiques de Huygens facilitent en particulier la détermination de longitudes exactes. La suprématie de la géographie française s'explique en partie par la volonté du royaume de s'affirmer comme puissance maritime mondiale, en concurrence avec les Pays-Bas puis avec l'Angleterre, qui passe, notamment, par la création de la Compagnie de l'Orient en 1643. Outre l'Amérique du Nord et le Canada, les dirigeants français portent leur prédilection vers l'Asie orientale : le Siam, qui fera la mode sous Louis XIV, la Chine de plus en plus, et le Japon moindrement[3]. Autant la connaissance que la France a sur l'Asie orientale est pauvre au cours de la première moitié du XVIIe siècle, « autant elle est abondante et riche à l'époque de Louis XIV »[4].

Les cartographes français sont appelés auprès de la Cour russe, qui s'exprime en français, et participent même aux explorations en Sibérie extrême-orientale. C'est le cas, par exemple, de Joseph-Nicolas Delisle (1688-1763), frère de Guillaume Delisle (1675-1725) qui est l'un des grands géographes de l'époque. Les expéditions russes aboutissent à la création de plusieurs cartes sur la Sibérie, et donc sur les confins de la Chine[5].

Lorsqu'il projette de construire un observatoire avec l'Académie royale des sciences (ouvert en 1666), Colbert proclame qu'il « devra dépasser en beauté et en utilité tous ceux qui ont été construits à cette date, même ceux du Danemark, de l'Angleterre et de la Chine ». Ce qui est remarquable dans cette déclaration, c'est, outre l'ambition affichée, la référence à l'astronomie chinoise, dont les savants européens de l'époque connaissent bien la valeur. Si l'esprit de compétition est clairement affirmé, le savoir des autres n'est pas dénigré, au contraire. Il peut être utilisé pour être dépassé. C'est dans le même état d'esprit que fonctionnent en Chine Kangxi et sa Cour.

La Cour française lorgne vers la Chine, pour deux raisons principalement : l'Observatoire a besoin de mesures réalisées de l'autre côté de l'Eurasie, et les marchands voient toujours d'un bon œil les perspectives commerciales outre-mer. Les jésuites sont déjà présents là-bas, mais ils sont sous le contrôle de Rome. Cherchant une certaine autonomie, la Cour fonde les Missions étrangères en 1663, en les dotant d'un financement confortable. La présence française en Asie orientale se traduit donc par l'envoi de jésuites français ou francophones auprès de la Cour chinoise au cours des années 1680 à 1724. Cette période intègre le règne de Yongzheng (1723-1736), successeur de Kangxi, qui bannit le christianisme suite à la querelle des rites, et s'étend jusqu'à la veille de la suppression de la Compagnie de Jésus en 1762.

Dans une lettre envoyée de Pékin en 1678, le jésuite Ferdinand Verbiest, nouveau responsable de l'Observatoire de Pékin, se déclare « soucieux de la propagation de la religion autant que de l'extension de l'influence française »[6]. Cette lettre, paraît-il, « émut

Louis XIV et Colbert »[7]. En 1685, la Cour française saisit l'occasion et expédie donc en Chine une première mission, acceptée par Kangxi, une escouade de savants jésuites avec force matériel et instruments. Ces hommes accomplissent un énorme travail de cartographie scientifique couvrant l'Asie orientale (explorations, relevés astronomiques, cartographie...).

Comme le souligne Laura Hostetler, l'un des premiers soucis de la nouvelle dynastie Qing quand celle-ci arrive au pouvoir en 1644 est de connaître son territoire, et, pour cela, de le cartographier à toutes les échelles, d'abord à l'échelle provinciale puis « nationale »[8]. Cette préoccupation démarre donc bien avant Kangxi, même si elle culmine avec celui-ci et ses successeurs. Pour cela, les dirigeants chinois se tournent vers leurs propres géographes, mais aussi vers les savants jésuites européens qui disposent de nouvelles techniques, comme le repérage des latitudes et des longitudes, et d'informations sur les pays voisins comme la Russie. Le changement de dynastie a favorisé l'élimination des astronomes musulmans et fait entrer en cour les savants jésuites.

À la demande de Kangxi, Ferdinand Verbiest réalise une mappemonde, magnifique, en 1674[9]. Il devient également l'interprète de l'ambassadeur russe N. G. Spathary auprès des Chinois[10]. Une carte russe est utilisée lors des négociations du traité de Nerchinsk pour établir la frontière sino-russe. On ignore laquelle mais la carte de Spathary (1678) semble la plus probable. Elle sert par la suite aux cartographes jésuites et chinois, notamment au jésuite Antoine Thomas (1644-1709) pour sa carte de 1690[11]. Le jésuite français Jean-François Gerbillon (1654-1707), envoyé en Chine par Louis XIV et arrivé à Pékin en 1688, joue également « un rôle essentiel dans les négociations de Nerchinsk »[12]. Il est appelé auprès de Kangxi pour lui donner des cours de géographie, d'astronomie et de mathématiques car l'empereur, paraît-il, « l'aimait beaucoup »[13]. De 1696 à 1698, il ne fait pas moins de huit voyages en « Tartarie » avec l'empereur lui-même, voyages consécutifs au traité. Il lève la plus grande partie de la Tartarie située entre la Grande Muraille et les possessions russes car la Cour chinoise veut connaître l'étendue exacte des possessions résultant du traité.

Le travail d'exploration, de triangulation et de cartographie est effectué par de nombreux autres savants chinois et jésuites (Parrenin, Bovet, Régis, Jartoux, de Mailla, Hinderer, Fridelli, Cardoso). Il se traduit par l'*Atlas général de l'Empire* (*Huangyu quanlan tu*), surnommé *Atlas de Kangxi*, achevé en 1717, soit plus d'une vingtaine d'années avant la France pour son territoire (1744) et la Russie pour le sien (1745)[14]. L'une de ses cartes trace les limites des provinces chinoises par des pointillés, ce qui donne *ipso facto* le tracé des frontières extérieures, et concrétise une vision moderne du territoire étatique.

D'une certaine façon, la carte de Chine réalisée auparavant, en 1655, par le jésuite Martino Martini (1614-1661), qui a séjourné sept ans en Chine (1643-1650), et fondée presque exclusivement sur des sources chinoises, d'où son succès en Europe, préfigure cette approche[15]. Y sont en effet bien dessinés la limite quasi frontalière formée par la Grande Muraille au nord et un tracé entourant les provinces chinoises à l'ouest et au sud-ouest, tandis que les pays environnants (Sibérie, Tibet, Indochine, Philippines, Taïwan, Japon) sont représentés sans détails ni fioritures contrairement à la Chine. L'Atlas de Martini contribue d'ailleurs « sans aucun doute à la décision de Louis XIV d'envoyer des mathématiciens en Chine »[16].

En 1721, les Qing envoient une copie de l'*Atlas de Kangxi* à Pierre le Grand, un moyen de « rendre conscient son compétiteur du nord de l'état de l'art et de la science patronné par les Qing, ainsi que des revendications impériales que l'atlas véhiculait »[17]. Une version française est publiée en 1735. Incluse dans l'ouvrage en six volumes consacré à la Chine par Jean-Baptiste Du Halde (1674-1743), et qui contient également des informations sur le Japon, elle parvient jusqu'à Louis XV[18]. Comme l'indique un autre jésuite, Jean-Joseph Amiot (1718-1793), « le véritable but de l'empereur Kangxi en entreprenant de faire de nouvelles cartes de son empire était moins de se procurer une connaissance géographique dont il n'avait guère besoin [...] que d'obtenir des moyens, sûrs, simples et efficaces de devenir familier avec ses provinces pour assurer leur sécurité, leur bon ordre, leur défense »[19]. Cette contribution des jésuites n'empêche pas leur expulsion de Chine. Elle vaut également un sarcasme de Voltaire : « La Chine est le seul pays de l'Asie dont on ait une mesure astronomique, parce que l'empereur Cam-Hi [Kangxi] employa des Jésuites astronomes pour dresser des cartes exactes ; et c'est ce que les Jésuites ont fait de mieux. S'ils s'étaient bornés à mesurer la terre, ils ne seraient pas proscrits sur la terre »[20].

Le changement de statut issu du traité de Nerchinsk pour deux pays voisins de la Chine, le Japon et la Russie, eux-mêmes limitrophes, symbolise l'affaiblissement de l'antique modèle du sinocentrisme. Comme le résume l'historien japonais Hamashita Takeshi, « la Chine elle-même abandonna finalement le statut d'"empire du Milieu" et le nationalisme Han grandit, provoquant la fin des relations tributaires et de l'ordre régional formel inhérent. Suite à la campagne "détruire les Mandchous, restaurer les Han" lancée à la fin des Qing, le pays du Milieu fut soulevé par une expression nationaliste pour la première fois de son histoire, une tendance qui, apparemment, se poursuit »[21]. Au Japon, le repli place le pays au milieu du XIXe siècle dans une posture délicate vis-à-vis d'un ordre international rythmé par les canonnières, les cours de la Bourse londonienne et le discours civilisateur. La principale conséquence géopolitique du bouleversement impulsé par les Européens, c'est, en Europe occidentale comme en Asie sinisée, la promotion progressive, mais assez rapide à l'échelle du temps long, du nouveau module qu'est l'État-nation.

Telle est d'ailleurs l'une des critiques majeures que René Grousset (1885-1952) fait à l'Occident comme à l'Orient. Au premier, il reproche d'avoir imposé un modèle rompant avec l'universalité chrétienne, caractéristique du Moyen Âge et permise par un système féodal non national ; au second, et à la Chine singulièrement, d'avoir adopté ce modèle, de gré, par un désir mimétique de modernisation, ou de force, par l'impérialisme (même si Grousset répugne à utiliser ce terme). Dans les deux cas, la création de l'État-nation leur fait perdre selon lui leur essence, la Tradition[22]. De ce point de vue, cet historien se distingue des autres conservateurs ou des zélateurs d'une « défense de l'Occident », défense impossible au nom de la modernisation mondiale que celui-ci a créée puis imposée. Mais notons que, loin de rompre avec le camp des partisans d'une « supériorité de l'Occident », il affaiblit l'Asie car son recours à la Tradition paraît bien faible.

La modernisation, qui est habituellement considérée comme un processus essentiellement temporel, comme un passage de l'ancien vers le nouveau, comme une rupture avec la tradition et une route vers le progrès, relève également du géographique. L'État dans sa formulation moderne repose ainsi sur trois principes[23]. Il constitue une entité historico-géographique à laquelle s'assimile le pouvoir du Prince et, plus tard, du gouvernement. Il organise le champ politique sur le schème du centre et de la périphérie. Il fait l'objet d'une tension entre le privé et le public, tension gérée par le recours au secret (despotisme monarchique, totalitarisme contemporain) et/ou par le recours au pouvoir médiatique (période contemporaine). De ces trois principes, les deux premiers relèvent de notre problématique méta-géographique.

L'élaboration de l'État-nation moderne, et de l'identité nationale, s'accompagne en effet, d'un point de vue politique, social et culturel, de la construction d'un territoire étatique. Celui-ci est habituellement considéré comme « national », même si l'on doit nuancer l'analyse en certains cas, comme pour la Confédération helvétique, voire les États-Unis d'Amérique constitués fédéralement sur la base de quatre guerres (contre les Indiens, contre la puissance coloniale anglaise, contre le voisin mexicain, plus la guerre de Sécession).

L'expression française de « construction nationale » véhicule ainsi explicitement une problématique spatiale que l'on retrouve dans l'élaboration de l'Hexagone français, dans l'unité italienne ou bien l'unité allemande. Le territoire national moderne est caractérisé par une enveloppe extérieure bien définie, marquée, linéaire, qui prend la forme de la frontière moderne : cumulative ou fusionnelle (fusion des limites politique, administrative, douanière, monétaire, juridique, identitaire...). Autrement dit, la modernisation s'accompagne d'une spatialisation et, plus précisément sous cet angle de l'État-nation, d'une territorialisation.

L'une des interrogations pertinentes, et récurrentes, dans l'analyse du processus de modernisation est d'évaluer quel est l'impact respectif ou mutuel entre la construction nationale et la construction territoriale, entre le contenu et le contenant. La nation se construit généralement au centre d'un « pays », mais pas forcément, ni systématiquement. Elle se confronte et se conforte aux marges, à la périphérie. En tous les cas, elle se heurte fatalement — dans le principe de l'État-nation moderne — à la question des frontières.

Le tracé de frontières strictes, rigides et linéaires — des dyades selon le vocabulaire proposé par Michel Foucher[24] — confère au cours du processus à la fois colonial et national une légitimité aux formes qui en résultent, et qui sont projetées sur les cartes. Cette « opération technologique de la territorialité créant une nationalisation spatiale (*nationhood spatially*) », qualifiée de *geo-body* par Thongchai Winichakul, finit par fonctionner de façon relativement autonome[25]. Elle imprègne la métagéographie des dirigeants comme des peuples. Elle se transforme en icône — la botte italienne, l'hexagone français, la libellule japonaise. Le *geo-body* devient la forme et l'objet à défendre, comme symbole de l'inviolabilité du territoire national.

Le Japon offre à cet égard une configuration originale, du moins *a priori*, pour trois raisons. Premièrement, sa modernisation semble couplée à un processus plus temporel que spatial, conformément à une sociodicée qu'il faut questionner. Deuxièmement, sa territorialisation semble l'aboutissement d'un processus géohistorique partant d'un ou deux centres (le Kinai plus Edo) jusqu'aux périphéries surinsulaires. Troisièmement, son espace, insulaire et archipélagique, semble constituer une enveloppe tellement évidente, tellement naturelle, tellement permanente, pour ne pas dire éternelle, qu'elle apparaît comme anhistorique. La confusion des frontières, qui est caractéristique de la modernité européenne depuis, grosso modo, la Révolution française, le droit des peuples à disposer d'eux-mêmes et le projet économique de la bourgeoisie visant un marché unitaire, paraît ainsi, au Japon, en place depuis plus longtemps : depuis l'instauration du shôgunat Tokugawa au moins, et dans un contexte géographique *a priori* plus contraignant.

Le déterminisme géographique imprègne ainsi facilement tout discours sur le Japon, venant ou non des Japonais. On le retrouve dans la réponse que fait au cours des années 1990 Okazaki Hisahiko, ambassadeur japonais, à la question d'un journaliste états-unien lui demandant si la politique étrangère du Japon repose sur des choix précis : « Les histoires de nos deux pays sont différentes. Votre pays est construit sur des principes. Le Japon est construit sur un archipel »[26]. En deux phrases, un expert influent de la pensée stratégique japonaise résume parfaitement la sociodicée qui règne sur la façon de traiter la géographie et l'histoire du Japon. On pourrait citer des dizaines d'exemples du même genre qui distinguent un donné géographique supposé statique — l'insularité — d'une histoire vue comme évolutive, dynamique, « en construction » sur ce donné.

L'histoire récente du Japon renvoyant inéluctablement à la question de la modernisation, un lien devrait alors s'établir logiquement entre géographie insulaire et processus de modernisation. Mais ce n'est pas le cas. Si l'on discute de la modernisation japonaise, l'insularité n'est pas remise en cause car elle est *a priori* évidente, inchangée et éternelle. En outre, si la modernisation spatiale du Japon est bien entendu traitée, elle l'est surtout sous ses formes économiques ou architecturales concrètes (industrialisation, urbanisation), guère sous ses formes territoriales, ni en rapport avec une construction nationale et identitaire[27]. Un auteur aussi sagace que Karatani Kôjin se réfère certes à l'espace quand il retrace la modernisation du Japon depuis Meiji mais, conformément à sa formation littéraire, il se cantonne ainsi à « l'espace discursif », préférant en réalité une approche temporelle, même diachronique, à une approche véritablement territoriale, même allégorique ou symbolique[28].

Dans un livre influent, et à maints égards stimulant, pourtant consacré au temps et à l'espace dans la culture japonaise, Katô Shû.ichi n'évoque qu'à peine les îles, ne parle pas d'insularité et encore moins d'îléité[29]. L'espace géographique insulaire et archipélagique du Japon lui semble tellement évident, aller de soi, qu'il ne l'expose pas et qu'il développe ses réflexions spatio-temporelles à un autre niveau, interne (montagnes, campagnes, villes, quartiers, maisons).

Le sociologue Yoshino Kosaku a récemment intégré une dimension spatiale dans son approche du « nationalisme japonais »[30]. Selon lui, il existe une double dimension dans la conception de l'ethnicité japonaise : « primordiale », où la communauté ethnique est pensée comme reposant sur la parenté et la culture, et « limitrophe » (*boundary* dans la version anglaise), où le voisinage et la proximité des groupes sociaux l'emportent dans le partage d'une culture commune. Mais, là encore, cette spatialisation, certes conforme à une démarche sociologique, concerne davantage l'intérieur du Japon que son enveloppe territoriale, sa périphérie ou ses frontières.

Or, et en réalité, les frontières du Japon ne cessent de bouger dans le temps long comme dans l'espace profond. Elles évoluent singulièrement au cours de la modernisation, en particulier avec l'expansionnisme et le colonialisme nippons. Simultanément, le contenu « Japon » change avec le contenant « Japon ». Un discours géographique, un *geographical narrative*, cherche à expliquer ce processus et à le légitimer dans une optique géopolitique. Le caractère insulaire, archipélagique et surinsulaire du Japon est ainsi articulé à une « îléité » — ou perception socioculturelle et géopolitique de cette insularité — résumée par l'expression de *shimaguni* (« pays insulaire »).

La modernisation territoriale organisée par le régime meijien se veut une adaptation au modèle territorial de l'Occident. C'est parce que celui-ci est en passe de dominer le monde, et le Japon, que les nouveaux dirigeants japonais tentent de se doter des mêmes armes pour éviter de se faire coloniser et d'être dominés, contrairement à la Chine par exemple. De ce point de vue, une continuité politique et géopolitique forte existe depuis le XVIIe siècle jusqu'à Meiji et nos jours, et même depuis Toyotomi Hideyoshi à la fin du XVIe siècle. L'idée moderne d'indépendance nationale, quoique non formulée en ces termes, est fondamentalement liée au régime des Tokugawa qui confirme là encore son caractère de protomodernisation. Ce trait, on le sait, place différemment le Japon dans la course du monde par rapport à d'autres pays non occidentaux. Mais le protomodernisme des Tokugawa s'arrête au fait qu'il est lié à une conception et une organisation géopolitiques relevant du monde sinisé et qui le distinguent du système westphalien organisant l'Europe puis, grosso modo, le monde depuis le milieu du XVIIe siècle.

Jusqu'à la Renaissance, les rapports entre sociétés occidentales reposent largement sur le commerce, la piraterie et la guerre au sein de la chrétienté. Mais les sanglants conflits religieux internes du XVIe siècle bousculent l'édifice. L'ennemi n'est plus à l'extérieur, en Islam ou en Orient. Il est à l'intérieur, il menace le pouvoir lui-même. Les guerres de religion, auxquelles s'ajoutent les conquêtes outre-mer, transforment radicalement les rapports entre États. Au-delà des convoitises économiques ou territoriales qui caractérisaient les conflits médiévaux, elles déchaînent une sauvagerie au nom du Bien, par la conviction de posséder la Vertu et la Vérité. En outre, la monarchie aragono-castillane instaure à la fin du XVe siècle des principes qui contiennent en eux les virulences européennes comme on l'a évoqué : droit et pureté du sang (*limpieza de sangre*), expulsion des Juifs, expulsion des Maures, Inquisition, référence politiquement intégrée au christianisme (*Rois très catholiques*), aventure outre-mer menant à la colonisation barbare, normalisation culturelle (la *Grammaire* de Nebrija).

Le traité de Tordesillas signé en 1494 entre la Couronne du Portugal et la Couronne de Castille-Aragon (future Espagne) introduit la dimension nouvelle d'un partage du monde en aires d'influence, sur une base « scientifique », géographique et astronomique, que pointe d'ailleurs du doigt l'apostat et ancien dignitaire jésuite Cristóvão Ferreira dans son traité antichrétien *La Supercherie dévoilée* (*Kengiroku*, 1636 ; cf. *supra*), comme preuve d'une « conquête » et d'un « démembrement » du Japon par l'Europe chrétienne.

La pensée libérale se construit alors en Europe septentrionale pour protéger la société de sa folie idéologique exacerbée par les guerres de religion. Elle fait preuve d'un pessimisme profond quant à l'aptitude des êtres à édifier un homme décent, et érige les désirs particuliers au-delà de la morale[31]. Elle veut un soubassement dépassionné, rationnel. La prime est donnée à l'« intérêt », fondement du capitalisme. Tandis que s'élabore une philosophie pessimiste symbolisée par le *Léviathan* de Thomas Hobbes (1651), un droit international survient pour empêcher l'hémorragie et pour réguler les relations interétatiques. Il est formalisé par le traité de Westphalie qui instaure un ordre international (1648), et qui entérine des principes politiques et territoriaux fondamentaux : un système d'États indépendants ; la souveraineté assignée à un territoire borné et délimité ; la soumission des domaines civils et religieux à cette logique territoriale. Il établit donc les prémisses des « frontières nationales » contemporaines.

Depuis cette date, les relations entre les pays occidentaux sont régies par le modèle « guerre et paix ». Le Néerlandais Hugo Grotius en est le principal théoricien avec *Le Droit de la guerre et de la paix* (1625). Il conceptualise l'idée de « guerre juste ». Il prône également le « droit naturel » (qui articulera la théorie ultérieure des prétendues « frontières naturelles »). Thomas Hobbes consacre la légitimité du pouvoir politique et de sa force, sinon de son despotisme, sur un registre national. Selon lui, « le souverain ne doit être soumis à aucun pouvoir commun ». Hugo Grotius affirme aussi le principe des « mers libres » (1604), ouvertes à tous, contre l'Anglais John Selden qui prône, mais en vain, le principe des « mers fermées » (1635). Plus tard, au début du XVIIIe siècle, un autre Néerlandais, Van Bynkershoek, établit le principe des mers territoriales, portées par la suite à douze milles nautiques (que le Japon n'adoptera qu'en 1977). Le système westphalien de frontières linéaires strictes et confondantes, qui superposent limites monétaires, douanières, militaires, administratives et politiques, triomphe en Europe avec la montée en puissance de la bourgeoisie : Révolution française puis Empire napoléonien et redécoupage des États lors du congrès de Vienne (1815).

En revanche, les relations internationales du monde sinisé, qui reposent sur la distinction entre civilisés et barbares, fonctionnent sur le tribut payé. Selon l'ordre sinisé et japonisé, la souveraineté politique repose davantage sur la sujétion des personnes que sur l'appropriation strictement définie des espaces. Bien que l'insularité archipélagique en donne l'apparence, avec ses multiples îles plus ou moins tampons, habitées régulièrement ou non, et ses vastes espaces maritimes, le territoire sinisé du Japon des Tokugawa n'est pas westphalien.

En outre, comme le souligne David Howell, le statut (*mibun*) constitue le premier espace identitaire du Japon à cette époque[32]. Il ne se confond pas totalement avec un territoire, et ses limites ne sont pas les mêmes, comme en témoigne le traitement des hors-castes, des Ainu ou des Ama, les communautés itinérantes de plongeurs et plongeuses qui ramassent algues et coquillages. Les frontières de l'État japonais prémoderne sont d'abord tracées par les limites de la hiérarchie sociale, puis par la diplomatie. Les formes actuelles de la discrimination sociale japonaise héritent d'ailleurs de ces conceptions.

Sous les Tokugawa, il peut donc exister, au contact des pays voisins, des espaces intermédiaires à l'appartenance politique plus ou moins définie, ou dotés d'une certaine autonomie politique qui passe par des fiefs, c'est-à-dire des clans, des personnes. Il s'agit généralement d'îles, plus faciles à isoler par définition, comme Tsushima avec le clan des Sô, le sud de Ezo avec le clan des Matsumae ou encore l'archipel des Ryûkyû dont on a vu qu'il faisait double allégeance avec la Chine et le Japon.

LA CHASSE À LA BALEINE ET LA RÉOUVERTURE DU JAPON

La nouvelle territorialisation qui résulte de la réouverture forcée du Japon par les États-Unis en 1853 a pour déclencheur un facteur souvent négligé : la chasse à la baleine[33]. Cet aspect mérite qu'on s'y arrête car, outre son importance historique, il permet aussi de comprendre les tensions qui existent de nos jours à ce sujet, tensions qui relèvent aussi de la géopolitique.

L'utilisation de la baleine, comme comestible (viande) ou comme matériau (huile, graisse, fanons...), est avérée dans l'archipel japonais depuis la haute Antiquité. On en trouve des vestiges dans les buttes coquillières. La chasse à la baleine, en tant qu'activité systématique, organisée et diffuse, ne remonte cependant qu'à la fin du XVIe siècle. Elle prend son essor au cours du shôgunat Tokugawa, notamment à partir de la fin du XVIIe siècle. Les facteurs de ce développement sont connus : croissance démographique japonaise entraînant un plus grand besoin de nourriture, stabilisation sociopolitique du pays sous la *Pax Tokugawa* permettant une pérennisation des activités ainsi que le développement d'un marché économique, innovations technologiques diverses favorisant une plus grande efficience de la pêche.

Constituant une économie rationalisée, encore artisanale mais changeant progressivement d'échelle, reposant sur la ponction de plus en plus forte d'une ressource naturelle, la chasse baleinière participe de la modernisation japonaise. Sa caractéristique, qui la distingue d'autres secteurs économiques, est sa très forte localisation sociospatiale. Elle se concentre en effet dans quelques villages, îles ou bourgs qui se spécialisent. De ce point de vue, elle se rapproche d'ailleurs fortement d'une activité industrielle basée sur l'extraction minière. Son ancrage territorial n'exclut pas une incroyable mobilité — zones de chasse, main-d'œuvre, techniciens qualifiés —, et cela dès la fin du XVIIe siècle. C'est un trait que l'on retrouvera avec le salariat du capitalisme industriel[34].

Le déclencheur de son essor à l'issue du long XVIe siècle, en revanche, est moins bien identifié. Les premières places baleinières japonaises se situent à Taiji au sud de la péninsule de Kii, à la pointe de la péninsule de Bôsô dans la région d'Edo (Tôkyô), ou sur le littoral et les îles (Gotô, Ikitsukijima, Iki...) au nord-ouest de Kyûshû, le long du détroit de Tsushima. Cela s'explique largement par la proximité des migrations baleinières. On fait généralement remonter la principale innovation sociotechnologique à Taiji, que revendiquent fièrement ses villageois, avec la constitution d'une « corporation » (*kumi*) de baleiniers sous la houlette de Wada Chûbei en 1606 et, surtout, avec la nouvelle technique prônée en 1675 par son petit-fils Wada Kakuemon. Dite *amitori-hô*, ou « tirer au filet », elle consiste à empêtrer le cétacé dans un système de filets et à tirer l'ensemble jusqu'au rivage. Moins dangereuse que l'attaque directe au harpon, elle doit mobiliser de nombreuses personnes, jusqu'à trois cents, et plusieurs embarcations. Elle est beaucoup plus efficace, et profitable.

L'activité baleinière se développe également de

façon un peu plus précoce dans la baie d'Ise, dès la fin du XVe siècle et tout au long du XVIe siècle[35]. On la trouve également au large nord-occidental de Kyûshû, notamment sur l'île d'Iki dès le début du XVIe siècle. Il est possible que, dans cette région de Kyûshû, les Néerlandais implantés en Hirado depuis 1609 aient exercé une influence dans ce domaine. Un *kumi* de baleiniers se monte à Arikawa (archipel des Gotô, au large de Hirado) en 1616, un autre à Hirado et à Takushima en 1624, d'autres encore dans la région.

Pour le spécialiste japonais Yamashita Shôto, « on peut dire que le démarrage de la chasse à la baleine dans les mers de l'Ouest de Kyûshû a reçu l'influence des baleiniers d'autres pays. Les marchands locaux ont pu augmenter leurs capitaux grâce au commerce effectué avec les étrangers, ils ont employé de la main d'œuvre ayant appris les techniques baleinières et il y a de nombreux exemples où des *kumi* baleiniers se sont constitués juste pour la saison des cétacés, pas seulement dans les îles ou les villages de pêcheurs habituels. Il est très significatif que leur style de chasse, bien que de taille réduite, ressemble à celui des baleiniers hollandais ou anglais de l'hémisphère septentrional »[36].

On peut aussi s'interroger sur la présence des Basques, autres spécialistes européens de la chasse baleinière. Mais elle est plus difficile à repérer car confondue avec la présence espagnole qui remonte spécifiquement à 1593, et qui s'amplifie à partir de 1602. Les missionnaires jésuites et les voyageurs, surtout portugais mais aussi « italiens », ont parfaitement pu évoquer la pratique européenne de la chasse à la baleine auprès de leurs interlocuteurs japonais, lesquels ont profité dans plusieurs domaines des multiples connaissances technologiques européennes, notamment le textile, la métallurgie ou la construction navale qui ont un rapport direct avec la chasse baleinière. N'ayant pas les mêmes tabous que les bouddhistes sur l'abattage des animaux et sur la consommation de viande, certaines communautés de chrétiens cachés, qui subsistent dans les îles Gotô, Hirado et Ikitsuki ou bien qui y sont envoyés comme défricheurs à la fin du XVIIIe siècle, s'orientent vers la chasse à la baleine, comme à Ikitsukijima à partir de 1725.

Bref, à partir du XVIIe siècle, dans le cadre de la spécialisation des activités sociales et économiques étroitement régies par le système Tokugawa, quelques grands centres baleiniers s'installent le plus près possible des lieux de chasse et des lieux urbains de consommation (Edo, Nagoya, Ôsaka, Hakata). La consommation de viande baleinière gagne les couches populaires, et la chasse fait vivre des villages entiers ainsi que leurs alentours. Dans son *Histoire du Japon* (1727-28), Engelbert Kaempfer évoque la chasse baleinière japonaise, en vantant les mérites médicinaux de l'ambre qui est parfois commercialisé dans le comptoir de Dejima[37]. Il signale que tout est utilisé dans la baleine, que « rien n'est jeté, sauf l'os fessier ».

Tout au long du XVIIIe siècle et de la première moitié du XIXe siècle, la chasse à la baleine fonctionne donc sans prédation excessive dans les mers japonaises. Mais les choses changent. La chasse à la baleine états-unienne bénéficie en effet de nouveaux moyens technologiques plus performants qui culminent avec le lancer de grenade à la fin des années 1840. Elle prend son essor sur la côte nord-est du pays, avec les ports de Nantucket et de New Bedford pour fiefs, leurs navires de 300 à 400 tonnes et leurs équipages de trente à quarante personnes. L'activité rapporte beaucoup d'argent. Mais, assez rapidement, les eaux de l'Atlantique Nord sont pillées, d'autant qu'elles sont également fréquentées par les concurrents norvégiens ou britanniques. Au cours des années 1820, les stocks de cétacés s'y raréfient.

Les baleiniers états-uniens se tournent alors vers les eaux du Pacifique septentrional. Ils gagnent Hawaii (1819), l'Alaska (1835), le Kamtchatka (1843), se rapprochant ainsi du Japon. Dès 1823, l'archipel Ogasawara est fréquenté par les baleiniers américains. Cet archipel situé à plus de mille kilomètres au sud de Tôkyô occupe d'ailleurs une place particulière dans cette progression[38]. Officiellement intégré en 1675 dans le territoire japonais à la suite d'une expédition commanditée par le shôgunat, et connu sous le nom de Bunin (« Sans personne », ou « Inhabité », plus tard déformé en Bonin), il est inhabité, et laissé de côté par les autorités japonaises comme une sorte d'espace tampon vers le sud. Mais les navires occidentaux se rapprochant régulièrement de l'archipel japonais au début du XIXe siècle, il finit par être redécouvert. Des Américains provenant de Honolulu s'y installent subrepticement en 1830. Il s'agit notamment de chasseurs de baleines. Le shôgunat, apprenant l'existence d'une population parlant anglais sur ces îles, finit par s'y intéresser. Il lève l'interdit sur la question de l'ouverture du pays et la géopolitique maritime, qui a réprimé les lettrés ayant passé outre. Hayashi Shihei (1738-1793), auteur d'un traité sur la « Défense des pays maritimes » (1786), avait ainsi prôné la colonisation d'Ogasawara et insisté sur le fait que « le peuple de notre pays, quels que soient le statut ou les activités, doit connaître la géographie de ces trois pays [voisins : Corée, Ryûkyû, Ezo] »[39].

En 1846, trois cents navires baleiniers américains fréquentent ainsi les eaux de l'archipel japonais, qui sont particulièrement prolifiques en cétacés, sans compter les autres nationalités, les Français notamment[40]. Dès 1828, l'industrie baleinière états-unienne, représentée par un avocat de l'Ohio, Jeremiah Reynolds, fait du lobbying auprès du Congrès et du gouvernement américains afin que les eaux du Pacifique soient « protégées pour la pêche et la chasse à la baleine » par des navires de guerre[41]. Reynolds trouve une oreille très attentive auprès d'Aaron Haight Palmer, conseiller du Secrétaire d'État, et jusqu'au-près de la présidence.

Les communautés baleinières japonaises contribuent également à modifier la donne. En effet, après le naufrage successif de deux baleiniers japonais, leur équipage est sauvé et récupéré par des navires étrangers, occidentaux. Comme toute sortie du Japon, même accidentelle, et tout retour, même rempli de bonne volonté, sont passibles de la peine de mort conformément à la loi shôgunale, ces rescapés japonais restent à l'étranger. Puis la règle s'assouplit. Un dénommé Jirokichi, récupéré en 1838 par le baleinier *James Loper* provenant de Nantucket, revient au Japon en 1843.

Au cours de la même période, en janvier 1841, un bateau japonais de cinq pêcheurs fait naufrage au sud de Shikoku. Un baleinier états-unien, le *John Howland*, récupère les naufragés et l'un d'entre eux, Nakahama John Manjirô (1827-1898), alors âgé de quatorze ans, suit son capitaine, William Whitfield, jusqu'aux États-Unis. Il y étudie la pêche et la chasse à la baleine, à New Bedford et Fairhaven. Après avoir passé deux ans en mer sur le *John Howland*, il revient au Japon en 1851 avec deux autres compagnons. Ils sont aussitôt arrêtés. Nakahama John Manjirô est interrogé pendant soixante-dix jours, en particulier sur les techniques baleinières américaines dont il parle dans son livre rédigé avec l'aide d'un *rangakusha*, Kawada Shoryô[42]. Il donne en outre aux autorités japonaises une opinion favorable des Américains. Libéré, il enseigne son savoir à l'école de son fief d'origine, Tosa. Parmi ses élèves se trouvent Iwasaki Yatarô (1835-1885), le fondateur de Mitsubishi, qui insiste déjà beaucoup sur l'expansion outremer, Sakamoto Ryôma (1836-1867) et Gogo Shojirô, deux leaders de la Restauration Meiji.

Les baleiniers japonais commencent alors leur modernisation, et augmentent le nombre de leurs captures. Mais, comme dans la même période leurs homologues états-uniens fréquentent toujours davantage les eaux japonaises, une concurrence s'instaure. Les conséquences qui en résultent ne tardent pas à se manifester. Les prises enregistrées par le *kumi* de Katsumoto-Meme sur l'île d'Iki chutent par exemple de 138 cétacés en 1845 à seulement 14 en 1856[43]. Les tensions augmentent.

En 1837 survient « l'affaire du *Morrison* » (*Morrison-gô jiken*). Ce navire états-unien tente d'entrer au Japon, sous le prétexte ostensible d'y ramener sept marins japonais naufragés. Mais des missionnaires et des marchands les accompagnent également. Le navire arrive à Uraga, d'où il est refoulé par des tirs. Il retente sa chance à Kagoshima, sans plus de succès. Bien que les autorités shôgunales ne soient jamais entrées en contact directement avec le *Morrison*, elles en gardent l'impression d'une véritable menace. En avril 1845, un autre baleinier états-unien, le *Manhattan*, récupère des naufragés japonais et fait route jusqu'à Edo. Il débarque les naufragés, mais l'équipage américain est contraint de rester à bord.

Puis arrive, le 31 janvier 1849, l'incident du *Lagoda*. Ce baleinier états-unien provenant de New Bedford s'échoue sur les plages japonaises. Ses hommes sont capturés et enfermés pendant plusieurs mois dans des conditions cruelles. Quand l'un des prisonniers se pend, les autorités japonaises laissent le corps dans la cage pendant deux jours. Cette affaire finit par être connue aux États-Unis, où elle suscite la colère. Le président américain Fillmore insiste pour envoyer une expédition navale au Japon. Le Secrétaire d'État Daniel Webster, qui prend conseil auprès du consulat américain en Chine, plaide pour que les envoyés américains ne se focalisent pas sur cet incident lors de la prise de contact avec les Japonais. Mais le commodore Matthew Calbraith Perry (1794-1858) est d'un avis contraire car il considère cet acte comme celui d'un « peuple lâche et semi-barbare »[44]. Webster tombant malade, c'est lui qui récupère la main et se voit attribuer la conduite des opérations sur le plan tant diplomatique que militaire.

L'expédition au Japon de Perry en 1853 vise explicitement la protection des marins en détresse (point 1 de la lettre de mission), puis la possibilité de se ravitailler dans les ports japonais (point 2) et enfin l'ouverture au commerce de ceux-ci (point 3). Lors des négociations entre Perry et les autorités shôgunales, on retrouve Nakahama Manjirô, engagé comme interprète... Ces négociations se déroulent sous la menace des coups de canon américains, et les revendications américaines relèvent plutôt de l'exigence.

On sait le tournant historique que représente l'expédition de Perry au Japon puisqu'elle débouche sur une série de traités inégaux et, *in fine*, sur un changement de régime avec la Restauration Meiji une quinzaine d'années plus tard (1868). Que la chasse à la baleine, qui se place dans le contexte d'une compétition internationale farouche, soit alors un prétexte pour une politique plus globale d'« ouverture », cela ne fait guère de doute, mais elle n'en a pas moins été un levier crucial. Il est même probable que son rôle conjoncturel et pressant a permis aux États-Unis de devancer les autres puissances occidentales désireuses de rouvrir le Japon (Russie, Royaume-Uni, France, par ordre d'insistance).

Nakahama Manjirô participe ensuite à l'expédition shôgunale de 1862 dans l'archipel Ogasawara qui permet de reconnaître ces îles comme territoire japonais. Y succède une première colonisation japonaise réussie en 1876. La soixantaine d'habitants d'origine blanche de ces îles se retrouvent donc citoyens japonais. Leur intégration remet d'ailleurs en cause la conception nationalitaire japonaise selon laquelle est japonais celui ou celle qui est d'ethnie japonaise.

NOUVEL ORDRE MONDIAL, NOUVELLES FRONTIÈRES AU XIXe SIÈCLE

L'arrivée des canonnières occidentales (1853) et la signature de traités inégaux (1858) ouvrent une période de troubles. Le sort fait à la Chine lors des guerres de l'opium (1842-1847), conclues par le premier des traités inégaux, celui de Nankin (1842) qui cède Hong Kong au Royaume-Uni et ouvre cinq ports chinois, inquiète l'élite japonaise. Venu au Japon en 1858 négocier une extension de l'ouverture commerciale, le consul états-unien Townsend Harris ne se fait pas faute de brandir l'arme de l'opium et l'exemple de l'assujettissement chinois auprès de ses interlocuteurs shôgunaux[45]. Désormais, les dirigeants japonais et la majeure partie de l'intelligentsia japonaise ne sont, une nouvelle fois, préoccupés que par une seule chose : comment faire pour éviter que le Japon ne soit conquis par l'Occident ?

La réponse s'impose : adopter ce qui fait la force de celui-ci sans perdre son âme. D'où les deux slogans initiaux de Meiji bien connus : « Pays riche, armée forte » (*fukoku kyôhei*), et « esprit japonais, technique occidentale » (*wakon yôsai*). Un autre précepte célèbre, le virulent « révérons l'empereur, chassons les barbares » (*sonnô jôi*) constitue le fil conducteur de l'opposition au shôgunat, les barbares étant les Occidentaux. Il est repris par le nouveau régime meijien, mais en renversant la dichotomie traditionnelle. C'est désormais la Chine et les autres pays voisins, comme la Corée, qui deviennent « barbares ». Et c'est le Japon qui devient « civilisé », comme l'Occident.

Car en une quarantaine d'années, la Chine, la puissante Chine, le fondement de la civilisation en Asie orientale, se décompose. Après le traité de Nankin se succèdent d'autres traités qui ouvrent de nouveaux ports, cèdent de nouveaux territoires, accordent une plus grande influence aux pays occidentaux : Royaume-Uni, France, Russie, États-Unis, Allemagne… Avec le traité d'Aihun, la Russie s'avance désormais jusqu'à la mer du Japon, et Vladivostok la bien nommée, le « Maître de l'Orient », est fondée en 1860. En écrasant la révolte des Taiping (1864), la coalition anglo-française renforce la dynastie Qing au profit de l'impératrice Zixi (*1861-1908*), adversaire des réformes et de la modernisation.

Le « pays riche » au Japon, c'est le capitalisme industriel et le commerce international, grâce à la force armée. « L'armée forte », ce n'est pas seulement l'abolition de la caste guerrière avec la création d'une armée moderne de conscrits (1872), c'est aussi le bellicisme. Les conséquences territoriales de cette affirmation sont doubles. D'une part, il faut cerner, délimiter, tracer et défendre le territoire national et ses frontières. Si le nouveau soldat, le conscrit, assure le lien horizontal avec le citoyen (*kokumin*), c'est bien la défense du territoire, du pays (*kuni*), qui devient essentielle dans la construction de l'État-nation moderne au Japon. D'autre part, il faut se doter de colonies. Ce second constat ressort systématiquement chez les experts et dirigeants japonais qui examinent les facteurs occidentaux de puissance. Autrement dit, tant pour le Japon que pour ses colonies, de nouvelles frontières doivent être créées en Asie orientale. Elles vont l'être.

Toute une rhétorique se met en place au Japon pour démontrer et justifier la colonisation, pas seulement en fonction d'une imitation strictement occidentale mais aussi au regard d'une propre « tradition » nationale. Sont ainsi exhumées les figures des anciens lettrés qui ont esquissé des théories géopolitiques expansionnistes, et tenté, généralement en vain, d'alerter le shôgunat sur la nécessité d'affronter l'extérieur. La figure de Honda Toshiaki (1744-1821) est célébrée. Ce lettré moderniste, rédacteur des *Mesures secrètes pour réformer le monde* (*Keisei hisaku*, 1798), réclamait un État interventionniste dans tous les domaines. Dans les *Contes d'Occident* (*Seiiki monogatari*, 1798), il fait l'apologie de la colonisation à l'instar de l'Occident[46].

On peut alors mettre en parallèle géographique les étapes chronologiques de l'histoire japonaise contemporaine. À chaque moment important, le processus de modernisation correspond en effet à une territorialisation étatique du pays, comme le confirment les deux dates charnières les plus emblématiques : 1868 et 1945. Le traité de San Francisco (1951-52) qui clôt juridiquement la défaite de 1945 consacre un retour au territoire d'avant le traité de Shimonoseki de 1895, c'est-à-dire, en gros, au territoire de 1868, au début de la Restauration Meiji. Mais, de la même façon que l'historiographie remet en cause depuis quelques années le caractère réducteur de ces deux grandes dates qui minimise ou néglige les éléments de continuité entre avant et après — ainsi le caractère encore féodal du régime meijien, ainsi la poursuite d'un capitalisme d'État créé dans les années 1940 au sein de la démocratisation d'après 1945 —, les deux enveloppes territoriales de 1868 et de 1945 résultent d'un processus étalé sur plusieurs années. Elles sont caractérisées par des déchirures, des coins cornés, des plis. Leur logique remonte même jusqu'aux prolégomènes de la modernisation, jusqu'à l'instauration du shôgunat des Tokugawa au début du XVIIe siècle.

La pression impérialiste occidentale du XIXe siècle passe par le « partage colonial ». Ce principe qui anime les concurrents occidentaux se traduit formellement par une délimitation des territoires, autrement dit par un tracé strict des frontières. Il va à l'encontre de la conception territoriale traditionnelle du monde sinisé (Chine, Japon, Ryûkyû) que l'on a vue surtout reposer, selon le modèle féodal, sur une allégeance des personnes à l'autorité politique — locale ou centrale — (le *regnum*), et moins sur un contrôle strict de l'espace (le *dominium*).

L'État moderne meijien comprend l'importance de s'aligner au plus vite sur le modèle territorial des Occidentaux, notamment dans le domaine juridique du droit international. Sur ce plan, il prend de court l'Empire chinois. Sa victoire militaire de 1895 contre la Chine donne, avec le traité de Shimonoseki qui en résulte, un avantage territorial au Japon qui le conserve jusqu'au traité de San Francisco, et au-delà (restitution d'Okinawa et des Senkaku par les États-Unis en 1972).

La territorialisation moderne du Japon finit par se confondre avec le colonialisme japonais. C'est l'une des grandes difficultés, pour l'histoire mais aussi pour la géographie, que d'appréhender ce processus que des critères purement juridiques ne peuvent édulcorer, même s'ils veulent faire foi sur le plan international. Ceux-ci n'y arrivent d'ailleurs guère dans le cas du Japon et ses litiges frontaliers surinsulaires. Car le colonialisme japonais est très difficile à définir, comme l'ont souligné Pierre-François Souyri et d'autres auteurs[47].

Le processus d'expansion territoriale du Japon est en effet historiquement si continu et si logique qu'il en paraît naturel. Il suit un schéma centre-périphérie géographiquement presque parfait, de l'intérieur vers l'extérieur, du centre de l'archipel japonais vers son pourtour. Il n'épouse que partiellement la délimitation physique des espaces insulaires et archipélagiques, ce qui relativise le principe dit des frontières naturelles. Au Japon comme ailleurs, la frontière est bien un produit de l'histoire, même si elle s'appuie sur un dispositif géophysique, la mer et ses détroits en l'occurrence. Mais ce dispositif n'est qu'un facteur parmi d'autres.

Les frontières politiques, économiques, culturelles et mentales du Japon s'élaborent et s'articulent lentement au cours des siècles, autour du bloc insulaire central, et plus précisément à partir de quelques régions centrales internes à Honshû. Elles combinent des certitudes surinsulaires proches (Sado, Izu, Iki, Amakusa), des variations (Tsushima, Ryûkyû) et des incertitudes (Ezo/Hokkaidô). Cet ensemble correspond au *Naichi*, la « Terre intérieure », moins Ezo, tandis que Hokkaidô y entre peu à peu dans les mentalités. Il s'oppose au *Gaichi,* les « Terres extérieures », au statut spatial flou mais en gros assimilable aux anciennes colonies japonaises. La *finis* du Nord reste pendant longtemps la plus floue tandis que Tsushima et les Ryûkyû font office de transitions surinsulaires entre Hondo (ou bien le Naichi) et le continent eurasiatique (Chine, Corée, Europe)[48].

Le cœur initial du Japon étatique se situe au centre-ouest de l'archipel, autour de la mer Intérieure et du Kinai (région de Kyôto-Ôsaka-Nara). L'occupation de l'espace s'étend vers le sud (Kyûshû méridional) et le centre-est (Kantô) aux VIe-VIIIe siècles, puis en direction du nord-est. Celui-ci est conquis au début du IXe siècle, pacifié aux XIe-XIIe siècles, grosso modo, mais il n'est pas intégré économiquement avant le XVIIe siècle. Les Japonais abordent l'île d'« Ezo » (la « Barbare ») au XVe siècle. Ils en occupent l'extrémité méridionale sous le shôgunat Tokugawa avec le fief Matsumae. Quant au tiers septentrional des Ryûkyû, il est occupé par le fief de Satsuma (actuel département de Kagoshima) au début du XVIIe siècle, comme on l'a également vu.

La focalisation sur la Restauration meijienne ne doit pas faire oublier que le régime antérieur du shôgunat engage lui-même un processus de modernisation territoriale et frontalière du côté septentrional. La situation géopolitique au nord de l'archipel japonais est alors assez confuse. Nous l'avons déjà remarqué à propos des expéditions, tardives, de Lapérouse ou de Mogami qui en clarifient enfin la géographie. La présence humaine y est à la fois heurtée et pointilliste. Pointilliste, car les espaces sont faiblement peuplés, et l'arrivée de Japonais ou de Russes, de pêcheurs ou de chasseurs de fourrures, ne s'effectue qu'en quelques endroits. Heurtée, car les premiers occupants, les Ainu, sont soumis à une colonisation de plus en plus brutale. La confrontation oppose également les Russes et les responsables shôgunaux hostiles à tout contact. Les incidents se multiplient donc entre le Japon et la Russie (affaires Laxman en 1791-1793, Rezanov et Kruzenstern en 1804-1806, Golovnin en 1811).

Le 4 septembre 1821, un édit du tsar Alexandre revendique l'appartenance russe des îles Kouriles, qu'il définit comme allant du détroit de Béring à l'île d'Uruppu, au nord des 45° 30' de latitude nord[49]. L'expédition de Perry (1853) pousse ensuite le shôgunat à négocier avec son insistant voisin russe. Après deux ans de préparatifs, un *Traité de commerce, de navigation et de délimitation entre la Russie et le Japon*, traité dit de Shimoda, est signé le 7 février 1855. Il fait passer la frontière russo-japonaise entre les îles Uruppu (Russie) et Etorofu (Japon). L'île de Sakhaline est laissée indivise. Son sort, de concert avec celui des Kouriles, sera réglé par des traités ultérieurs, au cours d'une géohistoire longue et complexe (traités de Saint-Pétersbourg en 1875 et de Portsmouth en 1905, notamment), sur laquelle on ne reviendra pas[50].

Du côté méridional, le département d'Okinawa est créé en 1879, huit ans après la transformation des fiefs en départements japonais (1871). Cette saisie résulte d'un coup de force contre la monarchie ryûkyûane, qui est abolie par le Japon, et contre l'Empire chinois des Qing, qui en conteste immédiatement la légitimité, attendant en vain la médiation de l'ex-président états-unien Ulysses Grant, médiation anéantie par la guerre sino-japonaise (1894-1895). Le traité sino-japonais de Shimonoseki (1895) qui signe la victoire du Japon fait également tomber Taïwan dans l'escarcelle nippone. En 1885, les deux îles inhabitées des Daitô (Kita-Daitô-jima et Minami-Daitô-jima), situées à quatre cents kilomètres au sud-est d'Okinawa Hontô, en plein océan Pacifique, ont déjà été rattachées au Japon sur ordre du ministre de l'Intérieur Yamagata Aritomo. C'est la même année que Yamagata envisage l'annexion des îles Senkaku (ch. Diaoyutai), arguant d'une « absence totale de trace d'appartenance à la Chine ». Cette annexion est finalement effectuée le 14 janvier 1895, trois mois avant la signature du traité de Shimonoseki. Ces îles font actuellement l'objet d'un litige entre la Chine et le Japon[51].

On sait toutes les ambiguïtés et toute la complexité de cette intégration d'Okinawa et des Ryûkyû dans l'ensemble japonais[52]. La question identitaire, socioculturelle, anthropologique, et la question économique ont souvent été abordées à ce sujet, moins la dimension spécifiquement territoriale qui révèle, dès les débuts de Meiji, les ambivalences de l'intégration spatiale d'Okinawa au sein du Japon. Le projet d'annexion du royaume des Ryûkyû, formulé dès le mois de mai 1872 par le ministre des Finances Inoue Kaoru (1836-1915), recueille l'approbation unanime du gouvernement. Mais il rencontre l'hostilité du Sa.in (Ministère de gauche) qui refuse l'idée que les Ryûkyû puissent devenir une partie intégrante du territoire japonais, du Naichi, et considère qu'elles doivent au contraire être laissées dans un état juridique, politique et territorial de subordination[53].

Cette opposition révèle le clivage entre les Modernes — comme Inoue — alignés sur un modèle occidental, et les Anciens — proches du trône — qui fonctionnent encore sur le modèle sinisé. De là date cette ambiguïté permanente du statut spatial d'Okinawa considéré tantôt comme *Naichi*, tantôt comme *Gaichi*, tantôt comme japonais, tantôt comme exotique. Les Modernes, dont le point de vue triomphe finalement au sein du pouvoir japonais, n'ont de cesse, face à la revendication chinoise, de considérer les habitants des Ryûkyû comme des « sujets japonais ». Pour légitimer leur position, ils étudient fiévreusement le droit international en la matière, en particulier auprès du juriste français Gustave Émile Boissonade de Fontarabie (1825-1910), qui connaît bien la position jacobine.

La prise de territoires et la création de nouvelles frontières ne sont toutefois pas les seuls éléments qui constituent spatialement le colonialisme. Le mode d'administration définit aussi un écart dans l'espace par rapport à la norme nationale. Ainsi, à partir de Meiji, Hokkaidô est d'abord géré par un « Office de la colonisation » (*Kaitakushi*), de 1869 à 1882. C'est en 1875, soit sept ans après la Restauration, que l'empereur déclare que l'île est officiellement intégrée dans le territoire national japonais. Puis elle est constituée comme un département à part (d'abord trois départements, fusionnés en un seul en 1886), un *dô*, le seul du Japon. Y participe, à partir de 1950, le secrétariat d'État à l'aménagement de Hokkaidô (*Hokkaidô kaihatsu-chô*), directement rattaché au Bureau du Premier ministre puis, actuellement, au ministère du Territoire et des Transports.

Un décret impérial de 1889 exclut du système d'administration communale, établi en 1888, un certain nombre de communes insulaires de l'archipel japonais : en Hokkaidô, Izu, Ogasawara, Oki, Tokara et Amami[54]. En Okinawa, à partir de la création du département en 1879, les administrateurs sont envoyés par l'État central, et puisés hors des Ryûkyû. La conscription militaire japonaise obligatoire, édictée en 1873, y est envisagée en 1885 mais n'y est appliquée qu'en 1898, après la guerre sino-japonaise. Un décret impérial de 1907 exclut les communes d'Okinawa du système communal ordinaire, réduisant le pouvoir local d'un certain nombre de prérogatives, jusqu'en 1940. Ce n'est qu'en 1901 pour Hokkaidô et 1909 pour Okinawa que sont réunies les premières assemblées préfectorales dans ces deux départements périphériques surinsulaires. Jusqu'en 1956, quelques petites îles sont encore traitées à part dans le système électoral, comme Aogashima (archipel Izu, Tôkyô-to). Conformément à la même logique, l'instruction obligatoire et la construction des écoles prennent du retard au sein de la périphérie surinsulaire. Îles éloignées, îles pénalisées ? Îles frontières qui oscillent entre la marginalisation et l'intégration selon les préoccupations de l'État central, et qui dessinent un contour singulièrement mouvant.

Des gains territoriaux témoignent de l'expansion japonaise après la colonisation de Taïwan : Takeshima (Tokto, le 22 février 1905), la moitié septentrionale de Sakhaline et Port-Arthur (1905), la Corée (protectorat le 17 mai 1905 puis colonie en août 1910), le Manchukuo (1932, qui n'est pas formellement une colonie), les conquêtes en Chine puis en Asie du Sud-Est, les îles de l'océan Pacifique au cours de la guerre de Quinze Ans (1931-1945).

Au-delà de cette continuité chronologique, les modalités d'expansion et d'appropriation sont-elles identiques d'un espace à l'autre ? Pour la vulgate historiographique japonaise, une coupure ne fait pas de doute : celle de 1895, caractérisée par une différence de nature entre avant et après. Pourtant, selon Pierre-François Souyri, les territoires que l'État japonais contrôle avant cette date « sont dans un rapport d'assujettissement qui relève bien d'un ordre colonial, même s'il est prémoderne. Rupture ou continuité ? Au Japon, le débat ne semble pas avoir lieu, tant l'entreprise coloniale moderne paraît marquer un changement d'échelle dans ses objectifs, ses enjeux internationaux et son ampleur »[55].

De fait, l'avant 1895 est considéré comme une réaction nationale au sein d'un processus de modernisation face à la menace de colonisation occidentale. Le traité de paix de San Francisco (1952) qui entérine cette vision lui donne l'adoubement de l'ordre international actuel. Mais cela ne résout ni la question des Ainu ou d'Okinawa, ni celle des litiges frontaliers actuels. Même la distinction entre colonies de l'intérieur et colonies de l'extérieur n'est ni simple ni satisfaisante.

Ainsi, Ukai Satoshi s'interroge-t-il sur la pertinence du concept de « colonie intérieure » appliqué à Hokkaidô et à Okinawa, entendant par là un territoire antérieurement étranger qui est devenu partie intégrante du sol national japonais. Ce concept, conclut-il, « avancé dans l'intention de marquer la différence avec les colonies "extérieures" ou colonies tout court que sont la Corée et Taïwan, paraît pourtant poser plus de problèmes qu'il n'en résout dans la mesure où ce passage de l'"extérieur" à l'"intérieur" dépend alors uniquement de la décision du colonisateur »[56].

LES NOUVEAUX TERRITOIRES IDENTITAIRES AU JAPON

La modernisation territoriale du Japon passe par une étape intermédiaire, celle des « concessions étrangères » (*gaikokujin kyoryûchi*) et du droit d'extraterritorialité. Sa période court en gros du premier des traités inégaux (1858, sinon 1854) à leur révision (1894-1899). En effet, la fameuse « ouverture du pays » (*kaikoku*) aux étrangers, dont la problématique agite tant la fin du shôgunat et les débuts de Meiji, signifie certes ouverture économique, marchande, mais aussi ouverture physique, corporelle, avec la présence des étrangers.

Les traités commerciaux dits de l'ère Ansei passés avec les différentes puissances occidentales (États-Unis, Pays-Bas, Russie, Royaume-Uni et France) prévoient le droit pour les étrangers de posséder leur propre enclave au Japon, et d'y résider sans être soumis au droit japonais. Le shôgunat pense alors reproduire ce qu'il a géré avec succès, c'est-à-dire le modèle de Dejima à Nagasaki. Il cherche à écarter les étrangers, à la fois pour les surveiller et pour les éloigner du peuple japonais. C'est pour cela, outre sa volonté de promouvoir des ports en eaux profondes, qu'il choisit des sites relativement proches mais néanmoins à l'écart des deux grandes villes de l'époque : Yokohama non loin d'Edo, et Kôbe non loin d'Ôsaka ou de Kyôto. Mais la situation n'est pas la même qu'à Dejima, et le rapport de forces a changé. Il subit en fait ce qui se passe également en Chine avec les puissances occidentales.

Les concessions étrangères sont soigneusement délimitées. La première est ouverte à Yokohama en 1859, rapidement suivie par celles de Nagasaki, Kôbe, Ôsaka et Edo. Elles sont distinctes des quartiers japonais, souvent nouveaux eux aussi dans la plupart de ces villes. Elles sont généralement situées en hauteur, au-dessus du port (Yamate-chô à Yokohama, Kyômachi à Kôbe). Leur accès est strictement réservé (l'entrée pour les Japonais, la sortie pour les étrangers). Commerce, pratique religieuse ou droit civil sont en dehors de la juridiction japonaise, les cours consulaires des pays concernés gèrent les litiges. Autrement dit, il s'agit de véritables enclaves extraterritoriales.

La révision des traités inégaux (*jôyaku kaisei*, mot à mot « révision des traités »), qui est l'une des grandes obsessions du régime meijien, met fin à ce système. En 1894, le traité Aoki-Kimberley signé entre le Royaume-Uni et le Japon ouvre la voie à la renégociation avec d'autres pays. Le processus se conclut en 1911 avec le réajustement des droits de douanes auprès des principales puissances. À l'obsession japonaise interne d'abolir les traités inégaux correspond également une visée externe dont l'enjeu se situe sur le continent, en Corée et en Mandchourie, là où l'État japonais ne tarde pas à rencontrer l'État russe. L'alliance anglo-japonaise de 1902 n'est qu'un préliminaire, finalement, de la guerre russo-japonaise qui verra, malgré la victoire japonaise (1905), un partage des sphères d'influence entre les deux empires voisins, au détriment de la Corée et de la Chine[57].

L'objectif de révision des traités fait consensus chez les Japonais sur le principe de justice et d'égalité avec les autres pays. Pour autant, il implique également d'abandonner la mise à l'écart des « étrangers » (*gaikokujin*), ce qui suscite un débat au moins aussi intense que celui du *sonnô jôi* (« Révérer l'empereur, chasser les barbares »)[58]. L'opinion publique et certains secteurs dirigeants semblent persuadés que le système existant des traités portuaires est préférable à l'acceptation par le pays de la « résidence mixte » (*naichi zakkyo*, mot à mot « cohabitation interne » dans une traduction directe en français plus appropriée). Pour les plus nationalistes, plus ou moins réalistes face au rapport de forces géopolitiques, comme le philosophe Inoue Tetsujirô (1856-1944, cf. *infra*), il s'agit de protéger le Japon et son sol de l'empreinte étrangère. Pour le courant populiste, soutenu par exemple par l'essayiste Yokoyama Gennosuke (1870-1915), qui a mené plusieurs enquêtes sur la paupérisation, la main-d'œuvre japonaise doit se protéger d'une immigration qui serait plus corvéable.

De nombreux lettrés s'opposent alors au *naichi zakkyo*, comme le géographe nationaliste Shiga Shigetaka (1863-1927) ou le philosophe Miyake Setsurei (1860-1945), fondateur de l'influent magazine *Nihonjin* (*Les Japonais*) en 1888 (rebaptisé *Nihon oyobi Nihonjin* en 1907, *Le Japon et les Japonais*). D'autres Japonais estiment que l'abolition des traités inégaux passe inévitablement par un alignement sur les pays occidentaux, ce qui entraîne l'abandon des enclaves et de l'extraterritorialité, à condition, bien entendu, que les étrangers résidant au Japon se plient à la loi japonaise. Telle est la position de Baba Tatsui (1850-1888), membre du Mouvement pour la liberté et les droits du peuple (*Jiyûminken undô*, J.M.U.) et fondateur du Jiyûtô (Parti libéral, 1881), ou de Taguchi Ukichi (1855-1905), essayiste et homme politique libéral. Les puissances étrangères elles-mêmes souhaitent l'élargissement de leur marge de manœuvre à l'ensemble du territoire japonais, tout en admettant, en majorité, l'assujettissement à la loi japonaise.

La question de ces enclaves n'est pas si simple que cela, elle n'oppose pas liberté à contrôle, indépendance à domination, souveraineté à soumission, xénophobie à xénophilie, *sakoku* ancien à *kaikoku* moderne. De fait, elle cristallise les débats internes au Japon, aboutissant à des actes aussi radicaux que la démission de Inoue Kaoru du ministère des Affaires étrangères en 1888 ou l'attentat contre le haut conseiller Ôkuma Shigenobu (1838-1922) en 1889. Elle révèle l'ambiguïté du rapport des Japonais au territoire national : d'un côté la volonté farouche de préserver le sol du « pays des dieux » (*shinkoku*) de toute empreinte étrangère, de l'autre l'idée déjà ancienne, et sinisée, de confiner cette empreinte à quelques espaces soigneusement sélectionnés et contrôlés. D'un côté un absolutisme territorial, de l'autre un pragmatisme spatial. Exactement comme pour la périphérie surinsulaire du shôgunat Tokugawa.

Les *gaikokujin kyoryûchi* disparaissent en 1899, mais l'exemple de Dejima montre bien les circonvolutions du processus. Le traité néerlando-japonais de 1856 met fin aux restrictions imposées aux Néerlandais, tandis que les traités d'Ansei en 1858 autorisent les Japonais à se rendre sur l'îlot. En 1866, Dejima, qui a fait l'objet de plusieurs aménagements (des terre-pleins notamment), est incorporé au nouveau *gaikokujin kyoryûchi* de Nagasaki. La logique de l'enclave fondée en 1636 perdure donc, jusqu'en 1899, mais sous une nouvelle forme. Le réaménagement du port de Nagasaki fait disparaître peu à peu son caractère insulaire, et définitivement en 1904.

La fin des *gaikokujin kyoryûchi* résout la question du *naichi zakkyo*, avec un alignement moderniste du Japon sur la pratique des pays occidentaux. Mais elle n'élimine pas pour autant la complexité interne et externe des limites sociales et donc spatiales japonaises, du type *uchi/soto* (dedans/dehors, nous/eux). Sur cette question, les partisans démocratiques du J.M.U. se sont ainsi retrouvés aux côtés des ultranationalistes de la *Gen.yô-sha* responsables de l'attentat contre Ôkuma. Un journal de Nagasaki salue néanmoins la fin des enclaves — et donc de toute l'histoire symbolisée par Dejima — comme le fait que « le Japon se met aujourd'hui sur un pied d'égalité avec toutes les puissances, et il se distingue même comme étant la première des nations orientales à exercer une juridiction sur les Occidentaux »[59]. Dans cette affaire, la fierté japonaise s'exerce donc aussi bien vis-à-vis de l'Occident que vis-à-vis du reste de l'Orient, en une posture avant-gardiste qui alimentera l'impérialisme.

L'« ouverture » japonaise s'accompagne aussi d'un mouvement migratoire de plus en plus important, qui, à l'issue de la réclusion des Tokugawa, contribue à complexifier les limites de la territorialité *via* la question de la nationalité et de la citoyenneté. Ce mouvement est double car composé d'immigrants et d'émigrants. D'une part, l'immigration coréenne et chinoise est liée à l'expansionnisme japonais, mais pas uniquement si l'on tient compte de l'attraction des étudiants et des militants asiatiques vers le Japon moderne (cf. *infra*). D'autre part, l'émigration des Japonais vers les pays plus ou moins lointains (Hawaii, Californie, Australie) et vers les nouvelles colonies japonaises résulte d'une crise socio-économique interne au pays, du moins à certaines de ses régions, pas à toutes, et du besoin de main-d'œuvre servile dans les « pays neufs » occidentaux (Amérique, Australie, Océanie...). Ces émigrés japonais sont très majoritairement des surinsulaires, puisqu'ils proviennent des petites îles dans les départements où celles-ci sont très nombreuses — soit par ordre décroissant : Okinawa, Nagasaki, Ehime, Hiroshima... soit, en gros, l'ouest et le sud-ouest du Japon, dont la mer Intérieure et les Ryûkyû[60].

Le processus d'émigration japonaise est complexe. Au-delà d'une politique gouvernementale, plus ou moins soutenue et plus ou moins régulière, qui vise à favoriser la présence japonaise outre-mer, au-delà même d'une croissance démographique, il résulte de la paupérisation des petits espaces fragilisés par la modernisation agricole, industrielle et maritime. Il concerne aussi des territoires périphériques déstabilisés par la colonisation moderne, Amami et Okinawa en premier lieu. Les ruraux pauvres de ces petites îles, et singulièrement des Ryûkyû, de dominés par le Japon central deviennent paradoxalement, en tant que colons, sinon les dominateurs, du moins le fer de lance démographique et géopolitique de la présence japonaise outre-mer (Mariannes, Hawaii, Taïwan...)[61].

Hawaii est la première destination de l'émigration ryûkyûane. Au Pérou, premier lieu d'émigration japonaise en Amérique latine, les personnes originaires du département d'Okinawa représentent un tiers des immigrants au début des années 1940 après un demi-siècle environ d'émigration (29 000 personnes au total), largement devant tous les autres départements. La proportion est presque comparable au Brésil, où le même département constitue le premier lieu d'origine japonaise (28,4 % en 1940). Elle est encore plus forte en Argentine, troisième lieu d'émigration, où elle représente la moitié au milieu des années 1920 et 57 % en 1938[62]. À une exception près, la communauté japonaise de ces pays se structure souvent en associations spécifiquement ryûkyûanes, parfois mixées avec les autres Japonais, avec ou sans la double mention japono-ryûkyûane. Ce n'est toutefois pas le cas au Brésil où la communauté japonaise est traversée par une tendance nationaliste très forte, qui permet à certains Ryûkyûans de se sentir plus japonais que les Japonais du Naichi[63]. La seconde vague d'émigration japonaise, au début des années 1950, revêt des caractéristiques sociogéographiques identiques, avec même une accentuation du flux en provenance d'Okinawa où se développe une pression démographique et foncière importante liée à l'occupation américaine et ses bases militaires.

Le processus de territorialisation nationale moderne du Japon à partir de Meiji se confond également avec la conception juridique de la nationalité/citoyenneté japonaise à travers la constitution de l'état-civil[64]. Dans son projet de Constitution proposé au cours des années 1880 (*Nihonkoku kokken an*), le penseur politique Ueki Emori (1857-1892), qui imagine un Japon fédéral avec la liberté d'expression, de croyance et de réunion, postule par exemple un « peuple japonais » (*Nihon jinmin*), considéré comme étant composé de « ceux qui existent au sein de la société politique du Japon »[65]. Il prévoit la naturalisation. En revanche, la Constitution de 1889 instaure des « sujets du Japon » (*Nihon shinmin*), et insiste sur les devoirs envers l'empereur et l'État[66]. La loi sur la nationalité promeut le *jus sanguinis*, avec des révisions en 1916 et 1923 pour les émigrants. Ce principe est toujours en place avec la nouvelle loi sur la nationalité instaurée en 1952.

TERRITOIRES ET « MERRITOIRES » ASIATIQUES

La territorialisation moderne du Japon enclenchée à partir de Meiji, couplée à une conception nouvelle de la citoyenneté et de la nationalité, pose des contradictions au courant asiatiste qui se forge dès la fin du XIXe siècle (cf. *infra*). En effet, comment concilier un « nationalisme ethnique » (*minzokushugi*) japonais avec une « ethnie asiatique » (*Ajia minzoku*) ? Autrement dit, comment éviter que des frontières étatiques fondées sur des bases supposées ethniques, en réalité plutôt culturelles, ne clivent une supposée communauté asiatique, d'autant que ces frontières sont fixées à la suite d'un rapport de force militaire ? C'est cette contradiction qui, jointe à d'autres, explique pourquoi les partisans de l'asiatisme se situent en divers points de l'échiquier politico-idéologique, et que certains d'entre eux, non des moindres, vont soutenir l'impérialisme nippon. La spatialisation va en quelque sorte avoir raison de l'histoire. Le Manchukuo lui-même, qui se veut la concrétisation d'un idéal asiatiste, va, par son propre territoire façonné aux dépens de la Chine, incarner cette contradiction, et son échec.

À la définition précise des limites extérieures s'ajoute donc à partir de Meiji la suppression des limites identitaires intérieures, ou plus exactement leur recomposition dans le moule national unitaire. Car de nouveaux clivages viennent s'ajouter aux anciens, même si certains d'entre eux disparaissent. Le cas le plus emblématique est celui des hors-castes (*eta, hinin*), parias qui se voient qualifier péjorativement de « nouveaux citoyens » (*shin heimin*) par ceux qui leur refusent l'égalité juridique à partir de 1871. Ils prennent alors le nom euphémistique, officieux, de *Burakumin* (« Gens des hameaux »), mais sans que disparaissent leurs ghettos et leurs limites. Traditionnellement implantés dans l'Ouest (Kinki, mer Intérieure, Kyûshû, Shikoku), ils gagnent même l'Est (Tôkyô, Kantô), pour répondre à la demande de main-d'œuvre ouvrière et sous-prolétaire.

Deux autres groupes, de population périphérique, sont également concernés par la recomposition socio-spatiale. Les habitants d'Okinawa au sud deviennent des citoyens de la Préfecture éponyme, mais de seconde zone. Les Ainu de Hokkaidô au nord sont qualifiés de *kyûdojin* (anciens aborigènes) en novembre 1878[67]. La loi de 1899 (*Hokkaidô Kyûdojin Hogohô*) les intègre ensuite dans la citoyenneté japonaise, mais en les spoliant *de facto* de certains droits, fonciers et culturels notamment, tandis que la discrimination se perpétue à leur égard.

La territorialisation japonaise d'après 1945 se fait en plusieurs étapes. La rétrocession du département d'Okinawa en 1972 masque d'autres événements géographiques antérieurs, qui concernent, il est vrai, des îles plus petites, moins porteuses d'enjeux géopolitiques, mais symboliques. Différents archipels périphériques sont ainsi progressivement rendus au Japon par les États-Unis qui les occupent depuis 1945 : Izu en mars 1946, Tokara en 1952, Amami en 1953, Ogasawara en 1968. La re-territorialisation contemporaine s'effectue donc progressivement quelle que soit l'étendue des espaces concernés. Les trois litiges frontaliers que connaît actuellement le Japon (Territoires du Nord/Kouriles méridionales avec la Russie, Takeshima/Tokto avec la Corée, Senkaku/Diaoyutai avec la Chine) sont hérités de toutes ces étapes échelonnées sur un siècle et demi, au moins. Le traité de San Francisco (1951-1952), qui doit régler la question territoriale du Japon après sa défaite militaire de 1945, a pour philosophie un retour aux frontières japonaises d'avant le traité de Shimonoseki (1895). Mais il ne délimite pas toujours précisément les espaces que le Japon doit rendre, ou bien des ambiguïtés existent quant aux périmètres concernés et à leur appellation.

Cette ambiguïté est largement liée au rôle des États-Unis lors de la conférence de Yalta (février 1945), où Roosevelt promet de donner les Kouriles à l'Union soviétique, mais sans les définir vraiment. Elle subsiste jusqu'à la rétrocession d'Okinawa (1972), dans le territoire que les États-Unis rendent au Japon et qui comprend les îles Senkaku disputées avec la Chine... Une conférence internationale réunissant les principaux acteurs concernés par ces litiges frontaliers (Japon, Russie, Chine, Taïwan, Corée, États-Unis...) semble incontournable pour régler ces problèmes enchevêtrés, mais aucun de ces États n'en veut.

La nouvelle législation internationale du droit maritime alourdit les enjeux. Consacrée par la convention dite de Montego Bay (1982) et entrée en vigueur le 16 novembre 1994, elle définit des zones économiques exclusives (Z.E.E.) de 200 milles nautiques (370,4 km). La Corée du Sud la ratifie le 28 février 1996, le Japon le 20 juillet 1996 et la Chine *de facto* depuis la promulgation de sa loi maritime du 26 février 1992. Cette nouvelle législation tente de faire triompher une logique terrestre sur les mers, pour constituer des « merritoires » à l'instar des « territoires », sur un espace dont le découpage est, par définition géographique, libre de tout marquage. La difficulté est grande, sinon paradoxale. Le libéralisme économiquement dominant cherche à étendre en mer le principe territorial de l'État-nation conforme à la logique du traité de Westphalie (1648).

L'État chinois, consciemment ou inconsciemment, joue de la superposition géohistorique des différentes conceptions territoriales. Ses dirigeants, depuis la position de Deng Xiaoping en 1979, ne se focalisent pas sur la résolution de la souveraineté territoriale. Ils préfèrent la remettre aux « générations futures », et se consacrer à des questions économiques plus immédiates et rentables. En revanche, l'État japonais ainsi que l'État sud-coréen restent sur une position territoriale classique de l'État-nation, arc-boutée, alors que tout change, même dans l'Europe qui a vu naître celle-ci. Avant-gardiste à la fin du XIXe siècle, le Japon est même en passe de se retrouver à l'arrière-garde territoriale, à moins que le néonationalisme ne soit l'issue politique d'un capitalisme mondialisé agité par la crise financière.

Un condominium sino-nippo-taïwanais sur les Senkaku/Diaoyutai, russo-japonais-ainu sur les Kouriles ou nippo-coréen sur Takeshima/Tokto constituerait un moyen efficace de régler les problèmes, à l'instar des accords trouvés pour exploiter les hydrocarbures ou la pêche. S'il semble pour le moment utopique, il ne faut pas oublier que l'histoire montre que tout est possible. En outre, ce traitement souple d'un espace ne reviendrait-il pas à un mode de fonctionnement asiatique, et à un système de valeurs communes dont les pays riverains se réclament à travers un nouvel asiatisme ? Les trois litiges frontaliers actuels du Japon ne relèvent pas seulement d'une question juridique, mais d'une situation géopolitique locale, régionale et internationale[68]. De fait, on peut dire qu'ils sont les scories d'une modernisation japonaise du territoire.

LES PHILOSOPHES EUROPÉENS MODERNES FAÇONNENT L'ASIE

Ce qui frappe à la lecture des textes européens des XVIIe et XVIIIe siècles traitant de l'Asie, c'est la place prépondérante qu'occupent la religion et le commerce. Pour se développer, le commerce nécessite en effet d'avoir une bonne compréhension des lieux et des peuples qui y vivent. Ce à quoi s'attellent la géographie, l'histoire et tout le discours savant construit à partir de la Renaissance. Une croyance commune n'est donc, *a priori*, pas nécessaire pour échanger babioles ou produits fructueux. Mais on peut affirmer que la vision religieuse est essentielle dans l'approche européenne, et conditionne tout le reste. Le cas du Japon au XVIe siècle montre combien la relation entre missionnaires et marchands est étroite. À une époque où la grille de lecture chrétienne surplombe tout, où il est risqué de penser sans Dieu, même le moindre marchand ou simple aventurier se positionne par rapport à la religion dans le récit de ses voyages. Le philosophe ou le savant de cabinet, autant redevable que prisonnier des missionnaires dont dépendent ses principales sources, procède pareillement. C'est donc par ce biais qu'ils considèrent l'Asie et l'Extrême-Orient.

Mais l'absence d'une religion transcendante dans le monde sinisé et l'existence d'une société néanmoins très bien organisée les perturbent, autant sinon plus que la candeur des « sauvages » découverts en Amérique. Si c'est possible là-bas, pourquoi ne le serait-ce donc pas ici ? Or l'Europe, au moment de son exploration en Extrême-Orient, est déchirée par les guerres de religion. La tentation est donc forte d'imposer sa préoccupation vis-à-vis des peuples rencontrés, ne serait-ce que dans la grille de lecture. Elle se porte aussi vers une autre explication du monde, qui alimente ensuite de nouvelles tendances antireligieuses ou a-religieuses au sein de la philosophie des Lumières. Dès ce moment, les lettrés européens s'interrogent sur l'existence d'une philosophie chinoise, qu'ils finissent pourtant par rabaisser généralement à une simple sagesse parce que échappant aux canons de la pensée grecque ou augustinienne. Cette posture se poursuit d'ailleurs jusqu'à nos jours[69].

Elle ne va toutefois pas sans difficulté ni variété. La vogue de ce qu'on appelle désormais les « chinoiseries » repose sur une admiration ambiguë selon laquelle « la Chine est perçue comme la plus parfaite des nations qu'une culture païenne puisse produire »[70]. Les récits et pratiques des jésuites en Chine fascinent, puis irritent. La Sorbonne est punie, et la bulle papale *Ex illa Die* interdit en 1715 aux chrétiens de pratiquer les rites chinois. Mais les désaccords entre catholiques ne limitent pas le regard chrétien sur l'Extrême-Orient puisqu'ils traversent également les pays protestants, avec probablement davantage de répercussions. Le philosophe Christian Wolff (1679-1754), propagateur d'un Leibniz inspiré par la Chine, donne ainsi un cours en 1721 intitulé *De Sinarum Philosophia Practica*, connu sous le nom de « la belle Wolfienne », où il salue la philosophie naturelle et la théologie chinoises. Dénoncé par ses pairs comme admirateur du paganisme, il doit d'ailleurs fuir la Prusse sous peine de strangulation. Selon l'idée force des philosophes et des jésuites sinophiles condamnés par la papauté, la « vraie foi » (le christianisme) est « prépréfigurée » dans les textes chinois anciens, singulièrement ceux du confucianisme.

Trois savants allemands, à peu de temps près de la même génération, influencent alors durablement la vision européenne sur l'Asie et l'Extrême-Orient : Emmanuel Kant (1724-1804), dont on oublie parfois qu'il fut également géographe, Johann Gottfried Herder (1744-1803), historien et géographe, et Friedrich von Schlegel (1772-1829). Tous les trois sont précurseurs de l'orientalisme occidental moderne. Leur philosophie peut être qualifiée de piétiste en ce sens que leur relatif sens critique ainsi que leur éthique restent dans le cadre de l'idée théologique du christianisme et de la religion. Alors que, comme le pointe Voltaire, Bossuet réussit l'exploit dans son fameux *Discours sur l'histoire universelle* (1681) à ne pas mentionner une seule fois l'Inde, la Chine ou le Japon, bien que Martini ou Du Halde aient abreuvé l'Europe d'informations sur ces pays[71], cette ignorance n'est plus possible chez les philosophes des Lumières. Pour Kant et Herder, Dieu reste cependant suprême, il a planifié le développement du monde dans ses moindres détails.

Outre l'empreinte religieuse, la référence à l'idée de race est également frappante. Cette approche constitue un véritable tournant épistémologique par rapport aux penseurs précédents, sinophiles (Leibniz, Bouvet, Quesnay, Voltaire, Wolff...) ou sinophobes (Montesquieu, Diderot...), qui n'expliquent pas la différence culturelle par un substrat matériel, excepté Montesquieu (1689-1755) avec sa fameuse théorie des climats. Encore celle-ci n'a-t-elle pas de connotations raciales dans la dimension physiologique du terme, et fonctionne plutôt sur une approche qu'on pourrait anachroniquement qualifier d'ethnique. La théorie raciale du calviniste français Isaac de La Peyrère (1596-1676), qui postule en 1655 la création de deux races à partir d'Adam et Ève, est par ailleurs condamnée par l'Église, et rejetée.

Mais cette idée ressurgit avec le philosophe et voyageur français François Bernier (1620-1688), qui voyage longuement en Asie, de 1656 à 1669, et qui en tire un livre[72]. Surnommé Bernier-Mogol par Voltaire, car il régale la Cour du roi de France et le public de ses récits, il distingue quatre ou cinq races humaines dans un livre suivant[73]. Il raisonne notamment en fonction de la couleur de la peau, alors que Boulainvilliers assimile les races aux familles ou que Buffon les attribue au climat. Même s'il n'établit pas clairement une hiérarchie entre les races, les qualités qu'il attribue aux Européens les placent mécaniquement en tête, tandis que les autres races sont considérées comme « laides ». Par la suite, la division de l'humanité en quatre ou cinq races est reprise par Linné (1740) et par David Hume (1777), toujours en fonction de la couleur de la peau. Hume proclame que seuls les Blancs sont civilisés, et que les autres leur sont inférieurs.

Selon David Mungello, Kant est le premier à « élaborer une théorie de la "race jaune" dans ses écrits entre 1775 et 1785 »[74]. Il juge la « race blanche » supérieure, la « race noire » inférieure (il ne condamne d'ailleurs pas l'esclavage ni la traite des Noirs), la « race cuivrée » faible et la « race jaune » intermédiaire. La différenciation entre les quatre s'effectue selon lui par un processus historique, à partir de la « race blanche » considérée comme la plus pure, et la plus originelle, les autres n'étant que des formes d'abâtardissement dues aux conditions physiques. Ses cours de géographie (1756-1796) spatialisent leur aire d'extension. Kant procède par continent, et subdivise l'Asie par pays[75]. Tirant notamment ses informations sur la Chine de Pierre Sonnerat et sur le Japon d'Engelbert Kaempfer, il dessine en creux une Asie orientale comprenant le Tibet, la Chine, le Japon. Les Chinois sont considérés positivement comme un mélange de race blanche et de race jaune.

Herder éprouve plus de compassion que Kant, en condamnant l'exploitation et les cruautés humaines. Mais il reste prisonnier de sa foi et de sa croyance en la Bible comme étant le premier écrit humain à partir duquel s'ordonnent les peuples et leur niveau de culture, fatalement faible s'il n'est pas relié à la Bible. Selon lui, la Mésopotamie est le berceau de la civilisation occidentale, et au Cachemire se trouve le jardin d'Éden, le « paradis du monde ». Sa théorie de l'évolution historique comme succession des âges humains devient célèbre : l'Orient correspondrait à la petite enfance, l'Égypte à l'enfance, la Grèce à la jeunesse[76]... Comme Kant, il parle d'Orient au sens large. Son Asie orientale, dessinée en creux, s'étend au Tibet, en Chine, en Cochinchine, au Tonkin, au Laos, en Corée, en Tartarie orientale et au Japon, bref dans les pays touchés par la civilisation chinoise.

Quant à Schlegel, il commet « l'erreur fatale de confondre la langue et la race », pour reprendre la sentence de Léon Poliakov[77]. Pionnier du sanskritisme, enthousiasmé et fasciné par son étude des cultures orientales, il affirme qu'« en Orient nous devons chercher le romantisme le plus élevé »[78]. Selon lui, en Inde « se trouve la source de toutes les langues, de toutes les pensées et de toute l'histoire de l'esprit humain ; tout, sans exception, est originaire de l'Inde »[79]. Cette idée est reprise par toute une génération d'orientalistes. Avec eux s'instaure dans la pensée européenne une vision dualiste de l'Asie qui va perdurer.

À la vision léguée par le XVIIIe siècle d'une Asie terre de servitude, terre natale du despotisme ou du paternalisme, s'ajoute en effet celle d'une Asie berceau des civilisations, des croyances et valeurs du genre humain, comme lieu des origines. Les études asiatiques sont donc valorisées en ce qu'elles peuvent apporter non seulement à la connaissance de l'humain mais aussi à la propre connaissance de l'Occident qui en serait issu. L'Asie prend alors un statut ambigu. D'un côté, elle est respectée en tant que mère des civilisations — comprises comme systèmes de valeurs — et mère de l'Occident. De l'autre, elle est prise en pitié, méprisée ou ignorée parce qu'elle n'a pas atteint le niveau de l'Occident malgré ses atouts originels. Pierre Leroux (1797-1871), pionnier du socialisme, qui sans préjugé racial, essaie de dégager des lois historiques communes à tous et blâme la présence européenne en Asie, constate en 1826, alors qu'il évoque l'Asie et l'Indostan, que « c'est son génie précoce qui a perdu l'Orient »[80].

Jean-Marc Moura constate que « la philosophie de l'histoire selon G. W. F. Hegel ne mentionne pas l'Extrême-Orient (*Ferner Osten*, catégorie inconnue alors) mais l'Orient qui, à l'est, comprend l'Asie orientale (essentiellement le monde chinois) »[81]. Bien que Hegel ne se contente pas d'une problématique religieuse comme ses prédécesseurs philosophes, et qu'il aborde l'Orient à partir du problème de l'État, à partir du politique, « région de l'âme plutôt que contrée physique, l'Orient hégélien est une détermination moins géographique que métaphysique »[82]. Contrairement au mythe originel d'un *Urvolk* ou d'une *Urreligion*, postulé par exemple par Schlegel ou Schelling, Hegel estime que l'Orient est un état de nature tourné vers son propre dépassement, vers un début d'histoire, contrairement à l'Afrique noire qui reste enfoncée dans un état bestial.

Pour expliquer la bifurcation historique entre un monde qui reste stagnant et l'autre qui ne l'est pas, débouchant sur l'Occident, Hegel divise l'Asie en deux sous-ensembles. D'une part, la *Hinterasien*, soit « Outre-Asie », comprend la Chine et la Mongolie. C'est un monde puéril de l'innocence patriarcale, où les contradictions ne se développent pas, un monde dont la survivance des grands empires atteste son caractère « insubstantiel », immobile, anhistorique. D'autre part, la *Vorderasien*, ou « Asie antérieure », comprend les actuels Proche-Orient et Asie centrale, de la Perse jusqu'à l'Égypte. C'est un monde déjà historique, où une subjectivité naissante esquisse les contradictions. Ces deux grandes régions sont à leur tour subdivisées. Au total, le « monde asiatique » (*die asiatische Welt*) hégélien se partage en quatre « Terrains » : les plaines des fleuves Jaune et Bleu, les hauts plateaux, la Chine et la Mongolie ; les vallées du Gange et de l'Indus ; les plaines de l'Oxus (Amou-Daria) et du Jaxartes (Syr-Daria), les plateaux de Perse, les vallées du Tigre et de l'Euphrate ; la vallée du Nil.

La Philosophie de l'histoire (1822-1830) pose d'abord ce schéma dualiste, puis elle évolue en schéma ternaire, Hegel détachant l'Inde de la Chine comme une sorte d'intermédiaire dans l'évolution historique. Nous avons donc « un Orient fragmenté, dont l'Inde est l'exemple, et un Orient immobile, bloqué dans la chimère, dont l'Extrême-Orient est l'illustration »[83]. Pour décrire la relation entre l'Orient et l'Occident, Hegel use de deux métaphores. L'une est celle de la course du Soleil : « L'histoire du monde voyage d'est en ouest, l'Europe étant donc absolument la fin de l'histoire, et l'Asie le commencement. » L'autre est celle d'Herder considérant l'évolution historique similaire à l'âge des hommes. L'Orient est « l'enfance de l'histoire », la Chine se remarquant par l'importance de sa structure familiale et de ses principes confucéens se référant systématiquement à la famille.

Comme le souligne Harvey Goldman, « ces métaphores poétiques sont bien sûr difficilement neutres dans leur implication pour comprendre l'Asie »[84]. La double comparaison avec le soleil et la maturité adulte ne peut que conforter l'Occident dans son narcissisme, et lui donner un sentiment de supériorité d'autant plus fort qu'il est légitimé par une course de l'histoire. Comme Hegel estime que l'histoire doit être évaluée sous l'angle du développement de la liberté, les pays comme la Chine ou l'Inde étant anhistoriques, la liberté n'y existe pas, ne peut pas s'y déployer, sauf impulsion venant de l'extérieur. Le fameux « despotisme oriental » évoqué par Montesquieu et la possible intervention, valeureuse évidemment, de l'Occident sont ainsi doublement légitimés.

LES OCCIDENTAUX DEVIENNENT LES CARTOGRAPHES DU MONDE

La pression effective — matérielle, physique — des Occidentaux en Asie orientale bouleverse la métagéographie des Chinois et des Japonais qui s'est progressivement installée, en distanciation les uns des autres puisque le shôgunat Tokugawa et l'empire Qing n'ont pas de contacts officiels. Mais cette distanciation est semblable, commune même, puisque c'est en gros le même modèle d'opposition civilisés-barbares qu'ils utilisent.

Le Japon, on l'a vu, comprend rapidement la portée de la nouvelle menace impérialiste occidentale qui se dessine au XIXe siècle, plus rapidement que la Chine. Sa réactivité s'explique probablement par un degré supérieur de fermeture ou, plus exactement, de contrôle grâce à une situation archipélagique autosuffisante et un dispositif pointilleux de surveillance maritime. Des gardes sont en effet postés sur la moindre île de la périphérie surinsulaire du pays, le moindre navire suspect est rapporté, ainsi que le moindre naufrage ou le moindre passage d'un navire étranger au large. Dociles ou soumis, les villageois surinsulaires collaborent à la surveillance, sous peine de sanction. Ce verrouillage n'empêche pas une certaine contrebande et, surtout, des accommodements soigneusement dosés par le sas de Dejima et de Nagasaki. Tout en étant replié sur lui-même, le régime shôgunal sait en gros ce qui se passe autour de lui, assurément en tout cas ceux des lettrés qui sont le plus curieux. Réciproquement, il faut souligner que ce sont les fiefs du sud-ouest du Japon, ceux qui sont ouverts sur le continent, qui ont des pratiques maritimes importantes, comme la chasse à la baleine, qui sont les plus sensibles à la problématique de « l'ouverture » comme de la modernisation économique (les premiers hauts fourneaux modernes sont construits à Kyûshû, par exemple).

La continentalité et la grande taille de la Chine expliquent en partie une forme de porosité et de relative inconscience face à la menace occidentale, fonctionnant sur le syndrome de l'édredon : plus on s'enfonce, plus on est absorbé. L'accord passé entre l'empereur Daoguang et le khan musulman de Kokand en 1835, que Joseph Fletcher considère comme le premier traité inégal pour la Chine, est moins une capitulation qu'une forme d'agacement[85]. L'abandon des taxes commerciales s'est fait en échange d'une cessation des hostilités. Entre le système tributaire traditionnel ritualisé et la diplomatie parallèle non officielle, pratiquée avec les Tokugawa par exemple, la dynastie Qing se lance donc dans « une troisième voie pour gérer les relations internationales, celle du traité international, mais le statut de cette pratique a énormément changé entre la fin du XVIIe siècle et le début du XIXe siècle »[86]. Les guerres de l'opium sont passées par là...

L'Efflorescence centrale ou la Civilisation de l'empire du Milieu conçoit l'univers comme hiérarchisé autour de la Chine et de son empereur. L'universalisme à l'occidentale et le système westphalien supposent en revanche un ordre international entre États souverains placés *a priori* sur un pied d'égalité. Les deux systèmes, les deux visions, sont incompatibles, d'où un choc géopolitique et métagéographique entre eux. Ce choc, en outre, n'oppose pas seulement Occident et Extrême-Orient mais aussi Chine et Japon car ces deux pays n'ont plus les mêmes perceptions ni les mêmes politiques.

Chinois comme Japonais doivent redessiner leur géographie, et vite. La création de l'Asie est en marche[87]. Mais cette Asie n'est pas celle des Européens qui sont simultanément en train d'explorer le monde plus à l'est et plus au sud, au large de l'Extrême-Orient. Les expéditions océaniques (Cook, Bougainville, Lapérouse, Dumont d'Urville, Tasman...) ont des objectifs à la fois politiques, mercantiles et scientifiques. La connaissance de nouvelles terres et de nouveaux peuples modifie l'ordonnancement géographique et cartographique. Il faut trouver de nouveaux noms, désigner de nouveaux espaces, nommer ou renommer des grands ensembles au sein de l'architecture terrestre. Il revient notamment, mais pas seulement, aux géographes européens de le faire — Humboldt, Malte-Brun, Ritter et d'autres.

Dès 1774, le géographe mathématicien Michaelis (1717-1791), rappelait par exemple « combien il importe pour les progrès de la géographie et de l'histoire naturelle, de connaître les noms tels qu'on les écrit et qu'on les prononce sur les lieux mêmes »[88]. Le géographe explorateur note donc les toponymes vernaculaires, et il les restitue. Cette démarche s'applique d'abord à l'échelle micro. Pour les petites îles où, bien souvent, les explorateurs ne sont que de passage, et successivement, il peut y avoir une certaine confusion entre des options différentes, des prononciations défectueuses, des doublons d'un explorateur à l'autre, et d'une carte à l'autre. La tendance est néanmoins de rechercher une rationalisation, et d'emprunter les noms locaux[89].

Elle se complique avec le changement d'échelle et le passage à l'échelle macro, pour les « noms génériques », quand il s'agit de regrouper une série de pays dans un ensemble plus vaste. Quels critères choisir alors, et quelles appellations ? De fait, les Occidentaux sont les plus habilités, et les plus tentés, à promouvoir leur nomenclature car ce sont eux qui connaissent mieux le monde, concrètement, parce qu'ils explorent les dernières « terres inconnues » jusqu'à l'Antarctique et qu'ils les cartographient. Ils proposent, et imposent, leur géographie, laquelle est plus ou moins bien acceptée. Là réside l'un des enjeux car une révolte est-elle possible contre cette géographie, y a-t-il une alternative, et laquelle ?

La conceptualisation du monde en continents à partir des lettres d'Amerigo Vespucci (1503) a constitué une innovation majeure, qui se répercute jusque chez les savants asiatiques avec la géographie riccienne (1602). Le continent « Asie » est défini par Martin Waldseemüller, qui diffuse l'information vespucienne au tout début du XVIe siècle, comme étant « [...] séparé de l'Europe par le fleuve Thanaïs [= le Don] et de l'Afrique par l'isthme [qui sépare l'Arabie et l'Égypte] », soit, plus précisément si l'on prend les limites qu'il donne à l'Europe, « par la mer Méotide [= mer d'Azov] et par le Pont [= mer Noire] »[90]. Il est cartographié selon ce périmètre par les savants européens à partir du XVIe siècle.

Le toponyme « Asie » est en partie concurrencé par celui d'« Indes orientales », une terminologie héritée des Ibériques (Portugais et Espagnols) qui se place sur un registre néanmoins différent. Jusqu'au XIXe siècle, la métagéographie européenne fait correspondre à « Indes orientales » tout ce qui se situe grosso modo à l'est de la Perse et en direction de la Chine. Dans l'*Histoire générale des voyages* (1746) de l'abbé Prévost, « les Indes » désignent aussi bien l'Asie et l'Amérique réunies, l'Asie seule et « l'Inde propre ou l'Indostan »[91]. Dans son introduction de l'*Histoire des deux Indes* (1780), l'abbé Raynal stipule que « par le nom générique d'Indes orientales on entende communément ces vastes régions qui sont au-delà de la mer d'Arabie et du Royaume de Perse ».

Face à cette immensité déclarée des Indes, voyageurs et écrivains distinguent, au milieu du XVIIe siècle, les « Grandes Indes orientales » (en Asie) et les « Petites Indes » (en Amérique latine). Ainsi procèdent deux mercenaires au service de la V.O.C., Élie

Ripon (*Voyages et aventures aux Grandes Indes*, 1617-1627) et Jean Guidon de Chambelle (*Voyage des Grandes Indes orientales*, 1651)[92]. Au début des *Voyages aux Indes orientales*, Jean de Thévenot (1633-1667) affirme « comprendre dans les Indes tous les pays qui confinent du côté d'Occident aux provinces de Kandahar et Kaboul ; du côté du Septentrion à la Tartarie ; du côté de l'Orient à la Chine et à la mer ; et côté du Midi à la mer océane »[93]. Autrement dit, pour l'infatigable voyageur français, les Indes orientales se situent entre Afghanistan, Mongolie, Chine et océan Indien. En leur sein, la métagéographie européenne identifie quelques grands sous-ensembles spatiaux : l'Inde — sous le nom d'« Indostan » (plus tard « Hindoustan »), la Chine, le Japon et la Tartarie.

La carte de *L'Asie* (1676) réalisée par Pierre Duval (1619-1682) trace, par un jeu de couleurs, les limites de ces ensembles. L'Inde y est coupée en deux blocs (septentrional et méridional), bordée à l'ouest par une grande Perse, et la Tartarie va de la mer Caspienne à l'actuelle mer d'Okhotsk[94]. C'est l'une des premières occurrences de cette configuration géopolitique. Les cartes européennes de la fin du XVIIe et du début du XVIIIe siècle séparent nettement l'Inde de la Chine par une barrière montagneuse, avec une représentation figurative du relief, alignée sur un axe sud-nord. L'Himalaya est en quelque sorte pivoté de 45 degrés, placé non plus horizontalement mais verticalement. En bordure occidentale de cette barrière se trouve un grand lac imaginaire, supposé être la source des grands fleuves du sud (Gange, Brahmapoutre, Irrawaddy, Chao Praya, mais pas le Mékong). L'espace situé au nord de l'Inde et à l'ouest de la Chine — soit les hauts plateaux actuels du Tibet ainsi que la région du Xinjiang — est nommé Tartarie, ou « partie de Tartarie » (*Tartariae Pars*)[95]. La Corée est reconnue, parfois comme une île, mais elle apparaît souvent comme un sous-ensemble de la Chine.

Entre le grand ensemble de type continental ou semi-continental — l'Asie, les Indes orientales — et les pays, généralement dénommés à partir du nom local (Chine, Corée, Japon, Inde...), la diversité et l'approximation règnent sur les espaces intermédiaires ou périphériques. Le statut de la Tartarie est particulièrement flou, comme celui de la Mongolie. « Tartarie » désigne pendant plusieurs siècles l'espace correspondant grosso modo à l'actuelle Sibérie[96]. Le nom de Kitay, hérité de Marco Polo et qui désignait en gros une Chine du Nord opposée à Mangi, une Chine du Sud, disparaît à la fin du XVIIe siècle. On le retrouve encore chez Philippe Avril (1654-1698), un missionnaire jésuite chargé d'explorer ces régions[97]. Ou encore sur une carte « pour servir à l'Histoire de Jenghis Khan » de Jacques-Nicolas Bellin (1703-1772), en 1757[98]. La cartographie française du XVIIIe siècle mentionne la « Grande Tartarie » sur un espace correspondant à l'actuelle Sibérie, et subdivisé en plusieurs sous-ensembles dont les « Tartares orientaux »[99]. On retrouve ce dernier espace sous le nom de « Eastern Tartary » sur une carte anglaise de 1711 (John Senex) ou de 1771 (Thomas Kitchin).

Jusque dans les années 1830, « Tartarie » désigne aussi, ou englobe sous le nom de « Tartarie chinoise », l'espace qui se situe au nord-est de la Chine, jusque dans l'actuelle Sibérie. Ce toponyme est ensuite remplacé par « Manzhou » sur les cartes chinoises à la fin du XIXe siècle, et par « Mandchourie » sur les cartes européennes. L'une des premières occurrences de « Mandchourie » apparaît sur une mappemonde de Joseph Perkins en 1826, comme sous-ensemble indiscriminé de la « Chinese Tartary »[100]. La carte de J. & C. Walker (1838) distingue nettement « Mongolia » et « Mandchouria »[101]. Le nom « Mandchourie » (*Mandchouria*) se répand alors rapidement dans les atlas britanniques. La carte américaine de J. H. Colton, « enregistrée selon l'acte du Congrès de l'année 1858 », la figure en rouge, sur un espace bien délimité correspondant à peu près à ce qu'on appelait « Tartarie orientale »[102].

À la suite de l'épisode du Manchukuo (1932-1945), État sous tutelle japonaise, le nom de « Mandchourie » disparaît de la plupart des cartes, en Chine assurément, où c'est désormais le nom de province du « Nord-Est » (*Dongbei*) qui prévaut. De fait, « Mandchourie » est la traduction exacte de « Manchukuo » (ch. *Manzhouguo* ; j. *Manshûkoku*). En outre, *Manzhou* en chinois (« Mandchous ») ne désignait pas un pays mais une ethnie. C'est le nom choisi en 1635 par les tribus Jürchen quand elles s'unifient sous la direction de Hong Taiji (1592-1643). Il se transforme en nom de lieu (et donc en « Mandchourie » pour les Occidentaux) lorsque l'espace concerné devient convoité par la Russie, le Japon et les Occidentaux au sein d'un empire Qing dont la dynastie régnante est précisément d'origine mandchoue. Récapitulant les visites rituelles des empereurs Qing sur la terre de leurs ancêtres, dès 1671 avec Kangxi, Mark Elliott aboutit à la conclusion que le *geo-body* de la Mandchourie résulte à la fois de pressions impérialistes extérieures mais aussi d'une identification intérieure. « Bien qu'il y ait assurément, écrit-il, d'importantes différences entre les visions impériales et coloniales de la Mandchourie, on peut détecter sous elles une imagination similaire à l'œuvre »[103].

Le statut des espaces situés au sud du tropique du Cancer semble *a priori* plus évident que celui de

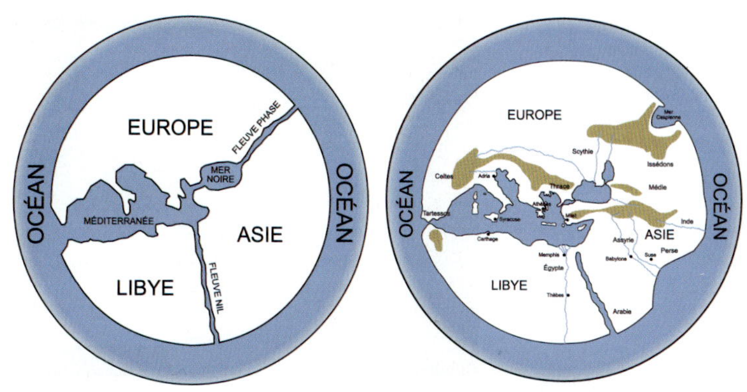

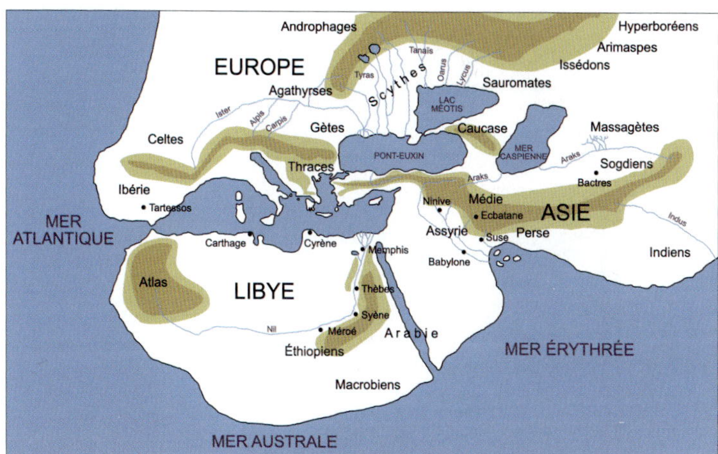

1. Représentations du monde sous la Grèce antique
« La division de l'écoumène en trois grands ensembles qui préfigurent les futurs continents apparaît chez les savants grecs dès le VIe *siècle avant l'ère chrétienne ».*

2. Représentations de la Terre dans la Chine ancienne
« La science chinoise ancienne conçoit le cosmos de trois façons différentes. Même si la théorie du huntian *est préférée, elle ne génère pas de polémiques d'ordre théologique ou ontologique ».*

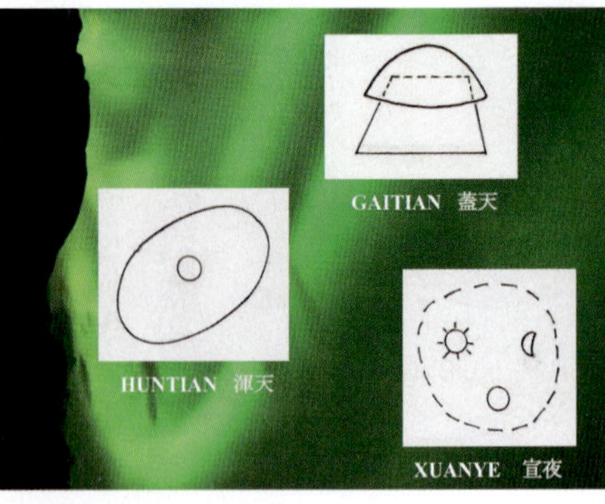

3. La terre répartie entre les trois fils de Noé, enluminure attribuée à Simon Marmion (ca 1459-1463)
« L'épisode de la Genèse (livre IX) donne seulement des listes de lieux vers lesquels partent les trois fils de Noé, mais que les exégètes chrétiens du Moyen Âge reconstituent en macro-ensembles, donnant l'Asie à Sem, l'Europe à Japhet et l'Afrique à Cham ».

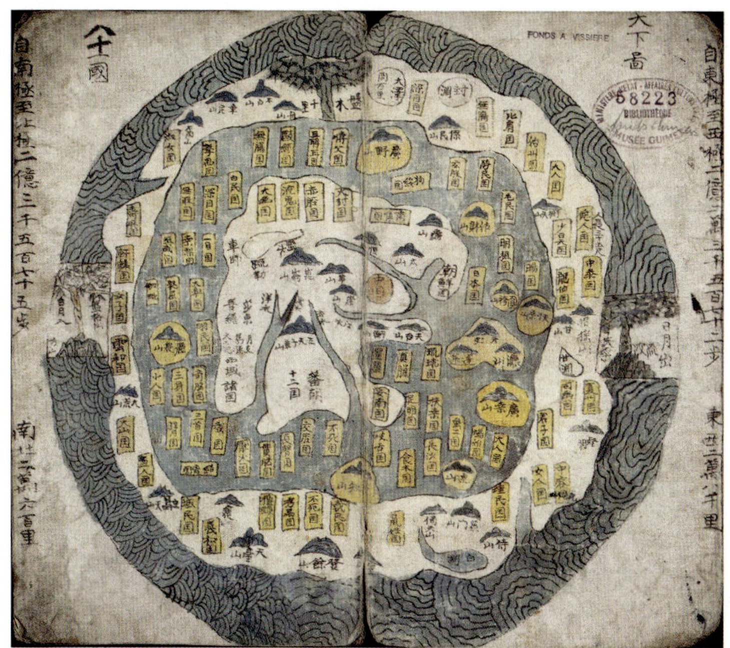

4. *Ch'onhado P'al sibilguk*

« Ce type de carte sino-coréenne, dite Ch'onhado, *mélange une cosmogonie mythique d'inspiration bouddhiste et des connaissances géographiques avérées. Le centre est théoriquement occupé par le mont Meru (Kailash dans l'Himalaya), mais juste à l'est se trouve le « Pays du Milieu »* 中国 *(la Chine). Plus à l'est, on distingue la Corée* 朝鮮国. *Plus loin encore, des cartouches mélangent des archipels existants (comme le Japon* 日本国*) ou imaginaires. La couronne extérieure figure des contrées fictives. En trois points cardinaux se trouvent des arbres sacrés ».*

5. Le *Kangnido* (version originale 1402)
Version de la bibliothèque du Ryûkoku, Kyôto, Japon (copie, ca 1470).
« *Cette extraordinaire mappemonde a été conçue en 1402 par des cartographes coréens, mais l'original a disparu. Il n'en subsiste que quatre copies ultérieures, toutes au Japon.* Le Kangnido *révèle l'état des connaissances géographiques sinisées, dont la forme rhomboïde de l'Afrique représentée bien avant le contournement du cap de Bonne-Espérance par le Portugais Dias en 1488* ».

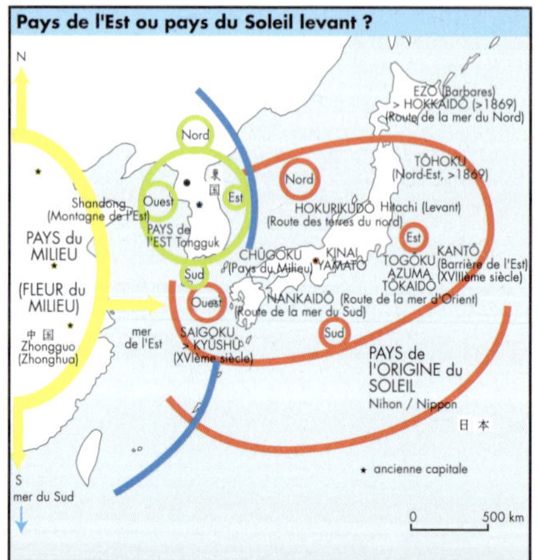

6. Les pays de la mer orientale sinisée
« *La Chine se considère au Centre. Contrairement à l'idée reçue, c'est la Corée qui est le " Pays de l'Est ", le Japon étant plus précisément identifié comme le " Pays de l'origine du soleil " : situé à l'est, bien sûr, mais à cette orientation topographique s'ajoute la mystique de la lumière solaire. La géographie japonaise ancienne a organisé la toponymie de l'archipel japonais en fonction du modèle chinois de centre et périphérie mais d'après ses propres points cardinaux* ».

7. *Iaponiae insulae descriptio*, par Luis Teixeira, publié dans l'atlas d'Ortelius (1595)
*« Après une trentaine d'années de tâtonnements cartographiques, le jésuite portugais Luis Teixeira propose à la toute fin du xvi*e *siècle la première représentation précise de l'archipel japonais, d'autant plus retentissante qu'elle figure dans l'influent atlas d'Ortelius. Toutefois, elle comporte encore de nombreuses imprécisions : la Corée est considérée comme une île, Ezo/Hokkaidô ne figure pas, la forme de Honshû est contractée… ».*

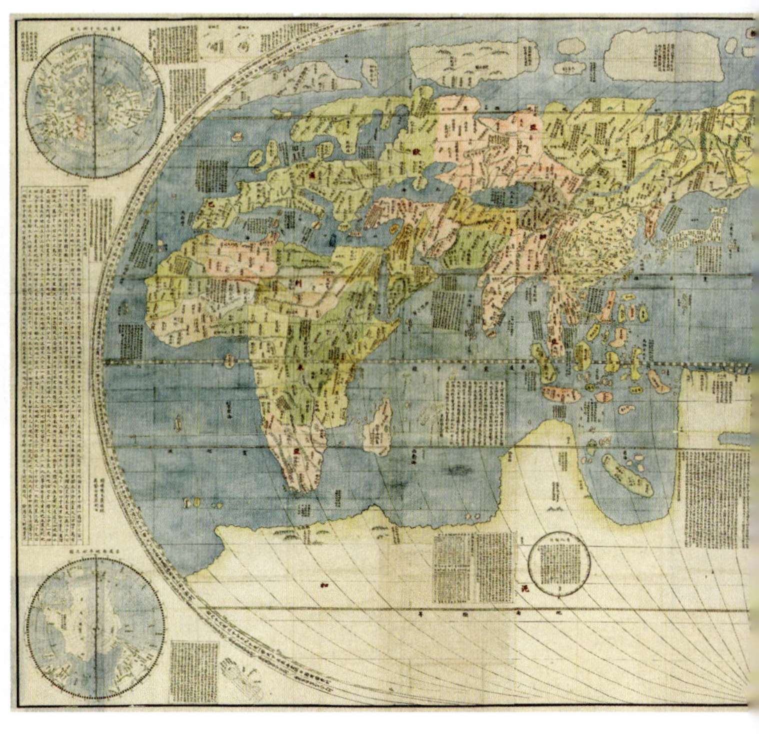

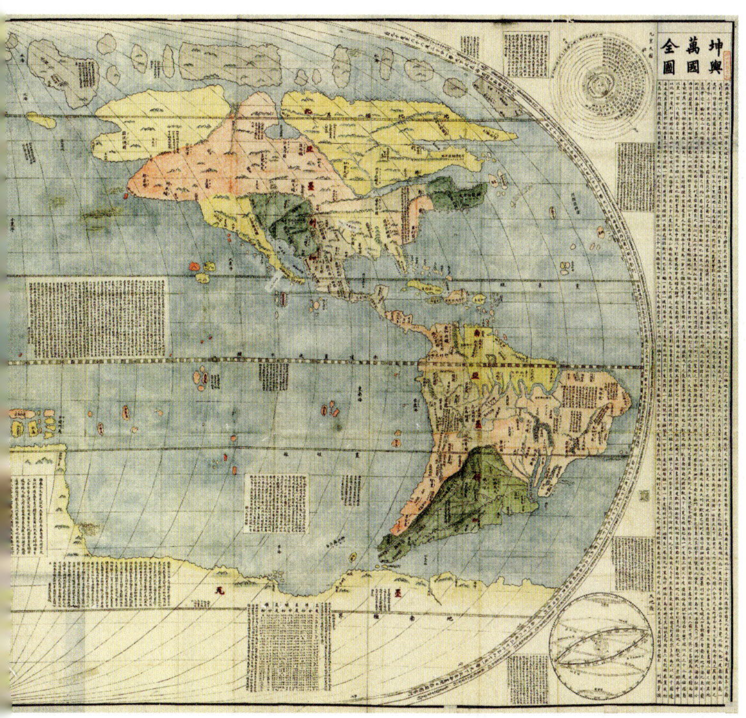

8. Le planisphère de Matteo Ricci (1602), ***Kunyu wanguo quantu*** **(Carte complète des myriades de pays dans le monde)**

« Ce planisphère est majeur pour quatre raisons au moins : il place l'océan Pacifique en son centre, c'est-à-dire, en fait, la Chine et l'Asie orientale ; il combine pour la première fois des connaissances géographiques provenant d'Europe et du monde sinisé ; il présente l'existence des Amériques au public d'Asie orientale ; l'idéographie transcrivant les toponymes et leur prononciation reste en vigueur jusqu'à nos jours. C'est ainsi que la notion d'Asie (Ajiya) s'intègre dans les notions sinisées ».

9. *Typus orbis terrarum*, paravent *namban*, Ôsaka *namban bunkakan*.
« Outre sa beauté esthétique, ce paravent daté de 1625 est remarquable parce qu'il reprend la cartographie du Néerlandais Peter Plancius de 1592, y compris son intitulé latin, tout en la recentrant sur l'océan Pacifique (et le Japon !) à la façon de Ricci. Ses vignettes renseignent sur les peuples ainsi que sur la rotondité terrestre ».

la Tartarie sur les cartes européennes des XVIIe et XVIIIe siècles dans la mesure où la topographie insulaire et péninsulaire facilite l'identification. C'est ainsi que, par un jeu de couleurs (rouge, rose, jaune, bleu...), Mercator délimite « Iapan ins. », « Mindanao ins. », « Burne » (Bornéo), « Sumatra » (qu'il confond avec « Taprobana »), « Iava maior » et « Nove Guinae pars » sur sa carte de l'Asie (1595). La représentation est plus confuse pour la partie continentale de l'actuelle Asie du Sud-Est (Birmanie, Thaïlande, péninsules indochinoise et malaise...). L'expression ptoléméenne « India extra Gangem » (l'Inde au-delà du Gange), souvent inscrite à l'emplacement de l'actuel delta du Gange, désigne un espace malgré tout vague au-delà de ce delta.

Se pose également la question du regroupement des îles en archipel, sous quel nom et sur quel critère. Nicolas Sanson d'Abbeville (1600-1667), dont on a déjà vu qu'il tente de rationaliser la nomenclature océanique, introduit la notion d'« Isles de la Sonde » comme terme générique pour désigner l'ensemble insulaire de l'Asie équatoriale au milieu d'une foultitude de toponymes savamment hiérarchisés (l'écriture en plus gros caractères renvoyant à de plus vastes espaces)[104]. On trouve toujours sur une carte, en caractères légèrement plus réduits, le toponyme d'« Isles Moluques », introduit par les Portugais au milieu du XVIe siècle. Sanson qualifie également l'ensemble actuel Birmanie-Thaïlande-Indochine de « Presque Île dela le Gange » (*sic*). Mais ces deux appellations n'ont pas de succès en dehors de Sanson, de ses successeurs ou des copieurs, sauf chez le Néerlandais Pieter Van der Aa (1659-1733). Faisant un « mixte » de Ptolémée et de Sanson, celui-ci la requalifie en « Peninsula Indiae extra Gangem »[105].

L'expression « Îles de la Sonde » revient plus tard, en 1796, chez le traducteur de Carl Peter Thunberg[106].

En Tartarie comme dans les îles du Sud-Est de l'Asie, la question de la dénomination se pose parce que ces espaces sont convoités par différents impérialismes, ce qui entraîne chevauchement d'enjeux et lutte de toponymie. Dans les deux cas, il reste encore de nombreuses régions à explorer. Mais la situation est beaucoup plus sensible, et donc davantage concurrentielle, dans les îles du Sud-Est asiatique et au-delà, vers l'est ou vers le sud. Là, en effet, les îles à découvrir sont nombreuses, et il reste un quasi-continent à repérer, l'Australie. Sauf la Russie et, pour le moment, le Japon et les États-Unis, tous les empires déjà présents en Chine sont intéressés : le Royaume-Uni, la France, les Pays-Bas, voire l'Allemagne...

Vu l'approfondissement des explorations et des connaissances, l'ancien terme générique d'« Indes orientales » ne convient d'abord plus. Il disparaît de la littérature savante aux environs de 1810. Les derniers à l'utiliser sont P. Sonnerat et C.-F. Tombe (1808)[107]. Le débat porte ensuite « sur la question de savoir s'il fallait intégrer l'Archipel [indonésien] à l'Asie ou à l'Océanie, et, dans ce dernier cas, quelles subdivisions il convenait de proposer. La rupture avec l'océan Indien occidental (Madagascar, île de France, Bourbon) était en tout cas consommée »[108]. Le rattachement n'est en effet pas neutre, selon qu'il choisisse le continent asiatique, c'est-à-dire celui de la « race jaune » selon les critères de l'époque, ou bien un autre continent en devenir, davantage colonisable et potentiellement « blanc » quoique occupé par des aborigènes.

L'offre toponymique s'avère aussi considérable que les intéressés, et les intérêts. Une approche chronologique présente les découpages successifs, et retenus. Une synthèse permettra ensuite d'en éclairer les logiques. Magistrat et écrivain, comte de Tournay et baron de Montfalcon, Charles de Brosses (1709-1777) invente le terme d'« Australasie », ou Asie australe, qu'il utilise dans son *Histoire des voyages aux terres australes* (1757). Il désigne ainsi l'espace situé dans le prolongement de l'Asie, vers le sud-est et l'actuelle Australie. C'est moins d'une vingtaine d'années plus tard, en 1770, que la partie orientale de cette Australie est revendiquée par le Royaume-Uni, et une trentaine d'années après que celui-ci fonde la colonie pénitentiaire de Nouvelle-Galles du Sud, le 26 janvier 1778, désormais jour de la fête nationale australienne.

Charles de Brosses invente également le terme d'« Océanie », avec un sens plus restreint qu'actuellement puisqu'il désigne seulement les îles du Pacifique Sud. Dans son *Précis de géographie universelle* (1813), Conrad Malte-Brun (1775-1826) propose à son tour le néologisme d'« Océanique » pour cette « cinquième partie du monde [qui...] se trouve située tout entière dans le grand Océan, l'océan par excellence »[109].

LA « CINQUIÈME PARTIE DU MONDE »

Mais qu'est-ce donc, cette « cinquième partie » ? Une simple partie, ou bien autre chose, un continent par exemple ? Les savants se posent la question, et l'évolution des éditions successives du précis de *Géographie élémentaire* rédigé par J.-B. Morin, « censeur des études au Lycée de Clermont-Ferrand » selon le colophon, montre la progression des choix. Selon l'édition de 1815, « il y a deux principaux continents : l'ancien qui renferme l'Europe à l'ouest, l'Asie à l'orient et l'Afrique au midi, et le nouveau, qu'on appelle Amérique, à l'ouest de l'ancien. [...] Outre ces quatre parties, il y en a une cinquième, que les géographes modernes appellent Océanique, et qui se situe entre l'Asie et l'Amérique »[110]. En revanche, selon l'édition de 1836, il y a trois continents, l'ancien, le nouveau « et le continent austral, nommé Océanie, qui se compose de la Nouvelle-Hollande, et d'une multitude d'îles éparses dans le grand Océan »[111].

En une vingtaine d'années, la métagéographie, telle qu'elle est vue par un inspecteur d'académie, se recompose donc. Les quatre parties de la Terre sont devenues cinq, puis les deux continents sont devenus trois. D'abord retenu (1815, 1827), le terme d'« Océanique » suggéré par Malte-Brun cède la place à « Océanie » (1836).

L'organisation interne de cette Océanie évolue également dans sa terminologie. Le même précis établit une trilogie en 1815 : premièrement, « Océanique du nord-ouest » (« îles de la Sonde, îles Moluques, îles Philippines ») ; deuxièmement, « Océanique centrale » (« Nouvelle-Hollande » ainsi qu'îles et archipels alentour comme « Nouvelle-Guinée », « archipels de Salomon », « Nouvelle-Calédonie », « Nouvelle-Zélande ») ; et troisièmement, « Océanique orientale ou Polynésie ». En 1827, aux deux premiers intitulés sont respectivement ajoutés « Notasie » et « Australie » ; « Polynésie » est maintenu pour le troisième.

Puis, en 1836, la trilogie devient « Archipel asiatique ou Notasie au nord-ouest », « Australasie ou Australie au sud-est de l'Asie » et « Polynésie entre l'Asie et l'Amérique »[112]. Le *Dictionnaire géographique universel* de 1830, rédigé par une pléiade de géographes (Humboldt, Malte-Brun, Langlès, Rosset...), confirme cette trilogie[113]. On voit ainsi que « Polynésie » s'installe, qu'il y a encore hésitation entre « Australasie » et « Australie », et qu'apparaît « Notasie ». Reprenons ces différents toponymes.

Le terme d'« Australie » (*Australia*), qui remplace le vague et mythique « Terra Australis incognita » de la géographie ptoléméenne, remonte à 1625. Il est alors forgé par l'archidiacre diplomate et géographe anglais Richard Hakluyt (1552-1616)[114]. Il est également utilisé en 1676 dans *La Terre Australe connue*, un roman de Gabriel de Foigny (1630-1692) qui décrit les aventures d'un personnage imaginaire dans un pays lointain. Un siècle plus tard, en 1771, le géographe écossais Alexander Dalrymple (1737-1808) le reprend dans *An Historical Collection of the Several Voyages and Discoveries in the South Pacific Ocean* pour désigner l'ensemble des terres situées dans le Pacifique méridional. Une vingtaine d'années plus tard encore, en 1794, les botanistes anglais George Kearsley Shaw (1751-1813) et James Edward Smith (1759-1828) évoquent « la grande île, ou plutôt le continent, d'Australie, d'Australasie ou de Nouvelle-Hollande » dans leur livre *Zoology and Botany of New Holland*[115].

On peut donc dire qu'au tournant des XVIIIe et XIXe siècles trois noms au moins — Australie, Australasie et Nouvelle-Hollande — sont en concurrence pour désigner un espace à peu près similaire. Le tri s'effectue au début du XIXe siècle avec Matthew Flinders (1774-1814), navigateur et cartographe britannique. Explorateur infatigable de l'Australie dès 1795, dont il est le premier à effectuer le tour en bateau (1803), il propage le terme d'« Australie » dans son récit de voyage à succès (*A Voyage to Terra Australis*, 1814). Le gouverneur de la Nouvelle-Galles du Sud, Lachlan Macquarie (1762-1824), l'utilise dans les dépêches qu'il envoie au Royaume-Uni, et demande le 12 décembre 1817 au ministère britannique des Colonies que ce nom soit officialisé. Sa demande est satisfaite par l'Amirauté britannique en 1824 (officiellement « Commonwealth of Australia » le 1er janvier 1901).

En 1833, le navigateur et explorateur français Jules Dumont d'Urville (1790-1842) propose une nomenclature géographique de la zone Asie-Pacifique précise et repérable grâce aux traits dessinés sur une carte. Il distingue cinq ensembles : l'« Asie » (comprenant le Japon, la Chine et s'étendant jusqu'au sud de la péninsule malaise) ; la « Malaisie » (comprenant les Philippines, Bornéo, l'Indonésie, les Moluques...) ; la « Mélanésie » (terme inventé par lui, comprenant l'Australie, la Nouvelle-Guinée, l'actuelle Mélanésie) ; la « Micronésie » (terme inventé par lui, comprenant en gros l'actuelle Micronésie plus Kiribati, l'archipel Ogasawara et les îles occidentales de l'archipel Hawaii) ; et la « Polynésie » (qui comprend le reste des îles du Pacifique, y compris la Nouvelle-Zélande et les îles orientales de l'archipel Hawaii)[116].

L'approche de Dumont d'Urville mélange des critères ethniques, linguistiques et topographiques selon les connaissances de l'époque, nous reviendrons sur ce point essentiel. Sa nomenclature en cinq ensembles connaît des fortunes diverses mais, bien que leur périmètre ait été reconfiguré sinon largement réduit, les quatre termes de Malaisie, Mélanésie, Micronésie et Polynésie sont toujours en vigueur.

Le terme de « Notasie » (*notos* = le sud en grec, donc « Asie du sud ») a moins de succès. Il est inventé sous le nom de « grand archipel de Notasie » en 1816 par Charles-Athanase Walckenaer (1771-1852), ingénieur, naturaliste, entomologiste, baron et homme politique français qui fait aussi de la géographie. Il recèle une quadruple dimension : immensité, insularité, midi, Asie. Walckenaer propose également une subdivision en trois autres archipels, composés des « îles Sumatriennes », des « îles Bornéennes » et des

« îles Philippines »[117]. Cet ensemble de la « Notasie » est exactement celui que reprend, sous ce seul nom, le *Dictionnaire géographique universel* de 1830. Certains tentent de l'étendre jusqu'à l'Australie, comme le cartographe Alexandre Delamarche (1815-1884) qui assimile la Notasie à la Nouvelle-Hollande (= l'Australie), mais sans succès[118].

Comme Malte-Brun l'explique à son tour en 1837, la Notasie désigne « les îles que l'on avait coutume d'appeler grand archipel d'Asie, archipel Indien, archipel d'Orient, et dans lequel on comprenait les îles Philippines, les Moluques, Célèbes, Bornéo, Sumâtra, ou plutôt Soumâtra, Java ; en un mot, toute la chaîne que l'on appelle les îles de la Sonde. Mais le nom de Notasie, qui signifie Asie méridionale, ne convenait point à cette division : M. Lesson, qui a visité ces archipels [en 1822-1825], et qui a reconnu que toutes les côtes des grandes îles sont peuplées de Malais, a proposé avec raison un nom plus exact, en appelant cette division Malaisie. C'est l'Océanie occidentale »[119]. Autrement dit, Notasie est remplacé par Malaisie.

Dans l'un des volumes de la première *Géographie universelle* (1837), Conrad Malte-Brun propose également le néologisme d'« Indo-Chine », qui désigne un espace comprenant péninsule Indochinoise et péninsule Malaise. Ce choix d'« Indo-Chine » est cohérent par rapport à la connaissance historique que les Européens ont de cette région qui relève des Indes orientales mais qui est également proche de la Chine. Sur plusieurs cartes européennes du XVIIIe siècle, l'ensemble actuel Birmanie-Thaïlande-Indochine est d'ailleurs politiquement rattaché à l'Inde, en fonction de la présence britannique et française. Il est également cohérent par rapport à l'histoire et à l'héritage socioculturel mêmes des pays concernés, doublement influencés par le monde indien et par le monde chinois dans des proportions que les savants discutent encore mais qui sont incontestables. « Indo-Chine » est un ancien terme que l'on retrouve par exemple (*Hindi-Sîn*) sur la carte arabe d'Al-Tûsî (1331), à son emplacement correct. Pour les frères Reclus, c'est un « nom équitable, faisant égale part à deux grandes influences historiques »[120]. De fait, l'utilisation d'« Indo-Chine », ou d'« Indochine » sans trait d'union, se répand rapidement jusqu'à ce que l'achèvement de la colonisation française, à laquelle ce nom finit par s'attacher, y mette un terme.

Élisée Reclus adopte le découpage de Malte-Brun, mais, pour la terminologie, à « Malaisie », il préfère le néologisme « Insulinde » (1883), forgé en 1859 par Eduard Douwes Dekker (1820-1887), et qu'il contribue à populariser. Selon lui, « l'ensemble des terres qui se prolonge au sud-est de l'Indo-Chine, de Sumatra à la Tasmanie, constitue, malgré sa rupture en îles distinctes, un corps terrestre analogue à l'Afrique et à l'Amérique méridionale... Que sont toutes ces terres, sinon un continent brisé, prolongeant les Indes dans l'hémisphère méridional ? C'est à bon droit que l'on a donné le nom d'Insulinde aux terres équatoriales qui continuent l'Indo-Chine au milieu de l'Océan »[121].

Selon la légende d'une carte d'Élisée Reclus, « la dénomination Australasie comprend l'Australie, la Nouvelle-Zélande, les îles Fidji, la Papouasie anglaise et les îles intermédiaires »[122]. Il la considère plus précisément comme étant l'ensemble colonisé par le Royaume-Uni dans cette partie du monde[123]. Ces appellations d'« Australasie », de « Notasie » et d'« Océanie occidentale » tombent par la suite en désuétude[124]. Simultanément, le terme de « Malaisie » se restreint à la péninsule ou à l'État malais.

L'appellation « Asie du Sud-Est », qui renvoie de nos jours à l'espace des dix pays de l'A.S.E.A.N. (« Association of South-East Asian Nations »), revêt une apparence plus neutre. Désormais familière, elle ne doit pas faire oublier son élaboration complexe et laborieuse. Proposée par l'anthropologue britannique J. R. Logan en 1847, elle est surtout utilisée par les Anglo-Saxons (Britanniques, Américains, Germains) à partir de la fin du XIXe siècle (« South-East Asia », en faisant abstraction ici des différentes orthographes). Le géographe Jules Sion (1879-1940) est, en France, l'un des premiers à l'adopter comme combinaison de « l'Indochine » et de « l'Insulinde » (1928)[125].

J. R. Logan propose également le terme d'« Indonésie » en 1850 (*Indonesia*). Celui-ci ne sera adopté qu'après l'indépendance des Indes néerlandaises (août 1945-décembre 1949). Ce terme est en effet choisi par les nationalistes indonésiens, non sans paradoxe puisqu'il est d'étymologie gréco-occidentale et proposé par un Occidental, comme étant le mieux à même de transcender les différences socioculturelles au sein de l'archipel insulindien et de donner corps géographique à un projet nationalitaire.

Suivant les approches, les pays d'Asie du Sud-Est sont reliés au monde indien (Élisée Reclus, C. J. Pelzer) ou, dans leur partie péninsulaire et insulaire, à l'Asie orientale. Cette conception spatiale, qui prolonge la tradition des « Indes orientales », ne semble plus d'actualité mais un anthropologue célèbre comme Donald K. Emmerson propose de nos jours encore une « Asie du Sud-Est » comprenant Ceylan, Andaman, Nicobar, Assam, Yunnan, Hainan, mais excluant les Célèbes ou les Philippines qu'il fait appartenir à la « zone Pacifique »[126].

L'appellation « Asie du Sud-Est » ne se généralise qu'à l'issue de la Seconde Guerre mondiale. Cette consécration est due à un contexte géopolitique fort, celui de la victoire américaine en Asie orientale au cours de la Seconde Guerre mondiale puis de la Guerre froide qui oppose des blocs de pays. La subdivision entre « Northeast Asia » et « Southeast Asia », de part et d'autre du tropique du Cancer en gros, correspond à un partage des tâches militaires et à une cartographie de l'Asie concoctée par l'Armée américaine en 1944-45.

L'appellation d'Asie du Nord-Est reste cantonnée aux sphères militaires tandis que celle d'Asie du Sud-Est se voit confortée concrètement par un jeu d'alliance pro-américaine entre les États de la région. Avant de devenir un regroupement privilégiant la coopération économique et culturelle, l'A.S.E.A.N. est née en pleine guerre du Viêt-nam, en août 1967, et comme bloc anticommuniste. Avant de s'étendre à l'ensemble des pays de la région, et de s'adjoindre même des États encore officiellement marxistes-léninistes comme le Viêt-nam (1995) et le Laos (1997), elle ne concerne au départ qu'un noyau dur de cinq pays : Indonésie, Malaisie, Philippines, Singapour et Thaïlande.

CONCEPTION RACIALISTE *VERSUS* CONCEPTION HUMANISTE

Sous l'apparente bonhomie des toponymes concernant les îles au large sud-oriental de l'Asie, et au-delà même de la variété des propositions, se cachent en réalité plusieurs approches parfois radicalement différentes au cours du XIXe siècle. Elles sont cruciales, ce que traduit l'abondance des néologismes. Elles sont réelles, ce qu'exprime directement l'étymologie des mots choisis. Deux tendances opposées se dessinent en effet.

L'une, qu'on peut qualifier de « racialiste », met en avant des critères surtout ethniques (Malaisie, Mélanésie), sur fond de théorie des races en cours d'élaboration (Dumont d'Urville, Lesson) ; elle recoupe explicitement un projet colonial. L'autre, que l'on peut qualifier d'« humaniste » au sens large, préfère des toponymes fondés sur l'orientation cardinale, non seulement parce qu'ils sont supposés plus neutres mais aussi parce qu'ils situent les espaces concernés par rapport à l'ensemble du monde (Malte-Brun, Dekker, Reclus).

Ces deux tendances sont cristallisées par plusieurs facteurs et acteurs, qui n'excluent pas des positions moins tranchées. Il existe d'abord une distinction entre explorateurs et géographes, au sens strict. Les explorateurs, souvent des navigateurs, ont une formation intellectuelle et scientifique assez poussée, ils sont plus ou moins savants. Ce sont en quelque sorte des amateurs éclairés, par goût, par plaisir, mais aussi par nécessité car ils ont un commanditaire politique : la Marine, c'est-à-dire l'État. Ils dépendent directement d'un projet politique, lié au colonialisme. Ils y participent concrètement.

Un même fil relie ainsi Richard Hakluyt, l'un des plus ardents propagandistes de l'expansion anglaise vers l'outre-mer au cours de l'époque élisabéthaine, à Alexander Dalrymple, explorateur puis hydrographe employé par la British East India Company (1600-1874). Tous les deux se retrouvent sur le toponyme « Australie ». Dalrymple contribue au succès de la première circumnavigation mondiale de James Cook (1728-1779), le premier Européen connu à fouler la côte orientale de l'Australie, en 1770.

Les explorateurs navigateurs deviennent géographes par la force des choses (Dalrymple, Flinders), toujours au service d'un projet colonial. Ils sont d'ailleurs symboliquement et géographiquement récompensés par le pouvoir, qui donne leur nom à plusieurs lieux (détroit de Cook, île, lac et rivière Macquarie, Flinders Peak, mer, base antarctique Dumont d'Urville...).

Les géographes, disons de métier, voyagent également, mais ils ne sont pas forcément des explorateurs au sens de pionniers ouvrant de nouveaux espaces. Ils restent paradoxalement éloignés ou absents du terrain[127]. Élisée Reclus, grand voyageur (sauf en Asie), est une exception, mais il arrive de toute façon sur des terres déjà connues. Leur tâche est de faire la synthèse, et d'écrire des livres dans leur bureau. Leur rapport au pouvoir n'est pas conditionné de la même manière que celui des navigateurs liés aux expéditions. En revanche, ils dépendent du résultat de celles-ci. Leur réflexion a un plus grand potentiel de liberté. Ils peuvent aussi se placer en position de conseiller, d'expert. Dans son *Histoire des navigations aux Terres Australes*, de Brosses envisage ainsi un projet de colonisation.

Les botanistes oscillent entre ces deux catégories. Eux aussi, ils sont souvent des savants de cabinet. Les fondateurs de la Société linnéenne de Londres (1788), Shaw et Smith (Australie, Australasie), qui jettent les bases de l'écologie australienne et de la terminologie de ses espèces, n'ont jamais mis les pieds là-bas. Ils travaillent à partir de ce que les explorateurs leur rapportent. Historien sans être botaniste, mais ami et condisciple de Buffon, Charles de Brosses (Océanie, Australasie, Polynésie) a certes voyagé en Italie, mais il ne s'est jamais rendu dans les Terres Australes dont il fait une compilation des différentes expéditions. Au passage est confirmé le lien historique qui unit la botanique et la géographie à la fin du XVIIIe siècle et tout au long du XIXe siècle, d'Alexander von Humboldt à Charles Flahault.

En revanche, René Primevère Lesson (1794-1849), médecin, explorateur et naturaliste (botaniste, ornithologue), accompagne Dumont d'Urville dans ses explorations. Par rapport au profil classique des Lumières qui caractérise les naturalistes précédents, Dumont d'Urville et Lesson incarnent un autre type d'approche intellectuelle. Ils partagent la démarche de l'époque qui met en avant la couleur de la peau, et qui s'interroge sur la présence intrigante de « Nègres » dans cette partie du monde, l'Océanie. Au sein de l'élite savante européenne, le naturalisme laisse alors la place à la « zoologie », et l'humanisme à la théorie des races[128].

Dans un mémoire, Lesson explique clairement comment il passe de l'étude des animaux à celle des hommes, et en quoi la méthode de classification naturaliste peut s'appliquer à celle des hommes. Certes, l'homme, écrit-il, est une « créature privilégiée par la nature, son existence semble résumer en elle toute la puissance de Dieu [...], c'est une espèce une et indivisible »[129]. Mais rien ne l'empêche de faire des catégories, et de les hiérarchiser. Selon Lesson, au sommet se trouve la race blanche : « La plus parfaite par ses formes [...], la plus belliqueuse de toutes, et aussi la plus entrepreneuse et la plus civilisable. » En bas, il y a la race nègre : « Sans être inférieurs dans l'acception du mot aux autres races, ils [les nègres] ne présentent toutefois des capacités supérieures que par accident »[130].

L'évolution de la race est de surcroît couplée à l'évolution historique, politique et socioculturelle, ainsi qu'à un déterminisme climatique : « Les nègres [...] sont enclins à une grande paresse, organisés pour vivre dans des climats brûlants, ils n'ont ni la persistance, ni la ténacité de conception des races blanche et jaune »[131]. Même si Lesson reproche à Dumont d'Urville d'avoir copié un mémoire qu'il lui avait remis sur la question, ils sont en accord sur la démarche : proposer des néologismes spatiaux qui se réfèrent clairement à une dimension ethnique, comme « Malaisie » (Lesson, Dumont d'Urville), et « Mélanésie » (Dumont d'Urville, lequel reprend le terme de « mélanien » inventé en 1825 par Jean-Baptiste Bory de Saint-Vincent, un botaniste qui cherche à répertorier une dizaine de races humaines). Autrement dit, il s'agit pour eux de racialiser la géographie par la toponymie.

L'enjeu colonial décrit par Serge Tcherkézoff à propos de la Polynésie ressort également dans le choix d'« Australie » qui, contrairement à « Australasie », permet de détacher le « nouveau continent » de l'Asie, c'est-à-dire des masses asiatiques jaunes. « Mélanésienne » chez Dumont d'Urville, l'Australie ne peut l'être que provisoirement. Les Britanniques préfèrent en faire une colonie blanche, même dans le nom (Hakluyt, Dalrymple, Smith, Shaw, Flinders, Macquarie...). Au sein de ce dispositif, le terme de « Notasie » (Walckenaer, Malte-Brun...) apparaît ainsi à la fois trop neutre et trop connecté à l'Asie : il disparaît de la nomenclature britannique et européenne.

La question ethnique concernant l'Australie rebondit avec le Japon lorsque celui-ci se voit refuser en 1919 un amendement sur « l'égalité des races » au sein de la S.D.N. C'est alors autant une prétention de supériorité raciale que la peur d'une colonisation massive par les Asiatiques (Japonais, Chinois) de certaines terres occidentales (Californie, Australie) qui poussent les puissances occidentales à rejeter cet amendement[132].

La position sociale et idéologique constitue un autre facteur de polarisation. Le statut ou l'engagement révèlent la conviction de chacun. Dumont, seigneur d'Urville, militaire et officier, est un soutien important de la monarchie restaurée. Lesson est chirurgien, pharmacien, promu chevalier de la Légion d'honneur par Charles X. Lachlan Macquarie est général de division. En revanche, Malte-Brun (Indo-Chine, Océanique, Océanie) quitte son Danemark natal pour la France car acquis aux valeurs de la Révolution française. Eduard Douwes Dekker, alias Multatuli, ancien administrateur colonial dans les Indes néerlandaises (1838-1856) mais dégoûté par sa fonction, proche des milieux socialiste et libertaire, dénonce l'exploitation des indigènes dans un roman devenu célèbre, *Max Havelaar* (1860). Élisée Reclus (Insulinde) est communard et anarchiste. Ceux-là auront droit, au mieux, à un nom de rue[133].

Le terme d'« Insulinde », inventé par Dekker, est donc préféré à « Malaisie » par Élisée Reclus, car il offre l'avantage d'être déconnecté d'une perspective nationaliste et raciale (1883). En 1894, Reclus ajoute : « Nous devons réintégrer dans l'Ancien Monde les îles de l'océan Indien qui font cortège aux péninsules gangétiques, et tous les groupes d'îles qui s'étirent sur l'immensité maritime vers l'est, vers l'Amérique, puisque, par les migrations et les contre-migrations de leurs habitants, par leurs légendes et leurs traditions, et par tout le témoignage de leur évolution historique, ces territoires océaniques forment du reste une partie du même cercle que l'"Outre-Asie" [*Farther Asia*] »[134]. Cette précision est conforme à la logique reclusienne. Les espaces et les peuples s'insèrent dans la même aire de civilisation par le jeu des dynamiques migratoires et des histoires communes. C'est le mouvement, l'échange, qui crée l'identité, et non le seul lieu de naissance ou l'appartenance ethnique. De fait, Reclus trace deux grands mouvements historiques de civilisation, l'un vers l'est, les mers de Chine et le grand Océan (Pacifique), l'autre vers l'ouest, vers la Méditerranée et l'autre océan, l'Atlantique. C'est à la civilisation qui parviendra à franchir ces océans, et donc à gagner l'Amérique, que reviendra un avantage décisif.

La distinction entre explorateurs colonialistes et géographes humanistes n'est pas surdéterminée par la rivalité impérialiste entre la France et le Royaume-Uni, les deux puissances qui, au cours du XIXe siècle, s'affrontent pour découvrir et s'approprier de nouvelles terres en Asie, en Océanie et en Afrique. Dalrymple et de Brosses entretiennent une correspondance. Cook et Bougainville se respectent. Malte-Brun, Dekker et Reclus font fi de leur origine nationale : ils partagent des convictions et des valeurs communes.

LA TRIPARTITION OCCIDENTALE DE L'ASIE À LA FIN DU XIXe SIÈCLE ET AU DÉBUT DU XXe SIÈCLE

Reste posée la question d'un ensemble qui se situe à une échelle encore plus vaste, qui constituerait en quelque sorte le super regroupement de ces regroupements. Deux expressions sont possibles et disponibles dans le champ lexical : « Asie orientale » et « Extrême-Orient ». Aussi étonnant que cela puisse sembler, elles apparaissent assez tard dans le vocabulaire européen. Jusque-là, comme on l'a vu, c'est le terme « Orient » qui est choisi, soit comme substantif adjoint d'un qualificatif de pays, comme « Orient chinois », soit, inversement, adjectivé après un nom de pays, comme « Indes orientales ».

À une échelle macro, c'est le terme « Asie » qui est utilisé. Il s'agit en ce cas d'un niveau absolument continental, qui renvoie d'ailleurs à la notion d'« Eurasie », qui ne sera pas traitée ici par commodité, de même que ne sera pas posée la question connexe de la Russie à situer en Europe ou en Asie, abordée par ailleurs[135]. Autrement dit, entre Asie et Chine, ou Asie et Inde, il n'y a pas d'ensemble intermédiaire à une échelle semi-continentale. « Asie orientale » existe chez Élisée Reclus : c'est le titre du volume VII (1882) de sa *Nouvelle Géographie universelle*, qui comprend « l'Empire chinois, la Corée, le Japon » comme l'indique son sous-titre.

À la fin du XIXe siècle, une expression permet de faire le pont entre les deux Asies, l'Asie orientale et l'Asie du Sud-Est. C'est « Extrême-Orient », ou « Far East » chez les anglophones. Jusque dans les années 1940, cette appellation désigne la façade maritime orientale de l'Asie, non sans, parfois, un flou sur la distance vers l'intérieur du continent (Élisée Reclus, Pierre Renouvin, P. Treat, Driault...). Le moment exact où elle est apparue est difficile à repérer, comme le signale Gérard Siary[136]. Surtout, l'espace qu'elle recouvre vraiment reste très général.

En fait, on ne peut pas réfléchir sur la conceptualisation de l'« Extrême-Orient » sans prendre en compte celle du « Proche-Orient » et du « Moyen-Orient ». Car elle en découle. C'est un découpage géographique général du continent, une vision d'ensemble de l'Asie qui est en œuvre, une vision européenne. Ainsi que le souligne Vincent Capdepuy, cette « tripartition de l'Orient » à la fin du XIXe siècle « résulte de la mainmise de l'Europe sur l'ensemble de l'Asie »[137]. Comme un jeu de dominos géographique, définir un sous-ensemble aboutit logiquement à définir l'autre.

D'après l'historien américain Roderic H. Davison (1917-1996), spécialiste du Moyen-Orient, c'est à partir de l'Extrême-Orient que s'élabore la tripartition[138]. La victoire du Japon sur la Chine et la compétition entre puissances occidentales en Chine auraient opéré un glissement sémantique à propos de la « question orientale » telle qu'elle se posait jusque-là vis-à-vis de l'Empire ottoman chez les États européens.

L'expression de « Far East » apparaît coup sur coup dans deux récits britanniques. À l'origine, il s'agit pour les deux auteurs de raconter leur vie, sinon leurs exploits, aventureux et commerciaux pour l'un, militaires pour le second, mais ils souhaitent également servir l'Empire britannique par leur expérience et leur témoignage. Leur préoccupation transparaît d'ailleurs déjà dans le titre de leur livre : *Trade and Travel in the Far East* de G. F. Davidson (1846) et *Military Service and Adventures in the Far East* de Daniel Henry Mackinnon (1849). Il leur paraît superflu de préciser ce qu'ils entendent par « Far East », la définition étant donnée dans leur sous-titre, quoique s'appliquant à deux espaces différents. Soit, pour le premier :... *or Recollections of twenty-one years passed in Java, Singapore, Australia and China*[139] ; et pour le second : ... *including sketches of the campaigns against the Afghans in 1839, and the Sikhs in 1845-6*[140]. Autrement dit, le Far East correspond en gros à la façade Pacifique de l'Asie, de la Chine à l'Australie, selon Davidson, à l'Afghanistan et à l'Inde selon Mackinnon. Mais, dans leur logique, peu importe cette différence spatiale, la cohérence étant accomplie par la domination et les intérêts britanniques, par l'objectif à atteindre ou maintenir. Ce Far East métagéographique reste vague car porteur de toutes les conquêtes sans limites. Pendant ces années 1840-1850, il correspond à un fantasme des soutiers de l'Empire britannique charmés par le business ou le coup de fusil, se substituant à un vieil Orient centré sur l'Empire ottoman.

Le référencement spatial se précise au cours des décennies suivantes, en se décalant vers le monde sinisé. Léon de Rosny (1837-1914), orientaliste français qui a vécu au Japon, spécialiste d'ethnologie et de religion, est probablement l'un des premiers à parler d'Extrême-Orient, en 1861. Il le fait dans le cadre d'une description de la « civilisation japonaise », mais sans définir le terme. Vu le contexte de son propos, il s'attache essentiellement aux îles japonaises, voire, sur un plan culturel (la céramique), en les associant à la Chine[141]. Dans un ouvrage de 1862, le diplomate britannique Rutherford Alcock (1809-1897) admet la reconnaissance forcée d'un autre Orient pour sa génération, « un Orient, loin au-delà du Gange »[142].

Le terme d'« Extrême-Orient » apparaît dans des titres d'articles ou de récits de voyage comme *Le Japon de nos jours et les échelles de l'Extrême-Orient* (1877) de Georges Bousquet, juriste parti enseigner le droit au Japon de 1871 à 1876. Son livre est très lu. C'est lui qui annonce une « question d'Extrême-Orient », une expression qui aura beaucoup de succès et qui sera reprise en 1946, par exemple, dans le titre d'un livre de Pierre Renouvin souvent cité en France[143]. Bousquet l'assortit de la perspective d'une invasion démographique et militaire de l'Occident par les Asiatiques. Les prémices du « péril jaune », cher au Kaiser Guillaume II, sont ainsi tracées.

Dans son avertissement liminaire du premier numéro paru en 1901, le *Bulletin de l'École française d'Extrême-Orient* (*B.E.F.E.O.*) élargit le champ. Il indique sans ambages ce qu'il entend par « Extrême-Orient » : ce n'est « [...] pas seulement une réalité géographique, [mais aussi] une réalité historique, une trame de faits connexes [...] ». Il définit ainsi son espace : « Inde, Indo-Chine, Chine, Japon, Insulinde ». L'historien René Grousset adopte la même définition au cours des années 1920.

Ainsi est « Extrême-Orient » tout ce qui se situe à l'est de la Perse. Est réglée l'aporie tracée par Hegel dans sa *Philosophie de l'histoire* (1822-1830), qui distingue trois Asies — une *Vorderasien* (comprenant le Proche-Orient, l'Asie centrale et l'Égypte), une *Hinterasien* (Chine, Mongolie), plus l'Inde qu'il place au milieu. Avec les orientalistes français patentés, l'Inde bascule du côté de la Chine. C'est à la même période, en 1898 précisément, qu'apparaît le terme « Middle East » dans le monde anglo-saxon, d'abord dans les journaux[144]. Il induit un « Proche-Orient » (« Near East ») se substituant à des termes anciens comme « Levant ».

Au début du XXe siècle, l'Orient est donc divisé métagéographiquement, et géopolitiquement, en trois : Proche-Orient, Moyen-Orient et Extrême-Orient. Chaque région est centrée sur un pays clef qui permet de laisser ouverte, et concurrentielle, la question de son périmètre, de ses limites, c'est-à-dire de ses frontières sur le terrain comme sur les cartes. L'Extrême-Orient est un cas particulier puisque le centrage se fait sur deux grands pays, l'Inde et la Chine, voire sur quatre ensembles si l'on y ajoute le Japon et les pays d'Asie du Sud-Est.

À partir des années 1920, à l'issue de la Première Guerre mondiale et du démembrement de l'Empire ottoman, le « Proche-Orient » se fond en quelque sorte dans le « Moyen-Orient ». Celui-ci se voit doter, par son simple adjectif de « moyen », d'une position d'« intermédiaire » entre l'Europe, la Russie, l'Inde et l'Afrique, d'où, d'ailleurs, le nombre incessant de guerres qui s'y déroulent. Le découpage en trois puis en deux de l'Orient et sa situation d'interface aboutissent également à « désasiatiser » le Moyen-Orient. On ne parle plus ainsi d'« Asie antérieure » (expression proposée par Carl Ritter en 1859, reprise par Élisée Reclus en 1884), ni d'« Asie occidentale » (Raoul Blanchard en 1929, Pierre Gourou en 1953), deux expressions qui cherchent d'ailleurs à se dégager d'un européocentrisme puisqu'elles se positionnent par rapport à l'Asie seule. Quant à l'Asie mineure, on ne l'évoque presque plus, ou alors dans un sens très étroit à propos de la partie non européenne de la Turquie.

Par contrecoup, l'Extrême-Orient incarne vraiment l'Asie, il devient hyper asiatisé. Symétriquement, l'Asie est extrême-orientalisée. La connotation radicale et totale du mot « extrême » en français, à la fois adjectif et substantif, dépasse la référence à un positionnement éloigné, sens auquel se cantonne l'anglais *far*. Elle contribue à une fantasmagorie occidentale sur cette région qui incarnerait la vérité de l'Asie, et de l'Orient. La situation y est extrême, elle y est tendue, lointaine, profonde. Par un véritable retournement des choses, au lieu d'être reléguée à l'extrémité du monde, cette Asie redevient le cœur de tout, le centre, le berceau des premiers hommes et des premières religions. Le périmètre choisi par l'École française d'Extrême-Orient apparaît ainsi judicieux, pertinent, légitime. L'« Asie orientale » en est alors considérée comme une partie. Son périmètre est réduit à l'ensemble sinisé Chine-Japon-Corée (Élisée Reclus en 1882 ; Karl Haushofer en 1920 ; Jules Sion en 1928). On y adjoint parfois le Viêt-nam, considéré comme largement sinisé (Pierre Gourou en 1953 ;

Arnold Toynbee en 1959 ; Albert Kolb en 1963 ; Jacques Pezeu en 1977).

On parle évidemment d'une « question d'Extrême-Orient ». Mais la problématique spécifique à l'Inde, d'une part, et l'importance géopolitique croissante de la Chine, d'autre part, conduisent peu à peu à la resserrer sur le seul monde sinisé, avec des variations. Elle est d'abord restreinte à l'Indochine chez l'officier de la Légion étrangère Albert de Pouvourville (*La Question d'Extrême-Orient*, 1900). Elle est étendue à l'ensemble de la façade Pacifique de l'Asie chez l'historien Émile Gaspardone (*Histoire de l'Extrême-Orient*, 1949). Elle est ensuite concentrée sur la Chine, la Mandchourie, la Corée et le Japon chez Thomas Franklin Millard (*America and the Far Eastern Question*, 1909). À cet ensemble, Pierre Renouvin (*La Question d'Extrême-Orient, 1840-1940*, en 1946) ajoute l'Indochine composée de « quatre États » (Annam, Siam, Birmanie, Cambodge). C'est ce périmètre qui devient l'interprétation dominante.

Les politiques internationales transforment donc l'Extrême-Orient tel qu'il était conçu par l'École française d'Extrême-Orient. Elles lui enlèvent l'Inde, elles font passer au second plan la dimension culturelle, et se concentrent sur le domaine géopolitique autour de la Chine. Logiquement, les responsables de cette réorientation auraient dû l'appeler la « question d'Asie orientale », mais la formulation est probablement moins percutante que celle de « question d'Extrême-Orient ». En outre, dans la mesure où l'Inde est évacuée et que les auteurs concernés sont plutôt français ou américains, on peut également y voir une mise à distance de l'Empire britannique et de sa problématique.

En 1928, Jules Sion propose, dans la *Géographie universelle*, un nouveau concept géographique, celui d'« Asie des moussons », qui englobe l'Inde, l'Asie orientale et l'Asie du Sud-Est. Bien que rencontrant d'abord un vif succès, surtout en France, cette appellation est peu à peu déconsidérée car jugée trop proche d'une interprétation déterministe, la « mousson » étant un phénomène climatique qui n'induit pas forcément un type identique de société. En outre, tant sur les critères climatologiques qu'anthropoculturels, les scientifiques délimitent différemment le périmètre de la mousson, et donc celui de l'Asie lui correspondant. Certains auteurs japonais refusent même d'y inclure le Japon qu'ils considèrent comme étant historiquement, socioculturellement, politiquement, voire climatologiquement détaché de celle-ci[145].

Après 1945, l'« Extrême-Orient » se réduit à l'ensemble Chine-Japon-Corée, augmenté parfois de la Mongolie ou du Viêt-nam (Gourou en 1953, Jean Delvert en 1976, Jacques Pezeu en 1977). Les mêmes auteurs l'assimilent à l'« Asie orientale », comme le faisaient déjà des auteurs plus anciens ainsi qu'on l'a vu (Reclus, Haushofer).

Par la suite, d'autres auteurs définissent l'« Asie orientale » sur la base d'un périmètre plus large qui inclut Singapour (Rozman en 1991), les pays d'Indochine (Nora Wang en 1993) ou même toute l'Asie du Sud-Est (Godement en 1993, Gipouloux en 1993, Domenach en 1993)[146]. Les critères d'échanges économiques et de « régionalisation politique » autour de l'A.S.E.A.N. sont à la base d'une telle redéfinition. L'espace de cette « Asie orientale » contemporaine est en fait à peu près le même que celui de l'« Extrême-Orient » des années 1920, 1930 et 1940.

Chapitre VIII

LES COURANTS MÉTAGÉOGRAPHIQUES CONTEMPORAINS

> *Dans un royaume de la Chine ancienne, le général en chef réunit ses treize généraux pour savoir s'ils doivent attaquer l'ennemi. Les avis sont partagés. Cinq généraux refusent d'engager le combat, huit veulent aller à la bataille. Ces derniers sont la majorité. Cependant l'avis qui réunit huit voix ne l'emporte point sur l'avis qui en réunit cinq. Car cinq, c'est presque l'unanimité, la totalité qui s'impose, qui est bien autre chose que la majorité...*
>
> Anecdote rapportée
> par Chaoying SUN-DURAND,
> d'après Marcel Granet[1].

Quelle est la réaction des Asiatiques eux-mêmes face à cette métagéographie européenne de l'Asie à l'orée du XXe siècle ? S'y reconnaissent-ils, la rejettent-ils, l'adoptent-ils ? Et quelle serait une identité asiatique commune à tous ces peuples ?

Constatons d'emblée que si la catégorie d'Extrême-Orient n'est pas appréciée des Asiatiques, celle d'Asie est quasi unanimement acceptée. Cette reconnaissance résulte d'une incubation accomplie pendant près de quatre siècles par la géographie riccienne, avec sa terminologie afférente écrite — rappelons-le

— en caractères chinois (ch. *Yaxiya* ; j. *Ajia*), et par ses compléments ultérieurs. En revanche, le contenu donné à cette Asie, quel que soit son périmètre, soulève un grand nombre de questions.

Au Japon, la remise en cause, dès le début du XVIIIe siècle, de la centralité chinoise et la meilleure connaissance de la situation européenne posent l'esquisse d'une nouvelle métagéographie. Le débat opposant Arai Hakuseki et Ogyû Sorai a décentré la Chine, décadente et conquise par des étrangers mandchous, et redonné confiance au Japon. L'histoire prend un sens car il n'y a pas de peuples nés confucéens, mais des peuples qui le deviennent par choix, ce qui interroge la spécificité de la culture du pays[2].

Une génération plus tard, d'autres penseurs japonais franchissent un cran supplémentaire en estimant que le Japon, désormais, peut incarner « l'efflorescence centrale » par sa valeur morale et son indépendance. Cette théorie, intitulée postérieurement *Nihon chûka-ron* (« Théorie du Japon comme efflorescence centrale »), est véhiculée par plusieurs lettrés dont Yoshida Shôin (1830-1859), probablement le plus influent à l'époque et ensuite. Leur nativisme se distingue de l'héritage sinisé et se recentre sur le Japon.

S'y superpose une autre distinction, à l'échelle macro cette fois, entre Orient et Occident, qui intègre le Japon et la Chine à l'Orient. Dans ses influents *Contes de l'Occident* (*Seiiki monogatari*, 1798), Honda Toshiaki s'efforce de raisonner de façon matérialiste et scientifique, en cherchant ses arguments auprès des scientifiques occidentaux, comme le géographe Johann Hübner. Le « Centre d'étude des écrits barbares » (*Bansho shirabesho*), fondé par le shôgunat en 1855, devient « Centre d'étude des écrits occidentaux » (*Yôsho shirabesho*) en 1862. Ce changement d'intitulé reflète le nouveau regard que portent le pouvoir politique japonais et l'élite lettrée sur ce qui se situe hors du Japon et hors de la sphère civilisée sinisée traditionnelle.

En lançant le mot d'ordre d'« éthique orientale, technique occidentale » (*Tôyô dôtoku, seiyô geijutsu*), appelé à une belle fortune tant au Japon qu'en Chine, le *samurai* néoconfucéen et moderniste Sakuma Shôzan (1811-1864) cristallise un paradigme qui oppose la spiritualité orientale à la technicité occidentale, au risque de la caricature. Outre le fait qu'il existe une spiritualité en Occident et une technologie en Orient, même si celle-ci semble alors dépassée, il induit aussi une conception idéaliste de l'histoire reposant sur des valeurs.

L'ORIENT RENCONTRE L'ORIENT

Le rétablissement des relations diplomatiques entre le nouveau régime meijien du Japon et l'empire de Chine pose concrètement la question du positionnement métagéographique réciproque. Car, rappelons-le, depuis l'instauration du shôgunat Tokugawa et même avant, depuis les tentatives japonaises d'invasions continentales à la fin du XVIe siècle, les relations officielles sont réduites à presque rien entre les deux États. Bien que neutralisée, la situation s'est durcie au cours du XVIIIe siècle. L'empereur Kangxi interdit tout voyage outre-mer en 1684. Le shôgunat institue en 1715 un système de « licences officielles » (j. *shinpai* ; ch. *xinpai*) pour réduire le trafic maritime clandestin. Au cours des années 1720, Li Wei, le gouverneur de la province du Zhejiang, envoie à Nagasaki, avec l'accord de l'empereur Yongzheng, des émissaires pour explorer la possibilité de superviser ensemble la navigation commerciale. En 1728, il renforce le cantonnement des marchands chinois dans leur quartier de Nagasaki. Le shôgunat répond en 1729 par une lettre qui rappelle sa politique de repli. Le commerce entre le Japon et le continent reste toléré par les deux parties. Puis, plus rien, plus aucun échange diplomatique pendant un siècle et demi, jusqu'en 1870.

C'est le nouveau gouvernement japonais de Meiji qui souhaite d'abord le rétablissement des relations. Et c'est la situation en Corée — premier épisode d'une histoire qui sera de plus en plus douloureuse — qui l'y pousse. Pays voisin le plus proche, ayant déjà avec le Japon des relations officielles, abritant même dans le port de Pusan un quartier japonais, le *waegwan*, qui est un équivalent de l'enclave de Dejima, la Corée constitue l'une des premières préoccupations diplomatiques du nouveau régime japonais. En outre, avec l'abolition du système féodal, la famille des Sô sur Tsushima n'est plus là pour gérer les échanges nippo-coréens, au demeurant déclinants depuis la fin du XVIIIe siècle. Aucune ambassade coréenne ne s'est en effet rendue à Edo après celle de 1764, et la dernière, celle de 1811, ne dépasse pas Tsushima.

Mais la royauté coréenne oppose une fin de non-recevoir aux premiers contacts japonais. Elle refuse de reconnaître les documents prouvant le changement de régime japonais, car elle les considère comme non conformes à la tradition selon le principe des rites et du bien-nommer. Elle affirme, en substance, qu'elle est vassale de la Chine, puisqu'elle lui assure le tribut, et qu'une affaire de ce type doit être traitée avec la Cour chinoise. L'ambiguïté du statut diplomatique du shôgun vis-à-vis du roi de Corée, soigneusement entretenue par le clan des Sô qui avait un intérêt matériel à le faire, éclate au grand jour. Elle prend de court les dirigeants japonais.

C'est l'impasse, porteuse de nombreux drames. La situation provoque une tension au sein de l'oligarchie meijienne sur l'attitude à adopter, débat dit *seikanron* (« de la rectification de la Corée »)[3]. Les uns, jugeant qu'il s'agit d'une offense, désireux d'en découdre et préférant saisir l'occasion plutôt que la laisser aux Occidentaux, veulent une expédition militaire immédiate en Corée. Les autres, qui ne sont pas systématiquement hostiles sur le principe d'un coup de force, estiment que l'opération est prématurée. L'historiographie japonaise récente montre cependant que le bellicisme n'est pas forcément du côté de ceux que l'on croyait, et que la question a été instrumentalisée à des fins de règlements de comptes politiques internes[4].

Toujours est-il que l'impasse coréenne impose à l'État meijien de se tourner vers la Chine. En outre, une autre question le tracasse, celle des Ryûkyû et de leur appartenance territoriale. Le nouveau ministre des Affaires étrangères, Soejima Taneomi (1828-1905), est donc envoyé en Chine au printemps 1873 comme ambassadeur extraordinaire et ministre plénipotentiaire. Il a pour mission de régler les deux questions, ryûkyûane et coréenne, et, dans la foulée, d'ouvrir de nouvelles relations diplomatiques avec l'empire Qing. Le haut rang qui lui est donné montre combien le régime japonais attache d'importance à l'affaire. Ainsi, comme le résume l'historien McWilliams, « l'Orient va rencontrer l'Orient »[5].

Le ministre ambassadeur japonais Soejima dispose de plusieurs atouts. Il possède une excellente formation dans les textes classiques chinois et le confucianisme. Ayant déjà une expérience diplomatique, il s'entoure d'experts, dont un traducteur d'origine chinoise et vivant au Japon. Il choisit un conseiller américain, très bon connaisseur de la Chine et rompu à l'exercice diplomatique, le général de brigade d'origine française Charles Le Gendre (1830-1899), démissionnaire des services diplomatiques états-uniens. L'ambassade japonaise part sur un cuirassé, acheté en 1867 aux États-Unis, dans l'espoir d'impressionner les Chinois, mais, pour des raisons de navigation, elle débarque finalement à Tianjin sur un vapeur américain, à son grand désappointement.

L'hébergement de la délégation japonaise pose d'emblée les données du problème. Les Chinois proposent une maison traditionnelle, les Japonais préfèrent une maison à l'occidentale. Les Chinois sont habillés classiquement, les Japonais s'évertuent à porter le costume cravate à l'occidentale. Soejima lui-même arbore une moustache et une impériale à la Napoléon III. Li Hongzhang (1823-1901), haut dignitaire chinois, s'étonne de la présence d'un étranger au sein de la délégation japonaise — Le Gendre —, ajoutant : « Nous avons toujours passé des traités avant celui-ci, et nous n'avons jamais eu besoin d'étrangers pour nous conseiller ; pourquoi maintenant ? » Ce à quoi Soejima rétorque : « Nous avons peut-être changé de vêtements, mais ils nous vont bien, très bien même, et sur notre cuirassé que nous avons amené jusqu'en Chine il n'y a pas un seul étranger »[6]. En deux répliques, l'ambiance est tracée : le vieil ordre rituel qui tente de perdurer en Chine face à l'adaptation moderniste, résolue et voulue du Japon.

Li Hongzhang est néanmoins conscient de l'évolution du contexte international. Il profite du lourd cérémonial traditionnel pour louvoyer, soit pour retarder les échéances, soit pour faire avancer son point de vue au sein des traditionalistes chinois.

Car Soejima demande, au nom de l'empereur japonais, une entrevue auprès de l'empereur de Chine. Or il n'y a — n'est-ce pas — qu'un empereur au monde selon la Chine, le sien. Et le dernier entretien accordé par l'empereur de Chine à un représentant remonte à plus de quatre-vingts ans. C'était avec le Britannique Macartney, poliment éconduit on s'en souvient, au motif que la Chine n'a besoin de rien, surtout pas de ces choses venant de l'étranger, belles, certes, mais inutiles. En outre, depuis une vingtaine d'années, les ambassadeurs étrangers — de Russie, de Grande-Bretagne, des États-Unis, de France et des Pays-Bas — attendent également une entrevue, en vain. Selon le rituel diplomatique traditionnel chinois, c'est le premier ambassadeur arrivé à Pékin qui doit passer en premier. Recevoir d'abord l'ambassadeur japonais aurait donc le double inconvénient de contrevenir à l'étiquette et de mécontenter les puissances occidentales. Cela fait beaucoup.

C'est un casse-tête. Soejima s'en sort avec une habileté consommée, et une forte dose de patience puisqu'il attend plus de trois mois, après avoir essuyé moult déconvenues, atermoiements et subterfuges. Quand le prince émissaire de l'empereur chinois accepte enfin une rencontre préalable, il tombe subitement malade. Soejima montre sa tristesse, mais rompt les discussions. Le prince recouvre aussitôt la santé. En fait, Soejima bluffe les Chinois en jouant sur leur terrain. Quand les Chinois lui signifient qu'ils ne reconnaissent pas les méthodes diplomatiques internationales élaborées au congrès de Vienne (1815), que le Japon accepte, il déploie devant son visage un éventail où sont inscrits les cinq principes confucéens. Il demande alors distraitement si la façon dont il est reçu correspond à deux d'entre eux, la sincérité et le respect mutuel. Abasourdis puis retrouvant leurs esprits, deux ministres chinois lui demandent : « Au bout de combien de temps le souverain japonais a-t-il reçu un ambassadeur étranger ? » Soejima répond « au bout de six ans », et, ajoute-t-il, des officiels âgés, qui y étaient opposés, se sont d'ailleurs suicidés. Le ministre chinois Wen de s'exclamer : « Ah, voilà de vrais patriotes, et leur perte est regrettable ! » « Probablement, précise Soejima, mais ce qui est plus regrettable, c'est que ces hommes aient manqué d'intelligence et de jugement pour montrer leur courage et leur loyauté »[7]. Il enchaîne ensuite sur la menace que font peser les Occidentaux sur les pays d'Asie. Il conclut en faisant appel à une coopération entre la Chine et le Japon pour les contrer.

Convaincus, les Chinois acceptent d'organiser une entrevue japonaise avec l'empereur de Chine, mais Soejima n'est pas au bout de ses peines. Reste en effet à régler le rituel. Les Chinois réclament le cérémonial traditionnel d'obéissance : face à l'empereur, l'hôte doit se courber trois fois et s'agenouiller neuf fois (rite du *kou tou* ou *kow tow*). Les Japonais proposent trois courbettes, conformes à l'étiquette internationale. Les Chinois refusent. Soejima joue alors son va-tout et annonce qu'il rentre au Japon. Les Chinois renoncent, l'entrevue avec l'empereur chinois a lieu, Soejima passe en premier, vêtu à l'occidentale et gardant son sabre. Suivent ensuite les ambassadeurs occidentaux. La victoire diplomatique japonaise est totale.

Mais elle cache autre chose. Pendant les négociations sur le rituel de l'entrevue, des conseillers japonais discutent avec leurs homologues chinois des deux sujets qui tiennent vraiment à cœur au gouvernement meijien : la Corée et les Ryûkyû. Sur le premier point, les Chinois répondent qu'ils n'ont pas à se mêler des affaires coréennes. Sur le second, ils laissent entendre que les Japonais peuvent punir les aborigènes de Taïwan qui ont tué cinquante-quatre Ryûkyûans débarqués sur l'île, parce que ces aborigènes ne sont pas considérés comme étant sous le contrôle de la loi chinoise. Les Japonais interprètent aussitôt cette position comme la reconnaissance du fait que ni Taïwan ni les Ryûkyû ne sont considérés comme chinois par la Chine.

En réalité, l'interprétation japonaise entre déjà dans l'ordre spatial moderne occidental, où le contrôle d'un territoire implique le contrôle de tous ses habitants. Inversement, les diplomates chinois gardent leur conception habituelle, où sont sujets de l'empire les populations civilisées, c'est-à-dire sinisées ou reconnaissant l'ordre chinois. Pour eux, ce n'est pas le cas des aborigènes de Taïwan. Cette conception est celle qui leur a fait autrefois céder Macao aux Portugais, ce que leur reproche d'ailleurs vivement la délégation Soejima.

On devine les conséquences des interprétations respectives. Les Japonais sont prêts à s'emparer des Ryûkyû, ce qu'ils font six ans plus tard, en 1879, et à envahir Taïwan à la suite d'une expédition punitive, ce qu'ils font dès 1874, mais en se retirant après un échec militaire. En revanche, ils diffèrent toute attaque armée envers la Corée, ce qui provoque la colère des partisans du *seikanron* et la démission de certains d'entre eux, comme Soejima lui-même. La politique japonaise de la canonnière en Corée aboutit cependant en 1876 par la conclusion du traité de Kanghwa avec le royaume de Corée. Le problème dans cette affaire, c'est que les diplomates chinois, forts du tribut qui est encore échangé en 1876 entre le roi des Ryûkyû et l'empereur chinois, n'ont gardé aucune trace écrite des discussions sur les points abordés, contrairement à leurs homologues japonais qui ont donc beau jeu de faire valoir leur version des choses. La polémique qui en résulte n'est pas encore vraiment cicatrisée de nos jours. Or elle constitue le point de départ de l'affrontement militaire progressif entre le Japon et la Chine, et d'une incompréhension croissante.

L'issue de l'ambassade Soejima ne tombe pas du ciel côté chinois. Elle résulte de près de trois ans de débats internes, depuis la lettre que l'ambassadeur japonais Yanagihara Sakimitsu (1850-1894) apporte en septembre 1870, soulignant que de « récents changements dans la Civilisation se sont déployés en grande mesure » et que le Japon souhaite passer un traité avec la Chine comme il l'a fait avec les pays occidentaux[8].

Au sein de la Cour chinoise, trois positions coexistent, en gros. La première rejette comme hérétique tout alignement sur l'Occident, et par conséquent tout accord avec le Japon qui a *de facto* rejoint celui-ci. La deuxième, incarnée par Zuo Zongtang (1812-1885), alors gouverneur général des provinces du Fujian et du Zhejiang, considère que le Japon est un pays étranger, non tributaire, mais que son occidentalisation est à prendre en compte. La troisième, véhiculée par Li Hongzhang, Feng Guifen (1809-1874), lettré réformateur, ou Wang Tao (1828-1897), écrivain moderniste, considère que le Japon relève du monde sinisé, même s'il ne pratique plus le tribut, et qu'un processus d'occidentalisation peut être mené ensemble. On peut dire que c'est celle-là qui l'emporte. L'un des arguments qui pèsent dans la balance est le fait que le Japon ne s'est pas immiscé dans les problèmes intérieurs de la Chine pendant la révolte des Taiping (1850-1864), ce qui rompt avec la vision chinoise alors dominante d'un Japon constitué de « nains pirates », belliqueux et agressifs.

L'ambassade Soejima bouleverse donc l'antique métagéographie chinoise. Elle annonce les futures recompositions géographiques et géopolitiques en Asie orientale. Les Chinois n'en ont pas vraiment conscience puisqu'ils ont été séduits par la culture sinisée des Japonais, leur connaissance de la Chine, leurs bonnes manières, leur sens de l'étiquette — meilleur que ce que leur ont montré les Européens jusque-là. Ils l'ont d'ailleurs signifié à la délégation japonaise. Quelque part, ils se sentent encore du même monde. Ils croient que les Japonais leur paient une sorte de tribut culturel. La différence leur semble évidente en comparaison des Occidentaux, ou, plus simplement, des aborigènes de Taïwan, dont le statut de minorité barbare renvoie en fait à la question de la définition des Asiatiques. Mais, symboliquement, et concrètement, le vieil ordre planétaire chinois du *huayi* s'est brisé, ouvrant la route au nouvel ordre international dicté par le Japon, et par l'Occident. L'universalisme chinois n'est plus, les nationalismes adviennent.

LA RACE ET LA NATION S'EN MÊLENT

Les peuples et les dirigeants de la Chine, du Japon et de la Corée affrontent une double difficulté pour s'insérer dans la métagéographie asiatique. Car il leur faut à la fois repenser leur propre pays en fonction de l'Occident, de ses nouveautés conceptuelles et fonctionnelles, et repenser l'insertion du pays à un autre niveau, plus vaste, en fonction des mêmes critères. Or ceux-ci télescopent le changement d'échelle : l'Occident parle de nation pour un pays, mais plus pour un continent ou une partie de continent. Autrement dit, comment passer de la nation (chinoise, coréenne ou japonaise) à un ensemble plus large qui n'est plus une nation, *a priori*, mais qui est quoi : Orient, Asie orientale, Extrême-Orient, autre chose ? Et à partir de quoi ?

Deux conceptions apportées par l'Occident bouleversent totalement le débat : la nation et l'ethnie (ou la race dans la conception de l'époque). On peut y ajouter une troisième qui subsume généralement les deux autres : la science moderne. Le prestige de celle-ci, qui se manifeste par la supériorité technologique, en particulier dans les domaines économique et militaire, déteint sur les notions de nation et d'ethnie qui sont relativement étrangères à la tradition asiatique, ou du moins formulées de façon différente. En outre, la nation au singulier suppose les nations au pluriel, et le lien entre elles : internationalisme, cosmopolitisme ou même a-nationalisme. L'élaboration de l'État-nation, rendue nécessaire par la pression impérialiste occidentale sous peine de colonisation absolue ou de démembrement politique, s'accompagne donc des idées nationalistes, ou de leur critique. D'un point de vue intellectuel et pratique, cela fait beaucoup de changements sinon de contradictions à digérer.

En Asie orientale, la construction de l'État moderne, plus ou moins calqué sur l'État occidental, se confond avec celle de la nation moderne dans un processus accéléré sur quelques décennies, et imposé de l'extérieur. Ce qui se passe en Chine ou au Japon correspond au schéma décrit par Partha Chatterjee à propos des pays colonisés[9]. Au cours d'une première phase, la pensée nationaliste se pose en défense d'une tradition appelée nationale et considérée comme menacée par l'impérialisme. Cette posture est prise dans une contradiction entre conserver ou moderniser ladite tradition. L'issue choisie, puisque la modernisation est inévitable sous peine de disparition dans un rapport de force défavorable, tente de surmonter la contradiction par un dépassement de la rationalité et de la culture telles que celles-ci sont conçues par les Lumières européennes. Elle annonce le débat sur la postmodernité, qui explique le regain actuel d'intérêt à son égard en Asie orientale. Elle essaie de tracer une ligne définissant la nation au-delà de laquelle commence la trahison à celle-ci.

La seconde phase essaie de mobiliser le peuple et de le faire adhérer à une lutte anticoloniale tout en remettant en cause les structures de l'État. C'est ce qui se passe en Chine avec les Républicains, le Guomindang et le Parti communiste chinois, ou en Inde avec Gandhi. Au Japon, ce processus s'esquisse avec le Mouvement pour la liberté et les droits du peuple (J.M.U.) et les débuts du socialisme, mais il bute sur le devenir de l'impérialisme japonais. La troisième phase consiste dans l'organisation rationnelle du pouvoir, telle qu'on peut la constater avec l'Inde de Nehru, la Chine de Mao, le Taïwan de Tchang Kai-shek et le Japon de l'après 1945.

Au sein du peuple et de l'élite, la réflexion passe nécessairement par une analyse de ce qu'est l'Occident, et par une prise en compte des éléments de sa puissance. Elle aboutit fatalement à une intégration, plus ou moins partielle, ou à un rejet, plus ou moins absolu ou brutal, de ses techniques ou de ses valeurs. L'une des grandes questions qui se posent est le rapport entre la technologie et les valeurs socioculturelles : celle-ci est-elle dépendante ou indépendante de celles-là ? Et si elle est dépendante, à quel degré ? En fonction des parcours intellectuels, des statuts sociaux et de la dynamique historique, le curseur des réponses se situe à différents niveaux.

Le processus de transformation ou d'acculturation, quel que soit le terme qu'on choisisse, est violent. C'est le point commun de toutes les réponses. Il ne l'est pas seulement parce que pointent les armes occidentales et que s'imposent les traités inégaux, mais parce qu'il concerne la vie quotidienne, pas uniquement l'esprit ou les systèmes (politiques ou autres), il touche aussi le corps : les vêtements, la coiffure, la sexualité dans une large mesure — celle-ci étant d'emblée visée par la propagande chrétienne —, la cuisine dans une moindre mesure.

Si l'on prend l'exemple du Japon, les hommes n'ont plus le droit de porter le chignon, sauf les *sumôtori*, les fonctionnaires doivent porter le costume à l'occidentale, les bains publics ne sont plus mixtes, les divorces, très nombreux, qui se faisaient par consentement mutuel, simplement et rapidement, régressent sous le coup d'un resserrement de l'encadrement familial... On sait que ce sont les artistes, et singulièrement les écrivains, qui ont le mieux exprimé leur réaction à cette violence, et de façons diverses. Le débat, souvent réduit au rapport à la « modernisation » et à l'« occidentalisation », n'est d'ailleurs toujours pas clos, preuve de la profonde turbulence qu'un siècle et demi de guerres sauvages n'a guère apaisée.

Quelle Asie, alors, selon les Asiatiques ? Sa définition repose sur plusieurs critères, plus ou moins mélangés : culturels, ethniques, historiques, géographiques, politiques et allégoriques. Proche du critère utopique dans le sens où l'entend Raymond Ruyer, c'est-à-dire « exercice ou jeu sur les possibles latéraux à la réalité [...] au lieu de chercher, comme la théorie proprement dite, la connaissance de ce qui est », le critère allégorique est délibérément vague[10]. Il est souvent manié par les écrivains, les philosophes ou les essayistes, sans que l'on sache vraiment à quoi se réfèrent l'Asie ou l'Orient dont ils parlent. Bien souvent, ce flou délibéré permet d'entretenir une opposition radicale, un peu fantasmatique, entre deux grands ensembles. La caricature permet un repli sur l'identité nationale, pas forcément plus aisée à définir mais correspondant à une réalité politique, comme le montre le colloque d'intellectuels japonais sur le « dépassement de la modernité » en 1942.

Le critère politique est *a priori* le plus simple, car le plus brutal : il repose sur la force de l'État. Ainsi, la Corée, devenue colonie japonaise à partir de 1910, est intégrée dans l'empire du Japon. Elle ne disparaît pas, bien entendu, et tous les débats au sein même de la politique coloniale japonaise sur son assimilation-fusion totale ou bien sur sa différenciation-autonomisation partielle le montrent bien, comme pour Taïwan. Mais le critère politique se complique avec l'asiatisme, ce mouvement idéologique et politique qui cherche à rendre l'Asie aux Asiatiques.

Le critère géographique accompagne le critère politique, au sens restreint des nouvelles frontières tracées et des territoires établis. Le contenu est en quelque sorte défini par le contenant. La formation matérielle et symbolique du *geo-body* devient, comme en Occident, une préoccupation majeure de l'État-nation est-asiatique. Elle repose souvent sur une base déterministe, un milieu considéré comme proche, à l'instar de l'Asie des moussons, justifiant une communauté socioculturelle. L'une des affirmations les plus nettes est celle du voisinage. On met en avant la petitesse des distances entre la Chine, le Japon et la Corée, on les compare avec celles de l'Europe. Mais les ultranationalistes relativisent souvent la proximité géographique par le critère historique. Et selon plusieurs analystes, on ne peut pas, malgré le voisinage, parler d'« histoire asiatique ». Autrement dit, la proximité n'est pas constitutive d'une identité commune. L'espace n'est pas tout, ni même le temps, selon cette approche qui privilégie d'autres critères.

L'histoire, le mot comme la chose, existe en chinois, en coréen ou en japonais (ch. *zhi* ; cor. *sa* et *yoksa* ; j. *shi* et *rekishi*). Elle recèle à peu près le même sens qu'en Occident, à l'instar de la géographie d'ailleurs (ch. *diri* ; cor. *shiri* ; j. *chiri*). C'est donc une notion et une conception que se réapproprient plus facilement les Asiatiques pour leur propre identification, mais aussi pour se situer sur un terrain relativement commun avec l'Occident. Or, comme pour la technologie ou la science modernes, le discours historique de l'Occident, et sa « philosophie de l'histoire » lancée par Hegel, perturbe les Asiatiques par sa linéarité et sa hiérarchie des destinées. Cette histoire semble implacable, puisqu'elle aurait des lois, et que ces lois seraient maîtrisées par les Occidentaux.

La réponse asiatique devient donc double : il faut soit admettre et intégrer ces lois, quitte à les déformer, soit les rejeter, ce qui dans les deux cas suppose une bonne dose de volontarisme et de subjectivité. Le marxisme, avec sa propre vision de l'histoire à visée politique, est de ce point de vue considéré comme une arme intellectuelle de guerre prise à l'Occident puisqu'il séduit une partie des intellectuels et des peuples asiatiques, jusqu'à sa victoire institutionnelle dans plusieurs pays (Chine, Corée du Nord, Viêt-nam, Laos...). Le critère historique est en réalité emporté par le rythme même des événements, et par un agenda souvent dicté par les puissances extérieures. L'histoire comme la géographie deviennent un répertoire dans lequel le pouvoir politique ou les idéologies piochent à leur convenance. Telle période est choisie ou valorisée pour mettre en avant la proximité de la Corée et du Japon, ou bien leur irréductible altérité. Les « minorités nationales » font systématiquement les frais de cette opération. Plus que cela, même : elles sous-tendent, voire elles impulsent, le débat sur les deux premiers critères de la définition asiatique, la culture et l'ethnie.

Selon Mencius (*ca* 370-289 av. J.-C.), deux éléments de la vertu proviennent des barbares de l'Est et de l'Ouest[11]. Ceux-ci ne sont donc pas à rejeter, ils sont humains. La culture sinisée est indifférente à l'ethnie, aussi bien dans son origine que dans sa diffusion. Cette indifférence à l'ethnicité, comme de nombreux auteurs l'ont remarqué, est l'une des caractéristiques majeures de la civilisation sinisée. Se situant dans le cadre de la dichotomie civilisés-barbares, elle postule deux attitudes quant au processus de civilisation des barbares en question : soit celui-ci est possible, soit il ne l'est pas. On peut dire que, grosso modo, ces deux attitudes ont coexisté jusqu'au XIXe siècle, avec des phases d'oscillation. Elles se concrétisent politiquement non seulement en Chine, mais aussi au Japon, voire en Corée ou au Viêt-nam.

Au Japon, durant le shôgunat Tokugawa, les aborigènes Ainu sont considérés tantôt comme des bêtes sauvages inassimilables, tantôt comme des barbares civilisables, c'est-à-dire japonisables[12]. À ce dualisme s'en ajoute un autre concernant la politique à mener : soit le respect (ou l'indifférence), soit la brutalité. Autrement dit, on peut considérer les Ainu comme des bêtes, mais les laisser tranquilles, ou bien les exploiter et les liquider. La politique, prônée par l'explorateur Mogami Tokunai (1755-1836), d'élever le niveau de vie des Ainu grâce à un commerce et un comportement les plus honnêtes possibles est d'abord appliquée par le conseiller du shôgunat Matsudaira Tadaakira en 1799. Puis elle est abandonnée et remplacée par des mesures brutales quand celui-ci se rend en Ezo[13].

De fait, la dénomination de l'empire chinois, en se référant non pas à un nom de lieu mais au nom de la dynastie régnante ou au terme générique d'« Efflorescence centrale » (*Zhonghua*) en tant que « Civilisation », largement préféré à « Pays du milieu » (*Zhongguo*), insiste davantage sur le caractère culturel de la société concernée. La conception politique du confucianisme, qui modèle la société et l'État à l'image d'une grande famille à la tête de laquelle se trouve le « fils du ciel », possesseur du « mandat du ciel », est indifférente à l'origine ethnique. Elle insiste en revanche sur le lien familial, temporel (aînés, cadets...), hiérarchique et fonctionnel (loyauté...). Le raisonnement politique de légitimité qui en découle prend alors des allures tautologiques. Ainsi peut être interprétée cette interrogation du premier empereur des Ming, un Han donc, Zhu Yuanzhang (1328-1398), à propos de la dynastie précédente, formée par des Mongols : « Pour notre peuple, le Ciel doit appointer une personne de Chine afin d'assurer la stabilité, car comment pourrait-il être gouverné par des barbares ? »[14].

Le rapport à un macro-ensemble du type Asie, Orient ou Extrême-Orient est, à partir du milieu du XIXe siècle, beaucoup plus compliqué pour les Chinois que pour les Japonais. En effet, le principe de Civilisation implique le sinocentrisme, que celui-ci reste sur une base culturelle ou qu'il adopte une base ethnique — le monde sinisé des Han supérieur aux autres ethnies mais qui les intègre. La remise en cause concrète de ce sinocentrisme est d'abord imposée par l'extérieur, par les puissances occidentales à partir des guerres de l'opium (1842), puis par la défaite à l'issue de la guerre sino-japonaise (1895). Elle ne trouve finalement son terme qu'avec le renversement du régime impérial et l'instauration d'une république (1911). Or, l'un des paradoxes de cette révolution chinoise est qu'elle se trouve en porte-à-faux avec certains de ses principes, tels qu'ils sont théoriquement affichés en Occident. Car la république, qui suppose la liberté, l'égalité et la fraternité, s'accomplit largement sur la base d'un nationalisme han, antimandchou, et plus ou moins hostile aux autres minorités ethniques (mongole, ouïgoure, tibétaine...). Ce nationalisme est potentiellement xénophobe, y compris vis-à-vis des Occidentaux blancs, et potentiellement racialiste. Autrement dit, l'universalisme impérial chinois — qui privilégie l'avancée culturelle commune sous le sceau d'un empereur bienveillant et sans ethnie — est remplacé par un particularisme républicain fortement nationaliste.

Le processus est presque inverse au Japon. La Restauration impériale abat le shôgunat qui fonctionne sur la base d'un universalisme à la chinoise, à une échelle réduite au niveau japonésien, avec un empereur cantonné dans un rôle symbolique. Elle s'effectue au nom du « rejet des Barbares » (*jôi*), c'est-à-dire des Occidentaux, mais elle adopte la technologie et la science modernes à l'occidentale. Elle évacue l'hypothèse républicaine, à peine esquissée par quelques partisans rescapés du shôgunat (la République d'Ezo avec Enomoto en 1869) ou quelques dissidents (pendant le Mouvement pour la liberté et les droits du peuple). Elle s'accomplit au nom de la « vénération de l'empereur » (*sonnô*), avec une dimension fortement nationaliste.

La fascination pour l'Occident ou la crainte de celui-ci valorise sa technologie et ses valeurs de puissance à un point tel que les fondements culturels de la tradition sont remis en cause, jusqu'à la langue ou l'écriture même. C'est ainsi que Chen Duxiu (1879-1942), qui deviendra l'un des leaders du Parti communiste chinois, estime en 1918, après avoir reçu une lettre du Pr Qian Xuantong (1887-1939) de l'Université de Pékin critiquant l'écriture chinoise, que celle-ci « peut difficilement véhiculer les choses nouvelles et les idées nouvelles, c'est le nid des choses pourries et empoisonnées. L'abandonner ne sera pas une cause de regret »[15]. Ainsi Fukuzawa Yûkichi (1835-1901) insiste-t-il pour que l'étude des classiques chinois soit complètement extirpée de l'instruction publique japonaise. Et l'écrivain Shiga Naoya (1883-1971) suggère même d'adopter le français comme langue nationale. On peut imaginer l'inverse — adopter le japonais comme langue nationale en France — pour avoir une idée de la portée de telles propositions.

Liang Qichao (1873-1929), journaliste chinois influent, philosophe, partisan d'une monarchie constitutionnelle, estime que l'héritage du passé ne doit pas être figé, sous peine de mort politique pour le pays. Mais celui-ci ne doit pas non plus se couper de la tradition. En 1919, au début de la République, il prône le concept culturel de « caractère national » (*guoxing*) composé selon lui de « la langue, l'écriture, la pensée, la religion, les coutumes [...], les rites et les lois »[16]. Il invente le terme de « grand nationalisme » (*da minzu zhuyi*), centré sur la communauté citoyenne, mobilisant consciemment les individus, qu'il oppose au « petit nationalisme » (*xiao minzu zhuyi*), centré sur l'ethnicité.

Il polémique avec Zhang Binglin alias Taiyan (1868-1936), philologue et révolutionnaire antimandchou, et d'autres, qui se fondent sur une identité nationale ethniquement définie. Dès la fin du XIXe siècle, Zhang Binglin caractérise en effet la lutte de la

Chine contre les puissances européennes comme étant une guerre entre les races « jaune » et « blanche ». Puis il élabore une théorie de la « race Han » (*Hanzu*)[17]. Sensibilisé au social-darwinisme à l'européenne, il s'efforce cependant de mettre en avant la filiation par des ancêtres communs, remontant jusqu'au premier empereur mythique, « l'empereur jaune ». Il relit l'histoire chinoise de l'opposition entre civilisés et barbares sous l'angle ethnique. Zhang Binglin considère, dans un article devenu fameux, qu'« il n'est possible d'assimiler les races étrangères que si la souveraineté est entre nos mains »[18]. Soucieux de se débarrasser du règne mandchou, son projet nationaliste va loin puisqu'il envisage que la République de Chine retrouve les frontières de la période d'avant les Han, s'étendant jusqu'au Tibet, au Xinjiang, au Viêt-nam et en Corée, en Birmanie même, voire davantage encore puisqu'il considère les peuples du Japon et du Siam comme étant de la même race que les Chinois...

Sun Yat-sen (1866-1925) critique la vision de Liang Qichao, trop occidentaliste selon lui. Obsédé par l'idée d'une « disparition du pays » (*wangguo*), c'est-à-dire d'une race, c'est-à-dire d'un État, il assimile les trois notions. Le nationalisme se confond avec la doctrine de l'État. Dans son fameux texte *Trois principes du peuple* (nationalisme, démocratie et bien-être du peuple), énoncés en 1924, à la fin de sa vie, alors qu'il s'est rapproché des bolcheviks, il oppose la Chine à l'Occident : « La Chine, depuis les dynasties des Qin et des Han, s'est développée comme un État unique à partir d'une race unique, tandis que les pays étrangers se sont développés en plusieurs États à partir d'une seule race et ont inclus plusieurs nationalités en un même État »[19]. Toujours dans ses *Trois principes du peuple*, Sun Yat-sen estime que

« la plus grande force est un sang commun » et que « le sang des ancêtres [chinois] est transmis par hérédité par la race, faisant des liens de sang une force puissante »[20]. Son insistance sur l'unicité de la Chine, dans les deux sens du terme, singularité et unité, rappelle celle de certains intellectuels japonais quant au Japon.

Malgré quelques références aux théories raciales européennes (Chamberlain, Gobineau...), la vision ethnique en Chine comme au Japon ne s'éloigne jamais de considérations culturelles, c'est-à-dire historiques. Autant qu'un ensemble de coutumes, de valeurs, de langue ou d'écriture partagées, c'est l'idée de filiation commune qui l'emporte, avec un arrière-plan extrêmement confucéen. On la retrouve en Chine, avec le mythe de l'« empereur jaune » considéré comme géniteur de la race *Han*, ou encore avec Sun Yat-sen vu comme le « père de la nation » (*guofu*), ainsi qu'au Japon avec la famille impériale et le culte célébrant sa dynastie bimillénaire et ininterrompue.

Le courant racialiste, qui se constitue au Japon à la fin des années 1930 et au cours des années 1940 sur une base qui se veut « scientifique » et proche de la démarche nazie, ne perce pas au sein de l'idéologie officielle[21]. Le concept de *kokutai* (« corps-État ») sur lequel celle-ci s'articule comprend certes une dimension physique (*tai, karada* = corps), mais il s'agit d'un corps surtout familial et spirituel, métaphysique en somme, qui symbolise le corps national et la grande famille des Japonais. Emblème de cette approche, le terme japonais *minzoku* signifie à la fois ethnie, peuple et nation. *Minzokushugi* est le nationalisme et l'idéologie (-isme) du *minzoku*. L'homophonie avec un autre mot, qui s'écrit en partie avec un autre caractère (pour *zoku*) et qui signifie « folklore », accentue la confusion culturaliste. La distinction entre *minzoku* et *jinshu* (« race » au sens strict) reste surtout théorique avant 1945[22].

En fait, le discours nationaliste japonais est prisonnier de sa vision unitaire, englobante et impérialiste. Il peut distinguer une ethnie, ou une race selon les radicaux, celle « du Yamato » ou du « peuple Wa » (*Wajin*), considérée comme centrale et supérieure parce que c'est celle de l'empereur. Mais le Japon (*Nihon* ou *Nippon*) est censé englober tous les citoyens, y compris les ethnies périphériques, les Ainu au nord, les Ryûkyûans au sud, et les ethnies voisines, comme les Coréens et les Taïwanais. Le projet colonial japonais est pris dans ses propres contradictions puisque la japonité est supposée transcender les différences ethniques, mais comme elle est d'emblée exclusiviste, elle ne pourra devenir assimilationniste qu'au prix de deux recours : d'une part à une lointaine origine supposée commune, d'autre part à une culture commune entre les Japonais et d'autres ethnies. Dans le premier cas, l'archéologie, l'anthropologie et l'histoire sont appelées à la rescousse pour justifier l'existence d'un peuple japonais, devenu homogène et donc puissant, mais issu de plusieurs peuples anciens et de plusieurs couches migratoires.

Cette mixité ancienne, que le discours dominant se garde bien de confondre avec un quelconque métissage, est également censée légitimer la capacité de l'Empire japonais à contrôler l'Asie orientale avec ses différents peuples. Elle est surtout revendiquée à propos de la Corée par le biais de la théorie de « l'unicité nippo-coréenne » (*nissen-dôso-ron*)[23]. S'y insère la théorie des « peuples insulaires » (*tômin*), les Japonais, et des « peuples péninsulaires » (*hantômin*), les Coréens. Les péninsulaires coréens, qui auraient des origines plus ou moins communes avec les insulaires japonais, sont *a priori* plus assimilables que les aborigènes de Taïwan ou encore les « négros » (*kuronbô*) de Micronésie.

La communauté de culture est surtout invoquée à propos des rapports entre la Chine et le Japon. Mais là encore, elle est mélangée avec la question ethnique comme cela transparaît dans l'expression « même culture, même race » (*dôbun dôshu*) qui apparaît dans la presse japonaise dès 1875[24]. Le terme de *bun* est également utilisé pour forger, à la même époque, les néologismes de « culture » (*bunka*) et de « civilisation » (*bunmei*). Il désigne à l'origine « ce qui est écrit », sous-entendu « en caractères chinois ». *Kanbun* (*kan* = han = Chine) désigne ainsi en japonais la culture chinoise telle qu'elle est appréhendée dans les textes classiques chinois. L'expression de *dôbun dôshu* est reprise par le mouvement asiatiste ou panasiatiste dans les années suivantes.

Mais le sentiment d'appartenir à une même communauté culturelle raffinée est malmené au Japon par les errements de la politique chinoise et, plus concrètement, dès la signature des premiers traités, par l'arrivée au Japon de migrants chinois. Ces premiers immigrés, qui précèdent d'une vingtaine d'années les étudiants ou les réfugiés politiques chinois, travaillent souvent dans les ports comme dockers. Ils acquièrent la réputation d'être durs au labeur, mais également bruyants, vulgaires et sales. Le racisme antichinois qui se crée alors fonctionne sur deux registres : le sentiment de supériorité chez les Japonais, et la peur de voir le marché du travail envahi par cette main-d'œuvre âpre et bon marché. Le Premier ministre Ôkuma Shigenobu (1838-1922) s'en fait lui-même publiquement le relais au cours des années 1880[25].

Un auteur comme Miyake Setsurei (1860-1945),

éditeur de la revue nationaliste *Nihonjin* (*Les Japonais*), publie même des articles où il explique que « nos ancêtres sont passés par la Mésopotamie, l'Arabie, l'Égypte et l'Inde. Descendant des Caucasoïdes, ils ont voyagé à travers les océans et ont migré vers notre pays » (1889), concluant que « les géniteurs du Japon sont japonais et n'ont jamais été chinois » (1890)[26]. Concrètement, les études classiques chinoises reculent dans le système scolaire japonais au profit des études occidentales et, de plus en plus, de la revalorisation des textes japonais anciens ou modernes. Le *kanbun* cède la place au *kokugo*, la « langue nationale » (= la langue japonaise).

Après avoir été une réaction, une contre-attaque vis-à-vis de l'arrogance occidentale au début de Meiji, puis être passée au second plan avec la systématisation du nationalisme japonais, l'expression *dôbun dôshu* retrouve une certaine audience après la guerre russo-japonaise, mais sous un autre angle. Il s'agit désormais de légitimer la démarche impérialiste des Japonais envers les Chinois en tant que frères de race et de culture, afin que les premiers, plus forts, mieux armés et plus cultivés, sauvent les seconds, décadents et pauvres, des griffes occidentales.

Pendant la Première Guerre mondiale, le vétéran de la politique japonaise Yamagata Aritomo (1838-1922), plusieurs fois ministre et fondateur de l'armée impériale, poursuit le discours sur l'antagonisme racial : « La rivalité entre la race blanche et la race jaune va probablement s'intensifier. Le moyen de maintenir l'indépendance comme nation et d'assurer que la race blanche nous traitera comme des égaux est, pour le Japon et la Chine, qui partagent le même langage et la même couleur de peau, de rompre les barrières qui séparent les deux pays et de créer un front solide »[27].

HISTOIRE CHINOISE OU HISTOIRE ORIENTALE ?

Chez les lettrés, les savants et les intellectuels japonais qui s'intéressent à la Chine se pose également un problème de choix terminologique pour désigner la Chine. Car, en fonction du mot choisi, une approche est privilégiée, qui n'est pas neutre. Comment parler de « centralité chinoise » ou d'« efflorescence centrale » au moment où celles-ci ont de moins en moins de sens ? En japonais, on ne trouve pas moins de cinq expressions différentes pour qualifier les études chinoises...

Naka Michiyo (1851-1908), professeur à l'Université de Waseda, a l'idée, en 1894, de diviser l'enseignement de l'histoire en trois : « histoire nationale » (*honpô-shi*), « histoire orientale » (*tôyô-shi*) et « histoire occidentale » (*seiyô-shi*). C'est à cette période que s'effectue le tournant où l'histoire orientale supplante l'histoire chinoise[28]. Celle-ci, à elle seule, ne permet pas, pense-t-on alors, de contrebalancer l'histoire occidentale. Mais son contenu ne varie guère malgré le changement d'intitulé. Shiratori Kurakichi (1865-1942), professeur à l'Université impériale de Tôkyô de 1921 à 1939, incarne la rupture entre la traditionnelle *kangaku* et la nouvelle *tôyôshigaku*. Comme l'explique Samuel Guex, Shiratori, disciple de Ludwig Riess lui-même élève de Ranke, est « partagé entre l'admiration pour les orientalistes occidentaux, et l'humiliation de devoir suivre leur trace »[29].

Les historiens de la *tôyôshigaku* méprisent les lettrés de la *kangaku* traditionaliste, qu'ils jugent responsables de leur propre arriération. Leur considération glissant des savants à l'objet d'étude, ils ne sont pas sans ambiguïté vis-à-vis de la Chine elle-même, vue négativement, qu'elle soit ancienne ou contemporaine. Ce glissement aura des répercussions sur le mouvement asiatiste japonais. Les lettrés de la *kangaku* ne constituent cependant pas un monolithe poussiéreux, comme les historiens de la *tôyôshigaku* le disent. Naitô Konan, professeur à l'Université impériale de Kyôto et grand rival de Shiratori Kurakichi, sait percevoir les fluctuations et les courants au sein de l'histoire et de la civilisation chinoises. Aussi bien pour la *kangaku* que pour la *tôyôshigaku*, la Chine n'apparaît toutefois pas vraiment en tant que telle, du moins la Chine contemporaine. Dans *kangaku*, *kan* renvoie aux Han, c'est-à-dire à une Chine certes brillante mais bien ancienne, archaïque même. Dans *tôyôshigaku*, elle se fond dans un ensemble oriental auquel on peut d'ailleurs rattacher le Japon.

Avec l'instauration de la République chinoise, la question de la dénomination de la nouvelle Chine se pose concrètement pour la nouvelle génération de sinologues japonais, et pour l'ensemble des Japonais. Ceux de l'Université impériale de Kyôto choisissent de nommer leur association d'étude *Shinagaku-sha* (« Société sinologique »), en référence au terme français « sinologie », pour se démarquer de la tradition de la *kangaku*, se débarrasser des valeurs confucéennes qui la sclérosaient et revendiquer une démarche scientifique. Les jeunes passionnés de littérature chinoise regroupés autour de Takeuchi Yoshimi (1910-1977) et Takeda Taijun (1912-1976) choisissent, en 1934, de se dénommer *Chûgoku bungaku kenkyûkai* (« Cercle d'étude de la littérature chinoise »), optant pour le terme *Chûgoku* (« Pays du milieu ») que personne n'emploie à l'époque[30]. Ces appellations provoquent des tensions et des malentendus aussi bien du côté japonais que du côté chinois. Car, précisément, l'instauration d'un nouveau régime en

Chine entraîne une rupture avec l'ancestral sinocentrisme. Elle se confronte à la géopolitique régionale au premier rang de laquelle figurent les puissances occidentales et la nouvelle puissance japonaise. La terminologie désignant ce qui est Chine et chinois est un enjeu, et pas seulement symbolique.

Côté chinois, parmi les nombreuses fautes que Liang Chao, par exemple, attribue au « peuple chinois » figure son incapacité à dénommer son propre pays. Critiquant la coutume chinoise de se référer aux dynasties (*chaodai*) et non à un pays (*guojia*) pour se désigner historiquement en tant que communauté, ce qui, selon lui, témoigne de l'absence d'une nation chinoise, il déplore que même le nom de *Zhongguo* (Pays du milieu) soit en fait « celui dont les autres peuples ou ethnies nous appellent. Ce n'est pas le nom que le peuple de ce pays a choisi pour lui-même »[31].

L'expression *Zhongguoren* pour désigner les Chinois comme « Gens du Pays du milieu » n'apparaît qu'en 1928, à l'instigation du Guomindang qui veut stimuler un patriotisme chinois, et non plus spécifiquement han. Surgit alors une polémique entre Chinois et Japonais à ce propos[32]. En juin 1930, l'éditorial d'un grand quotidien tôkyôte conteste l'utilisation de l'expression *Chûka minkoku* qui traduit le chinois *Zhonghua minguo* désignant la toute jeune République chinoise. Selon lui, la référence au centre comme étant le seul pays civilisé suppose que la périphérie est barbare. Cette expression est offensante et dépassée. Le terme *Zhonghua minguo* a été forgé en 1908 par Zhang Binglin, peut-être lors de l'un de ses fréquents exils au Japon. Les Chinois estiment qu'il s'agit de la traduction de l'expression anglaise « National Republic of China ». L'éditorial du quotidien japonais estime que *Shina kyôwakoku* (« République de Chine ») est littéralement le plus approprié.

Le terme *Shina* remonte à la façon dont les jésuites — donc des non-Asiatiques — désignent la Chine au XVIe siècle et après. Il est utilisé au Japon sous les Tokugawa, mais peu. Puis, alors que la Chine commence à être déconsidérée au Japon, en relation inversement proportionnelle à l'essor du nativisme japonais, Yoshida Shôin, profond admirateur de la culture chinoise, se réfère à *Shina* comme objet de conquête japonaise dans une lettre de 1855. Sous Meiji, le terme *Shinkoku* est également utilisé (*Shin* = *Qing* ; *Shinkoku* = « pays des Qing »). Mais *Shina* devient populaire à la fin du XIXe siècle, et au cours de la première moitié du XXe siècle, dans un sens plus large. Le fait que cet usage se soit imposé au Japon au moment où s'amplifie le mépris des Japonais envers la Chine et les Chinois explique pourquoi les Chinois le récusent.

Dès le lendemain de la réaction chinoise, un intellectuel japonais rétorque que la dénomination est le problème des Chinois, que c'est à eux de décider, et que le toponyme *Nippon* est également autocongratulatoire. Il pense cependant que *Shina* est le plus pratique. En 1936, Guo Moro (1892-1978), intellectuel chinois, estime que si le terme *Shina* n'a pas d'étymologie péjorative, la façon dont l'utilisent les Japonais est, elle, péjorative, ce qui est vrai aujourd'hui encore. Le sinologue Takeuchi Yoshimi rappelle alors que le vocable *Shina* est d'origine étrangère et que demander aux Japonais d'appeler la Chine *Chûgoku* (« Pays du milieu ») reviendrait à demander aux Anglais de l'appeler *Middle Kingdom* (« Royaume du milieu »).

La polémique se poursuit après la Seconde Guerre mondiale, bien que le terme jugé offensant de *Shina* ait été brutalement abandonné au profit de *Chûgoku*, à ne pas confondre avec la région du Japon où se trouve Hiroshima, qui porte le même nom et la même écriture. Dans un numéro d'*Asahi Shimbun* de décembre 1952, Aoki Masaru (1887-1964), spécialiste de la littérature chinoise, s'en offusque, rappelant que l'étymologie de *Shina* n'est en rien péjorative. Deux semaines plus tard, un journaliste chinois en poste à Tôkyô, Liu Shengguang, lui réplique vertement. Selon lui, *Shina* rappelle trop le verbe japonais « mourir » (*shinu*) : les Japonais voudraient-ils donc décidément la mort de la Chine ? La teneur et la récurrence de la polémique révèlent la forte charge émotionnelle que véhicule l'onomastique, à l'instar de termes tels que « nègre » en Occident. Elles rappellent que la toponymie en Asie orientale n'est ni neutre ni autosuffisante.

LA THÉORIE DU « MODE DE PRODUCTION ASIATIQUE »

La théorie marxiste introduit une dimension métagéographique supplémentaire par le regard qu'elle porte sur l'Asie. Ce regard est lourd de conséquences sur l'analyse de la situation politique et les choix stratégiques qui en découlent, ne serait-ce que par le poids des marxistes asiatiques eux-mêmes. En effet, les bureaux politiques des partis communistes asiatiques et le Komintern tracent les stratégies militantes en fonction de l'interprétation du schéma historique marxiste qui s'articule autour d'une succession d'étapes conformes au mode de production (antique-esclavagiste, féodal, bourgeois, socialiste, communiste). L'analyse de la Restauration Meiji puis de la République chinoise pose ainsi un problème d'interprétation : est-ce que ce sont des révolutions bourgeoises, auquel cas les marxistes doivent passer à l'étape de la révolution socialiste ; ou bien est-ce que ce sont de simples aménagements au sein d'une société encore féodale, auquel cas ils doivent collaborer avec les forces bourgeoises pour faire advenir l'étape historique *ad hoc* ? C'est notamment par rapport à cette différence herméneutique que se situe, au cours des années 1930, le fameux débat au Japon entre les courants socialistes *Rônô-ha* et *Kôza-ha*, partisans respectivement de la première et de la seconde interprétation. Au sein de la problématique s'intègre également la question de l'empereur japonais, analytiquement et politiquement. Le *tennô* est-il un empereur comme les autres ou bien a-t-il une singularité japonaise ? Son élimination est-elle un préalable pour réaliser les objectifs d'une vraie révolution bourgeoise ?

L'Asie est une aporie pour la théorie marxiste car elle échappe à son schéma de progression historique classique. Marx et Engels constatent en effet que le mode féodal, dans son acception européenne, n'y existe pas vraiment. Ils élaborent donc un stade particulier, celui du « mode de production asiatique » (M.P.A.)[33]. Partant surtout de l'exemple indien — colonisation britannique oblige —, ils lui attribuent cinq principales caractéristiques : une absence de propriété privée du sol ; une propriété à dominante communale et fonctionnant sur la coopération ; une agriculture de micro exploitations ; la réalisation de grands travaux d'irrigation menée par l'État ; un État omnipotent et despotique où la bourgeoisie reste soit embryonnaire, soit dominée[34]. Ce « despotisme asiatique en stagnation », selon l'expression de Marx dans sa lettre du 14 juin 1853, provient essentiellement de la structure non privée de la propriété foncière qui empêche une accumulation du capital, et donc l'essor d'une véritable bourgeoisie. Engels, dans sa lettre à Marx du 6 juin 1853, l'explique en ayant recours au déterminisme géographique le plus strict : « Cela tient principalement au climat, en liaison avec les conditions du sol, spécialement avec les grandes étendues désertiques qui s'étendent du Sahara à travers l'Asie, la Perse, les Indes et la Tatarie jusqu'aux plateaux les plus élevés de l'Asie. L'irrigation artificielle est ici la première condition de l'agriculture [...] »

Le M.P.A., remarquons-le incidemment, représente l'une des rares approches réellement spatiale ou géographique dans l'œuvre de Marx, qui en manque singulièrement, au-delà de l'opposition générique entre la ville et la campagne. Il constitue un cas d'école dans son interrelation entre analyse scientifique et concrétisation politique. Par la suite, au sein du mouvement marxiste, la première suit bien souvent les consignes virevoltantes de la seconde, incarnée par le Komintern, dont la logique est de défendre coûte que coûte l'Union soviétique, c'est-à-dire Staline. Ainsi, le programme de 1928 du Komintern adopte le M.P.A. tandis que les thèses de 1931 le réfutent. Les chercheurs marxistes ou les militants qui n'ont pas compris à temps les revirements en sont pour leurs frais : leurs théories sont dénoncées et eux-mêmes sont ostracisés.

En outre, la théorie du M.P.A. s'insère dans une perspective historique globale chez Marx et Engels, considérant que la destruction des « solides fondations du despotisme oriental », préalable nécessaire à une accumulation primitive du capital, à une révolution bourgeoise suivie d'une révolution socialiste, ne pourra s'effectuer que grâce à l'impérialisme occidental qui permettra à « l'humanité de remplir sa destinée ». Marx salue donc la colonisation d'une « Inde qui ne pouvait échapper au destin d'être conquise » car « quels que fussent les crimes de l'Angleterre, elle fut un instrument inconscient de l'histoire en provoquant cette révolution » (1853)[35]. Il fait écho à Engels qui, « dans l'intérêt de la civilisation », se demandait : « Est-ce un malheur que la splendide Californie soit arrachée aux Mexicains paresseux qui ne savaient qu'en faire ? » (1849)[36].

Même si Marx et Engels dénoncent à plusieurs reprises la brutalité du colonialisme occidental, en Inde notamment, ils en arrivent à la légitimer « historiquement », et donc « politiquement » en vertu de leur approche symbiotique entre déterminisme historique et ligne politique. Cela, les militants asiatiques peuvent difficilement l'accepter, et les marxistes, en particulier, ont une peine énorme à le digérer. Conséquence pernicieuse, les militants révolutionnaires asiatiques qui veulent se débarrasser de l'impérialisme occidental se tournent alors vers le moyen qui leur paraît le plus efficace et le plus hostile, par essence, à cette domination : le nationalisme et, pour les Japonais, l'impérialisme nippon. C'est par cette logique que de nombreux communistes japonais rallient l'empereur et l'expansionnisme japonais au cours des années 1930, sans renier forcément le marxisme en tant que théorie puisque celle-ci postule une spécificité asiatique à travers le M.P.A. et le « despotisme oriental ».

Cette problématique est absolument essentielle pour comprendre la puissance, la reproduction et la pérennité d'un système de national-développementalisme qui subordonne les moyens aux fins en Asie orientale au cours du XXe siècle. En Chine, il prend la forme d'un capitalisme d'État marxiste-léniniste débarrassé de la tutelle soviétique — en réalité européenne — puis labellisé « socialisme de marché » au cours des années 1990. Au Japon, il s'agit d'un capitalisme d'État tennôcratique dont les structures dirigistes d'encadrement se sont plus ou moins libéralisées au cours de la démocratisation qui a suivi la défaite de 1945.

L'identification du processus historique en Asie orientale se complique d'une situation géographique et géopolitique spécifique avec la révolution bolchevique en 1917. Car cette révolution prolétarienne survient dans un pays où le schéma historique marxiste ne la prévoyait absolument pas, d'où le recours à la théorie léniniste pour une adaptation *ad hoc*, et les polémiques au sein du mouvement marxiste. Certains posent alors la question d'une identité asiatique de la Russie, comme le théoricien Gueorgui Plekhanov (1856-1918), ancien *narodnik* et introducteur du marxisme en Russie. Les sociétés d'Asie centrale, entre Russie, Inde et monde sinisé, convoitées par les puissances occidentales et arrimées à l'Union soviétique, constituent dans ce débat un enjeu particulier.

L'un des aspects théoriques du M.P.A. qui est immédiatement devenu un enjeu politique interne est l'assimilation des sociétés asiatiques à la bureaucratie et au despotisme, au moment même où ces deux phénomènes envahissent l'Union soviétique, et où certains marxistes, voire Lénine lui-même, considèrent la Russie comme appartenant autant à l'Asie qu'à l'Europe. Selon Plekhanov, c'est la proximité de l'Europe qui a permis à la Russie, contrairement à l'Inde, la Chine ou l'Égypte, de se sortir de la stagnation orientale[37]. Il s'est affronté à Lénine sur ce point, à propos de la question agraire, lors d'un des premiers congrès du Parti ouvrier social-démocrate de Russie. Et les communistes, qui ont la mémoire longue, en ont gardé le souvenir. Staline voit dans la propagation de la théorie du M.P.A. une manœuvre à son encontre, non sans raison car plusieurs partisans valeureux du M.P.A. figurent dans l'opposition. Cherchant à mettre la main sur le puissant Parti communiste chinois, il craint également l'existence d'un « Komintern asiatique ». Avec ses proches, il insiste sur le fait que la Chine n'est pas prête à une phase socialiste, mais à une phase simplement démocratique.

Sur le plan strictement théorique, et même scientifique, cette surdétermination politique — cruciale car devenant une question de vie et de mort dans le contexte politique de l'époque — a littéralement parasité la réflexion. Pour le coup, il est rétrospectivement difficile de relire les débats de l'époque sans les extraire de leur contexte politicien et polémique. D'ailleurs, certains auteurs (Guo Moro, Sergei Kovalev, Lu Zhenyu, Hayakawa Jirô...) changent d'analyse au gré des circonstances, et sur un court laps de temps (trois ou quatre années). On peut donc légitimement s'interroger sur la validité de leurs affirmations scientifiques.

Seul, ou presque, Karl Wittfogel (1896-1988) a surnagé, non sans déboires. Sa thèse postule une identité transhistorique du pouvoir d'État en tant que despotisme dans les sociétés hydrauliques orientales[38]. Nul doute que, articulée sur une réflexion spatio-temporelle profonde et étayée par des faits variés, elle ne propose une vision passionnante. Son point fort réside dans la ré-articulation des phénomènes géographiques et des phénomènes historiques dans un processus dialectique qui empêche toute interprétation déterministe, dont devraient s'inspirer certains ouvrages récents sur l'Asie[39]. Elle donne une clef pour comprendre ce qui unit systémiquement une Asie qui n'a jamais été dominée par un seul et même pouvoir politique, même au zénith de l'Empire mongol à qui échappaient presque toute l'Asie du Sud-Est et une partie de l'Asie du Sud, ni par une seule et même religion, contrairement à la chrétienté en Europe, puisque l'aire du bouddhisme, par exemple, la seule croyance qui pourrait prétendre à ce rôle, ressemble à une carte pleine de trous. En revanche, Karl Wittfogel se laisse emporter par la puissance et l'originalité de sa théorie au point d'en faire le schéma des rapports explicatifs non seulement entre l'Orient et l'Occident mais aussi entre le Nord et le Sud. De toute évidence, d'autres facteurs entrent en ligne de compte sur ces questions, et même pour l'Orient d'importantes différences séparent la Perse du Japon, ou le Bengale de Luçon. Encore prisonnier d'une philosophie marxiste se voulant unitariste, Wittfogel n'échappe pas à une certaine systématisation abusive ou à des raisonnements déductifs[40].

Au vrai, la théorie du M.P.A. comporte des germes dévastateurs pour la théorie et la politique marxistes. Elle n'est pas exempte d'erreurs factuelles, d'approximations et de lacunes. En utilisant, à la suite de Montesquieu puis de François Bernier, l'ancienne expression de « despotisme oriental », Marx et Engels oublient, par exemple, que le *despotes* désigne à l'origine celui qui possède tous les esclaves de la communauté, alors que, pour l'Asie, ils mettent en avant son caractère d'unique propriétaire foncier et que l'esclavage n'y fonctionne pas de la même façon que dans le monde métaméditerranéen.

Plusieurs historiens, marxistes ou non, s'interrogent sur la réalité de l'absence de propriété privée dans les temps prémodernes en Asie orientale et sur la nature du servage. Elizabeth Satô souligne l'essor des « manoirs » (*shôen*) dans le Japon médiéval, qui sont des terrains privés en dehors de la juridiction fiscale et administrative du gouvernement central[41]. Comme moyen de profit économique, les manoirs se fondent d'ailleurs moins sur le revenu foncier que sur la production agricole. Ils articulent également une nouvelle forme politique dominée par les *samurai* qui, au départ, ne sont jamais que de simples vachers, et qui constituent plus tard le shôgunat au détriment de l'État central impérial et aristocratique. Tian Zhang-wu considère comme erronée l'utilisation par Marx de la notion d'esclavage généralisé, à propos de laquelle il voit une influence négative de Hegel. Il repose le problème de la délimitation historique entre esclavage et féodalité en Chine.

La théorie du M.P.A. remet en cause le schéma historique marxiste dans son unilinéarité et son a-spatialité. Autrement dit, alors que Marx et Engels à la suite de Hegel s'attachent à une philosophie de l'histoire, ils se retrouvent en porte-à-faux avec celle-ci, à cause de la géographie (ou grâce à elle). Celle-ci pousse à réinterroger une autre notion marxiste, celle de la communauté de l'accumulation primitive. De fait, là où elle a lieu en Asie, c'est à la suite de facteurs endogènes (le Japon des Tokugawa dans une large mesure) et exogènes (le rôle des impérialismes occidentaux). À rebours, la théorie de l'accumulation primitive en Europe occidentale doit être revue sous un autre angle, qui intègre le rôle de l'État et d'autres facteurs, socioculturels par exemple, ainsi que le rôle de l'esclavage de masse (absent en Asie orientale). Enfin, en toute logique, pour dépasser les contradictions ou les difficultés posées par la théorie du M.P.A., on peut soit l'abandonner (ce que décide le Komintern en 1931), soit procéder à sa généralisation, hors Asie, pour effectuer en quelque sorte un retour à la linéarité et à la téléologie historique du marxisme.

C'est précisément ce qu'ont fait Marx et Engels. Dans certains passages de leur œuvre, ils appliquent en effet le M.P.A. à d'autres espaces, et à divers moments historiques, qui ne se situent pas forcément en Asie, comme l'Égypte ou les Andes[42]. De surcroît, ils ne définissent pas précisément ce qu'ils entendent par Asie : s'agit-il de tout ce qui se situe à l'est de la Perse ou bien de l'Inde ? Ils sont en tous les cas clairement influencés par Hegel qui, comme on l'a vu, dans son interprétation particulière du développement historique, considère l'Asie comme étant certes à l'origine de l'histoire (occidentale) mais devenue stationnaire, ou dépassée[43].

Tous ces éléments compliquent l'analyse pour les exégètes et les militants asiatiques. Il ne faut pas sous-estimer leur problème car, au-delà d'une question théorique, leur difficulté à y répondre ainsi que les revirements idéologiques et politiques du Komintern les déstabilisent profondément. Cela pousse même certains d'entre eux au Japon, non des moindres comme on le verra avec l'exemple du *tenkô* (« revirement », c'est-à-dire le ralliement à la tennôcratie et à l'impérialisme japonais, à partir de 1930), à rejoindre des positions asiatistes ou nationalistes. Comme le remarque Pierre Vidal-Naquet, « quand le Japon de Meiji deviendra une puissance industrielle tout en maintenant des rapports sociaux de type semi-féodal, les marxistes de la fin du XIXe siècle [et du début du XXe siècle, doit-on ajouter] se trouveront incapables d'analyser correctement un phénomène aussi singulier »[44].

Si l'on essaie de résumer les débats au sein des théoriciens marxistes, marxiens ou socialistes à propos du mode de production asiatique, on peut trouver quatre principales positions, outre celle qui consiste à nier purement et simplement son existence.

L'une des difficultés pour établir cette typologie réside dans le fait que la théorie du M.P.A. ne se superpose pas toujours avec celle du « despotisme hydraulique ». Autrement dit, on peut soutenir l'une et rejeter l'autre. On peut aussi adopter l'une, tout en se désintéressant de l'autre. Pour un premier groupe, il existe un chemin oriental, spécial, de développement historique, qui correspond au M.P.A.[45]. Pour un deuxième groupe, le M.P.A. n'est pas un mode de production esclavagiste, c'est un mode parallèle à celui-ci, une variante asiatique en quelque sorte[46]. Au Japon, étant donné que la faction Kôza-ha s'efforce de dégager la spécificité du capitalisme japonais, elle s'intéresse vivement à la théorie du M.P.A., ce qui n'est pas le cas de la faction Rônô-ha. Cela lui permet de distinguer le Japon de l'Occident dans la marche de l'histoire, et le Japon des autres pays asiatiques comme la Chine ou l'Inde. C'est d'ailleurs sur ce double registre que des théoriciens marxistes connus comme Hirano Yoshitarô ou Sano Manabu vont faire *tenkô* et soutenir l'impérialisme japonais[47]. Pour un troisième groupe, le M.P.A. est une variante du féodalisme, dont les traits sont asiatiques mais qui suit néanmoins les lois universelles de développement[48]. Le quatrième groupe décale en amont la place historique du M.P.A., qu'il ne fait pas correspondre à la phase féodale mais à la phase antique-esclavagiste[49].

Politiquement, les polémiques sur le M.P.A. participent à un processus d'élimination des opposants à la ligne de Staline et du Komintern. Celle-ci vise les « Aziatchiki » (Varga, Mad'iar, le trotskiste Li Ji...) qui considèrent le M.P.A. comme une voie orientale et particulière du développement historique, donc propice à une stratégie politique spécifique, sinon autonome. La question cristallise les tensions entre les différents courants. Ainsi, l'historien chinois marxiste Lu Zhenyu s'en prend, dans un texte du début des années 1940, à l'historien marxiste japonais Akizawa Shûji qui, se basant sur la « stagnation asiatique » issue du M.P.A. et visible en Chine, légitime l'impérialisme japonais qui peut seul, selon lui, y remédier. Il est probable, comme le remarque Joshua Fogel, qu'Akizawa n'ait alors pas pris connaissance de la réaction de Lu, mais la position de celui-ci dénote combien la façon dont Marx et Engels ont considéré le rôle malgré tout progressiste du capitalisme et de l'impérialisme occidentaux a justifié certaines idées et actions politiques.

Le débat sur le M.P.A. rebondit au cours des années 1950 et 1960 avec la première publication, en 1957, par Karl Wittfogel de son *Despotisme oriental, étude comparative du pouvoir total* (*total power*). Le contexte est caractérisé par une stabilisation du régime communiste chinois et son opposition grandissante à l'Union soviétique. La réaction des milieux marxistes orthodoxes soumis au stalinisme est particulièrement vive. Karl Wittfogel, enfermé dans les camps nazis en 1933 et réfugié aux États-Unis, a démissionné du Parti communiste allemand au lendemain de la signature du pacte germano-soviétique d'août 1939. Dans la collusion entre Hitler et Staline, il voit la confirmation de son analyse sur l'essence despotique du régime soviétique. Désireux d'articuler la réflexion théorique à la réalité de l'évolution historique, il s'interroge alors davantage sur le marxisme et les marxistes, qui le convainquent de moins en moins dans leur rapport à l'histoire. Il repose la question du pouvoir et de son essence, autre qu'une simple superstructure déterminée par le mode de production. Remettant en cause le schéma unilinéaire de l'histoire vue par Marx, il se rapproche logiquement de la théorie anarchiste.

Une telle évolution constitue d'ailleurs un curieux mais juste retour des choses. Evgueni Varga (1879-1964), le premier grand théoricien du M.P.A., s'est inspiré de Gueorgui Plekhanov. Or celui-ci, dans sa réflexion sur l'histoire et la civilisation orientales, s'est beaucoup appuyé sur Léon Metchnikoff (1838-1888). Il le dira lui-même à plusieurs reprises, bien qu'il s'agisse d'un savant non marxiste[50]. En effet, Metchnikoff est un géographe anarchiste, très proche d'Élisée Reclus et de Pierre Kropotkine. Outre le livre qu'il a tiré de son séjour de trois ans au Japon, il écrit un ouvrage novateur pour l'époque, qui n'obtient guère de succès, excepté en Russie : *La Civilisation et les grands fleuves historiques* (1889)[51]. Ce titre est en partie trompeur puisque l'ensemble relève davantage d'un traité de géographie générale reclusienne et que, sur ses onze chapitres, seuls les trois derniers sont spécifiquement consacrés à la civilisation potamique. Mais dans ces pages, Léon Metchnikoff jette les bases d'une réflexion théorique sur le despotisme hydraulique, même s'il n'utilise pas ce terme, et sur l'évolution historico-économique différenciée des civilisations inscrites dans leur espace géographique, que vont successivement approfondir Plekhanov, Varga, Mad'iar et Wittfogel, une boucle qui a été bouclée grâce à l'observation de James White[52].

LES BRASSAGES JAPONAIS

L'interrogation des Japonais sur le positionnement de leur pays dans le monde se repose avec acuité à partir du XIXe siècle et tout au long du XXe siècle sous l'effet du redéploiement des impérialismes occidentaux, des deux guerres mondiales puis de la guerre froide. Deux dates, en particulier, 1868 et 1945, sont hautement significatives. La première correspond à la restauration impériale et au démantèlement de la féodalité shôgunale, consacrant une rupture aux conséquences encore visibles. La seconde est celle de la défaite militaire du Japon face aux États-Unis et leurs alliés, à laquelle succèdent la démocratisation du pays et la période dite de Haute Croissance (1955-1973). Incontestablement, elles constituent des moments géographiques forts, où des phénomènes de toute nature ont des incidences spatiales considérables, que ce soit dans la constitution et l'organisation du territoire, ou dans l'organisation métagéographique du « nouveau Japon ».

Mais l'utilisation systématique de ces dates comme butoir ou comme pivot tend souvent inconsciemment, et parfois consciemment d'un point de vue idéologique, à masquer les continuités d'une période à l'autre, et à survaloriser des ruptures qui n'en sont pas totalement. Les analyses récentes relativisent la rupture meijienne, en soulignant les continuités qui existent entre la période d'Edo et celle de Meiji, en dégageant les prémisses qui ouvrent la voie à la modernisation au-delà même de la « ré-ouverture » du pays par le commodore états-unien Perry en 1853[53]. Le dénigrement du régime féodal permet certes aux dirigeants meijiens, outre une recherche des causes expliquant pourquoi le Japon a failli succomber à l'impérialisme occidental, d'assurer la légitimité de leur pouvoir, mais il occulte les facteurs profonds d'évolution du peuple et de l'espace japonais. En fait, sur le plan socioculturel sont présents avant 1868 les éléments qui autorisent la modernisation meijienne, laquelle en accentue certains mais en détruit d'autres, ce qui rend difficile le bilan global.

La mise en exergue de la défaite de 1945 a longtemps permis de souligner, surtout chez les analystes américains mais aussi chez les anciens dirigeants japonais militaristes non épurés, les apports positifs de l'occupation américaine (1945-1952). Parmi ceux-ci, citons la démocratisation, la réforme agraire, le démantèlement des *zaibatsu* ou la modernisation sociologique. Mais, simultanément, elle a caché la persistance de nombreuses structures instaurées pendant les années 1930-1940 qui ont conditionné la Haute Croissance à partir des années 1950, avec le soutien des États-Unis. Autrement dit, on peut souligner l'importante continuité d'un « capitalisme d'État belliciste » transformé en « capitalisme d'État en temps de "Guerre froide" »[54]. Or ce sont ces structures qui sont actuellement remises en cause au Japon dans le contexte global néolibéral.

De fait, les historiens et les spécialistes en sciences sociales sont en train de revenir sur les coupures historiques pour mieux pointer les continuités. Il est probable qu'ainsi les réelles discontinuités soient sous-estimées mais ce travail de reconstruction est absolument nécessaire, ne serait-ce que pour prendre du recul vis-à-vis des clichés qui ont été délibérément imposés pour donner une certaine image du Japon, à l'instar du « miracle économique japonais »[55]. Le risque anachronique d'homologie d'une période à l'autre, entre 1868 et 1945, est compensé par la profondeur spatiale qui permet de cerner les structures.

Sur le plan de la territorialisation, qui se caractérise par la délimitation internationale des frontières, on peut également relativiser les deux tournants historiques de 1868 et de 1945. Le traité de San Francisco de 1951-1952, qui constitue le cadre diplomatique, politique et géopolitique du territoire japonais après la défaite de 1945 jusqu'à nos jours, impose certes un retour aux frontières antérieures au traité sino-japonais de Shimonoseki de 1895. Mais la problématique territoriale dépasse ce cadre temporel, en particulier pour les litiges territoriaux qui concernent actuellement le Japon et ses pays voisins. Elle touche aussi bien le côté septentrional avec les Kouriles, qui remonte au traité russo-japonais de Shimoda signé en 1855, que le côté méridional avec les Ryûkyû, dont le département d'Okinawa créé en 1876, rétrocédé au Japon en 1972 après son occupation états-unienne (1945-1972) et accueillant encore d'importantes bases militaires américaines. La question d'Okinawa se répercute également sur le litige sino-japonais concernant les îles Senkaku/Diaoyutai.

Avec Meiji reprennent les débats sur l'« ouverture du pays » (*kaikoku*) bloquée par le shôgunat dès le XVIIe siècle. Ils s'élargissent à l'ensemble du monde intellectuel et politique ainsi qu'au peuple, grâce à l'essor des mouvements démocratiques, socialistes et anarchistes. La réflexion sur la place du Japon dans le monde se prolonge jusqu'à nos jours, au cours d'une période que l'on peut qualifier de « long XXe siècle japonais » (1853-2000) car les points communs entre ces deux dates l'emportent sur les différences, tant dans les discours qui se réfèrent aux divers moments de son histoire que dans la succession des phénomènes. Les postures idéologiques et politiques japonaises ont en effet pour caractéristique d'être changeantes chez une même personne ou dans un même courant, et de ne pas recouper exactement les postures connues en Europe occidentale. Il suffit pour cela de songer à la question maintes fois rebattue, et maintes fois traitée, quoique pas toujours avec succès, de l'existence, ou non, d'un « fascisme à la japonaise »[56]. Loin d'être une manière de « battre un cheval mort », comme le remarque Richard Mitchell en 1985, cette question ressurgit régulièrement avec des connaissances nouvelles[57].

Sur ce point précis qui a valeur d'exemplarité, l'approche même du fascisme — mot et thème repoussoir par excellence — est tellement encombrée de préjugés et d'idées reçues qu'elle entrave la réflexion. Le concept de « fascisme japonais » a l'avantage d'être immédiatement intelligible par sa référence à ce qui s'est passé en Europe occidentale à partir de Mussolini puis de Hitler. Mais il n'est ni totalement opératoire, ni suffisamment pertinent. On peut lui préférer le concept de tennô-militarisme, *tennô* désignant l'empereur, et exclusivement lui, militarisme renvoyant à la place grandissante prise par les militaires au sein de la politique et au bellicisme soutenu tant par les militaires que par les civils au cours des années 1930 et 1940, sinon avant. Le poids encore important des civils dans la politique et les gouvernements jusqu'en 1941 fait préférer ce concept à celui de dictature militaire ou bien de stratocratie.

Le caractère changeant et original de plusieurs penseurs japonais échappe souvent aux grilles de lecture forgées en Europe occidentale, au point que cela suscite de l'agacement. Leur versatilité apparente et leur ambiguïté recouvrent souvent des cheminements complexes. L'écrivain et critique littéraire Kobayashi Hideo (1902-1983), par exemple, soutient le bellicisme, et participe en Mandchourie à une tournée de propagande avec d'autres écrivains, comme Kawabata Yasunari (1899-1972). Mais, d'après l'un de ses biographes, il rejette avec véhémence l'idéologie ultranationaliste du nipponisme[58]. Le *tenkô*, ou « revirement », parfois traduit par « apostasie », ce qui semble excessif, est un autre exemple emblématique des circonvolutions de la pensée japonaise, révélateur des différentes conceptions métagéographiques. Ce terme désigne le mouvement, promu par le régime impérial des années 1930, qui pousse de nombreux intellectuels marxistes ou marxisants à reconnaître la primauté du *kokutai* ou à faire allégeance à l'empereur.

Le *tenkô* s'explique généralement par l'ampleur de la répression : des milliers d'opposants sont arrêtés avant comme après l'incident de Mandchourie (1931) et des centaines d'emprisonnements suivent. On connaît également la dureté des interrogatoires et des geôles dans le Japon de cette époque. Les anarchistes Ôsugi Sakae (1885-1923) et Itô Noe (1895-1923) sont ainsi battus puis étranglés par la Kempeitai (la gendarmerie) en 1923, l'écrivain communiste Kobayashi Takiji (1903-1933), auteur du fameux roman *Bateau usine* (*Kani kôsen*, 1929), meurt après avoir été torturé par la police spéciale... La peur et la répression constituent selon les communistes orthodoxes l'explication classique du *tenkô*[59]. Mais celle-ci n'est pas suffisante. Elle ne montre pas pourquoi quelqu'un comme Sano Manabu (1892-1953), président du comité central du Parti communiste japonais lors de son arrestation en 1932 et l'un des *tenkôsha* les plus célèbres, continue de militer après 1945 pour le « socialisme dans un seul pays » (*ikkoku shakaishugi*), hostile à l'Union soviétique et partisan du *tennô*.

En réalité, comme l'analysent les historiennes Germaine Hoston ou Patricia Steinhoff, les futurs *tenkôsha* ne sont déjà pas, au cours de leur période d'orthodoxie marxiste et avant leur revirement, à l'aise vis-à-vis de la question du *kokutai* et de l'impérialisme japonais. Cela facilitera leur évolution idéologique, à laquelle s'ajoutent d'autres facteurs. Le dogmatisme du Komintern, la stratégie russo-centrée de Staline et la pression psychologique de la socioculture japonaise dominée par la notion de honte (*haji*), tout cela entraîne leur revirement à tel point que celui-ci apparaît davantage comme une révélation que comme une apostasie. En outre, l'acceptation de l'étatisme — le désir d'un État fort, dirigiste et interventionniste, désir partagé par la tennôcratie comme par la gauche orthodoxe — favorise l'adhésion à l'ultranationalisme de type fasciste.

Le *tenkô* du sinologue Takeda Taijun (1912-1976) suit son emprisonnement aux débuts des années 1930 pour avoir distribué des tracts contre le régime, et précède son adhésion au bouddhisme. Pour Karatani Kojin, il ne s'agit pourtant pas d'un revirement car on peut « en s'extrayant du mouvement politique marxiste, et sous le nom du bouddhisme, saisir précisément le point de vue de Marx sur la “société vue comme un processus d'histoire naturelle” »[60]. Plus prosaïquement, son incorporation comme soldat permet à Takeda Taijun de s'intégrer aux hommes « ordinaires » et, loin des « parlotes » intellectuelles, de se plonger dans le « terreau humain » que représentent pour lui les paysans chinois, comme le remarque Sebastian Veg[61].

Nakano Shigeharu (1902-1979) est un autre écrivain *tenkôsha*, mais à la trajectoire différente[62]. Animateur du Mouvement de la littérature prolétarienne, membre du Parti communiste japonais en 1931, il fait *tenkô* après deux ans passés en prison, suite à une cinquième arrestation (1932-1934). Il publie *Mura no ie* (*La Maison du village*, 1935), un livre considéré comme le symbole du « roman *tenkô* » (*tenkô shosetsu*), celui de la mauvaise conscience de l'intellectuel de gauche vaincu. Se consacrant à la poésie pendant la guerre, il reste étroitement surveillé par la police. Après la défaite, il est élu député du P.C.J. de 1947 à 1950.

Le *tenkô* n'est de surcroît pas un passage obligé de l'évolution politique. C'est une logique asiatiste puis nationaliste, renforcée par une tactique conciliatrice entre syndicat et patronat, puis un carriérisme politique qui conduisent progressivement Akamatsu Katsumaro (1894-1955) du Parti communiste, auquel il adhère dès sa fondation, à diverses organisations socialistes-nationalistes soutenant le régime militaire après l'incident de Mandchourie. En 1925, il estime qu'une alliance entre Noirs américains et Asiatiques pourrait combiner la question raciale, nationale selon lui, avec la lutte anti-impérialiste et prolétarienne. Jugeant aussi que la pensée socialiste japonaise doit s'autonomiser, il prône l'élaboration d'un « japonisme scientifique » (*kagakuteki nihonshugi*). En 1931, il mène des actions politiques avec l'asiatiste Ôkawa Shûmei[63].

Le philosophe Miki Kiyoshi (1897-1945) n'est pas à proprement parler un *tenkôsha* mais ses idées ont évolué de la gauche marxiste à la droite fascisante, avec des mélanges entre les deux qui le font se rapprocher de l'asiatisme et rejoindre l'Association de recherches Shôwa (*Shôwa kenkyû-kai*) soutenue par la faction planiste du régime tennô-militariste (cf. *infra*). Le mélange de ses idées et sa volonté de dépasser tant le marxisme que le fascisme soulèvent des débats[64]. Arrêté en 1945, Miki meurt en prison.

Deux autres membres de la Shôwa kenkyû-kai offrent un parcours similaire, avec un rapport au marxisme encore plus fort. Takahashi Kamekichi (1894-1977), historien marxiste proche du Parti communiste japonais, écrit dès la fin des années 1920 des articles où ses arguments préfigurent ceux de la Sphère de coprospérité de la Grande Asie orientale, prônée par le régime tennô-militariste, et son propre ralliement à celui-ci. Qualifiant le bellicisme japonais d'« impérialisme petit-bourgeois », il conclut que celui-ci est historiquement nécessaire et légitime[65]. Il devient pendant la guerre un haut conseiller de la planification économique et un ardent partisan de l'impérialisme japonais. Autre membre marxiste de la Shôwa kenkyû-kai, Ozaki Hotsumi (1901-1944) est un journaliste spécialiste des questions chinoises. Il estime que la guerre engagée par le Japon servira les peuples asiatiques à se libérer du joug occidental. Il est délégué par le Japon au congrès du Pacifique (Yosemite, juillet 1936) et conseiller de Kazami Akira (1886-1961) au sein du premier Cabinet Konoe (1937). Pris dans l'affaire de l'espion soviétique Richard Sorge (1895-1944), pour le compte de qui il espionne depuis 1932, il est exécuté avec lui en novembre 1944[66].

L'essayiste et critique littéraire Hayashi Fusao (1903-1975) fait partie de ceux qui sont passés de la gauche à la droite de l'échiquier idéologique sans revenir sur leur évolution après 1945. Sa figure est particulièrement controversée. Après avoir animé le Mouvement de la littérature prolétarienne au cours des années 1920 et subi une période d'emprisonnement au cours des années 1930, il épouse la cause de l'ultranationalisme nippon et ne s'en départira pas. Il participe au colloque sur le dépassement de la modernité (1942) où son intervention est intitulée *Le Cœur fidèle à l'empereur*[67]. Selon lui, le succès de la Restauration Meiji est dû à ce cœur, inné chez les Japonais mais qui a été oublié au cours de la modernisation des années 1910 et 1920. La cause en est simple : le naturalisme ainsi que l'internationalisme prolétarien ont corrompu les jeunes intellectuels jusqu'à la moelle, tandis que les hommes d'État et les hommes d'affaires ne pensent qu'à l'argent. Après une brève période où il se définit lui-même comme écrivain apolitique dans l'après-guerre, Hayashi Fusao jette un pavé dans la mare en 1963 lorsqu'il publie *Daitôa sensô kôtei-ron* (*De l'affirmation de la guerre de la Grande Asie orientale*), une apologie de l'action impérialiste et belliciste du Japon avant 1945.

Ce qui complique l'analyse, c'est également la facilité avec laquelle les hommes de droite ou de gauche, nostalgiques de l'empire ou anciens *tenkôsha*, retrouvent après 1945 leur famille idéologique d'origine, comme si un gigantesque coup d'éponge avait été donné, comme si la guerre et l'impérialisme japonais n'avaient été qu'une parenthèse. Or les analystes occidentaux répugnent souvent, par difficulté d'interprétation ou bien par choix idéologique, à exposer ce cheminement japonais après la défaite[68]. En outre, l'occultation, discrète et sélective, des parcours est bien souvent maniée par des analystes japonais qui gardent des liens d'amitié ou d'échanges intellectuels avec les personnes en question.

Le Japon dérange, il dérange trop, il bouscule les grilles d'analyse habituelles tout en exerçant une fascination d'ordre exotique, qui flirte avec une sorte de racisme à l'envers. Par paresse intellectuelle ou par stratégie idéologique, il apparaît plus simple à certains de ne pas se poser trop de questions à propos de personnages très influents qui ont été arrêtés comme criminels de guerre puis relâchés pour cause de combat anticommuniste dans le cadre de la guerre froide, comme le sinistre Sasakawa Ryô.ichi (1899-1995), affairiste et personnage d'extrême droite lié aux *yakuza* avant comme après 1945.

L'un des penseurs japonais qui se montre le plus honnête est le sinologue Takeuchi Yoshimi. Intransigeant à l'égard des institutions dont il ne cesse de dénoncer le bureaucratisme avant ou après la défaite, il refuse d'enseigner à l'Université de Tôkyô, puis démissionne de l'Université municipale de Tôkyô lors du mouvement Ampô (1960). Sa relation à l'asiatisme, auquel il ne renonce pas même après 1945 alors que le sujet est devenu tabou, est d'une grande complexité[69]. Le rapport à la guerre et à l'impérialisme chez les intellectuels japonais d'avant 1945 oscille ainsi entre la résignation, le fatalisme, l'adhésion pure et simple ou bien les stratégies d'évitement plus ou moins collectives ou individuelles, bref « entre nonchalance et désespoir », pour reprendre la formule de l'historien Samuel Guex[70].

Les liens entre maître et disciple sont particulièrement forts au Japon, et survivent malgré les évolutions idéologiques. Ainsi le socialiste et anarchiste Kôtoku Shûsui (1871-1911) garde-t-il sa fidélité envers son mentor Nakae Chômin (1847-1901), le « Rousseau de l'Orient », alors que celui-ci semble soutenir à la fin de sa vie le bellicisme japonais à l'occasion de la guerre sino-japonaise[71]. L'importance de ces liens amicaux, familiaux ou intellectuels transcende les clivages idéologiques, et contribue à brouiller discrètement les cartes.

Des références intellectuelles peuvent être partagées, mais interprétées de façons variées par les penseurs d'orientation différente. C'est le cas du confucianisme, les uns mettant l'accent sur la loyauté qui débouche sur le patriotisme, les autres s'attachant à la posture de l'individu intègre. La pensée de Nichiren, sorte d'Augustin d'Hippone bouddhiste, moine errant illuminé, figure protonationaliste, est ainsi présentée de manière contradictoire par les penseurs modernes. Kita Ikki (1883-1937), théoricien de l'ultranationalisme putschiste venu du mouvement socialiste, ou Ishiwara Kanji (1889-1949), militaire, agitateur, acteur fondamental du Manchukuo et de l'asiatisme, s'en revendiquent, tandis que Uchimura Kanzô (1861-1930), socialiste chrétien et par ailleurs géographe, ou encore Kôtoku Shûsui voient d'abord en Nichiren une vie de révolte.

Il ne faut pas croire non plus que ces intellectuels japonais méconnaissent la culture occidentale. Bien au contraire, ce sont souvent des spécialistes polymorphes dans leur domaine. Parmi ceux qui participent au fameux colloque de 1942 sur le « dépassement de la modernité » (*kindai no chôkoku*), Nishitani Keiji (1900-1990) est un connaisseur du nihilisme d'Eckhart, qu'il compare avec la notion bouddhique de vide, Miyoshi Tatsuji (1900-1964) est un traducteur de Baudelaire, Shimomura Toratarô (1902-1995) un spécialiste de Leibniz, Yoshimitsu Yoshihiko (1904-1945) de Thomas d'Aquin. Quant à Nishida Kitarô, c'est un exégète de Martin Heidegger, Kobayashi Hideo un passionné de Dostoïevski...

À quel point leur réflexion n'est-elle justement pas entravée par leur excellente connaissance de l'Occident ? C'est la question que Nemoto Misako pose avec une sagacité pénétrante. Dans une remarque acérée, elle estime, à propos du colloque de 1942, que « le tragique éclate lorsqu'on en arrive à parler des textes classiques japonais ; tous ces participants, ressentant une inclination intuitive pour ces textes, ne savent en parler que d'une façon bien laconique, surtout quand on pense à la volubilité tragiquement comique de ces mêmes personnes pour disserter sur l'histoire de la modernité occidentale. [...] Comme si leur propre culture n'était qu'un jardin privé, jalousement gardé contre toute pollution étrangère et que chacun va rejoindre, après un long voyage en silence »[72].

Pour Nemoto Misako, il s'agit d'un moyen pour ces intellectuels « déracinés » de fuir « la réalité qui n'est autre que le décalage qu'ils vivent en tant qu'individus »[73]. Ils « se rabattent sur la modernité, ils n'arrêtent pas de discourir sur elle, de dire le décalage qu'ils sont obligés de vivre, de montrer la vérité de la modernité, et qu'ils savent que la modernité est destinée à être fictive, comme pour mieux souligner la profondeur du silence qu'ils font sur le Japon originel »[74].

Cela n'empêche pas paradoxes, ignorances et approximations sur la réalité occidentale. Ainsi Watsuji Tetsurô, qui a étudié Nietzsche, puis Marx, puis Heidegger, se montre-t-il très mauvais observateur de la géographie européenne lors de son voyage sur les bords de la Méditerranée, dont il tire cependant des arguments péremptoires pour étayer sa théorie du *Milieu* (*Fûdo*, 1935). Comme si, une fois sorti de son propre milieu, Watsuji ne détenait plus les clefs pour analyser d'autres structures...

Tous n'évoluent pas dans les mêmes sphères. Si l'on s'en tient aux années 1930 et 1940, les penseurs universitaires ne fraient pas forcément avec les jeunes officiers rebelles. De surcroît, chaque domaine est fragmenté en groupes, en coteries. Les intellectuels philosophes de l'École de Kyôto (Nishida Kitarô, Shimomura Toratarô, Suzuki Shigetaka...) toisent les anciens marxisants de l'École romantique japonaise (*Nihon Roman-ha*, Kamei Katsuichirô, Hayashi Fusao...). Ôkawa Shûmei (1886-1957), diplômé de l'Université impériale de Tôkyô, directeur du Bureau d'études sur l'économie est-asiatique lié à la Compagnie de chemin de fer de Mandchourie méridionale, est probablement l'un des idéologues les plus influents dans divers secteurs de la société japonaise au cours des années 1930 et 1940. Il l'est bien plus que le socialiste national révolutionnaire Kita Ikki (1883-1937), qui doit une grande partie de sa notoriété à son exécution suite au putsch avorté du *ni-ni-roku* (26 février 1936) dans lequel il n'a pourtant pas d'implication directe[75]. Ôkawa Shûmei condense presque tous les courants et les contradictions qui parcourent le radicalisme asiatiste ou nipponiste du Japon de cette période[76]. Il a des relations un peu partout, y compris auprès de ses adversaires politiques : dans l'aristocratie, l'armée, la classe politique, les affaires. Il est membre de plusieurs organisations d'extrême droite. Il déteste les « nouveaux riches » (*narikin*). Il s'éloigne de Kôtoku Shûsui et du socialisme car il rejette leur pacifisme au cours de la guerre russo-japonaise. Il sympathise avec la révolution bolchevique et, comme Mussolini, il admire Lénine. Le « procès de Tôkyô » le considère comme l'un des grands fauteurs de guerre mais il échappe au jugement car il est considéré comme fou.

Il n'est pas facile de suivre toutes les pistes. En outre, en constatant une spécificité dans les postures idéologiques japonaises, il ne s'agit pas de se replier sur un culturalisme particulariste qui ne nous mènerait nulle part, ni à la compréhension de la socioculture japonaise, ni à la marche du monde, contrairement à ce qu'a essayé de faire Nakane Chie dans les années 1960-1970, par exemple, prétendant rebâtir une sociologie originale sur les décombres théoriques de la sociologie universelle qualifiée d'occidentale. Cette démarche repose d'ailleurs sur une conception erronée de l'identité, qu'elle soit individuelle ou collective, locale ou nationale, qui consiste à croire dans une essence intangible et unique, alors que chaque être humain et chaque société constituent des êtres collectifs, des composés de puissance, avec des parties irréductibles mais aussi des parties changeantes. Une telle conception est favorisée — chez les observateurs non japonais, les Occidentaux en particulier — par un rapport personnel au Japon de type sentimental, d'autant plus influent et pernicieux qu'il est tabou. Il importe donc au contraire de trouver de nouvelles catégories *ad hoc*, transversales, qui permettent un nouveau regard sur des phénomènes supposés connus, tout en gardant les outils habituels de compréhension. C'est ce que permet la méthode idéal-typique.

LES CARACTÉRISTIQUES GÉNÉRALES DES QUATRE TYPES IDÉAUX MÉTAGÉOGRAPHIQUES

L'approche idéal-typique inspirée de Max Weber n'est pas sans défaut, on le sait. Les « types idéaux » n'existent pas par définition puisqu'il s'agit d'une construction théorique accentuant certains caractères afin de constituer une typologie qu'on ne trouve pas dans la réalité empirique mais qui, par son caractère utopique, permet une nouvelle lecture de celle-ci. Le risque est donc de déboucher sur un excès d'abstraction, sur une distanciation trop forte avec la réalité empirique et donc sur une mésinterprétation des phénomènes. Mais la méthode est pertinente vu le contexte japonais.

Les courants idéal-typiques de pensée métagéographique au Japon sont au nombre de quatre : occidentaliste, orientaliste, nipponiste et cosmopolite. Ils sont identifiés d'après trois caractéristiques. Premièrement, ils sont polarisés par un référencement spatial, explicite ou implicite. Ce référencement spatial correspond à des grandes catégories géographiques, socioculturelles ou géopolitiques relevant de la métagéographie, avec sa cartographie mentale du monde. Il fonctionne selon une opposition de type

« Nous et Eux ». Deuxièmement, ils établissent un positionnement des Japonais et du Japon vis-à-vis d'un projet géopolitique spécifique, que ce soit le repli, l'expansionnisme, l'impérialisme ou le commerce international, mais dont l'application n'épouse pas exactement la formulation théorique. Troisièmement, ils instaurent les catégories spatiales comme des modèles, à adopter ou à dénigrer, de près ou de loin, dont les traits sont immédiatement saisis par le plus grand nombre.

Les quatre polarités métagéographiques japonaises ne constituent pas des types étanches et intangibles. Leurs théoriciens ou leurs tenants peuvent eux-mêmes évoluer et changer d'opinion. Des passerelles existent entre les uns et les autres. En outre, les sous-périodes historiques offrent des contextes à chaque fois différents au cours du « long XXe siècle » japonais. Malgré les réserves émises plus haut, l'année 1945 symbolise de nombreuses recompositions dans le domaine de la pensée et de l'imaginaire métagéographique. Avec les deux holocaustes atomiques de Hiroshima (6 août 1945) et de Nagasaki (9 août 1945), elle représente un choc pour tout le Japon, d'une ampleur répercutée dans le monde entier. Elle n'est pas non plus sans ambiguïté car, d'agresseur et de coupable, le Japon devient, par la force du feu atomique, une victime, ce que les dirigeants d'après-guerre ne manquent pas d'instrumentaliser. On peut même ajouter qu'à l'échelle du monde l'holocauste atomique articule des grilles de lecture qui se veulent incontestables, bien qu'elles méritent précisément d'être discutées. Sur le plan géopolitique, il s'agit de l'avènement de l'équilibre de la terreur grâce à la dissuasion nucléaire, donc d'une supposée paix mondiale, et, sur le plan philosophique, notamment développé par le courant écologiste, l'idée d'un monde soumis à l'horreur technologique et menacé de sa propre destruction physique.

Il ne s'agit pas de revisiter ce « long XXe siècle » sous tous ses aspects. L'approche spatiale permet cependant de dépasser l'éternelle question sur les caractéristiques et l'essence de la « modernisation » au Japon, thème déjà amplement traité. Elle souligne les lignes de fond qui traversent la socioculture et la politique japonaises au-delà des vicissitudes, en relativisant les grandes dates-coupures. Une telle démarche ne recouvre donc qu'en partie la typologie proposée par le politiste japonais Maruyama Masao (1914-1996). Selon celui-ci, trois grands courants de pensée structurent l'histoire des idées au cours de la première moitié du XXe siècle : les théories de la moralité nationale, à la recherche d'une « âme japonaise » ou *wakon*, puisant aussi bien dans le confucianisme que dans le nativisme ; le mouvement de « l'histoire culturelle », très inspirée par la pensée allemande, cherchant à dépasser le nippocentrisme du courant précédent par une philosophie de l'histoire ; et le marxisme.

Les recherches récentes ont enfin fait justice de l'équation, en partie vraie mais trompeuse, qui a été établie entre « modernisation » et « occidentalisation ». D'ailleurs, si les Japonais eux-mêmes ont revendiqué une telle équation, ce sont les Occidentaux qui ont insisté sur elle pendant plus d'un siècle, de la Restauration Meiji (1868) jusqu'à la fin de la Haute Croissance (1973). Car Occident et occidentalisation se devaient d'être les étalons de toute modernité, alors confondue avec le progrès. Ce qui était « occidental » était opposé à une « japonéité » essentielle, qu'il fallait d'ailleurs souvent créer de toutes pièces. Comme le remarque l'historienne américaine Carol Gluck, « le "Japon" représente la variable de cette équation culturelle, un élément défini et redéfini sans cesse dans son rapport à l'"Occident", tout au long d'une improvisation identitaire dynamique qui se poursuit depuis Meiji. Il en va de même de la "tradition" qui est définie, voire inventée, en juxtaposition avec la modernité. Souvent, les deux axes se confondent : l'Occident recouvrant une modernité évoluant constamment, alors que le Japon renvoie à une tradition à jamais figée. Ces deux couples antagonistes fonctionnent comme des dispositifs métaphoriques — des tropes du changement — et non comme d'innocentes descriptions sociales, encore que nombreux soient ceux qui, prisonniers de Meiji, s'y laissent prendre »[77].

Les quatre idéaux-types ne correspondent pas systématiquement à d'autres catégories dont on imaginerait qu'elles leur colleraient étroitement. La fascination pour les Occidentaux véhiculée par l'occidentalisme meijien peut comporter des sentiments complexes d'admiration et de rejet raciste chez les Japonais. Le refus d'être colonisé par l'Occident, qui passe par l'adoption des techniques occidentales comme moyen de développement et d'indépendance, débouche aussi sur un mimétisme japonais de colonisation « à l'occidentale » envers les peuples asiatiques voisins, processus considéré comme un passage obligé pour un pays qui veut se développer et devenir une puissance.

La colonisation japonaise de l'Asie de Meiji à 1945 offre ainsi la double spécificité d'être non seulement un « impérialisme de pays en voie de développement » mais aussi un « impérialisme de couleur » (*yûshoku teikokushugi*), le premier impérialisme moderne « non blanc », comme le rappelle l'historien japonais contemporain Oguma Eiji[78]. Elle entre en contradiction avec le discours asiatiste qui réclame l'indépendance des pays asiatiques et dont le rôle « libérateur » attribué au Japon fait osciller celui-ci du simple modèle au dominateur brutal, en passant par l'instigateur, le guide, le leader ou le maître. Avec sa double posture de colonisé potentiel (par l'Occident) et de colonisateur potentiel pseudo-libérateur (de l'Orient, de l'Asie), de bon élève de l'Occident tout en étant son trublion, le Japon, par son mimétisme, correspond à un « désir d'être un Autre reconnaissable, amendé, comme sujet de différence qui est presque toujours le même mais pas vraiment », pour reprendre l'affirmation de Homi Bhabha[79].

Mais réduire l'impérialisme japonais à un mimétisme de son homologue occidental, lui-même divers si l'on songe aux différences entre la colonisation européenne, elle-même variée, et l'impérialisme états-unien, risque de faire passer l'analyse à côté de sa nature, de sa logique et de ses formes. Comme l'explique l'historien Peter Duus, « bien que les Japonais de Meiji imitassent le système de culture impérialiste qui se développait en Occident, l'impérialisme de Meiji était l'impérialisme des pays retardataires ou suiveurs. Il était caractérisé par un sentiment d'infériorité vis-à-vis de l'Occident, le désir de rattraper les économies plus avancées, de limiter les contacts avec l'étranger, la dépendance de l'importation de biens capitaux, un manque de levier politique sur les puissances avancées, et un haut degré d'implication de l'État dans le développement économique »[80].

Des quatre courants durant la première moitié du XXe siècle, l'un n'est pas *a priori* moins impérialiste ou plus colonisateur que l'autre, à l'exception — pas totale cependant — du courant cosmopolite. Le débat qui oppose, dès la fin du XIXe siècle, l'essayiste nationaliste Inoue Tetsujirô (1855-1944) et l'économiste libéral Taguchi Ukichi (1855-1905) donne un aperçu de cette complexité, révélant que le nationaliste n'est pas plus expansionniste que le libéral. Face aux grandes puissances du moment, le premier estime en effet que le Japon, considéré comme petit et fragile, doit se protéger au maximum et s'ouvrir le moins possible, alors que le second prône le contraire, y compris en réclamant l'accueil, voire l'intégration, des étrangers sur le sol japonais. Sur ce clivage s'instaurent les grandes tendances géopolitiques et identitaires du Japon à venir.

Les libéraux de la seconde tendance, partisans de l'ouverture, du commerce, voire, chez certains, de la démocratie, estiment que le Japon est déjà quasiment cosmopolite et qu'il peut aisément construire un ensemble asiatique. Taguchi Ukichi est l'un des premiers, parmi les plus connus de l'élite japonaise, à évoquer, dès les années 1880, les opportunités économiques des « mers du Sud » (*Nan.yô*). Ces libéraux proclament que, dans ses origines mêmes, le Japon est composé de plusieurs ethnies, qu'il les a certes fusionnées au sein de son archipel au cours des siècles mais que cela lui donne la légitimité et le savoir-faire socioculturel pour étendre son processus de fusion ethnique à l'Asie orientale.

S'y ajoute sa disposition spatiale d'îles en îles déjà existante, nous l'avons vu : Ezo devenue Hokkaidô et « colonie » (*kaitakuchi*) japonaise à partir de 1869, au détriment des aborigènes Ainu, le département d'Okinawa créé en 1879, les Ryûkyû définitivement ravis à la Chine en 1895, la Micronésie intégrée en 1914. C'est sur cette base qu'est souligné par le colonisateur japonais le caractère insulaire de Taïwan et même le caractère péninsulaire de la Corée, devenue protectorat en 1905 puis colonie en 1910.

La prétention qu'ont les leaders japonais de créer

un « nouveau monde » en Asie, incarnée par le slogan officiel de « nouvel ordre en Asie orientale » (*Tôa Shinchitsujo*) lancé par le Premier ministre Konoe Fumimaro le 3 novembre 1938, se heurte à la vision qu'ils ont de l'Asie. En effet, malgré les études et les recherches menées par les savants de diverses disciplines pour s'approprier l'orientalisme occidental (cf. *infra*), s'instaure, selon Tsuneo Masaki, une « vue selon laquelle les différents peuples du monde forment une pyramide au sommet de laquelle sont placés les Japonais et en bas les indigènes des mers du Sud. Le Japon n'a fait que réarranger la hiérarchie des valeurs qu'il a héritées de l'Europe et les a appliquées au nouveau monde qu'il formait. On a suggéré, à propos de ce phénomène, que les Japonais avaient chaussé des "lunettes teintées à l'occidentale" »[81].

Les intellectuels et leaders japonais chrétiens rejoignent le camp des libéraux sur la base de l'ouverture socioculturelle, et donc religieuse, qui est le complément de la « mixité ethnique ». Le pasteur Ebina Danjô (1856-1937) déclare par exemple en 1910 qu'il faut « rejeter le complexe insulaire » des Japonais, ce qui implique l'ouverture, mais aussi la soumission de la foi chrétienne au pouvoir spirituel et politique du pays. Il bâtit ainsi un christianisme mâtiné de confucianisme, qui prône la loyauté politique, et de shintô, qui véhicule positivement la culture japonaise primitive[82].

Ebina critique Uchimura Kanzô, chrétien comme lui, lorsque celui-ci est démis de ses fonctions d'enseignant pour ne pas s'être suffisamment courbé devant l'icône de l'empereur, comme le demande le Rescrit impérial sur l'éducation (*Kyôiku Chokugo*) de 1891. Plus tard, au cours de la guerre russo-japonaise, il prie également en faveur du nationalisme chrétien. En revanche, le pasteur presbytérien Uemura Masahisa (1858-1925) polémique avec lui sur la question du nationalisme, et se montre solidaire d'Uchimura Kanzô ainsi que d'un militant exécuté en 1911 lors du prétendu complot de lèse-majesté de 1910.

Uchimura Kanzô critique un autre géographe, Shiga Shigetaka (1863-1927), partisan du « national-purisme » (*kokusui-shugi*), car il estime que « le patriotisme ne doit pas se confondre avec le chauvinisme ». Insistant sur le fait que l'histoire d'un pays est le résultat d'une interaction entre une terre et ses hommes, et que l'humanité, dotée d'une volonté libre, n'est pas esclave de la nature, il s'appuie sur le « complexe insulaire » (*shimaguni konjô*) qui relativise les distances de pays à pays.

De même, des désaccords existent parmi les expansionnistes quant aux priorités en termes de direction et d'espace à conquérir. Au sein des asiatistes des années 1930 et 1940, on distingue les partisans de « l'avancée vers le nord » (*hokushinron*), vers la Mandchourie en particulier, et ceux de « l'avancée vers le sud » (*nanshinron*), espace dont la connotation correspond davantage à la notion ultérieure d'Asie-Pacifique, vers les îles du Pacifique et de l'Asie du Sud-Est (Philippines, Indonésie, Océanie...)[83].

Il faut donc bien voir que la tendance, constituée par les partisans du *kokutai*, ou « corps national » (cf. *infra*), du « national-purisme » et relevant du nipponisme, n'est pas forcément la plus expansionniste et la plus impérialiste. Elle considère aussi que le Japon est trop spécifique et qu'il ne peut pas intégrer les pays voisins. Selon elle, il est donc inutile de prendre des risques et de se lancer dans l'aventure belliciste et impérialiste. Elle insiste de plus en plus sur l'idée que le Japon est constitué d'une ethnie unique et que sa singularité socioculturelle empêche toute assimilation (japonisation) des peuples voisins.

Dans cette perspective, certains intellectuels et hommes politiques prônent au cours des années 1920 et 1930 le repli sur l'archipel japonais. Ces partisans de la « théorie du Petit Japon » (*Shônihon-shugi-ron*) demandent l'abandon des colonies et le rapatriement des émigrés japonais. Ce courant se retrouve aux commandes idéologiques et politiques du Japon après la défaite de 1945, comme Ishibashi Tanzan (1884-1973) qui publie dès 1921 un article au titre explicite — « La chimère du Grand Japonisme » (*Daihihonshugi no gensô*) — et qui devient Premier ministre après la guerre[84].

La « théorie du Petit Japon » remonte en réalité à la fin du XIXe siècle. On la retrouve par exemple sous la plume de Nakae Chômin dans ses fameux *Dialogues politiques entre trois ivrognes* (1887), puisque l'un des trois intervenants — Seiyô-shinshi, le « Gentleman de culture occidentale » — se fait l'avocat du « principe du petit pays » (*shôkokŭshugi*). Ce principe, qui renvoie implicitement mais sans ambiguïté au Japon, tout en pouvant s'appliquer à d'autres situations comme la Corée, prône un développement fondé sur la démocratie, la modernisation et la paix. Le *shôkokushugi* est partagé par Ueki Emori, l'un des premiers partisans de la démocratie moderne au Japon, puis repris par Kôtoku Shûsui sous l'angle du socialisme et par Uchimura Kanzô sous l'angle de l'humanisme chrétien.

À partir des années 1920, la « théorie du petit pays » devient l'une des lignes politiques de la *Revue économique d'Asie orientale* (*Tôyô keizai shimpô*), fondée en 1895 et financée par le banquier Shibusawa Ei.ichi[85]. Partisans du libre-échange, Uematsu Kôshô (1876-1912) y estime que du point de vue économique les colonies coûtent plus qu'elles ne rapportent, et Miura Tetsutarô (1874-1972) y critique l'impérialisme. C'est dans cette revue qu'intervient Ishibashi Tanzan.

Dans la même logique de reconfiguration idéologique, la conception d'un Japon asiatique, dont l'empire intègre des ethnies diverses, est abandonnée après 1945 puisqu'elle est liée au projet expansionniste et belliciste du tennô-militarisme. À sa place, c'est la « théorie de l'unicité ethnique » (*tan.itsu minzoku-ron*) qui l'emporte, paradoxalement puisque c'est celle qui est chère aux nationalistes du *kokutai*. L'époque de l'après-guerre implique en effet un nouveau repli du Japon sur lui-même, avec la perte des colonies, la rétractation du territoire, la redéfinition de frontières surinsulaires strictes, l'afflux des rapatriés et la reconstruction, tout cela en attendant le re-développement sur la base d'une extraversion économique et commerciale. Dans ce nouveau cadre, le colonialisme et l'impérialisme politique sont bannis. Un peu à l'instar du slogan maoïste qui rencontre le succès de l'autre côté de la mer de Chine orientale, les Japonais doivent alors beaucoup compter sur leurs propres forces.

L'unicité de l'ethnie japonaise, l'originalité de son peuple, son isolement insulaire figurent ainsi en bonne place pour expliquer ce qui doit être considéré comme le « miracle japonais » dans la perspective américano-japonaise d'un modèle présentable à un tiers-monde trop séduit par le socialisme. L'insularité est à nouveau revue sous un angle négatif de petitesse, d'étroitesse du territoire, de manque d'espace, de médiocrité des ressources naturelles, tandis que sont occultées les richesses de la mer ou de la terre (bois, eau, certains minerais).

La « théorie de l'unicité ethnique » trouve sa consécration quasi officielle au cours des années 1980 lorsque le Premier ministre néonationaliste Nakasone Yasuhirô en fait l'un des leitmotive expliquant le succès du Japon, notamment face aux États-Unis supposés être pluriethniques et sur le déclin. Sa position lui attire cependant de nombreuses critiques au Japon, en particulier chez les habitants d'Okinawa, les aborigènes *Ainu* ou bien les descendants de la communauté coréenne, ainsi qu'à l'étranger.

Chapitre IX

UN RETOUR EN ASIE ?

> *L'œil ne peut plus se contenter d'être ouvert vers le seul univers extérieur. / Le désir de l'œil erre dans la stratosphère de notre cœur, / dépose un baiser sur la Fleur belle, qui tremble / face à un sarcloir géant, roulant à toute vitesse dans le ciel de la nuit.*
>
> OOKA Makoto,
> « Face à un sarcloir géant » (1982).

Le courant occidentaliste réclame l'intégration du Japon dans le groupe des pays développés et proclame l'appartenance du Japon à l'Occident. Ses tenants arguent même, pour certains d'entre eux, de la situation topographique extrême-occidentale du pays à l'ouest des États-Unis, pour justifier géographiquement cette affirmation. Ils bénéficient de la confusion qui a été faite pendant longtemps, aussi bien au Japon qu'en Occident, entre « modernisation » et « occidentalisation », binôme dont les deux termes sont étroitement liés pour une partie importante de l'élite, voire du peuple.

La référence à l'Occident remonte déjà à la période Tokugawa. Dans ses *Histoires de l'Occident* (*Seiiki monogatari*, 1798), le lettré Honda Toshiaki (1744-1821) divise le monde en Occident (*Seiyô*) et en

Orient (*Tôyô*). Certes, il place le Japon et la Chine dans le second ensemble, oriental. Mais surpris par l'ancienneté de la civilisation égyptienne et fasciné par les connaissances que procure l'étude des sciences dites « hollandaises » (*rangaku*), c'est-à-dire « occidentales », il élabore l'hypothèse qu'une longue histoire confère de la maturité à un pays[1]. De ce point de vue, le Japon serait un « pays neuf » (*shinkoku*), ce qui expliquerait son décalage technologique par rapport à l'Occident[2].

Honda Toshiaki souligne également l'impact du climat sur les richesses naturelles d'un pays et sur le développement de celui-ci. Son argumentaire relève du déterminisme géographique à travers une comparaison entre le Japon et l'Angleterre, deux pays qui doivent être, selon lui, les plus puissants et les plus prospères du monde, l'un situé à l'Est, l'autre à l'Ouest : même insularité, même latitude, et à l'extrémité d'un même continent. À situation égale, si celle-là a réussi (l'Angleterre), celui-ci peut l'imiter (le Japon), y compris en colonisant de nouvelles terres, notamment insulaires, et en se lançant dans le commerce maritime international[3]. Ce raisonnement constitue les prémisses de l'expansionnisme japonais, voire du rapprochement entre les extrêmes eurasiatiques avec le traité anglo-japonais de 1902, le premier traité « non inégal » que le Japon passe avec un pays occidental.

Idéalisant ce qu'il sait des pays européens, Honda Toshiaki conçoit de surcroît pour le Japon une nouvelle forme de gestion, de gouvernement et d'État modernes. Son mode prototechnocratique accorde aux savants, aux techniciens et aux personnes de talent, et non plus aux lettrés ou aux nobles, la capacité de construire un pays puissant à l'égal de l'Europe, quitte à en adopter même le christianisme si cela évite de se faire coloniser. En ce sens, Honda Toshiaki représente un précurseur, incompris du shôgunat, du courant occidentaliste qui se développe à partir de Meiji.

Une trentaine d'années après la disparition de Honda, une nouvelle génération de jeunes lettrés japonais étudient la « science occidentale » (*yôgaku*), sous le nouveau nom que le shôgunat donne à l'Institut en 1855 (*Yôgakusho*), ancêtre de la prestigieuse Université de Tôkyô. Parmi eux, le *samurai* Sakuma Shôzan, célèbre pour son slogan « éthique orientale, technique occidentale », néoconfucianiste partisan d'un shôgunat moderne, ouvre une école à Edo (future Tôkyô) en 1850 qui accueille une grande partie de l'élite intellectuelle à l'origine de la Restauration Meiji[4].

Pour expliquer cette fascination de l'Occident auprès de toute une génération, l'historien de l'art Okakura Kakuzô (Tenshin) décrit ainsi, dans un livre destiné au public occidental en 1904, les motivations de Sakuma Shôzan qu'il considère comme le premier Japonais à s'habiller à l'occidentale : « C'était l'expression d'un désir de la part des progressistes de briser les chaînes de l'Orient décadent et de s'identifier à la civilisation occidentale avancée. Notre kimono signifiait le loisir, tandis que l'habit occidental signifiait l'activité, et il est devenu l'uniforme de l'armée du progrès, comme le chapeau rouge dans la France révolutionnaire »[5].

LE COURANT OCCIDENTALISTE MODERNISATEUR

L'occidentalisme meijien articule deux tendances : d'une part, un volontarisme moderniste, *via* l'étatisme et/ou le nationalisme, qui s'exprime dans l'autre mot d'ordre, non moins célèbre, de « pays riche, armée forte » (*fukoku kyôhei*) ; d'autre part, une mise en exergue de la situation occidentale dans le monde, en opposition à l'Asie et singulièrement à la Chine.

Fukuzawa Yukichi (1835-1901), libéral considéré comme l'un des « maîtres des Lumières à l'ère Meiji », est le représentant le plus fameux de l'occidentalisme japonais[6]. Né dans une famille de *samurai* pauvres du nord-est de Kyûshû, une région historiquement ouverte aux échanges avec l'étranger, il s'est rendu célèbre auprès des Japonais par ses écrits en géographie. C'est grâce à l'argent récolté par la publication de deux de ses ouvrages, devenus des best-sellers avant même la Restauration Meiji, qu'il fonde l'université privée de Keiô[7].

Bien qu'il adhère un temps à la Société géographique de Tôkyô fondée en 1878, Fukuzawa Yukichi n'est cependant pas un géographe professionnel, du moins au sens plein du terme[8]. Les ouvrages en question, *Seiyô jijô* surtout, constituent plutôt une description encyclopédique des techniques, institutions et modes de vie en Occident[9]. Ayant appris le néerlandais puis l'anglais à Edo, aux États-Unis et en Europe à l'occasion de voyages patronnés par les autorités shôgunales, Fukuzawa recommande la géographie comme l'un des savoirs les plus importants. Selon lui, c'est même le premier à aborder pour maîtriser tous les autres. C'est ce qu'il explique dans l'un de ses autres textes connus, *Promotion de l'étude* (*Gakumon no susume*, 1872), où il exhorte par ailleurs à l'apprentissage de l'Occident dans tous les domaines de la vie quotidienne[10]. On peut donc dire que Fukuzawa contribue largement à façonner les premières images géographiques et métagéographiques de l'Occident au sein du peuple japonais contemporain.

Dans *Aperçu des théories de la civilisation* (*Bunmeiron no gairyaku*, 1875), où il s'appuie sur une grille de lecture sociale-darwinienne, il place le Japon et la Chine dans la catégorie des pays « semi-civilisés » (*hankai*), inférieurs à l'Occident mais supérieurs à l'Afrique, à l'Océanie et au reste de l'Asie. Il insiste sur le fait que la civilisation est quelque chose de relatif, les Japonais pouvant être qualifiés de « civilisés » par rapport aux Ainu[11]. C'est aussi l'un des premiers à exposer en détail au Japon la théorie des droits naturels, qui bute sur la question de l'empereur, celle-ci remettant en cause le principe du libéralisme occidental selon lequel tous les hommes sont égaux en droit.

Originaire du Kyûshû comme Fukuzawa, mais de la façade nord-occidentale, Kume Kunitake (1839-1931), bon connaisseur lui aussi du néoconfucianisme et des classiques chinois, étudie le néerlandais et l'anglais. Il devient un historien connu, dont on oublie qu'il est géographe à l'origine, qui participe aussi à la construction métagéographique des Japonais sous Meiji. Membre de la fameuse mission Iwakura qui sillonne les pays occidentaux, il en rédige le compte-rendu officieux destiné aux Japonais et publié en 1878[12]. Ce *Jikki* (titre abrégé), extrêmement influent, décrit les pays occidentaux (Europe occidentale et États-Unis) sous l'angle de leur développement économique par rapport à l'Asie jugée en retard. Comme Fukuzawa, Kume insiste sur le rôle et l'enjeu de la géographie : « Ceux qui ignorent la géographie concernant les biens et les produits étrangers ressemblent aux aveugles qui commentent une vieille pièce de porcelaine » ; ou encore : « Les êtres humains habitent la terre, communiquent les uns avec les autres à travers le monde, capitalisent les ressources et en vivent. À cette fin, ils étudient la géographie du monde à l'école »[13].

Son propos n'est pas aussi déterministe que certains l'ont lu, car la différence entre les conditions naturelles de l'Europe et de l'Asie est vue sous l'angle de leur mise en valeur respective. Kume écrit ainsi cette phrase clef qui résume son approche ainsi que celle de la mission Iwakura : « Les terres européennes ne sont pas aussi fertiles que les terres japonaises, et si les Européens ont autant de récoltes, c'est grâce à leur effort national »[14]. Le raisonnement est identique pour les matières premières et l'industrie. Tout est dit : c'est un appel à la mise au travail des Japonais sous la bannière de « l'effort national ».

La métagéographie de Kume inscrit durablement dans l'esprit des Japonais l'opposition entre un Occident développé, composé de l'Europe occidentale (Royaume-Uni, France, Prusse essentiellement) et de l'Amérique du Nord, et une Asie en retard[15]. Contrairement aux ambassades expédiées par le shôgunat, la mission Iwakura pilotée par les dirigeants meijiens ne se rend pas dans les « pays barbares » (*iteki no kuni*), mais dans les « pays de culture » (*bunka no kuni*). Le slogan « ouverture culturelle » (*bunmei kaika*), systématiquement utilisé par Fukuzawa (mais jamais par Kume dans le *Jikki*), se confond en fait avec « occidentalisation ». Kume Kunitake étudie également les annales antiques du *Kojiki* et du *Nihonshoki* d'un point de vue scientifique au cours des années 1890. Cela conduit *de facto* à une remise en cause de la mythologie, ce qui lui vaut des ennuis auprès des conservateurs traditionalistes.

LE COURANT OCCIDENTALISTE FACE À LA CHINE, L'ASIE ET L'AMÉRIQUE

En mars 1885, Fukuzawa Yukichi prône « le retrait de l'Asie » (*datsu-A*) dans une déclaration retentissante : « Le Japon doit avoir pour dessein politique de "lâcher" sans délai les pays asiatiques, tout en réclamant leur ouverture, et de progresser avec les pays civilisés d'Occident »[16]. Puis, qualifiant la Chine de « pays barbare », il lance le slogan, devenu fameux, « quitter l'Asie, rejoindre l'Occident » (*datsu-A nyû-O*). Sa proclamation est d'autant plus puissante et symbolique qu'elle s'effectue en pleine guerre sino-japonaise (1894-1895).

Au début du XXe siècle, une nouvelle génération d'intellectuels émet l'idée que le développement historique du Japon ressemble non pas à l'Asie mais à l'Occident[17]. Tsuda Sôkichi (1873-1961) critique ainsi le concept de *Tôyô* (Orient) opposé à *Seiyô* (Occident), car cela place fatalement le Japon dans le sillage de la Chine. Or, selon lui, c'est historiquement discutable. Il réfute également l'opposition entre un Occident matérialiste et un Orient spiritualiste héritée de Sakuma Shôzan. D'après lui, la diffusion constante des formes culturelles au sein du peuple japonais est un facteur de progrès, alors que la Chine et la Corée stagnent pour la raison inverse, conformément à un schéma hégélien. Une relation entre la Chine et le Japon existe sur le plan culturel mais pas sur le plan politique.

Pour Fukuda Tokuzô (1874-1930), pionnier de l'histoire économique au Japon qui accomplit une partie de ses études en Allemagne, l'instauration de la féodalité japonaise est similaire à celle de l'Occident. Elle favorise la base d'un développement historico-économique parallèle et comparable. « Le Moyen Âge japonais, c'est l'irruption de l'Europe en plein cœur du Japon », écrit-il[18]. Hara Katsurô (1871-1924) relativise les apports de la culture chinoise. Il met l'accent sur l'autonomie de la culture japonaise et découpe même le Japon en deux grandes sphères. L'Ouest (Kinai, Nara, Kyôto) serait plutôt sinisé, et la Cour Nara-Heian sino-coréenne ; il la compare à l'Empire romain influencé par la culture grecque. L'Est (Kantô, Edo) serait plus original avec sa culture *samurai*, et pourrait être comparé aux pays germaniques. Hara Katsurô va encore plus loin puisqu'il estime que « l'histoire [du Japon] est une miniature de l'histoire mondiale » car « on peut y déceler les influences étrangères comparativement distinctes en les soumettant à l'analyse scientifique », et donc cerner « l'évolution graduelle du progrès national en général », c'est-à-dire au Japon comme dans d'autres pays[19]. Outre l'idée discutable d'un progrès historique commun à tous les pays, c'est encore le thème du rapport entre l'étranger et l'endogène qui prédomine.

Selon tous ces auteurs, surtout Tsuda, le Japon n'est pas organiquement mais conjoncturellement lié à l'Asie. Il n'y a donc pas selon eux d'histoire asiatique, ni extrême-orientale. Le Japon n'a pas besoin de se détacher de l'Asie car il n'est pas asiatique. Certes, il a eu des relations avec la Chine, mais il ne fait pas partie de l'Extrême-Orient. D'après l'historien contemporain Amino Yoshihiko (1928-2004), « pour ces historiens, il existait des similitudes évidentes entre une société médiévale japonaise qui, dans sa confrontation avec le despotisme oriental, accouchait de la féodalité, et les sociétés médiévales d'Occident. De cette idée, on pouvait tirer des conclusions définitives sur l'histoire de l'humanité : c'est évidemment parce que le Japon avait connu un processus de développement d'une société féodale qu'il était parvenu à échapper au XIXe siècle à la colonisation des Occidentaux et qu'il avait réussi à progresser dans la voie de la modernisation »[20].

Ces intellectuels relèvent de différents courants politiques. Leur référence à l'Occident provient d'origines variées, et rejoint finalement l'idée d'une compatibilité japonaise avec l'Occident. Baptisé au sein de l'Église protestante dès l'âge de douze ans, Fukuda Tokuzô se range du côté des démocrates libéraux. Ce critique du marxisme est favorable à une coopération entre le capital et le travail, à laquelle il œuvre comme conseiller auprès du ministère de l'Intérieur. Il est l'un des fondateurs de la Reimeikai (Société de l'Aube), en 1918, dont le but est « d'abolir la pensée mauvaise et antidémocratique du despotisme, du conservatisme et du militarisme ». Hara Katsurô est en revanche un nationaliste fervent. Quant à Tsuda Sôkichi, attaqué par l'extrême droite avant 1945 pour sa remise en cause de la mythologie impériale, il fait un plaidoyer en faveur de l'institution impériale après la défaite de 1945.

La récompense narcissique d'un Japon parvenu au rang des puissances occidentales est obtenue avec la révision des traités inégaux — l'obsession des dirigeants meijiens, qui atteignent cet objectif à la fin du XIXe siècle, en une trentaine d'années. Elle est escortée du regard admiratif des Occidentaux, et de leurs comparaisons flatteuses comme ce qualificatif de « Prusse de l'Orient » propagé par des observateurs britanniques au cours des années 1890, qui ne pouvait mieux satisfaire les dirigeants japonais vantant l'ordre et la discipline du pays[21].

Au début du XXe siècle, une partie croissante des Japonais, de l'élite comme du peuple, en a toutefois assez des vagues d'imitation occidentale, dont se gaussent d'ailleurs aussi plusieurs observateurs occidentaux. Au premier rang des agacés, et en même temps un peu déboussolés, figurent les écrivains qui reflètent le sentiment général. Parmi eux, Natsume Sôseki (1867-1916), l'un des plus chéris par les Japonais de nos jours encore, compare la modernisation imposée de l'extérieur à une marche forcée pour le Japon qui a « comprimé cent ans de développement ayant mené l'Occident aux Lumières à un faisceau de dix ans ». Il ajoute : « Quand vous vous socialisez avec les Occidentaux, vous ne pouvez le faire avec des normes japonaises [...] et, malheureusement, la situation actuelle est de celles où les Japonais n'ont pas d'autre choix que de se socialiser. Quand vous vous socialisez avec une puissance plus forte, vous devez renoncer à vous-même et suivre les coutumes de l'autre »[22].

Un auteur japonais contemporain, Komori Yô.ichi, qualifie cette attitude d'« autocolonisation »[23]. Selon lui, « le Japon a caché le fait qu'il a affronté un danger imminent de colonisation par les puissances occidentales, et il a présenté sa "mise en civilisation" comme un programme spontané et un acte de libre volonté. Il a celé l'autocolonisation implicite que représente le fait de copier les puissances occidentales et s'est forcé à l'oublier ; c'est ainsi que s'est formé l'inconscient colonial de la nation. Plus tard, le Japon a dû découvrir les "barbares" de son voisinage et prendre le contrôle de leurs territoires afin de prouver qu'il était bien civilisé ». La conséquence historique de cette évolution, au demeurant précipitée par l'Occident qui déçoit de plus en plus de Japonais en refusant de traiter le Japon sur un pied d'égalité, c'est la montée en puissance des courants orientaliste, nipponiste et cosmopolite. Elle se confond souvent avec une critique du libéralisme compris comme étant le capitalisme, et dont les accents peuvent être aussi bien socialistes que fascistes, prolétariens qu'agrariens.

Le courant occidentaliste reprend de la vigueur, mais sous une nouvelle forme, après la défaite de 1945. L'Amérique apparaît alors, de par sa victoire et sa puissance, comme le modèle à suivre, y compris sociologiquement avec le consumérisme de l'*American way of life*. C'est au cours de la Haute Croissance — l'ère du *Japamerica* — qu'exultent le *mai-hômu* (« my home », le chez-soi, le pavillon de banlieue), le *mai-kâ* (« my car », la voiture individuelle) et « l'américanisation culturelle » (sport, cinéma, télévision, musique...). Cependant, les nombreux contempteurs de cette américanisation oublient souvent que certains de ses éléments remontent à l'avant-guerre, comme le base-ball ou le jazz, et qu'ils sont réellement populaires.

À partir de 1945, le terme de *Tôa* qui désigne l'Asie orientale en japonais est effacé du vocabulaire. Il est en effet trop connoté, puisque c'est celui qui est utilisé par le projet impérialiste d'avant 1945, désormais discrédité et banni. À la place est promu celui de *Higashi Ajia* qui signifie exactement la même chose. La plasticité et la pluralité de l'écriture japonaise permettent un tel tour de passe-passe. *Higashi* n'est en effet qu'une autre prononciation de *Tô*, et dessiné par le même idéogramme. Autre mutation sémantique par l'écriture, « Asie » n'est plus transcrit en idéogrammes, mais en *kata kana*, habituellement utilisé pour transcrire les mots étrangers. *Higashi Ajia* apparaît ainsi comme une expression hybride puisqu'elle véhicule des consonances et des images à la fois japonaise (la prononciation *higashi*), sinisé (l'idéogramme qui le transcrit) et japonaise-étrangère (le mot « Asie » — étranger — écrit en *kata kana* —

japonais). Dire ou écrire de nos jours *Tôa* dans un contexte autre qu'historiographique est tabou au Japon, à part dans les milieux d'extrême droite ou chez les nostalgiques de l'empire.

Comme il faut faire oublier le projet impérialiste japonais en Asie et arrimer le Japon à l'ensemble occidental, un nouveau concept géographique et métagéographique apparaît au milieu des années 1960, probablement forgé par l'économiste Kojima Kiyoshi (1920-2010), celui d'« Asie-Pacifique » (*Taiheiyô Ajia*)[24]. Comme le souligne François Joyaux, « cette expression [...] est particulièrement bien venue pour le Japon. Elle oblitérait définitivement l'appellation de Sphère de coprospérité de la Grande Asie orientale »[25]. Sa traduction politique est assurée par le Plan Miki, du nom du ministre des Affaires étrangères, Miki Takeo (1907-1988), membre sans discontinuité de la Diète japonaise depuis 1937 et Premier ministre en 1974-1976. Ce plan propose aux États asiatiques une coopération économique pour contrer les Occidentaux, en particulier les Américains, dans la zone du Pacifique. À l'origine, le nouvel ensemble Asie-Pacifique ne rassemble que les pays non communistes de la région.

Les États-Unis réagissent, et après leur désengagement du Viêt-nam en 1975, le président Ford propose une « nouvelle doctrine du Pacifique ». Le concept de « bassin Pacifique » (*Pacific Rim*) qui l'articule repose moins sur une délimitation géographique précise que sur une rhétorique foisonnante à base de réécriture de l'histoire, de dynamique transocéanique et de flux mutuels, énonçant un projet économique libéral[26]. De fait, « les Américains ont beaucoup contribué à enrichir le vocabulaire géographique et, du même coup, réussi à imposer en partie leur vision de cette région »[27]. Se popularise ainsi l'expression « Asie du Sud-Est » (*South-East Asia*), utilisée à l'origine, en 1943, par le commandement militaire allié pour séparer l'Asie en deux ensembles nord-sud à la hauteur du tropique du Cancer, l'autre partie étant l'Asie du Nord-Est (*North-East Asia*), une expression qui connaîtra peu de succès à cause du poids du sino-centrisme et de la tripolarité forte entre Chine, Japon et Corée. En 1989, le gouvernement australien lance l'idée d'un forum sur la Coopération économique des pays de l'Asie et du Pacifique (acronyme A.P.E.C. en anglais, *Asia Pacific Economic Cooperation*). Les États américains et japonais saluent l'initiative, mais les problèmes sont nombreux quant à l'adhésion de ses membres[28].

Le courant démocratique japonais, au sens large, allant de la droite à la gauche libérales, participe largement de la tendance occidentaliste de par la connotation, sinon l'origine, de la démocratie. Mais, tout en occultant les éléments démocratiques que le courant cosmopolite recherche au sein même de l'histoire sociale du Japon, il vit parfois difficilement le fait que la Constitution démocratique de l'après-guerre soit instaurée sous l'occupation militaire américaine, et à l'instigation de celle-ci. Il regrette qu'elle n'ait jamais été directement votée par le peuple, seulement ratifiée par le Parlement, même si, en réalité, elle recueille un large consensus comme le confirment toutes les enquêtes d'opinion. Les secteurs droitiers qui la remettent en cause au cours des années 1980 jusqu'au début des années 2000, notamment son article 9, pacifiste, surfent sur ce malaise. On retrouve, de façon subliminale, cette idée qui traverse officiellement les années 1930 et 1940 selon laquelle démocratie et socialisme sont des « idées de l'étranger », inadaptées, pernicieuses et dangereuses pour le Japon.

Inversement, de nombreux dirigeants cherchent à intégrer davantage le Japon dans la sphère occidentale. Les Japonais y trouvent-ils leur compte pour autant ? La réaction de leurs dirigeants, suite aux événements du 11 septembre 2001, est plus complexe qu'il n'y paraît. D'abord, le Premier ministre de l'époque, Koizumi Jun.ichirô, fraîchement en place, met en garde contre les risques d'engrenage suscités par la « revanche » américaine. Ce n'est que dans un second temps, lors d'un voyage aux États-Unis, qu'il s'aligne sur le soutien quasi inconditionnel à ceux-ci, faisant même envoyer du matériel et des troupes sur les champs d'intervention américaine au grand dam de l'opposition pacifiste.

Même si le laps de temps fut très court entre les deux déclarations, la réaction première révèle une méfiance grandissante de l'élite japonaise vis-à-vis de l'allié américain jugé de plus en plus encombrant. Les derniers accords nippo-américains qui prévoient un redéploiement des forces militaires états-uniennes sur l'archipel japonais témoignent cependant du maintien élevé de l'alliance entre les deux pays. Et les bases militaires américaines sises en Okinawa constituent toujours la quadrature du cercle à résoudre pour les dirigeants face à l'opposition locale, parfois changeante, et face aux promesses de déplacement qu'il faut parfois tenir après les avoir lancées pour remporter les élections. Telle est la situation que vit le Parti démocrate parvenu au pouvoir en septembre 2009.

Ainsi, malgré les remises en cause plus ou moins ouvertes de l'hyper-puissance états-unienne, malgré l'hégémonie de la culture américaine, peut-on encore affirmer, à l'instar de Miyoshi et Harootunian, que « pour le Japon, le monde, c'est les États-Unis. La guerre a, bien entendu, jeté les bases de cette perception, et de sa persistance »[29]. Mais avec l'essor de la Chine, cela risque d'être de moins en moins vrai…

DE L'ORIENTALISME À L'ASIATISME

Le courant orientaliste considère que le Japon fait partie intégrante de l'Orient (*Tôyô*), et qu'il est d'abord une nation asiatique. Il se confond pratiquement avec le courant asiatiste, qui prend la forme extrême du panasiatisme au cours de la première moitié du XXᵉ siècle et qui revêt la forme plus souple du néo-asiatisme à la fin du XXᵉ siècle. Il conçoit l'Orient à la fois en tant que tel mais aussi comme l'opposé de l'Occident (*Seiyô*), soit négativement (l'Occident considéré comme l'ennemi), soit positivement (l'Orient considéré comme spécifique).

Son interprétation extrême est résumée par Hayashi Fusao écrivant en 1963 que « la Guerre du Pacifique est un épisode de la guerre de Cent Ans asiatique qui lutte contre l'envahisseur occidental »[30]. Ce propos fait écho à celui que tient déjà Ôkawa Shûmei en 1924 qui, imprégné d'une téléologie toute hégélienne de l'évolution, déclare que le Japon, « la plus forte nation de l'Asie […] apportera sa première contribution positive à l'histoire mondiale […] en défaisant l'Amérique, la plus forte nation de l'Occident […], sortant ainsi le monde de l'obscurité et lui apportant la lumière d'un soleil radieux »[31]. Lors d'une série d'émissions radiodiffusées en décembre 1941, après l'attaque japonaise sur Pearl Harbor, Ôkawa Shûmei rappelle d'ailleurs que sa « prédiction s'est révélée correcte seize ans après [qu'il écrivait] comme l'histoire le prouve, la création d'un nouveau monde passe inévitablement par la lutte à mort entre les champions de l'Orient et de l'Occident »[32].

La traduction politique de l'orientalisme implique une alliance préférentielle avec les pays asiatiques, c'est-à-dire les pays voisins. Mais ce « régionalisme » avant l'heure, selon la terminologie anglo-saxonne, peut avoir plusieurs visages. Il est réactif au début du XXe siècle, face au processus de modernisation et d'occidentalisation. Il est alors unioniste égalitariste en ce sens qu'il ne suppose pas un leadership entre les différents pays d'Asie — c'est la position des premiers socialistes. Puis il est de plus en plus belliciste et impérialiste au cours des années 1930. À partir des années 1980, il est à nouveau réactif, face à l'hyper-puissance américaine et compte tenu du développement diplomatique et économique des pays asiatiques eux-mêmes.

Établir une continuité au sein de l'orientalisme du début du XXe siècle à nos jours est cependant matière à débat, compte tenu de la période impérialiste de l'État japonais. Car si certains asiatistes contemporains se réfèrent positivement à cette période, ce n'est pas le cas de tous, de même que les asiatistes du passé n'étaient pas nécessairement bellicistes ou fascistes.

Le courant orientaliste revendique avec plus ou moins de fierté l'héritage chinois, riche aussi bien de la philosophie, de la riziculture inondée que de l'écriture. Il offre une palette complexe qui reflète la variété même de l'Asie. Ses prémices au Japon apparaissent des deux côtés de l'échiquier politique, ce que symbolisent deux personnages. Le premier, Tarui Tôkichi (1850-1922), né dans l'actuel département de Nara, étudie le confucianisme et les Études nationales à Edo. Il soutient la rébellion de Saigô Takamori en Satsuma (1877), puis rejoint le Mouvement pour la liberté et les droits du peuple (*Jiyû minken undô*, J.M.U.). Après avoir prôné un Parti nihiliste d'Orient (*Tôyô no kyômutô*), inspiré du nihilisme russe, il fonde en 1882 un Parti socialiste d'Orient (*Tôyô shakaitô*). Aussitôt interdit par les autorités, donc de courte vie, sans grand impact et ayant un programme plus égalitariste que réellement socialiste, ce parti est toutefois revendiqué par tous les courants socialistes japonais ultérieurs (social-démocrate, communiste, anarchiste) comme étant leur ancêtre. Élu ensuite député de Nara à la Chambre basse en 1892, Tarui envisage une fédération du Japon, de la Corée et de la Chine, comme il l'expose dans le *Traité de la fusion du Grand Orient (Daitô gappôron*, 1893). Ce projet ne se concrétise pas, à part quelques contacts avec des nationalistes coréens.

Sugita Teiichi (1851-1929), le second personnage, né à Fukui, est un libéral, au positionnement radicalement différent de celui de Fukuzawa Yukichi. Un an avant le *Datsu-A-ron* de celui-ci, il prône en effet une « Politique des Lumières pour l'Asie » (*Kô-A-saku*, 1884). Soulignant la « destinée commune des pays asiatiques », la « race jaune » menacée par la « race blanche », ce cofondateur de l'Institut oriental (*Tôyô Gakkan*) à Shanghai après la guerre franco-chinoise (1884-85) influence une partie de l'élite chinoise. Il obtient la participation de Nakae Chômin, agitateur politique et introducteur de la pensée de Jean-Jacques Rousseau au Japon, qui incarne l'aile radicale du J.M.U. Élu député du Parti libéral en 1890, Sugita Teiichi soutient l'alliance sino-japonaise prônée par certains héros de la Restauration.

La problématique orientaliste est reprise par un bureaucrate meijien de haut rang, le prince Konoe Atsumaro (1863-1904), qui, au cours des années 1890, s'interroge sur l'existence en Asie orientale d'une lutte raciale entre Jaunes et Blancs. En 1898, plaidant pour une « Alliance de la même race » (*Dôjinshu dômei*) entre le Japon et la Chine (qu'il nomme *Shina*), il fonde une organisation appelée « Association de la culture commune ». En 1902, il élabore une doctrine de Monroe asiatique sur le modèle américain (1823), avec une formulation très tautologique : « L'Orient est l'orient de l'Orient » (*Tôyô wa Tôyô no tôyô de ari*)[33].

Le tropisme orientaliste passe par une rénovation et une propagation du terme *Tôyô* (Orient), en opposition à *Seiyô* (Occident). L'historien Naka Michiyo (1851-1908), qui propose en 1894 de distinguer l'enseignement officiel de l'histoire en « histoire occidentale » (*seiyôshi*) et en « histoire orientale » (*tôyôshi*), définit l'Orient (*Tôyô*) comme comprenant le Moyen-Orient, l'Inde, l'Asie centrale, la Chine et le Japon, mais sans l'Asie du Sud-Est. Son « histoire orientale » remplace finalement les anciennes « Études chinoises » (*kangaku*). Fukuzawa Yukichi distingue de son côté la « Région asiatique » (*Ajia shû*), comprenant le Siam, l'Annam et la Birmanie, et la « Région océanique » (*Taiyô shû*, alias *Oceania*), comprenant Sumatra, Bornéo, Java, les Célèbes, Luçon, les îles des Épices et la Nouvelle-Guinée.

La prise de conscience d'une identité orientale se révèle au contact de l'Occident. L'historien Shiratori Kurakichi, déjà évoqué, titulaire de la première chaire d'« histoire orientale » créée à l'Université de Tôkyô en 1886, explique en 1903 combien son séjour en Occident a changé son parcours scientifique. « Les impressions que j'ai reçues durant mes études en Europe sont devenues de plus en plus fortes. Je suis arrivé à la conclusion que les Orientaux doivent mener des recherches sur l'Orient. Le fait est que les Occidentaux ont été les pionniers de ces recherches, pour la plupart, ne laissant que peu de choses aux savants japonais »[34]. Il s'agit donc de rattraper le retard, et de prendre la place. Shiratori devient membre de différents cercles de savants orientalistes, comme l'« Association scientifique d'Orient » (*Tôyôgakkai*, fondée en 1886) ou la célèbre maison d'édition orientaliste *Tôyô Bunko*. Il participe à la création, en 1907, du *think tank* de la Compagnie de chemin de fer de Mandchourie méridionale (*Minami-Manshû tetsudô kabushikigaisha*, M.M.R.), motrice de la colonisation japonaise en Mandchourie. Cette « Division de recherches de la M.M.R. » (*Mantetsu chôsa-bu*, 1907-1944), composée de différents bureaux spécialisés (économie, histoire-géographie, géologie, statistiques...), recrute des asiatistes actifs comme Ôkawa Shûmei[35].

Pour Shiratori, l'Asie représente le passé du Japon, alors que l'Asie est l'origine de l'Europe pour les orientalistes occidentaux. Il estime que la coupure du monde sino-japonais avec l'Inde est importante, ce qui lui permet de rejeter vers l'Occident les racines indo-européennes et de minimiser le rôle contemporain du bouddhisme. En affirmant l'origine ouralo-altaïque de la langue japonaise, il polémique avec l'historien Inoue Tetsujirô (1855-1944) qui prône l'origine malayo-polynésienne. Derrière ces débats savants et souvent rudes se profile aussi la légitimation scientifico-idéologique à donner aux directions expansionnistes de l'État japonais, soit vers le continent, soit vers les mers du Sud.

Sous la houlette de Shiratori et d'autres savants, ainsi qu'aux côtés de dirigeants coloniaux japonais, les « Études orientales » (*Tôyôgaku*) s'affirment comme une institution au Japon. L'histoire y est remaniée au profit d'une logique géographique, géopolitique en fait, qui maximise l'entité orientale. Pour le japonisant contemporain Richard Calichman, cette approche plus logique qu'historique révèle « l'anhistoricité inhérente au projet orientaliste »[36]. De ce point de vue, l'« histoire orientale » devient une contradiction dans les termes. Pour le politiste Kang Sang-Jung, « la catégorie même d'Orient n'est rien d'autre qu'un "temps et un espace imaginaires", qui émerge de la souffrance commune aux sociétés non occidentales dans leur tentative de réconcilier civilisation et culture, différence et identité »[37]. De la même façon que l'Occident a construit un Orient pour mieux se refléter lui-même, le Japon bâtit un ensemble de connaissances sur l'Asie. Il a pour objectif, comme l'affirme Calichman, de « découvrir que l'opposition sur laquelle cette connaissance se fonde s'évapore devant la force de l'histoire qu'elle a cherché à réprimer »[38]. L'un des moyens pour le Japon de résoudre cette contradiction est d'entrer dans l'Asie en « se désorientalisant », de faire corps avec l'Asie, l'autre est de brandir l'essentialisme japonais, de basculer dans le nipponisme.

L'orientalisme japonais qui s'élabore à la fin du XIXe siècle n'est pas seulement un processus mimétique inspiré de l'Occident ou bien une nouvelle forme de « narcissisme » (*jiko tôsui*) d'un Japon construisant son identité nationale moderne. C'est aussi une stratégie pratique, comme le postule l'homme politique et fonctionnaire Gotô Shimpei (1857-1929) qui jette les bases de son « colonialisme scientifique » dès 1890 dans ses « Principes d'hygiène nationale » (*Kokka eisei genri*). La technologie moderne, et donc les techniciens modernistes, c'est-à-dire les experts scientifiques et universitaires, doivent être mobilisés par les ministères et l'État au service du développement. Taïwan surtout, la Mandchourie ensuite, la Corée dans une certaine mesure, deviennent ainsi les laboratoires du Japon moderne où l'on expérimente diverses politiques économiques et urbanistiques, en retour appliquées si possible à la métropole japonaise.

Yoshida Shigeru (1878-1967), Premier ministre japonais après 1945, prépare sa carrière de diplomate à l'Université Gakushûin, où les présidents asiatistes comme Konoe Atsumaro impulsent les études d'« histoire orientale ». En 1957, il évoquera combien était magistrale l'œuvre managériale de Gotô Shimpei dans les colonies japonaises, soulignant que celui-ci, en tant que président de la M.M.R., « a démontré une compétence et une autorité comparables à celles de l'Angleterre dans l'ancienne Compagnie des Indes »[39]. Autrement dit, l'Inde colonie britannique en Orient est présentée comme le modèle de la colonisation japonaise en Chine, laquelle Chine devient l'Orient du Japon. Le Japon construit donc sa métagéographie moderne sur une double ambivalence puisque l'orientalisme japonais de la première moitié du XXe siècle est donc à la fois semblable et distinct de son homologue occidental, et qu'il utilise l'Asie pour mieux façonner l'identité japonaise. Ce processus contradictoire entraîne une évolution du vocabulaire géographique.

Déjà, pour désigner la Chine, les orientalistes japonais n'utilisent pas le terme *Chûgoku* ou *Chûka* qui admettrait la centralité de la Chine. Ils lui préfèrent *Shina*, entraînant, comme on l'a vu, les protestations des intellectuels chinois. Chine et Japon sont ainsi intégrés dans un vaste Orient qui est positionné en tant que tel vis-à-vis de l'Occident. Shiratori Kurakichi cherche à sortir de l'aporie où le Japon serait un Orient dans un Orient symétrique de l'Occident, où l'Orient ne serait en définitive qu'à l'ouest du Japon. Il introduit alors le dualisme entre « Nord » et « Sud » qu'il assimile respectivement à la Russie et au Royaume-Uni, deux puissances qui cherchent à s'étendre sur le continent eurasiatique en bordure duquel se trouve le Japon, en position de bouleverser cette rivalité[40]. Il reconstruit même « l'histoire de l'Extrême-Orient » (*Kyokutô-shi*) en fonction de ce dualisme sur le temps long, y compris celle de la Chine elle-même qui est historiquement affaiblie par la lutte entre ses propres « barbares du Nord » et sa société civilisée du Sud (les Han). En revanche, heureusement pour le Japon, estime Shiratori, les civilisés du Sud ont refoulé leurs barbares du Nord (les Ainu), et la transcendance de ce dualisme historique est assurée par l'essence nationale du système impérial.

Au milieu des années 1910 apparaît le nouveau terme de *Tônan Ajia*, soit mot à mot « Asie du Sud-Est ». Il remplace partiellement *Nan.yô*, hérité du chinois *Nan.yang*, qui signifie en gros les « mers du Sud » ou bien le « Midi ». Il supplante « Asie méridionale » (*Nampô Ajia*) ou « Pays du Sud » (*Nangoku*), véhiculé notamment par l'essayiste Takekoshi Yosaburô (1865-1950) en 1910 et désignant « la Birmanie britannique, le Siam, les Indes françaises, Singapour, plus Sumatra, Java, y compris les îles des Indes néerlandaises et les Philippines américaines ».

L'historien japonais contemporain Shimizu Hajime souligne que ce nouveau toponyme *Tônan Ajia* correspond à une expression désormais tombée en désuétude, *Omote Nan.yô* (« le Midi de l'Endroit »), soit l'Asie du Sud-Est continentale et péninsulaire, distincte du *Soto Nan.yô* (« le Midi de l'Envers »), soit les îles du Pacifique occidental qui se simplifient en *Nan.yô* tout court durant l'expansionnisme japonais. Les territoires micronésiens pris par le Japon à l'Allemagne dès 1914 sont ainsi gérés par le secrétariat d'État aux mers du Sud (*Nan.yô-chô*). *Tônan Ajia* désigne alors plus strictement les pays d'Asie du Sud-Est que l'on recouvre actuellement de cette appellation[41].

Bien que d'origine européenne et désormais totalement assimilé, tant par sa sonorité que par son idéographie, le terme « Asie » (*Ajia*) est donc utilisé par les Asiatiques et les asiatistes eux-mêmes car il rompt avec le terme « Orient » aux connotations trop archaïques. Il permet de se positionner géopolitiquement au sein d'une Eurasie où Européens et Asiatiques doivent rester dans leur zone respective. Ce compromis aboutit, au cours des années 1930, à la création du terme « Asie orientale » (*Tôa*), et non pas « Asie de l'Est » (*Higashi Ajia*, apparu après 1945). L'« Asie orientale » (*Tôa*) comprend ainsi le Japon — dont Taïwan et la Corée avant 1945 —, la Chine et la Mandchourie. *Nanpô* remplace alors officiellement *Nan.yô* pour désigner l'ensemble formé par les îles des mers du Sud et l'Asie du Sud-Est[42].

Cette conceptualisation débouche ensuite sur la « Grande Asie orientale » (*Daitôa*), notamment avec le projet japonais de « Sphère de coprospérité » (*Kyôeiken*). Les six nations indépendantes de la « Sphère de coprospérité de la Grande Asie orientale » (*Daitôa Kyôeiken*) reconnues en juillet 1940 sont : le Japon, la Chine, la Mandchourie, la Thaïlande, la Birmanie et les Philippines. La « Grande Asie orientale » (*Daitôa*) prise dans un sens extensif au cours de la Seconde Guerre mondiale y ajoute l'Indochine française, les îles du Pacifique Sud, la Thaïlande, la Malaisie britannique, Bornéo britannique, les Indes orientales néerlandaises, la Birmanie, l'Australie, la Nouvelle-Zélande, l'Inde…

Après une période d'hésitation à la fin du XIXe siècle et au début du XXe siècle, la nomenclature géographique japonaise se fixe au cours des années 1930. L'évolution s'effectue de pair avec l'affirmation économique et géopolitique du Japon vis-à-vis de l'Occident et du reste de l'Asie. Les regards changent, les connaissances se font plus précises, les présences plus expansionnistes. Les critères géographiques objectifs, qui reposent par exemple sur des facteurs physiques, se compliquent de critères ethniques ou raciaux. La théorie de la race unique des Japonais et des Chinois (j. *dôshu* ; ch. *tongzhong*) débouche sur le slogan « même culture, même race » (j. *dôbundôshu* ; ch. *tongwen-tongzhong*)[43]. Puis triomphent les conceptions socioculturelles (civilisationnelles) et géopolitiques (la place des grandes puissances et leur zone d'influence).

L'importance politique de cette sémantique géographique est confirmée le jour où la « Guerre de la Grande Asie orientale » (*Daitôa sensô*) est déclarée, le 12 décembre 1941, après l'attaque de Pearl Harbor. Le gouvernement japonais interdit alors officiellement l'usage écrit du terme « Extrême-Orient » (*Kyokutô*) qu'il juge imprégné d'idéologie européocentrique et inadapté au projet révolutionnaire japonais prévu pour l'Asie[44]. Un écrit de Takeuchi Yoshimi postérieur à la défaite de 1945 résume bien l'approche métagéographique qu'avait alors la majorité des Japonais, et la sienne : « En fait, l'asiatisme était dès le début multiple et varié. Parfois, on l'appelle "cause pour la Grande Asie" [*Dai Ajia shugi*], d'autres fois "panasiatisme" [*han Ajia shugi*]. Il arrive qu'on remplace "Asie" [*Ajia*] par "Orient" [*Tôyô*], "Est" [*Tôhô*], ou "Asie orientale" [*Tô-A*]. [...] Je ne fais aucune différence entre tous ces termes, je les considère tous comme étant de l'asiatisme »[45].

L'ASIATISME « PREMIÈRE MANIÈRE »

C'est dans la foulée du courant orientaliste que se développent l'« asiatisme » (*ajiashugi*) et le « pan-asiatisme » (*han-ajiashugi*). Ils opèrent un cran au-dessus car ils ne se contentent pas de souligner une communauté culturelle ou historique du Japon et de la Chine. Ils recherchent en effet le fonds commun des peuples asiatiques pour amener ceux-ci à leur émancipation dans un cadre collectif en principe autodéterminé. Toute la gamme de la démocratie, du libéralisme, du nationalisme, de l'anti-impérialisme (antioccidental) et du socialisme peut ainsi s'y retrouver, y compris dans leurs diverses combinaisons.

Dès la fin du XIXe siècle, certains Japonais rebutés par l'occidentalisation se demandent s'ils ne vont pas perdre leur spécificité, s'ils vont vraiment être considérés comme des égaux par les Occidentaux, et si le Japon, distinct de l'Occident, ne devrait pas se rattacher, pour survivre économiquement, politiquement et culturellement, à l'Asie comme ensemble plus vaste, et non moins distinct de l'Occident. L'appellation de l'une des premières organisations asiatistes révèle bien ce sentiment qui émerge alors : la « Société des survivants » (*Yûzonsha*, 1919-1923), dans le sens de « ceux qui veulent survivre » (cf. *infra*).

C'est en 1892 qu'apparaît pour la première fois, dans la revue *Ajia*, l'expression « asiatisme » (*ajiashugi*)[46]. Ce terme recouvre à la fois une idéologie et des mouvements autour du principe de « l'Asie aux Asiatiques ». Il est rapidement utilisé par plusieurs groupes qui y trouvent un positionnement conceptuel et politique. Ces groupes asiatistes sont variés : soit fortement idéologiques et activistes, soit plus institutionnels et classiques, à la frontière du monde politique et académique.

En 1881, l'activiste ultranationaliste Toyama Mitsuru (1855-1944), fils d'un *samurai* de Fukuoka, fonde la « Société de Gen.yô » (*Gen.yô-sha*), dont le nom est parfois traduit abusivement en « Société de l'Océan noir », alors qu'en réalité il s'agit de la mer séparant le littoral du Kyûshû des côtes de la Corée, la Gen.yô-kai (*gen* signifie « indigo »). La Gen.yô-sha a trois principes : « révérer l'empereur, aimer et respecter la nation, défendre les droits du peuple ». Son objectif est de développer les pays d'Asie, jusqu'en Inde, au Tibet et en Asie centrale.

En 1901, elle se transforme en « Association du fleuve Amour » (*Kokuryûkai*), également connue en Occident sous la traduction littérale — et plus exotique — de « Société du Dragon noir ». Ses partisans considèrent en effet ce fleuve comme délimitant le périmètre de sécurité du Japon en Sibérie, et ils ont d'abord pour objectif de chasser la Russie de l'Asie orientale. Y participe un autre ultranationaliste également originaire de Fukuoka, Uchida Ryôhei (1874-1937).

Dès le premier numéro de sa revue lancée en 1917, « Opinion asiatique » (*Ajia Jiron*), la Kokuryûkai promeut le « Grand Asiatisme » comme étant « l'accomplissement suprême de la fondation de notre pays », car « l'empire du Japon [est] le seul, en tant que dernier représentant de l'Asie, à pouvoir faire face à l'Occident, l'affronter, comme colonne vertébrale de la “nation jaune” » (*ôshoku minzoku*)[47]. Concrètement, elle aide les nationalistes coréens puis envoie des forces japonaises paramilitaires en Corée, se montre hostile à la Russie, tente ensuite de convaincre les républicains chinois de laisser la Mandchourie au Japon, tout en touchant des fonds de la part des *zaibatsu* comme Mitsubishi *via* Toyama Mitsuru. Elle regroupera des militaires ou des hommes politiques de haut rang, et va acquérir une influence importante au cours des années 1930.

En 1898, la Dôbunkai de Konoe Atsumaro est rebaptisée *Tôa dôbunkai*, ou « Société de la culture commune d'Asie orientale », après sa fusion avec la Tôakai et l'Institut oriental. En 1902, elle absorbe l'Association coloniale de l'amiral Enomoto Takeaki (1836-1908), homme politique, ancien secrétaire général de l'Office de la colonisation de Hokkaidô et ministre. La Tôa dôbunkai est financée essentiellement par les fonds secrets du ministère japonais des Affaires étrangères. Elle plaide pour une guerre contre la Russie dès 1903. Du côté du monde académique, l'« Association asiatique » (*Ajia Kyôkai*, 1904) créée par l'historien Shiratori Kurakichi se fond dans l'« Association orientale » (*Tôyô Kyôkai*, 1907).

La Gen.yô-sha, la Kokuryûkai et la Dôbunkai ne sont pas des organisations de masse. Distinctes des organismes qui relèvent davantage de fondations officielles comme la Tôyô-kai ou la Nan.yô-kai, ce sont des groupes politico-idéologiques qui font office de passerelle entre les milieux intellectuels, militants et politiciens, avant de se mêler plus directement aux militaires. Leurs journaux et revues sont financés par les *zaibatsu*, les maisons de commerce, des banques et des entreprises de transport.

L'essayiste Kodera Kenkichi (1877-1949) contribue beaucoup à la popularisation de l'asiatisme avec son « Traité du Grand Asiatisme » (*Dai Ajiashugi-ron*) en 1916. Inspiré par les théories racialistes de l'Occident et son mythe du « péril jaune », il insiste sur la nécessité d'une alliance entre le Japon et la Chine qui constituerait la « base de l'asiatisme » (*ajiashugi no kiso*) en tant qu'« identité asiatique ». Le Japon doit en être le leader puisqu'il a su résister à l'Occident.

Ukita Kazutami (1859-1946) renchérit deux ans plus tard, en 1918, en publiant *Un nouvel asiatisme* (*Shin Ajiashugi*), qui connaît un certain succès. Historien, universitaire, protestant, démocrate et libéral, Ukita propose une vision fataliste de l'impérialisme d'un point de vue libéral, qui n'est pas sans rappeler certains tenants actuels de la « globalisation ». Il estime que seuls les peuples qui en ont compris l'enjeu peuvent s'en sortir, ce qui passe par l'instruction publique[48]. Ses conceptions sont critiquées par les socialistes japonais et chinois, qui y voient déjà une légitimation de l'expansionnisme nippon.

La « Société des survivants » (*Yûzonsha*, 1919-1923) est fondée dans la foulée par les ténors de l'asiatisme radical et national-révolutionnaire[49]. Sa connotation sociale-darwiniste exprime le rapport à la fois complexé et ironique vis-à-vis de la culture occidentale, le social-darwinisme sinon le darwinisme tout court étant clairement identifiés comme des théories occidentales. Au cours des années 1930, la plupart des théoriciens et idéologues asiatistes abandonnent d'ailleurs cette référence social-darwiniste, et ce qu'elle sous-entend géopolitiquement, pour lui préférer une mise en avant de valeurs culturelles jugées supérieures, évolution qui prépare le glissement de l'asiatisme au nipponisme.

L'asiatisme est extrêmement composite dans ses références idéologiques, ses motivations profondes et ses pratiques. Il sert de couverture aux affairistes, aux colons et aux militaires, mais il est également prôné par quelques hommes sincères, surtout dans un premier temps. L'histoire de la fin du XIXe siècle et de la première moitié du XXe siècle est riche de ces agitateurs japonais propageant son idéologie, de ces « Don Quichotte du continent » partant à l'aventure en Chine (les *Tairiku rônin* ; *rônin* désignant à l'origine les *samurai* sans maître), de ces révolutionnaires plus ou moins désabusés, magnifiquement décrits en 1963 dans un chef-d'œuvre littéraire[50]. Parmi eux, on peut citer Miyazaki Tôten (1871-1922), qui côtoie Sun Yat-sen, père de la République chinoise, et le leader indépendantiste philippin Emilio Aguinaldo (1869-1964). L'asiatisme séduit également certains intellectuels venus de différents pays d'Asie s'instruire à Tôkyô et prendre le pouls du modernisme japonais afin de s'en inspirer pour leur propre pays. Leur nombre est difficile à évaluer, la fourchette allant de sept mille à vingt mille étudiants[51]. On y trouve plusieurs Chinois connus ou qui deviendront influents, comme Tchang Kai-shek et Wang Jingwei (1883-1944). Plus de la moitié des sénateurs du premier Parlement chinois de 1913 ont ainsi séjourné au Japon.

Li Dazhao (1888-1927), cofondateur du Parti communiste chinois en 1921, qui étudie à l'université de Waseda à Tôkyô de 1913 à 1916 d'où il est exclu pour son activisme politique, prône un « nouvel asiatisme » (ch. *xin yaxiyazhuyi*), distinct de la propagande japonaise[52]. On retrouve cette idée chez Sun Yat-sen qui s'est enfui au Japon de 1913 à 1917 après la tentative néo-impériale, et qui y retourne brièvement un an avant sa mort avec sa nouvelle compagne, une Japonaise. Dans un discours, l'un des derniers, prononcé à Kôbe le 28 novembre 1924, il prône le « panasiatisme » (ch. *dayazhouzhuyi*)[53]. Sun Yat-sen y rappelle d'abord l'antériorité et la supériorité de la civilisation asiatique, puis son déclin dans la période moderne. Il salue ensuite l'émancipation du Japon, qui en a fini avec les traités inégaux et qui a ainsi soulevé de grands espoirs de régénération au sein des peuples asiatiques. À l'instar de nombreux observateurs, il considère la victoire du Japon sur la Russie en 1905 comme celle de l'Orient sur l'Occident. Dans une tonalité que l'on retrouvera plus tard, il oppose enfin la « voie de la force » (ch. *badao* ; j. *hadô*), prônée par un Occident inspiré par le matérialisme, à la « voie royale » confucéenne (ch. *wangdao* ; j. *ôdô*) fondée sur la vertu et la justice, qui doit être celle de la civilisation asiatique. Selon Sun Yat-sen, c'est le devoir du Japon d'être le rempart de l'Orient et d'aider la Chine à se libérer des traités inégaux. Dans un entretien donné au *Mainichi Shimbun* après cette conférence, il pointe du doigt les Britanniques et salue la Russie pour sa nouvelle attitude.

Kita Ikki, considéré comme l'un des principaux théoriciens d'un national-socialisme à la japonaise, condamné et exécuté pour avoir inspiré le putsch avorté du 26 février 1936, et qui a d'abord fréquenté les premiers socialistes, est également membre de la « Ligue des jurés » (*Tongmenhui*) de Sun Yat-sen. On voit aussi au Japon des révolutionnaires philippins. José Rizal (1861-1896), la mythique figure de l'indépendantisme philippin, y fait un bref passage en 1888. Mariano Ponce (1863-1918), représentant de la première République philippine, vient y chercher de l'aide et des fonds en 1898 ; il y rencontre aussi sa future épouse, une Japonaise.

C'est dans ce contexte que naît en 1907 à Tôkyô l'« Entente asiatique » (j. *Ashû washinkai* ; ch. *Yazhou heqin hui*)[54]. Son but est de porter assistance mutuelle à tous ceux et à tous les peuples qui sont en lutte pour l'indépendance nationale et culturelle en Asie. Elle regroupe des Chinois (Zhang Binglin, Zhang Ji, Liu Shipei, He Zhen), des Indiens (en relation avec Shyamji Krishna Verma à Londres), puis des Viêtnamiens (Phan Bôi Châu) et des Philippins (Mariano Ponce probablement)[55]. Y participent des Japonais liés à la « Société de lecture socialiste » (*Shakai-*

shugi kôshûkai, alias « Société du vendredi », *Kin.yô-kai*)[56]. Bien que son action soit de courte durée et de faible envergure immédiate, elle marque les esprits, ne serait-ce que parce qu'elle regroupe des personnes qui deviendront des militants connus dans les mouvements démocratique, socialiste, anarchiste ou national-révolutionnaire de leur pays. Mais cet asiatisme socialisant fait long feu. Il est dépassé par un asiatisme nationaliste qui se retrouve en contradiction avec lui-même.

Au Japon, le panasiatisme se double d'emblée d'un débat plus spécifique sur les rapports que doit entretenir le Japon avec la Chine. La Corée, elle, est considérée soit comme relevant du monde sinisé, dont elle serait même une sorte de quintessence par son application extrême du néoconfucianisme, soit comme un pays partageant de nombreux aspects ethniques et socioculturels avec le Japon. Les contradictions de la colonisation japonaise de la Corée, engagée dès la fin du XIXe siècle (traité inégal de Kanghwa en 1876, protectorat de 1904) et accrue à partir du contrôle effectif (1910-1945), reflètent cette dichotomie. Elle oscille en effet entre une volonté d'assimilation à tout prix et un projet plus multinational accordant une part d'autonomie interne et respectant les différences culturelles[57].

À dire vrai, la saisie progressive et variée de colonies asiatiques ou asiatico-pacifiques par l'Empire japonais (outre la Corée : Taïwan à partir de 1895, la Micronésie à partir de 1914, la Mandchourie à partir de 1931) favorise la différenciation du discours et des politiques pour chacune d'entre elles. Bien que portant en soi sa propre configuration spatiale *a priori*, l'asiatisme est cependant confronté à la question de sa délimitation, sinon de son extension : jusqu'où va-t-il, quels pays (d'Asie) concerne-t-il ? Si les pays voisins, les pays sinisés et l'Asie du Sud-Est sont intégrés *ipso facto*, les rapports deviennent plus compliqués avec les pays plus lointains comme la Mongolie, l'Inde ou l'Asie centrale. L'Inde, terre natale du bouddhisme qui a imprégné la socioculture japonaise, constitue un référent majeur, mais il est cantonné à deux niveaux : spirituel (le bouddhisme, le mysticisme, la philosophie orientale conçue comme opposée à la rationalité occidentale) et tactique (lutter contre le colonisateur britannique).

Le monde musulman est également pris en compte par l'asiatisme japonais — l'asiatiste Ôkawa Shûmei lui-même étant à l'origine un spécialiste dans ce domaine[58]. Au-delà du rejet commun de l'Occident impérialiste qui rapproche panislamisme et panasiatisme, et malgré le parcours de quelques personnages — intellectuels japonais se passionnant pour le monde musulman, Japonais convertis, militants actifs aussi bien musulmans comme Abdürresid Ibrahim (1857-1944) que japonais comme Tanaka Ippei (1882-1934) — les passerelles sont minces entre Japon et Islam. La convergence géopolitique commune consistant à lutter aux deux extrémités de l'Eurasie contre la présence occidentale s'est compliquée de la question chinoise car, souvent, les convertis à l'islam comme Tanaka Ippei ou bien les spécialistes sont entrés en contact avec le monde musulman par la Chine, soit par les Hui de l'intérieur, soit par les turcophones de la périphérie chinoise.

L'asiatisme se lance aussi sur les traces d'un tiers-mondisme avant la lettre puisque des connexions sont établies avec des militants de l'émancipation noire aux États-Unis. En 1925, Mitsukawa Kametarô, l'un des fondateurs de la « Société des survivants », journaliste et professeur d'études coloniales, publie le premier livre académique au Japon sur la question noire américaine. Selon lui, le mot d'ordre de Marcus Garvey « retour des Africains en Afrique » montre qu'Africains et Asiatiques doivent combattre ensemble la présence blanche sur leur continent respectif [59]. Lors de la conquête de l'Éthiopie par l'Italie en 1935, les médias japonais sont favorables aux Éthiopiens et les asiatistes prennent leur parti. Ce soutien attire l'attention des intellectuels afro-américains comme W. E. B. Du Bois (1868-1963), qui se rend au Japon et en Mandchourie en 1936, où il est accueilli chaleureusement. En retour, Du Bois considère comme légitime l'action du Japon en Asie, malgré ses atrocités, en vertu de l'importance de la question raciale[60].

Dans cette perspective, l'asiatisme, et l'Asie, prennent une autre tournure. Ainsi l'Asie conçue par Ôkawa Shûmei englobe-t-elle l'Égypte et les minorités musulmanes des Balkans. Il insiste davantage sur les caractères spirituels et moraux définissant l'Asie que sur ses traits linguistiques, culturels ou politiques. Sa conception de l'Asie est nettement métaphysique, comme l'exprime l'un de ses propos formulé en 1926 : « L'Asie [est capable de] distinguer les éléments éternels de l'écume transitoire et éphémère de toutes les choses dans les phénomènes culturels, que ce soit la religion, les coutumes ou la morale »[61]. Si les asiatistes se reconnaissent généralement dans cette approche en « valeurs », ils ne suivent pas forcément Ôkawa Shûmei dans ce que cela implique géopolitiquement.

L'asiatisme des débuts, qualifié d'« asiatisme classique » (ch. *gudian yaxiya zhuyi* ; j. *koten ajiashugi*) par l'historienne chinoise contemporaine Wang Ping, et que l'on peut également appeler « asiatisme première manière », prône donc une « alliance asiatique » (ch. *Yazhou tongmeng* ; j. *Ajia dômei*) et un « lien solidaire sino-japonais » (ch. *Zhong-Ri lian-*

xie ; j. *Chû-Nichi renkei*) comme résistance à l'impérialisme occidental[62]. Mais d'abord bienveillant envers l'émancipation des peuples asiatiques, il cède la place à l'impérialisme nippon. Il jette cependant les germes de l'indépendantisme en Asie orientale, avec la collaboration de personnages comme José Paciano Laurel (1891-1959) aux Philippines, Ba Maw (1893-1977) en Birmanie ou Subhas Chandra Bose (1897-1945) en Inde[63]. Tous ceux-là deviennent des hommes politiques influents après la Seconde Guerre mondiale, surtout Laurel et Ba Maw, tandis qu'en Chine Wang Jingwei, qui échoue à concilier refus du communisme maoïste et refus du système à la Tchang Kai-shek en coopérant avec les Japonais, est à l'origine un artisan puissant du réveil nationaliste chinois[64].

Dans ses Mémoires, Ba Maw conclut en ces termes, après avoir déploré les brutalités et l'exploitation japonaises pendant la guerre : « Aucune nation n'a autant fait pour libérer l'Asie de la domination blanche, aucune nation n'a été autant incomprise par les peuples qu'elle a aidés à se libérer. [...] Aucune défaite militaire ne pourra lui retirer la confiance et la gratitude de la moitié de l'Asie, et même davantage. Rien ne pourra oblitérer le rôle que le Japon a joué en apportant la libération à de multiples peuples colonisés [...] à une époque où pas une seule des autres nations belligérantes ne permettait de parler d'indépendance dans ses propres possessions »[65].

Mais, d'un autre côté, Liu Shipei (1884-1919), venu faire ses études au Japon, érudit, militant de la cause antimandchoue et devenu anarchiste au contact de Kôtoku Shûsui, considère dès 1907 que le Japon est en réalité « un ennemi de l'Asie », que « pour assurer la paix en Asie et accomplir l'indépendance des peuples asiatiques faibles, il va sans dire que l'autoritarisme blanc doit être éliminé mais que le Japon doit aussi arrêter de mépriser l'Asie avec son propre autoritarisme »[66]. Quant à Rash Behari Bose (1886-1945), réfugié au Japon à partir de 1915 et futur organisateur de l'Indian National Army à Singapour, il déclare avec amertume en 1926 : « Ce que nous regrettons le plus est que les intellectuels japonais qui aspirent à une Asie libre et à une alliance entre les peuples de couleur détestent les Chinois, ne parlent que d'envahir la Chine et pensent même que les peuples de couleur sont inférieurs aux Blancs par nature, comme les Blancs. Parmi les experts de la Chine au Japon, il n'y en a que peu qui connaissent et comprennent l'Asie »[67].

L'ASIATISME « SECONDE MANIÈRE » ET LE NÉO-ASIATISME

Parmi les intellectuels japonais, Okakura Kakuzô (ou Tenshin) (1862-1913) est l'un des premiers idéologues du panasiatisme. Philosophe et critique d'art, il voyage en Europe, en Amérique, en Chine et en Inde. Analysant les points culturels communs entre l'Inde, la Chine et le Japon, il met l'accent sur l'essence distinctive de l'Est et de l'Ouest, et propage la doctrine selon laquelle « l'Asie est unique » (*Asia is one*) de par son esthétique. Ses positions et ses textes ont beaucoup de retentissement dans tous les pays asiatiques, ainsi qu'en Occident où ils sont traduits et diffusés très tôt. Selon lui, le Japon « est la nouvelle puissance asiatique. Non seulement retourner à notre passé idéal, mais aussi sentir et revivifier la vie dormante de notre vieille unité asiatique, telle est notre mission » (*The Ideals of the East* [*Tôyô no risô*], 1904).

Okakura Tenshin influence notamment le poète et philosophe bengali Rabîndranâth Tagore (1861-1941), qu'il rencontre en Inde, Tagore se rendant ensuite trois fois au Japon. Il en résulte un courant qu'Eri Hotta appelle « théiste » (*teaist*), d'après le titre d'un autre livre célèbre d'Okakura, *The Book of Tea* (1906 ; au moins quinze rééditions jusqu'en 1945), et dont le nom traduit bien sa teneur plus culturelle ou esthétique que réellement politique[68]. Tagore prend ensuite, au cours des années 1910 et 1920, ses distances avec l'asiatisme qu'il juge trop imprégné de nationalisme.

Okakura Tenshin critique Hegel pour sa dialectique centrée sur la contradiction, et « voit dans l'Asie le principe de l'*advaita* (du non-dualisme) qui représente l'identité des contradictions »[69]. Alors que l'histoire moderne occidentale est basée sur le conflit incessant, celle de l'Orient est caractérisée, selon Okakura, par l'amour et la paix. Cette argumentation irénique et esthétique qui ne résiste guère à l'examen des faits est cependant reprise par Yasuda Yojûrô (1910-1981) et son « École romantique japonaise » (*Nihon Romanha*), et surtout par le philosophe Nishida Kitarô (1870-1945), qui lui aussi récuse la dialectique hégélienne pour développer une théorie de « l'absolue auto-identité contradictoire ». Mais Yasuda et Nishida, comme beaucoup d'autres, seront absorbés par le nipponisme.

Dans une approche identique à celle d'Okakura, Nitobe Inazô (1862-1933) devient célèbre dans le monde entier pour son ouvrage intitulé *Bushidô, l'âme du Japon* (1905 ; au moins vingt-cinq rééditions avant 1945)[70]. Il s'efforce de concilier la tradition asiatique du Japon, comprise comme le bouddhisme et le confucianisme ajoutés au shintô, et le rapprochement culturel avec l'Occident. D'abord favorable à ce qu'on pourrait appeler un « internationalisme libéral », il soutient ensuite la politique du Japon en Mandchourie et son retrait de la S.D.N. Président de l'Institut des relations du Pacifique[71], il essaie d'expliquer sa nouvelle position lors de la conférence mondiale de cet organisme tenue à Alberta en 1933. Zumoto Motosada (1862-1943), autre « libéral internationaliste » et éditeur du journal *Japan Times* qui critique le panasiatisme de la conférence de Nagasaki en 1926, adopte une position similaire. En 1931, il entreprend une tournée de conférences en Europe et aux États-Unis pour justifier la politique japonaise en Mandchourie.

Le rejet par la conférence de Paris en 1919 de l'amendement sur « l'égalité raciale », proposé par la délégation japonaise à la future Société des Nations, est très durement ressenti au Japon comme en Asie. Bien que le projet initial du gouvernement japonais soit en réalité moins une pétition de principe universel qu'une autorisation d'émigrer pour les Japonais dans les colonies ou les pays occidentaux, et/ou de coloniser à égalité, ce refus est considéré comme une insulte raciste[72]. Il fait basculer beaucoup de Japonais du côté de l'expansionnisme japonais anti-occidental.

L'incident de Mandchourie (1931) et le retrait japonais de la Société des Nations (1932) constituent un autre tournant, majeur sur le plan politique et diplomatique. À partir de ces années-là, la position anti-occidentale triomphe au Japon. Le Premier ministre Inukai Tsuyoshi (1855-1932) tente de reprendre la main sur l'armée après le coup de force de celle-ci en Mandchourie. Son assassinat par des militaires furieux symbolise l'orientation prise par l'asiatisme. Car Inukai est un asiatiste de la première heure, situé sur une ligne démocrate (il est partisan du suffrage universel) mais également solidaire avec les activistes d'Asie. Il a ainsi aidé Sun Yat-sen lors de son exil au Japon en 1897, il s'est rendu en Chine avec Toyama de la Kokuryûkai en 1911, il a soutenu le nationaliste coréen Kim Ok-gyun (1851-1894), le nationaliste indien Rash Behari Bose ou le nationaliste philippin Aguinaldo, il a financé la publication du Coran par un Turc exilé de Russie.

Le Manchukuo (1931-1945) constitue la tentative la plus poussée, mais ratée, de réaliser un asiatisme en acte et en territoire. Cet État est instauré en 1931 à l'initiative de l'armée japonaise du Guandong (Kwantung) et à l'instigation d'un agitateur asiatiste radical, Ishiwara Kanji (1889-1949). Il est reconnu en 1932 par le gouvernement japonais, mis devant le fait accompli, mais pas par la Société des Nations. C'est un condensé de contradictions entre les volontés affichées d'indépendance nationale, d'harmonie et de concorde entre les différents peuples qui le composent (Mandchous, Chinois, Japonais, Coréens, Russes, Juifs...), à l'image de son drapeau en plusieurs bandes, et l'emprise de plus en plus forte des autorités japonaises.

L'idéologie du Manchukuo qui promeut le « globalisme » (*wanguo*) et le « cosmopolitisme » subit deux tensions : son soutien à l'hégémonie japonaise théoriquement porteuse d'une intégrité asiatique ; la confrontation entre l'Orient et l'Occident, qui fait glisser le transnationalisme du Manchukuo vers le nationalisme[73]. Pour préserver l'existence du Manchukuo, le bouillant et belliciste Ishiwara en vient même à désapprouver la conquête de la Chine par l'armée japonaise ; destitué par Tôjô Hideki (1884-1948), il devient l'un de ses opposants (1941-1944).

La fin des années 1930 est caractérisée par la propagation japonaise du concept de « communauté est-asiatique » (*Tôa kyôdotai*), qui articule trois principes[74]. Premièrement, l'Asie orientale a besoin d'un « nouvel ordre » (*shinchitsujo*), qui doit être conduit par le Japon impérial et remplacer celui de la Société des Nations. Deuxièmement, ce nouvel ordre doit être uniquement soutenu par des relations entre la métropole et la colonie, entre le Japon et la Chine. Troisièmement, une telle collaboration réclame une redéfinition rationnelle, scientifique et multiculturelle des principes qui guident le Japon et l'Orient, afin de promouvoir la participation volontaire de chacun dans le projet impérial multiethnique.

Pour Rôyama Masamichi (1895-1980), l'un des principaux concepteurs de cette « communauté est-asiatique », les idées d'« autodétermination » ou d'« un peuple, une nation » qui fondent la Société des Nations servent en réalité à promouvoir les intérêts impérialistes de l'Occident. Elles marginalisent « un régionalisme qui reconnaît l'Orient (*Tôyô*) comme l'Orient »[75]. En encourageant les nationalismes, en particulier chinois, les puissances impérialistes occidentales ne font, selon lui, que diviser et affaiblir la région alors que le Japon a réussi à se sortir du nationalisme aveugle par son projet oriental. Et Rôyama d'asséner : « L'Orient, baptisé par les fusils et les sabres, rationalisera la pensée orientale », cette « rationalisation de l'Orient » (*Tôyô no gôrika*) passant par son « développement » et par une « coopération économique régionale ». En ce sens, la « communauté est-asiatique » constitue un « globalisme régionaliste » (*chiikishugiteki sekairon*).

Rôyama fait partie de l'Association de recherches Shôwa (*Shôwa kenkyû-kai*), dont l'origine remonte à 1933, et le nom à 1935 — en référence à l'ère impériale de Hiro Hito. Elle est rapidement baptisée par la presse japonaise de *brain trust* du prince

Konoe Fumimaro, Premier ministre à deux reprises (1937-38, 1940-41). Polymorphe et composite, elle se situe dans l'orbite de l'asiatisme, mais avec une dimension techno-moderniste plus affirmée et des connotations qui la rapprochent d'un capitalisme d'État fasciste.

La Société géopolitique de Kyôto (*Kyôto Chiseigaku-kai*), inspirée par l'asiatisme de Rôyama, veut mettre les connaissances géographiques au service du projet impérial japonais[76]. Elle prend ses distances avec l'occidentalisme, et avec l'école allemande de géopolitique inspirant les nazis parce que celle-ci est considérée comme partie intégrante de l'Occident et de sa domination impérialiste. Elle cherche sa propre identité philosophique : au sein de l'Asie — d'où l'asiatisme — et au sein du Japon, d'où des tendances de plus en plus nipponistes qui entraînent des contradictions entre les deux.

Ainsi, pour Komaki Saneshige (1898-1991), son président, « il est vrai que notre politique nationale trouve ses fondements dans la géographie. Cela nécessite une nouvelle géopolitique japonaise qui doit se développer sur la base de l'étude géographique du Japon et qui doit constituer la base de la politique japonaise modelée par la tradition spirituelle japonaise. […] En cela, la géopolitique japonaise est différente des nombreuses autres dans le monde [Komaki cite l'allemande, la britannique, la chinoise] car elle existe depuis le début de la famille impériale et se développera de concert avec la prospérité de la famille impériale comme véritable science créative du Japon »[77].

Cette école de Kyôto se distingue donc du courant de géopolitique mené par le géographe économiste Ezawa Joji qui, se référant à la *Geopolitik* allemande, veut appliquer les principes du *Raumordnung* (ordre spatial) et du *Lebensraum* (espace vital) à l'aménagement japonais du territoire. Pour lui, la géopolitique se fonde sur une « pensée romantique qui dépasse un universalisme discutable », mais elle doit aussi reconnaître « la nécessité de comprendre le concept d'espace économique qui se différencie de l'espace physique »[78].

La Société japonaise de géopolitique (*Nihon Chiseigaku-kai*), fondée en novembre 1941 sous les auspices du régime et dirigée par Iimoto Nobuyuki (1895-1989), cherche à fusionner les deux courants afin de mieux guider la colonisation et les stratégies militaires japonaises. Mais son flottement théorique et le fait que les géopolitologues de Kyôto ne la rejoignent pas affaiblissent son influence idéologique. Sa charte révèle en outre son recentrage nipponiste au détriment de l'asiatisme puisqu'elle déclare que « le but de la société consiste dans l'étude de la géopolitique, dans des enquêtes géopolitiques des espaces maritimes et terrestres du Japon et de son *Lebensraum*, pour contribuer à la politique nationale de construction et de défense d'un État hautement développé »[79].

Au sein de l'Association de recherches Shôwa, le philosophe Miki Kiyoshi, dont on a vu qu'il vient de la gauche marxiste, rejette le capitalisme pour sa dimension impérialiste, le communisme pour sa promotion de la lutte des classes et le fascisme pour son étatisme bureaucratique. Le « coopérativisme » (*kyôdôshugi*) et le « régionalisme ouvert » d'un « bloc asiatique » qu'il prône, et qui s'apparente aux mirages d'une quatrième voie par rapport aux trois autres qu'il dénonce, se fondent sur l'asiatisme. Mais le projet d'« Ordre nouveau » politiquement piloté par Konoe rencontre trop d'obstacles intérieurs et extérieurs : le refus des bureaucraties ministérielles de se reconfigurer, l'inertie des partis politiques traditionnels, l'impossibilité de négocier une paix véritable avec la Chine sabordée par les secteurs les plus bellicistes... Konoe démissionne et la *Shôwa kenkyû-kai* est dissoute en novembre 1940.

Selon la récente relecture de l'historienne Yoshikawa Yukie, l'asiatisme japonais est caractérisé par quatre courants à l'orée de la Seconde Guerre mondiale[80]. Le premier courant, ou « doctrine Monroe de l'Asie », accepte la coexistence avec l'Occident et l'exploitation de l'Asie (Matsui Iwane, dans la lignée de Konoe Atsumaro). Le deuxième, ou « compassion impérialiste », refuse la coexistence avec l'Occident et accepte l'exploitation de l'Asie (Nakatani Takeyo, Tôyama Mitsuru, Miyazaki Tôten...) ; d'une certaine façon, c'est le courant le plus cynique ou bien le plus opportuniste selon le degré de sincérité qu'on lui accorde. Le troisième, « cosmopolite », accepte la coexistence avec l'Occident et refuse l'exploitation de l'Asie (Yoshino Sakuzô, Miki Kiyoshi, Rôyama Masamichi...). Le quatrième, partisan de « la guerre finale », refuse la coexistence avec l'Occident et l'exploitation de l'Asie (Ishiwara Kanji, Ôkawa Shûmei) ; son idéalisme masque mal son cynisme. Au-delà de la valeur heuristique de la typologie, on peut douter du refus réel des partisans de la guerre totale d'exploiter l'Asie.

De fait, les efforts japonais pour fonder une « communauté est-asiatique », pour créer une Asie pluraliste sinon internationaliste, s'achèvent dans l'ultra-nationalisme nipponiste de la conquête militaire japonaise qui lui préfère la formule cosmologique plus vague et plus mystique de « Huit coins [du monde] sous un toit » (*hakkô ichiu*). L'asiatisme des militaristes nippons, qui pratiquent de surcroît une politique terroriste à l'intérieur du Japon (assassinats d'hommes politiques connus, de ministres, intimidations diverses...), montre son vrai visage avec, en particulier, le massacre de Nankin perpétré par l'armée japonaise en 1937. L'histoire de celui-ci, avec les difficultés rencontrées pour établir une chronologie précise des faits comme des responsabilités, ainsi que pour évaluer le nombre exact des victimes, constitue d'ailleurs un enjeu pour les néo-asiatistes et les nipponistes actuels[81].

Dans le contexte heurté de la première moitié du XXe siècle, le panasiatisme japonais révèle toutes ses contradictions car, comme le souligne Prasenjit Duara, il « incarne une authenticité qui, ironiquement, n'était pas située dans la nation mais dans un idéal de civilisation. L'idée que les valeurs les plus imposantes et authentiques proviennent non pas de la nation mais d'une source transnationale de civilisation était alors, tout simplement, un miroir de la source de la domination de l'impérialisme occidental : la civilisation du christianisme et des Lumières en Europe »[82].

Le courant orientaliste et asiatiste est mis à mal par la défaite de 1945, tandis que triomphe le courant occidentaliste. Le vocabulaire géographique se recompose. *Seiyô* est dépassé par *Amerika*. *Tôhô* et *Higashi Ajia* remplacent *Tôa*. *Tônan* est gardé, se substituant à *Nan.yô*, mais comme traduction de *Southeast Asia* selon la norme alliée (américaine). L'alliance américaine au cours de la guerre froide se fonde sur une base anticommuniste, laquelle finit par se confondre avec un certain anti-asiatisme *de facto* puisque de nombreux pays communistes sont aussi des pays asiatiques plus ou moins voisins du Japon (Chine, Corée du Nord, Indochine...). Mais la donne se modifie avec le rapprochement entre les États-Unis et la République populaire de Chine à partir de 1971. Le gouvernement Tanaka Kakuei, formé en juillet 1972, met les bouchées doubles pour combler le retard et engager des relations diplomatiques qui reviennent à écarter Taïwan de la scène internationale. Lors de la signature du traité de paix et d'amitié sino-japonais en août 1978, le secrétaire qui accompagne le ministre des Affaires étrangères en Chine n'est autre que Tôyama Okisuke, le petit-fils de l'asiatiste Tôyama Mitsuru[83].

La situation évolue ensuite nettement à partir de plusieurs événements : la fin de la guerre du Viêt-nam, la chute du maoïsme, l'émergence des N.P.I.A., l'évolution de la République populaire de Chine, l'effondrement de l'Empire soviétique qui coupe plusieurs cordons ombilicaux et fait de certains pays asiatiques les derniers bastions d'un communisme étatique plus ou moins réformé, à l'exception de Cuba. Tout cela ouvre la voie, dès le milieu des années 1980, à un nouvel asiatisme qui ré-introduit le Japon, non pas à l'initiative de celui-ci, mais sous l'impulsion des N.P.I.A. C'est l'époque où se déclinent les nouveaux regroupements interétatiques, qualifiés, à partir de l'anglais, de « régionalisation » ou de « régionalisme ».

En 1990, Mahathir bin Mohamad, Premier ministre de Malaisie, propose de créer un « Groupe économique de l'Asie orientale » qui inclurait le Japon, et relance ainsi la problématique asiatiste avec fracas. Au Japon, on parle désormais de « choc Mahathir ». Ce qui est remarquable dans la proposition de Mahathir, c'est sa reconnaissance explicite du Japon comme locomotive, en mettant de côté les mauvais souvenirs du passé, et qu'il exclut délibérément les nations « occidentales » de la bordure du Pacifique : États-Unis, Canada, Australie et Nouvelle-Zélande. Le projet fait grincer bien des dents, y compris au Japon. Certains y voient avec malaise une nouvelle mouture de la « Sphère de coprospérité de la Grande Asie orientale », tandis que d'autres se sentent dépassés dans la maîtrise des opérations. Les dirigeants singapouriens et malaisiens participent à la construction d'un discours qui met en avant les « valeurs asiatiques » et autre « héritage confucéen » pour expliquer, justifier et légitimer leur dynamisme économique et leur (relative) stabilité sociale. Ils cherchent à se rapprocher géopolitiquement du Japon pour consacrer sur le plan international et politique l'importance des liaisons économiques, industrielles et commerciales qui existent entre le Japon et le reste de l'Asie orientale.

L'élite japonaise est pressée d'accentuer sa participation, voire de prendre le leadership, en particulier vis-à-vis d'une Chine toujours plus puissante et encore communiste malgré l'édulcoration de son idéologie. Les événements de Tian An Men (1989) sont encore frais. Mais elle est partagée. L'allié américain est encore là, qui compte toujours sur le soutien effectif du Japon, en espèces sonnantes et trébuchantes notamment (participation financière à la guerre du Golfe, par exemple). Il sabote toute tentative qui viserait à affaiblir les organismes internationaux qu'il pilote — comme l'A.P.E.C. (*Asia Pacific Economic Cooperation*), qui regroupe, outre des pays asiatiques, des pays « blancs » du pourtour Pacifique (Australie, Canada, Chili...) — au profit d'autres organismes telle une A.S.E.A.N. (*Association of South-East Asian Nations*) qui s'élargirait vers le nord en faveur d'un « régionalisme asiatique ».

Un slogan devient alors à la mode au Japon à la fin des années 1990. Répondant au vieux slogan de Meiji « Rejoindre l'Occident, quitter l'Asie » (*Nyû-O datsu-A*), il veut « Rejoindre l'Asie, quitter l'Amérique » (*Nyû-A datsu-Bei*). Kobayashi Yôtarô, patron influent, déclare par exemple : « Je pense que la politique étrangère du Japon doit viser en priorité à conduire le pays vers une « réasiatisation » [...]. Peut-être ce terme évoque-t-il pour certains l'image d'un Japon barricadé à l'intérieur d'une enceinte asiatique, ou installé au sein d'une « Forteresse Asie ». Personnellement, je ne lui donne pas ce sens de fermeture. À l'instar de Gorbatchev, qui a dit un jour que la maison de la Russie était en Europe, il est normal que nous rappelions que la maison du Japon se trouve non pas aux États-Unis ou en Europe, mais en Asie »[84].

En déclarant, en 1994, à son homologue chinois Li Peng que « la conception occidentale des droits de l'homme ne doit pas être aveuglement appliquée à toutes les nations », le Premier ministre japonais Hosokawa Morihiro renoue finalement avec ses ancêtres asiatistes, le marquis Hosokawa Moritatsu et le prince Konoe Fumimaro[85]. La proposition de Mahathir a bien sûr fait rebondir la vieille querelle entre « libre-échangistes » et « protectionnistes », qui existe également au Japon, mais en lui donnant une dimension supplémentaire. En effet, le débat ne se limite plus au seul Japon car il évoque aussi l'hypothèse d'une sphère de protectionnisme élargie. Certains la jugent toutefois techniquement impossible à cause des différences de niveaux économiques et des problèmes politiques posés par l'attitude de certains dirigeants japonais vis-à-vis du passé colonial récent. Or, ces problèmes sont nombreux et significatifs : réécriture des livres scolaires d'histoire, officialisation du drapeau et de l'hymne national dans les écoles, minimisation du massacre de Nankin, visites officielles des Premiers ministres au sanctuaire Yasukuni célébrant les mânes de ceux qui sont pour l'empereur et qui accueille depuis 1978 les noms des criminels de guerre japonais condamnés et exécutés à l'issue du procès de Tôkyô. Certes, le gouvernement chinois exploite ces faits à son avantage, dans une perspective nationaliste intérieure de détournement et extérieure d'affirmation, mais ceux-ci existent, et tranchent avec le climat des années 1970[86].

Les dirigeants japonais, qui n'ont pas totalement digéré les conséquences de la guerre et de l'impérialisme nippon, oscillent donc entre un maintien de l'alliance américaine, un recentrage vers le Japon seul et une ouverture sur l'Asie. La relation avec la Chine constitue à elle seule une pierre angulaire et glissante de cette problématique. De fait, ils pratiquent une combinaison variable de ces options, tandis que les aléas de la crise économique et l'affaiblissement du Japon ne favorisent pas la clarification. Abandonné sous la pression américaine, le projet de communauté asiatique réapparaît actuellement sous de nouvelles formes, telles que la coopération A.S.E.A.N. + 3 (les dix pays de l'A.S.E.A.N., plus la Chine, la Corée du Sud et le Japon). Il s'ouvre même en direction de l'Inde.

LE COURANT NIPPONISTE

Le courant nipponiste — adjectif que l'on préférera à « japoniste » pour éviter la confusion avec le courant esthétique occidental éponyme — privilégie la spécificité japonaise au regard de tous les autres pays, et dans tous les domaines. Survalorisant le Japon, il le considère au minimum comme « à part » et au maximum comme « supérieur ». L'un de ses mots d'ordre, « esprit japonais, connaissance occidentale » (*wakon yôsai*), est propagé sous Meiji face à l'occidentalisation. Il reprend le slogan du IXe siècle qui proclamait « esprit japonais, connaissance chinoise » (*wakon kansai*) face à la sinisation du pays. En fait, celui-ci, qui est généralement attribué à un lettré de la Cour impériale du IXe siècle, daterait plus probablement du XVIIIe siècle, à l'époque où des intellectuels du shôgunat repensent l'histoire japonaise, ce qui permet de déceler une ligne de fond commune entre les périodes moderne et contemporaine. Ce slogan « esprit japonais, connaissance occidentale » se distingue du mot d'ordre déjà évoqué « éthique orientale, technique occidentale », puisqu'il remplace « Orient » par « Japon ».

Poussé à son extrême, le courant nipponiste débouche sur l'ultranationalisme qui prône la supériorité du Japon non seulement par rapport au reste du monde (occidental) mais aussi par rapport à l'ensemble de l'Asie. Du coup, le Japon sort de cette Asie, il ne lui appartient plus, que ce soit par sa spécificité, son destin historique ou sa situation géographique insulaire. L'armée et la marine japonaises partent à la conquête de l'Asie au cours des années 1930 et 1940, les émigrés japonais gagnent les colonies japonaises, les travailleurs asiatiques, forcés ou non, arrivent au Japon, mais, paradoxalement, le Japon semble devenir alors une « super-île ».

Pour l'historien contemporain Tsurumi Shunsuke, l'habitude qu'ont les impérialistes japonais, et notamment les militaires, de tout voir selon la seule perspective japonaise, et d'insister qui plus est pour que tout le monde fasse pareil, peut ainsi être considérée comme « une pensée insulaire et isolée »[87]. Parmi les intellectuels japonais qui y résistent, certains en arrivent même à créer une niche écologique de pensée et de recherches, comparable à « une sphère insulaire à l'intérieur de l'insularité japonaise du temps de guerre », comme le fait l'anthropologue Yanagi Muneyoshi (1889-1961).

Le nipponisme se confond avec l'identité de la monarchie japonaise, le tennôisme. Mais il peut être parfois hostile au militarisme, même si la majeure partie des nipponistes ont soutenu l'impérialisme et que les néonipponistes contemporains souhaitent abroger le caractère pacifiste de la Constitution japonaise actuelle. Le nipponisme et le tennô-militarisme se distinguent du fascisme de plusieurs façons. Ils ne reposent pas sur un parti de masse mettant en branle les foules, et le culte de l'empereur japonais semble éloigné de la « peste émotionnelle » décrite par Wilhem Reich à propos du nazisme. Le totalitarisme japonais a un aspect non abouti, il se rapproche davantage d'une dictature militaire « classique », mais enrobée d'une dimension métaphysique forte avec le personnage de l'empereur. La pression y est presque autant sociale que policière, peut-être même plus intense qu'en Occident, mais avec des espaces de relative liberté dans certains cercles. Malgré la figure centrale de l'empereur, le régime tennô-militariste est traversé de multiples factions et courants politico-idéologiques, ce qui explique notamment une très forte instabilité gouvernementale et ministérielle, comparativement au mussolinisme et au nazisme.

Le nipponisme et le tennô-militarisme ne partagent pas l'aspect de mission civilisatrice de l'Occident chère au fascisme, sans parler des structures sociopolitiques qui sont spécifiquement japonaises. Ils se rapprochent encore moins du nazisme dont ils n'admettent pas, à part certains courants marginaux, la théorie farouchement racialiste et raciste de l'humanité. L'opposition entre « race jaune » et « race blanche » prônée par certains courants asiatistes relève davantage du « choc des civilisations » dans sa version de l'époque, auquel s'ajoute l'exploitation économique et coloniale, que de la « solution finale ». Bien que certains secteurs et savants japonais se soient montrés très actifs pour proposer une analyse raciale de la supériorité japonaise aux allures scientifiques, quitte à minimiser les mythes socioculturels de la monarchie japonaise, ils n'ont pas réussi à l'imposer comme doctrine officielle. À tel point que l'historien Oguma Eiji n'hésite pas à évoquer pour cette période une opposition entre japonisation et eugénisme[88]. Il existe cependant un net décalage entre le discours officiel de fraternité asiatique et les pratiques sociales sur le terrain qui sont caractérisées par une xénophobie ou un racisme de plus en plus forts jusqu'en 1945.

La fascination de nombreux leaders japonais des années 1930-1940 envers l'Italie mussolinienne ou l'Allemagne nazie est variable, souvent superficielle ou ambiguë, rarement totale à part quelques exceptions fracassantes. Une esthétisation du politique, que l'on retrouve chez certains penseurs importants très proches du régime, place néanmoins ceux-ci dans l'orbite intellectuelle du fascisme. L'engagement politique de Nishida Kitarô fait l'objet d'un débat presque aussi passionné que celui qui concerne Martin Heidegger[89]. Au-delà de Nishida lui-même, la question concerne la pensée politique de l'école philosophique dite de Kyôto[90]. On peut estimer que les références de celle-ci à un ethos national, à une autorité suprême quasi métaphysique, au rejet de la rationalité, aux racines et à la terre du Japon relèvent du champ intellectuel fascisant. Mais l'essence même de la monarchie japonaise et l'anti-occidentalisme ambiant plus ou moins viscéral poussent les idéologues du régime à ne plus utiliser le terme de « fascisme » à partir des années 1930, parce qu'il ne correspond pas à la tradition japonaise. On lui préfère le terme de « nipponisme » (*nipponshugi*), qui devient officiel en 1939[91].

Pour le nipponisme, il n'y a pas de honte à reconnaître les emprunts extérieurs à condition de mettre l'accent sur la logique endogène de la civilisation japonaise. « Jamais le Japon n'a eu pour objectif son européanisation. Et cela reste toujours vrai. Pour le Japon, l'objectif est le Japon », écrit l'ethnologue Umesao Tadao en 1957[92]. Comme Tsuda Sôkichi, mais pour des raisons opposées, Umesao doute des concepts d'Asie et d'Extrême-Orient. La mise en exergue de la spécificité japonaise conduit non seulement à relativiser les apports venant de l'extérieur mais aussi à les réduire au maximum, ce qui aboutit à créer une sorte de Japon autocentré dont l'origine serait finalement endogène ou mystérieuse. Cela permet d'ailleurs de créditer la mythologie shintô narrant la création cosmogonique du Japon et de la maison impériale. Dans cette perspective, l'histoire étant aplatie et niée dans ses aspérités, le discours se rabat sur la géographie conçue de façon déterministe, une approche que perpétuent les *Nihonjinron* de la seconde moitié du XXe siècle[93].

Les nipponistes soutiennent ainsi la « théorie du pays insulaire » (*shimaguni-ron*) postulant que l'unité politique et l'originalité socioculturelle du Japon sont déterminées par son insularité. Les premières formalisations de la « théorie du pays insulaire » apparaissent à la fin du XIXe siècle avec Kume Kunitake. Dans la revue nationaliste *Kokumin no tomo* (« Les amis du peuple »), cet historien publie en 1894 une série d'articles intitulés « L'esprit insulaire » (*Shimabito konjô*). Selon lui, cet esprit est classifiable en deux types. L'un est exclusiviste, xénophobe, isolationniste ; il échoue dans la compétition globale des civilisations ainsi que dans l'expansion outre-mer.

L'autre est favorable à l'ouverture des frontières, à l'accueil des étrangers, aux importations ; il se tourne vers le monde entier et envoie naviguer ses vaisseaux sur toutes les mers. Dans le premier cas, il s'agit du Japon des Tokugawa, dans le second du Royaume-Uni, pays qu'il faut imiter et qui devient d'ailleurs le premier allié occidental du Japon (1902). Kume Kunitake estime même que le Japon a commencé à s'isoler à partir du VIIIe siècle « à cause de la léthargie des aristocrates » et que ce n'est qu'ensuite, sous les Tokugawa, que « l'esprit insulaire s'est progressivement transformé en fanatisme » [94]. Pour lui, les pirates *wakô* « représentent la véritable nature d'une nation insulaire ».

Dans *L'Appeau de l'Occident* (*Meiko seiyô,* 1913), le botaniste Endô Kichisaburô (1874-1921), très représentatif du *shimaguni-ron,* souligne la pureté du « sang japonais qui n'a jamais été mêlé à celui d'un ennemi depuis plus de deux mille cinq cents ans », qualité qui s'est accompagnée d'un « isolationnisme culturel » (*bunkatekina sakokushugi*) et, surtout, d'un « isolationnisme spirituel ». Il part en guerre dans plusieurs livres contre les valeurs occidentales qui minent le système impérial japonais, notamment par le biais de l'éducation ou de l'évolution des femmes. Dans *Le Poison de l'Occident* (*Seiyô chûdoku,* 1916), il attribue la « flexibilité » (*yûzû-sei*) du peuple japonais au « complexe insulaire » puisque les Japonais peuvent naviguer partout dans leur île.

Le géographe Shiga Shigetaka est un bon exemple d'un asiatiste qui évolue vers le nipponisme au début du XXe siècle. Avec lui se profile la combinaison, qui triomphe dans les années 1930-1940, entre le « national-purisme » (*kokusui*) et l'expansionnisme[95]. Par son ouvrage intitulé *Des paysages japonais* (*Nihon fûkei-ron,* 1894), qui marque des générations de géographes ou de lecteurs, il met en valeur les spécificités géophysiques et esthétiques de l'archipel japonais. Député ultranationaliste et essayiste reconnu, il influence de vastes pans de l'opinion publique[96]. Un géographe japonais contemporain le considère comme le chef de file d'un « nationalisme paysager » (*fûkei no nashonarizumu*)[97].

De ses voyages dans les îles des mers du Sud au cours des années 1880, Shiga revient avec le constat que les îles sont plus fragiles que les pays continentaux face à la colonisation occidentale ou à l'entropie ; il faut donc que les peuples insulaires luttent et résistent. Choqué par la politique d'apartheid que mènent les Blancs en Afrique du Sud, il prône *a contrario* l'émancipation des pays colonisés. Dans sa *Géographie* (*Chirigaku*, 1905), il estime que « l'effet de l'insularité est un enrichissement » et que le Japon est, de ce point de vue, particulièrement bien placé. Son milieu insulaire est propice, les mers et l'absence de très hautes montagnes facilitent les communications ainsi que les échanges, les Japonais ont pu apprendre beaucoup de l'extérieur tandis que les continentaux comme les Chinois ou les Russes tombent facilement en décadence. Une dizaine d'années après, dans *Le plus important problème du Japon* (*Nippon ichi no daimondai*, 1916), Shiga devient alarmiste pour le Japon, s'inquiétant de ce que son « sol insulaire est vieux et exigu, et de surcroît surpeuplé ». Il prône alors l'expansionnisme, moins sous la forme d'un colonialisme strict que d'un impérialisme économique.

L'historien Shiratori Kurakichi, que l'on a vu à l'origine soutenir les études orientales et l'asiatisme, se tourne lui aussi vers le nipponisme. Au cours des années 1930, il écrit ainsi que « la race japonaise est seule en Asie. Il n'y a pas d'autre nation comme le Japon, dont le caractère est très différent de la Chine, de l'Inde, de la Perse et de l'Égypte. [...] Situé dans l'angle le plus oriental de l'Asie, le Japon brille. Il n'y a aucun doute. Le Japon est dans la position d'absorber toutes les forces du monde »[98].

Le nipponisme repose sur un concept presque impossible à traduire complètement en français, celui de *kokutai,* qui signifie mot à mot le « corps national » (*koku* : pays, nation ; *tai* : corps). Bien que d'origine chinoise, ce mot reste collé au nationalisme japonais. Le *kokutai* s'articule autour de trois grands principes : l'assimilation du peuple japonais à une grande famille dont l'empereur serait le père ; la continuité ininterrompue d'une dynastie impériale considérée comme d'origine cosmogonique ; l'appartenance à une race commune considérée comme homogène et supérieure. Comme le définit un dictionnaire japonais de référence, il constitue une « appellation générale des pensées politiques qui absolutisent l'idée de souveraineté du *tennô* »[99].

Ainsi, Inoue Nisshô (1886-1967) considère que le Japon est le « pays absolu », les autres étant « relatifs ». Ce bonze, militant ultranationaliste et interprète auprès de l'armée japonaise, est le fondateur en 1932 de la « Conjuration du sang » (*Ketsumeidan*), groupe terroriste responsable de l'assassinat du Premier ministre Inukai Tsuyoshi. Reprenant une grille de lecture bouddhiste, il estime que « le Japon, contrairement aux pays étrangers, est l'État dans lequel les lois de l'Univers — on peut dire aussi l'idéal ou la volonté de celui-ci — prennent la forme du *kokutai.* [...] La réorganisation du monde entier, quoique étant le but ultime, étant irréalisable dans l'immédiat par mes propres forces, je résolus de commencer par celle du Japon »[100].

Le terme de « nationalisme » n'est pas assez fort pour qualifier le *kokutai* puisque celui-ci ne se fonde pas sur une abstraction idéologique extensible au reste du monde mais sur la seule réalité — ou estimée telle — d'un pays, le Japon. Hors du Japon, point de *kokutai*. Pas de fédération de nationalismes, d'où, en partie, l'échec des tentatives faites en ce sens pendant la guerre de Quinze Ans (1931-1945), mais un seul ultranationalisme. Un tel parochialisme traduit les tendances internalisantes profondes de la culture japonaise. Toutefois, si on peut faire remonter le sentiment nationaliste à la création de l'État protomoderne au VIIe siècle et à divers textes, comme les mythologies du *Kojiki* et du *Nihonshoki*, il est alors peu élaboré idéologiquement comme doctrine. Ce n'est qu'à partir des Études nationales, à la fin du shôgunat des Tokugawa, et de la Restauration Meiji qu'il se structure et s'instaure comme idéologie au Japon.

La religiosité contenue dans l'« essence nationale » du *kokutai* et incarnée par le *tennô* est assimilable au rôle que tient le protestantisme dans les études historiques européennes chez Leopold von Ranke, pris comme modèle par Shiratori Kurakichi, ou chez Max Weber. Mais tandis que le protestantisme dépasse les frontières politiques et les limites géographiques au cours de sa genèse — les territoires westphaliens le suivent mais ne le précèdent pas —, le *tennô* est historiquement et géographiquement cantonné à l'archipel japonais, à son centre surtout, avec un relâchement en périphérie. Le projet impérialiste japonais se confronte à la contradiction d'exporter et d'imposer son culte en Asie, dans les colonies. La conséquence en est double : l'opération étant artificielle, la greffe ne prend pas, ni même les palliatifs comme Pu Yi (1906-1967) empereur du Manchukuo ;

et en sortant du Japon, le *tennô* risque lui-même de se déjaponiser.

Comme le système impérial est revenu sur le devant de la scène avec le régime de Meiji qui lui-même se confond avec la modernisation du Japon, se pose aussi la question d'assimiler l'empereur à la modernité. Mais une telle équation entre en contradiction avec la tradition dont il se réclame également. Il faut donc prôner une forme de continuité apaisée, sans ruptures. Pour maintenir l'identité nationale japonaise dans son espace archipélagique et malgré les différents flux historiques, les phases de violence sont ainsi ramenées, dans la narration nationale, à de « simples accidents » (Richard Calichman), à des « déviations temporaires » (Kang Sang-jung).

Selon cette perspective, « la violence est située en dehors du Japon dans son auto-formation en tant que nation moderne ; cette opposition entre modernité et violence en arrive à être conçue en termes philosophiques (ou métaphysiques) comme la distinction classique entre essence et accident »[101]. La vision du monde qui en découle permet de rejeter la responsabilité de l'escalade guerrière en Asie sur l'Occident, ou sur la Chine, processus d'évitement qui opère pendant la guerre, mais aussi de nos jours dans les milieux nationalistes et révisionnistes japonais.

L'un des corollaires de l'oscillation du colonialisme japonais entre assimilation forcée et différenciation admise réside dans le traitement de ses sources d'inspiration, qui sont extérieures par définition, occidentales. Le régime meijien et ses prédécesseurs entérinent en effet l'idée que la puissance japonaise doit passer par l'adoption de l'un des éléments de la puissance européenne, et que l'Europe a inventé. Mettant de côté l'exemple américain, essentiellement réservé à l'exploitation agricole de Hokkaidô, les dirigeants japonais regardent vers le modèle colonial britannique et français.

Comme on l'a souvent pensé, et selon Yanaihara Tadao (1893-1961), un anthropologue qui soutient d'abord l'étude scientifique et objective des colonies japonaises puis qui critique le régime à partir de l'incident de Mandchourie (1931), la colonisation japonaise semble s'apparenter au système français[102]. On trouve en effet un empire colonial situé de part et d'autre d'une même mer (l'Algérie pour la France, Taïwan et la Corée pour le Japon), un État particulièrement dirigiste et jacobin, un territoire conçu comme un tout, administré en départements et sans barrières douanières, une assimilation imposée par l'instruction publique, l'apprentissage obligatoire de la langue métropolitaine et la conscription. En revanche, le système britannique repose sur une certaine autonomie indigène, politiquement et culturellement.

L'historien japonais Komagome Takeshi a récemment réexaminé ce point de vue[103]. D'après lui, les deux modèles coexistent au sein de l'État japonais et de son administration coloniale. Ainsi, dès les débuts de la présence japonaise à Taïwan, en 1895, Ume Kenjirô (1860-1910), juriste et chef du Bureau législatif, refuse toute différence entre Taïwan et le reste du Japon. Il propose une politique qui entraînerait le suffrage universel et la conscription pour les Taïwanais. Mais, en 1897, le militaire Nogi Maresuke (1849-1912), alors gouverneur-général de Taïwan (1896-1898), s'y oppose. Il refuse l'application de la Constitution japonaise dans l'île. On estime que cette opposition entre les deux hommes et les deux politiques reflète les opinions respectives de deux conseillers du ministère de la Justice japonais, le Français M. J. Revon et le Britannique W. H. H. Kirkwood. C'est

Nogi qui a gain de cause, mais les tensions entre les deux systèmes ne disparaissent pas.

L'« assimilation » (*dôka*) devient de plus en plus forcée avec la « politique d'assujettissement impérial » (*kôminka seisaku*), mais elle ne résout pas pour autant les contradictions puisque les travailleurs et les soldats taïwanais ou coréens considérés comme sujets de l'empereur, soldats ou citoyens japonais, subissent de la discrimination là où ils sont employés. L'idéal assimilationniste du nipponisme puise dans la géohistoire même du Japon, qui a absorbé — volontairement, c'est un point essentiel — des éléments culturels d'origine diverse. Il est donc en capacité d'en faire autant avec les autres pays, et d'abord les voisins. Yasuda Yojûrô, leader de l'École romantique japonaise, expose très bien cet argumentaire en 1938 : « Les nipponistes actuels n'expliquent pas l'essence de la japonité en rejetant tout ce qui est d'origine européenne ou tous les éléments de la culture étrangère. Ils expliquent comment le Japon seul a accepté la culture européenne et américaine, mais qu'il l'a digérée de façon à se rendre capable de conquérir spirituellement l'Occident. Et quelle a été cette conquête spirituelle ? Elle réside évidemment dans le fait que le Japon a résisté à l'invasion de l'Occident, évité la destruction complète de l'Asie et qu'il est maintenant une nation unique formant un empire insulaire préservant les souhaits de l'Asie, son histoire et son sang »[104].

Nishida Kitarô, dont la première œuvre majeure s'intitule *Étude du zen* (*Zen no kenkyû*, 1911), développe aussi cette thématique du splendide isolement japonais. Selon lui, « le Japon est une île isolée dans la mer orientale [...]. Nous pouvons dire que la nation japonaise s'est formée en tant que telle et a acquis son propre caractère national avant [les influences chinoises et indiennes] »[105]. La Chine et l'Inde sont des gloires du passé, « ossifiées », « seuls les Japonais, en Orient, qui ont reçu leur influence culturelle, ont assimilé la culture occidentale et peuvent être considérés comme les créateurs d'une nouvelle culture orientale ; et n'est-ce pas parce que ce même esprit japonais, libre et non enchaîné, "va droit vers les choses" ? »[106]. Dans cette perspective, le Japon devient même le pivot du binôme Orient-Occident.

Pour labelliser son expansion assimilationniste en Asie-Pacifique, le régime japonais propage le slogan *hakkô ichiu* ou *hakkô iu* (« huit angles, un monde »). Cette expression tirée de la mythologie du *Kojiki* peut être traduite par « le monde comme une seule famille » ou encore « harmonie universelle ». En 1942, Nishida Kitarô l'interprète ainsi : « Chaque pays vit sa propre vie historique unique et simultanément rejoint un monde global uni *via* sa mission historique mondiale. C'est le principe ultime du développement historique, c'est celui du Nouvel Ordre mondial (*Sekai shin-chitsujo*) qui doit être cherché dans l'actuelle guerre mondiale. Il semble que le principe de notre pays, "huit angles, un monde", exprime cette idée. Je crois humblement que cette conception est également exprimée par la déclaration impériale proclamant que toutes les nations doivent comprendre ce principe »[107]. Elles doivent le comprendre, mais sont-elles libres de le faire, et le font-elles ?

La notion d'Asie orientale ou d'« unité asiatique » véhiculée par le régime japonais permet d'occulter le fait que le Japon est un colonisateur, brutal, de cette même Asie, et que c'est lui-même qui se proclame leader asiatique au nom de sa mission historique. Pour Nishida Kitarô, « jusqu'à maintenant, les peuples d'Asie orientale ont été opprimés par l'impérialisme européen et considérés comme des colonies. Nous avons été volés de notre mission historique mondiale. C'est le moment pour les peuples d'Asie orientale de réaliser notre propre mission historique mondiale. [...] Nous, peuples d'Asie orientale, nous devons affirmer ensemble notre principe de culture asiatique orientale et assumer notre posture historique mondiale. Mais, pour construire ce monde particulier, une figure centrale qui porte le poids du projet est nécessaire. En Asie orientale, actuellement, il n'y en a pas d'autre que le Japon »[108].

Pour Nishida, « le *kokutai* japonais n'est pas un simple totalitarisme. La Maison impériale est le début et la fin du monde, l'absolu présent qui embrasse le passé et le futur. La quintessence de la lignée ininterrompue du *kokutai* consiste dans l'achèvement du monde historique lui-même avec la Maison impériale comme centre »[109]. Autrement dit, quelque cinquante ans avant Francis Fukuyama, Nishida proclame la fin de l'histoire, au nom du Japon, et reconstruit la métagéographie mondiale en replaçant celui-ci au centre du monde, *via* l'empereur japonais. On saisit ainsi pourquoi Tosaka Jun (1900-1945), disciple dissident et marxisant de Nishida, arrêté en 1938 et mort en prison, qualifie la philosophie de son ex-maître de « transhistorique, formaliste, romantique et phénoménologique »[110].

Rédacteur de la « charte du *kokutai* » (*Kokutai no hongi*, 1931), qui représente le dogme officiel du régime impérial, dans l'éducation nationale notamment, Watsuji Tetsurô, autre philosophe réputé, navigue entre la subjectivité et l'objectivité pour expliquer et légitimer l'unicité du Japon[111]. Dans *Milieux* (*Fûdo*, 1935), il distingue trois types de milieu dans le monde, ceux de la mousson, du désert et de la prairie, qui déterminent les cultures et les comportements. Plaçant d'abord le Japon dans le milieu de la mousson aux côtés de l'Inde et de la Chine, il l'en extirpe finalement, pour le classer dans une catégorie unique, partageant des ressemblances avec les milieux de la mousson et de la prairie, combinant ainsi les avantages des civilisations orientale et occidentale.

Tanabe Hajime (1885-1962), autre membre de l'École de Kyôto, philosophe qui a étudié en Europe sous la direction de Husserl, et qui s'est intéressé à Kant, Hegel, Marx et Nishida, tente de légitimer le nipponisme, notamment dans sa *Logique des espèces* (*Shu no ronri*, 1938), quand il postule que la nationalité japonaise dépasse les différences ethniques et raciales. Selon lui, l'identité ethnique et raciale arrive dans l'être seulement grâce à un mouvement qui la transcende dans la communauté nationale, sur la base de valeurs universelles, mouvement qui passe par la médiation subjective[112]. Tanabe achoppe cependant, comme tant d'autres nipponistes ou asiatistes, quand il s'agit de définir la nature de cette universalité.

Collant de plus en plus avec la politique du régime à partir de la fin des années 1930, le nipponisme fait pratiquement figure d'idéologie dominante au cours des années 1940, réduisant ou phagocytant les autres tropismes, même l'asiatisme. Ôkawa Shûmei, que l'on a vu très proche des panasiatistes, met finalement l'accent sur la spécificité et, partant, la supériorité du Japon par rapport au reste du monde et de l'Asie[113]. Il incarne cette tendance qui, à partir des années 1930, fait basculer l'asiatisme du côté du nipponisme, le mot d'ordre de « retour vers l'Asie » (*Ajia kaiki*) se transformant en « retour vers le Japon » (*Nihon kaiki*). Shaku Sôen (1859-1919) en est un autre exemple, encore plus précoce[114]. Moine bouddhiste zen, essayiste et conférencier, sa présentation du bouddhisme est d'abord œcuménique, comme le montre son discours au Parlement de 1893, où il insiste sur son caractère de « religion universelle » en harmonie avec les autres fois, ainsi qu'avec la science et la philosophie. Mais le ton change rapidement, et le titre de la série de conférences qu'il donne en Corée et en Mandchourie parle de lui-même, traduisant son accentuation nipponiste : « L'esprit de la race du Yamato ».

La consécration du nipponisme à travers la figure de l'empereur est patente dans la dénomination même de celui-ci sur la scène internationale. Quand les empereurs Meiji et Taishô ratifient la déclaration de guerre, respectivement, contre la Chine en 1894 et contre la Russie en 1904, ils signent du nom de *kôtei*, ce terme qui désigne de façon générique les empereurs en Chine, en Corée ou même ailleurs. Il s'agit alors pour les dirigeants japonais de se conformer à un ordre international reposant sur des normes communes et compréhensibles. En revanche, lorsque Hiro Hito, l'empereur Shôwa, signe la déclaration de guerre contre les États-Unis d'Amérique en 1941, il utilise le nom de *tennô*, propre au Japon et réduit à celui-ci[115]. C'est une façon de se déclarer hors du monde — non seulement occidental, mais aussi sinisé ou asiatique — et de s'affirmer comme un monde en soi.

Le fait que, contrairement au panslavisme ou au pangermanisme, le panasiatisme ait été officiellement adopté par l'État japonais à la fois comme idéologie et comme stratégie politique explique pourquoi il aboutit au nipponisme. Le Japon est ainsi promu comme leader incontesté et supérieur de l'asiatisme en question, culturellement, politiquement et économiquement, outre militairement. Pour Sven Saaler,

« ce dilemme est inhérent à la pensée panasiatique et a survécu jusqu'à nos jours au Japon sous la forme des débats concernant l'interprétation de l'histoire japonaise moderne »[116]. L'assimilation de la « guerre de la Grande Asie orientale » (*Daitôa sensô*) à une « guerre de libération de l'Asie » (*Ajia kaihô sensô*) ne se trouve pas seulement dans les ouvrages de l'immédiat après-guerre, comme ceux de Hayashi Fusao, mais aussi dans les ouvrages « révisionnistes » qui apparaissent au cours des années 1990 au Japon, avec, notamment, la « Société pour la création de manuels d'une nouvelle histoire » (*Atarashii rekishi kyôkasho wo tsukuru-kai*)[117]. Cette vision de l'histoire est partielle : l'Asie fut certes la proie de l'impérialisme occidental, mais elle est devenue celle de l'impérialisme japonais, qui a transformé les pays voisins du Japon en champs de bataille particulièrement sanglants.

LE COURANT NÉONIPPONISTE

Le système impérial japonais apparaissant comme l'essence nationale du Japon, les dirigeants japonais défaits par l'armée américaine font tout pour le sauver. Et ils y parviennent. On comprend pourquoi les milieux nationalistes japonais vénèrent tant le général MacArthur qui, alors qu'il devrait incarner la figure de l'horrible vainqueur yankee, est considéré comme un demi-dieu pour avoir opéré ce sauvetage.

Le maintien du système impérial, et, qui plus est, du même empereur qui n'abdique pas, permet d'écarter les violences coloniales et guerrières du Japon comme des accidents ou des parenthèses d'une histoire qui serait par essence d'une autre nature. Le caractère moderne de l'empereur japonais est ainsi présenté comme hérité de Meiji. L'après-guerre permet un retour au nationalisme prospère et virginal de la Restauration, de considérer le bellicisme de la guerre sino-japonaise, de la guerre russo-japonaise, de la guerre de Quinze Ans et de la guerre du Pacifique comme des aberrations inessentielles. Le Japon peut « surmonter la "déviation temporaire" [*ichijiteki na itsudatsu* selon la formulation de Kang Sang-jung] ou l'aberration de la violence militariste (l'histoire) et retourner à son véritable parcours d'une modernisation progressive (l'essence) »[118]. Il retrouve son territoire des débuts de Meiji, Okinawa et Hokkaidô compris, mais sans les Kouriles du Sud ravies par l'Union soviétique (puis la Russie). Il reprend son identité archipélagique.

Le seul aspect positif de cette insularité, comme par défaut, est qu'elle aurait protégé le Japon de l'étranger. La bataille d'Okinawa avec le débarquement des troupes américaines est mise de côté, la défaite est provoquée par les deux bombardements atomiques, l'archipel reste en quelque sorte militairement inviolé par le combat. L'holocauste de Hiroshima et de Nagasaki, en ouvrant une nouvelle page de l'histoire mondiale, permet de refermer les pages de l'histoire impérialiste et coloniale japonaise. L'insularité japonaise semble décidément déterminante.

Même l'anthropologue Ishida Eiichirô (1903-1968), qui, pourtant, n'hésite pas à remettre en cause les postulats chauvins sur l'endogénie de la civilisation japonaise en participant, dans l'après-guerre, aux travaux sur la « théorie du peuple équestre » (*kibaminzoku-ron*), insiste, à la même époque, sur le rôle de l'insularité dans la particularisation de la culture japonaise. Il évoque avec force la « réalité géographique du détroit de Tsushima », en soulignant que, si beaucoup de « choses » sont passées du continent au Japon *via* la Corée, il y en a autant, sinon plus, qui « se sont diffusées jusqu'à la pointe méridionale de la péninsule coréenne mais qui n'ont jamais traversé le détroit pour aller au Japon »[119]. Ishida Eiichirô considère donc que l'une des deux caractéristiques propres à « l'idiosyncrasie de la culture japonaise » réside dans la « non-interruption d'une tradition limitée aux îles japonaises pendant plus d'un millénaire ».

L'anthropologue Umesao Tadao va plus loin en affirmant que « l'équivalent occidental du détroit de Corée — la barrière défensive du Japon — était la frontière qui sépare aujourd'hui l'Europe de l'Ouest de celle de l'Est », en l'occurrence le « rideau de fer » lorsqu'il écrit ce propos[120]. On voit la force de l'argument : la nouvelle frontière du Japon, reconnue par le traité de San Francisco (1952), à la fois explique le passé et articule le présent puisqu'il s'agit d'empêcher que le communisme chinois, soviétique ou nord-coréen, tout proche, ne franchisse le détroit de Corée. C'est aussi une façon toute géopolitique d'entériner la bipartition du monde en deux blocs.

Un historien de l'art comme Masuda Yoshio reprend dans une optique complètement autocentrée l'argumentaire du *shimaguni-ron* de l'avant-guerre : « Les Japonais, comme groupe ethnique homogène, ont gardé une culture homogène depuis les temps préhistoriques. » Bien sûr, ils ont « importé » des traits de civilisation de l'extérieur, mais « cela n'est arrivé de façon massive que par intermittence, laissant au Japon sa propre autonomie et sa propre liberté d'être sélectif, sans subir les expériences douloureuses de la conquête, de l'invasion et de la violence ». L'apport extérieur semble dépasser les Japonais dans un premier temps mais,

« de la même manière que la marée reflue », ceux-ci sont capables de le digérer et de le japoniser[121].

Cette vision d'une digestion spécifique et pacifique fait bon marché de tous les soubresauts de l'histoire japonaise, y compris ses tendances impérialistes alors récentes, ce qui est aussi un moyen pour les néonipponistes de les occulter. Elle s'accompagne d'une dé-asiatisation du Japon, qui l'éloigne de son passé colonial, et d'une certaine mise à distance de l'Amérique, alliée, certes, mais encombrante. Ainsi, pour l'anthropologue Umesao Tadao, « définir le Japon comme un pays d'Orient est tout à fait insuffisant », et sa typologie en mondes chinois, indien et japonais permet de répudier l'Orient ainsi que l'Asie[122].

L'approche culturaliste et insulariste est reprise par le psychanalyste Doi Takeo (1920-2009) qui, dans sa célèbre *Structure de l'amae* (*Amae no kôzô*), veut montrer que la brusque explosion sociale du sentiment d'*amae* (dépendance-indulgence) dans la société japonaise contemporaine n'est pas seulement provoquée par le choc de la défaite de 1945, mais qu'elle repose aussi et surtout sur un long substrat socioculturel infantile issu de l'isolement insulaire[123]. Doi Takeo rebondit sur cet argument à propos des apports étrangers, en concluant, une fois encore, à la spécificité culturelle du Japon. Dans son ouvrage, il ne reviendra plus sur cette explication mais son propos sur *l'amae*, qui rencontre un succès considérable, ne s'en arc-boute pas moins sur le constat historico-géographique de l'insularité, laquelle n'est jamais discutée dans son livre.

Le cas d'Okinawa révèle toutefois la complexité et la fragilité de ce retour au territoire archipélagique meijien. Le département d'Okinawa est occupé par les États-Unis de 1945 à 1972, même après la signature du traité de San Francisco. L'absence d'Okinawa pendant la Haute Croissance et l'invisibilité de sa minorité immigrée dans la métropole renforcent l'idée d'un Japon mono-ethnique, tandis que les Ainu semblent être irrémédiablement en régression démographique, ethnique et sociale. Inversement, la rétrocession d'Okinawa au Japon en 1972 pose un double problème : au Japon central qui redécouvre un Autre soi-même, et aux nationalistes ryûkyûans dont l'attitude vis-à-vis du Japon oscille entre plusieurs postures. Ils rejettent l'occupant américain, ainsi que son impérialisme, alors en guerre au Viêt-nam bombardé par les B-52 qui décollent d'Okinawa. Pour autant, doivent-ils aspirer à la réintégration d'Okinawa au sein d'un Japon considéré comme leur précédent colonisateur ? Le débouché logique de ce questionnement serait la revendication d'une indépendance totale pour les Ryûkyû, mais cette idée n'est soutenue que par une minorité de la population locale. Elle n'est, en outre, assurément pas recevable par le Japon, la Chine ou les États-Unis.

Une autre issue consiste à réfléchir à nouveau sur l'identité du Japon comme des Ryûkyû en les sortant du territoire politique et en les replaçant dans leur espace géographique socioculturel. C'est ce qu'essaie de faire l'écrivain Shimao Toshio (1917-1986) avec son concept de *Yaponeshia* (Japonésie), exprimé dès 1961 et repris par le groupe politico-littéraire du Ryûkyûkô (Arc des Ryûkyû)[124]. Cette approche, qui induit une dé-nationalisation du Japon, voire son a-nationalisation, ne peut que susciter des réactions, à des niveaux divers et auprès de différents courants. Elle apparaît comme incompréhensible aux citoyens de la Haute Croissance d'un Japon replié sur lui-même, présenté comme un État-nation unique et homogène, habitant une mégalopole pendant longtemps exclue de tout vrai contact social et physique avec l'étranger, à part le cas particulier des résidents coréens restés après la guerre.

Elle constitue aussi une provocation pour les différents nationalistes, que ce soient les impériaux du Japon central ou les indépendantistes ryûkyûans. Pour les premiers, elle remet radicalement en cause l'habitus nationaliste. Pour les seconds, malgré cette déconstruction, elle reste dans une perspective nippo-centrée. C'est bien, en effet, la démarche de Shimao Toshio : « Il n'y a pas d'autre moyen que de découvrir la diversité du Japon qui existe à l'intérieur du Japon, même si l'on semble s'échapper d'un Japon duquel on ne peut s'échapper. Cette diversité du Japon, qui relève peut-être d'une pensée partiale, on la trouve dans un Japon qui diffère de son image habituelle, autrement dit dans l'expression de Yaponeshia »[125].

Le courant néonipponiste prolonge d'abord de façon indirecte le nipponisme antérieur à 1945, en insistant sur l'homogénéité nationale considérée comme étant l'un des facteurs explicatifs du putatif « miracle économique japonais ». Puis, de plus en plus directement, il affirme que l'homogénéité nationale se combine avec une homogénéité ethnique. Avec l'abandon des colonies, le rapatriement des colons japonais, la rétraction du territoire japonais et l'expansionnisme militaire remplacé par la guerre commerciale, il n'y a de toute façon pas de place, à partir de 1945, pour un argumentaire multiethnique au Japon. Le discours sur l'homogénéité ethno-nationale occupe naturellement le devant de la scène idéologique, concurrencé cependant par les nouvelles tendances cosmopolites comme le pacifisme.

En 1948, le médecin anthropologue Hasebe Kotondo (1882-1969), jusque-là connu pour ses positions racialistes, publie un article important où il démontre que les ossements archéologiques de l'homme d'Akashi prouvent que les Japonais ne constituent pas une ethnie mixte. Il reprend en fait ses arguments d'avant-guerre, qui étaient minoritaires puisque la tendance officielle de l'anthropologie prônait la mixité ethnique sur fond d'expansionnisme japonais en Asie orientale. Le fait que les ossements originaux aient disparu dans les bombardements lui facilite la tâche... D'autres anthropologues comme Kiyono Kenji (1885-1955) renchérissent sur la démonstration de Hasebe, ou l'actualisent. Hasebe loue les vertus des peuplades Jômon considérées comme les premiers occupants de l'archipel japonais, position que l'on retrouve chez tous les thuriféraires actuels des racines ancestrales du Japon tels que Umehara Takeshi. Les tenants de l'unicité ethnique d'avant 1945 se retrouvent aussi pour défendre le système impérial, reconverti en symbole du peuple japonais dans le nouveau cadre démocratique[126].

La conception d'une homogénéité ethnique japonaise qui existerait depuis les temps anciens grâce à l'insularité n'est alors pas seulement soutenue par des conservateurs plus ou moins nostalgiques du *kokutai*, d'autant que le maintien de la dynastie impériale ininterrompue, sauvée par l'occupant états-unien pour cause de guerre anticommuniste, en constitue selon eux le symbole idéal. Elle l'est également par des historiens de gauche comme Tôma Seita ou Fujitani Toshio. Ceux-là considèrent que les États colonisateurs ont perdu leur vertu identitaire et pacifique d'État-nation homogène en devenant des États multinationaux, comme cela faillit arriver à l'État japonais impérialiste et multinational.

Mais indéniablement, et ne serait-ce que par le lien effectué avec la monarchie japonaise, la théorie de l'unicité ethnique japonaise puise dans les courants nationalistes. Parmi eux, on peut citer l'écrivain et futur homme politique Ishihara Shintarô, dès 1968, ou encore l'écrivain Mishima Yukio (1925-1970), fin connaisseur de la culture occidentale et héraut d'un nipponisme désireux de renaître après la défaite en plein consumérisme de la Haute Croissance. Le clou est officiellement enfoncé par le Premier ministre lui-même, Nakasone Yasuhiro, qui déclare en 1986 que les Japonais constituent une « ethnie unique » (*tan.itsu minzoku*), issue d'un antique brassage de peuples provenant du nord ou du sud.

Le courant nipponiste se renforce lorsque gagne la psychose de l'encerclement. C'est le cas pendant les années 1930 face à la progression des impérialismes occidentaux en Asie. C'est de nouveau le cas au cours des années 1980 face aux jalousies que le succès économique japonais suscite chez certains Occidentaux, avec notamment le phénomène du *Japan bashing* aux États-Unis. Les réactions japonaises se multiplient depuis face aux thèses américaines dites « révisionnistes » qui, dans la guerre économique, réclament un traitement de choc, et spécifique, vis-à-vis du Japon. Certains commentateurs japonais accusent leurs homologues américains de « dénigrement systématique », de « nippophobie », voire de « racisme » vis-à-vis des Japonais. Le titre du livre co-écrit en 1990 par Morita Akio, P.-D.G. de Sony, et par Ishihara Shintarô, écrivain et ancien ministre du Parti libéral-démocrate, est révélateur : *Le Japon qui peut dire non* (*No to ieru Nihon*). Il devient d'ailleurs un best-seller. Et il a plusieurs suites, tandis que la formule fera des émules du côté de Taïwan et de la Chine populaire...

Le nipponisme est très largement véhiculé par les « japonologies » (*Nihonjinron*), ces essais qui cultivent l'unicité japonaise sous tous les angles possibles, souvent dans une caricature du Nous et du Eux (le monde entier, sans distinction). Extrapolant plus ou moins scientifiquement les liens de causalité, elles recherchent en amont, dans l'histoire et la géographie anciennes, l'explication suprême, unique et originelle de ce qui est présenté comme la spécificité japonaise.

De nombreuses *Nihonjinron* ont cependant participé à l'intercommunication culturelle « internationalisée », à partir d'une comparaison entre la socioculture du Japon et celles des pays étrangers. Mais, contrairement au processus habituel qui consiste à construire une identité ethno-nationale en insistant sur les différences de l'Autre afin de renforcer les points communs du Nous, elles accentuent les particularismes du Japon par rapport aux caractères universalistes des autres, d'où la globalisation d'un Occident homogène allant de Los Angeles à Berlin en passant par New York, Londres ou Paris. La conséquence pernicieuse est de considérer à rebours que ces autres ne peuvent pas comprendre le Japon parce qu'ils ont une grille de lecture différente des Japonais, qu'ils n'en ont pas les clefs.

L'un des précurseurs de ces *Nihonjinron* à l'étranger, et redoutablement efficace, n'est autre que le philosophe D. T. Suzuki (1870-1966). Au cours des années 1950 et 1960, il multiplie les tournées de conférences dans différents pays et les traductions d'ouvrages pour promouvoir la philosophie zen. Bien qu'il s'efforce de montrer l'origine chinoise de celle-ci et sa portée universelle, il aboutit systématiquement à la même conclusion nipponiste que l'on peut trouver dans ces phrases écrites en… 1944 : « Le bouddhisme n'est pas primitivement une religion importée. Je sens que ni le zen ni la "Terre pure" n'ont une nature étrangère. Bien sûr, le bouddhisme vient du continent [...], mais ce qui est entré, ce sont les rituels et ses pièges. [...] Le zen caractérise la spiritualité japonaise. Cela ne signifie pas que le zen a des racines profondes dans la vie du peuple japonais, ni que la vie japonaise est elle-même zen. L'importation du zen fournit l'opportunité à la spiritualité de brûler, car les constituants à brûler sont déjà là »[127]. Autrement dit, le zen est japonais parce qu'il est déjà présent dans la culture japonaise avant son arrivée, et avant l'arrivée même du bouddhisme... Ce qui est remarquable, c'est que le propos de D. T. Suzuki, ami proche de Nishida Kitarô, n'a pas changé sur le fond philosophique après 1945. Il continue à cultiver la spécificité, l'originalité et l'irréductibilité de « l'esprit japonais » au cœur de l'Orient. Tel un *judôka* qui retourne un adversaire, sa rhétorique bouddhiste est désormais entendue comme un message de paix et de fraternité universelle alors qu'elle forgeait l'enthousiasme guerrier des Japonais avant 1945.

Présentant une analyse plus sophistiquée que la vulgate des *Nihonjinron*, plusieurs essayistes et écrivains japonais replongent au cours des années 1990 dans le patrimoine idéologique d'avant 1945[128]. Face aux drames sociaux, certains en appellent à la restauration de « l'autorité nationale ». Dans *La Patrie Japon* (*Nippon no kakyo*, 1993), Fukuda Kazuya, qui se réclame de l'École romantique japonaise d'avant 1945, pose un dilemme : soit le Japon maintient son « réalisme » et ses « autorestrictions », soit il fait face à son essence, le « vide qu'est le Japon » *(« Nihon » no kumu)*. Avec son *Traité d'après la défaite* (*Haisengo-ron*, 1995), Katô Norihiro tente de se placer entre les essentialistes et les antiessentialistes à propos du nationalisme. Tout en prenant ses distances avec ceux qui veulent abolir le pacifisme de la

Constitution, il critique les conceptions libérales et post-structuralistes du sujet abstrait, en prônant l'affirmation collective enracinée dans le territoire national et local.

Le néonationalisme, aux contours souvent flous de l'affirmation culturelle, est véhiculé par les secteurs droitiers du Jimintô (Parti libéral-démocrate), tels que le Premier ministre Nakasone Yasuhiro (*1982-1986*), ou par les historiens « révisionnistes » qui réinterprètent l'impérialisme japonais et la guerre. Il passe par une réhabilitation du système impérial. La percée politique de plusieurs personnages comme Koizumi Jun.ichirô, Premier ministre de 2001 à 2006, très droitier malgré son apparence non-conformiste, corroborent cette tendance. Il est encore trop tôt pour dire si l'arrivée du Parti démocrate à la tête du gouvernement japonais à la place du Parti libéral-démocrate en septembre 2009 représente un véritable tournant sur la question du nationalisme. Du moins les visites officielles des Premiers ministres japonais au sanctuaire Yasukuni ont-elles cessé.

LE COURANT COSMOPOLITE AVANT 1945

Le courant cosmopolite est le plus difficile des quatre tropismes à définir pour le Japon. C'est aussi le moins puissant. Il n'est pas strictement assimilable à l'internationalisme, qui, quelque part, postule un nationalisme et plusieurs nationalismes. Il en constitue même le dépassement, que cet internationalisme soit socialiste ou asiatiste, afin de considérer le Japon comme étant une partie intégrante du monde dans une logique transnationale, sans que son originalité l'absolutise ou le mette à l'écart. Ce monde est lui-même considéré comme divers, il n'est pas réduit à l'une des oppositions binaires du type Nous-Eux, Japon-Occident, Japon-Asie, Orient-Occident. Il prend en compte l'ensemble des civilisations, notamment celles de l'Afrique, de l'Océanie ou du Proche-Orient. Le cosmopolitisme suppose aussi que le Japon est capable de proposer librement aux autres pays un exemple, sinon un modèle, de société collectivement organisée, dynamique, solidaire, harmonieuse et pacifique. Il est, dans ce cas, à prendre dans son acception étymologique — c'est-à-dire comme mouvement des « habitants du monde », ou, de nos jours, des « citoyens du monde » — sans qu'il y ait nécessairement référencement ou adhésion à ceux qui s'en revendiquent dans d'autres pays.

La vision cosmopolite met en avant la richesse humaine et biogéographique de l'archipel japonais, la combinaison diverse de ses situations, ses racines multiethniques, ses origines multiculturelles, ses couches de religiosité, sa capacité de digérer des cultures variées, son ouverture. Dans un article intitulé « Un complexe insulaire qui a transcendé les frontières nationales » (*Kokkyô wo chôetsu shita shimaguni konjô,* 1921), le marxiste libertaire Yamakawa Hitoshi (1880-1958) souligne « ce cosmopolitisme des Japonais qui ignorent le concept de frontières nationales grâce à l'insularité, atout qui peut mener à une véritable paix entre les peuples »[129].

Certains des arguments cosmopolites se retrouvent dans les autres courants, ce qui rend les interprétations délicates ou crée des confusions. Il importe donc de bien préciser le contexte et de faire la part entre la phraséologie et la sincérité. Ainsi, l'appel de Rôyama Masamichi en 1939 pour un Japon offrant « une idéologie domestique qui est aussi une idéologie universelle » montre sa véritable portée en prenant comme modèle le rapprochement, sous la forme supposée et imitable d'un « bloc est-européen », entre l'Allemagne nazie et l'Union soviétique à la suite du pacte germano-soviétique[130].

De même, le philosophe Koyama Iwao (1905-1993), disciple de Nishida Kitarô et membre comme celui-ci de l'École de Kyôto, cherche à légitimer philosophiquement la politique ultranationaliste, tout en se démarquant des excès militaristes et en s'efforçant de souligner la dimension « spirituelle » de la mission mondiale du Japon. Dans *Philosophie de l'histoire mondiale* (*Sekaishi no tetsugaku*, 1942), il explique que la période à venir amènera un glissement du monde de l'Occident vers l'Orient, plaçant de fait le Japon dans un rôle clef[131].

Selon lui, la finalité de l'histoire n'est pas un projet universaliste de type occidentalo-hégélien comme la globalisation du libéralisme occidental, prétendument universel mais en fait impérialiste. Elle est bien plutôt la mondialisation de la seule civilisation concrètement universelle, le Japon, qui aurait réussi à assimiler effectivement toutes les autres cultures. En outre, parce que la nipponisation de la planète préserve la hiérarchie des nations, elle peut maintenir la particularité de chaque peuple, à son niveau, plutôt que d'aplanir les diversités.

Les réflexions de Nishida Kitarô au cours des années 1940 recèlent, elles aussi, une dimension universelle à première vue. Ainsi écrit-il que l'Occident et l'Orient « doivent se compléter l'un et l'autre et [...] réaliser la complétude de l'humanité. C'est la tâche de la culture japonaise que de trouver ce principe »[132]. Critiquant l'Occident pour son principe d'autodétermination nationale considérée comme « non dialectique » et comme attribuant à « chaque nation la mission historique de se renforcer par la subjugation des autres », il prône un « globalisme formatif » qui doit permettre à chaque nation de se transcender : « Chaque nation se développe elle-même, elle doit donc se nier elle-même et parvenir au-delà d'elle-même pour participer à la construction d'un monde global »[133]. Le problème, et il n'est pas mince, c'est que les intentions généreuses de Nishida se heurtent à la manière concrète dont l'impérialisme japonais impose sa culture en Asie, de la même façon que les intentions généreuses de l'Occident promettaient d'apporter progrès, paix et prospérité aux peuples qu'il colonisait. Malgré ce qu'en pensent les défenseurs contemporains de l'universalisme nishidien, celui-ci revient à soutenir un nipponisme agressif et chauvin. En fait, la notion de « mission historique » et son attribution à une ou plusieurs « nations » verrouillent le système de pensée dans un cadre à la fois téléologique et déterministe. À chaque fois, on bute sur une conception essentialiste et fixiste de la nation qui rend délicate toute conception sincère du cosmopolitisme.

Le philosophe Kuki Shûzô (1888-1941) se confronte lui aussi à la question de la nation et du cosmopolitisme. Dans un essai sur *Le Caractère japonais* (*Nihon no seisaku*, 1937), il évoque le « nipponisme » (*nihonshugi*) dans son rapport au « cosmopolitisme » (*sekaishugi*) et à l'« internationalisme » (*kokusaishugi*). Estimant que le caractère japonais et la culture ne peuvent être définis qu'en relation avec les autres, il précise que le point principal est « de ne pas faire dogmatiquement des valeurs de notre propre culture le standard, mais de reconnaître la force unique des autres cultures et de respecter leur droit légitime et leur aspiration à la coexistence de tous les êtres humains. En ce sens, le cosmopolitisme est un internationalisme »[134]. Mais une fois atteint ce stade de raisonnement, il fait demi-tour : « La culture de chaque pays est une unité respectant le monde comme un tout. [...] L'unité culturelle est déterminée historiquement et géographiquement, de façon telle que la culture mondiale est quelque chose donné dans l'intégration des unités culturelles. La culture mondiale est donc comme un tout qui avancerait à travers l'exercice de l'unicité de chaque pays. » Kuki revient au raisonnement nipponiste sur les fondamentaux déterministes de la socioculture japonaise car il est incapable de renverser l'équation typiquement nipponiste selon laquelle culture égale nation, et inversement. Les dirigeants du Japon qui utilisent la pensée de Kuki pendant la guerre de Quinze Ans ne se trompent pas sur sa portée ultranationaliste.

Les arguments en faveur du cosmopolitisme sont déclinés à plusieurs échelles en dehors d'un réductionnisme chauvin. Les personnes qu'on peut y rattacher au Japon ont généralement vécu des situations transnationales concrètes — voyages, naissance ou vie à l'étranger, fréquentation d'autres cultures ou d'autres groupes sociaux. Cette fréquentation s'exerce aussi à l'intérieur du Japon, en se confrontant à des problématiques *a priori* japonaises mais qui ont des correspondances dans d'autres pays. Parmi ces situations intra-japonaises, on peut citer le cas des parias *burakumin*, l'existence d'immigrés de plusieurs générations comme les Coréens, la présence des aborigènes Ainu, la question d'une civilisation des Ryûkyû, les échanges culturels (littérature, musique, cinéma, danse), ainsi que, sur un autre registre, les processus de métropolisation et de mégalopolisation qui posent des défis que l'on retrouve ailleurs...

Le courant cosmopolite, transnational ou mondialiste, est le moins développé car il débouche sur des conceptions qui révolutionnent radicalement l'ordre existant. La sensibilité transnationale est très forte chez les socialistes radicaux, surtout avant 1945, ainsi que chez certains intellectuels, à des degrés divers, notamment ceux qui ont parcouru le monde et résolu leur problème identitaire. Certains d'entre eux ne forment pas un groupe homogène, et leur parcours diffère beaucoup[135]. Et peut-on leur adjoindre les intellectuels libéraux mondialistes ?

Fondamentalement, la question de la guerre — de l'impérialisme, en fait — articule le cosmopolitisme au Japon. Dès la fin de Meiji, de nombreux Japonais s'opposent rapidement à la dérive ultranationaliste du pays et à l'expansionnisme. Parmi les premiers, Kôtoku Shûsui, socialiste puis anarchiste, publie en 1901, un an avant l'ouvrage de Hobson et quinze ans avant celui de Lénine, un livre visionnaire intitulé *L'Impérialisme, le spectre du XX*^e^ *siècle* (*Nijû seiki no kaibutsu teikoku shugi*)[136]. Kôtoku anticipe en effet les dérives du militarisme nippon, la guerre contre la Russie, l'annexion de Taïwan et de la Corée. Il dénonce « ce microbe patriotique [qui] contamine tout autant le gouvernement que l'opposition, la peste impérialiste [qui] se propage à travers le monde entier et s'apprête à détruire la civilisation du XXe siècle »[137]. Si elle contribue à populariser son auteur parmi les pionniers du socialisme, sa charge contre les nationalistes meijiens et les bellicistes du monde entier est telle que l'ouvrage est interdit par la censure japonaise jusqu'en… 1952 !

La question de l'internationalisme qui se pose aux socialistes du Japon, est exemplaire de la démarche moderniste accomplie par le peuple japonais[138]. Elle renvoie, en tant que théorie et mouvement, à la problématique qui s'instaure de façon cruciale à partir de Meiji : celle du rapport à l'étranger et singulièrement à l'Occident, à la modernité et à l'innovation, en l'occurrence à un idéal, celui du socialisme. Cet idéal est-il alors totalement endogène ou déjà beaucoup exogène, quelles sont les interactions entre les apports extérieurs et le cheminement intérieur ?

Les militants pionniers du socialisme au Japon se révèlent en réalité fidèles aux idéaux de leur jeunesse, incarnés par le J.M.U. et, plus globalement, par toutes les aspirations que soulève l'appel d'air meijien. Ils s'inscrivent dans l'histoire sociale de l'archipel. Le christianisme, d'origine occidentale, n'a ainsi pas joué le rôle qu'on a bien voulu lui prêter dans l'élaboration du socialisme au Japon. Certes quelques pionniers ont été chrétiens, souvent sous l'influence des protestants américains, des unitariens en particulier, mais ils ne sont pas les plus nombreux. Beaucoup de ceux qui ont fréquenté le christianisme s'en sont très rapidement détachés. D'ailleurs, ni Kôtoku Shûsui, ni Sakai Toshihiko (1871-1933), les deux grandes figures initiales du socialisme au Japon, n'ont été chrétiens. Kôtoku se montre particulièrement intraitable vis-à-vis du christianisme, comme l'indique son dernier livre intitulé *De la suppression du Christ* (*Kirisuto massatsu-ron*, 1910).

Uchimura Kanzô exprime d'abord des penchants nationalistes, comme son collègue géographe de l'époque Shiga Shigetaka, puis, sous l'impact de sa foi protestante, il devient pacifiste au moment de la guerre russo-japonaise. Mais il ne participe pas au mouvement socialiste. En fait, le bouddhisme et, surtout, le confucianisme, dans toutes ses nuances, constituent une matrice plus importante que le christianisme, se situant davantage au niveau de la philosophie globale que du dogme. Le caractère non transcendental du confucianisme, en particulier, se révèle déterminant dans le cheminement conceptuel. Car il n'y a pas de Dieu autoritaire dont la mort serait à proclamer.

Il existe également une continuité, revendiquée par les pionniers japonais du socialisme, entre les luttes populaires qui précèdent la Restauration, comme la révolte de Ôshio Heihachirô (1793-1837) à Ôsaka en 1837, et les mouvements plus ou moins socialisants de Meiji, comme la Commune de Chichibu (1884). Le socialisme japonais prend ses distances très tôt avec le nationalisme, même s'il s'en rapprochera pour certaines de ses tendances au cours des années 1930. Comme le souligne Christine Lévy, les premiers intellectuels du socialisme japonais « ne sont pas passés simplement d'une pensée traditionnelle à l'adoption d'une pensée occidentale moderne, mais ont cherché les outils nécessaires à une réflexion permanente sur les changements aussi bien de leur propre société que de la situation internationale. Dans ce processus de réflexion, ils étaient à la recherche de nouveaux moyens d'analyse, et l'attachement à leurs idéaux, à certaines valeurs fondamentales, loin de limiter leur horizon, les a rendus plus perspicaces. L'antagonisme ne passait pas entre leurs valeurs traditionnelles et les idées modernes »[139].

Le socialisme s'élabore donc très tôt au Japon dans un rapport global et non exclusif à la Chine et à la Corée autant qu'à l'Occident. Comme on l'a vu, le premier parti explicitement socialiste s'intitule symptomatiquement Parti socialiste d'Orient (*Tôyô shakaitô*, 1882), et envisage l'unité des peuples asiatiques. Il est d'ailleurs créé à Kyûshû, dans la péninsule de Shimabara, région célèbre pour sa tradition de révolte et de contact avec l'outre-mer. Tout aussi tôt, la question de l'émigration (des Japonais vers l'étranger) et de l'immigration (des Asiatiques au Japon) est ressentie comme un thème fondamental pour les socialistes, en tant que solidarité entre travailleurs immigrés de tous pays.

Après la répression du Parti socialiste d'Orient, aussitôt interdit, et suite à l'essor autonome d'un syndicalisme revendicatif, le socialisme japonais se retrouve confronté à la question de la guerre et de l'impérialisme : guerres sino-japonaise (1895) et russo-japonaise (1904-1905), notamment. La seconde constitue un déclic qui accélère l'essor d'un mouvement socialiste vraiment structuré. Le refus de la guerre, qui débouche largement sur le pacifisme, est donc consubstantiel au socialisme japonais, y compris dans sa connexion avec la question de l'impérialisme : l'expansionnisme proprement dit ainsi que l'empereur qui en est le symbole et le système. Le mouvement ouvrier et paysan japonais prend largement racine dans le pacifisme combiné à une aspiration et à une vision internationalistes du monde. Certains de ses membres sont allés plus loin vers le cosmopolitisme. C'est le cas des espérantistes dont l'activité a été impulsée par l'anarchiste Ôsugi Sakae, et qui ont rencontré un certain succès[140].

La « Fraternité humanitaire asiatique » (*Ashû washinkai*) créée en 1907 à Tôkyô, qui fut l'une des premières organisations à réunir des Asiatiques aspirant à l'émancipation, n'a certes pas duré et son orientation la situe dans les prémices de l'asiatisme, mais elle ne fut pas que cela. D'une part, elle se place à un niveau plus général de dépassement de l'Asie et du nationalisme, au moins sur une base anti-impérialiste[141]. Ce dépassement qui tend vers le cosmopolitisme au-delà de l'internationalisme explique la forte présence de militants qui se situent déjà au sein du courant anarchiste (Liu Shipei, He Zhen, Zhang Ji, Kôtoku Shûsui, Ôsugi Sakae...). D'autre part, malgré sa brève durée, elle a des répercussions dans les esprits. L'anarchiste Liu Shipei, l'un des principaux animateurs de la Fraternité humanitaire asiatique, analyse la situation asiatique dans la perspective d'un cosmopolitisme compris comme « un seul mondialisme » (*datong zhuyi*). Selon lui, l'Asie est l'Asie non seulement à cause de son expérience commune de la double domination occidentale et japonaise, dont il dénonce la « force brute », mais aussi grâce au flux populaire de culture et de personnes à travers les siècles : l'écriture idéographique sinisée, le bouddhisme, l'islam transitant par la Perse et l'Inde, la culture britannique et américaine en Inde ou aux Philippines[142]. Il en résulte un découplage entre la nature des États et la réalité de cette « culture populaire », concept que Liu préfère à celui de « civilisation ».

Comme le remarque Rebecca Karl, « cet agencement de l'Asie qui touche l'appropriation du langage et de la culture à partir de l'expansionnisme asiatique ne pose aucun problème à Liu, qui n'est pas concerné par l'élaboration d'une authenticité ontologique de la culture mais par celle d'une base pour une solidarité politique entre les peuples asiatiques »[143]. Pour Arif Dirlik, l'inscription par Liu Shipei, Zhang Binglin et d'autres, des idéaux traditionnels locaux dans la nouvelle situation mondiale « exprime un nouveau cosmopolitisme qui reformulerait *in fine* ces idéaux dans le langage d'un discours politique global »[144].

Lors de son séjour au Japon, Li Dazhao fera la connaissance de cet asiatisme originel, et il en dénoncera la corruption panasiatiste nippone dans ces termes en 1919 : « Dans le cours général des affaires mondiales, il y a peu de doute que, dans le futur, les États-Unis construiront une Fédération américaine et l'Europe une Fédération européenne. Nous aussi, en Asie, nous devrons construire une organisation similaire. L'ensemble jettera les bases d'une Fédération mondiale. Les Asiatiques doivent se rejoindre pour épouser un "nouvel asiatisme" à la place du "panasiatisme" soutenu par quelques Japonais qui, à partir de l'idée d'Ukita Kazutami [cf. *supra*] de faire une alliance sino-japonaise, ont l'intention de maintenir le statu quo. Notre projet est fondé sur la libération nationale, et revendique un changement social fondamental »[145].

La répression, le ralliement de certains socialistes au régime impérial et le recentrage du communisme mondial sur la défense de l'Union soviétique et du « socialisme dans un seul pays », tous ces facteurs réduisent au Japon l'impact du socialisme sur l'internationalisme au cours des années 1920, 1930 et 1940. L'assimilation idéologique du cosmopolitisme à une valeur occidentale et donc à l'Occident entraîne un double rejet. Ôkawa Shûmei, par exemple, qui flirte avec le socialisme mais qui voit en lui un relent de l'universalisme chrétien occidental, réalise, au cours de ses études sur l'Inde, ce que signifie « la tragédie de l'Inde sous le règne britannique » et, comme il l'écrit dans son autobiographie, cette révélation le transforme « d'un véritable cosmopolite (*sekaijin*) en un asiatiste »[146].

LE COURANT COSMOPOLITE APRÈS 1945

Après 1945, la complexité de la situation en Asie orientale (la guerre chaude : Corée, Viêt-nam…) et, singulièrement, du socialisme asiatique (maoïsme, régime nord-coréen, schisme sino-soviétique, schisme sino-vietnamien, schismes indochinois, Khmers rouges, guérillas marxistes-léninistes complexes en

Thaïlande ou en Birmanie, répression du communisme en Indonésie...), amène une grande fraction de la gauche japonaise à privilégier le Japon, voire à se replier sur lui, dans une totalité nationaliste. Celle-ci est particulièrement perceptible au sein du Parti communiste japonais, ce qui est un paradoxe. L'essor actuel des nouveaux mouvements citoyens (organisations non gouvernementales, préoccupations écologistes et humanitaires, associations locales, systèmes d'échanges locaux, associations pour le maintien d'une agriculture paysanne dites *teikei*...) témoigne cependant du maintien d'une préoccupation qui ne se confine pas à des interrogations identitaires.

Autre paradoxe de la fin du XXe siècle, et pas des moindres, le Premier ministre néolibéral et néonipponiste Nakasone Yasuhiro prône, au cours de la seconde moitié des années 1980, une « internationalisation » (*kokusaika*) du Japon, avec des accents qui ne dépareraient pas le cosmopolitisme. Mais, en réalité, cette *kokusaika* correspond à une volonté d'intégrer la société japonaise dans le nouvel ordre mondial libéral, pour l'adapter tant à l'intérieur de l'archipel (une société qui doit s'ouvrir, accepter les importations, une coopération accrue avec l'hyperpuissance états-unienne, l'augmentation de l'incontournable immigration) qu'à l'extérieur (les cadres du capital expatriés vivant dans les pays étrangers et devant s'y adapter sous peine de baisse de la productivité).

D'ailleurs, cette dimension d'intégration et d'adaptation pragmatique au monde a toujours fait partie du courant libéral japonais, comme en témoigne la position de la majorité des libéraux meijiens très tôt favorables à une politique étrangère agressive et à l'expansionnisme, contrairement aux conservateurs, plutôt nipponistes, hostiles à toute aventure outre-mer qui leur ferait perdre le pré carré japonais (cf. *supra*). De fait, Nakasone et ses conseillers conjuguent ces deux tendances en se calant sur ce qu'on appelle le « nationalisme culturel ». *Kokusaika* ne se confond d'ailleurs pas avec *sekaishugi* qui désigne le « cosmopolitisme », et que l'on devrait d'ailleurs littéralement traduire par « mondialisme » (*sekai* = monde).

Pour faire admettre leur politique d'internationalisation, les dirigeants japonais ne doivent toutefois pas la présenter comme une contrainte mais comme un objectif ambitieux, un but en soi, un projet dont le souffle serait d'autant plus puissant qu'il s'appuierait sur les nostalgies du vieil et grand empire. Il est vrai que le terme d'« internationalisation », introduit sous Meiji d'après le concept indo-européen, recèle plutôt une connotation de modernisation. L'ambiguïté existe parfois. La dimension objectivement progressiste de l'idée internationale dégage pour l'élite japonaise un parfum séduisant de postmodernité où se multiplient les critiques d'une société japonaise jugée trop sclérosée. Certains y voient la possibilité de réclamer l'égalité salariale entre les hommes et les femmes, l'adoucissement du système scolaire, la réduction du temps de travail. D'autres stigmatisent l'esprit de clocher qui freine l'économie japonaise sur le chemin planétaire. C'est ainsi qu'Arai Kimio, membre de l'élite, publie en 1986 un ouvrage qui porte le titre symptomatique de *Rejetons le « Japon »* (*« Nihon » wo sutero*).

Selon le sociologue Shôji Kôkichi, des valeurs universalistes se trouvent aussi au sein du « nipponisme », qu'il distingue de la « nippologie » par son degré de sérieux, parce qu'il permet de mieux comprendre le monde à travers l'exemple du Japon et d'en dégager des principes[147]. Quant à l'anthropologue Aoki Tamotsu, partagé entre le constat d'un dépassement de l'européocentrisme et celui des limites inhérentes au culturalisme, il plaide pour l'amnésie culturelle, celle qu'a proposée Ernest Renan pour construire l'État-nation moderne[148]. Plus librement, le poète et critique littéraire Ooka Makoto (né en 1931), estime, en conclusion d'un texte consacré à la « modernité de la tradition japonaise », que « la qualité la plus importante pour participer à une création collective n'est autre que l'individualisme, et plus absolu il sera, mieux ça vaudra. Tel est le paradoxe, mais toute poésie ne repose-t-elle pas sur un paradoxe voisin qui est de donner naissance à une langue à la fois individuelle et supra-individuelle, un idiolecte universel ? »[149].

Ce propos rompt totalement avec l'image si répandue, mais largement fausse, d'un Japon grégaire et conformiste. Loin de se référer à un individualisme de type égotiste, solipsiste ou consumériste cher à la société libérale, occidentale ou non, Ooka Makoto se place très clairement dans une dialectique du rapport de l'individu à l'universel, sans rupture avec une partie de la tradition japonaise puisqu'il analyse auparavant l'apport expérimental et moderne de l'ancienne poésie du *renga*, sorte de poème collectif composé par au moins deux poètes. Le mouvement dadaïste et surréaliste au Japon participe également de cette démarche.

Le succès des composants de la socioculture japonaise partout dans le monde, en Occident mais aussi dans les pays voisins dont les dirigeants, comme en Corée du Sud, se sont montrés réfractaires à sa diffusion pour des motifs de nationalisme historique, mais qui ont été dépassés par les aspirations de leur jeunesse et par l'énorme commerce clandestin de produits culturels japonais, témoigne de la capacité d'absorption du Japon par les autres. L'intégration de mots japonais dans le vocabulaire français contemporain, outre les traditionnels *geisha, samurai, harikiri, jûdô* ou le désuet *mousmé*, révèle cette familiarité : qui ne connaît les *pokemon*, les *sushi*, les *tamagotchi* et autre *origami, ikebana, sudoku* ou *manga* ? Si l'on en reste à l'exemple de la France, contrairement à ce que l'on pourrait attendre vu la montée en puissance de la Chine et de l'intérêt qu'ont pour elle les principaux médias, le boom d'inscription des étudiants ne se situe pas dans les départements de langue et civilisation chinoises mais dans ceux de japonais.

Le cosmopolitisme apparaît comme l'une des tendances importantes du monde des *manga* et de l'*animêshon*, sans forcément s'en revendiquer explicitement mais à travers des valeurs d'humanisme, de retour à la nature et d'écologie plus ou moins sociale qu'il véhicule. Sur un autre registre, moins subversif *a priori*, s'est récemment développé le mouvement « Superflat ». D'après l'artiste postmoderne Murakami Takashi qui l'a lancé au cours des années 1990, l'art japonais, notamment l'art graphique, est fondé sur la platitude au sens premier du terme. Il préfère le plat à la profondeur, le mouvement à l'état, la multiplicité des points de vue à la perspective dite unique, comme effaçant la distinction entre le grand art et l'art de masse, entre la culture et la « sous-culture », entre l'art et l'artisanat[150]. Murakami Takashi ne fait finalement que reprendre des arguments maintes fois évoqués, qui ne sont d'ailleurs pas forcément avérés (pensons à la profondeur dans l'architecture japonaise, par exemple), mais son habileté consiste à les mettre au goût du jour, et à se placer dans le sillage du pop art et d'Andy Warhol, dont il se revendique.

Repris par des artistes variés et popularisé par la Toile dont il partage l'effet spontané et plat (par l'écran), le Superflat est inspiré par les propos du journaliste états-unien Thomas Friedman, qualifié par Noam Chomsky de « porte-parole du Secrétariat d'État au *New York Times* », selon lequel il n'y aurait plus de frontières culturelles, sinon économiques[151] : la terre serait en quelque sorte devenue « totalement plate » (*super flat*).

Le Superflat japonais théorise également une homogénéisation, un aplatissement, des médias et de l'art japonais. Ses œuvres évoluent dans le monde du *graphic art*, du *fine art*, des *manga* et de l'*animê*, caractéristiques de la J-Pop (*Japanese pop culture*) et du Cool Japan, un Japon tranquille, branché et parlant à tout le monde. Elles se réfèrent au consumérisme et au fétichisme sexuel des Japonais. Dans la continuité du pop art américain qui considère l'art comme un produit de consommation éphémère et jetable, le Superflat japonais veut supprimer les différences entre l'œuvre et le produit. Sa platitude ou encore sa superficialité autorisent les mélanges en tout genre, l'association du sexe, de la violence et de l'immoralité. Elles sont assimilées à la démocratie japonaise considérée naïvement comme un monde où tout serait nivelé. La subversion supposée de Murakami Takashi n'empêche pas une collaboration entre l'artiste et la compagnie Vuitton de maroquinerie de luxe, dont il conçoit la collection 2004.

La diffusion économique du Cool Japan en Asie orientale, qui mobilise des sommes énormes, permet non seulement à de nouveaux partenariats de se créer mais aussi à de nouveaux acteurs — taïwanais, coréens, hongkongais — de se diffuser à leur tour en Asie et dans le reste du monde. Ils véhiculent de nouvelles formes d'hybridation et de métissage qui ont pour principale caractéristique commune de n'être pas occidentales, contrairement à l'habitude dans le cinéma ou la musique. Réciproquement, les jeunes générations japonaises s'engouent pour l'Asie et apparaît une sorte de « culture pop asiatique »[152].

Ce phénomène a pour conséquence de briser l'équation triviale selon laquelle centre culturel mondial égale États-Unis. Les pôles traditionnels de la « culture mondiale » semblent s'éroder et l'émergence de nouveaux modèles, pas forcément concurrents entre eux, provoque de nouvelles interactions[153]. Pour Iwabuchi Kôichi, « la globalisation culturelle asymétrique fait ainsi éclore des "différences familières", des "similarités étranges" qui se combinent à de multiples niveaux pour générer une perception complexe de ce qui sépare ou rapproche les cultures »[154]. L'engouement pour la J-Pop en Asie orientale passe non seulement par une proximité géographique entre pays voisins mais aussi par une temporalité commune de postmodernisation qui a pour décor les « espaces urbains capitalistes ».

Conclusion

MODERNITÉ, POSTMODERNITÉ, POSTGÉOGRAPHIE ?

> *Je ne suis ni juif, ni chrétien, ni musulman, je ne suis ni d'Orient, ni d'Occident, ni de la terre, ni de la mer.*
>
> Jalâl AL-DÎN RÛMI,
> XIIIe siècle (cité par Michel Viegnes, 2005)

La distinction catégorielle entre Orient et Occident est géohistorique dans sa genèse, géopolitique dans son fonctionnement et métagéographique dans sa conception. Les analystes redécouvrent de nos jours les réflexions qui ont été menées à ce sujet au Japon en pleine guerre du Pacifique, et qui ont culminé lors du fameux « colloque maudit » sur le « dépassement de la modernité » (*kindai no chôkoku*) tenu à Tôkyô en 1942.

Les conclusions du colloque qui réunit, entre autres, des membres de l'École philosophique de Kyôto (mais sans le chef de file Nishida Kitarô) et de l'École romantique japonaise (mais sans Yasuda Yojûrô), ainsi que le « converti » (*tenkôsha*) Hayashi Fusao, sont plus composites qu'il n'y paraît au premier abord. L'asiatisme et le nipponisme, voire l'expansionnisme lui-même, ne revendiquaient pas forcément la conquête militaire. En relisant les déclarations des années 1930, il est remarquable de constater que les appels sont nombreux en faveur d'un rééquilibrage des forces, d'un partage des richesses, d'une sécurité des approvisionnements. C'est une rhétorique que l'on retrouve actuellement dans la bouche des dirigeants du Japon, comme d'ailleurs.

La connaissance que les Japonais ont actuellement du monde n'est toutefois pas la même que celle d'avant 1945, ou même de la période de la Haute Croissance. De quelques milliers par an à se déplacer à l'étranger au cours des années 1970, les Japonais sont désormais au moins une dizaine de millions à le faire de nos jours, hommes ou femmes, jeunes ou vieux. Même si certains de ces voyages, souvent touristiques, sont brefs, il en résulte une autre vision du monde, une autre pratique, même superficielle. S'y ajoutent les images déversées par les médias et les produits venus de toute part qui inondent le marché nippon. Il s'agit d'un changement important et fonctionnant dans l'interaction car, symétriquement, les étrangers sont de plus en plus nombreux à se rendre au Japon. La présence d'une immigration asiatique plus importante, proportionnellement faible sur l'ensemble de la population mais visible car concentrée dans certains espaces de la mégalopole japonaise, contribue à bousculer les repères identitaires et les rapports au monde. Les débats sur la révision de la Constitution japonaise, pacifiste et non belligérante, ainsi que sur la citoyenneté à accorder aux immigrés, dépassent largement, dans cette perspective, le seul cadre de l'archipel et constituent un vrai enjeu de la mondialisation.

Le contexte a changé car la Chine et plusieurs pays d'Asie effectuent un retour fracassant chez les analystes qui avaient négligé ce tiers de l'humanité. Le binôme Chine/États-Unis constituerait désormais le nouveau paradigme du XXIe siècle. Il convient pour cela de mettre entre parenthèses l'Islam dont on se demande régulièrement si ses agitations vont réellement bouleverser la nouvelle carte du monde. L'hypothèse de Samuel Huntington, c'est la possible alliance entre la Chine (supposée être encore plus ou moins communiste, donc hostile à l'Occident capitaliste) et les pays musulmans (considérés comme fondamentalistes et fanatiques) qui risquerait de détruire les États-Unis d'Amérique, et, partant, le reste du monde occidental.

Ce binôme a été théorisé sous le nom de *Chinamerica*, ou encore de T.G.A., « Très Grande Alliance », deux schémas dont l'hypothèse est pertinente mais qui suscite la discussion. Avant-hier, hier encore, l'Union soviétique et les États-Unis prétendaient être en conflit — contrairement à ce qu'estimait par exemple Charles Levinson dans sa théorie du Vodka-Cola en 1977, laquelle postulait une entente de plus en plus explicite entre ces deux puissances pour la domination globale, passant par des échanges croissants de biens et de capitaux. Du moins pratiquaient-elles cet antagonisme par États interposés au cours d'une prétendue guerre froide alors que la guerre fut particulièrement chaude en Asie orientale : guerre de Corée (1950-1953), guerre d'Indochine (1946-1954), guerre du Viêt-nam (1964-1973), guerre du Cambodge (1970-1975), plus les multiples guérillas de-ci de-là.

Désormais, Chine et États-Unis semblent être liés pour le meilleur et pour le pire. Être des adversaires et des partenaires. À l'une l'industrie encore légère, fabriquée et exportée à bon marché grâce à une main d'œuvre moins onéreuse, non syndiquée, encadrée par le parti unique, contrôlée par le permis de travail ou le permis de séjour, et rivée aux besoins de première nécessité, bref, une industrie de biens de consommation plus ou moins durables destinés à l'autre pôle. À cet autre revient la tâche d'alimenter une grande partie de la planète, donc de la contrôler, au moins par les prix, grâce à une agro-industrie hyper productive, la première du monde, pour le blé, le maïs, le soja et le millet, mais aussi la viande de bœuf et le lait. Aux États-Unis, ainsi qu'à l'Europe, de maintenir quelques grandes entreprises dans des secteurs industriels clefs (aéronautique, aérospatiale, informatique...), de promouvoir les outils techniques de la Toile et d'en contrôler l'activité bien localisée au cœur de leur empire, et de dominer l'économie productive mondiale par une économie financière arrogante. Le tout est garanti et protégé par la plus puissante armée et le plus important budget militaire au monde, qui laissent loin derrière eux ceux de la Corée du Nord, de l'Iran ou de l'Irak... Car il faut garder l'accès aux ressources, aux matières premières ou à l'énergie, et montrer des bornes à la Chine qui ne se contente déjà plus d'être l'atelier du monde, et fait monter en gamme ses industries et investit dans les secteurs stratégiques (haute technologie, écodéveloppement, biens culturels...).

Mais si l'on met volontairement de côté l'Inde ou le Brésil, un troisième pays trouble régulièrement l'ordonnancement : le Japon. Car ce pays relève à la fois du monde sinisé, de l'Orient, de l'Occident, de l'Amérique. Il a été le premier pays non européen, non occidental, à se moderniser, à garder son indépendance, à résister au colonialisme occidental, à s'industrialiser sans s'effondrer, contrairement à l'Égypte ou à l'Empire ottoman du XIXe siècle. Le premier à battre militairement une puissance européenne (la Russie en 1905), à incarner pour toutes ces raisons un modèle de modernisation original, attractif pour les peuples de ce qui allait devenir le tiers monde, à commencer par les voisins chinois et coréens, ou, plus loin, thaïlandais voire indiens.

Or le Japon n'a pas été à la hauteur de ces espoirs asiatiques puisque, à son tour, et à l'exemple revendiqué des États occidentaux dont il a vite compris que c'était un facteur de puissance, il s'est mis, lui aussi, à pratiquer le colonialisme et l'impérialisme sur les terres ou les mers asiatiques. Sa défaite militaire de 1945 est d'autant plus spectaculaire et emblématique qu'elle a été marquée du sceau absolument unique des deux cataclysmes atomiques — Hiroshima et Nagasaki les 6 et 9 août 1945. Le Japon est ensuite devenu le principal allié des États-Unis, dont il a fait son premier client et son premier fournisseur économique jusqu'en l'an 2000.

La force industrielle et commerciale du Japon l'a hissé au rang de deuxième puissance économique du monde dès le milieu des années 1960 au point, nous l'avons rappelé, qu'Huntington en fait le seul pays élevé au rang d'une « civilisation » à lui tout seul — la « civilisation japonaise » —, aux côtés des huit autres. Non que cet attribut ne soit pas pertinent ou amendable — ainsi peut-on parler de « civilisation japonésienne » — mais en regard d'autres civilisations pourraient prétendre à un tel rang (hellénique, perse, touranienne, soudanaise...).

Comme l'a remarqué Ukai Satoshi, le Japon est le modèle rêvé pour l'Occident. Non seulement parce qu'il est extrême — radicalement exotique, tout en étant familier, situé à l'autre bout du monde — mais aussi par sa fonction. Proche de la Chine, il n'a jamais été dominé par celle-ci. Régulièrement abordé par l'Occident, et même vaincu par lui une fois, il n'a jamais été colonisé. Il a en revanche colonisé ses voisins. Il a adopté la technologie dite occidentale, sinon certaines des mœurs de l'Occident.

Une telle géohistoire laisse également entendre que le Japon n'était pas colonisable non du fait de contingences extérieures — les choix de la Chine, les faiblesses de l'Occident — mais grâce à son essence même, sa supériorité intrinsèque en quelque sorte. Le compliment est reçu avec délectation sinon avec morgue par les nationalistes nippons. L'exemple japonais n'est pas seulement exotique ou miroir inversé, mais devient ainsi le modèle applicable, « l'exemple exemplaire », bien que la haute technologie s'accompagne de la perpétuation d'un statut social de la femme peu favorable et la démocratie d'un clanisme quasi féodal. Le Japon n'a pas été colonisé « en vertu de ses vertus », alors que l'Occident a peu ou prou colonisé tous les autres pays de la région. Pour justifier cette différence, l'Occident, entre autres raisons, a inventé l'Extrême-Orient.

APPENDICES

REMERCIEMENTS

Remerciements, pour leur inspiration au long cours, à :

Kang Hae-sook, incarnation d'un Extrême-Orient. Suwa Hiroko, égérie du F.C. Momo. Saho Mieko, du Japon à l'Afrique. Tachiki Keiko, des *sumôtori* aux Nôson seinen-sha. Takeda Naoko, bouton d'or. Fukuzawa Emiko, des montagnes de Nagano aux athénées de Barcelone. Yoshioka « Tetchan » Fumiharu et Yamaguchi Masao de Hiroshima.

Carine Fournier pour son aide documentaire, logistique et amicale. Isabelle Lefort pour la complicité intellectuelle. Jacques Bethemont pour son soutien résolu. Augustin Berque pour sa confiance. Klaus S. pour sa synergie, ainsi que M.B..

Pensée à Pierre Gentelle (1933-2010), partenaire de géographie asiatique.

Ma gratitude une fois encore à Geneviève, sans qui ce travail n'aurait pas été possible, à Camille et Barbara pour leur patience.

BIBLIOGRAPHIE

ABE, Hiroshi (1995) : *Nihon kûkan no tanjô — Kosumorojî, fûkei, takaikan* (Naissance de l'espace Japon — Cosmologie, paysage, vue de l'au-delà), Tôkyô, Serika shobô, 240 p.

ACKROYD, Joyce (1985) : « Correspondance », *Monumenta Nipponica*, 40-1, p. 97-106.

AFFERGAN, Francis (1987) : *Exotisme et altérité, essai sur les fondements d'une critique de l'anthropologie*, Paris, P.U.F., 296 p.

AKIOKA, Takejirô (1955) : *Nihon chizu shi* (Histoire des cartes du Japon), Tôkyô, Kawade shobô, 224 p.

Akioka kochizu korekushon meihinten (Le meilleur de la collection de cartes anciennes d'Akioka) (1989) : Kôbe, Kôbe-shiritsu hakubutsukan, 120 p.

AKIZUKI, Toshiyuki (1999) : *Nihon hokuhen no kentô to chizu no rekishi* (Une histoire de l'exploration et de la cartographie de la bordure septentrionale du Japon), Sapporo, Hokkaidô daigaku tosho kankôkai, 472 p.

ALBY, Michel (1982) : *Odoric de Pordenone — Le livre de sa pérégrination de Padoue à Pékin au Moyen Âge*, Introduction, adaptation en français moderne et notes, Hots, 94 p.

ALLEN, Phillip (1993) : *L'Atlas des Atlas, le monde vu par les cartographes*, Brepols, 164 p., éd. or. 1992.

ALLÈS, Élisabeth (2000) : « Une autre façon d'être chinois, ou le cas des Hui », *Hérodote*, 96, p. 117-129.

ALLIOUX, Yves-Marie, éd. (1996) : *Cent ans de pensée au Japon*, vol. 2, Arles, Philippe Picquier, 390 p.

AMEMIYA, Kozy K. (1998) : « Being "Japanese" in Brazil and Okinawa », *J.P.R.I. Occasional Paper*, 13.

AMINO, Yoshihiko (1992) : « Quelques questions que pose la société médiévale japonaise et comment la recherche historique japonaise y répond », Conférence E.H.E.S.S. du 4 décembre 1992, *Bulletin de la S.F.E.J.*, 3, p. 6-19.

AMINO, Yoshihiko (1992) : « Deconstructing "Japan" », *East Asian History*, 3, p. 121-142.

AMINO, Yoshihiko (1995) : « Les Japonais et la mer », *Annales — Histoire, Sciences sociales*, 50-2, p. 235-258.

ANDERSON, Benedict (1996) : *L'Imaginaire national, réflexions sur l'origine et l'essor du nationalisme*, Paris, La Découverte, 216 p., éd. or. 1983.

ANDERSON, Perry (1991) : « The Prussia of the East ? », *Boundary 2*, p. 11-19.

ANTILLE, Géraldine (2007) : *Les Chrétiens cachés du Japon, traduction et commentaires des « Commencements du Ciel et de la Terre »*, Genève, Labor et Fides, 114 p.

AOKI, Tamotsu (1987) : « Bunka no hiteisei » (L'amnésie culturelle), *Chûô Kôron*, 11, p. 104-125, trad. *Cahiers du Japon*, 1988, n° 36.

ARAKI, Tôru (1994) : « Tôkyô, 1942, le colloque maudit, *Dépassement de la modernité* », *Ebisu*, 6, p. 74-95.

ARASHIRO, Toshiaki (1994) : *Ryûkyû-Okinawa shi* (Histoire des Ryûkyû et d'Okinawa), Okinawa, Okinawaken rekishi kyôiku kenkyûkai, 334 p.

ARIMA, Seiho (1964) : « The Western influence on Japanese military science, shipbuilding, and navigation », *Monumenta Nipponica*, 19, 3/4, p. 352-379.

ARISAKA, Yôko (1996) : « The Nishida enigma — "The principle of the New World Order" », *Monumenta Nipponica*, 51-1, p. 81-105.

ARISAKA, Yôko (1997) : « Beyond "East and West" : Nishida's universalism and postcolonial critique », *The Review of Politics*, 59-3, p. 541-560.

ATKINSON, Geoffroy (1935) : *Les Nouveaux Horizons de la Renaissance française*, Genève, Slatkine Reprints, 1969, 510 p.

AUJAC, Germaine (1992) : « Les apports de l'Antiquité », *Revue de la Bibliothèque nationale*, 45, p. 2-13.

AUJAC, Germaine (1993) : *Claude Ptolémée, astronome, astrologue, géographe — Connaissance et représentation du monde habité*, Paris, C.T.H.S., 432 p.

AUJAC, Germaine (1998) : « La redécouverte de Ptolémée et de la géographie grecque au XVe siècle », *Terre à découvrir, terres à parcourir — Exploration et connaissance du monde XIIe-XIXe siècles*, Danielle Lecoq et Antoine Chambard éd., Paris, L'Harmattan, 374 p., p. 55-74.

AUJAC, Germaine (2001) : *Ératosthène de Cyrène, le pionnier de la géographie — Sa mesure de la circonférence terrestre*, Paris, C.T.H.S., 226 p.

AVE, Jan B. (1989) : « "Indonesia", "Insulinde" and "Nusantara" : dotting the *I*'s and crossing the *T* », *Bijdragen tot de Taal-Land-en Volkenkunde*, 145, p. 220-234.

AYDIN, Cemil (2007) : *The Politics of Antiwesternism in Asia : Visions of world order in pan-islamism and pan-asianism thought*, New York, Columbia University Press, 300 p.

AYUSAWA, Shintarô (1964) : « Geography and Japanese knowledge of world geography », *Monumenta Nipponica*, 19, 3-4, p. 275-294.

BABICZ, Lionel (2002) : *Le Japon face à la Corée à l'époque de Meiji*, Paris, Maisonneuve et Larose, 272 p.

BADDELEY, John F. (1917) : « Father Matteo Ricci's Chinese world-maps », *Geographical Journal*, 50, p. 254-270.

BAGROW, Leo (1937) : « Ivan Kirilov, compiler of the first Russian Atlas, 1689-1737 », *Imago Mundi*, II, p. 78-82.

BAGROW, Leo (1952) : « The first Russian maps of Siberia and their influence on the West-European cartography of N.E. Asia », *Imago Mundi*, IX, p. 83-93.

BAGROW, Leo (1954) : « Semyon Remezov — A Siberian cartographer », *Imago Mundi*, IX, p. 111-120.

BAGROW, Leo, SKELTON, R. A. (1973) : *Kartographie*, Berlin, Safari-Verlag, 594 p. Trad. anglaise : Cambridge, Harvard University Press, 1964 ; nouvelle édition augmentée : Chicago, Precedent Publishing, 1985.

BALLABRIGA, Alain (1986) : *Le Soleil et le Tartare — L'image mythique du monde en Grèce archaïque*, Paris, E.H.E.S.S., 304 p.

BARBÉ, Philippe (2006) : *L'Anti-choc des civilisations, médiations méditerranéennes*, Paris, L'Aube, 178 p.

BARNETT, Yukiko Sumi (2004) : « India in Asia : Ôkawa Shûmei's pan-asian thought and his idea of India in early Twentieth-

Century Japan », *Journal of the Oxford University History Society*, 1, p. 1-23.

BARON, Samuel H. (1958) : « Plekhanov's Russia : the impact on the West upon an "Oriental" society », *Journal of the History of Ideas*, 19-3, p. 388-404.

BARTHOLD, V.-V. (1947) : *La Découverte de l'Asie, histoire de l'orientalisme en Europe et en Russie*, Paris, Payot, 370 p.

BATTEN, Bruce L. (2003) : *To the Ends of Japan, Premodern Frontiers, Boundaries, and Interactions*, Honolulu, University of Hawai'i Press, 342 p.

BAUD, Aymon, FORÊT, Philippe, GORSHENINA, Svetlana (2003) : *La Haute-Asie telle qu'ils l'ont vue, explorateurs et scientifiques de 1820 à 1940*, Genève, Olizane, 146 p.

BEASLEY, W. G. (1973) : *The Modern History of Japan*, Londres, Weidenfeld & Nicolson, 364 p., 2e éd.

BECHTEL, Guy (1992) : *Gutenberg et l'invention de l'imprimerie, une enquête*, Paris, Fayard, 702 p.

BEFU, Harumi, éd. (1993) : *Cultural Nationalism in East Asia, Representation and Identity*, Berkeley, University of California, Institute of East Asian Studies, 200 p.

BEILLEVAIRE, Patrick (1989) : « French approaches to Japanese studies — An attempt at a general assessment of their specificity », *International symposium on national approaches to Japanese studies*, Tôkyô, Deutsches Institut für Japanstudien, 15-20 décembre, 17 p.

BEILLEVAIRE, Patrick (1999) : « Assimilation from within, appropriation from without — The folklore-studies and ethnology of Ryûkyû/Okinawa », *Anthropology and Colonialism in Asia and Oceania*, Jan van Bremen & Shimizu Akitoshi éd., Londres, Curzon Press, 390 p., p. 172-196.

BELLAH, Robert N. (1965) : « Japan's cultural identity : some reflections on the work of Watsuji Tetsurô », *The Journal of Asian Studies*, 24-4, p. 573-594.

BELLEC, François (2000) : *Le Livre des terres inconnues*, Paris, Éditions du Chêne, 218 p.

BENASSAR, Bartolomé (1991) : « Les traités de Tordesillas 7 juin 1494 », *Christophe Colomb le visiteur de l'aube*, Régis Debray, Paris, La Découverte, 130 p., p. 77-124.

BENOIT, Paul, MICHEAU, Françoise (1994) : « L'intermédiaire arabe ? », *Éléments d'histoire des sciences*, Michel Serres dir., Paris, Bordas, p. 151-175.

BERGER, Gordon Mark (1975) : « Recent Japan in historical revisionism », *Journal of Asian Studies*, 34-2, p. 473-484.

BERGÈRE, Marie-Claire, LLOYD, Janet (2000) : *Sun Yat-sen*, Palo Alto, Stanford University Press, 492 p.

BERLINGUEZ-KÔNO, Noriko (1999) : « Naissance de la thèse de l'unicité nippo-coréenne (*Nissen dôsoron*) », *La Nation en marche, études sur le Japon impérial de Meiji*, Jean-Jacques Tschudin et Claude Hamon dir., Arles, Philippe Picquier, 270 p., p. 209-225.

BERLINGUEZ-KÔNO, Noriko (2007) : « L'"asiatisme" au prisme de la mémoire et de l'histoire : le cas de Saigô Takamori entre bellicisme et pacifisme », *Japon Pluriel 7, Actes du septième colloque de la Société française des études japonaises*, Arnaud Brotons et Christian Galan dir., Arles, Philippe Picquier, 514 p., p. 169-178.

BERNARD, Antoinette, éd. (1991) : *Atlas Universalis des explorations*, Paris, Encyclopaedia Universalis, 374 p.

BERNARD-MAITRE, Henri (1926) : *La Mappemonde Ricci du Musée historique de Pékin*, Pékin, Politique de Pékin.

BERNARD, Henri (1935) : « Les étapes de la cartographie scientifique pour la Chine et les pays voisins (depuis le XVIe jusqu'à la fin du XVIIIe siècle) », *Monumenta Serica*, I, p. 428-477.

BERNARD, Henri (1940) : « Traductions chinoises d'ouvrages européens au Japon durant la période de fermeture », *Monumenta Nipponica*, 3-1, p. 40-60.

BERQUE, Augustin (1990) : *Médiance, de milieux en paysages*, Montpellier, Géographiques Reclus, 166 p.

BERQUE, Augustin (1996) : *Être humains sur la terre*, Paris, Gallimard, 220 p.

BERQUE, Augustin (1996) : « The question of space : from Heidegger to Watsuji », *Ecumene*, 3-4, p. 373-383.

BERQUE, Augustin (2000) : *Écoumène, introduction à l'étude des milieux humains*, Paris, Belin, 274 p.

BERQUE, Augustin (2002) : « Indigènes au-delà de l'exotisme », *Diogène*, 200, p. 46-56.

BERRY, Mary Elizabeth (1997) : « Was Early Modern Japan culturally integrated ? », *Modern Asian Studies*, 31-3, p. 547-581.

BESSIS, Sophie (2002) : *L'Occident et les autres, histoire d'une suprématie*, Paris, La Découverte, 246 p.

BETHEMONT, Jacques (2000) : *Géographie de la Méditerranée — Du mythe unitaire à l'espace fragmenté*, Paris, Armand Colin, 320 p.

BHABHA, Homi K. (1994) : *The Location of Culture*, Londres, Routledge, 304 p.

BIX, Herbert P. (1995) : « Inventing the "Symbol monarchy" in Japan, 1945-52 », *Journal of Japanese Studies*, 21-2, p. 319-363.

BLAIS, Hélène (2001) : « Comment trouver le "meilleur nom géographique" ? Les voyageurs français et la question de la dénomination des îles océaniennes au XIXe siècle », *L'Espace géographique*, 30-4, p. 348-357.

BLAUT, James (1999) : « The myth of continents : a critique of metageography (review) », *Journal of World History*, 10-1, p. 205-210.

BO, Kyung-Yang (2002) : « The names of the East Sea of the Korean old maps, 17th-19th centuries », *The Eighth International Seminar on the Naming of Seas — Special emphasis concerning the North Pacific Ocean*, Vladivostok, 170 p., p. 83-94.

BODART-BAILEY, Beatrice (1999) : *Kaempfer's Japan : Tokugawa culture observed*, Honolulu, University of Hawai'i Press, 546 p.

BOIA, Lucian (2008) : *L'Occident, une interprétation historique*, Paris, Les Belles Lettres, 252 p.

BOISVERT, Georges (1994) : « Christophe Colomb et le Portugal : état de la question », *Christophe Colomb et la découverte de l'Amérique — Réalités, imaginaire et réinterprétations*, Aix-en-Provence, Publications de l'Université de Provence, 314 p., p. 55-66.

BOISVERT, Georges (1998) : « L'Orient dans la *Pérégrination* de Fernão Mendes Pinto », *Terre à découvrir, terres à parcourir — Exploration et connaissance du Monde, XIIe-XIXe siècles*, Antoine Chambard et Danielle Lecoq dir., Paris, L'Harmattan, 374 p., p. 99-109.

BOOTHROYD, Ninette, DÉTRIE, Muriel, éd. (2004) : *Le Voyage en Chine, anthologie des voyageurs occidentaux du Moyen Âge à la chute de l'Empire chinois*, Paris, Robert Laffont, 1 540 p.

BOUGON, Yves (2004) : « Le Japon et le discours asiatiste », *Identités territoriales en Asie orientale*, N.O.R.A.O. vol. 1, Philippe Pelletier dir., 394 p., p. 241-253.

BOULENGER, Jacques, éd. (1932) : *Les Voyages aventureux de Fernand Mendez Pinto, 1537-1558*, Paris, Plon.

BOULESTEIX, Frédéric (2001) : « La Corée, un Orient autrement extrême », *Revue de littérature comparée*, 1, 297, p. 93-111.

BOULNOIS, Luce (2001) : *La Route de la soie, dieux, guerriers et marchands*, Paris, Olizanne, 558 p.

BOXER, Charles-Ralph (1951) : *The Christian Century in Japan, 1549-1650*, Berkeley, University of California Press, 536 p.

BOYLE, John Hunter (1970) : « The road to Sino-Japanese collaboration, the background to the defection of Wang Ching-Wei », *Monumenta Nipponica*, 25-3/4, p. 267-301.

BRANQUINHO, Isabel (1994) : « O Tratado de Tordesilhas e a questão das Molucas », *Mare Liberum*, 8, p. 9-18.

BRAUDE, Benjamin (2002) : « Cham et Noé, race, esclavage et exégèse entre islam, judaïsme et christianisme », *Annales, histoire, sciences sociales*, 1, p. 93-126.

BREITFUSS, L. (1937) : « Early maps of North-Eastern Asia and of the lands around the North Pacific — Controversy between G. F. Müller and N. Delisle », *Imago Mundi*, II, p. 87-99.

BROC, Numa (1975) : *La Géographie des philosophes — Géographes et voyageurs français au XVIIIe siècle*, Paris, Ophrys, 600 p., 1re éd. 1972.

BROC, Numa (1980) : « De l'antichtone à l'Antarctique », *Cartes et figures de la Terre*, Paris, Centre Pompidou, 482 p., p. 136-149.

BROC, Numa (1986) : *La Géographie de la Renaissance (1420-1620)*, Paris, Bibliothèque nationale, Comité des travaux historiques et scientifiques, 264 p.

BROC, Numa (1989) : « Deux géographes "révolutionnaires" : Philippe Buache et Jean Nicolas Buache de la Neuville », *114e Congrès national des sociétés savantes*, Paris, Géographie, p. 6-13.

BROECKE, Marcel P.R. van den (1996) : *Ortelius Atlas Maps — An illustrated guide*, Wetrenen, H.E.S., 312 p.

BROSSARD, Maurice de, DUNMORE, John (1985) : *Le Voyage de Lapérouse 1785-1788, récits et documents originaux*, Paris, Imprimerie nationale, Tome I, 316 p., et Tome II, 514 p.

BRUNE, Lester H., DEAN BURNS, Richard (2003) : *Chronological History of U.S. Foreign Relations, 1607-1932, vol. I*, New York, Routledge, 1 430 p.

BRUNEAU, Michel (1986) : « Des géographes et l'Asie du Sud-Est », *L'Espace géographique*, 4, p. 247-255.

BRUNEAU, Michel (2006) : *L'Asie d'entre Inde et Chine, logiques territoriales des États*, Paris, Belin, 320 p.

BRUNET, Roger (1997) : « Territoires : l'art de la découpe », *Revue de géographie de Lyon*, 72-3, p. 251-255.

BURCIN, Terry (2005) : *Commodore Perry's 1853 Japanese Expedition : How whaling influenced the event that revolutionized Japan*, MA Thesis, Virginia Polytechnic Institute and State University, 94 p.

CAHEN, Gaston (1911) : *Les Cartes de la Sibérie au XVIII*[e] *siècle — Essai de bibliographie critique*, Nouvelles archives des missions scientifiques et littéraires, Paris, Imprimerie nationale, 546 p.

CALICHMAN, Richard, éd. (2005) : *Contemporary Japanese Thought*, New York, Columbia University Press, 310 p.

CALVET, Robert (2003) : *Les Japonais, histoire d'un peuple*, Paris, Armand Colin, 322 p.

CAMPBELL, Tony (1967) : *Japan : European Printed Maps to 1800*, The Map Collector's Circle, Londres, Durrant House, 22 p. + XXVIII cartes.

CAO, Yonghe (1997) : *Taïwan zaoqi zhan shi yanjiu* (Recherches historiques sur le Taïwan ancien), Taipei, éd. or. 1979.

CAPDEPUY, Vincent (2008) : « *Proche* ou *Moyen-Orient* ? Géohistoire de la notion de *Middle East* », *L'Espace géographique*, 37-3, p. 225-238.

CARR, Michael (1992) : « Wa 倭 Wa 和 Lexicography », *International Journal of Lexicography*, 5-1, p. 1-30.

CARY, Otis (1909) : *History of Christianity in Japan*, New York, Fleming H. Revell, rééd. 1987, vol. I, p. 176-177.

CASTANEDA, Paulino (1992) : « Théorie de la mission », *XV*[e] *siècle*, Séville, Exposition universelle, Milan, Electa, 170 p., p. 138-143.

CATTANEO, Angelo (2003) : « God in His World : the earthly paradise in Fra Mauro's *Mappamundi* illuminated by Leonardo Bellini », *Imago Mundi*, 55, p. 97-103.

CEREZO MARTINEZ, Ricardo (1989) : « Aportación al estudio de la carta de Juan de la Cosa », *Géographie du Monde au Moyen Âge et à la Renaissance*, Monique Pelletier éd., Paris, C.T.H.S., 238 p., p. 149-154.

CHAMBARD, Antoine, et LECOQ, Danielle, dir. (1996) : *Terre à découvrir, terres à parcourir — Exploration et connaissance du Monde, XIIe-XIXe siècles*, Paris, L'Harmattan, 374 p.

CHANG, Kuei-Sheng (1970) : « Africa and the Indian Ocean in Chinese maps of the fourteenth and fifteenth centuries », *Imago Mundi*, XXIV, p. 21-30.

CHARLEVOIX, François-Xavier de (1852) : *Histoire et description du Japon*, Tours, Mame, 292 p., 6e éd., éd. or. 1736.

CHATTERJEE, Partha (1986) : *National Thought and the Colonial World : A Derivative Discourse ?*, University of Minnesota, 208 p.

CHAUNU, Pierre (1995) : *L'Expansion européenne du XIIIe au XVe siècle*, Paris, P.U.F., 400 p., 3e éd., éd. or. 1969.

CHAVANNES, Édouard (1903) : « Les deux plus anciens spécimens de la cartographie chinoise », *B.E.F.E.O.*, III, p. 214-247.

CHEN, Kenneth K.-S. (Kuan-sheng) (1939) : « Matteo Ricci's contribution to, and influence on, geographical knowledge in China », *Journal of the American Oriental Society*, 59, p. 325-359.

CHIBA, Tokuji (1994) : *Shin chimei no kenkyû* (Nouvelles recherches sur la toponymie), Kyôto, Kokon-shoin, 262 p.

CHIROL, Ignatius Valentine (1896) : *The Far Eastern Question*, Londres, New York, Macmillan.

CHÔMIN, Nakae (2008) : *Dialogues politiques entre trois ivrognes*, Paris, C.N.R.S. Éditions, texte traduit, présenté et annoté par Christine Lévy et Eddy Dufourmont, éd. or. 1887, 182 p.

CHOW, Kai-wing (1997) : « Imagining boundaries of blood, Zhang Binglin and the invention of the Han "race" in Modern China », *The Construction of Racial Identities in China and Japan, Historical and Contemporary Perspectives*, Frank Dikötter éd., Honolulu, University of Hawai'i Press, 222 p., p. 34-52.

CHRISTY, Alan (1997) : « The making of imperial subjects in Okinawa », *Formations of Colonial Modernity in East Asia*, Tany E. Barlow éd., Durham, Duke University Press, p. 141-170.

CHUVIN, Pierre (2005) : « Asie centrale », *Annales, Histoire, Sciences sociales*, 59-5/6, p. 923-927.

CONNOCHIE-BOURGNE, Chantal (1982) : « L'Orient, réalité et discours dans *L'Image du Monde* », *Images et signes de l'Orient dans l'Occident médiéval, littérature et civilisation*, Senefiance, 11, Aix-en-Provence, Publications du Cuerma de l'Université de Provence.

COOPER, Michael (1974) : *J. Rodriguès, the Interpreter : an Early Jesuit in Japan and China*, New York & Tôkyô, Weatherhill, 416 p.

COOPER, Michael, éd. (2001) : *Joâo Rodrigues's Account of Sixteenth-Century Japan*, Londres, The Hakluyt Society, 432 p.

CORBIN, Alain (1990) : *Le Territoire du vide : l'Occident et le désir du rivage (1750-1840)*, Paris, Flammarion, 408 p.

CORDIER, Henri (1912) : *Bibliotheca japonica — Dictionnaire bibliographique des ouvrages relatifs à l'Empire japonais — rangés par ordre chronologique jusqu'à 1870*, Paris, Imprimerie nationale, 768 p.

CORM, Georges (2005) : *Orient-Occident, la fracture imaginaire*, 2e édition avec postface inédite de l'auteur, Paris, La Découverte, 212 p.

CORTAZZI, Hugh (1983) : *Isles of Gold : Antique Maps of Japan*, Tôkyô, Weatherhill, 182 p.

CORTESÃO, Armando (1938) : « The first account of the Far East in the sixteenth century — The name "Japan" in 1513 », *Comptes-rendus du Congrès international de géographie Amsterdam 1938*, t. II, Géographie historique et histoire de la géographie, Leiden, Brill, 220 p., p. 146-152.

CORTESÃO, Armando, TEIXEIRA da MOTA, Avelino (1960) : *Portugaliae Monumenta Cartographica*, Lisbonne, vol. III.

CORTESÃO, Armando (1979) : *Historia dos descobrimentos portugueses*, Circulo de Leitores, t. II, 322 p., chap. III « A ciência portuguesa e as negociações do tratado » et chap. IV « As estipulações do tratado de Tordesilhas ».

CORY, Ralph M. (1937) : « Some notes on Father Gregorio Cespedes, Korea's first European visitor », *Transactions of the Korea Branch of the Royal Asiatic Society*, XXVII.

COSANDEY, David (2008) : *Le Secret de l'Occident, vers une théorie générale du progrès scientifique*, Paris, Flammarion, Champs-Essais, éd. or. 1997, 868 p.

COSGROVE, Denis (1999) : « Review of Lewis, M. W. and K. F. Wigen, The Myth of Continents : a critique of metageography », *Journal of Interdisciplinary History*, 30-1, p. 99-101.

CRAIG, Teruko (1983) : « Seiyô jijô », *Kôdansha Encyclopedia of Japan*, Tôkyô, Kôdansha, vol. 7, p. 54-55.

CRÉPON, Marc (1996) : *Les Géographes de l'esprit, enquête sur la caractérisation des peuples de Leibniz à Hegel*, Paris, Payot, 428 p.

CRINO, Sebastiano (1938) : « L'Atlante inedito di Francesco Rosselli e la sua importanza nell'evoluzione cartografica del periodo delle grandi scoperte », *Comptes-rendus du Congrès international de géographie, Amsterdam 1938*, t. II, Géographie historique et histoire de la géographie, Leiden, Brill, 220 p., p. 153-163.

CRONE, G.R. (1938) : « The "mythical" islands of the Atlantic Ocean : a suggestion as to their origin », *Comptes-rendus du Congrès international de géographie Amsterdam 1938*, t. II, Géographie historique et histoire de la géographie, Leiden, Brill, 220 p., p. 164-171.

CROWLEY, James B. (1971) : « Intellectuals as visionaries of the New Asian Order », *Dilemmas of Growth in Prewar Japan*, James W. Morley éd., Princeton, Princeton University Press, p. 297-298.

DAGRON, Gilbert, MARIN, Louis (1971) : « Discours utopique et récit des origines », *Annales E.S.C.*, XXXVI (2), p. 306-327.

DAHL, Edward H., GAUVIN, Jean-François (2001) : *La Découverte du monde, une histoire des globes terrestres et célestes*, Paris, Privat, 160 p.

DAHLGREN, Erik W. (1911) : *Les Débuts de la cartographie du Japon*, Uppsala, K. W. Appelberg, réimpression Amsterdam, Meridian, 1977, 66 p.

DAHLGREN, Erik W. (1912) : « A contribution to the history of the discovery of Japan », *Transactions and Proceedings of the Japan Society*, XI, p. 239-260.

DAMISH, Hubert (1980) : « La grille comme volonté et comme représentation », *Cartes et figures de la Terre*, Paris, Centre Pompidou, 482 p.

DAINVILLE, François de (1969) : *La Géographie des humanistes*, Genève, Slatkine Reprints, 1re éd. Paris, 1940, 572 p.

DARS, Jacques (1992) : *La Marine chinoise du Xe siècle au XIVe siècle*, Paris, Economica, « Études d'histoire maritime », 394 p.

DAVIDSON, G. F. (1846) : *Trade and Travel in the Far East or Recollections of twenty-one years passed in Java, Singapore, Australia and China*, Londres, Madden and Malcolm, 318 p.

DAVIS, Mike (2006) : *Génocides tropicaux, catastrophes naturel-*

les et famines coloniales aux origines du sous-développement, Paris, La Découverte, 482 p., éd. or. 2001.

DAVISON, Roderic H. (1960) : « Where is the Middle East ? », *Foreign Affairs*, 38-1, p. 665-675.

DAY, John D. (1995) : « The search for the origins of the Chinese manuscript of Matteo Ricci's maps », *Imago Mundi*, 47, p. 94-117.

D'ELIA, Pasquale M. S.I. (1938) : *Il mappamondo cinese del P. Matteo Ricci S.I*, Vatican, Biblioteca Apostolica Vaticana, 280 p.

DEBERGH, Minako (1986) : « La carte du monde du P. Matteo Ricci (1602) et sa version coréenne (1708) conservée à Osaka », *Journal Asiatique*, CCLXXIV, 3-4, p. 417-454.

DEBERGH, Minako (1988) : « La carte du Japon manuscrite du Dr P. Mourier (Yokohama 1867) », *Religion, science et pensée au Japon*, Hartmut O. Rotermund éd., Paris, E.H.E.S.S., 278 p., p. 200-207.

DEBERGH, Minako (1989) : « Une carte oubliée du P. Ferdinand Verbiest (1674) dans la collection Sturler de la Bibliothèque nationale de Paris », *Journal Asiatique*, CCLXXVII, 1-2, p. 159-220.

DEBRAY, Régis (1991) : *Christophe Colomb le visiteur de l'aube*, Paris, La Différence, 130 p.

DEHERGNE, Joseph (1973) : *Répertoire des Jésuites de Chine de 1552 à 1800*, Paris, Letouzey & Ané (Roma Institutum Historicum S.I.), 430 p.

DELUZ, Christiane (1982) : « Le paradis terrestre, images de l'Orient lointain dans quelques documents géographiques médiévaux », *Images et signes de l'Orient dans l'Occident médiéval, littérature et civilisation*, Senefiance, 11, Aix-en-Provence, Publications du C.U.E.R.M.A. de l'Université de Provence.

DENÉCÉ, Éric (1999) : *Géostratégie de la mer de Chine méridionale et des bassins maritimes adjacents*, Paris, L'Harmattan, 406 p.

DENUCÉ, Jean (1907) : « Les îles Lequios (Formose et Liu-Kiu) et Ophir », *Bulletin de la Société royale belge de géographie*, XXXI, p. 435-461.

DENUCÉ, Jean (1911) : « Magellan, la question des Moluques et la première circumnavigation du globe », *Acad. R. de Belgique, Mémoires*, Cl. des Lettres, II, t. IV, fasc. III.

DESROCHES, Jean-Paul (1994) : *Trésor des galions*, Paris, Textuel/Réunion des Musées nationaux, 146 p.

DESTOMBES, Marcel (1974) : « Une carte chinoise du XVIe siècle découverte à la Bibliothèque nationale », *Journal Asiatique*, CCLXII (162), p. 193-212.

DE WEERDT, Hilde (2009) : « Maps and memory : readings of cartography in Twelfth and Thirteenth century Song China », *Imago Mundi*, 61-2, p. 145-167.

DI COSMO, Nicolas, WYATT, Don J., éd. (2003) : *Political Frontiers, Ethnic Boundaries and Human Geography*, Londres, RoutledgeCurzon, 418 p.

DIKÖTTER, Frank, éd. (1997) : *The Construction of Racial Identities in China and Japan*, Honolulu, University of Hawai'i Press, 220 p.

DIRLIK, Arif (1991) : *Anarchism in the Chinese Revolution*, Berkekey, University of California Press, 336 p.

DIRLIK, Arif, éd. (1998) : *What Is in a Rim ? Critical perspectives on the Pacific region idea*, Lanham, Rowman & Littlefield, 386 p., éd. or. 1993.

DOAK, Kevin M. (1995) : « Colonialism and ethnic nationalism in the political thought of Yanaihara Tadao (1893-1961) », *East Asian History*, 10, p. 79-98.

DOAK, Kevin M. (1996) : « Ethnic nationalism and romanticism in early Twentieth-Century Japan », *Journal of Japanese Studies*, 22-1, p. 77-103.

DOAK, Kevin M. (1997) : « What is a nation and who belongs ? National narratives and the ethnic imagination in Twentieth-Century Japan », *The American Historical Review*, 102-2, p. 282-309.

DOI, Takeo (1971) : *Amae no kôzô* (La structure de l'amae), Tôkyô, Kôbundô. Trad. anglaise : *The Anatomy of Dependance* (1973), Tôkyô, Kôdansha International, 186 p.

DOLLFUS, Olivier (1980) : « Science sociale et découpage régional. Note sur deux débats, 1820-1920 », *Actes de la recherche en sciences sociales*, 35.

DOMENACH, Jean-Luc, CAMROUX, David, dir. (1997) : *L'Asie retrouvée*, Paris, Le Seuil, 350 p.

DOROFEEVA-LICHMANN, Vera (1996) : « Political concept behind an interplay of spatial "positions" », *Extrême-Orient, Extrême-Occident*, 18, p. 9-33.

DOWER, John W. (1999) : *Embracing Defeat : Japan in the Wake of World War II*, Londres, W. W. Norton & Company, 680 p.

DRÈGE, Jean-Pierre (1989) : *Marco Polo et la Route de la soie*, Paris, Gallimard, 194 p.

DU PASQUIER, Jean-Thierry (1982) : *Les Baleiniers français au XIXe siècle, 1814-1868*, Grenoble, Terre et mer, 256 p.

DUNMORE, John (1978) : *Explorateurs français dans le Pacifique, T. 1 : le XVIIIe siècle*, Papeete, Éditions du Pacifique, 380 p.

DURAND, Frédéric (2000) : « L'Asie du Sud-Est ? Une aire à géographie variable », *Limes*, Golias, automne, p. 184-193.

DUTEIL, Jean-Pierre (2001) : *L'Asie aux XVIe, XVIIe et XVIIIe siècles*, Paris, Ophrys, 162 p.

DUUS, Peter (1995) : *The Abacus and the Sword, the Japanese Penetration of Korea 1895-1910*, Berkeley, University of California Press, 480 p.

DUUS, Peter, OKIMOTO, Daniel (1979) : « Fascism and the history of Prewar Japan : the failure of a concept », *Journal of Asian Studies*, 39-1, p. 65-76.

EARNS, Lane (1997) : « Local implications for the end of extraterritoriality in Japan : the closing of the foreign settlement at Nagasaki », *New Directions in the Study of Meiji Japan*, Helen Hardacre with Adam L. Kern éd., Leiden, Brill, 582 p., p. 311-319.

EDWARDS, Walter (1996) : « In pursuit of Himiko — Postwar archaeology and the location of Yamatai », *Monumenta Nipponica*, 51-1, p. 53-79.

EISENSTADT, Samuel N. (1997) : « L'expérience historique japonaise : le paradoxe d'une modernité non axiale », *Revue internationale des sciences sociales*, 151, p. 129-140.

ELISSEEFF, Danielle (1986) : *Hideyoshi, bâtisseur du Japon moderne*, Paris, Fayard, 286 p.

ELISON, George (1988) : *Deus Destroyed, the Image of Christianity in Early Modern Japan*, Massachusetts, Cambridge University Press, 542 p.

ELISONAS, Jurgis (1991) : « Christianity and the Daimyô », *The Cambridge History of Japan*, vol. IV, chap. VII., p. 235-300.

ELKHADEM, Hossam *et al.* (1994) : *Le Cartographe Gérard Mercator 1512-1594*, Bruxelles, Crédit Communal, 162 p.

ELLIOTT, Mark C. (2000) : « The limits of Tartary : Manchuria in Imperial and National Geographies », *The Journal of Asian Studies*, 59-3, p. 603-646.

ELSBREE, Willard H. (1953) : *Japan's Role in Southeast Asian Nationalist Movements, 1940-45*, Cambridge (MS), Harvard University Press, 182 p.

ELVIN, Mark (2004) : *The Retreat of the Elephants, an Environmental History of China*, Yale University Press, 564 p.

EMMERSON, Donald K. (1984) : « "Southeast Asia" : What's in a name ? », *Journal of South Asian Studies*, XV, 1, p. 1-21.

ENDÔ, Shûsaku (1992) : *Silence*, Paris, Denoël, 276 p., éd. or. 1966.

ENOKI, Kazuo (1976) : « *"Kokon Keishô no zu" ni tsuite* » (À propos de la carte « Gujin Xingsheng zhitu »), *Tôyô Gakuhô*, 58, 1-2, p. 1-48.

ESMEIN, Jean (1983) : *1/2 + (Un demi plus, études sur la défense du Japon hier et aujourd'hui)*, Paris, Cahiers de la fondation pour les études de défense nationale, 370 p.

ESMEIN, Jean (1990) : « De 1868 à nos jours », *Histoire du Japon*, Francine Hérail dir., 634 p., p. 425-579.

ÉTIEMBLE, René (1966) : *Les Jésuites en Chine, la querelle des rites (1552-1773)*, Paris, Julliard, 302 p.

FÄLT, Olavi K. (1985) : *Fascism, Militarism or Japanism ? The interpretation of the crisis years of 1930-1941 in the Japanese English language press*, Finlande, Rovaniemi, 150 p.

FAURE, Guy (2004) : « Le dessous des mots de l'Asie : analyse de la terminologie des nouveaux espaces géoéconomiques et géopolitiques d'après 1945 », *Identités territoriales en Asie orientale*, N.O.R.A.O. vol. 1, Philippe Pelletier dir., 394 p., p. 29-45.

FERRAND, Georges (1932) : « Le Wâk-Wâk est-il le Japon ? », *Journal Asiatique*, avril, p. 193-243.

FITZGERALD, John (1995) : « The nationless State : the search for a nation in modern Chinese nationalism », *The Australian Journal of Chinese Affairs*, 33, p. 75-104.

FLÉCHET, Anaïs (2008) : « L'exotisme comme objet d'histoire », *Hypothèses 2007*, Paris, Publications de la Sorbonne, 358 p., p. 17-27.

FLETCHER, Joseph (1978) : « Ch'ing Inner Asia », *The Cambridge History of China*, volume 10, part 1, Cambridge University Press, p. 35-106.

FLETCHER, William M. (1982) : *The Search for a New Order : Intellectuals and Fascism in Prewar Japan*, Chapel Hill, University of North Carolina Press, 226 p.

FLOROVSKY, Anthony (1951) : « Maps of the Siberian route of the Belgian jesuit, A. Thomas (1690) », *Imago Mundi*, VIII, p. 103-108.

FOGEL, Joshua (1995) : *The Cultural Dimension of Sino-Japanese Relations : Essays on the nineteenth and twentieth centuries*, New York, East Gate Book, 196 p.

FORÊT, Philippe (2002) : « The story of Seven Sisters Road : Premodern cartography in today's East Asia », Contribution au séminaire « Text-Bild-Karte — Kartographien der Vormoderne », Bâle, Zürich, 13 janvier.

FOUCHER, Michel (1984) : *Fronts et frontières, un tour du monde géopolitique*, Paris, Fayard, 692 p.

FRANK, Andre Gunder (1998) : *ReOrient, global economy in the Asian Age*, Berkeley, University of California Press, 420 p.

FRANK, Bernard (1973) : « Cinquante ans d'orientalisme en France (1922-1972) — Les études japonaises », *Journal Asiatique*, p. 255-295.

FREEMAN, Otis W., éd. (1951) : *Geography of the Pacific*, New York, John Wiley & Sons, Londres, Chapman & Hall, 576 p.

FRENCH, Calvin (1977) : « The first and last passion (Shiba Kôkan, 1747-1818) », *Hemisphere*, 21-1, p. 8-13, et 21-3, p. 8-15.

FRIEDMAN, Thomas (2005) : *The World is Flat, A brief history of the Twenty-First Century*, New York, Farrar, Straus & Giroux, 448 p.

FRISS, Herman R., éd. (1967) : *The Pacific Basin : A history of its geographical exploration*, New York, American Geographical Society.

FUCHS, Walter (1935) : « Materialen zur Kartographie der Mandjuzeit », *Monumenta Serica*, I, p. 386-427.

FUCHS, Walter (1952) : « A note on Father M. Boym's Atlas of China », *Imago Mundi*, IX, p. 71-72.

FUCHS, Walter (1953) : « Was South Africa already known in the 13th century ? », *Imago Mundi*, X, p. 50-51.

FUESS, Harald éd. (1998) : *The Japanese Empire in East Asia and its Postwar Legacy*, Munich, Iudicium Verlag, 258 p.

Fukuzawa, Yûkichi (2007) : *La Vie du vieux Fukuzawa racontée par lui-même*, Paris, Albin Michel, trad. et annot. Marie-Françoise Tellier, 418 p., éd. or. 1899.

Funakoshi, Akio (1984) : « A view of Japanese geography in the early 19th century », *Languages, Paradigms and Schools in Geography — Japanese contributions to the history of geographical thought (2)*, Takeuchi Keiichi éd., Hitotsubashi University, 116 p., p. 55-66.

Garcia, José Manuel (1993) : « Préface », *Traité de Luís Fróis, S.J. (1585) sur les contradictions de mœurs entre Européens & Japonais*, Paris, Chandeigne, p. 7-39.

Gayle, Curtis Anderson (2003) : *Marxist History and Postwar Japanese Nationalism*, Londres et New York, Routledge-Curzon, 204 p.

Gaziello, Catherine (1984) : *L'Expédition de Lapérouse, 1785-1788 — Réplique française aux voyages de Cook*, Paris, C.T.H.S., 324 p.

Gemegah, Helga (1999) : *Die Theorie des spanischen Jesuiten José de Acosta über den Ursprung der indianischen Völker aus Asien*, Frankfurt, Peter Lang, Dissertation.

Gentelle, Pierre (1999) : *Chine et « Chinois » outre-mer à l'orée du XXIe siècle*, Paris, Sedes, 314 p.

Gentelle, Pierre (2000) : « La Chine ou le malaise en périphérie, douze schémas pour une géo-histoire longue », *L'Information géographique*, p. 193-217.

Gernet, Jacques (1983) : *Chine et christianisme, action et réaction*, Paris, Gallimard, 342 p.

Gil, Juan (1992) : « Approche au XVe siècle », *XVe siècle*, Séville, Milan, Electa, 170 p., p. 13-19.

Gipouloux, François (2009) : *La Méditerranée asiatique, villes portuaires et réseaux marchands en Chine, au Japon et en Asie du Sud-Est, XVIe-XXIe siècle*, Paris, C.N.R.S. Éditions, 482 p.

Gluck, Carol (1999) : « Re-présenter Meiji », *La Nation en marche — Études sur le Japon impérial de Meiji*, Jean-Jacques Tschudin et Claude Hamon dir., Arles, Philippe Picquier, 266 p., p. 9-39.

Goblot, Jean-Jacques (1977) : *Pierre Leroux et ses premiers écrits (1824-1830), aux origines du socialisme français*, Lyon, Presses Universitaires de Lyon, 116 p.

Goldman, Harvey (1997) : « Images of the Other : Asia in Nineteenth-Century Western thought — Hegel, Marx, and

Weber », *Asia in Western and World History — A guide for teaching*, Ainslie T. Embree and Carol Gluck éd., Armonk-Londres, M. E. Sharpe, 1 000 p., p. 146-171.

GOODY, Jack (1999) : *L'Orient en Occident*, Paris, Le Seuil, 400 p., éd. or. 1996.

GOODY, Jack (2002) : « L'Eurasie et les frontières Est-Ouest », *Diogène*, 200, p. 141-146.

GRANET, Marcel (1929) : *La Civilisation chinoise*, Paris, rééd. Albin Michel 1988.

GRATALOUP, Christian (2003) : « Géohistoire », *Dictionnaire de la géographie et de l'espace des sociétés*, Jacques Lévy et Michel Lussault dir., Paris, Belin, p. 401-402.

GRATALOUP, Christian (2007) : *Géohistoire de la mondialisation, le temps long du Monde*, Paris, Armand Colin, 258 p.

GRATALOUP, Christian (2009) : *L'Invention des continents, comment l'Europe a découpé le monde*, Paris, Larousse, 228 p.

GROUSSET, René (1946) : *La Crise du monde moderne*, Paris, Gallimard, rééd. Folio, 2009, 210 p.

GUEX, Samuel (2006) : *Entre nonchalance et désespoir, les intellectuels japonais sinologues face à la guerre (1930-1950)*, Berne, Peter Lang, 308 p.

GUICHARD, Pierre (1998) : « Avant Tordesillas : La délimitation des terres de reconquête dans l'Espagne des XIIe et XIIIe siècles », *Le Partage du monde — Échanges et colonisation dans la Méditerranée médiévale*, Michel Balard et Alain Ducellier dir., Paris, Publications de la Sorbonne, 496 p., p. 451-460.

GUTH, Christine M. E. (2000) : « Charles Longfellow and Okakura Kakuzô : cultural cross-dressing in the colonial context », *Positions*, 8-3, p. 605-636.

HAGUENAUER, Charles (1935) : « Encore la question des Gores », *Journal Asiatique*, CCXXVI, p. 67-116.

HAMASHITA, Takeshi (1995) : « The regional system in East Asian history », *Historical Studies in Japan (VIII)*, Tôkyô, Yamakawa shuppansha, p. 153-165.

HAMASHITA, Takeshi (1997a) : *Chôkô shisutemu to kindai Ajia* (Le système tributaire et l'Asie moderne), Tôkyô, Iwanami shoten, 236 p.

HAMASHITA, Takeshi (1997b) : « The intra-regional system in East Asia in modern times », *Network Power, Japan and Asia*, Peter J. Katzenstein et Takashi Shiraishi éd., Ithaca & Londres, Cornell University Press, 400 p., p. 113-135.

HAN, Jung-Sun (2005) : « Rationalizing the Orient, the "East Asia Cooperative Community" in Prewar Japan », *Monumenta Nipponica*, 60-4, p. 481-514.

HAN, Suk-Jung (2004) : « The problem of sovereignty : Manchukuo, 1932-1937 », *Positions*, 12-2, p. 457-478.

HARA, Katsurô (1920) : *An Introduction to the History of Japan*, New York, Putnam's Sons, 438 p., rééd. 2009, Bibliolife.

HARLEY, J. Brian, et WOODWARD, David, éd. (1994) : *Cartography in the Traditional East and Southeast Asian Societies — The history of cartography*, Chicago, University of Chicago Press, 976 p.

HAROOTUNIAN, Harry (1980) : « The function of China in Tokugawa thought », *The Chinese and the Japanese — Essays in Political and Cultural Interactions*, Akira Iriye éd., Princeton, Princeton University Press, 376 p., p. 9-36.

HAROOTUNIAN, Harry (2005) : « The black cat in the dark room », *Positions*, 13-1, p. 137-155.

HARRINGTON, Lewis E. (2009) : « Miki Kiyoshi and the Shôwa kenkyûkai : the failure of world history », *Positions*, 17-1, p. 43-72.

HARRISON, John A. (1950) : « Notes on the discovery of Yezo », *Annals of the Association of American Geographers*, 40, p. 254-266.

HASHIKAWA, Bunsô (1980) : « Japanese perspectives on Asia : from dissociation to coprosperity », *The Chinese and the Japanese — Essays in Political and Cultural Interactions*, Akira Iriye éd., Princeton University Press, 376 p., p. 328-355.

HAVRET, Henri (1899) : « Les travaux géographiques des Jésuites en Chine », *Annales de Géographie*, 8, p. 172-175.

HEERS, Jacques (1981) : *Christophe Colomb*, Paris, Hachette, 666 p.

HEISIG, James, MARALDO, John, éd. (1994) : *Rude Awakenings : Zen, the Kyôto School, and the Question of Nationalism*, Honolulu, University of Hawai'i Press, 390 p.

HENTSCH, Thierry (1987) : *L'Orient imaginaire, la vision politique occidentale de l'Est méditerranéen*, Paris, Minuit, 292 p.

HÉRAIL, Francine, et KOUAMÉ, Nathalie (2008) : *Conversations sous les toits — De l'histoire du Japon, de la manière de la vivre et de l'écrire*, Arles, Philippe Picquier, 180 p., p. 40-43.

HERRMANN, Albert (1937) : « Die älteste türkische Weltkarte (1076 n. Chr.) », *Imago Mundi*, II, p. 21-25.

HIROSE, Hideo (1964) : « The European influence on Japanese astronomy », *Monumenta Nipponica*, 19-3/4, p. 295-314.

HOBSBAWM, Eric, RANGER, Terence, dir. (2006) : *L'Invention de la tradition*, Ed. Amsterdam, 370 p., éd. or. 1983.

HOBSON, John M. (2004) : *The Eastern Origins of Western Civilization*. Cambridge, Cambridge University Press, 378 p.

HOOSON, David (1998) : « The myth of continents : a critique of metageography (review) », *Geographical Review*, 88-2, p. 323-325.

HORIUCHI, Annick (2002) : « Honda Toshiaki (1743-1820) ou l'Occident comme utopie », *Repenser l'ordre, repenser l'héritage, paysage intellectuel du Japon (XVIIe-XIXe siècles)*, Frédéric Girard, Annick Horiuchi et Mieko Macé dir., Genève, Droz, 528 p., 446 p.

HORIUCHI, Annick (2007) : « Le *Kaikoku heidan* (De la défense des pays maritimes) de Hayashi Shihei — Présentation et traduction de la préface », *Ebisu*, 38, p. 83-101.

HOSTETLER, Laura (2001) : *Qing Colonial Enterprise, Ethnography and Cartography in Early Modern China*, Chicago, Chicago University Press, 262 p.

HOSTON, Germaine A. (1986) : *Marxism and the Crisis of Development in Prewar Japan*, Princeton, Princeton University Press, 406 p.

HOSTON, Germaine A. (1992) : « The State, modernity, and the fate of liberalism in Prewar Japan », *The Journal of Asian Studies*, 51-2, p. 287-316.

HOSTON, Germaine A. (1994) : *The State, Identity, and the National Question in China and Japan*, Princeton, Princeton University Press, 630 p.

HOTTA, Eri (2007) : *Pan-Asianism and Japan's War, 1931-1945*, New York, Palgrave Macmillan, 290 p.

HOWELL, David (1994) : « Ainu ethnicity and the boundaries of the early modern Japanese State », *Past & Present*, 142, p. 69-93.

HOWELL, David L. (1995) : *Capitalism From Within — Economy, society and the State in a Japanese fishery*, University of California Press, 252 p.

HOWELL, David L. (2005) : *Geographies of identity in Nineteenth-Century Japan*. Princeton, Princeton University Press, 262 p.

HOWLAND, D. R. (1996) : *Borders of Chinese Civilization, Geography and history at Empire's End*, Durham, Duke University Press, 324 p.

HSIA, Adrian (2001) : « The Far East as the philosophers' "other" : Immanuel Kant and Johann Gottfried Herder », *Revue de littérature comparée*, 297-1, p. 13-29.

HSU, Mei-Ling (1978) : « The Han maps and early Chinese cartography », *Annals of the Association of American Geographers*, 68-1, p. 45-60.

HSU, Wen-Hsiung (1980) : « From aboriginal island to Chinese Frontier : The development of Taiwan before 1683 », *China's Island Frontier, Studies in the Historical Geography of Taiwan*, Ronald G. Knapp dir., Taipei, S.M.C. Publishing Inc.

HUBBARD, Jason C. (1994) : « The map of Japan engraved by Christopher Blancus, Rome, 1617 », *Imago Mundi*, 46, p. 84-99.

HUMBERTCLAUDE, Pierre (1940) : « À propos de la Mappemonde du P. Ricci », *Monumenta Nipponica*, 3-2, p. 643-647.

HUMBOLDT, Alexandre von, éd. (1830) : *Dictionnaire géographique universel : contenant la description de tous les lieux du Globe intéressans sous le rapport de la Géographie physique et politique*, Paris, Kilian et Piecquet, vol. 7.

HUNTINGTON, Samuel P. (1996) : *The Clash of Civilizations and the Remaking of World Order*, New York, Simon and Schuster ; [trad.] *Le Choc des civilisations*, Paris, Odile Jacob, 1997, 550 p.

IIDA, Yumiko (2000) : « Between the technique of living an endless routine and the madness of absolute degree zero : Japanese identity and the crisis of modernity in the 1990s », *Positions*, 8-2, p. 423-464.

INDEN, Ronald (1986) : « Orientalist constructions of India », *Modern Asian Studies*, 20-3, p. 401-446.

INOUE, Kiyoshi (1972) : « The Tiaoyu Islands (Senkaku Island) are China's territory », *Japan-China culture exchange*, février.

IRIYE, Akira, éd. (1980) : *The Chinese and the Japanese — Essays in Political and Cultural Interactions*, Princeton University Press, 376 p.

ISHIDA, Eiichirô (1969) : *Nihon bunka ron* (Traité sur la culture japonaise), Tôkyô, Chikuma shobô, 200 p.

ISHIKAWA, Tomonori (1997) : *Nihon imin no chirigakuteki kenkyû* (Étude géographique de l'immigration japonaise), Okinawa, Yojushorin, 650 p.

ISNARD, Albert (1915) : « Joseph-Nicolas Delisle, sa biographie et sa collection de cartes géographiques à la Bibliothèque nationale », *Comité des travaux historiques et scientifiques, bulletin de la section de géographie*, XXX, p. 34-124.

IVY, Marilyn (2009) : « The world is superflat : art and politics in contemporary Japan », *Japan Anthropology Colloquium Series*, Yale University, 17 avril.

IWABUCHI, Kôichi (2002) : « Nostalgia for a (different) Asian modernity : media consumption of "Asia" in Japan », *Positions*, 10-3, p. 547-573.

IWABUCHI, Kôichi (2008) : « Au-delà du "Cool Japan", la globalisation culturelle », *Critique internationale*, 38, p. 37-53.

IWAHASHI, Koyata (1970) : *Nihon no kokugô* (Le nom du Japon), Tôkyô, Yoshikawa kôbunkan.

IWAI, Shuma (2009) : « The perspective of Ebina Danjô's Japanized christianity : a historical case study », *Exchange*, 38, p. 21-33.

IWAO, Sei.ichi (1976) : « Japanese foreign trade in the 16th and 17th centuries », *Acta Asiatica*, 30, p. 1-18.

JACOB, Christian (1980) : « Écritures du monde », *Cartes et figures de la terre*, Paris, Centre Georges-Pompidou, 482 p., p. 104-119.

JACOB, Christian (1992) : « Un athlète du savoir : Ératosthène », *Alexandrie IIIe siècle av. J.-C. — Tous les savoirs du monde ou le rêve d'universalité des Ptolémées*, Paris, Autrement, 19, p. 119-129.

JACOB, Christian (1992) : *L'Empire des cartes, approche théorique de la cartographie à travers l'histoire*, Paris, Albin Michel, 538 p.

JACOB, Christian (1992) : « Il faut qu'une carte soit ouverte ou fermée : le tracé conjectural », *Revue de la B.N.*, 45, p. 35-41.

JANSEN, Marius B. (1992) : *China in the Tokugawa World*, Cambridge, Harvard University Press, 146 p.

JEON, Sang-Woon (1974) : « Geography and cartography », *Science and Technology in Korea — Traditional instruments and techniques*, Cambridge, M.I.T. Press, 388 p., p. 273-315.

JÉZÉQUEL, Laurie (2010) : *Je et enjeux autour du processus de catégorisation de la jeunesse japonaise, pourquoi définir une génération perdue ?*, Mémoire de master, I.E.P. de Lyon, Philippe Pelletier dir., 140 p.

JOYAUX, François (1991) : *Géopolitique de l'Extrême-Orient, espaces et politiques*, Bruxelles, Complexe, t. 1, 226 p.

JULLIEN, François (2007) : *La Pensée chinoise dans le miroir de la philosophie*, Paris, Le Seuil, 1908 p.

KADOWAKI, Teiji (1992) : « *Nihon no keisei* » (La formation du Japon), *Ajia no naka no Nihon-shi*, vol. IV, Tôkyô Daigaku shuppankai, p. 1-28.

KALLAND, Arne, MOERAN, Brian (1992) : *Japanese Whaling, End of an Era ?*, Londres, Curzon Press, 284 p.

KALLAND, Arne (1995) : *Fishing Villages in Tokugawa Japan*, Londres, Curzon Press, 360 p.

KANE, Daniel (1999) : « Mapping "All under Heaven" — Jesuit cartography in China », *Mercator's World*, 4-4, p. 40-47.

KANG, Etsuko Hae-Jin (1997) : *Diplomacy and Ideology in Japanese-Korean Relations : From the Fifteenth to the Eighteenth Century*. Londres, Macmillan Press, 312 p.

KANG, Sang-Jung (1996) : *Orientarizumu no kanata he — Kindai bunka hihan* (Au-delà de l'orientalisme, une critique de la culture moderne), Tôkyô, Iwanami shoten, 246 p.

KANG, Sang-Jung (2005) : « The imaginary geography of a nation and denationalized narrative », *Contemporary Japanese Thought*, Richard Calichman éd., New York, Columbia University Press, 310 p.

KAPITZA, Peter (1990) : *Japan in Europe — Texte und Bilddokumente zur europäischen Japankenntnis von Marco Polo bis Wilhelm von Humboldt*, vol. II, Munich, Iudicium Verlag, 1 026 p.

KARATANI, Kôjin (1991) : « The discursive space of Modern Japan », *Boundary 2*, 18-3, p. 191-219.

KARL, Rebecca E. (1998) : « Creating Asia : China in the World at the beginning of the Twentieth Century », *The American Historical Review*, 103-4, p. 1096-1118.

KATÔ, Hidetoshi (1981) : « The significance of the period of national seclusion reconsidered », *Journal of Japanese Studies*, 7-1, p. 85-109.

KATÔ, Shûichi (2009) : *Le Temps et l'espace dans la culture japonaise*, Paris, C.N.R.S. Éditions, éd. or. 2007, trad. Christophe Sabouret, 278 p.

KAWADA, Shoryô, NAGAKUNI, Jun.ya, KITADAI, Junji (2003) : *Drifting Toward the Southeast — The story of five castaways told in*

1852 by John Manjirô, New Bedford, Mass., Spinner Publications, 144 p.

KAWAKATSU, Heita (1992) : « Un autre regard sur la politique de fermeture », *Cahiers du Japon*, 53, p. 54-63.

KAWAMURA, Hirotada (1988) : « Ôsutoria kokuritsu tôshokan shozô no Mateo-Rittchi sekai zu "Kon'yo bankoku zenzu" » (La mappemonde "Kunyu wanguo quantu" de Matteo Ricci dans les trésors de la Bibliothèque nationale d'Autriche), *Jimbun Chiri*, 40-5, p. 403-423.

KAWAZOE, Shoji (1990) : « Japan and East Asia », *The Cambridge History of Japan*, vol. 3, p. 396-446.

KEARNS, Gerry (2004) : « The political pivot of geography », *The Geographical Journal*, 170-4, p. 337-346.

KEENE, Donald (1969) : *Japanese Discovery of Europe, 1720-1830*, Stanford, Stanford University Press, 272 p.

KEENE, Donald (2006) : *Frog in the Well : Portraits of Japan by Watanabe Kazan 1793-1841*, New York, Columbia University Press, 290 p.

KEUNING, Johannes (1947) : « The History of an Atlas, Mercator-Hondius », *Imago Mundi*, IV, p. 37-62.

KEUNING, Johannes (1949) : « Hessel Gerritsz », *Imago Mundi*, VI, p. 49-60.

KEUNING, Johannes (1954) : « Nicolaas Witsen as a cartographer », *Imago Mundi*, p. 95-110.

KIDDER, Jonathan Edward (2007) : *Himiko and Japan's Elusive Chiefdom of Yamatai*, Honolulu, University of Hawai'i Press, 402 p.

KIM, Hak-shun (2004) : *Dokuto/Takeshima Kankoku no ronri* (Tokto/Takeshima, la logique de la Corée), Tôkyô, Ronsôsha, 254 p.

KIM, Yang-son (1961) : « *Myongmal Ch'ongch'o Yasohoe son'gyosaturi chejakhan sege chidowa ku Han'guk munhwasasange mich'in yonghyang* » (Les mappemondes jésuites publiées par les Ming et les Qing, et leur influence en Corée), *Sungdae*, 6, p. 35-37.

KINGSBURY, Paul (2010) : « Editorial introduction : Friedrich Nietzsche and Geography », *ACME, an international E-journal for critical geographies*, 9-1, p. 1-9.

KISH, George (1947) : « The cartography of Japan during the middle Tokugawa era : a study in cross-cultural influences », *Annals of the Association of American Geographers*, XXXVII-2, p. 101-119.

KISH, George (1949) : « Some aspects of the missionary cartography of Japan during the sixteenth century », *Imago Mundi*, VI, p. 39-47.

KISH, George (1951) : « The Japan on the "Mural Atlas" of the Palazzo Vecchio, Florence », *Imago Mundi*, VIII, p. 52-54.

KISH, George (1980) : *La Carte : image des civilisations*, Paris, Le Seuil, 292 p.

KITAGAWA, Kay (1950) : « The map of Hokkaidô of G. de Angelis, *ca* 1621 », *Imago Mundi*, VII, p. 110-114.

KLEMP, Egon (1989) : *Asien auf Karten von der Antike bis zur Mitte des 19. Jahrhunderts*, Weinheim, 288 p.

KNAPP, Ronald G., dir. : *China's Island Frontier, Studies in the Historical Geography of Taiwan*, Taipei, S.M.C. Publishing Inc.

KOBATA, Atsushi (1965) : « The production and uses of gold and silver in Sixteenth and Seventeenth-Century Japan », *Economic History Review*, 18, 1-3, p. 245-266.

KOJIMA, Kiyoshi (1971) : *Japan and a Pacific Free Trade Area, a New Design for World*, Londres, MacMillan, 196 p.

Kokuritsu minzokugaku hakubutsukan éd. (1991) : *Doitsujin no mita Genroku jidai Kemperu-dono* (M. Kaempfer et l'époque Genroku vue par un Allemand), Ôsaka, 170 p.

KOMAGOME, Takeshi (1996) : *Shokuminchi teikoku Nihon no bunka tôgô* (L'intégration culturelle de l'empire colonial du Japon), Tôkyô, Iwanami shoten, 466 p.

KORINMAN, Michel, CARACCIOLO, Lucio, dir. (1994) : *Les Fractures de l'Occident, éléments de géopolitique*, Paris, La Découverte/Limes, 242 p.

KOSHIRO, Yukiko (2003) : « Beyond an alliance of color : the African American impact on modern Japan », *Positions*, 11-1, p. 183-215.

KÔTOKU, Shûsui (2008) : *L'Impérialisme, le spectre du XX*e *siècle*, Paris, C.N.R.S. Éditions, trad., prés. et ann. par Christine Lévy, 194 p., éd. or. 1901.

KOUAMÉ, Nathalie (2009) : « Quatre règles à suivre pour bien comprendre le "siècle chrétien" du Japon », *Histoire & Missions Chrétiennes*, 11, p. 9-38.

KRAMP, F. G. (1897) : *Remarkable Maps of the XVth, XVIth & XVIIth centuries reproduced in their original size*, In-fol.

KUPCIK, Ivan (1981) : *Cartes géographiques anciennes : évolution de la représentation cartographique du monde, de l'Antiquité à la fin du XIXe siècle*, Paris, Gründ, 240 p.

LABOULAIS-LESAGE, Isabelle (2000) : « La géographie de Kant », *Revue d'Histoire des Sciences Humaines*, 2, p. 147-153.

LABOULAIS-LESAGE, Isabelle (2001) : « Les géographes français de la fin du XVIIIe siècle et le terrain, recherches sur une paradoxale absence », *L'Espace géographique*, 30-2, p. 97-110.

LABROUSSE, Pierre (1996) : « Langues O' 1795-1995. Deux siècles d'histoire de l'École des langues orientales », *B.E.F.E.O.*, 83-1, p. 379-380.

LABROUSSE, Pierre (1999) : « Java classique et le monde maritime, nouvel orient de l'océan Indien », *Révolution française et océan Indien — Prémices, paroxysmes, héritages et déviances*, Claude Wanquet, Benoît Julien éd., Paris, L'Harmattan, 526 p., p. 259-294.

LACH, Donald F., VAN KLEY, Edwin L. (1993) : *Asia in the Making of Europe — Volume III, A Century of Advance*, Chicago University of Chicago Press, 594 p.

LACOSTE, Yves (1989) : « Éditorial : Australasie », *Hérodote*, 52, p. 3-14.

LACROIX, Louis (1968) : *Les Derniers Baleiniers français*, Paris, Éditions maritimes et d'Outre-mer, 384 p., éd. or. 1947.

LAFFON, Caroline et Martine (2008) : *Dessiner le monde, histoires de géographie*, Paris, Le Seuil, 196 p.

LAGARDE, Lucie (1989) : « Le passage du Nord-Ouest et la mer de l'Ouest dans la cartographie française du XVIIIe siècle, contribution à l'étude de l'œuvre de Delisle et Buache », *Imago Mundi*, 41, p. 19-43.

LAGARDE, Lucie (1996) : « Philippe Buache (1700-1773), cartographe ou géographe ? », *Terre à découvrir, terres à parcourir — Exploration et connaissance du Monde, XIIe-XIXe siècles*, Chambard Antoine et Lecoq Danielle dir., Paris, L'Harmattan, 374 p., p. 146-165.

LAPÉROUSE, Jean-François Galaup de (1931) : *Voyage de Lapérouse rédigé d'après ses manuscrits originaux*, Paris, A. Bertrand.

LARGE, Stephen (1997) : *Emperors of Rising Sun, three biographies*, Tôkyô, Kôdansha International, 232 p.

LARUELLE, Marlène (2001) : « Les idéologies de la "troisième voie" dans les années 1920, le mouvement eurasiste russe », *Vingtième siècle, revue d'histoire*, 70, p. 31-46.

LASSALLE, Thierry (1990) : *Cartographie, 4 000 ans d'aventures et de passion*, Paris, I.G.N.-Nathan, 156 p.

LASSO de la VEGA, José (1992) : « L'importance de la récupération de la géographie de Ptolémée dans le XVe siècle », *XVe siècle*, Séville, Milan, Electa, 170 p., p. 38-47.

LAUBENBERGER, Franz (1959) : « Ringmann oder Waldseemüller ? Eine kritische Untersuchung über den Urheber des Namens Amerika », *Erdkunde*, 13, p. 163-179.

LAUFER, Berthold (1912) : « The name China », *T'oung Pao*, déc., p. 719-726.

LAUFER, Berthold (1931) : « Columbus and Cathay, and the meaning of America to the Orientalist », *Journal of the American Oriental Society*, 51-2, p. 87-103.

LAVELLE, Pierre (1992) : « Au centre de l'ultra-nationalisme japonais : Ôkawa Shûmei (1886-1957) », *Revue d'histoire moderne et contemporaine*, 39, p. 222-237.

LAVELLE, Pierre (1994) : « The political thought of Nishida Kitarô », *Monumenta Nipponica*, 49-2, p. 139-165.

LAVELLE, Pierre (2005) : « Bouddhisme et terrorisme dans le Japon ultranationaliste, la Conjuration du Sang », *Mots, les langages du politique*, 79, p. 61-71.

LE CARRER, Olivier (2006) : *Océans de papier, histoire des cartes marines, des périples antiques au GPS*, Grenoble, Glénat, 132 p.

LECOQ, Danielle (1992) : « Saint Brandan, Christophe Colomb, et le paradis terrestre », *Revue de la Bibliothèque nationale*, 45, p. 14-21, p. 17.

LECOQ, Danielle (1998) : « Au-delà des limites de la terre habitée — Des îles extraordinaires aux terres antipodes (XIe-XIIIe siècles) », *Terre à découvrir, terres à parcourir — Exploration et connaissance du monde XIIe-XIXe siècles*, Danielle Lecoq et Antoine Chambard éd., Paris, L'Harmattan, 374 p., p. 15-41.

LEDYARD, Gari (1991) : « The Kangnido : a Korean world map, 1402 », *Circa 1492, Art in the Age of Exploration*, Jay A. Levinson éd., New Haven & London, Yale University Press, 678 p., p. 328-332.

LEDYARD, Gari (1994) : « Cartography in Korea », *Cartography in the Traditional East and Southeast Asian Societies — The History of Cartography*, volume 2, book 2, David Woodward, J. B. Harley éd., p. 235-345.

LEE, Chan (1991) : *Han'guk ûi kochido* (« Cartes anciennes de Corée »), Séoul, Bumwoo-sa (Pûm'usa), 426 p.

LEE, Hee-Soo (1991) : « Early Korea-Arabic maritime relations based on Muslim sources », *Korea Journal*, 31-2, p. 21-32.

LEINEKUGEL le COCQ, Max (1977) : *Premières images de la terre*, Meudon, Joël Cuénot, 100 p.

LEFORT, Isabelle, et PELLETIER, Philippe (2006) : *Grandeurs et mesures de l'écoumène*, Paris, Economica, 234 p.

LEFORT, Jean (2004) : *L'Aventure cartographique*, Paris, Belin, 322 p.

LEÓN-PORTILLA, Miguel (2007) : *Martin Waldseemüller, Introducción a la cosmografía y las Cuatro navegaciones de Américo Vespucio*, Mexico, Universidad Nacional Autónoma de México, traduction, introduction et notes.

LEONARD, Jane Kate (1984) : *Wei Yuan and China's Rediscovery of the Maritime World*, Cambridge (Mass.) & London, Harvard University Press, 278 p.

LESSON, René Primevère (1862) : *Description de mammifères et d'oiseaux récemment découverts, précédée d'un tableau sur les races humaines*, Paris, Lévêque, 360 p.

LESTRINGANT, Frank (1980) : « Insulaires », *Cartes et figures de la Terre*, Paris, Centre Pompidou, p. 470-475.

LEVATHES, Louise (1995) : *Les Navigateurs de l'Empire céleste — La flotte impériale du Dragon : 1405-1433*, Paris, Filipacchi, 290 p., éd. or. 1994.

LEVINSON, Charles (1977) : *Vodka-Cola*, Paris, Stock, 470 p.

LÉVI-STRAUSS, Claude (1962) : *La Pensée sauvage*, Paris, Plon, 348 p.

LÉVY, Christine (2003) : *La Formation de l'internationalisme prolétarien au Japon entre la fin du* XIXe *siècle et le début du* XXe *siècle*, Paris, Université Paris VII, Jean-Jacques Tschudin dir., 3 vol.

LÉVY, Christine (2007) : « Asiatisme et formation du premier courant anti-impérialiste au Japon », *Japon Pluriel* 7, Arnaud Brotons et Christian Galan éd., Arles, Philippe Picquier, 514 p., p. 149-158.

LEWIS, Martin, WIGEN, Kären (1997) : *The Myth of Continents — A Critique of Metageography*, Berkeley, University of California Press, 346 p.

LEWIS, Martin (1999) : « Dividing the Ocean Sea », *Geographical Review*, 89-2, p. 188-214.

LEWIS, Martin, WIGEN, Kären (2000) : « Third Worldism or Globalism ? Reply to James M. Blaut's Review of The Myth of Continents », *Journal of World History*, 11-1, p. 81-92.

LI, Hui-Lin (1960-61) : « Mu-lan-p'i, a case for pre-Columbian transatlantic travel by Arabs ships », *Harvard Journal of Asiatic Studies*, 23, p. 114-126.

LI, Jin-Mieung (1998) : *Les Îlots Tok-do (Take-shima, Liancourt) d'après les documents occidentaux*, Paris, P.A.F., 256 p., en français et en coréen.

LI, Jin-Mieung (2001) : « Mer de l'Est ou mer du Japon, une dénomination controversée », *Culture Coréenne*, 59, 5 p.

LI, Jin-Mieung (2005) : *Tok-do, jiri-sang-ûi jae-palkyôn* (Redécouverte des îlots Tok-do d'un point de vue géographique et historique), Séoul, Sam'in, 348 p., éd. or. 1998, augmentée.

LI, Ogg (1969) : *Histoire de la Corée*, Paris, P.U.F., 130 p.

LIEPPE, Denis, TAILLEMITTE, Étienne, dir. (1997) : *La Percée de l'Europe sur les océans vers 1690-vers 1790,* Paris, Presses de l'Université de Paris, 304 p.

LOCQUIN, Marcel (2002) : *Quelle langue parlaient nos ancêtres préhistoriques ?*, Paris, Albin Michel, en collaboration avec Vahé Zartarian, 190 p.

LODEN, Torbjörn (1996) : « Nationalism transcending the State : changing conceptions of Chinese identity », *Asian Forms of the Nation*, Stein Tønneson, Hans Antlöv éd., Londres, Curzon, 364 p., p. 270-296.

LONG, Daniel (2003) : « The Bonin (Ogasawara) Islands : a multilingual, multiethnic and multicultural community in Japan, *The Asiatic Society of Japan*, conférence, 17 février.

LUK, Hung-Kay Bernard (1977) : « A study of Giulio Aleni's "Chih-fang wai chi" », *Bulletin of the School of Oriental and African Studies, University of London*, 40-1, p. 58-84.

MA, Jun (2010) : « Liang Qichao, un intellectuel entre réformisme et conservatisme », *SinoPolis*, juin, 158.

MACKAY, A. L. (1975) : « Kim Su-Hong and the Korean cartographic tradition », *Imago Mundi*, 27-1, p. 27-38.

MACKINDER, Halford John (1904) : « The geographical pivot of history », *The Geographical Journal*, XXIII-4, p. 421-444.

MACKINNON, Daniel Henry (1849) : *Military Service and Adventures in the Far East, including sketches of the campaigns against the Afghans in 1839, and the Sikhs in 1845-6*, Londres, John Ollivier, vol. II, 296 p.

MAGALHÃES GODINHO, Vitorino (1969) : *L'Économie de l'empire portugais aux XVe et XVIe siècles*, Paris, Sevpen, 604 p.

MAGALHÃES GODINHO, Vitorino (1990) : *Les Découvertes — XVe-XVIe : une révolution des mentalités*, Paris, Autrement, Mémoires, éd. or. 1984, 96 p.

MAGALHÃES GODINHO, Vitorino (1992) : « L'expansion portugaise et les découvertes », *XVe siècle*, Séville, Exposition Universelle, Milan, Electa, 170 p., p. 110-120.

MAGASICH-AIROLA, Jorge et DE BEER, Jean-Marc (1994) : *America Magica — Quand l'Europe de la Renaissance croyait conquérir le Paradis*, Paris, Autrement, Mémoires, 29, 258 p.

MAHAN, Alfred T. (1902) : « The Persian Gulf and international relations », *National Review*, 40, p. 27-45.

MAHN-LOT, Marianne (1981) : « Conceptions géographiques et découverte : la question des Moluques jusqu'en 1521 », *Archipel*, 22, p. 75-86.

MAHN-LOT, Marianne (1989) : « Îles des Bienheureux et Paradis terrestre », *Revue historique*, 569, p. 47-50.

MAHN-LOT, Marianne (1991) : *La Découverte de l'Amérique*, Paris, Flammarion, 148 p.

MAHN-LOT, Marianne (1998) : « Christophe Colomb. Culture de l'Ancien Monde et découverte du Nouveau », *Terre à découvrir, terres à parcourir — Exploration et connaissance du monde XIIe-XIXe siècles*, Danielle Lecoq et Antoine Chambard éd., Paris, L'Harmattan, 374 p., p. 75-97.

MAÎTRE, Marie-Julie (2010) : *Réception et représentation de la philosophie chinoise en France du seizième au vingt et unième siècle*, Université Lyon 3, thèse de doctorat en philosophie, Gregory Lee et Bruno Pinchard dir., 458 p.

MALAURIE, Jean, prés. (2004) : *À la découverte de la Sibérie, géographes et voyageurs français de Pierre le Grand à nos jours*, Paris, Éditions du Muséum, 66 p.

MANZANO, Juan Manzano (1976) : *Colón y su secreto*, Madrid, Ediciones cultura hispánica, 710 p.

MARANDJIAN, Karine (1993) : « Some aspects of the Tokugawa Outer World view », *War, Revolution and Japan*, Ian Neary éd., Kent, Japan Library, 184 p., p. 10-19.

MARGOLIN, Jean-Louis (1992) : « L'Asie, continent de massacres ? », *L'Histoire inhumaine, massacres et génocides des origines à nos jours*, Guy Richard éd., Paris, Armand Colin, 480 p.

MARROU, Louis (2000) : « L'Atlantique, l'autre frontière », *La Frontera hispano-portuguesa : Nuevo espacio de atracción y cooperación*, Lorenzo López Trigal et François Guichard éd., Zamora, Fundación Rei Afonso Henriques, p. 39-56.

MARTINEZ-GROS, Gabriel (1998) : « La division du monde selon Idrîsî », *Le Partage du monde — Échanges et colonisation dans la Méditerranée médiévale*, Michel Balard et Alain Ducellier dir., Paris, Publications de la Sorbonne, 496 p., p. 315-334.

MARUYAMA, Masao (1974) : *Studies in the Intellectual History of Tokugawa Japan*, Tôkyô, University of Tôkyô Press, 388 p.

MARUYAMA, Masao (1996) : *Essais sur l'histoire de la pensée politique au Japon*, Paris, P.U.F., 242 p., préface et traduction de Jacques Joly.

MASAKI, Tsuneo (1995) : *Shokuminchi gensô, Igirisu bungaku to Hiyoroppa* (Illusions coloniales, la littérature anglaise et ce qui n'est pas l'Europe), Tôkyô Misuzu shobô, 256 p.

MASUDA, Yoshio (1967) : *Junsui bunka no jôken : Nihon bunka wa shôgeki ni dô taeta ka* (Les conditions d'une culture pure : comment la culture japonaise a-t-elle supporté le choc ?), Tôkyô, Kôdansha, 208 p.

MATHY, Jean-Philippe (1993) : *Extrême-Occident, French Intellectuals and America*, Chicago, The University of Chicago Press, 318 p.

MAYO, Marlene J. (1973) : « The Western education of Kume Kunitake, 1871-1876 », *Monumenta Nipponica*, 28-1, p. 3-67.

Mc GUIRK, J. Donald L. (1989) : « Ruysch world map : census and commentary », *Imago Mundi*, 41, p. 133-141.

McWILLIAMS, Wayne C. (1975) : « East meets East, the Soejima mission to China, 1873 », *Monumenta Nipponica*, 30-3, p. 237-275.

MEAUX, Lorraine de (2010) : *La Russie et la tentation de l'Orient*, Paris, Fayard, 434 p.

MENZIES, Gavin (2002) : *1421 — The Year China Discovered the World*, Londres, Bantam Books, 2e édition (2003) avec postscript, 656 p.

MESCHONNIC, Henri, HASUMI, Shigehiko, dir. (2002) : *La Modernité après le post-moderne*, Paris, Maisonneuve & Larose, 202 p.

METCHNIKOFF, Léon (1889) : *La Civilisation et les grands fleuves historiques*, Paris, Hachette, 376 p., préface d'Élisée Reclus, p. V-XXVIII.

MICHÉA, Jean-Claude (2007) : *L'Empire du moindre mal, essai sur la civilisation libérale*, Paris, Flammarion, 210 p.

MICHEL, Wolfgang (2002) : « On the background of Engelbert Kaempfer's studies of Japanese herbs and drugs », *Journal of the Japan Society of medical history*, 48-4, p. 692-720.

MILHOU, Alain (1994) : « Le messianisme de Christophe Colomb : tradition hispanique, tradition juive ou tradition joachimite ? », *Christophe Colomb et la découverte de l'Amérique — Réalités, imaginaire et réinterprétations*, Aix-en-Provence, Publications de l'Université de Provence, 314 p., p. 95-113.

MINAMI, Hiroshi (1994) : *Nihonjinron — Meiji kara konnichi made* (Les Japonologies — de Meiji à nos jours), Tôkyô, Iwanami shoten, 410 p.

MIQUEL, André (1973-75) : *La Géographie humaine du monde musulman jusqu'au milieu du XIe siècle*, 3 vol., rééd. Éditions de l'E.H.E.S.S., coll. « Les réimpressions », Paris, 2001-2002, 4e vol., 1988.

MIQUEL, André (1980) : « Cartographes arabes », *Cartes et figures de la Terre*, Paris, Centre Pompidou, 482 p., p. 55-60.

MISHIMA, Yukio (1973) : « Défense de la Culture », *Esprit*, 2, p. 344-355.

MITCHELL, Richard H. (1985) : « Fascism, militarism or Japanism ? », *Monumenta Nipponica*, 40-4, p. 447-449.

MIYOSHI, Masao, HAROOTUNIAN, Harry D., éd. (1989) : *Postmodernism and Japan*, Duke University Press, 312 p.

MIYOSHI, Masao, HAROOTUNIAN, Harry D., éd. (1993) : *Japan in the World*, Duke University Press, 368 p.

MIYOSHI, Tadayoshi, éd. (1999) : *Sekai kochizu korekushon* (Collection de cartes du monde anciennes), Tôkyô, Kawade shobô, 146 p.

MIYOSHI, Tadayoshi, ONODA Kazuyuki (2004) : *Nihon Kochizu Korekushon* (Collection de cartes anciennes du Japon), Tôkyô, Kawade shobô, 132 p.

MIZUNO, Norihito (2003) : « China in Tokugawa foreign relations : the Tokugawa Bakufu's perception of and attitudes toward Ming-Qing China », *Japan and its East Asian Neighbors-Japan's perception of China and Korea and the making of foreign policy from the Seventeenth to the Nineteenth Century*, Ohio State University, Ph. D. dissertation, chap. 3, p. 108-144.

MOLLAT, Michel (1984) : *Les Explorateurs du XIIIe au XVIe siècle — Premiers regards sur des mondes nouveaux*, Paris, J.-C. Lattès, 260 p.

MOLLAT du JOURDIN, Michel, LA RONCIÈRE, Monique de (1984) : *Les Portulans — Cartes marines du XIIIe au XVIIe siècle*, Fribourg, Office du Livre, 300 p.

MOLLAT du JOURDIN, Michel (1993) : *L'Europe et la mer*, Paris, Le Seuil, 356 p.

MONNET, Livia, dir. (2001) : *Approches critiques de la pensée japonaise du XXe siècle*, Montréal, Les Presses de l'Université de Montréal, 578 p.

MONNIER, Emmanuel (2002) : « L'apogée des sciences arabes », *Les Cahiers de Science & Vie*, 71, p. 46-55.

MORI, Kô.ichi (1989) : *Nihon no kôdai* (L'Antiquité au Japon), Tôkyô, Heibonsha, 164 p.

MORIN, J.-B. (1815) : *Géographie élémentaire ou description des cinq parties du monde*, Paris, Bruno-Labbe, 245 p. ; (1827), 13e édition, *Géographie élémentaire, ancienne et moderne, précédée d'un abrégé d'astronomie*, 302 p. ; (1836), 19e édition, 300 p.

MORMANNE, Thierry (1996) : « Pinnacle et nullité en mer de Chine orientale », *Ebisu*, 12, p. 92-153.

MORRIS-SUZUKI, Tessa (1994) : « Creating the frontier : Border, identity and history in Japan's Far North », *East Asian History*, 7, p. 1-24.

MORRIS-SUZUKI, Tessa (1998) : *Re-inventing Japan, Time, Space, Nation*, New York & London, An East Gate Book, M. E. Sharpe, 240 p.

MOURA, Jean-Marc (1992) : *Lire l'exotisme*, Paris, Dunod, 238 p.

MOURA, Jean-Marc (2001) : « L'(extrême-)orient selon G. W. F. Hegel, philosophie de l'histoire et imaginaire exotique », *Revue de littérature comparée*, 297, 1, p. 31-42.

MUNGELLO, David E. (1999) : *The Great Encounter of China and the West, 1500-1800*, Lanham, Rowman and Littlefield, 114 p.

MUROGA, Nobuo, UNNO, Kazutaka (1962) : « The Buddhist world map in Japan and its contact with European maps », *Imago Mundi*, XVI, p. 49-69.

MUROGA, Nobuo, NAMBA, Matsutarô, UNNO, Kazutaka (1973) : *Old Maps in Japan*, Ôsaka, Sôgensha, 204 p.

MUROGA, Nobuo (1978) : « *Porutogaru-jin no kaita shoki no Nihonzô — Iwayuru Hômen-gata Nihonzu ni tsuite* » (Les premières images du Japon dessiné par les Portugais — À propos de la carte du Japon dite du type Homem), *Kochizu kenkyû*, Tôkyô, Nihon chizu shiryô kyôkai, p. 15-33.

MUROGA, Nobuo (1983) : *Kochizushô — Nihon no chizu no ayumi* (Aperçu de cartes anciennes — Le progrès cartographique du Japon), Tôkai Daigaku Shuppankai, 224 p.

MURPHEY, Rhoads (1997) : *East Asia, a New History*, New York, Longman, 460 p.

NACHOD, Oscar (1903) : *Dourados Karte von Japan von 1568 und zwei alte Gemämde japanischer Märtyrer*, Berlin, Ost-Asien, 442 p.

NAITÔ, Seichû, KIM, Byon-Ryul (2007) : *Shiteki kensei Takeshima/Tokto* (Takeshima/ Tokto, une vérification historique), Tôkyô, Iwanami shoten, 280 p.

NAJITA, Tetsuo, HAROOTUNIAN, Harry (1988) : « Japanese revolt against the West : political and cultural criticism in the twentieth century », *Cambridge History of Japan*, vol. 6, p. 711-780.

NAKAE, Chômin (2008) : *Dialogues politiques entre trois ivrognes*, Paris, C.N.R.S. Éditions, texte traduit, présenté et annoté par Christine Lévy et Eddy Dufourmont, éd. or. 1887, 182 p.

NAKAI, Kate Wildman (1980) : « The naturalization of confucianism in Tokugawa Japan : the problem of sinocentrism », *Harvard Journal of Asiatic Studies*, 40-1, p. 157-199.

NAKAI, Kate Wildman (1988) : *Shogunal Politics : Arai Hakuseki and the Premises of Tokugawa Rule*, Harvard, Harvard University Press, 428 p.

NAKAMA, Hitoshi (2002) : *Kiki semaru Senkaku shotô no genjô* (Une crise qui s'approche, la situation des îles Senkaku), Ishigaki-shi, 150 p.

NAKAMURA, Eitaka (1965) : « "Haedong chegukki" no senshû to insatsu » (Édition et impression du « Haedong chegukki »), *Nissen kankeishi no kenkyû* (Études des relations historiques nippo-coréennes), vol. 2, Yoshikawa kobunkan, p. 358-366.

NAKAMURA, Hajime, WIENER, Philip P. (1964) : *Ways of Thinking of Eastern Peoples — India, China, Tibet, Japan*, Honolulu, University of Hawaii Press, 718 p.

NAKAMURA, Hiroshi (1947) : « Old chinese world maps preserved by the Koreans », *Imago Mundi*, IV, p. 3-22.

NAKAMURA, Hiroshi (1964) : « The Japanese portolanos of Portuguese origin of the XVIth and XVIIth centuries », *Imago Mundi*, XVIII, p. 24-44.

NAKANE, Chie, OISHI, Shinzaburô, éd. (1990) : *Tokugawa Japan — The social and economic antecedents of Modern Japan*, Tôkyô, University of Tôkyô Press, 240 p.

NANTA, Arnaud (2001-2) : « L'actualité du révisionnisme historique », *Ebisu, Études japonaises*, 26, 27, 28, p. 127-153, p. 129-138, p. 185-195.

NEBENZAHL, Kenneth (1991) : *Atlas de Christophe Colomb et des Grandes Découvertes*, Paris, Bordas, 180 p.

NEEDHAM, Joseph, WANG, Ling (1959) : *Science and Civilisation in China*, Cambridge, Cambridge University Press, vol. 3, *Mathematics and the Sciences of the Heavens and the Earth*, « Geography and cartography », 880 p., p. 497-590.

NEEDHAM, Joseph, WANG, Ling, SOLLA PRICE, Derek John de (1960) : *Heavenly Clockwork : the Great Astronomical Clocks of Medieval China — A missing link in horological history*, New York, Cambridge University Press, 254 p., rééd. 1986.

NEEDHAM, Joseph (1974) : *La Tradition scientifique chinoise*, Paris, Hermann, 310 p.

NELSON, Howard (1974) : « Chinese maps : an exhibition at the British Library », *The China Quarterly*, 58, p. 357-364.

NEMOTO, Misako (2002) : « Modernité fictive », *La Modernité après le post-moderne*, Henri Meschonnic et Hasumi Shigehiko dir., Paris, Maisonneuve & Larose, 202 p., p. 51-58.

NICOLAS-O. G., NOZAWA, H. (1993) : *Shigetaka Shiga, géographie et politique, espace, science et géographie*, Lausanne, Eratosthène-Méridien 3, 84 p.

NIETZSCHE, Friedrich (1996) : *Sur l'histoire, seconde considération inactuelle*, présenté par François Guéry, Paris, Hachette, 162 p., éd. or. 1874.

NINOMIYA, Hiroyuki (1990) : « L'époque moderne », *Histoire du Japon*, Francine Hérail dir., Écully, Horvath, 634 p., p. 301-424.

NINOMIYA, Masayuki (2001) : « Un aspect de la pensée de Kobayashi Hideo au moment critique du nationalisme japonais », *Approches critiques de la pensée japonaise du XXe siè-*

cle, Livia Monnet dir., Montréal, Les Presses de l'Université de Montréal, 578 p., p. 409-424.

NISH, Ian H. (1966) : *The Anglo-Japanese Alliance, the Diplomacy of Two Island Empires 1894-1907*, Londres, University of London, Athlone Press, 420 p.

NISHITANI, Osamu (2002) : « Repenser "la fin de l'histoire", la modernité et l'histoire », *La Modernité après le post-moderne*, Henri Meschonnic et Hasumi Shigehiko dir., Paris, Maisonneuve & Larose, 202 p., p. 147-155.

NOHARA, Shirô (1975) : « Anarchists and the May Four movement in China », *Libero International*, 1.

NORDENSKIÖLD, A. E. (1897) : *Periplus — An Essay of the Early History of Charts and Sailing Directions — Translated from the Swedish original by Francis A. Bather*, Stockholm, Nordstadt & Söner, LV cartes, 210 p.

NORMAN, Herbert (1975) : *Origins of the Modern Japanese State — Selected writings of E. H. Norman*, John W. Dower éd., New York Pantheon Book, 500 p., éd. or. 1940 et 1943.

NOTEHELFER, Fred (1971) : *Kôtoku Shûsui, Portrait of a Japanese Radical*, Cambridge University Press, 234 p.

ÔBA, Osamu (1996) : « Sino-Japanese relations in the Edo Period — Part Two, The Nagasaki trade was the Chinese trade », *Sino-Japanese Studies*, 8-2, p. 50-61, trad. Joshua A. Fogel.

ÔBA, Osamu (1997) : « Sino-Japanese relations in the Edo period — Part Five, Arai Hakuseki, the New Shôtoku Laws, and the Ming Legal Codes », *Sino-Japanese Studies*, 8-2, p. 33-55, trad. Joshua A. Fogel.

ODA, Takeo (1973) : *Chizu no rekishi* (Histoire des cartes), Tôkyô, Kôdansha, 336 p.

ODA, Takeo (1998) : *Kochizu no hakubutsushi* (Encyclopédie des cartes anciennes), Tôkyô, Kokon shoin, 352 p.

OGAWA, Florence (1997) : « Inô Tadataka (1745-1818), les premiers pas de la géographie moderne au Japon », *Ebisu*, 16, p. 95-119.

OGUMA, Eiji (1998) : *« Nihonjin » no kyôkai — Okinawa, Ainu, Taiwan, Chôsen, shokuminchi shihai kara fukki undô made* (Les frontières des « Japonais » — Okinawa, Ainu, Taiwan, Corée, de la domination coloniale au mouvement pour la rétrocession). Tôkyô, Shin'yô-sha, 786 p.

OGUMA, Eiji (2002) : *A Genealogy of « Japanese » self-images*, Melbourne, Trans Pacific Press, 440 p.

OGUMA, Eiji (2005) : « Debate on Japanese emigrants and Korea », *Deconstructing Nationality*, Naoki Sakai, Brett de Bary et Iyotani Toshio éd., New York, Cornell East Asia Series, 260 p., p. 61-84.

OHNUKI-TIERNEY, Emiko (1993) : *Rice as Self*, Princeton, Princeton University Press, 188 p.

ÔJI, Toshiaki (1993) : « *Nihonzu to sekaizu — Echizu ni kakareta Chûsei-Nihon no iiki* » (Cartes du Japon et cartes du Monde — Les régions étrangères du Japon médiéval dessinées par des cartes), *Ajia no naka Nihon-shi* (L'Histoire du Japon en Asie), vol. V, Arano Yasunori, Ishii Masatoshi et Murai Shôsuke éd., Tôkyô Daigaku shuppankai, p. 287-319.

OKAZAKI, Hisahiko (1992) : « Ajia chôtaiken he no shinsenryaku », *This is Yomiuri*, août, p. 42-90. Traduit en « L'Asie du Sud-Est dans la stratégie nationale du Japon », *Japan Echo*, 20 (special issue), p. 61.

OLIVEIRA e COSTA, João Paulo (1993) : « Les Indes orientales », *Indes merveilleuses — l'ouverture du monde au XVIe siècle*, Paris, Bibliothèque nationale / Chancellerie des Universités de Paris, 146 p.

OMOTO, Keiko, MACOUIN, Francis (1990) : *Quand le Japon s'ouvrit au monde*, Paris, Gallimard, « Découvertes », 178 p.

OOKA, Makoto (1986) : « Modernité de la tradition japonaise », *Écritures japonaises*, Paris, Centre Georges-Pompidou, 330 p., p. 117-126.

OOMS, Herman, KUROZUMI, Makoto (1994) : « Introduction to "The nature of early Tokugawa confucianism" by Kurozumi Makoto », *Journal of Japanese Studies*, 20-2, p. 331-375.

OTANI, Ryôkichi (1932) : *Tadataka Inô, the Japanese Land-Surveyor*, Tôkyô, Iwanami shoten, trad. Sugimura Kazue.

PANIKKAR, Raimon (2002) : « Soleil levant et soleil couchant », *Diogène*, 200, p. 5-16.

PARKES, Graham (1997) : « The putative fascism of the Kyôto school and the political correctness of the modern academy », *Philosophy East & West*, 47-3, p. 305-336.

PASTOUREAU, Mireille (1980) : « Feuilles d'Atlas », *Cartes et figures de la terre*, Paris, Centre Pompidou, 482 p., p. 442-454.

PASTOUREAU, Mireille (1984) : *Les Atlas français, XVIe-XVIIe siècles*, Paris, Bibliothèque nationale, 696 p.

PASTOUREAU, Mireille (1988) : *Atlas du Monde, Nicolas Sanson d'Abbeville, 1665*, Paris, Sand et Conti, 230 p.

PAVIOT, Jacques (1990) : « L'imaginaire géographique des découvertes au XVe siècle », *La Découverte, le Portugal et l'Europe*, Jean Aubin dir., Paris, Fondation Gulbenkian — Centre culturel portugais, 400 p., p. 141-157.

PÉGUY, Charles-Pierre (2001) : *Espace, temps, complexité, vers une métagéographie*, avec la collaboration de Maryvonne Le Berre et de Jean-Pierre Marchand, Paris-Montpellier, Belin Géographiques Reclus, 290 p.

PELLETIER, Monique, éd. (1989) : *Géographie du monde au Moyen Âge et à la Renaissance*, Paris, Édition du Comité des Travaux Historiques et Scientifiques, 238 p.

PELLETIER, Monique (1992) : « Les enjeux de la cartographie européenne », *Revue de la Bibliothèque nationale*, 45, p. 26-33.

PELLETIER, Monique (1997) : « Sciences et cartographie marine », *Revue d'histoire maritime — Histoire maritime, Outre-mer, relations internationales*, 1-1, n° spécial, octobre, La percée de l'Europe sur les océans vers 1690-vers 1790, Étienne Taillemite et Denis Lieppe dir., Paris, Presses de l'Université de Paris, 304 p., p. 265-291.

PELLETIER, Monique (1998) : « Cartographie et pouvoir sous les règnes de Louis XIV et Louis XV », *Terre à découvrir, terres à parcourir — Exploration et connaissance du monde, XIIe-XIXe siècles*, Chambard Antoine et Lecoq Danielle dir., Paris, L'Harmattan, 374 p., p. 112-127.

PELLETIER, Monique (2001) : *Cartographie de la France et du monde de la Renaissance au Siècle des lumières*, Paris, Bibliothèque nationale de France, 110 p.

PELLETIER, Philippe (1997) : « Peut-on parler de mousson au Japon ? », *Historiens & Géographes*, 342, p. 49-60.

PELLETIER, Philippe (1997) : *La Japonésie, géopolitique et géographie historique de la surinsularité au Japon*, Paris, C.N.R.S. Éditions, 386 p.

PELLETIER, Philippe (1998) : « Dans les flots de l'Ao-shio entre Japon et Corée : de l'îlot sacré à l'îlot disputé », *Le Voyage inachevé... à Joël Bonnemaison*, Dominique Guillaud, Maorie Seysset et Anne Walter éd., Paris, O.R.S.T.O.M. Éditions, 778 p., p. 343-350.

PELLETIER, Philippe (1999) : « Îles éloignées, passages obligés : le rôle de la surinsularité dans la civilisation japonaise », *L'Île Laboratoire*, textes réunis par Anne Meistersheim, Ajaccio, Éditions Alain Piazzola, 464 p., p. 301-317.

PELLETIER, Philippe (2000) : « Tumulte des flots entre Japon et Corée — À propos de la dénomination de la "mer du Japon" », *Annales de Géographie*, 613, p. 279-305.

PELLETIER, Philippe (2003) : *Japon, crise d'une autre modernité*, Paris, Belin-La Documentation Française, 210 p.

PELLETIER, Philippe (2004) : « Les mots de l'Asie — approche géohistorique et géopolitique avant 1945 », *Identités territoriales en Asie orientale*, N.O.R.A.O. vol. 1, Ph. Pelletier dir., Paris, Les Indes savantes, 392 p., p. 47-65.

PELLETIER, Philippe (2005) : « La grande séparation à résorber : l'Orient et l'Occident vus par Élisée Reclus », *Transtext(e)s-Transcultures*, p. 80-99.

PELLETIER, Philippe (2007a) : *Le Japon, géographie, géopolitique et géohistoire*, Paris, Sedes, 290 p.

PELLETIER, Philippe (2007b) : « Les cartographes français et la dénomination de la "mer du Japon" (mer de l'Est) aux XVIIe et XVIIIe siècles », *Péninsule*, 54-1, p. 57-98.

PELLETIER, Philippe (2007c) : « La "Japonésie", brève géohistoire d'un concept », *Japon Pluriel 7*, Arnaud Brotons et Christian Galan éd., Arles, Philippe Picquier, 514 p., p. 383-392.

PELLETIER, Philippe (2007d) : « Le nationalisme insulaire, théories et avatars de l'identité japonaise », *Le Japon contemporain*, Jean-Marie Bouissou éd., Paris, Fayard, 628 p., p. 369-391.

PELLIOT, Paul (1912) : « L'origine du nom de "Chine" », *T'oung Pao*, p. 727-742.

PELLIOT, Paul (1913) : « Encore à propos du nom de "Chine" », *T'oung Pao*, juillet, p. 29-30.

PERDUE, Peter (1998) : « Boundaries, maps, and movement : Chinese, Russian, and Mongolian empires in Early Modern Central Eurasia », *International History Review*, 20-2, p. 263-286.

PERES, Damião (1947) : *História dos descobrimentos portugueses*, Coimbra, 594 p.

PEREZ, Joseph (1988) : *Isabelle et Ferdinand, rois catholiques d'Espagne*, Paris, Fayard, 486 p.

PEREZ-MALLAINA, Pablo E. (1992) : « Botanique et cartographie : la science explose ! », *Séville XVIe siècle — De Colomb à Don Quichotte, entre Europe et Amériques, le cœur et les richesses du monde*, Carlos Martinez Shaw dir., Paris, Autrement, 234 p.

PÉRI, Noël (1923) : « Essai sur les relations du Japon et de l'Indochine aux XVIe et XVIIe siècles », *B.E.F.E.O.*, XXIII, p. 1-123.

PERRIN, Noel (1979) : *Giving Up the Gun, Japan's Reversion to the Sword*, Boston, Godine, 136 p.

PÉTRÉ-GRENOUILLEAU, Olivier (2001) : « L'histoire maritime en France : du bilan aux perspectives », *Histoire, Économie et Société*, 1, 20, p. 37-48.

PHILIPPART, Éric (1990) : « L'intégration du bassin Pacifique : anticipation et fantasmes », *Civilisations*, 40-1, p. 211-291.

PIGEOT, Jacqueline, KOSUGI, Keiko, SATAKE, Akihiro (1993) : « Pays d'au-delà des mers », *Voyages en d'autres mondes — Récits japonais du XVIe siècle*, Arles/Paris, Philippe Picquier/ Bibliothèque nationale, 204 p., p. 143-149.

PISTARINO, Geo (1998) : « Le Memorial de la Mejorada de Christophe Colomb », *Le Partage du monde — Échanges et colonisation dans la Méditerranée médiévale*, Michel Balard et Alain Ducellier dir., Paris, Publications de la Sorbonne, 496 p., p. 461-473.

POLIAKOV, Léon (1995) : « Les sources du racisme », *Iris*, 15, p. 21-26.

POMERANZ, Kenneth (2001) : *The Great Divergence : China, Europe, and the making of the modern world economy*, Princeton, Princeton University Press, 392 p.

POSTEL-VINAY, Karoline (1996) : *Le Japon et la nouvelle Asie*, Paris, Presses de Sciences Po, 128 p.

POSTEL-VINAY, Karoline (2004) : « L'Asie définie par les relations extérieures », *Identités territoriales en Asie orientale*, N.O.R.A.O. vol. 1, Philippe Pelletier dir., 394 p., p. 337-349.

POSTEL-VINAY, Karoline (2005) : *L'Occident et sa bonne parole, nos représentations du monde, de l'Europe coloniale à l'Amérique hégémonique*, Paris, Flammarion, 224 p.

POULPIQUET, Valérie de (1998) : *Le Territoire chinois*, Paris, L.G.D.J., 244 p.

PROUST, Jacques (1997) : *L'Europe au prisme du Japon, XVIe-XVIIIe siècle. Entre humanisme, Contre-Réforme et Lumières*, Paris, Albin Michel, 320 p.

PROUST, Jacques (1998) : *La Supercherie dévoilée, une réfutation du catholicisme au Japon au XVIIIe siècle*, Paris, Chandeigne, 194 p.

PTAK, Roderich, SCHOTTENHAMMER, Angela, dir. (2006) : *The Perception of Maritime Space in Traditional Chinese Sources*, Wiesbaden, Harrassowitz Verlag, 208 p.

PTAK, Roderich (2006) : « The Sino-European map (*Shanhai yudi quantu*) in the Encyclopaedia *Sancai tuhui* », *The Perception of Maritime Space in Traditional Chinese Sources*, Roderich Ptak et Angela Schottenhammer éd., Wiesbaden, Harrassowitz Verlag, 208 p., p. 191-207.

RABSON, Steve (1997) : « Meiji assimilation policy in Okinawa : promotion, resistance, and "reconstruction" », *New Directions in the Study of Meiji Japan*, Helen Hardacre et Adam L. Kern éd., Leiden, Brill, 582 p., p. 635-657.

RAFFESTIN, Claude (1983) : « Introduzione », *Geografia politica, teorie per un progetto sociale*, Milan, Unicopli.

RAINAUD, Armand (1893) : *Le Continent austral, hypothèses et découvertes*, Paris, Armand Colin, 492 p.

RAMMING, M. (1947) : « The evolution of cartography in Japan », *Imago Mundi*, II, p. 17-21.

RANDLES, W. G. L. (1980) : *De la Terre plate au globe terrestre — Une mutation épistémologique rapide 1480-1520*, Paris, Armand Colin, 122 p.

RANDLES, W. G. L. (1989) : « De la carte-portulan méditerranéenne à la carte marine du monde des grandes découvertes : la crise de la cartographie au XVIe siècle », *Géographie du monde au Moyen Âge et à la Renaissance*, Monique Pelletier éd., Paris, C.T.H.S., 238 p., p. 125-131.

RANDLES, W. G. L. (1990) : « La diffusion dans l'Europe du XVIe siècle des connaissances géographiques dues aux découvertes portugaises », *La Découverte, le Portugal et l'Europe*, Jean Aubin dir., Paris, Fondation Calouste Gulbenkian, 400 p., p. 269-278.

RATZEL, Friedrich (1987) : *La Géographie politique, les concepts fondamentaux*, avant-propos de Michel Korinman, choix de textes et traduction par François Ewald, Paris, Fayard, 230 p.

RECLUS, Élisée (1882) : *L'Asie orientale*, Nouvelle Géographie Universelle, la Terre et les Hommes, Paris, Hachette, vol. VII, 894 p.

RECLUS, Élisée (1894) : « East and West », *The Contemporary Review*, 66-346, p. 475-485.

RECLUS, Élisée et Onésime (1902) : *L'Empire du Milieu, le climat, le sol, les races, la richesse de la Chine*, Paris, Hachette, rééd. You Feng, Paris, 2007, 674 p.

RECLUS, Élisée (1905) : *L'Homme et la Terre*, Paris, Librairie Universelle, tome I, chapitre VI, « Divisions et rythme de l'histoire » ; tome III, chapitre XI, « Orient chinois » ; tome V, chapitre XVII, « Les nationalités », et (livre quatrième) chapitre IV, « Russes et Asiatiques ».

RENOUVIN, Pierre (1946) : *La Question d'Extrême-Orient, 1840-1940*, Paris, Hachette, 448 p.

REYNOLDS, David (1991) : « Redrawing China's intellectual map : Images of science in Nineteenth Century China », *Late Imperial China*, 12-1, p. 27-61.

RIEU, Alain-Marc (1994) : « Tôkyô, 1994, le Japon et la question de la modernité, avant-propos au *Dépassement de la modernité* », *Ebisu*, 6, p. 46-73.

ROBERT, Jean-Noël (1997) : *De Rome à la Chine, sur les routes de la soie au temps des Césars*, Paris, Les Belles Lettres, 390 p.

ROBINSON, Kenneth R. (2007) : « Choson Korea in the Ryûkoku Kangnido : Dating the oldest extant Korean map of the world », *Imago Mundi*, 59-2, p. 177-192.

ROCHER, Alain (1986) : « Le mythe de la continuité », *Corps écrits*, 17, *Représentations du Japon*, p. 156-166.

ROCHER, Alain (1997) : *Mythe et souveraineté au Japon*, Paris, P.U.F., « Orientales », 360 p.

ROH, Do-yang (1980) : « Histoire de la géographie en Corée », *Revue de Corée*, p. 41-63.

ROLAND, F. (1919) : « Alexis-Hubert Jaillot, Géographe du roi Louis XIV (1632-1712) », *Mémoires de l'Académie des Sciences*, Belles Lettres et Arts de Besançon, 78 p.

RONAN, Colin (1999) : *Histoire mondiale des sciences*, Paris, Le Seuil, « Points Sciences », 720 p.

RONSIN, Albert (1979) : *Découverte et baptême de l'Amérique*, Montréal, Georges Le Pape, 298 p.

RONSIN, Albert (1991) : *La Fortune d'un nom : America, le baptême du Nouveau Monde à Saint-Dié-des-Vosges*, Grenoble, J. Million, 224 p.

RONSIN, Albert (1995) : « Pourquoi et comment le Nouveau Monde a été nommé America à Saint-Dié-des-Vosges en

1507 », *Image du Nouveau Monde en France*, Jean-Louis Augé dir., Paris, La Martinière, 176 p., 91-102.

ROSNY, Léon de (1861) : *La Civilisation japonaise, mémoire lu à la Société de Géographie le 5 avril 1861*, Paris, Bulletin de la Société de Géographie, extrait, 50 p.

ROUQUIÉ, Alain (1998) : *Amérique latine, introduction à l'Extrême-Occident*, Paris, Le Seuil, « Points Essais », 484 p.

RUBINSTEIN, Murray A., éd. (2007) : *Taiwan, a New History*, New York, M. E. Sharpe, 520 p.

RUYER, Raymond (1991) : *L'Utopie et les utopies*, Brionne, Gérard Monfort, 294 p., éd. or. 1950.

SAALER, Sven (2002) : « Pan-Asianism in Meiji and Taishô Japan — a preliminary framework », Philipp Franz von Siebold Stiftung, Working paper 02/4, 36 p.

SAALER, Sven (2007) : « The construction of regionalism in modern Japan : Kodera Kenkichi and his "Treatise on Greater Asianism" (1916) », *Modern Asian Studies*, 41-6, p. 1261-1294.

SAALER, Sven, KOSCHMANN, Victor J., éd. (2007) : *Pan-Asianism in Modern Japanese History : colonialism, regionalism and borders*, Londres, Routledge, 288 p.

SABATIER, Gérard (1990) : « *Rappresentare il principe*, figurer l'État — Les programmes iconographiques d'État en France et en Italie du XVe au XVIIe siècle », *L'État moderne, genèse, bilans et perspectives*, Jean-Philippe Genet éd., Paris, Éditions du C.N.R.S., 354 p., p. 247-258.

SABOURET, Jean-François, dir. (2005) : *La Dynamique du Japon, histoire de la première modernité d'Asie*, Paris, Saint-Simon, 434 p.

SAÏD, Edward (1980) : *L'Orientalisme — L'Orient créé par l'Occident*, Paris, Le Seuil, 402 p., éd. or. 1978.

SAKAI, Naoki (1991) : « Return to the West/return to the East : Watsuji Tetsurô's anthropology and discussions of authenticity », *Boundary 2*, 18-3, p. 157-190.

SAKAI, Naoki (1999) : *Translation and Subjectivity — On « Japan » and cultural nationalism*, Minneapolis, University of Minnesota Press, 236 p.

SAKAI, Naoki, DE BARY, Brett, IYOTANI, Toshio éd. (2005) : *Deconstructing Nationality*, New York, Cornell East Asia Series, 260 p.

SAKANISHI, Shio (1937) : « Prohibition of import of certain Chinese books and the policy of the Edo government », *Journal of the American Oriental Society*, 57-3, p. 290-303.

SANDLER, Christian (1905) : *Die Reformation der Kartographie um 1700*, München & Berlin, Oldenbur, in-fol.

SATÔ, Elizabeth (1979) : « Oyama estate and Insei land policies », *Monumenta Nipponica*, 34-1, p. 73-99.

SATÔ, Kazuki (1997) : « "Same language, same race", the dilemma of *kanbun* in modern Japan », *The Construction of Racial Identities in China and Japan*, Frank Dikötter éd., Honolulu, University of Hawai'i Press, 220 p., p. 118-135.

SATTAR, Sadia (2008) : *Old Friendships : Exploring the historic relationship between pan-islamism and Japanese pan-asianism*, Pittsburgh, University of Pittsburgh, 62 p.

SCAFI, Alessandro (1999) : « Mapping Eden : cartography of the earthly Paradise », *Mappings (Critical views)*, Denis Cosgrove éd., Londres, Reaktion Books, 314 p., p. 50-70.

SCHILDER, Günter (1979) : « Willem Jansz. Blaeu's wall map of the world, on Mercator's projection, 1606-07, and its influence », *Imago Mundi*, 31, p. 36-54.

SCHLEGEL, Gustave (1895) : « Problèmes géographiques — Les peuples étrangers chez les historiens chinois », *T'oung Pao*, VI, p. 165-215.

SCHUON, Frithjof (1951) : « Aperçus sur le Shintô », *Études Traditionnelles*, oct.-nov.-déc.

SCHÜTTE, Josef F. (1952) : « Map of Japan by Father Girolamo de Angelis », *Imago Mundi*, IX, p. 73-78.

SCHÜTTE, Josef F. (1962) : « Ignacio Moreira of Lisbon, cartographer in Japan 1590-1592 », *Imago Mundi*, XVI, p. 116-128.

SCHÜTTE, Josef F. (1969) : « Japanese cartography at the court of Florence ; Robert Dudley's maps of Japan, 1606-1636 », *Imago Mundi*, XXIII, p. 29-58.

SELLIER, Jean (2004) : *Atlas des peuples d'Asie méridionale et orientale*, Paris, La Découverte, 210 p.

SENDA, Minoru (1979) : « *Kodai kûkan no kôzô* » (Structure de l'espace antique), *Nara joshi daigaku chirigaku kenkyû hôkoku*, p. 40-50.

SENDA, Minoru (1980) : « Territorial possession in Ancient Japan : the real and the perceived », *Geography of Japan*, Tôkyô, Teikoku shoin, 444 p., p. 101-120.

SENDA, Minoru (1992) : *Fûkei no kôzu — Chiriteki sobyô* (Composition du paysage — Esquisse géographique), Kyôto, Chijin shobô, 288 p.

SEZGIN, Fuat (2006) : « The pre-Columbian discovery of the American continent by muslim seafarers », *Geschichte des Arabischen Schrifttums*, vol. XIII, Frankfurt am Main, p. 1-39.

SHARF, Robert H. (1993) : « The zen of Japanese nationalism », *History of Religions*, 33-1, p. 1-43.

SHEPHERD, John R. (2007) : « The island frontier of the Ch'ing, 1684-1780 », *Taiwan, a New History*, Murray A. Rubinstein éd., New York, M. E. Sharpe, 520 p.

SHIMADA, Kenji (1990) : *Pioneer of the Chinese Revolution : Zhang Binglin and confucianism*, Stanford, Stanford University Press, trad. et intro. Joshua A. Fogel, 192 p.

SHIMAO, Toshio (1977) : « Yaponeshia to Ryûkyû-ko » (La Japonésie et l'arc des Ryûkyû), *Yaponeshia josetsu* (Introduction à la Japonésie), Shimao Toshio *et al.* éd., Tôkyô, Shojusha.

SHIMAZU, Naoko (1998) : *Japan, Race and Equality — the racial equality proposal of 1919*, Londres, Routledge, 260 p.

SHIMIZU, Hajime (1993) : « Southeast Asia as a regional concept in modern Japan : an analysis of geography textbooks », *The Japanese in Colonial Southeast Asia*, Shiraishi Saya, Shiraishi Takashi éd., Cornell Southeast Asia Program, p. 21-61.

SHIMIZU, Hajime (1997) : *Ajia kaijin no shisô to kôdô — Matsu.ura-tô, Karayuki-san, Nanshinron-sha* (Pensée et action des habitants de l'Asie maritime — La faction Matsu.ura, les Karayuki, et les expansionnistes vers le Sud), Tôkyô, N.T.T. shuppan, 300 p.

SHIOTA, Shôbei (1978) : *Dictionnaire biographique du mouvement ouvrier international, le Japon*, Paris, Les Éditions ouvrières, 2 vol.

SHIOZAWA, Kimio (1966) : « Marx's view of Asian society and his "asiatic mode of production" », *The Developing Economies*, 4-3, p. 299-315.

SHIRLEY, Rodney W. (1983) : *The Mapping of the World : Early Printed World Maps 1472-1700*, Londres, Holland Press, 570 p.

SHÔJI, Kôkichi (1989) : *Le Nipponisme comme méthode sociologique — originalité, particularité, universalité*, Paris, E.H.E.S.S., conférence, 30 p.

SIARY, Gérard (1990) : « Le discours ethnographique sur le Japon en France dans la seconde moitié du XIXe siècle et au début du XXe siècle », *L'Ethnographe*, LXXXVI-2, p. 69-83.

SIARY, Gérard (2001) : « Images et contre-images de l'Extrême-Orient au Japon et en Occident », *Revue de littérature comparée*, 297, 1, p. 67-77.

SIDDLE, Richard (1996) : *Race, Resistance and the Ainu of Japan*, Londres, Routledge, 280 p.

SILBERMAN, Bernard S., HAROOTUNIAN, Harry D., éd. (1999) : *Japan in Crisis, Essays on Taishô Democracy*, Ann Arbor, The University of Michigan, 472 p.

SIMEK, Rudolf (2003) : « Sphère ou disque ? La forme de la Terre », *Pour la Science*, Les sciences au Moyen Âge, p. 32-36.

SMITH, Richard J. (1996) : *Chinese Maps. Images of « All under Heaven »*, Hong Kong, Oxford University Press, 90 p.

SMITS, Gregory (1999) : *Visions of Ryûkyû, Identity and Ideology in Early-Modern Thoughts and Politics*, Honolulu, University of Hawai'i Press, 214 p.

SMITS, Gregory (2000) : « Ambiguous boundaries : refining royal authority in the Kingdom of Ryûkyû », *Harvard Journal of Asiatic Studies*, 60-1, p. 89-123.

The Society for East Sea :

= (2002) : *East Sea in World Maps*. Seoul, 130 p.

= (2004) : *East Sea in old Western Maps with emphasis on the 17-18th centuries*. Seoul, 198 p.

SOOTHILL, W. E. (1927) : « Two oldest maps in China extant », *Royal Geographical Society Journal*, LXIX, p. 532-555.

SOUTHERN, Richard W. (1962) : *Western Views of Islam in the Middle Ages*, Cambridge, Harvard University Press, 116 p.

SOUYRI, Pierre F. (1984) : « Aux racines du consensus : l'écriture de l'histoire au Japon », *Japon, le consensus : mythe et réalités*, Jean-Marie Bouissou et Guy Faure coord., Paris, Economica, 456 p., p. 67-90.

SOUYRI, Pierre F. (1998) : *Le Monde à l'Envers — La dynamique de la société médiévale*, Paris, Maisonneuve & Larose, 326 p.

SOUYRI, Pierre-François (2003) : « La colonisation japonaise : un colonialisme moderne mais non occidental », *Le Livre noir du colonialisme*, Marc Ferro dir., 848 p., p. 407-430.

SOUYRI, Pierre-François (2010) : *Nouvelle histoire du Japon*, Paris, Perrin, 628 p.

STASZAK, Jean-François (1995) : *La Géographie d'avant la géographie — Le climat chez Aristote et Hippocrate*, Paris, L'Harmattan, 256 p.

STERNHELL, Zeev (2010) : *Les Anti-Lumières, une tradition du XVIIIe siècle à la guerre froide*, Paris, Gallimard, 946 p., éd. revue et augmentée.

STEVENS, Bernard (1994) : « Le dépassement de la modernité, hier et aujourd'hui — Pôle historique, philosophique et politique », *Contribution au colloque Augustin Berque*, juin, dact., 5 p.

STEVENS, Bernard (2000) : *Topologie du néant : une approche de l'École de Kyôto*, Louvain-Paris, Peeters, 226 p.

STIRNER, Max (1899) : *L'Unique et sa propriété*, Paris, Stock, 446 p., éd. or. 1845.

STROHMAIER, Gotthard (2003) : « L'astronomie médiévale », *Pour la Science*, p. 6-11.

SUÁREZ, Thomas (1999) : *Early Mapping of Southeast Asia*, Hong Kong, Periplus, 284 p.

SUBRAHMANYAM, Sanjay (2001) : « Du Tage au Gange au XVIe siècle : une conjoncture millénariste à l'échelle eurasiatique », *Annales — Histoire, Sciences sociales*, 1, p. 51-84.

SUEHIRO, Akira (1999) : « A Japanese perspective on the perception of "Ajia" — From Eastern to Asian studies », *Asian Studies Review*, 23-2, p. 53-172.

SUGANUMA, Unryû (2000) : *Sovereign Rights and Territorial Space in Sino-Japanese Relations, Irredentism and the Diaoyu/Senkaku Islands*, Honolulu, Association for Asian Studies and University of Hawai'i Press, 306 p.

SWIFT, Michael (2008) : *Cartes du monde à travers l'histoire*, Paris, Géo, 260 p.

SZCZESNIAK, Boleslaw (1954) : « Matteo Ricci's maps of China », *Imago Mundi*, XI, p. 127-136.

SZCZESNIAK, Boleslaw (1956) : « The Seventeenth Century maps of China », *Imago Mundi*, XIII, p. 116-136.

SZPILMAN, Christopher W. A. (1998) : « The dream of One Asia : Ôkawa Shûmei and Japanese pan-asianism », *The Japanese Empire in East Asia and its Postwar Legacy*, Harald Fuess éd., Munich, Iudicium Verlag, 258 p., p. 49-63.

TAE, Jin Yang (2002) : « A study on the meaning of "East Sea", especially based on the national emotion », *The Eighth International Seminar on the Naming of Seas — Special emphasis concerning the North Pacific Ocean*, Vladivostok, 170 p., p. 119-141.

TAIRA, Kôji (1997) : « Troubled national identity : The Ryukyuans/Okinawans », *Japan's Minorities, the Illusion of Homogeneity*, Michael Weiner éd., New York & London, Routledge, 256 p., p. 140-177.

TAKAHASHI, Tadashi, YAMORI, Kazuhiko (1980) : « L'espace dans la cartographie japonaise ancienne », *L'Espace Géographique*, n° IX-2, 1980, p. 95-104.

TAKAHASHI, Tadashi (1985) : « *Seizen suru shoki Nihon chizu ni tsuite I. Moreira-kei chizu wo chûshin to shite* » (À propos des premières cartes du Japon faites par les Européens — Focalisation sur les cartes du type Moreira), *Nihongakuhô*, 4, p. 1-33.

TAKAHASHI, Tadashi (1987) : « *Jûshichi seiki Nihon chizu ni okeru Teisheira gata to Moreira gata : Sanson to Daddorei no baai* » (Les types Teixeira et Moreira dans les cartes du Japon du XVIIe siècle ; le cas de Sanson et de Dudley), *Nihongakuhô*, 6, p. 111-135.

TAKAHASHI, Tadashi (1994) : « *Daimeikoku chizu — Isuramukei sekaizu no tôzen* » (La carte des Ming — L'avancée vers l'est des mappemondes de type arabo-musulman), *Chizu to bunka*, Tôkyô, Chijin shobô, p. 38-41.

TAKAHASHI, Tetsuya (1994) : « Philosophie de l'histoire mondiale, logique du nationalisme philosophique japonais », *Le Passage des frontières, autour du travail de Jacques Derrida*, Paris, Galilée, 592 p., p. 105-110.

TAKEDA, Kiyoko (2010) : « Ukita Kazutami's interpretation of imperialism and national education : a genealogy of Meiji liberalism », *Educational Studies*, 21, p. 1-27.

TAKEMITSU, Makoto (1997) : *Chimei no yurai wo shiru jiten* (Dictionnaire pour connaître l'origine des toponymes), Tôkyô, Tôkyôdô shuppan, 300 p.

TAKEUCHI, Kei.ichi (2000) : *Modern Japanese Geography, an Intellectual History*, Tôkyô, Kokon shoin, 254 p.

TAKEUCHI, Yoshimi (1948) : « Modernité chinoise, modernité japonaise à la lumière de Lu Xun », *Cent ans de pensée au Japon* (1996), vol. 2, Yves-Marie Allioux éd., Arles, Philippe Picquier, 390 p., p. 131-182.

TAMAGAWA, Nobuaki (1981) : *Chûgoku no kuroi hata* (Le drapeau noir chinois), Tôkyô, Shôbun-sha, 344 p.

TANAKA, Akira (2005) : *Kindai Nihon no ayunda michi « Daikokushugi » kara « shôkokushugi » he* (Du « Principe du Grand Pays » au « Principe du Petit Pays », le chemin emprunté par le Japon moderne), Tôkyô, Jimbun shokan, 264 p.

TANAKA, Hiroyuki (1998) : « How the Japanese of the Edo period perceived the Ogasawara Islands », *Japanese Language Research Center Reports*, 6, p. 31-58.

TANAKA, Stefan (1993) : *Japan's Orient : rendering pasts into history*, Berkeley, University of California Press, 306 p.

TANIGAWA, Ken.ichi (1997) : *Nihon no chimei* (Les toponymes du Japon), Tôkyô, Iwanami shoten, 226 p.

TASHIRO, Kazui (1976) : « Tsushima han's Korea trade, 1684-1710 », *Acta Asiatica*, 30, p. 85-105.

TASHIRO, Kazui, DOWNING VIDEEN, Susan (1982) : « Foreign relations during the Edo period : Sakoku reexamined », *Journal of Japanese Studies*, 8-2, p. 283-306.

TCHERKÉZOFF, Serge (2009) : *Polynésie/Mélanésie — L'invention française des « races » et des régions de l'Océanie (XVIe-XXe siècles)*, Tahiti, Au vent des îles, 374 p.

TEBOUL, Michel (1982) : « Les premiers développements de l'astronomie chinoise », *B.E.F.E.O.*, 71, p. 147-168.

TELEKI, Paul-Graf (1909) : *Atlas zur Geschichte der Kartographie der Japanischen Inseln*, Budapest, Hornyànszky, 184 p.

TEMPLE, Robert (2000) : *Le Génie de la Chine, 3 000 ans de découvertes et d'inventions*, Arles, Philippe Picquier, 258 p.

THÉVENOT, Jean de (1689) : *Les Voyages aux Indes orientales*, rééd., Paris, Champion, 2008, prés. Françoise de Valence.

THOMAS, Julia Adeney (2001) : *Reconfiguring Modernity, Concepts of Nature in Japanese Political Ideology*, Berkeley, University of California Press, 244 p.

THOMAZ de BOSSIERRE, Yves (1994) : *Jean-François Gerbillon, S.J. (1654-1707), un des mathématiciens envoyés en Chine par Louis XIV*, Leuven, Ferdinand Verbiest Foundation, 212 p.

THORAVAL, Joël (1992) : « Les Chinois et le "paradoxe juif" », *Perspectives chinoises*, 8/9, p. 62-71.

THROWER, Norman J. W., KIM, Young Il (1967) : « Dong-Kook-yu-ji-do : a recently discovered manuscript of a map of Korea », *Imago Mundi*, XXI, p. 31-49.

TIERNEY, Robert (2005) : « The colonial eyeglasses of Nakajima Atsushi », *Japan Review*, 17, p. 149-196.

TIGNER, James Lawrence (1963) : « The Ryukyuans in Bolivia », *The Hispanic American Historical Review*, 43-2, p. 206-229.

TIGNER, James Lawrence (1967) : « The Ryukyuans in Argentina », *The Hispanic American Historical Review*, 47-2, p. 203-224.

TOBY, Ronald P. (1991) : *State and Diplomacy in Early Modern Japan, Asia in the Development of the Tokugawa Bakufu*, Palo Alto, Stanford University Press, 310 p.

TODOROV, Tzvetan (1982) : *La Conquête de l'Amérique — La question de l'autre*, Paris, Le Seuil, 284 p.

TOMIYAMA, Ichirô (1995) : « Colonialism and the sciences of the tropical zone : the academic analysis of difference in "the Island Peoples" », *Positions*, 3-2, p. 367-391.

TOMIYAMA, Ichirô (1998) : « The critical limits of the national community : the Ryûkyûan subject », *Social Science Japan Journal*, 1-2, p. 165-179.

TØNNESSON, Stein, ANTLÖV, Hans (1996) : *Asian Forms of the Nation*, Londres, Curzon, 374 p.

TORII, Yumiko (1993) : « *Kinsei Nihon no Ajia ninshiki* » (Perception asiatique du Japon à l'ère moderne), *Ajia kara kangaeru* (Penser à partir de l'Asie), vol. 1, Hamashita Takeshi *et al.* éd., Tôkyô Daigaku shuppankai, 300 p., p. 219-252.

TOTMAN, Conrad (1980) : [Compte rendu du livre de Noel Perrin], *Journal of Asian Studies*, 39-3, p. 599-601.

TOTMAN, Conrad (1989) : *The Green Archipelago, Forestry in Preindustrial Japan*, Berkeley, 302 p.

T'SERSTEVENS, Albert (1959) : *Les Précurseurs de Marco Polo, textes intégraux, établis, traduits et commentés*, Paris, Arthaud, 368 p.

TSCHUDIN, Jean-Jacques, et HAMON, Claude, dir. (1999) : *La Nation en marche — Études sur le Japon impérial de Meiji*, Arles, Philippe Picquier, 266 p.

TSUCHIDA, Motoko (1998) : « A history of Japanese emigration from the 1860s to the 1990s », *Temporary Workers or Future Citizens ? Japanese and U.S. Migration Policies*, Myron Weiner et Hanami Tadashi, Londres, Macmillan Press, 486 p., p. 77-119.

TSUJITA, Usao (1984) : « Japanese geographers in the 19th century », *Languages, Paradigms and Schools in Geography — Japanese contributions to the history of geographical thought*

(2), Takeuchi Keiichi éd., Tôkyô, Hitotsubashi University, 116 p., p. 67-78.

TSUNODA, Ryûsaku (1951) : *Japan in the Chinese Dynastic Histories : Later Han Through Ming Dynasties*, South Pasadena, P. D. and Ione Perkins.

TSURUMI, Shunsuke (1986) : *An Intellectual History of Wartime Japan, 1931-1945*, Londres, New York & Sydney, KPI/Routledge & Kegan Paul, 136 p., éd. or. 1982.

TUCKER, John Allen (2004) : « From nativism to numerology : Yamaga Sokô's final excursion into the metaphysics of change », *Philosophy, East and West*, 54-2, p. 194-217.

TURNBULL, Stephen (2007) : *Pirate of the Far East, 811-1639*, Oxford, Osprey, 72 p.

UENAKA, Shuzô (1977) : « Last testament in exile, Yamaga Sokô's Haisho zampitsu », *Monumenta Nipponica*, 32-2, p. 125-152.

UMESAO, Tadao (1957) : « *Bunmei no seitai shikan josetsu* » (Pour une vision écologique de la civilisation), *Chûô Kôron*, février, p. 32-49. Traduit et publié par *Les Cahiers du Japon*, numéro spécial 1995, p. 44-52.

UMESAO, Tadao (1983) : *Le Japon à l'ère planétaire*, Paris, P.O.F., 162 p., éd. or. 1957.

UNNO, Kazutaka (1977) : « Concerning a MS Map of China in the Bibliothèque Nationale, Paris, introduced to the World by Monsieur M. Destombes », *Memoirs of Research Department of Tôyô Bunko*, 35, p. 205-217.

UNNO, Kazutaka (1979) : « *Seiyô chikyûsetsu no denrai* » (Introduction de la théorie globale occidentale), *Shizen*, 34, 3, p. 60-69.

UNNO, Kazutaka (1984) : « Mediaeval Japanese view of their country », *Languages, Paradigms and Schools in Geography*, Kunitachi-Tôkyô, Hitotsubashi Daigaku, p. 37-43.

UNNO, Kazutaka (1991) : « Government cartography in sixteenth century Japan », *Imago Mundi*, 43, p. 86-151.

UNNO, Kazutaka (1994) : « Cartography in Japan », *Cartography in the Traditional East and Southeast Asian Societies — The History of Cartography*, volume 2, book 2, David Woodward, J. B. Harley éd., Chicago, The University of Chicago Press, 976 p., p. 346-477.

UNNO, Kazutaka (1999) : *Chizu ni miru Nihon, Wakoku, Zipangu, Dainippon* (Le Japon vu des cartes, le Pays des

Wa, Zipangu, le Grand Nippon), Tôkyô, Taishûkanshoten, 242 p.

VALIGNANO, Alexandre (1990) : *Les Jésuites au Japon, relation missionnaire (1583)*, Paris, Desclée de Brouwer/Bellarmin, trad., présentation et notes de J. Bésineau, s. j., 288 p.

VAN BREMEN, Jan, SHIMIZU, Akitoshi, éd. (1999) : *Anthropology and Colonialism in Asia and Oceania*, Londres, Curzon, 416 p.

VAN DEN BROECKE, Marcel P. R. (1996) : *Ortelius Atlas Maps — An Illustrated Guide*, Westrenen, HES, 312 p.

VAN DER CRUYSSE, Dirk (2002) : *Le Noble Désir de courir le monde, voyager en Asie au XVIIe siècle*, Paris, Fayard, 562 p.

VANDERMEERSCH, Léon (1993) : « Rectification des noms et langue graphique chinoises », *Extrême-Orient, Extrême-Occident*, 15, p. 11-21.

VAN KLEY, Edwin J. (1971) : « Europe's "discovery" of China and the writing of world history », *American Historical Review*, 76-2, p. 358-385.

VARIKAS, Eleni (2006) : « L'intérieur et l'extérieur de l'État-nation, penser… outre », *Raisons politiques*, 21, p. 5-19.

VARLEY, Paul H. (1970) : *Imperial Restoration in Medieval Japan*, New York, Columbia University Press, 220 p.

VERSCHUER, Charlotte von (1985) : *Les Relations officielles du Japon avec la Chine aux VIIIe et IXe siècles*, Genève, Droz, 606 p.

VERSCHUER, Charlotte von (1995) : « Le Japon, contrée du Penglai ? », *Cahiers d'Extrême-Asie*, 8, p. 439-452.

VERSCHUER, Charlotte von (2000) : « Looking from within and without : Ancient and Medieval external relations », *Monumenta Nipponica*, 56-4, p. 537-566.

VIDAL-NAQUET, Pierre (1964) : « Histoire et idéologie : Karl Wittfogel et le concept de "mode de production asiatique" », *Annales, Économies, Sociétés, Civilisations*, 19-3, p. 531-549.

VIEGNES, Michel, dir. (2005) : *Imaginaires des points cardinaux, aux quatre angles du monde*, Paris, Imago, 418 p.

VILLIERS, Patrick, JACQUIN, Philippe, RAGON, Pierre (1997) : *Les Européens et la mer : de la découverte à la colonisation (1455-1860)*, Paris, Ellipses, 258 p.

VLASTOS, Stephen (1998) : *Mirror of Modernity, Invented Traditions of Modern Japan*, Berkeley, University of California Press, 332 p.

VOGEL, Klaus (1990) : « L'écho des découvertes dans la littérature géographique allemande », *La Découverte, le Portugal et l'Europe*, Jean Aubin dir., Paris, Fondation Gulbenkian — Centre culturel portugais, 400 p., p. 295-308.

WAGNER, Henry K. (1949) : « Marco Polo's narrative becomes propaganda to inspire Colon », *Imago Mundi*, 6, p. 3-13.

WAHL, François (1980) : « Le désir d'espace », *Cartes et figures de la Terre*, Paris, Centre Pompidou, 482 p., p. 41-46.

WAKABAYASHI, Bob Tadashi (1992) : « Opium, expulsion, sovereignty, China's lessons for Bakumatsu Japan », *Monumenta Nipponica*, 47-1, p. 1-25.

WAKITA, Haruko (1997) : « La montée du prestige impérial dans le Japon du XVIe siècle », *B.E.F.E.O.*, 84, p. 159-179.

WALCKENAER, Charles-Athanase (1816) : *Cosmologie, ou description générale de la Terre*, Paris, Deterville, 744 p.

WALLIS, Helen (1965) : « The influence of Father Ricci on Far Eastern cartography », *Imago Mundi*, XIX, p. 38-45.

WALRAVENS, Hartmut (1991) : « Father Verbiest's Chinese world map (1674) », *Imago Mundi*, 43, p. 31-47.

WALTER, Lutz, éd. (1994) : *Japan, a Cartographic Vision : European printed maps from the early 16th to the 19th centuries*, Munich and New York, Prestel Verlag on behalf of the German East-Asiatic Society, 236 p., éd. or. 1993, *Japan mit den Augen des Westens gesehen*.

WANG, Hui (2005) : « Les Asiatiques réinventent l'Asie », *Le Monde diplomatique*, février, p. 20-21.

WANG, Yi-T'ung (1953) : *Official Relations Between China and Japan, 1368-1549*, Cambridge, Harvard University Press, 128 p.

WASHBURN, Wilcomb E. (1952) : « Japan on early European maps », *The Pacific Historical Review*, XXI, p. 221-256.

WATANABE, Ichirô (1997) : *Bakufu temmongata goyô Inô Tadataka-tai makari-tôru* (Le groupe Inô Tadataka comme astronome du Bakufu), Tôkyô, NTT shuppan, 324 p.

WATERHOUSE, David (1976) : « Leonardo or Proteus ? The art and character of Shiba Kôkan », *Monumenta Nipponica*, 31-2, p. 189-198.

WEERDT, Hilde de (2009) : « Maps and memory : readings of cartography in Twelfth and Thirteenth Century Song China », *Imago Mundi*, 61-2, p. 145-167.

WEINER, Michael (1997) : « The invention of identity in prewar Japan », *The Construction of Racial Identities in China and Japan*, Frank Dikkötter éd., Honolulu, University of Hawai'i Press, 220 p., p. 96-117.

WHITE, James D. (1976) : « Despotism and anarchy : the sociological thought of L. I. Mechnikov », *The Slavonic and East European Review*, 54-3, p. 395-411.

WHITFIELD, Peter (1996) : *The Charting of the Oceans : Ten Centuries of Maritime Maps*, The British Library / Pomegranate Artbooks, Rohnert Park, California, 144 p.

WILDMAN, Kate (1988) : *Shogunal Politics : Arai Hakuseki and the Premises of Tokugawa Rule*, Cambridge, Harvard University Press, 428 p.

WILSON, George M. (1966) : « Kita Ikki's theory of revolution », *The Journal of Asian Studies*, 26-1, p. 89-99.

WILSON, George (1968) : « A new look at the problem of "Japanese fascism" », *Comparative Studies in society and history*, 10-4, p. 401-412.

WINICHAKUL, Thongchai (1994) : *Siam Mapped, a History of the Geo-Body of a Nation*, Honolulu, University of Hawai'i Press, 282 p.

WITTKOWER, Rudolf (1991) : *L'Orient fabuleux*, Paris, Thames & Hudson, 146 p.

WOODWARD, David, HARLEY, J. Brian, éd. (1994) : *Cartography in the Traditional East and Southeast Asian Societies — The History of Cartography*, volume 2, book 2, Chicago, The University of Chicago Press, 976 p.

WON, Kyông (1991) : *Taedong yôji chôndo ûi yôn'gu* (Études de la Carte générale du Grand Est), Séoul, Techi Munhwasa, 224 p.

WONG, Roy Bin (1997) : *China Transformed, Historical change and the Limits of European Experience*, Ithaca et Londres, Cornell University Press, 332 p.

WRAY, Harry, CONROY, Hilary, éd. (1983) : *Japan Examined, Perspectives on Modern Japanese History*, Honolulu, University of Hawaii Press, 414 p.

WROTH, Lawrence (1944) : *The Early Cartography of the Pacific*, The Papers of the Bibliographical Society of America, 38-2, 270 p. + annexes.

YABUUCHI, Kiyoshi (2000) : *Une histoire des mathématiques chinoises*, Paris, Belin, 192 p.

YAMADA, Yumiko (2008) : *Le Conflit frontalier entre le Japon et la Russie dans les « Territoires du Nord » et ses conséquences sur les peuples qui y habitent*, Paris, Université Paris IV-Sorbonne, thèse de Géographie politique, historique et culturelle, dir. Michel Korinman, 488 p.

YAMAGUCHI, Masao (1973) : « La structure mythico-théâtrale de la royauté japonaise », *Esprit*, 2, p. 315-343.

YAMAMOTO, Kenji (1984) : « The geographical understanding of the western world and the understanding of geography as a subject of the Meiji government expedition », *Languages, Paradigms and Schools in Geography — Japanese contributions to the history of geographical thought (2)*, Takeuchi Keiichi éd., Tôkyô, Hitotsubashi University, 116 p., p. 77-88.

YAMASHITA, Kazumasa (1998) : *Chizu de yomu Edo jidai* (La période Edo lue par les cartes), Tôkyô, Kashiwa shobô, 270 p.

YAMASHITA, Shôto (2004) : *Hôgei* (La chasse à la baleine), Tôkyô, Hôsei daigaku shuppankai, vol. I, 290 p.

YAMORI, Kazuhiko, TAKAHASHI, Tadashi (1980) : « L'espace dans la cartographie japonaise ancienne », *L'Espace géographique*, 2, p. 95-104.

YANABU, Akira (1996) : « The tennô system as the symbol of the culture of translation », *Japan Review*, 7, p. 147-157.

YAZAWA, Toshihiko (1983) : « Fr. Matteo Ricci's World Map and its influence on East Asia », *Tonga Yon'gu* (East Asian Studies), 3, p. 185-200.

YEE, Cordell D. K. (1994) : « Chinese maps in political culture », *Cartography in the Traditional East and Southeast Asian Societies — The History of Cartography*, volume 2, book 2, David Woodward, J. B. Harley éd., Chicago, The University of Chicago Press, 976 p., p. 71-95.

YEE, Cordell D. K. (1994) : « Traditional Chinese cartography and the myth of Westernization », *Cartography in the Traditional East and Southeast Asian Societies — The History of Cartography*, volume 2, book 2, David Woodward, J. B. Harley éd., Chicago, The University of Chicago Press, 976 p., p. 170-202.

YEE, Sang-tae (2002) : « A study on the understanding of the East Sea (Donghae) in the Chosun dynasty (14th c-20th c) », *The Eighth International Seminar on the Naming of Seas — Special emphasis concerning the North Pacific Ocean*, Vladivostok, 170 p., p. 48-65.

YONEMOTO, Marcia (2000) : « Maps and metaphors of the "Small Eastern Sea" in Tokugawa Japan (1603-1868) », *Geographical Review*, 89-2, p. 169-187.

YONEMOTO, Marcia (2003) : *Mapping Early Modern Japan, Space, Place and Culture in the Tokugawa Period (1603-1868)*, Berkeley, University of California Press, 244 p.

YONETANI, Julia (2000) : « Ambiguous traces and the politics of sameness : placing Okinawa in Meiji Japan », *Japanese Studies*, 20-1, p. 15-31.

YOSHIKAWA, T. (1972) : « Chûdo hendo no ronsô : Chûgoku ni okeru bukkyô jûyô no ichi-sokumen » (Polémiques sur les pays du milieu et de la marge : un aspect de l'intégration du bouddhisme en Chine), *Shisô*, 579, p. 70-86.

YOSHIKAWA, Yukie (2009) : *Japan's Asianism, 1868-1945, Dilemmas of Japanese Modernization*, Johns Hopkins University, Asia-Pacific policy papers, 148 p.

YOSHINO, Kosaku (1992) : *Cultural Nationalism in Contemporary Japan, a Sociological Enquiry*, Londres, Routledge, 288 p.

ZANDVLIET, Kees (1998) : *Mapping for Money — Maps, plans and topographic paintings and their role in Dutch overseas expansion during the 16th & 17th centuries*, Amsterdam, Batavian Lion International, 332 p.

NOTES

AVANT-PROPOS

1. La première occurrence de l'expression opposée « Extrême-Occident » en français remonte probablement aux frères Reclus, au début du XXe siècle, lorsqu'ils comparent les deux « rivages maritimes » à l'ouest et à l'est du continent eurasiatique. (Élisée et Onésime Reclus [1902] : *L'Empire du Milieu, le climat, le sol, les races, la richesse de la Chine*, Paris, rééd. Hachette, You Feng, 2007, p. 4-7.)

2. Le terme n'est pas nouveau. Il a connu plusieurs auteurs et divers sens. Celui qui est retenu ici est proposé par Martin Lewis et Kären Wigen (1997) : *The Myth of Continents — A Critique of Metageography*, Berkeley, University of California Press. Selon eux, c'est « l'ensemble des structures spatiales (*set of spatial structures*) à travers lesquelles les gens (*people*) ordonnent leur connaissance géographique du monde : les cadres (*frameworks*), souvent inconscients, qui organisent les études d'histoire, de sociologie, d'économie, de science politique ou même d'histoire naturelle » (p. IX). Dans cette définition, nous remplaçons *people*, toujours ambigu en anglais, par « individus et groupes d'individus ».

I. LES DÉCOUPAGES DU MONDE

1. Olivier Dollfus (1980) : « Science sociale et découpage régional. Note sur deux débats, 1820-1920 », *Actes de la recherche en sciences sociales*, 35, p. 30.

2. *Ibid.*

3. *Espace-Temps*, 10-11, 1979, p. 14-15.

4. Roger Brunet (1997) : « Territoires : l'art de la découpe », *Revue de géographie de Lyon*, 72-3, p. 251-255, p. 255.

5. Michel Korinman et Lucio Caracciolo (1994) : « Introduction : les fractures de l'Occident ». *Les Fractures de l'Occident, éléments de géopolitique*, M. Korinman et L. Caracciolo dir., Paris, La Découverte/Limes, p. 5-9, p. 5.

6. Cf. le classique de Norbert Elias (1939) : *Über den Prozess der Zivilisation*. Trad. (1997) *La Civilisation des mœurs et la dynamique de l'Occident*, Paris, Calmann-Lévy.

7. Tessa Morris-Suzuki (1995) : « The invention and reinvention of "Japanese Culture" », *The Journal of Asian Studies*, 54-3, p. 759-780.

8. Samuel P. Huntington (1993) : « The Clash of Civilizations ? », *Foreign Affairs*, 72-3, p. 21-49 ; (1997) : *Le Choc des civilisations*, Paris, Odile Jacob, éd. or. *The Clash of Civilizations and the Remaking of World Order*.

9. Pour quelques jalons sur ce que peut être la « civilisation japonaise », cf. Philippe Pelletier (1997) : *La Japonésie, géopolitique et géographie historique de la surinsularité au Japon*, Paris, C.N.R.S. Éditions.

10. Edward Saïd (1980) : *L'Orientalisme — L'Orient créé par l'Occident*, Paris, Le Seuil, éd. or. 1978.

11. Ichirô Tomiyama (1995) : « Colonialism and the sciences of the tropical zone : the academic analysis of difference in "the Island Peoples" », *Positions*, 3-2, p. 367-391. Jan Van Bremen, Akitoshi Shimizu éd. (1999) : *Anthropology and Colonialism in Asia and Oceania*, Londres, Curzon. Peter Duus (1995) : *The Abacus and the Sword, the Japanese Penetration of Korea, 1895-1910*, Berkeley, University of California Press.

12. Yôko Harada (2006) : « The Occident in the Orient or the Orient in the Occident ? Reception of Said's *Orientalism* in Japan », *16th Biennial Conference of the Asian Studies Association of Australia*.

13. Kôjin Karatani (1998) : « Uses of aesthetics : after Orientalism », *Boundary 2*, p. 145-160, p. 153.

14. Eiji Oguma (1998) : *« Nihonjin » no kyôkai — Okinawa, Ainu, Taiwan, Chôsen, shokuminchi shihai kara fukki undô made* (Les frontières des « Japonais » — Okinawa, Ainu, Taïwan, Corée, de la domination coloniale au mouvement pour la rétrocession), Tôkyô, Shin'yô-sha, p. 6-7.

15. Daisuke Nishihara (2005) : « Said, Orientalism and Japan », *Alif, Journal of Comparative Poetics*, 25, p. 241-253, p. 242.

16. Harada (2006), *op. cit.*

17. Ian Buruma, Avishai Margalit (2006) : *L'Occidentalisme, une brève histoire de la guerre contre l'Occident*, Paris, Climats, éd. or. 2004.

18. Christian Jacob (1980) : « Écritures du monde », *Cartes et figures de la terre*, Paris, Centre Georges-Pompidou, p. 104-119, p. 119.

19. Alain Rocher (1997) : *Mythe et souveraineté au Japon*, Paris, P.U.F., « Orientales ».

20. Marcel Locquin (2002) : *Quelle langue parlaient nos ancêtres préhistoriques ?*, Paris, Albin Michel, en collaboration avec Vahé Zartarian.

21. *Analectes*, 25, XIII, 3, 320. D'après la traduction de Séraphin Couvreur.

22. François Jullien (1995) : *Le Détour et l'accès, stratégies du sens en Chine, en Grèce*, rééd. *La Pensée chinoise dans le miroir de la philosophie*, Paris, Le Seuil, 2007, p. 366.

23. Léon Vandermeersch (1993) : « Rectification des noms et langue graphique chinoises », *Extrême-Orient, Extrême-Occident*, 15, p. 11-21.

24. Christian Jacob (1992) : *L'Empire des cartes — Approche théorique de la cartographie à travers l'histoire*, Paris, Albin Michel, p. 309.

25. *Sciences de l'homme et de la société*, Lettre du département C.N.R.S., n° 60, décembre 2000, « Dossier Les écritures ». En particulier les contributions de Françoise Bottero et d'Anne-Marie Christin.

26. *Science & Vie*, « Comment est née l'écriture », hors-série 2002 ; *Le Courrier de l'Unesco*, « Aux sources de l'écriture », avril 1995.

27. Pour reprendre le propos désormais classique de Claude Lévi-Strauss (1908-2009) qui s'applique bien à notre cas, « ... un intermédiaire existe entre l'image et le concept : c'est le signe, puisqu'on peut toujours le définir, de la façon inaugurée par Saussure à propos de cette catégorie particulière que forment les signes linguistiques, comme un lien entre une image et un concept, qui, dans l'union ainsi réalisée, jouent respectivement les rôles de signifiant et de signifié. Comme l'image, le signe est un être concret, mais il ressemble au concept par son pouvoir référentiel », Claude Lévi-Strauss (1962) : *La Pensée sauvage*, Paris, Plon, p. 28.

28. Ken.ichi Tanigawa (1997) : *Nihon no chimei* (Les toponymes du Japon), Tôkyô, Iwanami shoten Makoto Takemitsu (1997) : *Chimei no yurai wo shiru jiten* (Dictionnaire pour connaître l'origine des toponymes), Tôkyô, Tôkyôdô-shuppan. Tokuji Chiba (1994) : *Shin chimei no kenkyû* (Nouvelles recherches sur la toponymie), Kyôto, Kokon-shoin.

29. Jacob (1992), *op. cit.*, p. 308.

30. *Idem*, p. 309.

31. Roger Brunet, Robert Ferras, Hervé Théry (1992) : *Les Mots de la géographie, dictionnaire critique*, Montpellier-Paris, Reclus-La Documentation française, entrée « Continent », H. Théry, p. 115.

32. Arnold Toynbee (1934-61) : *A Study of History*, 12 vol., vol. 8 (1954), New York, Oxford University Press, p. 711.

33. Armand Rainaud (1893) : *Le Continent austral, hypothèses et découvertes*, Paris, Armand Colin, p. 92.

34. *Géographie*, II, 5, 43 — II, 5, 34.

35. François Wahl (1980) : « Le désir d'espace », *Cartes et figures de la Terre*, Paris, Centre Georges-Pompidou, p. 41-46, p. 42.

36. Paul Benoit, Françoise Micheau (1994) : « L'intermédiaire arabe ? », *Éléments d'histoire des sciences*, Michel Serres dir., Paris, Bordas, p. 151-175, p. 163.

37. Élisabeth Allès (2000) : « Une autre façon d'être chinois, ou le cas des Hui », *Hérodote*, 96, p. 117-129.

38. Joël Thoraval (1992) : « Les Chinois et le "paradoxe juif" », *Perspectives chinoises*, 8/9, p. 62-71.

39. Jean-Louis Margolin (1992) : « L'Asie, continent de massacres ? », *L'Histoire inhumaine, massacres et génocides des origines à nos jours*, Guy Richard éd., Paris, Armand Colin.

40. Takeshi Hamashita (1997a) : *Chôkô shisutemu to kindai Ajia* (Le système tributaire et l'Asie moderne), Tôkyô, Iwanami shoten ; (1997b) : « The intra-regional system in East Asia in modern times », *Network Power, Japan and Asia*, Peter J. Katzenstein et Takashi Shiraishi éd., Ithaca & London, Cornell University Press, p. 113-135.

41. Outre les références déjà citées, cf. pour les travaux récents : Stein Tønnesson, Hans Antlöv (1996) : *Asian Forms of the Nation*, Londres, Curzon. Harumi Befu éd. (1993) : *Cultural Nationalism in East Asia, Representation and Identity*, Berkeley, University of California, Institute of East Asian Studies. Valérie de Poulpiquet (1998) : *Le Territoire chinois*, Paris, L.G.D.J. D. R. Howland (1996) : *Borders of Chinese Civilization, Geography and History at Empire's End*, Durham, Duke University Press, 324 p.

42. Richard J. Smith (1996) : *Chinese Maps, Images of « All Under Heaven »*, Hong Kong, Oxford University Press, p. 19.

43. Christian Jacob (1992) : « Un athlète du savoir : Ératosthène », *Alexandrie III*^e^ *siècle av. J.-C. — Tous les savoirs du monde ou le rêve d'universalité des Ptolémées*, Autrement, 19, p. 119-129, p. 120.

44. Kiyoshi Yabuuchi (2000) : *Une histoire des mathématiques chinoises*, Paris, Belin, p. 71.

45. *Idem*, p. 75.

46. Jacques Bethemont (2000) : *Géographie de la Méditerranée — Du mythe unitaire à l'espace fragmenté*, Paris, Armand Colin, p. 71.

47. Joseph Needham (1974) : *La Tradition scientifique chinoise*, Paris, Hermann, p. 56.

48. Oscar Bloch, Walther von Wartburg dir. (1975) : *Dictionnaire étymologique de la langue française*, Paris, PUF, p. 449.

49. Pierre Larousse (1876) : *Grand Dictionnaire universel du XIX*^e^ *siècle*, Paris, Lacour, p. 1463.

50. Michel Viegnes (2005) : « Introduction », *Imaginaires des points cardinaux, aux quatre angles du monde*, Michel Viegnes dir., Paris, Imago, p. 7-19, p. 7.

51. Christian Grataloup (2009), *L'Invention des continents, comment l'Europe a découpé le monde*, Paris, Larousse, p. 19.

52. Raimon Panikkar (2002) : « Soleil levant et soleil couchant », *Diogène*, 200, p. 5-16.

53. Viegnes (2005), *op. cit.*, p. 8.

54. Hamid Nedjat (2005) : « Des mille et une nuits à la *geographia imaginalis* persane », *Imaginaires des points cardinaux, aux quatre angles du monde,* Michel Viegnes dir., Paris, Imago, p. 181-193.

55. Yves Vadé (2005) : « Des structures cardinales », *Imaginaires des points cardinaux, aux quatre angles du monde,* Michel Viegnes dir., Paris, Imago, p. 249-266, p. 252.

56. Viegnes (2005), *op. cit.*, p. 9.

57. Daniela Zaharia (2005) : « L'usage idéologique de la mythologie de l'espace à l'époque des Han », *Imaginaires des points cardinaux, aux quatre angles du monde,* Michel Viegnes dir., Paris, Imago, p. 329-337. Chaoying Sun-Durand (2005) : « La pérégrination vers l'ouest (*xiyou-ji*) et les cinq points cardinaux chinois », *idem*, p. 315-328.

58. Marcel Granet (1929) : *La Civilisation chinoise*, Paris, rééd. Albin Michel 1988, p. 77-99. Vera Dorofeeva-Lichmann (1996) : « Political concept behind an interplay of spatial "positions" », *Extrême-Orient, Extrême-Occident*, 18, p. 9-33.

59. Zaharia (2005), *op. cit.*, p. 331.

60. Sun-Durand (2005), *op. cit.*, p. 317.

61. *Grand Larousse encyclopédique*.

62. Jean-Pierre Maury (1989) : *Comment la terre devint ronde*, Paris, Gallimard, « Découvertes ».

63. Germaine Aujac (2001) : *Ératosthène de Cyrène, le pionnier de la géographie — Sa mesure de la circonférence terrestre*, Paris, C.T.H.S.

64. Germaine Aujac (1993) : *Claude Ptolémée, astronome, astrologue, géographe — Connaissance et représentation du monde habité*, Paris, C.T.H.S.

65. Germaine Aujac (1998) : « La redécouverte de Ptolémée et de la géographie grecque au XVe siècle », *Terre à découvrir, terres à parcourir — Exploration et connaissance du monde XIIe-XIXe siècles*, Danielle Lecoq et Antoine Chambard éd., Paris, L'Harmattan, p. 55-74, p. 61.

66. Germaine Aujac (1992) : « Les apports de l'Antiquité », Revue de la Bibliothèque nationale, 45, p. 2-13, p. 5.

67. La géographie aurait tort de se priver de la complexe mais passionnante dialectique que cela implique... Elle surpasse ainsi l'opposition apparente, qu'aime à rappeler Augustin Berque, entre le « *eppur, si muove* » de Galilée, lors de son procès en 1633, et la formule « la Terre ne se meut pas »

d'Edmund Husserl en 1934. Augustin Berque (1990) : *Médiance, de milieux en paysages*, Montpellier, Géographiques Reclus, p. 9 ; (1996) : *Être humains sur la terre*, Paris, Gallimard, p. 35.

68. Aujac (1992), *op. cit.*, p. 5.

69. Rainaud (1893), *op. cit.*, p. 97.

70. Smith (1996), *op. cit.*

71. Needham (1974), *op. cit.*, p. 81-89 ; (1959), *op. cit.*, p. 498.

72. Colin Ronan (1999) : *Histoire mondiale des sciences*, Paris, Le Seuil, « Points Sciences », p. 236.

73. André Miquel (1973) : *La Géographie humaine du monde musulman jusqu'au milieu du XI*[e] *siècle*, tome 1 : *Géographie et géographie humaine dans la littérature arabe des origines à 1050*, rééd. Éditions de l'E.H.E.S.S., « Les réimpressions », Paris, 2001, vol. I, p. 7.

74. Ronan (1999), *op. cit.*, p. 236.

75. Yabuuchi (2000), *op. cit.*

76. Robert Temple (2000) : *Le Génie de la Chine, 3 000 ans de découvertes et d'inventions*, Arles, Philippe Picquier, p. 99-101.

77. Édouard Chavannes (1903) : « Les deux plus anciens spécimens de la cartographie chinoise », B.E.F.E.O., III, p. 214-247.

78. Comme le *Qinding shujing tushuo* (*Illustrations basées sur le Classique de l'histoire*). Reproduction in : Needham (1959), *op. cit.*, p. 502 ; Kish (1980) : *La Carte, image des civilisations*, Paris, Le Seuil, pl. 34 ; Smith (1996), *op. cit.*, p. 24 ; Yee (1994), *op. cit.*, p. 76 ; Antoinette Bernard éd. (1991) : *Atlas Universalis*, Paris, Encyclopaedia Universalis, fig. 8, p. 37.

79. Needham (1959), *op. cit.*, p. 501.

80. Cf. l'expression d'Augustin Berque : « Carrer le monde à la chinoise », Berque (2000) : *Écoumène, introduction à l'étude des milieux humains*, Paris, Belin, § 9, p. 39-44. Ce paragraphe contient notamment des réflexions sur la ville sinisée que je ne reprendrai pas ici.

81. Temple (2000), *op. cit.*, p. 35-39.

82. Ronan (1988), *op. cit.*, p. 235.

83. Jacques Dars (1992) : *La Marine chinoise du X*[e] *siècle au XIV*[e] *siècle*, Paris, Economica, « Études d'histoire maritime », p. 54.

84. Cité par Temple (2000), *op. cit.*, p. 31.

85. Pour un exposé des six principes de Pei Xiu : Bernard (1936), *op. cit.*, p. 430 ; Hsu (1978), *op. cit.*, p. 57 ; Kish (1980),

op. cit., p. 27-28 ; Soothill (1927), *op. cit.*, p. 541 ; Smith (1996), *op. cit.*, p. 25-26 ; Temple (2000), *op. cit.*, p. 32.

86. Smith (1996), *op. cit.*, p. 3.

87. George Kish (1980), *op.cit.*, p. 27.

88. Yabuuchi (2000), *op. cit.*, p. 75.

89. Kish (1980), *op. cit.*, p. 27.

90. Yabuuchi (2000), *op. cit.*, p. 41.

91. Aujac (1992), *op. cit.*, p. 2.

92. Needham (1959), *op. cit.*, p. 545.

93. Maury (1989), *op. cit.*, p. 80.

94. Maury (1989), *op. cit.*, p. 82.

95. Needham (1974), *op. cit.*, p. 23.

96. *Ibid.*

97. Jacques Gernet (1983) : *Chine et christianisme, action et réaction*, Paris, Gallimard.

98. Marcel Granet (1929) : *La Civilisation chinoise*, Paris, rééd. Albin Michel 1994.

99. *Einstein Archive*, 61-381. Cité par Derek John de Solla Price (1961) : *Science since Babylon*, New Haven, Yale University Press, n. 10, p. 15.

100. Yabuuchi (2000), *op. cit.*, p. 41.

101. Jean-Pierre Drège (1989) : *Marco Polo et la Route de la Soie*, Paris, Gallimard, « Découvertes », p. 54.

102. Mei-Ling Hsu (1978) : « The Han maps and early Chinese cartography », *Annals of the Association of American Geographers*, 68-1, p. 45-60, p. 57.

103. Needham (1991), *op. cit.*, vol. 4, p. 585 ; (1959), vol. 3, p. 372-374, p. 551.

104. Robert Temple (2000), *op. cit.*, p. 108-109. Joseph Needham, Wang Ling et Derek John de Solla Price (1960) : *Heavenly Clockwork : the Great Astronomical Clocks of Medieval China — A missing link in horological history*, New York, Cambridge University Press, rééd. 1986.

105. Smith (1996), *op. cit.*, p. 33.

106. Needham (1959), *op. cit.*, p. 526.

107. Jacob (1992), *op. cit.*, p. 121.

108. *Idem.*

109. Aujac (2001), *op. cit.*, p. 31.

110. Jacob (1992), *op. cit.*, p. 125.

111. Drège (1989), *op. cit.*, p. 27.

112. Cité par Chavannes (1903), *op. cit.*, p. 247.

113. Aujac (1992), *op. cit.*, p. 2.

114. Broc (1980), *op. cit.*, p. 140.

115. Vitorino Magalhães Godinho (1990) : *Les Découvertes — XVe-XVIe : une révolution des mentalités*, Paris, Autrement, « Mémoires », éd. or. 1984, p. 7.

116. Michel Mollat du Jourdin, Monique de La Roncière (1984) : *Les Portulans — Cartes marines du XIIIe au XVIIe siècle*, Fribourg, Office du Livre.

II. LE PRINCIPE MÉRIDIEN

1. Miquel (1975), *op. cit.*, vol. 1, p. 35.

2. Nobuo Muroga, Kazutaka Unno (1962) : « The Buddhist world map in Japan and its contact with European maps », *Imago Mundi*, XVI, p. 49-69.

3. A. L. MacKay (1975) : « Kim Su-Hong and the Korean cartographic tradition », *Imago Mundi*, 27-1, p. 27-38, p. 33.

4. Cité par Needham (1959), *op. cit.*, p. 568.

5. Michel Alby (1982) : *Odoric de Pordenone — Le livre de sa pérégrination de Padoue à Pékin au Moyen Âge*, Introduction, adaptation en français moderne et notes, Paris, Hots.

6. Gari Ledyard (1994) : « Cartography in Korea », *Cartography in the Traditional East and Southeast Asian Societies*, J. B. Harley et D. Woodward éd., The University of Chicago Press, p. 260.

7. Smith (1996), *op. cit.*, p. 19.

8. Chavannes (1903), *op. cit.*, p. 219.

9. Reproduction in : Muroga et Unno (1962), *op. cit.*, fig. 5, p. 54 ; *Chizu to Bunka* (2e éd.), p. 19 ; Hiroshi Nakamura (1947) : « Old chinese world maps preserved by the Koreans », *Imago Mundi*, IV, p. 14 ; Smith (1996), *op. cit.*, p. 36.

10. Séraphin Couvreur (1950) : *Mémoires sur les bienséances et les cérémonies*, Paris, Cathasia, rééd., traduction du *Liji*. Sun-Durand (2005), Zaharia (2005), Granet (1929), *op. cit.*

11. Souvent très belles et suggestives, ces cartes *Ch'onhado* sont reproduites dans plusieurs ouvrages. Par exemple in : *Cartes et figures..., op. cit.*, p. 79, commentée par Jean-Claude Macouin ; Ledyard (1994), *op. cit.*, fig. 10.10, p. 257 ; MacKay (1975), *op. cit.*, fig. 5, p. 33 ; Harley & Woodward (1994), *op.*

cit., pl. 16 ; Nakamura (1947), *op. cit.*, fig. 2, p. 5 ; Kish (1980), *op. cit.*, fig. 33.

12. Muroga et Unno (1962), *op. cit.*, p. 49.

13. Smith (1996), *op. cit.*, p. 35.

14. Philippe Forêt (2002) : « The story of Seven Sisters Road : Premodern cartography in today's East Asia », Contribution au séminaire « Text-Bild-Karte — Kartographien der Vormoderne », Bâle, Zurich, 13 janvier.

15. T. Yoshikawa (1972) : « *Chûdo hendo no ronsô : Chûgoku ni okeru bukkyô jûyô no ichi-sokumen* » (Polémiques sur les pays du milieu et de la marge : un aspect de l'intégration du bouddhisme en Chine), *Shisô*, 579, p. 70-86.

16. Kazutaka Unno (1984) : « Mediaeval Japanese view of their country », *Languages, Paradigms and Schools in Geography*, Kunitachi-Tôkyô, Hitotsubashi Daigaku, p. 37-43.

17. Philippe Pelletier (2001) : « La capitale du Japon, un déménagement difficile », *L'Information géographique*, 65-2, p. 97-124.

18. La Restauration Meiji fait coïncider le nom des années avec celui des règnes impériaux, pratique dite *nengô*. Le *nengô* est abandonné après 1945 au profit du calendrier grégorien puis officiellement réintroduit à la fin des années 1980, ce qui souleva au Japon un grand nombre de polémiques parmi les citoyens qui y virent, parmi d'autres signes, un retour du système impérial.

19. Augustin Berque (1994) : « Fûdo », *Dictionnaire de la civilisation japonaise*, Paris, Hazan, p. 216-222, p. 221.

20. Kenjirô Fujioka *et al.* éd. (1981) : *Nihon rekishi chiri yôgo jiten* (Dictionnaire des termes de géographie historique du Japon), Tôkyô, Kashiwa shobô, entrée *tojô*, p. 406-407.

21. Berthold Laufer (1912) : « *The name China* », *T'oung Pao*, déc., p. 719-726. Paul Pelliot (1912) : « L'origine du nom de "Chine" », *T'oung Pao*, déc., p. 727-742 ; (1913) : « Encore à propos du nom de "Chine" », *T'oung Pao*, juillet, p. 29-30.

22. Pelliot (1912), *op. cit.*, p. 733.

23. Miquel (1975), *op. cit.*, t. 1, p. 39.

24. Gabriel Martinez-Gros (1998) : « La division du monde selon Idrîsî », *Le Partage du monde — Échanges et colonisation dans la Méditerranée médiévale*, Michel Balard et Alain Ducellier dir., Paris, Publications de la Sorbonne, p. 315-334, p. 323.

25. V.-V. Barthold (1947) : *La Découverte de l'Asie, histoire de l'orientalisme en Europe et en Russie*, Paris, Payot, p. 79.

26. Barthold (1947), *op. cit.*, p. 112.

27. Needham (1959), *op. cit.*, p. 562-563.

28. Senda Minoru (1979) : « Kodai kûkan no kôzô » (Structure de l'espace antique), *Nara joshi daigaku chirigaku kenkyû hôkoku*, p. 40-50 ; (1980) : « Territorial possession in Ancient Japan : the real and the perceived », *Geography of Japan*, Tôkyô, Teikoku shoin, p. 101-120.

29. Takahashi Tadashi, Yamori Kazuhiko (1980) : « L'espace dans la cartographie japonaise ancienne », *L'Espace géographique*, 2, p. 95-104.

30. Viegnes (2005), *op. cit.*, p. 11.

31. Zoé Pétré (2005) : « Les hyperboréens », *Imaginaires des points cardinaux, aux quatre angles du monde, op. cit.*, p. 147-155.

32. Isabelle Olivier, Ecaterina Lung et Stelian Brezeanu in *Imaginaire des points cardinaux…, op. cit.*

33. Jean-François Staszak (1995) : *La Géographie d'avant la géographie — Le climat chez Aristote et Hippocrate*, Paris, L'Harmattan, p. 176.

34. Smith (1996), *op. cit.*, p. 4.

35. Ronan (1988), *op. cit.*, p. 225.

36. Rainaud (1898), *op. cit.*, p. 115.

37. Reproduction in Cavallo (1992), *op. cit.*, p. 74 ; cf. Rainaud (1898), *op. cit.*, p. 196. Vatican, Bibl. Apostolica Vaticana, Pal., lat. 1362 b.

38. Hsu (1978), *op. cit.*, p. 46, 48, 54.

39. Cavallo (1992), *op. cit.*, p. 249.

40. Reproduction in Max Leinekugel (1977) : *Premières images de la terre*, Meudon, Joël Cuenot, p. 62.

41. *Atlas Universalis* (1991), *op. cit.*, p. 36.

42. Staszak (1995), *op. cit.*, p. 187.

43. Alain Ballabriga (1986) : *Le Soleil et le Tartare — L'image mythique du monde en Grèce archaïque*, Paris, E.H.E.S.S., p. 59.

44. *Idem.*, p. 175.

45. Staszak (1995), *op. cit.*, p. 187.

46. Aujac (1993), *op. cit.*, p. 25.

47. Ivan Kupcik (1981) : *Cartes géographiques anciennes : évolution de la représentation cartographique du monde, de l'Antiquité à la fin du XIX*e *siècle*, Paris, Gründ, p. 52.

48. Aujac (1998), *op. cit.*, p. 66.

49. Michel Mourre (1996) : *Dictionnaire encyclopédique d'histoire*, Paris, Larousse-Bordas, nouvelle édition.

50. Randles (1980), *op. cit.*, p. 15.

51. Miquel (1975), *op. cit.*, t. 2, p. 528.

52. Martinez-Gros (1998), *op. cit.*, p. 321.

53. Miquel (1980), *op. cit.*, p. 59.

54. Martinez-Gros (1998), *op. cit.*, p. 318.

55. Très belle reproduction en couleurs et sur double page de la mappemonde d'Al-Idrîsî in Thierry Lassalle (1990) : *Cartographie, 4 000 ans d'aventures et de passion*, Paris, IGN-Nathan, p. 64-65.

56. Kupcik (1981), *op. cit.*

57. Benoit, Micheau (1994), *op. cit.*, p. 171.

58. Aujac (1992), *op. cit.*, p. 9 ; cf. également Aujac (1998), *op. cit.*, p. 55.

59. Guy Bechtel (1992) : *Gutenberg et l'invention de l'imprimerie, une enquête*, Paris, Fayard.

60. Aujac (1998), *op. cit.*, p. 59.

61. Régis Debray (1991) : *Christophe Colomb le visiteur de l'aube*, Paris, La Différence, p. 7-8.

62. Aujac (1998), *op. cit.*, p. 61.

63. Hossam Elkhadem (1994) : « Introduction », *Le Cartographe Gérard Mercator 1512-1594*, Bruxelles, Crédit Communal, p. 5-10, p. 5.

64. Fac-similé sur papier reproduit in *Indes Merveilleuses* (1993), pl. 55, p. 84. La version castillane du traité se trouve aux Archives nationales de la Torre do Tombo à Lisbonne, et la version portugaise aux Archives générales des Indes, à Séville. Traduction et publication par José Bennassar in Debray (1991), *op. cit.*

65. Armando Cortesão (1979) : *Historia dos descobrimentos portugueses*. Circulo de Leitores, t. II, chap. III, « A ciência portuguesa e as negociações do tratado », chap. IV, « As estipulações do tratado de Tordesilhas », et p. 180.

66. Cortesão (1979), *op. cit.*, p. 181.

67. Cortesão (1979), *op. cit.*, p. 178.

68. Joseph Perez (1988) : *Isabelle et Ferdinand, rois catholiques d'Espagne*, Paris, Fayard, p. 115 *sq.*

69. Pierre Guichard (1998) : « Avant Tordesillas : La délimitation des terres de reconquête dans l'Espagne des XIIe et

XIIIe siècles », *Le Partage du monde — Échanges et colonisation dans la Méditerranée médiévale*, Michel Balard et Alain Ducellier dir., Paris, Publications de la Sorbonne, p. 451-460, p. 451.

70. Louis Marrou (2000) : « L'Atlantique, l'autre frontière », *La Frontera hispano-portuguesa : Nuevo espacio de atracción y cooperación*, Lorenzo López Trigal et François Guichard éd., Zamora, Fundación Rei Afonso Henriques, p. 39-56.

71. Guichard (1998), *op. cit.*, p. 460.

72. Patrick Villiers dir. (1997) : *Les Européens et la mer : de la découverte à la colonisation (1455-1860)*, Paris, Ellipses, p. 21.

73. Cortesão (1979), *op. cit.*, p. 153.

74. Georges Boisvert (1994) : « Christophe Colomb et le Portugal : état de la question », *Christophe Colomb et la découverte de l'Amérique — Réalités, imaginaire et réinterprétations*, Aix-en-Provence, Publications de l'Université de Provence, p. 55-66, p. 61.

75. Mahn-Lot (1991) : *La Découverte de l'Amérique*, Paris, Flammarion, p. 67. Bartolomé Benassar (1991) : « Les traités de Tordesillas 7 juin 1494 », *Christophe Colomb le visiteur de l'aube*, Régis Debray, *op. cit.*, p. 77-124. Sur l'enchaînement des traités d'Alcaçovas et de Tordesillas, cf. Pierre Chaunu (1995) : *L'Expansion européenne du XIIIe au XVe siècle*, Paris, P.U.F., nouvelle édition, p. 207-210.

76. Ricardo Cerezo Martinez (1989) : « Aportación al estudio de la carta de Juan de la Cosa », *Géographie du Monde au Moyen Âge et à la Renaissance*, Monique Pelletier éd., Paris, C.T.H.S., p. 149-154, Museo Naval, Madrid. Très belle reproduction en couleurs, double page et grand format, in Kenneth Nebenzahl (1991) : *Atlas de Christophe Colomb et des Grandes Découvertes*, Paris, Bordas, p. 40-41, détail p. 39. Reproduction en couleurs et double page in Leinekugel (1977), *op. cit.*, p. 58-59. En couleurs pleine page in François Bellec (2000) : *Le Livre des terres inconnues*, Paris, Éditions du Chêne, p. 86, détail p. 56-57. En couleurs également mais en plus petit in Jacobson (1990), p. 5, et Lequenne (1991), p. 4-5.

77. B.N.F., Ge B 12 389. Biblioteca Estense, Modène. Reproduction en couleurs in Nebenzahl (1991), *op. cit.*, p. 43 (détail en pleine page), p. 44-45 (double page) ; Lequenne (1991), p. 6-7 ; *Atlas Universalis*, *op. cit.*, pl. 10 ; Peter Whitfield (1996) : *The Charting of the Oceans : Ten Centuries of Maritime*

Maps, The British Library / Pomegranate Artbooks, Rohnert Park, California, p. 26-27 et p. 6-7.

78. Isabel Branquinho (1994) : « O Tratado de Tordesilhas e a questão das Molucas », *Mare Liberum*, 8, p. 9-18.

79. Marianne Mahn-Lot (1981) : « Conceptions géographiques et découverte : la question des Moluques jusqu'en 1521 », *Archipel*, 22, p. 75-86.

80. Reproduction in Ozanne (1989), fig. 2, p. 220.

81. Henriette Ozanne (1989) : « La découverte cartographique des Moluques », *Géographie du Monde au Moyen Âge et à la Renaissance*, *op. cit.*, p. 217-226.

82. Mahn-Lot (1981), *op. cit.*, p. 81.

83. Nebenzahl (1991), *op. cit.*, p. 85.

84. *Ibid.*

85. Henri Bernard (1935) : « Les étapes de la cartographie scientifique pour la Chine et les pays voisins depuis le XVIe jusqu'à la fin du XVIIIe siècle », *Monumenta Serica*, 1, p. 428-476, p. 438-439.

86. Christian Jacob (1992) : « Il faut qu'une carte soit ouverte ou fermée : le tracé conjectural », *Revue de la B.N.*, 45, p. 35-41, p. 35.

87. Perez (1988), *op. cit.*

88. Pablo E. Perez-Mallaina (1992) : « Botanique et cartographie : la science explose ! », *Séville XVIe siècle — De Colomb à Don Quichotte, entre Europe et Amériques, le cœur et les richesses du monde*, Carlos Martinez Shaw dir., Autrement.

89. En quelques années, les souverains d'une Espagne quasi réunifiée posent — en toute connaissance de conséquences, les historiens continuent d'en discuter — les fondements de l'État-nation européen. Même s'il est hasardeux d'attribuer aux événements des suites qui ne sont pas forcément programmées, le constat s'impose d'une mise en place du Léviathan étatique à cette époque, et en ce lieu.

90. Anaïs Fléchet (2008) : « L'exotisme comme objet d'histoire », *Hypothèses 2007*, Paris, Publications de la Sorbonne, p. 17-27. Jean-Marc Moura (1992) : *Lire l'exotisme*, Paris, Dunod.

91. John L. Myres (1896) : « An attempt to reconstruct the maps used by Herodotus », *The Geographical Journal*, 8-6 , p. 605-629.

92. Ballabriga (1986), *op. cit.* ; Staszak (1995), *op. cit.*

93. Miquel (1975), *op. cit.*

94. Thomas Suárez (1999) : *Early Mapping of Southeast Asia*, Hong Kong, Periplus.

95. Hugh Cortazzi (1983) : *Isles of Gold : Antique Maps of Japan*, Tôkyô, Weatherhill, p. 9, n. 14.

96. Unno (1994), *op. cit.*, p. 371.

97. G. W. L. Randles (1990) : « La diffusion dans l'Europe du XVIe siècle des connaissances géographiques dues aux découvertes portugaises », *La Découverte, le Portugal et l'Europe*, Jean Aubin dir., Paris, Fondation Gulbenkian — Centre culturel portugais, p. 269-278, p. 271.

98. Miguel León-Portilla (2007) : *Martin Waldseemüller, Introducción a la cosmografía y las Cuatro navegaciones de Américo Vespucio*, Mexico, Universidad Nacional Autónoma de México.

99. Randles (1980), *op. cit.*

100. Dans leur fameux traité de géographie *Cosmographiae Introductio* (1507), Martin Waldseemüller, Mathias Ringmann et Vautrin Ludd popularisent l'information de Vespucci et ils entérinent la notion de continent sous l'expression de *partes cõtinentes*. Albert Ronsin (1991) : *La Fortune d'un nom : America, le baptême du Nouveau Monde à Saint-Dié-des-Vosges*, Grenoble, J. Million.

101. Randles (1990), *op. cit.*, p. 270.

102. João Paulo Oliveira e Costa (1993), « Les Indes orientales », *Indes merveilleuses — l'ouverture du monde au XVIe siècle*, Paris, Bibliothèque nationale / Chancellerie des Universités de Paris, p. 46-51, p. 46.

103. Randles (1980), *op. cit.*, p. 41.

104. Franz Laubenberger (1959) : « Ringmann oder Waldseemüller ? Eine kritische Untersuchung über den Urheber des Namens Amerika », *Erdkunde*, 13, p. 163-179. Klaus A. Vogel (1990) : « L'écho des découvertes dans la littérature géographique allemande », *La Découverte, le Portugal et l'Europe*, Jean Aubin dir., Paris, Fondation Gulbenkian — Centre culturel portugais, p. 295-308.

105. Albert Ronsin (1995) : « Pourquoi et comment le Nouveau Monde a été nommé America à Saint-Dié-des-Vosges en 1507 », *Image du Nouveau Monde en France*, Jean-Louis Augé dir., Paris, La Martinière, p. 91-102. Bartolomé Benassar (1995) : « Le concept d'Amérique et la réhabilitation de

Christophe Colomb en France », *Image du Nouveau Monde en France*, *op. cit.*, p. 7-15.

106. *Cosmographiae introductio cum quibus dam geometriae ac astronomiae principiis ad ream rem necessariis*, fac-similé in Miguel León-Portilla (2007), *op. cit.*

107. Très belle reproduction sur double page in Nebenzahl (1991), *op. cit.*, p. 62-63.

108. Johannes Ruysch (1507), Francesco Rosselli (*ca* 1508), Bartolomeo Colomb et Alessandro Zorzi (1503).

109. Elkhadem (1994), *op. cit.*, p. 6.

110. Rainaud (1893), *op. cit.*, p. 1.

111. Dans le *Mundus Novus* (1503) : « Nous reconnûmes que cette terre était un continent, et non pas une île, parce qu'elle s'étendait sur une très grande longueur de côte, et sans que celle-ci l'entoure, et qu'elle était remplie d'une infinité d'habitants. »

112. Grataloup (2009), *op. cit.*, p. 56.

113. Benjamin Braude (2002) : « Cham et Noé, race, esclavage et exégèse entre islam, judaïsme et christianisme », *Annales, histoire, sciences sociales*, 1, p. 93-126.

114. *Idem*, p. 99.

115. Tableaux de Bellini et de Herlin in Grataloup (2009), *op. cit.*, respectivement p. 50-51 et 53.

III. DÉSIRS DE RIVAGE

1. Louise Levathes (1995) : *Les Navigateurs de l'empire céleste — La Flotte impériale du Dragon : 1405-1433*, Paris, Filipacchi, éd. or. 1994. Jacques Dars (1992) : *La Marine chinoise du Xe siècle au XIVe siècle*, Paris, Economica, « Études d'histoire maritime ». Articles dans *T'oung Pao* de J. J. Duyvendak (1939, 1953) et de Paul Pelliot (1933, 1935, 1936). Needham (1959), *op. cit.*

2. Jean-Pierre Duteil (2001) : *L'Asie aux XVIe, XVIIe et XVIIIe siècles*, Paris, Ophrys, p. 58.

3. *The Cambridge History of Japan*, 1989, vol. 4. George Sansom (1963) : *A History of Japan. Vol. II, 1334-1615*, Palo Alto, Stanford University Press, p. 170-177.

4. Drège (1989), *op. cit.*, p. 115.

5. Jean-Pierre Duteil (2002) : « Zheng He et les explorations maritimes chinoises », *Conférence Clio*.

6. Rhoads Murphey (1997) : *East Asia, a New History*, New York, Longman, p. 129.

7. Levathes (1995), *op. cit.*, p. 182.

8. *Idem*, p. 189.

9. Joseph Needham (1947), *Actes du Ve Congrès international d'Histoire des sciences*, Lausanne, p. 127.

10. Kuei-Sheng Chang (1970) : « Africa and the Indian Ocean in Chinese maps of the fourteenth and fifteenth centuries », *Imago Mundi*, XXIV, p. 21-30.

11. Exemplaire conservé dans la bibliothèque Ômiya de l'Université Ryûkoku (Japon, Kyôto-shi), copie postérieure à 1479, soie, couleurs, 164 x 171,8 cm ; reproduction in Jeon (1974), p. 281, Akioka (1995), n° 7, Fuchs (1953), p. 51, Mori (1989), p. 60 ; reproduction partielle in Oda (1998), p. 55 ; reproduction partielle en couleurs in Harley et Woodward (1994), pl. 17, p. 740, en noir et blanc, p. 244 et 246 ; reproduction complète et en couleurs in Lee (1991), fig. 5, p. 18-19. D'après une analyse minutieuse de la toponymie coréenne comparée avec celle de différentes périodes, Kenneth Robinson a resserré la fourchette temporelle entre janvier 1479 et novembre 1485. Kenneth R. Robinson (2007) : « Choson Korea in the Ryûkoku Kangnido », *Imago Mundi*, 59-2, p. 177-192.

12. Exemplaire conservé dans le temple Honmyôji de Kumamoto (Japon, Kumamoto-shi), copie de 1568 probablement, 134,7 x 169,2 cm, reproduction in *Chizu to Bunka*, p. 38 et 40.

13. Exemplaire conservé à la bibliothèque de l'Université de Tenri (Japon, Nara-ken), copie de 1568 probablement, 135,5 x 174 cm, reproduction in Harley et Woodward (1994), *op. cit.*, p. 64.

14. Exemplaire conservé dans le temple Honkôji de Shimabara (Japon, Nagasaki-ken) ; reproduction en couleurs in Mori Kô.ichi (1989) : *Nihon no kôdai* (L'Antiquité au Japon), Tôkyô, Heibonsha, 164 p., p. 58-59.

15. C'est le nom de l'exemplaire du Ryûkoku. Le titre donné dans la préface du texte adjoint à la carte et rédigé par Kwôn Kûn est *Carte des empereurs, des rois, des bordures intégrées et des terres historiques* (*Yoktae chewang hon'il kangnido*).

16. On trouvera dans Ôji Toshiaki une analyse comparée

des trois copies du *Kangnido*. Toshiaki Ôji (1993) : « *Nihonzu to sekaizu — Echizu ni kakareta Chûsei-Nihon no iiki* » (Cartes du Japon et cartes du Monde — Les régions étrangères du Japon médiéval dessinées par des cartes), *Ajia no naka Nihon-shi* (L'Histoire du Japon en Asie), vol. V, Arano Yasunori, Ishii Masatoshi et Murai Shôsuke éd., Tôkyô Daigaku shuppankai, p. 287-319. Kenneth Robinson (2007), *op. cit.*

17. Gari Ledyard (1994), *op. cit.*, p. 245.

18. Hilde de Weerdt (2009) : « Maps and memory : readings of cartography in Twelfth and Thirteenth Century Song China », *Imago Mundi*, 61-2, p. 145-167.

19. Tadashi Takahashi (1994) : « *Daimeikoku chizu — Isuramu-kei sekaizu no tôzen* » (La carte des Ming — L'avancée vers l'est des mappemondes de type arabo-musulman), *Chizu to bunka*, Tôkyô, Chijin shobô, p. 38-41.

20. Needham (1971), *op. cit.*, vol. 4, fig. 985 ; vol. 3 (1959), p. 555.

21. Ledyard (1994), *op. cit.*

22. Walter Fuchs (1953) : « Was South Africa already known in the 13th century ? », *Imago Mundi*, X, p. 50-51.

23. Hui-Lin Li, (1960-61) : « Mu-lan-p'i, a case for precolumbian transatlantic travel by arabs ships », *Harvard Journal of Asiatic Studies*, 23, p. 114-126. Fuat Sezgin (2006) : « The pre-columbian discovery of the american continent by muslim seafarers », *Geschichte des Arabischen Schrifttums*, vol. XIII, Frankfurt am Main, p. 1-39.

24. Miquel (1975), *op. cit.*, t. 1, p. 129.

25. *Le Monde*, 27 mars 2002 ; dépêche AFP, 11 novembre 2002.

26. Reproduction in Michael Swift (2008) : *Cartes du Monde à travers l'histoire*, Paris, Géo, p. 24 (pleine page, couleurs) et Le Carrer (2006), p. 78.

27. Également dite *Mappemonde des Ming de Pékin*, trouvée et analysée par Walter Fuchs (1962).

28. Gavin Menzies (2002) : *1421 — The Year China Discovered the World*, Londres, Bantam Books, 2e éd., 2003, avec postface.

29. Mahn-Lot (1998), *op. cit.*, p. 76.

30. Logiciel astronomique « Starry Night ».

31. Needham (1971), *op. cit.*, vol. 4, p. 494 *sq*, « China and Africa ».

32. Reproduction in Nebenzahl (1991), *op. cit.*, p. 21, pleine page en couleurs, et p. 22, détail.

33. Needham (1971), *op. cit.*, vol. 4, p. 501 et 502.

34. Sang-Woon Jeon (1979) : *Science and Technology in Korea — Traditional Instruments and Techniques*, The M.I.T. Press, chap. 5 « Geography and Cartography », p. 273-315, p. 286.

35. Miquel (1975), *op. cit.*, t. 2, p. 516.

36. Hee-Soo Lee (1991) : « Early Korea-Arabic maritime relations based on Muslim sources », *Korea Journal*, p. 21-32.

37. Do-yang Roh (1980) : « Histoire de la géographie en Corée », *Revue de Corée*, p. 41-63, p. 51.

38. Ledyard (1994), *op. cit.*, p. 245.

39. B.N.F., C& P, Ge CC 1573, fol 5-6. Reproduction in : Nebenzahl (1991), *op. cit.*, p. 14-16, en couleurs, dont un détail (l'Asie orientale) en pleine page ; *Indes Merveilleuses* (1993), p. 26, en couleurs et petit format ; Leinekugel (1977), *op. cit.*, p. 30-31, noir et blanc pleine page. *Cartes et figures de la Terre* (1980), p. 44-45, détail de l'Asie orientale, en noir et blanc, avec schéma explicatif et traduction.

40. Reproduction in Leinekugel (1977), *op. cit.*, p. 34-35.

41. *Explorateurs à la découverte du monde : de l'Antiquité à nos jours*, Paris, Hachette (1997), p. 33.

42. Paulino Castaneda (1992) : « Théorie de la mission », *XVe siècle*, Séville, Exposition universelle, Milan, Electa, p. 138-143, p. 141.

43. Needham (1971), *op. cit.*, vol. 4, p. 519.

44. Murphey (1997), *op. cit.*, p. 131.

45. Pierre F. Souyri (1998) : *Le Monde à l'Envers — La dynamique de la société médiévale*, Paris, Maisonneuve & Larose.

46. Cité par Magalhães Godinho (1990), *op. cit.*, p. 25-26, d'après Antonio José Saraiva.

47. Jacob (1992), *op. cit.*, p. 324.

48. Jacques Paviot (1990) : « L'Imaginaire géographique des Découvertes au XVe siècle », *La Découverte, le Portugal et l'Europe*, Jean Aubin dir., Paris, Fondation Gulbenkian — Centre culturel portugais, p. 141-157.

49. Todorov (1982), *La Conquête de l'Amérique — la question de l'autre*, Paris, Le Seuil, p. 16-20 ; Mahn-Lot (1998), *op. cit.*, p. 86-88.

50. Jorge Magasich-Airola, Jean-Marc De Beer (1994) : *America Magica — Quand l'Europe de la Renaissance croyait conquérir le Paradis*, Paris, Autrement, « Mémoires », 29.

51. Mahn-Lot (1991), *op. cit.*, p. 66.

52. Murphey (1997), *op. cit.*, p. 131.

53. Sanjay Subrahmanyam (2001) : « Du Tage au Gange au XVIe siècle : une conjoncture millénariste à l'échelle eurasiatique », *Annales — Histoire, Sciences sociales*, 1, p. 51-84.

54. Vitorino Magalhães Godinho (1992) : « L'expansion portugaise et les découvertes », *XVe siècle*, Séville, Exposition universelle, Milan, Electa, p. 110-120, p. 117.

55. Trad. en anglais in Needham (1971), *op. cit.*, vol. 4, p. 522-523, en français in Levathes (1995), p. 144-145.

56. In Subrahmanyam (2001), *op. cit.*, p. 78.

57. Pierre Chaunu (1995) : *L'Expansion européenne du XIIIe au XVe siècle*, Paris, P.U.F., 3e éd., éd. or. 1969, p. 334.

58. Jean-Noël Robert (1997) : *De Rome à la Chine, sur les routes de la soie au temps des Césars*, Paris, Les Belles Lettres.

59. Richard W. Southern (1962) : *Western Views of Islam in the Middle Ages*, Cambridge, Harvard University Press.

60. Saïd (1980), *op. cit.*, p. 72.

61. Albert T'Serstevens (1959) : *Les Précurseurs de Marco Polo, textes intégraux, établis, traduits et commentés*, Paris, Arthaud.

62. Subrahmanyam (2001), *op. cit.*, p. 52.

63. Ninette Boothroyd, Muriel Détrie éd. (2004) : *Le Voyage en Chine, anthologie des voyageurs occidentaux du Moyen Âge à la chute de l'empire chinois*, Paris, Robert Laffont.

64. Christiane Deluz (1982) : « Le paradis terrestre, images de l'Orient lointain dans quelques documents géographiques médiévaux », *Images et signes de l'Orient dans l'Occident médiéval, littérature et civilisation*, Senefiance, 11, Aix-en-Provence, Publications du C.U.E.R.M.A. de l'Université de Provence, p. 147. Chantal Connochie-Bourgne (1982) : « L'Orient, réalité et discours dans *L'Image du monde* », *Images et signes de l'Orient..., op. cit.*

65. Francis Affergan (1987) : *Exotisme et altérité, essai sur les fondements d'une critique de l'anthropologie*, Paris, P.U.F., p. 31.

66. Magalhães Godinho (1990), *op. cit.*, p. 13.

67. Magasich-Airola et De Beer (1994), *op. cit.*

68. Paviot (1990), *op. cit.*, p. 148.

69. Juan Gil (1992) : « Approche au XVe siècle », *XVe siècle*, Séville, Milan, Electa, p. 13-19, p. 15.

70. Subrahmanyam (2001), *op. cit.*, p. 53.

71. Danielle Lecoq (1998) : « Au-delà des limites de la terre habitée. Des îles extraordinaires aux terres antipodes (XIe-XIIIe siècles) », *Terre à découvrir, terres à parcourir — Exploration et connaissance du monde XIIe-XIXe siècles*, *op. cit.*, p. 15-41, p. 15. Marianne Mahn-Lot (1989) : « Îles des Bienheureux et Paradis terrestre », *Revue historique*, 569, p. 47-50.

72. G. Dagron, Louis Marin (1971) : « Discours utopique et récit des origines », *Annales ESC*, XXXVI (2), p. 297 et 315.

73. José Lasso de la Vega (1992) : « L'importance de la récupération de la géographie de Ptolémée dans le XVe siècle », *XVe siècle*, Séville, Milan, Electa, p. 38-47, p. 47.

74. Rudolf Wittkower (1991) : *L'Orient fabuleux*, Paris, Thames & Hudson, p. 49 et n. 139.

75. Danielle Lecoq (1992) : « Saint Brandan, Christophe Colomb, et le paradis terrestre », *Revue de la Bibliothèque nationale*, 45, p. 14-21, p. 17.

76. Reproduction in Kupcik (1981), *op. cit.*, p. 23.

77. Angelo Cattaneo (2003) : « God in His World : the earthly paradise in Fra Mauro's *Mappamundi* illuminated by Leonardo Bellini », *Imago Mundi*, 55, p. 97-103. Reproduction in Nebenzahl (1991), p. 21-22.

78. Reproduction in Nebenzahl (1991), *op. cit.*, double page en couleurs, p. 32-33 ; le détail de la mappemonde, pleine page couleurs, p. 30 ; Lecoq (1992), *op. cit.*, le détail de la mappemonde, pleine page couleurs, p. 15.

79. Marco Polo, *Le Devisement du Monde*, texte intégral établi par A. C. Moule et P. Pelliot, Paris, Maspéro, 1980, p. 239.

80. Nebenzahl (1991), *op. cit.*, p. 26-27. Fonsin (1976), *op. cit.*, p. 228. Kupcik (1981), *op. cit.*, p. 15.

81. Henry K. Wagner (1949) : « Marco Polo's narrative becomes propaganda to inspire Colon », *Imago Mundi*, 6, p. 3-13.

82. Jacob (1992), *op. cit.*, p. 327.

83. Nebenzahl (1991), *op. cit.*, p. 14.

84. Georges Ferrand (1932) : « Le Wâk-Wâk est-il le Japon ? », *Journal Asiatique*, avril, p. 193-243. Miquel (1975), *op. cit.*, vol. 1, p. 20-21, 80, 91, 133, 171 ; vol. 2, p. 487, 511-513. Suarez (1999), *op. cit.*, « Waq-waq : the life of a myth », p. 53-57.

85. Miquel (1975), *op. cit.*, vol. 1, p. 80.

86. Yoshihiko Amino (1995) : « Les Japonais et la mer », *Annales — Histoire, Sciences sociales*, 50-2, p. 235-258.

87. Wilcomb E. Washburn (1952) : « Japan on Early European Maps », *The Pacific Historical Review*, XXI, p. 221-256.

88. *Cosmographia breve introductoria en el libro de Marco Polo*, Séville, 1503, préface. Cité par Randles (1980), *op. cit.*, p. 70, et par Lecoq (1992), *op. cit.*, p. 19.

89. Berthold Laufer (1931) : « Columbus and Cathay, and the meaning of America to the Orientalist », *Journal of the American Oriental Society*, 51-2, p. 87-103.

90. Juan Manzano Manzano (1976) : *Colón y su secreto*, Madrid, Ediciones cultura hispánica, p. 185-187.

91. Mahn-Lot (1998), *op. cit.*, p. 76.

92. Sanchez (1994), *op. cit.*

93. Mahn-Lot (1998), *op. cit.*, p. 93.

94. Reproduction in Nebenzahl (1991), *op. cit.*, p. 53 (détail) et 54-55.

95. Nebenzahl (1991), *op. cit.*, p. 58, in p. 56-57 et détail p. 59. J. Donald L. Mc Guirk (1989) : « Ruysch world map : census and commentary », *Imago Mundi*, 41, p. 133-141.

96. *Recens et integra orbis descriptio*. Reproduction in Leinekugel (1977), *op. cit.*, pl. X, double page en couleurs ; in Augé (1995), p. 111. B.N.F., C&P, Ge. DD 2987 (63).

97. Reproduction in Nebenzahl (1991), *op. cit.*, p. 86-87.

98. Armando Cortesão (1938) : « The first account of the Far East in the sixteenth century — The name "Japan" in 1513 », *Comptes-rendus du Congrès international de géographie, Amsterdam 1938*, t. II, Géographie historique et histoire de la géographie, Leiden, Brill, p. 146-152.

99. Armando Cortesão (1935) : *Cartografia e cartografos portugueses*, Lisbonne.

100. *Universale alla Parte del Mundo Novamenta Ritrovata*, in Lutz Walter (1994) : *Japan, a Cartographic Vision : European printed maps from the early 16th to the 19th centuries*, Munich and New York, Prestel Verlag on behalf of the German East-Asiatic Society, pl. 9 et 10. Cortazzi (1983), *op. cit.*, pl. 14, p. 77.

101. *Iaponicae tabulae explicatio* (1595), Josef Franz Schütte (1962) : « Ignacio Moreira of Lisbon, cartographer in Japan 1590-1592 », *Imago Mundi*, XVI, p. 116-128, p. 127. « *Japonica regio, quam indigenae Nipon, Sinae vero Gepon, hoc est solis vel*

diei originem, appelant, quod habita ratione Sinici regni magis ad Orientem vergat... »

102. Cartouche de la carte *Iaponia* (1617, Rome), Jason C. Hubbard (1994) : « The map of Japan engraved by Christopher Blancus, Rome, 1617 », *Imago Mundi*, 46, p. 84-99, p. 94 : « *Regio, quam indigenæ Nippon, hoc est, principium Solis appellant...* » Walter (1994), *op. cit.*, pl. 28.

103. Nebenzahl (1991), *op. cit.*, pl. 29, p. 100-103.

104. *Idem*, pl. 34, p. 112-115.

105. *Idem*, pl. 34, p. 129-131.

106. *Idem*, pl. 40, p. 136-137. Elkhadem (1994), *op. cit.*, p. 146.

107. Phillip Allen (1993) : *L'Atlas des Atlas, le monde vu par les cartographes*, Brepols, p. 57.

108. Jean-Baptiste Du Halde (1735) : « *Observations géographiques sur le Royaume de Corée, tirées des Mémoires du Père Regis* », *Description géographique, historique, chronologique, politique et physique de l'empire de la Chine et de la Tartarie chinoise*, Paris, G. Le Mercier, vol. 4, p. 424, 426.

109. Sebastiano Crino (1938) : « L'Atlante inedito di Francesco Rosselli e la sua importanza nell'evoluzione cartografica del periodo delle grandi scoperte », *Comptes-rendus du Congrès international de géographie, Amsterdam 1938*, t. II, Géographie historique et histoire de la géographie, Leiden, Brill, p. 153-163.

110. Ralph M. Cory (1937) : « Some notes on Father Gregorio Cespedes, Korea's first European visitor », *Transactions of the Korea branch of the Royal Asiatic Society*, XXVII, p. 9.

111. *Iaponiae insvlae descriptio*. Reproduction in : Takejirô Akioka (1955) : *Nihon chizu-shi* (Histoire des cartes du Japon), Tôkyô, Kawade shobô, n° 27 ; Takeo Oda (1998) : *Kochizu no hakubutsushi* (Encyclopédie des cartes anciennes), Tôkyô, Kokon shoin, p. 134-135 ; Swift (2008), *op. cit.*, p. 102.

112. Reproduction in Cortazzi (1983), *op. cit.*, pl. 22, p. 88-89 ; Walter (1994), *op. cit.*, pl. 12.

113. Jan Jansson, *Nova et accurata Iaponiae Terrae Esonis ac insularum adjacentium*. Reproduction in Swift (2008), *op. cit.*, p. 124.

114. *Asiæ Nova descriptio* (1567), Amsterdam. Reproduction in Cortazzi (1983), *op. cit.*, pl. 10, p. 82-83.

115. « Asia », « Corea Istmus ».

116. *Nova et aucta orbis terrae descriptio...*, B.N.F., C&P, Ge A 1064. Reproduction in *Revue de la B.N.*, 1992, n° 45, p. 29 ; Kish (1980), *op. cit.*, p. 248-249.

117. *Tartariae sive magni Chami regni*, Anvers. Reproduction in Allen (1993), *op. cit.*, p. 36, 37 ; Cortazzi (1983), *op. cit.*, pl. 16, p. 78-79 ; Walter (1994), *op. cit.*, pl. 11E.

118. Johannes Keuning (1947) : « The History of an Atlas, Mercator-Hondius », *Imago Mundi*, IV, p. 37-62.

119. B.N.F., C&P, SH Archives n° 30. Reproduction in : Mollat-Roncière (1984), *op. cit.*, n° 75 ; Keuning (1949) ; *Encyclopédie de la Polynésie* (1986), vol. 6, p. 10-11.

120. Edward H. Dahl, Jean-François Gauvin (2001) : *La Découverte du monde, une histoire des globes terrestres et célestes*, Paris, Privat , p. 84-85.

121. *Carte Universelle hydrographique*, B.N.F., C&P, SH Archives n° 15. Reproduction in Mollat-Roncière (1984), *op. cit.*, n° 84.

122. *Charte universelle de tout le monde*, in *Théâtre contenant la description de la carte générale*. Reproduction in Pastoureau (1984), *op. cit.*, fig. 154.

123. B.N.F., C&P, SH Portefeuille 177, div. 2, pièce 1. Publiée par Melchisédech Thévenot in *Relations de divers voyages curieux* (1664). Reproduction in : Mollat-Roncière (1984), *op. cit.*, n° 86 ; Walter (1994), *op. cit.*, p. 51.

124. *Iaponias regnvm* ; reproduction in Hiroshi Nakamura (1964) : « The Japanese portolanos of Portuguese origin of the XVIth and XVIIth centuries », *Imago Mundi*, XVIII, p. 24-44, p. 44.

125. *Cartes des Isles du Iapon esquelles est remarque la route tant par mer que par terre que tiennent les Hollandois...* Reproduction dans Walter (1994), *op. cit.*, pl. 35 ; Cortazzi (1993), *op. cit.*, pl. 71. B.N.F., Ge DD 2987 (7445).

126. Frédéric Boulesteix (2001) : « La Corée, un Orient autrement extrême », *Revue de littérature comparée*, 1, 297, p. 93-111.

127. Magasich-Airola & De Beer (1994), *op. cit.*, p. 31-33 ; Wittkower (1991), *op. cit.*

128. Magasich-Airola & De Beer (1994), « Les indomptables Amazones », p. 131-163.

129. Miquel (1975), *op. cit.*, t. 2, p. 486.

130. Frank Lestringant (1980) : « Insulaires », *Cartes et figures de la Terre*, Paris, Centre Georges-Pompidou, p. 470-475, p. 470.

131. Michel Mollat (1984) : *Les Explorateurs du* XIIIe *au* XVIe *siècle — Premiers regards sur des mondes nouveaux*, Paris, J.-C. Lattès, p. 103.

132. Tzvetan Todorov (1982), *op. cit.*, p. 20.

133. Édition française par P. Gaffarel (1907) : *De orbe novo — Les huit décades de Pierre Martyr d'Anghiera*, Paris, p. 611.

134. Alessandro Scafi (1999) : « Mapping Eden : cartography of the earthly Paradise », *Mappings (Critical Views)*, Denis Cosgrove éd., Londres, Reaktion Books, p. 50-70, p. 70.

IV. VERS LES MERS DE CHINE ET D'ORIENT

1. Kish (1980), *op. cit.*, p. 9 ; pl. 9, p. 76, p. 189-190 ; pl. 8, 10 ; pl. 33, p. 99, p. 213-214.

2. Needham (1959), *op. cit.*, p. 568.

3. Needham (1959), *op. cit.*, p. 505 *sq* ; Smith (1996), *op. cit.*, p. 16-19 ; Wittkower (1991), *op. cit.*

4. Drège (1989), *op. cit.*, p. 26.

5. Broc (1980), *op. cit.*, p. 136.

6. Rainaud (1898), *op. cit.*, p. 15-17.

7. *Idem*, p. 99.

8. Randles (1980), *op. cit.*, p. 25.

9. *Idem*, p. 41-64.

10. Cité par Randles (1980), *op. cit.*, p. 63.

11. Helga Gemegah (1999) : *Die Theorie des spanischen Jesuiten José de Acosta über den Ursprung der indianischen Völker aus Asien*, Frankfurt, Peter Lang, Dissertation.

12. Bartolomeo Colomb et Zorzi (1521), Caspar Vogel (1542), Van den Putte (1570).

13. *Historia natural y moral de las Indias* in Helga Gemegah (1999), *op. cit.*

14. Martin Waldseemüller (1507), Hans Holbein (1543), Maggiolo (1527), Battista Agnese (*ca* 1543) ou Pierre Desceliers (1546).

15. Sur la « mer de Verrazzano », cf. Numa Broc (1986) : *La Géographie de la Renaissance (1420-1620)*, Paris, Bibliothèque nationale; C.T.H.S., p. 57.

16. Contarini (1506), Ruysch (1507), Maggiolo (1511), Homem (1519), Bordone (1528), Ribeiro (1529), Verrazzano (1529), Sonetti (1532), Mercator (1538), Cossin (1570), Rosselli (1508), Gastaldi (1546).

17. Magalhães Godinho (1990), *op. cit.*, p. 24.

18. Numa Broc (1986), *op. cit.*, p. 54.

19. Gérard Mercator (1569, 1595), Abraham Ortelius (1570), Gerard de Jode (1578, 1593), Antonio Sanchez (1623), Hondius (1607), Philipp Eckebrecht (1630), Jean Guérard (1634), João Teixeira (1649).

20. Numa Broc (1980), *op. cit.*, p. 56.

21. Francesco Rosselli (1508), Oronce Fine (1531, 1534-39), Giacomo Gastaldi (1546, 1548), Bertelli (1565), Giorgio Sideri Callapoda (1563), Antonio Lafreri (1580), Bartolomeo Crescenzi (1588).

22. Bordone, Münster, Gastaldi et Ortelius. Nebenzahl (1991), *op. cit.*, p. 64.

23. *Idem*, p. 107.

24. Mahn-Lot (1981), *op. cit.*, p. 85.

25. Magalhães Godinho (1990), *op. cit.*, p. 25.

26. Wahl (1980), *op. cit.*, p. 42.

27. *Dictionnaire de géographie*, Paris, Hatier, 1995, entrée « Océan, mer ».

28. Miquel (1975), *op. cit.*, t. 1, p. 35.

29. Suárez (1999), *op. cit.*, p. 147.

30. Miquel (1975), *op. cit.*, t. 1, p. 80, 131 ; t. 2, p. 488, 495, 532-533.

31. *Idem*, t. 2, p. 532.

32. Martin Lewis (1999) : « Dividing the Ocean Sea », *Geographical Review*, 89-2, p. 196.

33. Mireille Pastoureau (1980) : « Feuilles d'Atlas », *Cartes et figures de la terre*, Paris, Centre Georges-Pompidou, p. 442-454, p. 447 ; (1988) : *Atlas du Monde, Nicolas Sanson d'Abbeville, 1665*, Paris, Sand & Conti.

34. Philippe Pelletier (2007) : « Les cartographes français et la dénomination de la "mer du Japon" (mer de l'Est) aux XVIIe et XVIIIe siècles », *Péninsule*, 54-1, p. 57-98.

35. Lucie Lagarde (1996) : « Philippe Buache (1700-1773), cartographe ou géographe ? », *Terre à découvrir, terres à parcourir...*, *op. cit.*, p. 146-165.

36. Lewis (1999), *op. cit.*

37. Stephen Turnbull (2007) : *Pirate of the Far East, 811-1639*, Oxford, Osprey.

38. Souyri (1998), *op. cit.*, p. 181-184.

39. Emiko Ohnuki-Tierney (1993) : *Rice as Self*, Princeton, Princeton University Press.

40. Yi-T'ung Wang (1953) : *Official Relations between China and Japan, 1368-1549*, Cambridge, Harvard University Press. Shoji Kawazoe (1990) : « Japan and East Asia », *The Cambridge History of Japan*, vol. 3, p. 396-446.

41. Charlotte von Verschuer (2000) : « Looking from within and without : Ancient and Medieval external relations », *Monumenta Nipponica*, 56-4, p. 537-566.

42. Ph. Pelletier (1997), *op. cit.*

43. Roderich Ptak, Angela Schottenhammer dir. (2006) : *The Perception of Maritime Space in Traditional Chinese Sources*, Wiesbaden, Harrassowitz Verlag.

44. Institut d'Histoire des Sciences naturelles, Academica Sinica, Beijing. La carte du *Yujitu* est reproduite dans divers ouvrages : Needham (1959), *op. cit.*, fig. 226 ; Smith (1996), *op. cit.*, p. 28 ; Hsu (1978), *op. cit.*, p. 58 ; Yee (1994), *op. cit.*, p. 48. Mais c'est dans l'article pionnier de Chavannes que l'on trouve sa plus belle et sa plus lisible reproduction, un estampage en grandeur conforme (77 x 80 cm) : Édouard Chavannes (1903) : « Les deux plus anciens spécimens de la cartographie chinoise », *B.E.F.E.O.*, III, p. 214-247.

45. Reproduction in Akioka (1955), *op. cit.*, n° 6.

46. Cf. une carte régionale de la Chine sans titre de 1782 : B.N.F., Ge CC 4461(4) - 73B.63976.

47. Jane Kate Leonard (1984) : *Wei Yuan and China's Rediscovery of the Maritime World*, Cambridge, Harvard University Press, p. 1, n. 2.

48. Howland (1996), *op. cit.*, p. 11-12.

49. Mark R. Peattie (1988) : *Nan'yô, the Rise and Fall of the Japanese in Micronesia, 1855-1945*, Honolulu, University of Hawai'i Press.

50. Smith (1996), *op. cit.*, p. 31-32.

51. Reproduction in : Nobuo Muroga (1983) : *Kochizushô — Nihon no chizu no ayumi* (Aperçu de cartes anciennes — Le progrès cartographique du Japon), Tôkai Daigaku shuppankai, fig. 22, p. 113 ; Kazutaka Unno (1999) : *Chizu ni miru Nihon, Wakoku, Zipangu, Dainippon* (Le Japon vu des cartes, Le Pays des Wa, Zipangu, le Grand Nippon), Tôkyô, Taishûkanshoten, pl. 3-1, p. 6 ; Yee (1994), *op. cit.*, p. 58. Institut d'Histoire des Sciences naturelles, Academica Sinica, Beijing.

52. Reproduction in : Muroga (1983), *op. cit.*, fig. 20, p. 109 ; Yee (1994), *op. cit.*, p. 50 ; Needham (1959), *op. cit.*, fig. 231. British Museum, 15261.e.2, 1b-2a. Cf. Destombes (1974), p. 198, n. 9.

53. Reproduction in Yee (1994), *op. cit.*, encart p. 324, plate 1. Archivo General de Indias, Séville.

54. Reproduction en détail in Smith (1996), *op. cit.*, fig. 7, 8, 9, 10 et 11, encart p. 26, d'après les archives du Oriental and India Office, British Library.

55. *Atlas de la Chine par provinces*, B.N.F., Ge DD 2727, 88-C.133520.

56. Jean-Frédéric Bernard (1716) : « Lettre de M. Delisle sur la question si le Japon est une île », *Recueil de voyages au Nord*, Amsterdam, t. 3, p. 37.

57. Howland (1996), *op. cit.*, p. 3.

58. Patrick Beillevaire (1999) : « Assimilation from within, appropriation from without — The folklore-studies and ethnology of Ryûkyû/Okinawa », *Anthropology and Colonialism in Asia and Oceania*, Jan van Bremen et Shimizu Akitoshi éd., Londres, Curzon Press, p. 172-196, p. 175.

59. Yonghe Cao (1997) : *Taïwan zaoqi zhan shi yanjiu* (Recherches historiques sur le Taïwan ancien), Taipei, éd. or. 1979.

60. Cité par Gustave Schlegel (1895) : « Problèmes géographiques — Les peuples étrangers chez les historiens chinois », *T'oung Pao*, VI, p. 165-215, p. 167.

61. Suárez (1999), *op. cit.*, p. 51.

62. Charles Haguenauer (1935) : « Encore la question des Gores », *Journal Asiatique*, CCXXVI, p. 67-116.

63. Toshiaki Arashiro (1994) : *Ryûkyû-Okinawa shi* (Histoire des Ryûkyû et d'Okinawa), Okinawa, Okinawaken rekishi kyôiku kenkyûkai, p. 60-63.

64. Reproduction en couleurs in Kish (1980), *op. cit.*, p. 102 ; en noir et blanc in Li (1998), p. 185. B.N.F., rés. Ge A 1120.

65. Wen-Hsiung Hsu (1980) : « From aboriginal island to Chinese Frontier : The development of Taiwan before 1683 », *China's Island Frontier, Studies in the Historical Geography of Taiwan*, Ronald G. Knapp dir., Taipei, S.M.C. Publishing Inc.

66. John R. Shepherd (2007) : « The Island Frontier of the Ch'ing, 1684-1780 », *Taiwan, a New History*, Murray A. Rubinstein éd., New York, M. E. Sharpe.

67. W. E. Soothill (1927) : « Two oldest maps in China extant », *Royal Geographical Society Journal*, LXIX, p. 532-555, p. 544.

68. *Gujin hua yi quyu zongyao tu* (Carte générale des anciens et des nouveaux territoires de la Chine et des pays étrangers). Reproduction in Yee (1994), *op. cit.*, p. 58. Archives Cao Wanru, Institut d'Histoire des Sciences Naturelles, Academica Sinica, Pékin.

69. *Sihai hua yi zongtu* (Carte générale des territoires chinois et étrangers entre les quatre mers). Reproduction in Yee (1994), *op. cit.*, p. 175, et Nakamura (1947), *op. cit.*, p. 14. Harvard-Yenching Library, Harvard University, Cambridge.

70. Charlotte von Verschuer (1985) : *Les Relations officielles du Japon avec la Chine aux* VIIIe *et* IXe *siècles*, Genève, Droz.

71. *Traité de géographie* (*Dili zhi*), *Furugo jiten*, entrée *wa*.

72. Le *Wei Zhi* constitue une partie du *San Guo Zhi* (Histoire des Trois Pays [ou Royaumes] ; j. *Sangoku-shi*). Le passage se trouve dans la section des « Mentions sur les Barbares de l'Est » (j. *Tô.i-den*). Ryûsaku Tsunoda (1951) : *Japan in the Chinese Dynastic Histories : Later Han Through Ming Dynasties*, South Pasadena, P. D. and Ione Perkins, p. 8.

73. Ce chapitre du *Sui Shu* intitulé « Mentions sur les barbares de l'Est » (*Dongyi zhuan* ; j. *Tô.i-den*) ne doit pas être confondu avec la section portant le même nom dans le *Wei Zhi*, antérieur. Tsunoda (1951), *op. cit.*, p. 28.

74. Howland (1996), *op. cit.*, p. 22.

75. Michael Carr (1992) : « Wa 倭 Wa 和 Lexicography », *International Journal of Lexicography*, 5-1, p. 1-30.

76. Tsunoda (1951), *op. cit.*

77. Jullien (2007), *op. cit.*, p. 1182. Jullien écrit « complète harmonie ».

78. Ph. Pelletier (1997), « Le territoire médiéval des pirates wakô », *op. cit.*, p. 100-107. Pour une mise au point synthétique, cf. Jean-Paul Desroches (1994) : *Trésor des galions*, Paris, Textuel/Réunion des Musées Nationaux, p. 45-50, « Pirates en mer de Chine ».

79. Teiji Kadowaki (1992) : « *Nihon no keisei* » (La formation du Japon), *Ajia no naka no Nihon-shi*, vol. IV, Tôkyô Daigaku shuppankai, p. 1-28.

80. Amino (1992), *op. cit.*

81. Tsunoda (1951), *op. cit.*, p. 28.

82. Walter Edwards (1996) : « In pursuit of Himiko — Post-war archaeology and the location of Yamatai », *Monumenta Nipponica*, 51-1, p. 53-79. Jonathan Edward Kidder (2007) : *Himiko and Japan's Elusive Chiefdom of Yamatai*, Honolulu, University of Hawai'i Press.

83. « Remains of what appears to be Queen Himiko's palace found in Nara », *Kyôdo News*, 26 mai 2010.

84. Koyata Iwahashi (1970) : *Nihon no kokugô* (Le nom du Japon), Tôkyô, Yoshikawa kôbunkan. Yoshihiko Amino (1992) : « Quelques questions que pose la société médiévale japonaise et comment la recherche historique japonaise y répond », Conférence E.H.E.S.S. du 4 décembre 1992, *Bulletin de la S.F.E.J.*, 3, p. 6-19.

85. Verschuer (1985), *op. cit.*, p. XIV-XV.

86. Takahashi, Yamori (1980), *op. cit.*

87. Abe Hiroshi (1995) : *Nihon kûkan no tanjô — Kosumorojî, fûkei, takaikan* (Naissance de l'espace Japon — Cosmologie, paysage, vue de l'au-delà), Tôkyô, Serika shobô.

88. Entretien avec l'anthropologue Sugata Masa.aki, Tôkyô, 24 avril 1999.

89. Amino Yoshihiko (1992) : « Deconstructing "Japan" », *East Asian History*, 3, juin, p. 121-142 ; (1995), *op. cit.* Kadowaki (1992), *op. cit.*

90. Chavannes (1903), *op. cit.*, p. 228.

91. Albert Herrmann (1937) : « Die älteste türkische Weltkarte (1076 n. Chr.) », *Imago Mundi*, II, p. 21-25.

92. Charlotte Von Verschuer (1995) : « Le Japon, contrée du Penglai ? », *Cahiers d'Extrême-Asie*, 8, p. 439-452.

93. Jacqueline Pigeot, Keiko Kosugi, Akihiro Satake (1993) : « Pays d'au-delà des mers », *Voyages en d'autres mondes — Récits japonais du XVIe siècle*, Arles/Paris, Philippe Picquier/Bibliothèque nationale, p. 143-149, p. 146.

94. Rocher (1997), *op. cit.*

95. Unno (1994), *op. cit.*, p. 367.

96. Trois principaux types ; 1/ Ninnaji (1305), reproduction in : Akioka (1955), *op. cit.*, n° 3 ; Oda (1998), *op. cit.*, pl. III-1, p. 40-41 ; Unno (1994), *op. cit.*, p. 367 ; Cortazzi (1983), *op. cit.*, pl. 2, p. 68-69. 2/ Shûgaishô (1548), reproduction in : Akioka (1995), *op. cit.*, n° 5 ; Oda (1998), *op. cit.*, pl. III-4, p. 49 ; Unno (1994), *op. cit.*, p. 368 ; Cortazzi (1983), *op. cit.*, pl. 6, p. 71. 3/ Tôshôdaiji (*ca* 1557), dite encore *Nansenbujô Dainihon seitô zu*, reproduction in Oda (1998), *op. cit.*, pl. III-3, p. 45 ; Cortazzi (1983), *op. cit.*, pl. 5, p. 70.

97. Ôji (1993), *op. cit.*

98. Takahashi (1994), *op. cit.*, p. 41.

99. Ledyard (1994), *op. cit.*, p. 247.

100. Reproduction in : Jeon (1974), *op. cit.*, p. 287 ; Akioka (1955), *op. cit.*, n° 8 ; Muroga (1983), *op. cit.*, p. 135 ; Oda (1998), *op. cit.*, pl. III-8, p. 57 ; Ledyard (1994), *op. cit.*, p. 270. Archives des compilations de documents historiques de l'Université de Tôkyô.

101. Cf. aussi sur ce point Ledyard (1994), *op. cit.*, p. 269-273. L'une des cartes de Sin Suk-chu reproduite dans cet ouvrage concerne d'ailleurs exclusivement Tsushima, en portant le nom explicite de *Carte de Tsushima du Japon* (*Ilbon'guk Taemado chito*).

102. Jeon (1974), *op. cit.*, p. 287, et Ledyard (1994), *op. cit.*, p. 273. Les deux auteurs donnent des traductions anglaises légèrement différentes, ce qui pose un problème d'interprétation.

103. Jeon (1974), *op. cit.*, p. 286.

104. Nakamura Eitaka (1965) : « *"Haedong chegukki" no senshû to insatsu* » (Édition et impression du "Haedong chegukki"), *Nissen kankeishi no kenkyû* (Études des relations his-

toriques nippo-coréennes), vol. 2, Yoshikawa Kobunkan, p. 358-366.

105. Kyung-Yang Bo (2002) : « The names of the East Sea of the Korean old maps, 17th-19th centuries », *The Eighth International Seminar on the Naming of Seas — Special emphasis concerning the North Pacific Ocean*, Vladivostok, p. 83-94.

106. En japonais *Nihon-kôryaku no Nihon-zu*. Carte conservée dans les archives de Tôyô Bunko. Akioka donne la date de 1530, Oda celle de 1523. Reproduction in : Akioka (1955), *op. cit.*, n° 9 ; Oda (1998), *op. cit.*, pl. III-9, p. 59.

107. Jeon (1974), *op. cit.*, p. 275.

108. Needham (1974), *op. cit.*, p. 44.

109. Jin Yang Tae (2002) : « A study on the meaning of "East Sea", especially based on the national emotion », *The Eighth International Seminar on the Naming of Seas — Special emphasis concerning the North Pacific Ocean*, Vladivostok, p. 119-141.

110. Sang-tae Yee (2002) : « A study on the understanding of the East Sea (Donghae) in the Chosun dynasty (14th c-20th c) », *The Eighth International Seminar on the Naming of Seas — Special emphasis concerning the North Pacific Ocean*, Vladivostok, p. 48-65. Cf. également « Mer du Japon ou mer de l'Est, vaste débat... », *Le Courrier de la Corée*, 14 juin 1997, p. 4-5.

111. Norman J. W. Thrower, Young-Il Kim (1967) : « Dong-Kook-Yu-Ji-Do : a recently discovered manuscript of a map of Korea », *Imago Mundi*, XXI, p. 31-49.

112. San-tae Yee (2002), *op. cit.*, p. 86.

113. Ogg Li (1969) : *Histoire la Corée*, Paris, P.U.F., p. 51.

114. Magnifique reproduction dans Chan Lee (1991) : *Han'guk ûi kochido* (Cartes anciennes de Corée), Séoul, Bum-woo-sa, fig. 41, p. 82. Reproduction aussi in Jeon (1974), *op. cit.*, p. 283, et Ledyard (1994), *op. cit.*, p. 294. Archives Kyujanggak, Université nationale de Séoul.

115. Bo (2002), *op. cit.*, p. 85 et p. 92.

V. UNE MER EN CONSTRUCTION

1. Jean Denucé (1907) : « Les îles Lequios (Formose et Liu-Kiu) et Ophir », *Bulletin de la Société royale belge de géogra-*

phie, XXXI, p. 435-461 ; (1911) : « Magellan, la question des Moluques et la première circumnavigation du globe », *Acad. R. de Belgique, Mémoires*, Cl. des Lettres, II, t. IV, fasc. III.

2. Erik W. Dahlgren (1912) : « A contribution to the history of the discovery of Japan », *Transactions and Proceedings of the Japan Society*, XI, p. 239-260, p. 246.

3. Noël Péri (1923) : « Essai sur les relations du Japon et de l'Indochine aux XVIe et XVIIe siècles », *B.E.F.E.O.*, XXIII, p. 1-123, p. 4.

4. Lawrence C. Wroth (1944) : *The Early Cartography of the Pacific*, The Papers of the Bibliographical Society of America, 38-2, p. 208.

5. *Tartariae sive magni Çhami regni typus* et *Asiae Nova Descriptio*. Reproduction in Walter (1994), *op. cit.*, pl. 11 e et 11 c ; Cortazzi (1983), *op. cit.*, pl. 19, p. 82-83.

6. Reproduction in Walter (1994), *op. cit.*, pl. 11 g ; *Atlas Universalis* (1991), *op. cit.*, pl. 7 ; Swift (2008), *op. cit.*, p. 104 ; Kupcik (1981), *op. cit.* Ortelius y rompt avec sa représentation habituelle de l'archipel japonais et apporte de nouvelles informations pertinentes sur sa forme, sa position et ses dénominations. On ignore l'origine de celles-ci, d'où un certain mystère sur cette carte par ailleurs novatrice et audacieuse quant à d'autres espaces géographiques.

7. E. W. Dahlgren (1911) : *Les Débuts de la cartographie du Japon*, Uppsala, J.-A. Lundell publi., Archives d'Études, 4, p. 41.

8. Reproduction in Cortazzi (1983), *op. cit.*, pl. 20, p. 84-85. Carte de l'Asie sans titre, comprenant le « Iapam ».

9. Cysat (1586), Van Langren (1596), Merula (1605), Blancus-Moreira (1617), Ginnaro (1641), Cardim (1646), Briet (1650)...

10. Vitorino Magalhães-Godinho (1969) : *L'Économie de l'empire portugais aux XVe et XVIe siècles*, Paris, Sevpen.

11. José Manuel Garcia (1993) : « Préface », *Traité de Luís Fróis, S.J. (1585) sur les contradictions de mœurs entre Européens & Japonais*, Paris, Çhandeigne, p. 7-39. Georges Boisvert (1998) : « L'Orient dans la *Pérégrination* de Fernão Mendes Pinto », *Terre à découvrir, terres à parcourir, op. cit.*, p. 99-109. Jacques Boulenger (1932) : *Les Voyages aventureux de Fernand Mendez Pinto, 1537-1558*, Paris, Plon.

12. Donald F. Lach (1965), *Asia in the Making of Europe*, vol. I, book 2, Chicago, University of Chicago Press, p. 655.

13. Michael Cooper éd. (2001) : *João Rodrigues's Account of Sixteenth-Century Japan*, Londres, The Hakluyt Society, p. 46 et p. 104.

14. Magalhães-Godinho (1969), *op. cit.*, p. 526.

15. Atsushi Kobata (1965) : « The production and uses of gold and silver in Sixteenth and Seventeenth-century Japan », *Economic History Review*, 18, 1-3, p. 245-266.

16. Sei.ichi Iwao (1976) : « Japanese foreign trade in the 16th and 17th centuries », *Acta Asiatica*, 30, p. 1-18, p. 10.

17. *Royaume du Japon designe par le Pere Ph. Briet de la Compagnie de Jesus sur les Memoires des peres de la mesme Compagnie*. Reproduction in : Walter (1994), *op. cit.*, pl. 32 ; Pastoureau (1988), *op. cit.*, fig. 9 ; Ph. Pelletier (1994) : *Japon*, Géographie universelle, Paris, Belin, p. 279. B.N.F., Ge DD 2987 (7439).

18. *Carte des Isles du Japon esquelles est remarque la route tant par mer que par terre que tiennent les Hollandois pour se transporter de la Ville de Nangasaqui a Iedo demeure du Roy de ces mesmes Isles*. Reproduction in : Walter (1994), *op. cit.*, pl. 35 ; Cortazzi (1983), *op. cit.*, pl. 71. B.N.F., Ge DD 2987 (7445).

19. François-Xavier de Charlevoix (1852) : *Histoire et description du Japon*, Tours, Mame, p. 8 et 11, 6e éd., éd. or. 1736.

20. Monique Pelletier (1992) : « Les enjeux de la cartographie européenne », *Revue de la Bibliothèque nationale*, 45, p. 26-33.

21. Michel Mollat du Jourdin (1993) : *L'Europe et la mer*, Paris, Seuil, « Les sciences de la mer », p. 302-307. Magalhães Godinho (1990), *op. cit.*, p. 24-29.

22. W. G. L. Randles (1989) : « De la carte-portulan méditerranéenne à la carte marine du monde des grandes découvertes : la crise de la cartographie au XVIe siècle », *Géographie du Monde au Moyen Âge et à la Renaissance*, Monique Pelletier éd., Paris, C.T.H.S., p. 125-131.

23. Magalhães Godinho (1990), *op. cit.*, p. 24.

24. *Idem*, p. 25.

25. Mollat (1984), *op. cit.*, p. 129.

26. Kees Zandvliet (1998) : *Mapping for Money — Maps, plans and topographic paintings and their role in Dutch overseas expansion during the 16th & 17th centuries*, Amsterdam, Batavian Lion International, p. 31. Armando Cortesão, Ave-

lino Teixeira da Mota (1960) : *Portugaliae Monumenta Cartographica*, Lisbonne, vol. III.

27. W. G. L. Randles (1990) : « La diffusion dans l'Europe du XVIe siècle des connaissances géographiques dues aux découvertes portugaises », *La Découverte, le Portugal et l'Europe*, Jean Aubin dir., Paris, Fondation Calouste Gulbenkian, p. 269-278.

28. Kish (1980), *op. cit.*

29. Kazutaka Unno (1979) : « *Seiyô chikyûsetsu no denrai* » (Introduction de la théorie globale occidentale), *Shizen*, 34, 3, p. 60-67, et 6, p. 62-69.

30. *Typus orbis terrarum* d'Ortelius (1570) en projection ovale. Reproduction in : Unno (1994), *op. cit.*, p. 376-394 ; Walter (1994), *op. cit.*, pl. 11 B ; *Kochizu serekushon* (Sélection de cartes anciennes) (1994), Kôbeshiritsu hakubutsukan, pl. 63, p. 71.

31. Copie du *Typus orbis terrarum* sur paravent. Reproduction in Cortazzi (1983), *op. cit.*, pl. 33, p. 97.

32. Tadayoshi Miyoshi éd. (1999) : *Sekai kochizu korekushon* (Collection de cartes du monde anciennes), Tôkyô, Kawade shobô, p. 18 *sq*.

33. Reproduction in : Unno (1994), *op. cit.*, annexe 11.4. ; Cortazzi (1983), *op. cit.*, pl. 36, p. 102-103 ; *Kochizu serekushon* (1994), *op. cit.*, pl. 21, p. 29.

34. Reproduction in : Unno (1994), *op. cit.*, p. 386-390 ; Cortazzi (1983), *op. cit.*, pl. 35, p. 101.

35. Par exemple la carte dite Kobayashi, antérieure à 1598. Reproduction in : Akioka (1955), *op. cit.*, n° 26 ; Unno (1994), *op. cit.*, p. 387.

36. L'un des premiers à avoir insisté sur ces croisements interculturels est George Kish (1914-1989). George Kish (1947) : « The cartography of Japan during the middle Tokugawa era : a study in cross-cultural influences », *Annals of the Association of American Geographers*, XXXVII-2, p. 101-119.

37. E. W. Dahlgren (1911), *op. cit.*

38. Unno (1998), *op. cit.*, p. 388. Reproduction in Cortazzi (1993), *op. cit.*, pl. 22.

39. Johannes Keuning (1947) : « The history of an Atlas, Mercator-Hondius », *Imago Mundi*, IV, p. 37-62.

40. Précision de Mercator sur sa carte de 1569 : *Magnus Sinus Ptol : Chrise Plin : hodie mare Cin, a Cin regno (quod est*

Mangi) sic a Japanicis appellato ; toponyme d'Ortelius sur sa carte de Tartarie (1570) : *Mare Cin*.

41. Oda (1998), *op. cit.*, p. 133.

42. Reproduction in : Akioka (1955), *op. cit.*, n° 27 ; Oda (1998), *op. cit.*, p. 134-135 ; Akizuki (1999), *op. cit.*, p. 34-35 ; Walter (1994), *op. cit.*, pl. 19 ; *Kochizu serekushon* (1994), *op. cit.*, pl. 64-5, p. 74 ; *Japan and its Nature* (1988), vol. 10, p. 24.

43. Josef Franz Schütte (1962) : « Ignacio Moreira of Lisbon, cartographer in Japan 1590-1592 », *Imago Mundi*, XVI, p. 116-128.

44. Josef Franz Schütte (1969) : « Japanese cartography at the court of Florence ; Robert Dudley's maps of Japan, 1606-1636 », *Imago Mundi*, XXIII, p. 29-58, p. 49.

45. Reproduction in : Walter (1994), *op. cit.*, pl. 19 ; Cortazzi (1993), *op. cit.*, pl. 30 ; Akioka (1955), *op. cit.*, n° 50.

46. Reproduction in Walter (1994), *op. cit.*, pl. 29.

47. Reproduction in : Schütte (1969), *op. cit.* ; Akizuki (1999), p. 45 ; Walter (1994), *op. cit.*, pl. 31 ; Cortazzi (1993), *op. cit.*, pl. 65 et 66.

48. Cortesão et Teixeira da Mota (1960), I, *op. cit.*, p. 120.

49. Cf. Péri (1923), Iwao (1985), Hérail (1986), Jansen (1992). Osamu Ôba (1995) : *The Cambridge History of Japan* (1991), vol. 4.

50. Henri Bernard (1940) : « Traductions chinoises d'ouvrages européens au Japon durant la période de fermeture », *Monumenta Nipponica*, 3-1, p. 40-60, p. 43.

51. Hiroshi Nakamura (1964) : « The Japanese portolanos of Portuguese origin of the XVIth and XVIIth centuries », *Imago Mundi*, XVIII, p. 24-44. Les portulans japonais y sont reproduits avec leurs lieux d'archivage, cf. également Akioka (1955), Unno (1994), *op. cit.*

52. Reproduction in : Mollat/La Roncière (1984), *op. cit.*, fig. 72 ; Nakamura Hiroshi (1964), *op. cit.* Musée national de Tôkyô.

53. Nakamura (1964), *op. cit.*, p. 31. Reproduction in Cortazzi (1993), *op. cit.*, pl. 35, 36.

54. Unno (1994), *op. cit.*, p. 377-380, 386 et 390. Muroga (1983), *op. cit.*, p. 33, 55-64, 124.

55. Cf. *supra*.

56. Unno (1994), *op. cit.*, p. 380.

57. Pour une présentation générale : Bernard (1935), *op. cit.*, p. 440-443 ; Smith (1996), *op. cit.*, p. 42-59 ; Yee (1994), *op. cit.* François de Dainville (1969) : *La Géographie des humanistes*, Genève, Slatkine Reprints, 1re éd. Paris, 1940.

58. John F. Baddeley (1917) : « Father Matteo Ricci's Chinese World-Maps », *Geographical Journal*, 50, p. 254-270. Henri Bernard-Maitre (1926) : *La Mappemonde Ricci du Musée historique de Pékin*, Pékin, Politique de Pékin. Pasquale D'Elia M. S.I. (1938) : *Il mappamondo cinese del P. Matteo Ricci S.I*, Vatican, Biblioteca Apostolica Vaticana. Boleslaw Szczesniak (1954) : « Matteo Ricci's maps of China », *Imago Mundi*, XI, p. 127-136. Hirotada Kawamura (1988) : « Ôsutoria kokuritsu tôshokan shozô no Mateo-Rittchi sekai zu "Kon'yo bankoku zenzu" » (La mappemonde « Kunyu wanguo quantu » de Matteo Ricci dans les trésors de la bibliothèque nationale d'Autriche), *Jimbun Chiri*, 40-5, p. 403-423. John D. Day (1995) : « The search for the origins of the Chinese manuscript of Matteo Ricci's maps », *Imago Mundi*, 47, p. 94-117. Reproduction in Yee (1994), *op. cit.*, p. 172-173 ; Leo Bagrow, R. A. Skelton (1973) : *Kartographie*, Berlin, Safari-Verlag, Tafel CXXV ; trad. anglaise : Cambridge, Harvard University Press, 1964 ; nouvelle édition augmentée : Chicago, Precedent Publishing, 1985.

59. Daniel Boorstin (1989) : *Les Découvreurs*, Paris, Robert Laffont, p. 58.

60. Nicolas Trigault (1617), *Histoire de l'expédition chrétienne au Royaume de la Chine*, p. 154, cité par François de Dainville (1940), *op. cit.*, p. 108.

61. Day (1995), *op. cit.*, p. 96.

62. *Opere storiche del Padre Matteo Ricci*, t. II, p. 30-31, cité par Bernard (1935), *op. cit.*, p. 441.

63. Paris, B.N.F., rés. Ge A 1120. Marcel Destombes (1974) : « Une carte chinoise du XVIe siècle découverte à la Bibliothèque nationale », *Journal Asiatique*, CCLXII (162), p. 193-212. Kazuo Enoki (1976) : « *"Kokon Keishô no zu" ni tsuite* » (À propos de la carte « Gujin Xingsheng zhitu »), *Tôyô Gakuhô*, 58, 1-2, p. 1-48. Kazutaka Unno (1977) : « Concerning a MS Map of China in the Bibliothèque nationale, Paris, introduced to the World by Monsieur M. Destombes », *Memoirs of Research Department of Tôyô Bunko*, 35, p. 205-217.

64. Communication personnelle, octobre 2000.

65. Reproduction en couleurs in Kish (1980), *op. cit.*, p. 102 ; en noir et blanc in Li (1998), p. 185, et Ph. Pelletier (2000), p. 284.

66. Cité par Szczesniak (1954), *op. cit.*, p. 127-129, d'après le travail de Pietro Tacchi Venturi sur Ricci.

67. Reproduction in Harley & Woodward (1994), *op. cit.*, plate 1, Oda (1998), *op. cit.*, p. 139 ; Nakamura (1939), *op. cit.*, p. 104. Original 115 x 100 cm, Archivo General de Indias, Séville.

68. Par contre, elle a très probablement inspiré Luis Teixeira dans sa fameuse carte du Japon (cf. *supra*) de 1595, qui comprend également la Corée et une partie du littoral chinois, tant la curieuse forme très longiligne de la péninsule coréenne a été reprise par le cartographe portugais ; cf Oda (1998), *op. cit.*, p. 142, et Nakamura (1939), *op. cit.*, n. 19, p. 120.

69. Dahlgren (1911), *op. cit.*, p. 44-47 ; Bernard (1935), *op. cit.*, p. 437.

70. Szczesniak (1954), *op. cit.*, p. 130.

71. Sur la découverte et la cartographie japonaise ou européenne des îles du Nord, cf. : Funakoshi (1984), *op. cit.* ; Unno (1994), *op. cit.* ; John A. Harrison (1950) : « Notes on the discovery of Yezo », *Annals of the Association of American Geographers*, 40, p. 254-266. Toshiyuki Akizuki (1999) : *Nihon hokuhen no kentô to chizu no rekishi* (Une histoire de l'exploration et de la cartographie des confins septentrionaux du Japon), Sapporo, Hokkaidô daigaku tosho kankôkai.

72. Outre une lecture directe, j'ai utilisé en contrepoint la traduction en italien proposée par Pasquale d'Elia (1938), planche XVI (version Bibliothèque vaticane).

73. Akizuki (1999), *op. cit.*, p. 16-17.

74. Dainville (1940), *op. cit.*, p. 110.

75. Ricci, t. I, p. 3, cité par Bernard (1935), *op. cit.*, p. 443.

76. Kenneth K.-S. Ch'en (Kuan-sheng) (1939) : « Matteo Ricci's contribution to, and influence on, Geographical Knowledge in China », *Journal of the American Oriental Society*, 59, p. 325-359. Helen Wallis (1965) : « The influence of Father Ricci on Far Eastern cartography », *Imago Mundi*, XIX, p. 38-45. Toshihiko Yazawa (1983) : « Fr. Matteo Ricci's World Map and its influence on East Asia », *Tonga Yon'gu* (East Asian Studies), 3, p. 185-200. Minako Debergh (1986) :

« La carte du monde du P. Matteo Ricci (1602) et sa version coréenne (1708) conservée à Ôsaka », *Journal Asiatique*, CCLXXIV, 3-4, p. 417-454.

77. Duteil (2001), *op. cit.*, p. 85.

78. Daniel Kane (2001) : « Mapping "All under Heaven" — Jesuit Cartography in China », *Mercator's World*, 4-4, p. 40-47. Henri Havret (1899) : « Les travaux géographiques des Jésuites en Chine », *Annales de Géographie*, 8, p. 172-175. Broc (1979), *op. cit.*

79. Dainville (1940), *op. cit.*, p. 106.

80. Ledyard (1994), *op. cit.*, p. 254, citant les travaux d'Aloys Pfister sur les jésuites en Chine.

81. Smith (1996), *op. cit.*, p. 45.

82. Smith (1996), *op. cit.*, p. 49. Ch'en (1939), *op. cit.*, p. 348.

83. Howard Nelson (1974) : « Chinese maps : an exhibition at the British Library », *The China Quarterly*, 58, p. 357-364.

84. Smith (1996), *op. cit.*, p. 51.

85. Needham (1974), *op. cit.*, p. 228 ; pour un bilan, cf. « L'apport jésuite en Chine aux XVIIe et XVIIIe siècles », p. 227-236.

86. Joseph Dehergne S. J. (1973) : *Répertoire des Jésuites de Chine de 1552 à 1800*, Rome et Paris, Institutum Historicum S. I. et Letouzey & Ané.

87. Cité par Kane (2001), *op. cit.*

88. René Étiemble (1966) : *Les Jésuites en Chine, la querelle des rites (1552-1773)*, Paris, Julliard.

89. Bernard Luk Hung-Kay (1977) : « A study of Giulio Aleni's "Chih-fang wai chi" », *Bulletin of the School of Oriental and African Studies*, University of London, 40-1, p. 58-84.

90. Bernard (1935), *op. cit.*

91. Shintarô Ayusawa (1964) : « Geography and Japanese knowledge of world geography », *Monumenta Nipponica*, 19, 3-4, p. 275-294, p. 282.

92. Reproduction in Walravens (1991), *op. cit.*, fig. 1. Cf. Grataloup (2009), p. 77 et p. 172-173, mais attribuée à Ricci.

93. Luk (1977), *op. cit.*, p. 69.

94. Luk (1977), *op. cit.*, p. 80.

95. Reproduction in Wallis (1965), *op. cit.*, fig. 2.

96. Reproduction in : Needham (1959), *op. cit.*, p. 584 ; Wallis (1965), *op. cit.*, p. 41 ; Walravens (1991), *op. cit.*, p. 32.

97. Martini, *De Bello Tartarico Historia*, 1654, p. 17, cité par Bernard (1935), *op. cit.*, p. 446.

98. Martini, *Novus Atlas Sinensis*, Approbation d'Antoine Sanderus, Bruxelles, 25 mars 1654, cité par Bernard (1935), *op. cit.*, p. 447.

99. Minako Debergh (1989) : « Une carte oubliée du P. Ferdinand Verbiest (1674) dans la collection Sturler de la Bibliothèque nationale de Paris », *Journal Asiatique*, CCLXXVII, 1-2, p. 159-220. Hartmut Walravens (1991) : « Father Verbiest's Chinese World Map (1674) », *Imago Mundi*, 43, p. 31-47.

100. Reproduction in : *Atlas Universalis* (1991), *op. cit.*, p. 291 ; Debergh (1989), *op. cit.*, p. 184-185 ; Kapitza (1990), *op. cit.*, vol. 2, p. 812-813 ; Walravens (1991), *op. cit.*, fig. 4, p. 38. B.N.F., Res. Ge. C. 5359.

101. *Nova totius...*, reproduction in Walravens (1991), *op. cit.*, fig. 3, p. 36.

102. Celles de Tavernier (1640) ou de Mercator-Hondius (1639), par exemple.

103. Bernard (1935), *op. cit.*, p. 462, Smith (1996), *op. cit.*, p. 54, Yee (1994), *op. cit.*, p. 183.

104. Needham (1974), *op. cit.*, p. 230.

105. *Idem*, p. 231.

106. Geoffroy Atkinson (1935) : *Les Nouveaux Horizons de la Renaissance française*, Genève, Slatkine Reprints, 1969, p. 56 et 57.

107. Smith (1996), *op. cit.*, p. 54.

108. David Reynolds (1991) : « Redrawing China's intellectual map : Images of science in Nineteenth Century China », *Late Imperial China*, 12-1, p. 27-61.

109. Howland (1986), *op. cit.*, p. 188-189.

110. Jeon (1974), *op. cit.*, p. 301.

111. Yang-son Kim (1961) : « *Myongmal Ch'ongch'o Yasohoe son'gyosaturi chejakhan sege chidowa ku Han'guk munhwasasange mich'in yonghyang* » (Les mappemondes jésuites publiées par les Ming et les Qing, et leur influence en Corée), *Sungdae*, 6, p. 35-37.

112. Jeon (1974), *op. cit.*, p. 304, d'après une référence japonaise ; Ledyard (1994), *op. cit.*, affirme, d'après une référence

coréenne, que cette carte de Verbiest (ch. *Kunyu quantu* ; cor. *Konyo chondo*) n'arrive en Corée qu'en 1721.

113. Cité par Ledyard (1994), *op. cit.*, p. 254.

VI. LE TOURNANT GÉOPOLITIQUE

1. Hidetoshi Katô (1981) : « The significance of the period of national seclusion reconsidered », *Journal of Japanese Studies*, 7-1, p. 85-109.

2. Hak-shun Kim (2004) : *Dokuto/Takeshima Kankoku no ronri* (Tokto/Takeshima, la logique de la Corée), Tôkyô, Ronsôsha. Seichû Naitô, Byon-Ryul Kim (2007) : *Shiteki kensei Takeshima/Tokto* (Takeshima/Tokto, une vérification historique), Tôkyô, Iwanami shoten.

3. Takeshi Hamashita (1995) : « The regional system in East Asian history », *Historical Studies in Japan (VIII)*, Tôkyô, Yamakawa shuppansha, p. 153-165.

4. Jurgis Elisonas (1991) : « Christianity and the Daimyô », *The Cambridge History of Japan*, vol. IV, chap. VII, p. 303.

5. Patrick Villiers, Philippe Jacquin et Pierre Ragon (1997) : *Les Européens et la mer : de la découverte à la colonisation (1455-1860)*, Paris, Ellipses, p. 27.

6. Murphey (1997), *op. cit.*, p. 131.

7. Péri (1923), *op. cit.*, p. 7.

8. Duteil (2001), *op. cit.*, p. 53.

9. Nathalie Kouamé (2009) : « Quatre règles à suivre pour bien comprendre le "siècle chrétien" du Japon », *Histoire & Missions Chrétiennes*, 11, p. 9-38.

10. Duteil (2001), *op. cit.*, p. 53.

11. Charles-Ralph Boxer (1951) : *The Christian Century in Japan, 1549-1650*, Berkeley, University of California Press.

12. Otis Cary (1909) : *History of Christianity in Japan*, New York, Fleming H. Revell, rééd. 1987, vol. I, p. 176-177.

13. Iwao (1976), *op. cit.*, p. 14.

14. Henri Bernard (1940) : « Traductions chinoises d'ouvrages européens au Japon durant la période de fermeture », *Monumenta Nipponica*, 3-1, p. 40-60, p. 56, n. 56.

15. Ph. Pelletier (1997), *op. cit.*, p. 153-157. Géraldine Antille (2007) : *Les Chrétiens cachés du Japon, traduction et commen-*

taires des « Commencements du Ciel et de la Terre », Genève, Labor et Fides.

16. Shûsaku Endô (1992) : *Silence*, Paris, Denoël, éd. or. 1966.

17. Michel Onfray considère Cristóvão Ferreira comme un précurseur « pas bien loin du héraut franchement athée », c'est-à-dire pas encore athée puisqu'il ne nie pas l'existence de Dieu. Michel Onfray (2005) : *Traité d'athéologie, physique de la métaphysique*, Paris, Grasset, p. 54.

18. Jacques Proust (1998) : *La Supercherie dévoilée, une réfutation du catholicisme au Japon au XVIIIe siècle*, Paris, Chandeigne, d'après la traduction anglaise de George Elison effectuée à partir du manuscrit japonais dit « Ôkôchi ». Le texte intégral de *La Supercherie dévoilée* se trouve dans George Elison (1988) : *Deus Destroyed, the Image of Christianity in Early Modern Japan*, Massachusetts, Cambridge University Press, p. 292-318.

19. On en trouve heureusement une description dans : Hiroyuki Ninomiya (1990) : « L'époque moderne », *Histoire du Japon*, Francine Hérail dir., Écully, Horvath, p. 301-424, p. 348-352. Haruko Wakita (1997) : « La montée du prestige impérial dans le Japon du XVIe siècle », *B.E.F.E.O.*, 84, p. 159-179.

20. Masao Maruyama (1996) : *Essais sur l'histoire de la pensée politique au Japon*, Paris, PUF.

21. Marius B. Jansen (1992) : *China in the Tokugawa World*, Cambridge, Harvard University Press.

22. Verschuer (1985), *op. cit.*

23. Frithjof Schuon (1951) : « Aperçus sur le Shintô », *Études Traditionnelles*, oct.-nov.-déc.

24. Akira Yanabu (1996) : « The tennô system as the symbol of the culture of translation », *Japan Review*, 7, p. 147-157.

25. Francine Hérail et Nathalie Kouamé (2008) : *Conversations sous les toits — De l'histoire du Japon, de la manière de la vivre et de l'écrire*, Arles, Philippe Picquier, p. 40-43.

26. Verschuer (1985), *op. cit.*, p. XI-XIX.

27. Masao Yamaguchi (1973) : « La structure mythico-théâtrale de la royauté japonaise », *Esprit*, 2, p. 315-343.

28. Rocher (1996) : *op. cit.*, p. 211.

29. Yukio Mishima (1973) : « Défense de la Culture », *Esprit*, 2, p. 344-355, p. 353.

30. *La Japonésie* expose cette problématique et donne de nombreuses références bibliographiques sur cette question déjà bien discutée par l'historiographie japonaise et étrangère. Ph. Pelletier (1997), *op. cit.*

31. Maruyama (1996), Ninomiya (1990), *op. cit.* Herman Ooms, Makoto Kurozumi (1994) : « Introduction to "The nature of early Tokugawa confucianism" by Kurozumi Makoto », *Journal of Japanese Studies*, 20-2, p. 331-375.

32. Kate Nakai (1980) : « The naturalization of confucianism in Tokugawa Japan : the problem of sinocentrism », *Harvard Journal of Asiatic Studies*, 40-1, p. 157-199.

33. Katô (1981), *op. cit.*

34. Seiho Arima (1964) : « The Western influence on Japanese military science, shipbuilding, and navigation », *Monumenta Nipponica*, 19, 3/4, p. 352-379.

35. Cité par Katô (1981), *op. cit.*, p. 96-97.

36. Ph. Pelletier (1997), *op. cit.* ; (2003) : *Japon, crise d'une autre modernité*, Paris, Belin-La Documentation Française.

37. Noel Perrin (1979) : *Giving Up the Gun, Japan's Reversion to the Sword*, Boston, Godine. Conrad Totman (1980) : [Compte rendu du livre de Noel Perrin], *Journal of Asian Studies*, 39-3, p. 599-601. Heita Kawakatsu (1992) : « Un autre regard sur la politique de fermeture », *Cahiers du Japon*, 53, p. 54-63.

38. Norihito Mizuno (2003) : « China in Tokugawa foreign relations : the Tokugawa Bakufu's perception of and attitudes toward Ming-Qing China », *Japan and its East Asian Neighbors, Japan's Perception of China and Korea and the Making of Foreign Policy from the Seventeenth to the Nineteenth Century*, Ohio State University, Ph. D. dissertation, chap. 3, p. 108-144.

39. Jansen (1992), *op. cit.* Osamu Ôba (1996) : « Sino-Japanese relations in the Edo period — Part Two, The Nagasaki trade was the Chinese trade », *Sino-Japanese Studies*, 8-2, p. 50-61, trad. Joshua A. Fogel.

40. Mizuno (2003), *op. cit.*, p. 134.

41. Mizuno (2003), *op. cit.*, p. 139-140. Gregory Smits (2000) : « Ambiguous boundaries : refining royal authority in the Kingdom of Ryûkyû », *Harvard Journal of Asiatic Studies*, 60-1, p. 89-123. Kazui Tashiro, Susan Downing Videen (1982) :

« Foreign relations during the Edo period : Sakoku reexamined », *Journal of Japanese Studies*, 8-2, p. 283-306.

42. Jansen (1992), p. 10-11, 29-30. Katô (1981), Ninomiya (1990), *op. cit.*

43. Howland (1996), *op. cit.*, p. 17.

44. T. Yoshikawa (1972), *op. cit.*

45. Kazutaka Unno (1984), *op. cit.*

46. Ronald P. Toby (1991) : *State and Diplomacy in Early Modern Japan, Asia in the Development of the Tokugawa Bakufu*, Palo Alto, Stanford University Press. Kazui Tashiro, Susan Downing Videen (1982), *op. cit.*

47. Toby (1984), *op. cit.*

48. Harry Harootunian (1980) : « The function of China in Tokugawa thought », *The Chinese and the Japanese — Essays in Political and Cultural Interactions*, Akira Iriye éd., Princeton, Princeton University Press, p. 9-36, p. 10-11.

49. *Shûgi washo* (1672), cité par Harootunian (1980), *op. cit.*, p. 12.

50. Nakai (1980), *op. cit.*, p. 169.

51. *Idem*, p. 189.

52. Nakai (1980), *op. cit.* Shuzô Uenaka (1977) : « Last testament in exile, Yamaga Sokô's *Haisho zampitsu* », *Monumenta Nipponica*, 32-2, p. 125-152. John Allen Tucker (2004) : « From nativism to numerology : Yamaga Sokô's final excursion into the metaphysics of change », *Philosophy, East and West*, 54-2, p. 194-217.

53. In *Haisho zampitsu*, et Yamaga ajoute : « J'ai déjà parlé de cela en détail dans *Chûchô jijitsu* », cité par Shuzô Uenaka (1977), *op. cit.*, p. 147.

54. In *Chûchô jijitsu*, cité par Nakai (1980), *op. cit.*, p. 192.

55. Hajime Nakamura, Philip P. Wiener (1964) : *Ways of Thinking of Eastern Peoples — India, China, Tibet, Japan*, Honolulu, University of Hawai'i Press, p. 436.

56. Tucker (2004), *op. cit.*

57. Wallis (1965), *op. cit.*, p. 43.

58. Jacques Proust (1997) : *L'Europe au prisme du Japon, XVIe-XVIIIe siècle. Entre humanisme, Contre-Réforme et Lumières*, Paris, Albin Michel.

59. Engelbert Kaempfer, *The History of Japan 1690-1692*, traduit en anglais par Johann Gaspar Scheuchzer, édition de Londres 1906, t. 2, p. 249-257.

60. Osamu Ôba (1997) : « Sino-Japanese relations in the Edo period — Part Five, Arai Hakuseki, the New Shôtoku Laws, and the Ming Legal Codes », *Sino-Japanese Studies*, 8-2, p. 33-55, trad. Joshua A. Fogel, p. 34.

61. Hideo Hirose (1964) : « The European influence on Japanese astronomy », *Monumenta Nipponica*, 19-3/4, p. 295-314.

62. Wallis (1965), *op. cit.*, p. 43, d'après Komiya Yasuhiko (1955), *Nikka bunka kôryûshi* (Histoire des échanges culturels nippo-chinois).

63. D'après Baddeley (1917), *op. cit.*, p. 263. Nobuo Muroga a indiqué à Helen Wallis que, d'après les archives japonaises, on ne sait pas exactement quand est arrivée la première carte de Ricci au Japon. Wallis (1965), *op. cit.*, p. 43, n. 29.

64. Alexandre Valignano (1990) : *Les Jésuites au Japon, relation missionnaire (1583)*, Paris, Desclée de Brouwer/Bellarmin, trad., présentation et notes de J. Bésineau, s. j.

65. Unno (1994), *op. cit.*, p. 404, d'après D'Elia et Bernard.

66. *Orbis terrarum typus de integro multis in locias emendatus*. Trois versions dans le monde, dont deux au Japon. Reproduction in : *Namban* (1980), fig. 4 (version de Ôsaka Namban Bunkakan), en couleurs et double page ; Unno (1994), *op. cit.*, fig. 11-22, p. 378 ; Cortazzi (1993), *op. cit.*, pl. 33. La mappemonde reproduite in Grataloup (2009), p. 72-73, est du genre *Typus...* mais sans le titre en latin et avec l'océan Atlantique au centre. Cf. *Sekai kochizu korekushon* (Collection de mappemondes anciennes), Tôkyô, Kawade shobô, p. 18-19, 22-23 et 24-25.

67. Unno (1999), *op. cit.*, p. 71. Rodney Shirley (1983) : *The Mapping of the World : Early Printed World Maps 1472-1700*, Londres, Holland Press, n. 187.

68. *Bankoku ezu byôbu* in Miyoshi Tadayoshi (1999), *op. cit.*, p. 24-25.

69. Shio Sakanishi (1937) : « Prohibition of import of certain Chinese books and the policy of the Edo government », *Journal of the American Oriental Society*, 57-3, p. 290-303, p. 291.

70. Bernard (1940), *op. cit.*, p. 49-50.

71. *Idem*, p. 45-46.

72. *Idem*, p. 46.
73. Sakanishi (1937), *op. cit.*, p. 302. Ayusawa (1964), *op. cit.*
74. Unno (1994), *op. cit.*, p. 391.
75. Ayusawa (1964), *op. cit.*
76. David Waterhouse (1976) : « Leonardo or Proteus ? The art and character of Shiba Kôkan », *Monumenta Nipponica*, 31-2, p. 189-198, p. 194.
77. Reproduction in Wallis (1965), *op. cit.*, fig. 5 et 6 ; Cortazzi (1993), *op. cit.*, pl. 42.
78. Deux portulans de 1752 en particulier.
79. Cartes de 1645, 1652 et 1688. Reproduction in Miyoshi (1999), *op. cit.*, p. 44-48.
80. Par exemple sur sa carte *Bankoku sôkai-zu* de 1688, in Miyoshi (1999), *op. cit.*, p. 48 ; Akioka (1989), *op. cit.*, p. 46 ; *Kochizu serekushon* (1994), *op. cit.*, pl. 6, p. 20.
81. Sur une très belle édition japonaise de 1674, la mappemonde est organisée en deux cercles, soit en deux hémisphères, l'un qui représente les Amériques à droite et l'autre l'Ancien Monde à gauche, ce qui place le Japon au centre. Miyoshi (1999), *op. cit.*, p. 5 ; *Kochizu serekushon* (1994), *op. cit.*, pl. 4, p. 18-19.
82. *Chikyû bankoku sankai yochi zenzu setsu* (Mappemonde explicative des terres, des montagnes et des mers des milliers de pays de la terre), 1788. Reproduction in Miyoshi (1999), *op. cit.*, p. 56-57.
83. Pierre Humbertclaude (1940) : « À propos de la Mappemonde du P. Ricci », *Monumenta Nipponica*, 3-2, p. 643-647.
84. *Yochi zuhen*. Préservé à la Bibliothèque de la Préfecture d'Ishikawa, Kanazawa-shi. Ayusawa (1964), *op. cit.*, p. 286. David Waterhouse (1976), *op. cit.*, p. 195.
85. Yumiko Torii (1993) : « Kinsei Nihon no Ajia ninshiki » (Perceptions de l'Asie dans le Japon moderne), *Ajia kara kangaeru*, vol. 5, Tôkyô Daigaku shuppankai, p. 219-252. Delisle : *L'Hémisphère septentrional* (en projection polaire) de 1714.
86. Reproduction in *Chizu to bunka*, *op. cit.*, p. 53. Exemplaire de 1779 : *Kochizu serekushon* (1994), *op. cit.*, pl. 15, p. 25 ; Tadayoshi Miyoshi, Kazuyuki Onoda (2004) : *Nihon kochizu korekushon* (Collection de cartes anciennes du Japon), Tôkyô, Kawade shobô, p. 36-39. Exemplaire de 1811 : Cortazzi (1993), *op. cit.*, pl. 41.
87. Wallis (1965), *op. cit.*, p. 45.

88. Etsuko Hae-Jin Kang (1997) : *Diplomacy and Ideology in Japanese-Korean Relations : from the Fifteenth to the Eighteenth century*, Londres, Macmillan Press.

89. Kazui Tashiro (1976) : « Tsushima han's Korea trade, 1684-1710 », *Acta Asiatica*, 30, p. 85-105.

90. Mizuno (2003), *op. cit.*, p. 137.

91. In *Seiken igen* (*ca* 1689), cité par Nakai (1980), *op. cit.*, p. 184.

92. Cité par Muroga et Unno (1962), *op. cit.*, p. 60.

93. Unno (1984), *op. cit.*

94. Karine Marandjian (1993) : « Some aspects of the Tokugawa Outer World view », *War, Revolution and Japan*, Ian Neary éd., Kent, Japan Library, 184 p., p. 10-19.

95. In *Koshitsû*, cité par Kate Nakai (1980), *op. cit.*, p. 166. Joyce Ackroyd (1985) : « Correspondance », *Monumenta Nipponica*, 40-1, p. 97-106. Kate Wildman (1988) : *Shogunal Politics : Arai Hakuseki and the Premises of Tokugawa Rule*, Cambridge, Harvard University Press.

96. Nakai (1980), *op. cit.*, p. 167 et p. 180.

97. *Keizairoku* (Discours d'économie), 1729. Cité par Harootunian (1980), *op. cit.*, p. 17.

98. Nakai (1980), *op. cit.*, p. 175.

99. Cf. Mary Elizabeth Berry (1997) : « Was Early Modern Japan culturally integrated ? », *Modern Asian Studies*, 31-3, p. 547-581, « Cartography and the taxonomic imagination », p. 571-575.

100. Akizuki (1999), *op. cit.*

101. Mizuno (2003), *op. cit.*, p. 129.

102. *Idem.*, p. 143.

103. Minako Debergh (1983) : « A comparative study of two Dutch maps, preserved in the Tôkyô National Museum, Joan Blaeu's wall map of the world in two hemispheres, 1648, and its revision *ca* 1678 by N. Visscher », *Imago Mundi*, 35, p. 20-36. Walravens (1991), *op. cit.*, p. 35.

104. *Nova Totius Terrarum Orbis Tabula*. Quatre éditions différentes (1648, 1655, 1665, 1678), onze exemplaires recensés dans le monde, dont deux au Musée national de Tôkyô (206 x 298 cm) ; reproduction in Debergh (1983), fig. 1, et Walravens (1991), fig. 3, p. 36.

105. Allen (1993), *op. cit.*, « L'hégémonie hollandaise », chap. 3, p. 55-103.

106. Ayusawa (1964), *op. cit.*, p. 285.

107. Par exemple : *Dai-Nihon kokuzu* du Shûgaishô, *ca* 1350 ; *Nansembushu Dai-Nihon-koku shoto-zu* du Tôshôdaiji, mi-XVIe siècle.

108. Unno (1984), *op. cit.*

109. *Traité de Luís Fróis* (1585), trad. X. de Castro et R. Schrimpf, Paris, Chandeigne, 1993, p. 155.

110. Paul H. Varley (1970) : *Imperial Restoration in Medieval Japan*, New York, Columbia University Press.

111. Mizuno (2003), *op. cit.*, p. 125.

112. Dans le premier des trois volumes des *Précieuses notes sur les pays voisins* (*Zenrinkoku hôki*), cité par Mizuno (2003), *op. cit.*, p. 125-126.

113. Howland (1996), *op. cit.*, p. 22.

114. In *Haisho zampitsu*, cité par Uenaka (1977), *op. cit.*

115. Souyri (1998), *op. cit.*, p. 209.

116. Reproduction in : Kish (1947), *op. cit.*, fig. 1, p. 102 ; Walter (1993), *op. cit.*, pl. 66, 67, 68, 69 ; Cortazzi (1993), *op. cit.*, pl. 77. Copie de Jean-Paul Bignonio, dans *Nihon no shizen* (1988), vol. 10, p. 25, avec erreur de légende. Plusieurs reproductions in Kapitza (1990) II, Abb. 38, 42, 49. B.N.F. : 7613, GeDD 2987 (7437).

117. En français, car la carte est insérée dans *Recueil De Voiages Au Nord* (*sic*), ouvrage publié à Amsterdam en 1715 par Jean-Frédéric Bernard (1683-1744), savant français réfugié aux Pays-Bas.

118. *Honchô zukan kômoku* de 1687 selon Oda Takeo (1998), in Miyoshi et Onoda (2004), *op. cit.*, p. 30-31, Cortazzi (1983), *op. cit.*, pl. 44, p. 114-115 ; *Nihon kaizanchôriku zu* de 1691 selon Akioka Takejirô (1955) et Yamashita Kazumasa (1998), in Miyoshi et Onoda (2004), *op. cit.*, p. 32-33. *Dai Nihon koku dai-ezu* (1712) in *Kochizu korekushon* (1994), *op. cit.*, pl. 27, p. 33.

119. Reproduction in : Akioka n° 51 (Ishikawa Ryûsen) et n° 52 (Mattheus Seutter) ; Walter (1994), *op. cit.*, pl. 65, 73 (Ishikawa), pl. 80 (Seutter) ; Cortazzi (1993), *op. cit.*, pl. 44 (Ishikawa), pl. 78 (Seutter) ; Oda (1973), p. 277 et n° 7 ; Yamashita (1998) publie une version ultérieure de la carte d'Ishikawa Ryûsen de 1691, p. 49.

120. Mattheus Seutter, 1720, 1737 ; Henri Abraham Chatelain, 1719 ; Jonas Korte, 1729 ; Isaak Tirion, 1728, 1740.

121. Planisphères de : Nakayama Busei (1779), Shiba Kôkan (1792 et 1785, inspirés d'Hubert Jaillot), Hashimoto Sôkichi (1796), Katsuragawa Hoshû (1794), Ishizuka Saikô (1802), Takahashi Kageyasu (1810) ou Mitsukuri Shôgo (1844).

122. Maurice de Brossard, John Dunmore (1985) : *Le Voyage de La Pérouse 1785-1788, récits et documents originaux*, Paris, Imprimerie nationale, t. I et II.

VII. LE TERRITOIRE EN EXTRÊME-ORIENT ET SA MODERNISATION

1. Peter Perdue (1998) : « Boundaries, maps, and movement : Chinese, Russian, and Mongolian empires in Early Modern Central Eurasia », *International History Review*, 20-2, p. 263-286.

2. Broc (1975, 1986), M. Pelletier (1998, 2001), Lach et Van Kley (1993), Murphey (1997), Kish (1980), *op. cit.*

3. Broc (1975), M. Pelletier (1997, 1998), *op. cit.*

4. Donald Lach et Edwin Van Kley (1993), *op. cit.*, p. 433.

5. *Nova tabula imperii russici* (1687) de Isbrand Ides, cartes de Nicolaas Witsen (1687, 1699), *Relation du Voyage de Evert Isbrand* (1699).

6. Broc (1975), *op. cit.*, p. 134.

7. François de Dainville (1940), p. 450.

8. Hostetler (2001), *op. cit.*

9. *Kunyu tushuo* (1674), cf. *supra*.

10. Dehergne (1973), *op. cit.*, p. 289, Bernard (1935), *op. cit.*, p. 453.

11. Bagrow (1952), *op. cit.*, p. 90.

12. Broc (1975), p. 137. Voltaire, *Histoire de l'Empire de Russie*, chap. VII.

13. Yves Thomaz de Bossière (1994) : *Jean-François Gerbillon, S.J. (1654-1707), un des mathématiciens envoyés en Chine par Louis XIV*, Leuven, Ferdinand Verbiest Foundation.

14. Bernard (1935), Yee (1994), Smith (1996), *op. cit.*

15. *Novus Atlas Sinensis* (1655), publié par Joan Blaeu. Boleslaw Szczesniak (1956) : « The Seventeenth Century maps of China », *Imago Mundi*, XIII, p. 116-136.

16. Destombes (1974), *op. cit.*, p. 210.

17. Hostetler (2001), *op. cit.*, p. 79.

18. *Description géographique, historique, chronologique, politique et physique de l'empire de la Chine et de la Tartarie chinoise* (1735). C'est la deuxième édition (1721) de la carte dite mandchoue de Kangxi, au 1 : 2 000 000, qui est envoyée par les jésuites en Europe et qui sert à Du Halde (1735) et à d'Anville (1737), Yee (1994), *op. cit.*, p. 183.

19. Cité par Kane (1999), *op. cit.*

20. Voltaire, *Dictionnaire philosophique*, art. « Géographie ».

21. Hamashita (1995), *op. cit.*, p. 156. Que l'actuelle géopolitique chinoise soit l'héritière de l'antique sino-centrisme ou d'un nouveau nationalisme Han/chinois reste objet de débats.

22. René Grousset (1946) : *La Crise du monde moderne*, Paris, Gallimard, rééd. Folio, 2009.

23. Gérard Sabatier (1990) : « *Rappresentare il principe*, figurer l'État — Les programmes iconographiques d'État en France et en Italie du XVe au XVIIe siècle », *L'État moderne, genèse, bilans et perspectives*, Jean-Philippe Genet éd., Paris, Éditions du C.N.R.S., p. 247-258, p. 249.

24. Michel Foucher (1984) : *Fronts et frontières, un tour du monde géopolitique*, Paris, Fayard.

25. Thongchai Winichakul (1994) : *Siam Mapped, a History of the Geo-Body of a Nation*, Honolulu, University of Hawai'i Press, p. 16.

26. Hisahiko Okazaki (1992) : « Ajia chôtaiken he no shinsenryaku », *This is Yomiuri*, août, p. 42-90. Traduit en « L'Asie du Sud-Est dans la stratégie nationale du Japon », *Japan Echo*, 20 (special issue), p. 61.

27. Avec, côté non japonais, quelques exceptions, récentes : Bruce L. Batten (2003) : *To the Ends of Japan, premodern frontiers, boundaries, and interactions*, Honolulu, University of Hawai'i Press. Tessa Morris-Suzuki (1998) : *Re-Inventing Japan, time, space, nation*, Armonk & London, M. E. Sharpe. Ph. Pelletier (1997), *op. cit.*.

28. Kôjin Karatani (1991) : « The discursive space of Modern Japan », *Boundary 2*, 18-3, p. 191-219.

29. Shûichi Katô (2009) : *Le Temps et l'espace dans la culture japonaise*, Paris, C.N.R.S. Éditions.

30. Kosaku Yoshino (1992) : *Cultural Nationalism in Contemporary Japan, a sociological enquiry*, Londres, Routledge.

31. Jean-Claude Michéa (2007) : *L'Empire du moindre mal, essai sur la civilisation libérale*, Paris, Flammarion.

32. David L. Howell (2005) : *Geographies of Identity in Nineteenth-Century Japan*, Princeton, Princeton University Press.

33. Terry Burcin (2005) : *Commodore Perry's 1853 Japanese Expedition : how whaling influenced the event that revolutionized Japan*, MA Thesis, Virginia Polytechnic Institute and State University.

34. Arne Kalland, Brian Moeran (1992) : *Japanese Whaling, End of an Era ?* Londres, Curzon Press. Arne Kalland (1995) : *Fishing Villages in Tokugawa Japan*, Londres, Curzon Press.

35. Shôto Yamashita (2004) : *Hôgei* (La Chasse à la baleine), Tôkyô, Hôsei daigaku shuppankai, vol. I, p. 124.

36. *Idem*, p. 144.

37. Beatrice Bodart-Bailey (1999) : *Kaempfer's Japan : Tokugawa culture observed*, Honolulu, University of Hawai'i Press, Book 1, chap. 10, « Fish and shellfish ». Wolfgang Michel (2002) : « On the background of Engelbert Kaempfer's studies of Japanese herbs and drugs », *Journal of the Japan Society of Medical History*, 48-4, p. 692-720.

38. Hiroyuki Tanaka (1998) : « How the Japanese of the Edo period perceived the Ogasawara Islands », *Japanese Language Research Center Reports*, 6, p. 31-58. Daniel Long (2003) : « The Bonin (Ogasawara) Islands : a multilingual, multiethnic and multicultural community in Japan », *The Asiatic Society of Japan*, conférence, 17 février.

39. Cité par Masao Maruyama (1974) : *Studies in the Intellectual History of Tokugawa Japan*, Tôkyô, University of Tôkyô Press. Annick Horiuchi (2007) : « Le *Kaikoku heidan* (De la défense des pays maritimes) de Hayashi Shihei — Présentation et traduction de la préface », *Ebisu*, 38, p. 83-101.

40. Louis Lacroix (1968) : *Les Derniers Baleiniers français*, Paris, Éditions maritimes et d'outre-mer, éd. or. 1947. Jean-Thierry Du Pasquier (1982) : *Les Baleiniers français au* XIX*e siècle, 1814-1868*, Grenoble, Terre et mer.

41. Burcin (2005), *op. cit.*, p. 44.

42. *Hyoson kiryaku* (*Évocation d'un naufrage vers le Sud-Est*), 1852. Shoryô Kawada, Jun.ya Nagakuni, Junji Kitadai (2003) : *Drifting Toward the Southeast — The story of five castaways told in 1852 by John Manjirô*, New Bedford, Mass., Spinner Publications.

43. Kalland et Moeran (1992), *op. cit.*

44. Lester H. Brune, Richard Dean Burns (2003) : Chronological History of U.S. Foreign Relations, 1607-1932, vol. I, New York, Routledge.

45. Bob Tadashi Wakabayashi (1992) : « Opium, expulsion, sovereignty, China's lessons for Bakumatsu Japan », *Monumenta Nipponica*, 47-1, p. 1-25.

46. Keene (1969), *op. cit.* Annick Horiuchi (2002) : « Honda Toshiaki (1743-1820) ou l'Occident comme utopie », *Repenser l'ordre, repenser l'héritage, paysage intellectuel du Japon (XVIIe-XIXe siècles)*, Frédéric Girard, Annick Horiuchi et Mieko Macé dir., Genève, Droz.

47. Pierre-François Souyri (2003) : « La colonisation japonaise : un colonialisme moderne mais non occidental », *Le Livre noir du colonialisme*, Marc Ferro dir., p. 407-430.

48. David L. Howell (1995) : *Capitalism From Within — Economy, society and the State in a Japanese fishery*, University of California Press. Tessa Morris-Suzuki (1994) : « Creating the frontier : Border, identity and history in Japan's Far North », *East Asian History*, 7, p. 1-24.

49. Yumiko Yamada (2008) : *Le Conflit frontalier entre le Japon et la Russie dans les « Territoires du Nord » et ses conséquences sur les peuples qui y habitent*, Paris, Université Paris IV-Sorbonne, thèse de Géographie politique, historique et culturelle, dir. Michel Korinman, p. 37.

50. Cf. Ph. Pelletier (1997), Yamada (2008), *op.cit.*

51. Unryû Suganuma (2000) : *Sovereign Rights and Territorial Space in Sino-Japanese Relations, Irredentism and the Diaoyu/Senkaku Islands*, Honolulu, Association for Asian Studies and University of Hawai'i Press. Kiyoshi Inoue (1972) : « The Tiaoyu Islands (Senkaku Islands) are China's territory », *Japan-China Culture Exchange*, février. Thierry Mormanne (1996) : « Pinnacle et nullité en mer de Chine orientale », *Ebisu*, 12, p. 92-153. Hitoshi Nakama (2002) : *Kiki semaru Senkaku shotô no genjô* (Une crise qui s'approche, la situation des îles Senkaku), Ishigaki-shi.

52. Cf., entre autres références, sur le plan géopolitique notamment : Alan Christy (1997) : « The making of imperial subjects in Okinawa », *Formations of Colonial Modernity in East Asia*, Tany E. Barlow éd., Durham, Duke University Press, p. 141-170. Gregory Smits (1999) : *Visions of Ryûkyû, Identity and Ideology in Early-Modern Thoughts and Politics*, Honolulu, University of Hawai'i Press. Steve Rabson (1997) : « Meiji assimilation policy in Okinawa : promotion, resistance, and "reconstruction" », *New Directions in the Study of Meiji*

Japan, Helen Hardacre with Adam L. Kern éd., Leiden, Brill, p. 635-657. Ichirô Tomiyama (1998) : « The critical limits of the national community : the Ryûkyûan subject », *Social Science Japan Journal*, 1-2, p. 165-179. Julia Yonetani (2000) : « Ambiguous traces and the politics of sameness : placing Okinawa in Meiji Japan », *Japanese Studies*, 20-1, p. 15-31.

53. Kevin M. Doak (1997) : « What is a nation and who belongs ? National narratives and the ethnic imagination in Twentieth-Century Japan », *The American Historical Review*, 102-2, p. 282-309.

54. Ph. Pelletier (1997), *op. cit.*

55. Souyri (2003), *op. cit.*, p. 410.

56. Satoshi Ukai (2002) : « Modernité et colonialisme : l'exemple japonais », *La Modernité après le post-moderne*, Henri Meschonnic, Shigehiko Hasumi dir., Paris, Maisonneuve & Larose, p. 29-39.

57. Ian H. Nish (1966) : *The Anglo-Japanese Alliance, the Diplomacy of Two Island Empires 1894-1907*, Londres, University of London, Athlone Press.

58. Eiji Oguma (2002) : *A Genealogy of « Japanese » Self-Images*, Melbourne, Trans Pacific Press, « The debate on mixed residence in the Interior », chap. 2, p. 16-30.

59. Lane Earns (1997) : « Local implications for the end of extraterritoriality in Japan : the closing of the foreign settlement at Nagasaki », *New Directions in the Study of Meiji Japan*, Helen Hardacre with Adam L. Kern éd., Leiden, Brill, p. 311-319.

60. Tomonori Ishikawa (1997) : *Nihon imin no chirigakuteki kenkyû* (Étude géographique de l'immigration japonaise), Okinawa, Yojushorin. Motoko Tsuchida (1998) : « A history of Japanese emigration from the 1860s to the 1990s », *Temporary Workers or Future Citizens ? Japanese and U.S. Migration Policies*, Myron Weiner & Hanami Tadashi, Londres, Macmillan Press, p. 77-119. On trouve parfois un ordre et des chiffres différents, mais le quarté de tête comporte toujours ces départements.

61. Kôji Taira (1997) : « Troubled national identity : The Ryukyuans/Okinawans ». *Japan's Minorities, the Illusion of Homogeneity*, Michael Weiner éd., New York & Londres, Routledge, p. 140-177.

62. James Lawrence Tigner (1963) : « The Ryukyuans in Bolivia », *The Hispanic American Historical Review*, 43-2, p. 206-229 ; (1967) : « The Ryukyuans in Argentina», *The Hispanic American Historical Review*, 47-2, p. 203-224.

63. Kozy K. Amemiya (1998) : « Being "Japanese" in Brazil and Okinawa », *J.P.R.I. Occasional Paper*, 13.

64. Les deux termes « nationalité » et « citoyenneté » sont ici confondus, comme le font habituellement la norme dominante japonaise ainsi que, grosso modo, les lois japonaises. Leur distinction relève d'un autre débat.

65. Morris-Suzuki (1998), *op. cit.*

66. La Constitution de 1947 promeut des « nationaux du Japon » (*Nihon kokumin*).

67. David Howell (1994) : « Ainu ethnicity and the boundaries of the early modern Japanese State », *Past & Present*, 142, p. 69-93.

68. Ph. Pelletier (1997, 2000, 2007), *op. cit.* Plus toutes les références citées en note précédemment à chaque évocation de l'un de ces litiges.

69. Marie-Julie Maître (2010) : *Réception et représentation de la philosophie chinoise en France du seizième au vingt et unième siècle*, Université Lyon 3, thèse de doctorat en philosophie, dir. Gregory Lee et Bruno Pinchard.

70. Adrian Hsia (2001) : « The Far East as the philosophers "other" : Immanuel Kant and Johann Gottfried Herder », *Revue de littérature comparée*, 297-1, p. 13-29.

71. Edwin J. Van Kley (1971) : « Europe's "discovery" of China and the writing of world history », *American Historical Review*, 76-2, p. 358-385.

72. *La Description des États du Grand Mogol, de l'Indoustan, du Royaume de Cachemire, etc.* (1671).

73. *Nouvelle division de la Terre par les différentes Espèces ou races d'homme qui l'habitent* (1684).

74. David E. Mungello (1999) : *The Great Encounter of China and the West, 1500-1800*, Lanham, Rowman and Littlefield, p. 94.

75. Isabelle Laboulais-Lesage (2000) : « La géographie de Kant », *Revue d'Histoire des Sciences humaines*, 2, p. 147-153.

76. *Une autre philosophie de l'histoire*, 1774.

77. Léon Poliakov (1995) : « Les sources du racisme », *Iris*, 15, p. 21-26, p. 24.

78. *Athenaeum*, 1800.

79. *Lettre à Tieck* du 15 septembre 1803.

80. Jean-Jacques Goblot (1977) : *Pierre Leroux et ses premiers écrits (1824-1830), aux origines du socialisme français*, Lyon, Presses Universitaires de Lyon, p. 44.

81. Jean-Marc Moura (2001) : « L'(extrême-)orient selon G. W. F. Hegel, philosophie de l'histoire et imaginaire exotique », *Revue de littérature comparée*, 297, 1, p. 31-42, p. 32.

82. Moura (2001), *op. cit.*, p. 33.

83. *Idem*, p. 37.

84. Harvey Goldman (1997) : « Images of the Other : Asia in Nineteenth-century Western thought — Hegel, Marx, and Weber », *Asia in Western and World History — A Guide for Teaching*, Ainslie T. Embree and Carol Gluck éd., Armonk-Londres, M. E. Sharpe, p. 146-171, p. 152.

85. Joseph Fletcher (1978) : « Ch'ing Inner Asia », *The Cambridge History of China*, volume 10, part 1, Cambridge University Press, p. 35-106.

86. Howland (1996), *op. cit.*, p. 30.

87. Rebecca E. Karl (1998) : « Creating Asia : China in the World at the beginning of the Twentieth century », *The American Historical Review*, 103-4, p. 1096-1118.

88. *Recueil de questions proposées à une société de savants* (1774). Cité par Isabelle Laboulais-Lesage (2001) : « Les géographes français de la fin du XVIIIe siècle et le terrain, recherches sur une paradoxale absence », *L'Espace géographique*, 30-2, p. 97-110, p. 103.

89. Hélène Blais (2001) : « Comment trouver le "meilleur nom géographique" ? Les voyageurs français et la question de la dénomination des îles océaniennes au XIXe siècle », *L'Espace géographique*, 30-4, p. 348-357.

90. Miguel León-Portilla (2007), *op. cit.*, p. 88 et 87.

91. Dirk Van der Cruysse (2002) : *Le Noble Désir de courir le monde, voyager en Asie au XVIIe siècle*, Paris, Fayard, p. 46.

92. Van der Cruysse (2002), *op. cit.*, p. 47.

93. Jean de Thévenot (1689) : *Les Voyages aux Indes orientales*. Rééd., Paris, Champion, 2008, prés. Françoise de Valence.

94. *L'Asie*, 1676. Shannon McCune collection, E.A.M.C.-129.

95. Par exemple, la carte *China* réalisée par le Flamand Jodocus Hondius (1563-1612), 1606.

96. Mark C. Elliott (2000) : « The limits of Tartary : Manchuria in Imperial and National Geographies », *The Journal of Asian Studies*, 59-3, p. 603-646.

97. *Nouvelle Carte de la Sibérie et du Kitay avec les différentes routes qu'ont tenues les Moscovites et les Tartares pour aller à la Chine*, 1688. Jean Malaurie prés. (2004) : *À la découverte de la Sibérie, géographes et voyageurs français de Pierre le Grand à nos jours*, Paris, Éditions du Muséum, p. 9.

98. *Carte du Kathay et Empire de Kin, pour servir à l'Histoire de Jenghis Khan, raportée [sic] dans l'Histoire Générale des Voyages, tirée de l'Anglois*, 1757. Shannon McCune collection, EAMC - 011.

99. Par exemple : *La Partie Orientale de l'Asie ou [sic] se trouve le Grand Empire des Tartares Chinois et celuy du Japon*, 1703, par Nicolas de Fer, Kapitza (1990), II, *op. cit.*, p. 40. *Carte de Tartarie*, 1706, par Guillaume Delisle, Bagrow (1952), *op. cit. L'Asie*, 1704, par François d'Aix de la Chaize (1624-1709). Akioka collection (1989), n° 137, p. 42.

100. Swift (2008), *op. cit.*, p. 177.

101. *Siberia and Chinese Tartary*, 1838, published under the Superintendence of the Society for the Diffusion of Useful Knowledge, G.B.

102. *Asia*, 1858. Shannon McCune collection, E.A.M.C.-107.

103. Elliott (2000), *op. cit.*, p. 639.

104. *L'Asie en plusieurs cartes nouvelles*, 1652, Paris. Première édition de l'atlas de *L'Asie* (1658, 1683 pour les éditions ultérieures).

105. *L'Asie selon les nouvelles observations de Mess. de l'Académie des Sciences, ca* 1720, Leyden.

106. Pierre Labrousse (1999) : « Java classique et le monde maritime, nouvel orient de l'océan Indien », *Révolution française et océan Indien — Prémices, paroxysmes, héritages et déviances*, Claude Wanquet, Benoît Julien éd., Paris, L'Harmattan, p. 259-294, p. 266.

107. *Ibid.*

108. *Ibid.*

109. Blais (2001), *op. cit.*, p. 351.

110. J.-B. Morin (1815) : *Géographie élémentaire ou description des cinq parties du monde*, Paris, Bruno-Labbe, 4e édition, p. 27.

111. J.-B. Morin (1836) : *Géographie élémentaire, ancienne et moderne, précédée d'un abrégé d'astronomie*, Paris, Bruno-Labbe, p. 26.

112. Morin (1815), p. 223, (1827), p. 41, (1836), p. 41.

113. *Dictionnaire géographique universel* (1830), tome 7e, p. 428.

114. *A Note of Australia del Espiritu Santo*, 1625, publié par Samuel Purchas dans *Hakluytus Posthumus*, vol. IV, p. 1422-1432.

115. « ... the vast island, or rather continent, of Australia, Australasia or New Holland », *Zoology and Botany of New Holland*, 1794.

116. *Carte pour l'intelligence du mémoire de M. le capitaine Dumont d'Urville sur les îles du grand Océan (Océanie), Atlas du voyage de l'Astrolabe*, 1833, cité par Hélène Blais (2001), *op. cit.*, p. 354-355.

117. Charles-Athanase Walckenaer (1816) : *Cosmologie, ou description générale de la Terre*, Paris, Deterville, p. 655. Ce n'est donc pas René-Primevère Lesson qui a forgé « Notasie ».

118. *Carte de l'Océanie contenant l'Australïe, la Polynésie et les îles Asiatiques*, 1838.

119. Conrad Malte-Brun (1837), *Géographie universelle*, 12, 5-6, cité par Michel Bruneau (1986) : « Des géographes et l'Asie du Sud-Est », *L'Espace Géographique*, 4, p. 247-255, p. 248.

120. Élisée et Onésime Reclus (1902), *op. cit.*, p. 6.

121. Élisée Reclus (1883) : *Nouvelle Géographie universelle*, VIII, 14, 4.

122. Élisée Reclus (1905) : *L'Homme et la Terre*, VI, p. 31.

123. Yves Lacoste donne une nouvelle définition de l'Australasie : « *L'Australie, l'Indonésie, les Philippines et les mers qui les entourent* », en excluant la Nouvelle-Zélande ; Yves Lacoste (1989) : « Éditorial : Australasie », *Hérodote*, p. 3-14. Éric Denécé propose l'« Insulasie », correspondant à « l'espace insulindien, augmenté de l'archipel philippin » ; Éric Denécé (1999) : *Géostratégie de la mer de Chine méridionale et des bassins maritimes adjacents*, Paris, L'Harmattan, p. 21.

124. Lacoste (1989), *op. cit.*

125. Frédéric Durand (2000) : « L'Asie du Sud-Est ? Une aire à géographie variable », *Limes*, Golias, automne, p. 184-193.

126. Donald K. Emmerson (1984) : « "Southeast Asia" : What's in a name ? », *Journal of South Asian Studies*, XV, 1, p. 1-21.

127. Laboulais-Lesage (2001), *op. cit.*

128. Serge Tcherkézoff (2009) : *Polynésie/Mélanésie — L'invention française des « races » et des régions de l'Océanie (XVI*[e]*-XX*[e] *siècles)*, Tahiti, Au vent des îles.

129. René Primevère Lesson (1862) : *Description de mammifères et d'oiseaux récemment découverts, précédée d'un tableau sur les races humaines*, Paris, Lévêque, p. 11.

130. *Idem*, p. 23 et 95.

131. *Idem*, p. 95.

132. Naoko Shimazu (1998) : *Japan, Race and Equality, the racial equality proposal of 1919*, Londres, Routledge.

133. Et à un nom de lycée pour Élisée Reclus, dans son bourg natal de Sainte-Foy-la-Grande. Trois lycées portent le nom de Dumont d'Urville (Caen, Toulon, Maurepas).

134. Élisée Reclus (1894) : « East and West », *The Contemporary Review*, 66-346, p. 476.

135. Par exemple, récemment par Lorraine de Meaux (2010) : *La Russie et la tentation de l'Orient*, Paris, Fayard.

136. Gérard Siary (2001) : « Images et contre-images de l'Extrême-Orient au Japon et en Occident », *Revue de littérature comparée*, 297, 1, p. 67-77.

137. Vincent Capdepuy (2008) : « *Proche* ou *Moyen-Orient* ? Géohistoire de la notion de *Middle East* », *L'Espace géographique*, 37-3, p. 225-238, p. 228.

138. Roderic H. Davison (1960) : « Where is the Middle East ? », *Foreign Affairs*, 38-1, p. 665-675.

139. G. F. Davidson (1846) : *Trade and Travel in the Far East or Recollections of Twenty-One Years Passed in Java, Singapore, Australia and China*, Londres, Madden and Malcolm.

140. Daniel Henry Mackinnon (1849) : *Military Service and Adventures in the Far East including sketches of the campaigns against the Afghans in 1839, and the Sikhs in 1845-6*, Londres, John Ollivier, vol. II.

141. Léon de Rosny (1861) : *La Civilisation japonaise, mémoire lu à la Société de Géographie le 5 avril 1861*, Paris, Bulletin de la Société de Géographie, extrait.

142. « It is only within the present generation that we have been compelled to acknowledge an East, far beyond the Ganges », in *The Capital of the Tycoon — A narrative of a three years' residence in Japan*, cité par Gérard Siary (2001), *op. cit.*, p. 68.

143. Pierre Renouvin (1946) : *La Question d'Extrême-Orient, 1840-1940*, Paris, Hachette.

144. Capdepuy (2008), *op. cit.*, p. 228.

145. Philippe Pelletier (1997) : « Peut-on parler de mousson au Japon ? », *Historiens & Géographes*, 342, p. 49-60.

146. Jean-Luc Domenach, David Camroux dir. (1997) : *L'Asie retrouvée*, Paris, Le Seuil.

VIII. LES COURANTS MÉTAGÉOGRAPHIQUES CONTEMPORAINS

1. Sun-Durand (2005), *op. cit.*, p. 325.

2. Nakai (1988), *op. cit.*, la conclusion.

3. Lionel Babicz (2002) : *Le Japon face à la Corée à l'époque de Meiji*, Paris, Maisonneuve et Larose.

4. Noriko Berlinguez-Kôno (2007) : « L'"asiatisme" au prisme de la mémoire et de l'histoire : le cas de Saigô Takamori entre bellicisme et pacifisme », *Japon Pluriel 7, Actes du septième colloque de la Société française des études japonaises*, Arnaud Brotons et Christian Galan dir., Arles, Philippe Picquier, p. 169-178.

5. Wayne C. McWilliams (1975) : « East meets East, the Soejima mission to China, 1873 », *Monumenta Nipponica*, 30-3, p. 237-275.

6. McWilliams (1975), *op. cit.*, p. 248.

7. *Idem*, p. 257.

8. Howland (1996), *op. cit.*, p. 31.

9. Partha Chatterjee (1986) : *National Thought and the Colonial World : A Derivative Discourse ?*, Minneapolis, University of Minnesota.

10. Raymond Ruyer (1991) : *L'Utopie et les utopies*, Brionne, Gérard Monfort, éd. or. 1950, p. 9, cité par Horiuchi (2002), *op. cit.*, p. 414.

11. Torbjörn Loden (1996) : « Nationalism transcending the State : changing conceptions of Chinese identity », *Asian Forms of the Nation*, Stein Tønneson, Hans Antlöv éd., Londres, Curzon, p. 270-296, p. 271.

12. Morris-Suzuki (1994), *op. cit*.

13. Richard Siddle (1996) : *Race, Resistance and the Ainu of Japan*, Londres, Routledge.

14. Loden (1996), *op. cit.*, p. 275.

15. *Idem*, p. 278.

16. Ma Jun (2010) : « Liang Qichao, un intellectuel entre réformisme et conservatisme », *SinoPolis*, juin, 158.

17. Kai-wing Chow (1997) : « Imagining boundaries of blood, Zhang Binglin and the invention of the Han "race" in Modern China », *The Construction of Racial Identities in China and Japan, historical and contemporary perspectives*, Frank Dikötter éd., Honolulu, University of Hawai'i Press, p. 34-52.

18. « Zhonghua minguo jie » (Expliquer la République de Chine), Loden (1996), *op. cit.*, p. 280. Kenji Shimada (1990) : *Pioneer of the Chinese Revolution : Zhang Binglin and confucianism*, Stanford, Stanford University Press, trad. et intro. Joshua A. Fogel.

19. John Fitzgerald (1995) : « The nationless State : the search for a nation in modern Chinese nationalism », *The Australian Journal of Chinese Affairs*, 33, p. 75-104, p. 88.

20. Frank Dikötter éd. (1997) : *The Construction of Racial Identities in China and Japan*, Honolulu, University of Hawai'i Press.

21. Oguma (2002), *op. cit.*

22. Michael Weiner (1997) : « The invention of identity in pre-war Japan », *The Construction of Racial Identities in China and Japan, op. cit.*, p. 96-117, p. 98.

23. Noriko Berlinguez-Kôno (1999) : « Naissance de la thèse de l'unicité nippo-coréenne (*Nissen dôsoron*) », *La Nation en marche, études sur le Japon impérial de Meiji*, Jean-Jacques Tschudin et Claude Hamon dir., Arles, Philippe Picquier, p. 209-225.

24. Kazuki Satô (1997) : « "Same language, same race", the dilemma of *kanbun* in modern Japan », *The Construction of Racial Identities in China and Japan, op. cit.*, p. 118-135.

25. Satô (1997), *op. cit.*, p. 123-124.

26. *Idem*, p. 125.

27. *Idem*, p. 130.

28. Samuel Guex (2006) : *Entre nonchalance et désespoir, les intellectuels japonais sinologues face à la guerre (1930-1950)*, Berne, Peter Lang.

29. Guex (2006), *op. cit.*, p. 15.

30. *Idem*, p. 36-37.

31. Fitzgerald (1995), *op. cit.*, p. 87.

32. Joshua Fogel (1995) : *The Cultural Dimension of Sino-Japanese Relations : Essays on the nineteenth and twentieth centuries*, New York, East Gate Book.

33. Notamment dans les *Thèses sur Feuerbach* (1845), une correspondance entre Marx et Engels (2, 6 et 14 juin 1853), la *Contribution à la critique de l'économie politique* (1859), où apparaît le terme de M.P.A., et *Le Capital* (1867, vol. I, chap. XVI). Pour un exposé complet des textes où Marx et Engels se réfèrent au M.P.A., cf. Kimio Shiozawa (1966) : « Marx's view of Asian society and his "asiatic mode of production" », *The Developping Economies*, 4-3, p. 299-315.

34. Jean Chesnaux (1969) : *Sur le « mode de production asiatique »*, Paris, Centre d'Études et de Recherches Marxistes. Joshua A. Fogel (1995) : « The debates over the Asiatic Mode of Production in Soviet Russia, China and Japan », *The Cultural Dimension of Sino-Japanese Relations : essays on the nineteenth & twentieth centuries*, New York, East Gate Book, p. 40-65. Jean-François Bert (2010) : *Penser Marx avec l'anthropologie, Karl Marx et Friedrich Engels, Trois lettres à propos du mode de production asiatique (juin 1853)*, Strasbourg, le porti-Que / La Phocide.

35. Article de Karl Marx dans *The New York Daily Tribune*, 8 août 1853.

36. Article de Friedrich Engels dans *La Nouvelle Gazette Rhénane*, 15 et 16 février 1849. Engels répondait sur ce point à Bakounine : « Et Bakounine reprochera-t-il aux Américains une "guerre de conquête" qui porte, certes, un rude coup à sa théorie fondée sur "la justice et l'humanité" mais qui fut menée purement et simplement dans l'intérêt de la civilisation ? »

37. Samuel H. Baron (1958) : « Plekhanov's Russia : the impact of the West upon an "Oriental" society », *Journal of the History of Ideas*, 19-3, p. 388-404.

38. Karl A. Wittfogel (1964) : *Le Despotisme oriental, étude comparative du pouvoir total*, Paris, Minuit, 2e éd. 1977, éd. or. 1959.

39. En particulier le livre de David Cosandey, qui constitue un retour vers une forme de déterminisme géographique réducteur. Cosandey (2008), *op. cit.*

40. Mais il ne mérite assurément pas les remarques perfides et méprisantes de Jean Chesneaux ou de Roger Garaudy, *Cahiers du C.E.R.M.* (1969), *op. cit.*

41. Elizabeth Satô (1979) : « Oyama estate and Insei land policies », *Monumenta Nipponica*, 34-1, p. 73-99.

42. En France, au cours des années 1960 et 1970, certains appliquent jusqu'au bout cette logique de « désasiatisation » du M.P.A. en l'étendant aux sociétés précolombiennes, comme Jean Chesneaux (1969, *op. cit.*) ou Alfred Métraux (1962, *Les Incas*), ou bien à l'Afrique comme Jean Suret-Canale (1964, « Les sociétés traditionnelles en Afrique tropicale et le concept de mode de production asiatique », *La Pensée*) ou encore Pierre Bonte (1973, « Études sur les sociétés de pasteurs nomades », *Les Cahiers du C.E.R.M.*, 109).

43. Harvey Goldman (1997) : « Images of the Other : Asia in Nineteenth-century Western thought — Hegel, Marx and Weber », *Asia in Western and World History*, Ainslie T. Embree & Carol Gluck éd., Armonk & Londres, M. E. Sharpe, p. 146-171.

44. Pierre Vidal-Naquet (1964) : « Histoire et idéologie : Karl Wittfogel et le concept de "mode de production asiatique" », *Annales, Économies, Sociétés, Civilisations*, 19-3, p. 531-549.

45. Evgueni Varga, Karl Wittfogel, Liudvig I. Mad'iar, Sergei I. Kovalev (1886-1960) avant 1934.

46. V. V. Reickhardt, Kovalev après 1934, Lu Zhenyu, et trois membres du Kôza-ha : Hirano Yoshitarô, Hani Gorô et Hayakawa Jirô.

47. Germaine Hoston (1994) : *The State, Identity, and the National Question in China and Japan*, Princeton, Princeton University Press, p. 267. La référence au *tenkô* de Hirano Yoshitarô est absente de la rubrique biographique que lui consacre la *Kôdansha Encyclopedia of Japan* (1983).

48. Mikhail Godes, Hi Qiuyuan, Wang Yichang, Chen Boda, Xiong Deshan, Hattori Shisô, Noro Eitarô, Hirada Yoshie.

49. Guo Moro, Moritani Katsumi, Aikawa Haruki.

50. James D. White (1976) : « Despotism and anarchy : the sociological thought of L. I. Mechnikov », *The Slavonic and East European Review*, 54-3, p. 395-411.

51. Léon Metchnikoff (1889) : *La Civilisation et les grands fleuves historiques*, Paris, Hachette, préface d'Élisée Reclus, p. V-XXVIII.

52. White (1976), *op. cit.* Metchnikoff n'est pas cité par Karl Wittfogel, ni par Germaine Hoston.

53. Cf. Carol Gluck (1999) ou Jean-François Sabouret (2005), *op. cit.*

54. Philippe Pelletier (2007) : *Le Japon, géographie, géopolitique et géohistoire*, Paris, Sedes.

55. Philippe Pelletier (2004) : *Idées reçues, le Japon*, Paris, Le Cavalier bleu.

56. Faute de synthèse exhaustive sur la question en français, au-delà de Jean Esmein (1990), des articles de Pierre Lavelle (1992, 1994, 2005) ou de Ph. Pelletier (2007), le lecteur doit se tourner vers les publications en anglais, heureusement nombreuses. George Wilson (1968) : « A new look at the problem of "Japanese fascism" », *Comparative studies in society and history*, 10-4, p. 401-412 ; Gordon Mark Berger (1975) : « Recent Japan in historical revisionism », *Journal of Asian Studies*, 34-2, p. 473-484 ; Peter Duus, Daniel Okimoto (1979) : « Fascism and the history of Prewar Japan : the failure of a concept », *Journal of Asian Studies*, 39-1, p. 65-76 ; William M. Fletcher (1982) : *The Search for a New Order : Intellectuals and Fascism in Prewar Japan*, Chapel Hill, North Carolina University Press ; Harry Harootunian (2005) : « The black cat in the dark room », *Positions*, 13-1, p. 137-155.

57. Richard H. Mitchell (1985) : « Fascism, militarism or Japanism ? », *Monumenta Nipponica*, 40-4, p. 447-449.

58. Masayuki Ninomiya (2001) : « Un aspect de la pensée de Kobayashi Hideo au moment critique du nationalisme japonais », *Approches critiques de la pensée japonaise du XXe siècle*, Livia Monnet dir., Montréal, Les Presses de l'Université de Montréal, p. 409-424, p. 417.

59. Par exemple Shiota Shôbei (1978) : « Présentation historique du mouvement ouvrier et des mouvements sociaux du Japon », *Dictionnaire biographique du mouvement ouvrier international, le Japon*, Paris, Les Éditions ouvrières, 2 vol., vol. I, p. 19-54.

60. Karatani Kojin (2001) : « Buddhism, marxism and fascism in Japanese intellectual discourse in the 1930's and 1940's, Sakaguchi Angô and Takeda Taijun », *Approches critiques de la pensée japonaise du XXe siècle*, Livia Monnet dir., Montréal, Les Presses de l'Université de Montréal, p. 185-225, p. 221.

61. Sebastian Veg (2007), compte-rendu du livre de Samuel Guex (2006), *Ebisu*, 38, p. 151-158.

62. Brett De Barry (1983) : « Nakano Shigeharu », *Kôdansha Encyclopedia of Japan*, vol. 5, p. 316-317. Shiota Shôbei (1979), *op. cit.*, p. 95-97.

63. Shiota (1978), *op. cit.*

64. Lewis E. Harrington (2009) : « Miki Kiyoshi and the Shôwa kenkyûkai : the failure of world history », *Positions*, 17-1, p. 43-72.

65. Hoston (1986), *op. cit.*

66. Shiota (1978), vol. 2, p. 180-183.

67. Araki Tôru (1994) : « Tôkyô, 1942, le colloque maudit, *Dépassement de la modernité* », *Ebisu*, 6, p. 74-95.

68. C'est l'une des lacunes de Curtis Anderson Gayle (2003) : *Marxist History and Postwar Japanese Nationalism*, Londres et New York, RoutledgeCurzon.

69. Guex (2006), Allioux (1996), *op. cit.*

70. Guex (2006), *op. cit.*

71. Chômin Nakae (2008) : *Dialogues politiques entre trois ivrognes*, Paris, C.N.R.S. Éditions, texte traduit, présenté et annoté par Christine Lévy et Eddy Dufourmont, éd. or. 1887, p. 43.

72. Misako Nemoto (2002) : « Modernité fictive », *La Modernité après le post-moderne*, Henri Meschonnic et Hasumi Shigehiko dir., Paris, Maisonneuve & Larose, p. 51-58, p. 52-53.

73. *Idem*, p. 53.

74. *Ibid.*

75. Wilson (1966), *op. cit.*

76. Pierre Lavelle (1992) : « Au centre de l'ultra-nationalisme japonais : Ôkawa Shûmei (1886-1957) », *Revue d'histoire moderne et contemporaine*, 39, p. 222-237. Christopher W. A. Szpilman (1998) : « The dream of One Asia : Ôkawa Shûmei and Japanese Pan-Asianism », *The Japanese Empire in East Asia and its Postwar Legacy*, Harald Fuess éd., Munich, Iudicium Verlag, p. 49-63. Yukiko Sumi Barnett (2004) : « India

in Asia : Ôkawa Shûmei's pan-asian thought and his idea of India in early Twentieth-Century Japan », *Journal of the Oxford University History Society*, 1, p. 1-23.

77. Carol Gluck (1999) : « Re-présenter Meiji », *La Nation en marche — Études sur le Japon impérial de Meiji*, Jean-Jacques Tschudin et Claude Hamon dir., Arles, Philippe Picquier, p. 9-39, p. 12.

78. Oguma (1998), *op. cit*.

79. Homi K. Bhabha (1994) : *The Location of Culture*, Londres, Routledge.

80. Peter Duus (1995) : *op. cit.*, p. 424.

81. Masaki Tsuneo (1995) : *Shokuminchi gensô, Igirisu bungaku to Hiyoroppa* (Illusions coloniales, la littérature anglaise et ce qui n'est pas l'Europe), Tôkyô Misuzu shobô, p. 246.

82. Iwai Shuma (2009) : « The perspective of Ebina Danjô's Japanized christianity : a historical case study », *Exchange*, 38, p. 21-33.

83. Pour une analyse récente de cette question et du rôle de la marine dans le *nanshinron*, cf. : Dollery Brian, Spindler Zane, Parsons Craig (2004) : « Nanshin : Budget-maximising behavior, the imperial Japanese navy and the origins of the Pacific War », *Public Organization Review*.

84. Eiji Oguma (2005) : « Debate on Japanese emigrants and Korea », *Deconstructing Nationality*, Naoki Sakai, Brett de Bary, Toshio Iyotani éd., New York, Cornell East Asia Series, p. 61-84, d'après les travaux de Masuda Hiroshi.

85. Tanaka Akira (2005) : *Kindai Nihon no ayunda michi « Daikokushugi » kara « shôkokushugi » he* (Du « Principe du Grand Pays » au « Principe du Petit Pays », le chemin emprunté par le Japon moderne), Tôkyô, Jimbun shokan.

IX. UN RETOUR EN ASIE ?

1. Annick Horiuchi (2002), *op. cit*.

2. Notons l'homonymie avec l'expression protonationaliste de « pays divin » (également *shinkoku*, mais écrite avec un idéophonogramme différent pour *shin*).

3. Donald Keene (1952) : *The Japanese Discovery of Europe, 1720-1830*, Stanford University Press.

4. Yoshida Shôin, Sakamoto Ryôma, Nakaoka Shintarô, Katô Hiroyuki, entre autres.

5. *The Awakening of Japan* (1904). Cité par Christine M. E. Guth (2000) : « Charles Longfellow and Okakura Kakuzô : cultural cross-dressing in the colonial context », *Positions*, 8-3, p. 605-636, p. 611.

6. Yukichi Fukuzawa (2007) : *La Vie du vieux Fukuzawa racontée par lui-même*, Paris, Albin Michel, trad. et annot. Marie-Françoise Tellier, éd. or. 1899.

7. *Seiyô jijô* (*Description de l'Occident*), trois volumes publiés en 1866, 1868 et 1870 (*jijô* signifie « conditions » ou « état des lieux »). *Sekai kuni zukushi* (*Les Pays du monde*), six volumes publiés en 1869.

8. Usao Tsujita (1984) : « Japanese geographers in the 19th century », *Languages, Paradigms and Schools in Geography — Japanese contributions to the history of geographical thought (2)*, Takeuchi Keiichi éd., Tôkyô, Hitotsubashi University, p. 67-78.

9. Teruko Craig (1983) : « Seiyô jijô », *Kôdansha Encyclopedia of Japan*, Tôkyô, Kôdansha, vol. 7, p. 54-55.

10. M.-F. Tellier (2007, *op. cit.*) traduit *Gakumon no susume* par *L'Appel de l'étude*, David A. Dilworth et Hirano Umeyo par *An Encouragement of Learning*, et Tsujita Usao (1984, *op. cit.*) par *An Exhortation Toward Learning*. *Promotion de l'étude* garde le sens précis de *susume* (utilisé par exemple pour désigner les « produits en promotion », *susumehin*), ainsi que de l'enclitique génitif *no*.

11. Cité par Robert Tierney (2005) : « The colonial eyeglasses of Nakajima Atsushi », *Japan Review*, 17, p. 149-196, n. 12, p. 183.

12. Kenji Yamamoto (1984) : « The geographical understanding of the western world and the understanding of geography as a subject of the Meiji government expedition », *Languages, Paradigms and Schools in Geography — Japanese contributions to the history of geographical thought (2)*, Takeuchi Keiichi éd., Tôkyô, Hitotsubashi University, p. 77-88.

13. *Tokumei zenken taishi Bei-Ô kairan jikki* (*Véritable compte-rendu de la tournée en Amérique et en Europe de l'ambassade spéciale*), ou *Jikki*, vol. 5, p. 328, et vol. 4, p. 192, cité par Yamamoto (1984), *op. cit.*, p. 86.

14. *Jikki*, cité par Yamamoto (1984), *op. cit.*, p. 81.

15. Marlene J. Mayo (1973) : « The Western education of Kume Kunitake, 1871-1876 », *Monumenta Nipponica*, 28-1, p. 3-67.

16. *Courrier de l'Unesco* (1968) : « Fukuzawa, un maître des Lumières à l'ère Meiji », sept., p. 12-18.

17. Pierre Souyri (1984) : « Aux racines du consensus : l'écriture de l'histoire au Japon », *Japon, le consensus : mythe et réalités*, Paris, Economica, p. 67-90.

18. *Ibid.*

19. Katsurô Hara (1920) : *An Introduction to the History of Japan*, New York, Putnam's Sons, rééd. 2009, Bibliolife, p. 18.

20. Amino (1992), *op. cit.*

21. Perry Anderson (1991) : « The Prussia of the East ? », *Boundary 2*, p. 11-19.

22. *Le Japon actuel et la civilisation* (*Gendai Nihon to kaika*, 1911). Cité par Tierney (2005), *op. cit.* Cf. Takayoshi Matsuo (1999) : « A note on the political thought of Natsume Sôseki in his later years », *Japan in Crisis, essays on Taishô Democracy*. Bernard S. Silberman & Harry D. Harootunian éd., Ann Arbor, The University of Michigan, p. 67-82.

23. Yô.ichi Komori (2001) : *Posutokoroniaru* (Postcolonial), Tôkyô, Iwanami shoten.

24. Kiyoshi Kojima (1971) : *Japan and a Pacific Free Trade Area*, Londres, MacMillan.

25. François Joyaux (1991) : *Géopolitique de l'Extrême-Orient, espaces et politiques*, Bruxelles, Complexe, t. 1, p. 20.

26. Arif Dirlik éd. (1998) : *What Is in a Rim ? Critical Perspectives on the Pacific Region Idea*, Lanham, Rowman & Littlefield, éd. or. 1993. Éric Philippart (1990) : « L'intégration du bassin Pacifique : anticipation et fantasmes », *Civilisations*, 40-1, p. 211-291.

27. Guy Faure (2004) : « Le dessous des mots de l'Asie : analyse de la terminologie des nouveaux espaces géoéconomiques et géopolitiques d'après 1945 », *Identités territoriales*

en Asie orientale, N.O.R.A.O. vol. 1, Philippe Pelletier dir., p. 29-45, p. 36.

28. Karoline Postel-Vinay (2004) : « L'Asie définie par les relations extérieures », *Identités territoriales en Asie orientale,* N.O.R.A.O. vol. 1, Philippe Pelletier dir., p. 337-349.

29. Masao Miyoshi, Harry D. Harootunian (1991) : « Japan in the world », *Boundary 2,* 18-3, p. 1-7, p. 4.

30. In *Daitôa sensô kôtei-ron* (*De l'affirmation de la guerre de la Grande Asie orientale*), 1963. James B. Crowley (1971) : « Intellectuals as visionaries of the New Asian Order », *Dilemmas of Growth in Prewar Japan,* James W. Morley éd., Princeton, Princeton University Press, p. 297-298.

31. Szpilman (1998), *op. cit.*

32. Cemil Aydin (2007) : *The Politics of Antiwesternism in Asia : Visions of world order in pan-islamism and pan-asianism thought,* New York, Columbia University Press.

33. Sven Saaler (2002) : « Pan-Asianism in Meiji and Taishô Japan — a preliminary framework », Philipp Franz von Siebold Stiftung, Working paper 02/4, p. 21.

34. *Shiratori Kurakichi zenshû* (Œuvres complètes de Shiratori Kurakichi), Tôkyô Iwanami Shôten, 1971, vol. 10, p. 376. Cité par Sang-Jung Kang (2005) : « The discovery of the "Orient" and orientalism », *Contemporary Japanese Thought,* Richard Calichman éd., New York, Columbia University Press, p. 84-100, p. 89-90.

35. L'intitulé original est *chôsa-bu,* soit « département de recherches » (ou d'« enquêtes », littéralement), mais, au fil des réorganisations internes de la M.M.R., il s'est également appelé « section de recherches » (*chôsa-ka*) ou « bureau de recherches » (*chôsa-kyoku*).

36. Richard Calichman (2005) : « Introduction », *Contemporary Japanese Thought,* Richard Calichman éd., New York, Columbia University Press, p. 1-42, p. 20.

37. Sang-Jung Kang (1996) : *Orientarizumu no kanata he — Kindai bunka hihan* (Au-delà de l'orientalisme, une critique de la culture moderne), Tôkyô, Iwanami shoten, p. 136.

38. Calichman (2005), *op. cit.,* p. 20.

39. *Kaisô no jûnen* (*Dix ans de souvenirs*), 1957, Tôkyô, Shinchôsha, vol. 1, p. 25. Cité par Kang (2005), *op. cit.,* p. 88.

40. *Shiratori Kurakichi Zenshû*, vol. 8 et 9. Cité par Kang (2005), *op. cit.*, p. 96-97.

41. Hajime Shimizu (1993) : « Southeast Asia as a regional concept in modern Japan : an analysis of geography textbooks », *The Japanese in Colonial Southeast Asia*, Shiraishi Saya, Shiraishi Takashi éd., Cornell Southeast Asia Program, p. 21-61.

42. Hyung Gu Lynn (1998) : « A comparative study of the Tôyô Kyôkai and the Nan'yô Kyôkai », *The Japanese Empire in East Asia and its Postwar Legacy*, Harald Fuess éd., Munich, Iudicium Verlag, p. 65-95, p. 73.

43. Cf. Dikötter (1997), *op. cit.*, Karl (1998), *op. cit.*

44. Shimizu (1993), *op. cit.*, p. 23.

45. *Ajiashugi* (1963), cité par Guex (2006), *op. cit.*, p. 164.

46. Yves Bougon (2004) : « Le Japon et le discours asiatiste », *Identités territoriales en Asie orientale*, N.O.R.A.O. vol. 1, Philippe Pelletier dir., p. 241-253.

47. Sven Saaler (2007) : « The construction of regionalism in modern Japan : Kodera Kenkichi and his "Treatise on Greater Asianism" (1916) », *Modern Asian Studies*, 41-6, p. 1261-1294, p. 1284.

48. Kiyoko Takeda (2010) : « Ukita Kazutami's interpretation of imperialism and national education : a genealogy of Meiji liberalism », *Educational Studies*, 21, p. 1-27.

49. Kita Ikki, Ôkawa Shûmei, Mitsukawa Kametarô.

50. Jun Takami (1985) : *Haut le cœur*, Unesco/Le Calligraphe, trad. et prés. Marc Mécréant, préf. Kawabata Yasunari., éd. or. 1963.

51. Shin.ichi Yamamuro (2001) cité par Yukie Yoshikawa (2009) : *Japan's Asianism, 1868-1945, Dilemmas of Japanese Modernization*, Johns Hopkins University, Asia-Pacific policy papers, p. 29.

52. Hoston (1994), *op. cit.*, p. 209 et 486.

53. Marie-Claire Bergère, Janet Lloyd (2000) : *Sun Yat-sen*, Palo Alto, Stanford University Press, p. 403.

54. Le mot *washin* ou *heqin* est difficile à traduire. Il signifie amitié, relation amicale, harmonie. On l'utilise en japonais pour traduire « l'Entente cordiale » entre la France et l'Angleterre. Le nom officiel de cette association en anglais fut *Asiatic Humanitarian Brotherhood*, mais certains historiens parlent aussi d'*Asian Solidarity Society*.

55. Karl (1998), *op. cit.*, p. 1097, 1111-1117.

56. Takeuchi Zensaku, Yamakawa Hitoshi, Sakai Toshihiko, Ôsugi Sakae... Tamagawa Nobuaki (1981) : *Chûgoku no kuroi hata* (Le drapeau noir chinois), Tôkyô, Shôbun-sha, p. 60-64.

57. Berlinguez-Kôno (1999), *op. cit.*

58. Aydin (2007), *op. cit.* Sadia Sattar (2008) : *Old Friendships : exploring the historic relationship between pan-islamism and Japanese pan-asianism*, Pittsburgh, University of Pittsburgh.

59. Yukiko Koshiro (2003) : « Beyond an alliance of color : the African American impact on modern Japan », *Positions*, 11-1, p. 183-215.

60. Aydin (2007), *op. cit.*

61. In *Nihon oyobi Nihonjin no michi* (*La Voie du Japon et des Japonais*), 1926 (46 éditions en 1945), Szpilman (1998), *op. cit.*, p. 56.

62. Wang Ping (2004) : *Jindai Riben de Yaxiya zhuyi* (L'Asiatisme japonais moderne), Pékin, Shangwu Yinshuguan, compte-rendu par Torsten Weber in *Japan Studien*, 2007, 19, p. 261-268.

63. Willard H. Elsbree (1953) : *Japan's Role in Southeast Asian Nationalist Movements, 1940-45*, Cambridge (MS), Harvard University Press.

64. John Hunter Boyle (1970) : « The road to Sino-Japanese collaboration, the background to the defection of Wang Ching-Wei », *Monumenta Nipponica*, 25-3/4, p. 267-301.

65. Cité par Yôji Akashi (1983) : « Japan and "Asia for Asians" », *Japan Examined, Perspectives on Modern Japanese History*, Harry Wray, Hilary Conroy, Honolulu, University of Hawai'i Press, p. 323-330, p. 325.

66. Yoshikawa (2009), *op. cit.*, p. 41.

67. *Ibid.*

68. Eri Hotta (2007) : *Pan-Asianism and Japan's War, 1931-1945*, New York, Palgrave Macmillan.

69. Kojin Karatani (2005) : « Overcoming modernity », *Contemporary Japanese Thought*, Richard Calichman éd., New York, Columbia University Press, p. 101-118, éd. or. 1993.

70. Inazô Nitobe (1969) : *Bushidô, the Soul of Japan : an exposition of Japanese Thought*, rééd. Charles E. Tuttle Co., éd. or. 1905. John F. Howes éd. (1995) : *Nitobe Inazô, Japan's Bridge across the Pacific*, Westview Press.

71. *Taiheiyô Mondai Chôsakai*, Institute of Pacific Relations, IPR. Institut privé international de recherches fondé en 1925. Sa dernière conférence remonte à 1957. Édite la revue *Pacific Affairs*. Parmi ses membres les plus connus : Shibusawa Eiichi, Inoue Junnosuke, Rôyama Masamichi, George Sansom, Arnold Toynbee.

72. Naoko Shimazu (1998) : *Japan, Race and Equality, the Racial Equality Proposal of 1919*, Londres, Routledge.

73. Suk-Jung Han (2004) : « The problem of sovereignty : Manchukuo, 1932-1937 », *Positions*, 12-2, p. 457-478.

74. Jung-sun Han (2005) : « Rationalizing the Orient, the "East Asia Cooperative Community" in Prewar Japan », *Monumenta Nipponica*, 60-4, p. 481-514.

75. In *Les Principes d'une Communauté est-asiatique* (1938), cité par Han (2005), *op. cit.*, p. 504.

76. Kei.ichi Takeuchi (2000) : *Modern Japanese Geography, an Intellectual History*, Tôkyô, Kokon Shôin, p. 129.

77. *Idem.*, p. 128-129.

78. *Ibid.*

79. Takeuchi (2000), *op. cit.*, p. 132.

80. Yukie Yoshikawa (2009) : *Japan's Asianism, 1868-1945, Dilemmas of Japanese Modernization*, *op. cit.*

81. Bob Tadashi Wakabayashi (2000) : « The Nanking 100-man killing contest debate : war guilt fabricated illusions, 1971-75 », *Journal of Japanese Studies*, 26-2, p. 307-340. Arnaud Nanta (2001) : « L'actualité du révisionnisme historique au Japon (juillet 2001) », *Ebisu*, 26, p. 127-153.

82. Prasenjit Duara (1998) : « Opening remarks : empire in the age of nationalism », *The Japanese Empire in East Asia and its Postwar Legacy*, Harald Fuess éd., Munich, Iudicium Verlag, p. 15-24, p. 21.

83. Yoshikawa (2009), *op. cit.*, p. 40.

84. Yôtarô Kobayashi (1991) : « Nihon : Sai Ajia-ka » (La réasiatisation du Japon), *Foresight*, avril, p. 44.

85. « Looking casual, Japan's Prime Minister flies home », *New York Times*, 22 March 1994, A 6.

86. Hiroshi Takeuchi (1991) : « Ajia "ransei" no jidai » (Asie, l'époque de « l'incertitude »), *Voice*, septembre, p. 58-59 ; trad. *Cahiers du Japon*, n° spécial 1992, p. 22-28.

87. Tsurumi Shunsuke (1986) : *An Intellectual History of*

Wartime Japan, 1931-1945, Londres, New York & Sydney, KPI/Routeldge & Kegan Paul, éd. or. 1982.

88. Oguma (2002), *op. cit.*

89. Pour l'une des mises au point sur cette question : Yôko Arisaka (1996) : « The Nishida enigma — "The principle of the new world order" », *Monumenta Nipponica*, 51-1, p. 81-105.

90. Qui comprend également Tanabe Hajime, Miki Kiyoshi, Hisamatsu Shin.ichi ou Nishitani Keiji, et autour de laquelle gravitent Watsuji Tetsurô et Kuki Shûzô. Tetsuo Najita, Harry Harootunian (1988) : « Japanese revolt against the West : political and cultural criticism in the twentieth century », *Cambridge History of Japan*, vol. 6, p. 711-780. Et une réponse critique : Graham Parkes (1997) : « The putative fascism of the Kyôto school and the political correctness of the modern academy », *Philosophy East & West*, 47-3, p. 305-336. Bernard Stevens (2000) : *Topologie du néant : une approche de l'École de Kyôto*, Louvain-Paris, Peeters. Tetsuya Takahashi (1994) : « Philosophie de l'histoire mondiale, logique du nationalisme philosophique japonais », *Le Passage des frontières, autour du travail de Jacques Derrida*, Paris, Galilée, p. 105-110. Augustin Berque (2000), *op. cit.*

91. Olavi K. Fält (1985) : *Fascism, Militarism or Japanism ? The interpretation of the crisis years of 1930-1941 in the Japanese English language press*, Finlande, Rovaniemi.

92. Umesao Tadao (1957) : « *Bunmei no seitai shikan josetsu* » (Pour une vision écologique de la civilisation), *Chûô Kôron*, février, p. 32-49, traduit et publié par *Les Cahiers du Japon*, numéro spécial 1995, p. 44-52.

93. Philippe Pelletier (2007) : « Le nationalisme insulaire, théories et avatars de l'identité japonaise », *Le Japon contemporain*, Jean-Marie Bouissou éd., Paris, Fayard, p. 369-391.

94. Oguma (2002), *op. cit.*, p. 74.

95. Nicolas G. et Nozawa H. (1993) : *Shigetaka Shiga, géographie et politique, espace, science et géographie*, Lausanne, Ératosthène-Méridien 3.

96. Takeuchi (2000), *op. cit.*

97. Minoru Senda (1992) : *Fûkei no kôzu — Chiriteki sobyô* (Composition du paysage — Esquisse géographique), Kyôto, Chijin shobô.

98. Cité par Kang (2005), *op. cit.*, p. 94.

99. *Nihon kokugo daijiten* (Grand dictionnaire de la langue japonaise), 2002, Shogakkan, t. 5, p. 593.

100. Lavelle (2005), *op. cit.*, p. 67.

101. Calichman (2005), *op. cit.*, p. 21.

102. *Yanaihara Tadao zenshû* (Œuvres complètes de Yanaihara Tadao), vol. 5, p. 303-308. Cité par Satoshi Ukai (2005) : « Colonialism and modernity », *Contemporary Japanese Thought*, Richard Calichman éd., New York, Columbia University Press, p. 263-280.

103. Takeshi Komagome (1996) : *Shokuminchi teikoku Nihon no bunka tôgô* (L'intégration culturelle de l'empire colonial du Japon), Tôkyô, Iwanami shoten.

104. In *Nihon rôman-teki jidai* (La période romantique du Japon), 1938, cité par : Kevin M. Doak (1996) : « Ethnic nationalism and romanticism in early Twentieth-Century Japan », *Journal of Japanese Studies*, 22-1, p. 77-103, p. 98.

105. Pierre Lavelle (1994) : « The political thought of Nishida Kitarô », *Monumenta Nipponica*, 49-2, p. 139-165.

106. *Nishida Kitarô zenshû* (*NKZ*), vol. 12, p. 275-384, *Nihon bunka no mondai* (Les problèmes de la culture du Japon).

107. *NKZ*, vol. 12, p. 428, *Sekai Shin-chitsujo no genri* (Le principe du Nouvel Ordre mondial, 1942), texte traduit par Arisaka (1996), p. 100-105, p. 102.

108. *NKZ*, vol. 12, p. 429. Cité par Arisaka (1996), *op. cit.*, p. 102.

109. *NKZ*, vol. 12, p. 430. Cité par Arisaka (1996), *op. cit.*, p. 102.

110. Yôko Arisaka (1997) : « Beyond "East and West" : Nishida's universalism and postcolonial critique », *The Review of Politics*, 59-3, p. 541-560, p. 549.

111. Bernard Bernier (2001) : « De l'éthique au nationalisme et au totalitarisme chez Heidegger et Watsuji », *Approches critiques de la pensée japonaise du XX*[e] *siècle*, Livia Monnet dir., Montréal, Presses de l'Université de Montréal, p. 109-161. Robert N. Bellah (1965) : « Japan's cultural identity : some reflections on the work of Watsuji Tetsurô », *The Journal of Asian Studies*, 24-4, p. 573-594. Naoki Sakai (1991) : « Return to the West/return to the East : Watsuji Tetsurô's anthropology and discussions of authenticity », *Boundary 2*, 18-3, p. 157-190. Augustin Berque (1996) : « The question of space : from Heidegger to Watsuji », *Ecumene*, 3-4, p. 373-383.

112. Mark Driscoll (2001) : « Destination and clan-destination in the political philosophy of Tanabe Hajime », *Approches critiques de la pensée japonaise du XXe siècle*. Livia Monnet dir., Montréal, Presses de l'Université de Montréal, p. 163-184. Sakai Naoki (2005) : « Two negations : the fear of being excluded and the logic of self-esteem », *Contemporary Japanese Thought*, Richard Calichman éd., New York, Columbia University Press, p. 159-192.

113. Lavelle (1992), *op. cit.*

114. Robert H. Sharf (1993) : « The zen of Japanese nationalism », *History of Religions*, 33-1, p. 1-43.

115. Kimitada Miwa (1983) : « Neither East nor West but all alone », *Japan Examined, Perspectives on Modern Japanese History*, Harry Wray, Hilary Conroy, Honolulu, University of Hawai'i Press, p. 384-389, p. 389.

116. Saaler (2002), *op. cit.*, p. 25.

117. Nanta (2001), *op. cit.*

118. Calichman (2005), *op. cit.*, p. 21.

119. Eiichirô Ishida (1969) : *Nihon bunka ron* (Traité sur la culture japonaise), Tôkyô, Chikuma Shobô.

120. Umesao (1957), *op. cit.*

121. Yoshio Masuda (1967) : *Junsui bunka no jôken : Nihon bunka wa shôgeki ni dô taeta ka* (Les conditions d'une culture pure : comment la culture japonaise a-t-elle supporté le choc ?), Tôkyô, Kôdansha.

122. Tadao Umesao (1983) : *Le Japon à l'ère planétaire*, Paris, P.O.F., éd. or. 1957.

123. « Tout d'abord, les hommes de l'Antiquité ne considèrent pas, bien sûr, leur expérience primaire (*gentaiken*) comme "primitive" ou "infantile", mais ils la vivent simplement comme une émotion. Et on pourrait bien imaginer que l'isolement du Japon comme pays insulaire (*koritsu shita shimaguni*) signifiait que l'émotion contenue dans l'expérience première fut préservée avec peu de changements pendant longtemps, même si elle a pu être affinée au fil du temps. Bien sûr, malgré son isolement, le Japon fut soumis à des influences culturelles variées en provenance d'autres pays, mais cela lui fit prendre conscience de sa propre culture particulière. » Takeo Doi (1971) : *Amae no kôzô* (La structure de l'amae), Tôkyô, Kôbundô. Trad. anglaise : *The Anatomy of Dependance* (1973), Tôkyô, Kôdansha International.

124. Arakawa Akira, Okamoto Keitoku, Kawamura Shin.ichi… Philippe Pelletier (2007c) : « La "Japonésie", brève géohistoire d'un concept », *Japon Pluriel* 7, Arnaud Brotons et Christian Galan éd., Arles, Philippe Picquier, p. 383-392.

125. Toshio Shimao (1977) : « Yaponeshia to Ryûkyû-ko » (La Japonésie et l'arc des Ryûkyû), *Yaponeshia josetsu* (Introduction à la Japonésie), Shimao Toshio *et al.* éd., Tôkyô, Shojusha.

126. Tsuda Sôkichi, Watsuji Tetsurô, Kiyono Kenji…

127. *Nihonteki reisei* (1944), trad. *Japanese Spirituality* (1972). Cité in Robert Sharf (1993), *op. cit.*, p. 26.

128. Yumiko Iida (2000) : « Between the technique of living an endless routine and the madness of absolute degree zero : Japanese identity and the crisis of modernity in the 1990s », *Positions*, 8-2, p. 423-464.

129. Hiroshi Minami (1994) : *Nihonjinron — Meiji kara konnichi made* (Les japonologies — de Meiji à nos jours), Tôkyô, Iwanami shoten, p. 107.

130. James B. Crowley (1999) : « A new Asian order : some notes on Prewar Japanese nationalism », *Japan in Crisis, Essays on Taishô Democracy*, Bernard Silberman & Harry Harootunian éd., The University of Michigan, p. 270-298, p. 280-281.

131. Souyri (1984), *op. cit.*

132. *NKZ*, vol. 14, p. 405. Cité par Arisaka (1997), *op. cit.*, p. 545.

133. *NKZ*, vol. 12, p. 427-428. Cité par Arisaka (1996), *op. cit.*, p. 100-101.

134. *Kuki Shûzô zenshû*, vol. 3, p. 287-291. Cité par Parkes (1997), *op. cit.*, p. 322.

135. Ôe Kenzaburô, Ôzawa Seiji, Ôshima Nagisa, Murakami Haruki, Miyazaki Hayao, pour ne citer que quelques contemporains connus.

136. Fred Notehelfer (1971) : *Kôtoku Shûsui, Portrait of a Japanese Radical*, Cambridge University Press. Christine Lévy (2002) : « Kôtoku Shûsui et l'anarchisme », *Ebisu*, 28, p. 87-92.

137. Shûsui Kôtoku (2008) : *L'Impérialisme, le spectre du XXe siècle*, Paris, C.N.R.S. Éditions, trad., prés. et ann. par Christine Lévy, éd. or. 1901, p. 187.

138. Lévy (2003), *op. cit.*

139. Lévy (2003), *op. cit.*, p. 661.

140. Dossier « Anarchisme et mouvements libertaires au début du XXe siècle » (2002), *Ebisu, Études japonaises*, 28.

141. Christine Lévy (2007) : « Asiatisme et formation du premier courant anti-impérialiste au Japon », *Japon Pluriel* 7, Arnaud Brotons et Christian Galan éd., Arles, Philippe Picquier, p. 149-158.

142. « *Yazhou xianshi lun* » (Sur les tendances récentes en Asie), *Tianyi bao*, 30 novembre 1907. Cité par Rebecca Karl (1998), *op. cit.*, p. 1115-1116.

143. Karl (1998), *op. cit.*, p. 1116.

144. Arif Dirlik (1991) : *Anarchism in the Chinese Revolution*, Berkekey, University of California Press, p. 52.

145. « Pan-asiatisme et nouvel asiatisme », *Magazine du citoyen*, 1-2, 1919. Cité par Shirô Nohara (1975) : « Anarchists and the May Four movement in China », *Libero International*, 1.

146. Cité par Szpilman (1998), *op. cit.*, p. 53.

147. Kôkichi Shôji (1989) : *Le Nipponisme comme méthode sociologique — originalité, particularité, universalité*, Paris, E.H.E.S.S., conférence.

148. Tamotsu Aoki (1987) : « Bunka no hiteisei » (L'amnésie culturelle), *Chûô Kôron*, 11, p. 104-125, trad. *Cahiers du Japon*, 1988, n° 36.

149. Makoto Ooka (1986) : « Modernité de la tradition japonaise », *Écritures japonaises*, Centre Georges-Pompidou, p. 117-126, p. 126.

150. Marilyn Ivy (2009) : « The world is superflat : art and politics in contemporary Japan », *Japan Anthropology Colloquium Series*, Yale University, 17 avril.

151. Thomas Friedman (2005) : *The World is Flat, a Brief History of the Twenty-First Century*, New York, Farrar, Straus & Giroux.

152. Kôichi Iwabuchi (2002) : « Nostalgia for a (different) Asian modernity : media consumption of "Asia" in Japan », *Positions*, 10-3, p. 547-573.

153. Laurie Jézéquel (2010) : *Je et enjeux autour du processus de catégorisation de la jeunesse japonaise, pourquoi définir une génération perdue ?* Mémoire de master, I.E.P. de Lyon, Philippe Pelletier dir.

154. Kôichi Iwabuchi (2008) : « Au-delà du "Cool Japan", la globalisation culturelle », *Critique internationale*, 38, p. 37-53.

INDEX DES NOMS

SCHÉMAS

I - Controverse entre Hérodote et Hécatée sur les limites de l'Europe et de l'Asie

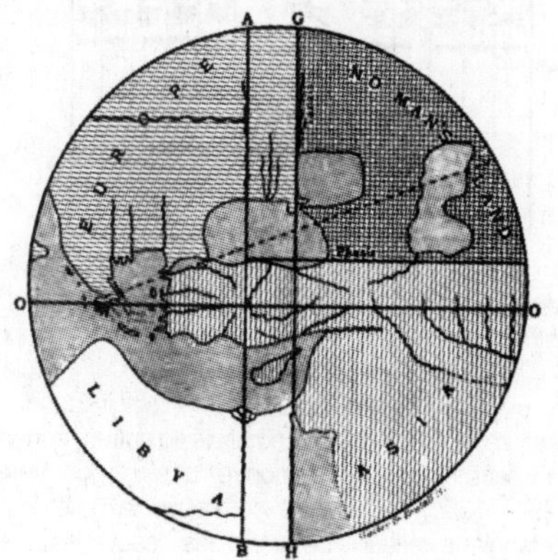

« Cette carte reconstitue une carte ionienne représentant la controverse sur la limite de l'Europe et de l'Asie, dite controverse Phasis-Tanais (actuels fleuves Don et Rion) entre Hérodote et Hécatée. Les trois quadrants correspondent aux trois continents (Europe, Asie, Lybie). L'attribution continentale du quatrième quadrant, au nord-est, ne fait pas consensus. »

Myres, John L. (1896), « *An attempt to reconstruct the maps used by Herodotus* » in *Geographical Journal*, vol. VIII, pp. 605-629, p. 627.

II- Reconstitution du système yugong d'après le tribut de Yu (ve siècle avant Jésus-Christ)

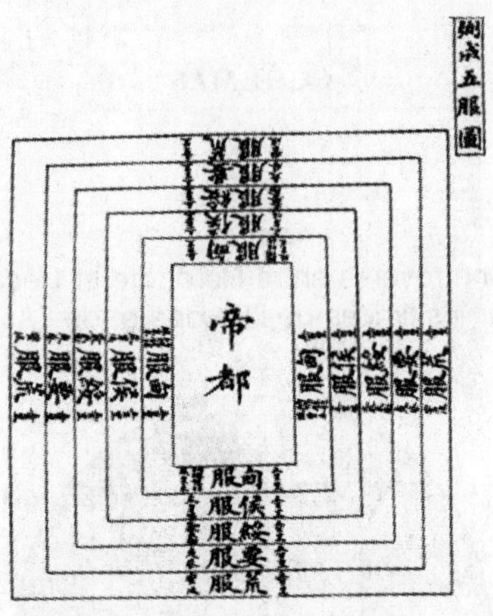

« Ce "Tableau des cinq zones d'appartenance" représente un espace terrestre carré et son organisation interne. Il remonte au Shujing, un traité historico-géographique datant du VIe siècle avant l'ère chrétienne mais dont l'original a disparu. Il s'agit donc d'une représentation ultérieure, qui se range au côté d'autres schémas cosmographiques en carrés comme l'a montré la sinologue Véra Dorofeeva-Lichmann (1991, 1995). Au centre se trouve la "cité impériale" et le cinquième rectangle extérieur comprend les "sauvages non civilisés". »

Kish, Georges (1980) : *La Carte, image des civilisations*. Paris, Le Seuil, planche 34.

III - Les planisphères japonais sur paravents au cours du long XVIe siècle inspirés des planisphères européens

Nom du planisphère	Auteur Année	Inspirateur	Lieu de dépôt	Disposition
Sekaizu-byôbu	Kanô Eitoku ? fin XVIe s. (> 1592)	?	Jôtokujizô (Fukui-shi)	Atlantique au centre
Typus orbis terrarum	1625 ?	Petrus Plancius 1594	Ôsaka Namban bunkakan	Pacifique au centre
Nansembushû Dainihon shôtôzu	début XVIIe s.	Petrus Plancius 1594	Ôsaka Namban bunkakan	Pacifique au centre
Sekaichizu-byôbu	début XVIIe s.	Caelius 1609	Kôsetsu bijitsukan (Kôbe-shi)	Atlantique au centre
Sekaizu-byôbu		Caelius 1609	Kôbe shiritsu hakubutsukan	Atlantique au centre
Bankokuezu-byôbu	début XVIIe s.	Portugal ?	Miyanouchi Shozô zôkan	Atlantique au centre morceau de l'Amérique à l'est

IV - Le Cipango vu par la cartographie européenne de 1459 à 1569

Année	**Auteur**	**Nom du Japon**	**Emplacement sur le planisphère**	
1459	Fra MAURO	*Zimpagu* (*Ziripagi* ?)		à l'est
1474	Paolo dal Pozzo TOSCANELLI	*Cippangu*	à l'ouest	
1489	Henricus MARTELLUS	*Cinpangu Insula*		à l'est
1492	Martin BEHAIM	*Cipangu*	(globe)	(globe)
1502	Nicolo CAVERI	*Cinpigirina*		à l'est
1506	Giovanni CONTARINI	*Zinpangu*	à l'ouest	
1507	Martin WALDSEEMÜLLER	*Zipangri insula*		à l'est
1508	Johannes RUYSCH	*Sipãgu*	à l'ouest	
1508	Francisco ROSSELLI	*Zimpangu*		à l'est
1513	Tomé PIRÉS	*Ylha de Jampon*	(livre)	(livre *Suma Oriental*)
1514	Louis BOULANGIER	*Zipagri*	à l'ouest	
1515	Francisco RODRIGUO	*Parpoquo*	à l'ouest	
1524	Juan VESPUCCI	*Isola de Sipangho*	à l'ouest	
1528	Benedetto BORDONE	(sans nom)		à l'est
1544	Sébastien CABOT	*Ciapãgu insula*	à l'ouest	
1546	Sebastian MÜNSTER	*Zipangri*	à l'ouest	
1550	Pierre DESCELIERS	*Zipangri*	à l'ouest	
1553	Giacomo GASTALDI	*Isola di Giapan*	à l'ouest	

Année	Auteur	Nom du Japon	Emplacement sur le planisphère	
1554	Gianbattista RAM	*Giapam = Zipangu*		
1554	Bartolomeu VELHO	*Iapam*		à l'est
1564	Abraham ORTELIUS	*Giapan*	à l'ouest	
1569	MERCATOR	*Iapan dicta Zipangri a M. Paulo Veneto, olim Chrise*		à l'est
1594	Petrus PLANCIUS	*Iapan*		à l'est
1605	Paulus MERULA	*Iapan* (*Iapania Insula*)		à l'est

V - Les principaux courants asiatistes en 1930-1940

Pro-Occident / Coexistence avec Occident

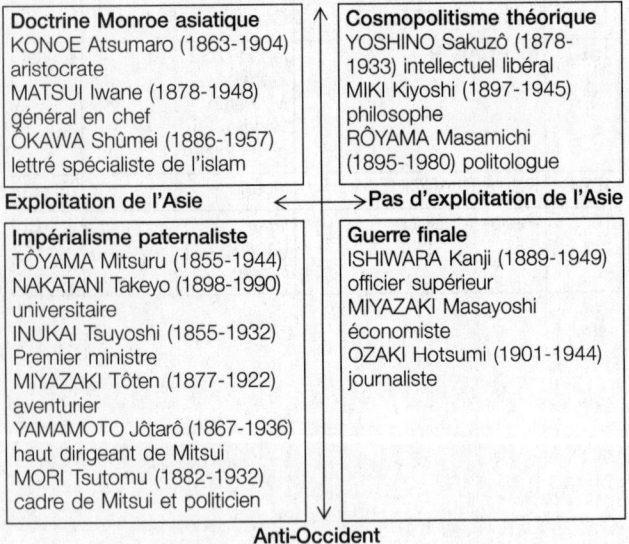

Exploitation de l'Asie ⟷ **Pas d'exploitation de l'Asie**

Exploitation de l'Asie	Pas d'exploitation de l'Asie
Doctrine Monroe asiatique KONOE Atsumaro (1863-1904) aristocrate MATSUI Iwane (1878-1948) général en chef ÔKAWA Shûmei (1886-1957) lettré spécialiste de l'islam	**Cosmopolitisme théorique** YOSHINO Sakuzô (1878-1933) intellectuel libéral MIKI Kiyoshi (1897-1945) philosophe RÔYAMA Masamichi (1895-1980) politologue
Impérialisme paternaliste TÔYAMA Mitsuru (1855-1944) NAKATANI Takeyo (1898-1990) universitaire INUKAI Tsuyoshi (1855-1932) Premier ministre MIYAZAKI Tôten (1877-1922) aventurier YAMAMOTO Jôtarô (1867-1936) haut dirigeant de Mitsui MORI Tsutomu (1882-1932) cadre de Mitsui et politicien	**Guerre finale** ISHIWARA Kanji (1889-1949) officier supérieur MIYAZAKI Masayoshi économiste OZAKI Hotsumi (1901-1944) journaliste

Anti-Occident

d'après Yoshikawa Yukie (2009)

VI - Le mode de production asiatique vu par les marxistes soviétiques, chinois et japonais au cours des années 1920-1950

Voie orientale de développement	Variante asiatique parallèle au MP esclavagiste	Variante asiatique du MP féodal	Variante asiatique du MP antique ou le précédant	Le MPA doit être rejeté
Domination d'une bureaucratie lettrée tenant son pouvoir du contrôle technologique, et militaire, des aménagements hydrauliques et des ressources, pas du foncie	Dimension universelle et caractère analytique du MPA Faible dimension hydraulique Importance du servage	Suit les lois universelles de développement fin Edo, début Meiji au Japon	Stade final du communisme primitif, prenant en Asie la forme de la communauté agricole	L'Asie n'est pas spécifique Le MPA contredit les lois marxistes
Evgueni Varga (1879-1964) Liudvig I. Mad'iar (1891-1940) Sergei I. Kovalev (1886-1960) < 1931	V. V. Reickhardt Sergei I. Kovalev > 1934	Mikhail Godes > 1931		Leszek Kolakowski
	Lu Zhenyu (1900-1980)	Hi Qiuyuan Wang Yichang Chen Boda Xiong Deshan		
Karl Wittfogel (1896-1988)	Hirano Yoshitarô (1897-1980) Hani Gorô (1901-1933) Hayakawa Jirô (1906-1937) *Koza-ha*	Hattori Shisô (1901-1956) Noro Eitarô (1900-1934) *Koza-ha*	Moritani Katsumi (1904-1964)	Aikawa Haruki (1909-1953)
Conséquences politiques Critique de la bureaucratie Originalité des civilisations	Conséquences politiques Meiji révolution quasi féodale Passer à l'étape bourgeoise	Conséquences politiques Meiji révolution quasi bourgeoise Passer à l'étape socialiste		Conséquences politiques Pas de particularisme asiatique

CHAPITRE III

Désirs de rivage 159

CHAPITRE IV

Vers les mers de Chine et d'Orient 229

CHAPITRE V

Une mer en constructio[...]

CHAPITRE VI

Le tournant géopolitique 355

CHAPITRE VII

Le territoire en Extrême-Orient et sa modernisation 429

CHAPITRE V

Une mer en construction 299

CHAPITRE VI

Le tournant géopolitique 355

CHAPITRE VII

Le territoire en Extrême-Orient et sa modernisation 429

DANS LA COLLECTION FOLIO/HISTOIRE

6 Philippe Erlanger : *Le Régent.*
7 Paul Morand : *Fouquet ou le Soleil offusqué.*
8 Claude Dulong : *Anne d'Autriche (Mère de Louis XIV).*
9 Emmanuel Le Roy Ladurie : *Montaillou, village occitan de 1294 à 1324.*
10 Emmanuel Le Roy Ladurie : *Le Carnaval de Romans (De la Chandeleur au mercredi des Cendres, 1579-1580).*
11 Georges Duby : *Guillaume le Maréchal (ou Le meilleur chevalier du monde).*
12 Alexis de Tocqueville : *De la démocratie en Amérique I.*
13 Alexis de Tocqueville : *De la démocratie en Amérique II.*
14 Zoé Oldenbourg : *Catherine de Russie.*
15 Lucien Bianco : *Les origines de la révolution chinoise (1915-1949).*
16 Collectif : *Faire l'histoire I. Nouveaux problèmes.*
17 Collectif : *Faire l'histoire II. Nouvelles approches.*
18 Collectif : *Faire l'histoire III. Nouveaux objets.*
19 Marc Ferro : *L'histoire sous surveillance (Science et conscience de l'histoire).*
20 Jacques Le Goff : *Histoire et mémoire.*
21 Philippe Erlanger : *Henri III.*
22 Mona Ozouf : *La Fête révolutionnaires (1789-1799).*
23 Zoé Oldenbourg : *Le bûcher de Montségur (16 mars 1244).*
24 Jacques Godechot : *La prise de la Bastille (14 juillet 1789).*
25 Le Débat : *Les idées en France, 1945-1988 (Une chronologie).*
26 Robert Folz : *Le couronnement impérial de Charlemagne (25 décembre 800).*
27 Marc Bloch : *L'étrange défaite.*
28 Michel Vovelle : *Mourir autrefois.*

29 Marc Ferro : *La Grande Guerre (1914-1918).*
30 Georges Corm : *Le Proche-Orient éclaté (1956-1991).*
31 Jacques Le Goff : *La naissance du Purgatoire.*
32 Hannah Arendt : *Eichmann à Jérusalem.*
33 Jean Heffer : *La Grande Dépression (Les États-Unis en crise 1929-1933).*
34 Yves-Marie Bercé : *Croquants et nu-pieds (Les soulèvements paysans en France du* XVe *au* XIXe *siècle).*
35 Arnaldo Momigliano : *Sagesses barbares.*
36 Robert Muchembled : *La sorcière au village.*
37 Gérard Gayot : *La franc-maçonnerie française.*
38 Raul Hilberg : *La destruction des Juifs d'Europe I.*
39 Raul Hilberg : *La destruction des Juifs d'Europe II.*
40 Jean Kershaw : *Qu'est-ce que le nazisme ?*
41 Jean Mairon : *Ravachol et les anarchistes.*
42 Maurice Agulhon : *Les Quarante-huitards.*
43 Arlette Farge : *Vivre dans la rue à Paris au* XVIIIe *siècle.*
44 Norman Cohn : *Histoire d'un mythe (La « conspiration » juive et les protocoles des sages de Sion).*
45 Roland Mousnier : *L'assassinat d'Henri IV.*
46 Michael Pollack : *Vienne 1900 (Une identité blessée).*
47 Nathan Wachtel : *La vision des vaincus (Les Indiens du Pérou devant la Conquête espagnole 1530-1570).*
48 Michel Vovelle : *Idéologies et mentalités.*
49 Jean Bottéro : *Naissance de Dieu (La Bible et l'historien).*
50 Jacques Ozouf : *Nous les maîtres d'école (Autobiographies d'instituteurs de la Belle Époque).*
51 Léon Blum : *Souvenirs sur l'Affaire.*
52 Georges Duby : *L'An Mil.*
53 Jean-Louis Flandrin : *Les amours paysannes (*XVIe-XIXe *siècle).*
54 Bernard Lewis : *Le retour de l'Islam.*
55 Marc Ferro : *Cinéma et Histoire.*
56 Colette Beaune : *Naissance de la nation France.*
57 Présenté par Michel Foucault : *Moi, Pierre Rivière, ayant égorgé ma mère, ma sœur et mon frère...*

58 Zeev Sternhell, Mario Sznajder, Maia Ashéri : *Naissance de l'idéologie fasciste.*
59 José Cabanis : *Le Sacre de Napoléon.*
60 Philippe Joutard : *Les Camisards.*
61 John Kenneth Galbraith : *L'argent.*
62 Marc Fumaroli : *Trois institutions littéraires.*
63 Sous la direction de Jean-François Sirinelli : *Les droites française (De la Révolution à nos jours).*
64 Jean Baechler : *Le capitalisme I. Les origines.*
65 Jean Baechler : *Le capitalisme II. L'économie capitaliste.*
66 Gérard Monnier : *L'art et ses institutions en France (De la Révolution à nos jours).*
67 Pascal Ory : *La France allemande (1933-1945).*
68 Geneviève Fraisse : *Muse de la Raison (Démocratie et exclusion des femmes en France).*
69 Georges et Andrée Duby : *Les procès de Jeanne d'Arc.*
70 Henri Mendras : *Les sociétés paysannes.*
71 Éric Conan et Henry Rousso : *Vichy, un passé qui ne passe pas.*
72 Jean-François Sirinelli : *Intellectuels et passions françaises.*
73 Jean-Pierre Vernant : *L'individu, la mort, l'amour.*
74 Lucien Febvre : *Amour sacré, amour profane.*
75 Michel Borwicz : *Écrits des condamnés à mort sous l'occupation nazie (1939-1945).*
76 Alphonse Dupront : *Qu'est-ce que les Lumières ?*
77 Patrick Verley : *La Révolution industrielle.*
78 Paul Bairoch : *Victoires et déboires (Histoire économique et sociale du monde du* XVIe *siècle à nos jours) I.*
79 Paul Bairoch : *Victoires et déboires (Histoire économique et sociale du monde du* XVIe *siècle à nos jours) II.*
80 Paul Bairoch : *Victoires et déboires (Histoire économique et sociale du monde du* XVIe *siècle à nos jours) III.*
81 Jean Bottéro : *Mésopotamie (L'écriture, la raison et les dieux).*

82 Jean Bottéro : *La plus vieille religion (En Mésopotamie).*
83 Ian Kershaw : *Qu'est-ce que le nazisme ? (Problèmes et perspectives d'interprétations).*
84 Georges Duby : *Dames du XIIe siècle I. Héloïse, Aliénor, Iseut et quelques autres.*
85 Zeev Sternhell : *La droite révolutionnaire 1885-1914 (Les origines françaises du fascisme).*
86 Bino Olivi : *L'Europe difficile (Histoire politique de la Communauté européenne).*
87 Élisabeth Laffont : *Les livres de sagesses des pharaons.*
88 Collectif : *Le monde de la Bible.*
89 Georges Duby : *Dames du XIIe siècle II. Le souvenir des aïeules.*
90 Geneviève Fraisse : *Les femmes et leur histoire.*
91 Collectif : *1789 La Commémoration.*
92 François Furet : *La Révolution en débat.*
94 Alexis de Tocqueville : *Souvenirs.*
95 Jean-Marie Donegani et Marc Sadoun : *La Ve République (Naissance et mort).*
96 Georges Duby : *Dames du XIIe siècle III. Ève et les prêtres.*
97 Krzysztof Pomian : *Sur l'histoire.*
98 Collectif : *Aux origines du christianisme.*
99 Éric Hobsbawn : *Nations et nationalisme depuis 1780 (Programme, mythe, réalité).*
100 Pierre Rosanvallon : *Le sacre du citoyen (Histoire du suffrage universel en France).*
101 François Hartog : *Le miroir d'Hérodote (Essai sur la représentation de l'autre).*
102 Henry Rousso : *Vichy. L'événement, la mémoire, l'histoire.*
104 Ian Kershaw : *Hitler (Essai sur le charisme en politique).*
105 Jean-Louis Crémieux-Brilhac : *La France Libre (De l'appel du 18 juin à la libération) I.*
106 Jean-Louis Crémieux-Brilhac : *La France Libre (De l'appel du 18 juin à la libération) II.*
107 Henri Wesseling : *Le partage de l'Afrique 1880-1914.*

108 Karl Marx : *Les Luttes de classes en France* suivi de La Constitution de la République française adoptée le 4 novembre 1848, suivi de *Le 18 Brumaire de Louis Bonaparte* et de « *Karl Marx devant le bonapartisme* » *par Maximilien Rubel.*
109 Sous la direction de Jean Poirier : *Histoire des mœurs I vol. 1. Les coordonnées de l'homme et la culture matérielle.*
110 Sous la direction de Jean Poirier : *Histoire des mœurs I vol. 2. Les coordonnées de l'homme et la culture matérielle.*
111 Sous la direction de Jean Poirier : *Histoire des mœurs II vol. 1. Modes et modèles.*
112 Sous la direction de Jean Poirier : *Histoire des mœurs II vol. 2. Modes et modèles.*
113 Sous la direction de Jean Poirier : *Histoire des mœurs III vol. 1. Thèmes et systèmes culturels.*
114 Sous la direction de Jean Poirier : *Histoire des mœurs III vol. 2. Thèmes et systèmes culturels.*
115 Michel de Certeau : *L'écriture de l'histoire.*
116 Michel de Certeau : *Histoire et psychanalyse entre science et fiction* précédé d'« *Un chemin non tracé* » par Luce Giard.
117 Michel de Certeau, Dominique Julia et Jacques Revel : *Une politique de la langue (La Révolution française et les patois : l'enquête de Grégoire).*
118 Pierre Rosanvallon : *Le peuple introuvable (Histoire de la représentation démocratique en France).*
119 Pierre Bouretz : *La République et l'universel.*
120 Sous la direction de Charles Malamoud et Jean-Pierre Vernant : *Corps des dieux.*
121 Marie-Françoise Baslez : *Bible et Histoire (Judaïsme, hellénisme, christianisme).*
122 Pierre Bordeuil et Françoise Briquel-Chatonnet : *Le temps de la Bible.*
123 Pierre Birnbaum : *La France imaginée (Déclin des rêves unitaires ?).*
124 Collectif : *Les premiers temps de l'Église (De saint Paul à saint Augustin).*

125 Stéphane Audouin-Rouzeau et Annette Becker : *14-18, retrouver la guerre.*
126 Pierre Rosanvallon : *La démocratie inachevée (Histoire de la souveraineté du peuple en France).*
127 Israel Firkelstein et Neil Asher Silberman : *La Bible dévoilée (Les nouvelles révélations de l'archéologie).*
128 Emilio Gentile : *Qu'est-ce que le fascisme ? (Histoire et interprétation).*
129 Christian Delage et Vincent Guigneno : *L'historien et le film.*
130 Dominique Colas : *Citoyenneté et nationalité.*
131 Antoine-Louis de Saint-Just : *Œuvres complètes.*
132 Zeev Sternhell : *Aux origines d'Israël (Entre nationalisme et socialisme).*
133 Raul Hilberg : *Exécuteurs, victimes, témoins (La catastrophe juive 1933-1945).*
134 Patrick Weil : *Qu'est-ce qu'un français ? (Histoire de la nationalité française depuis la Révolution).*
135 Patrick Weil : *La France et ses étrangers (L'aventure d'une politique de l'immigration de 1938 à nos jours).*
136 Gérard Noiriel : *Sur la « crise » de l'histoire.*
137 Gérard Noiriel : *État, nation et immigration (Vers une histoire du pouvoir).*
138 Sous la direction de David El Kenz : *Le massacre, objet d'histoire.*
139 Michel de Certeau : *La possession de Loudun.*
140 Robert Gauthier : *« Dreyfusards ! » (Souvenirs de Mathieu Dreyfus et autres inédits).*
141 Alain Dewerpe : *Charonne 8 février 1962 (Anthropologie historique d'un massacre d'État).*
142 Raul Hilberg : *La destruction des Juifs d'Europe I.*
143 Raul Hilberg : *La destruction des Juifs d'Europe II.*
144 Raul Hilberg : *La destruction des Juifs d'Europe III.*
145 Léon Poliakov : *Auschwitz.*
146 Javier Teixidor : *Le Judéo-christianisme.*
147 Lucien Bianco : *Les origines de la révolution chinoise 1915-1949.*

148 Olivier Pétré-Grenouilleau : *Les traites négrières (Essai d'histoire globale).*
149 Marcel Detienne : *Les jardins d'Adonis (La mythologie des parfums et des aromates en Grèce).*
150 Marcel Detienne : *Les dieux d'Orphée.*
151 Jules Michelet : *Histoire de la Révolution française I vol. 1.*
152 Jules Michelet : *Histoire de la Révolution française I vol. 2.*
153 Jules Michelet : *Histoire de la Révolution française II vol. 1.*
154 Jules Michelet : *Histoire de la Révolution française II vol. 2.*
155 Georges Corn : *Le Proche-Orient éclaté 1956-2007.*
156 Bino Olivi et Alessandro Giacone : *L'Europe difficile (Histoire politique de la construction européenne)*, nouvelle édition refondue, mise à jour et augmentée.
157 François Hartog : *Évidence de l'histoire (Ce que voient les historiens).*
158 Christian Delacroix, François Dosse et Patrick Garcia : *Les courants historiques en France* (XIXe-XXe *siècle*).
159 Israel Finkelstein et Neil Asher Silberman : *Les rois sacrés de la Bible* (*À la recherche de David et Salomon*).
160 Anne Applebaum : *Goulag* (*Une histoire*).
161 Jérôme Baschet : *L'iconographie médiévale.*
162 Bronislaw Baczko : *Politiques de la Révolution française.*
163 Jacques Solé : *Révolutions et révolutionnaires en Europe 1789-1918.*
164 Hichem Djaït : *La Grande Discorde (Religion et politique dans l'Islam des origines).*
165 Jean Nicolas : *La rébellion française (Mouvements populaires et conscience sociale 1661-1789).*
166 Henri Wesseling : *Les empires coloniaux européens 1815-1919.*
167 Christian Jouhaud, Dinah Ribard, Nicolas Scha-

pira : *Histoire, Littérature, Témoignage (Écrire les malheurs du temps).*

168 Patrick Weil : *Liberté, égalité, discriminations (L'« identité nationale » au regard de l'histoire).*

169 Annie Crépin : *Histoire de la conscription.*

170 Orlando Figes : *La révolution russe (1891-1924 : la tragédie d'un peuple) I.*

171 Orlando Figes : *La révolution russe (1891-1924 : la tragédie d'un peuple) II.*

172 Zoé Oldenbourg : *Les croisades.*

173 Benoît Garnot : *Histoire de la justice (France, XVIe-XXIe siècle).*

174 André Loez : *14-18. Les refus de la guerre (Une histoire des mutins).*

175 Véronique Grandpierre : *Histoire de la Mésopotamie.*

176 Zeev Sternhell : *Les anti-Lumières (Une tradition du XVIIIe siècle à la guerre froide).*

177 Marcel Detienne : *L'identité nationale, une énigme.*

178 Mario Liverani : *La Bible et l'invention de l'histoire (Histoire ancienne d'Israël).*

179 Sous la direction de Christian Delacroix, François Dosse, Patrick Garcia et Nicolas Offenstadt : *Historiographies (Concepts et débats) I.*

180 Sous la direction de Christian Delacroix, François Dosse, Patrick Garcia et Nicolas Offenstadt : *Historiographies (Concepts et débats) II.*

181 Roger Dupuy : *La Garde nationale (1789-1872).*

182 Jung Chang et Jon Halliday : *Mao (L'histoire inconnue) I.*

183 Jung Chang et Jon Halliday : *Mao (L'histoire inconnue) II.*

184 Daniel Cordier : *Jean Moulin (La République des catacombes) I.*

185 Daniel Cordier : *Jean Moulin (La République des catacombes) II.*

186 Jean-Philippe Domecq : *Robespierre, derniers temps (Robespierre, derniers temps — La fête de l'Être suprême et son interprétation — La littérature comme acupuncture).*

Composition Nord Compo
Impression Maury-Imprimeur
45330 Malesherbes
le 10 août 2011.
Dépôt légal : août 2011.
Numéro d'imprimeur : 166976.

ISBN 978-2-07-035674-4. / Imprimé en France.

157758